Gine Willrich

Kaltblutpferde

Gine
Willrich

Kaltblut Pferde

**Dicke Freunde
Starke Typen**

Umgang · Haltung · Rassen · Nutzung

BLV

Die Deutsche Bibliothek –
CIP-Einheitsaufnahme

Willrich, Gine
Kaltblutpferde : dicke Freunde - starke Typen ;
Umgang, Haltung, Rassen, Nutzung / Gine
Willrich. – München ; Wien ; Zürich :
BLV, 1999
   ISBN 3-405-15276-3

Umschlaggestaltung: Sander & Krause,
München
Umschlagfotos: Maximilian Schreiner

BLV Verlagsgesellschaft mbH
München Wien Zürich
80797 München

© BLV Verlagsgesellschaft mbH,
München 1999

Gestaltung: Atelier Steinbicker, München

Herstellung: Manfred Sinicki

DTP: Satz + Layout Fruth GmbH, München
Druck und Bindung: Ludwig Auer,
Donauwörth
Gedruckt auf chlorfrei gebleichtem Papier

Printed in Germany · ISBN 3-405-15276-3

Bildnachweis

H. M. Czerny: 42, 43, 46 (2), 48, 65,
   86 u, 87 u, 88 (3), 92 o+u, 94 (2)
B. Doneit: 47
W. Ernst: 2/3, 63, 71, 89 o+m, 90 (3), 91 o(2),
   92 m, 125, 142
A. Hagendorf: 122
C. Hammerschmit: 77 o
K. Hashagen: 7, 12, 61, 77 u
F. Heinze: 81 o, 84 o, 91 ur, 96 o
R. Hogrebe: 149
M. Klos: 25, 29 u
K. Krüger: 17
U. Lange: 44 o
H. Meyer: 39
T. Povel: 55, 134
I. Röger-Lakenbrink: 84 u, 85 (2), 96 m+u
R. Schumann: 20, 50, 57
G. Schweizer: 129, 131, 132, 139
Ch. Slawik: 14, 76, 81 u, 86 ol, 89 u, 91 ul,
   93 o, 95 m+u
A. Vogel: 30
E. Weiland: 69, 82 m+u, 83 u(2), 86 or, 95 o
G. Willrich: 19, 22, 27, 29 o, 32, 36, 40, 41,
   44 u, 45, 58, 87 o, 102, 121, 159 (Archiv)
W. Wurm: 66, 67, 82 o, 83 o, 93 u, 117

Inhalt

Faszination Kaltblut

Keine Angst vor großen Pferden. (Schleswiger Kaltblut)

»Ackergaul!« antworten die meisten Menschen spontan, wenn sie nach dem Kaltblutpferd gefragt werden, und »Brauereipferd!«. So abwertend sich das zunächst anhört (wer *meinen* »Dicken« »Ackergaul« nennt – einmal hat sogar jemand »Urviech« gesagt –, muß in der Regel die Beine in die Hand nehmen!), trifft es doch den Kern der Sache, denn das schwere Pferd wurde speziell für die harte Feldarbeit und die schwergewichtigen Transportgespanne gezüchtet. Daher auch die Benennung *Zug-* bzw. *Arbeitspferd.*

Zwar rechnen manche Buchautoren auch Ponys, Maultiere und einige Warmblüter den Arbeitspferden zu, wie zum Beispiel Quarterhorses, Criollos usw., die unbestreitbar in Amerika noch heute zum favorisierten Arbeitspferd gehören, allgemein aber ist der Kaltblüter gemeint.

Kaltblüter – (Wechselwärmer), Tiere, deren Körpertemperatur unmittelbar von der Umgebung abhängt: Amphibien, Reptilien, Fische

Kaltblut – Schweres (Arbeits-)Pferd. (Universallexikon)

Auf meiner Suche nach landläufigen Vorstellungen, die sich der moderne Mensch am Ende des 20. Jahrhunderts vom schweren Arbeitspferd macht, hat diese Definition Kalt*blut* – Kalt*blüter* (eigentlich nur eine einfache Singular-Plural-Steigerung) schon eine gewisse Komik ...

Ihr haftet allerdings auch ein Körnchen des Tatsächlichen an, wenn man bedenkt, woher die Bezeichnung »*Kalt*-Blut« eigentlich stammt: Bezeichnet sie doch die »*Kalt*-Blütigkeit«, mit der diese so freundlichen wie sanften Riesen ihre Arbeit tun und ihren Dienst am Menschen erfüllten (und wieder erfüllen), die oft verblüffende Ruhe und Gelassenheit sowie die unsägliche Gutmütigkeit dieser Spezies der Gattung der Equiden, deren Eigengewicht etwa dem des Zweitwagens gleichkommt und die in gutem Trainingszustand durchschnittlich 3 bis 6 PS zum Zuge bringen!

»Kalt-Blut« bezieht sich also auf den *Gemütszustand*, nicht auf die *Körpertemperatur* wie bei Amphibien, Reptilien und Fischen ...

Bis vor wenigen Jahren kannten jüngere Menschen die liebenswerten »Dicken« nur aus Büchern und Geschichten. Noch heute ist es das Kaltblut, das im Bilderbuch über die Tiere auf dem Bauernhof abgebildet ist und das aus Holz oder Plastik nachgebildet ganz selbstverständlich seinen Platz in der Spielwelt »Bauernhof« behauptet.

»Wie ich diese Kaltblüter liebte! Sie waren das Glück meiner Sommerferien. Kaum waren wir angekommen,war ich schon im Pferdestall. Und da saß ich dann im Stroh unter der Krippe, dicht neben ihren stämmigen Vorderbeinen mit den langen Haaren um die Fesseln über den großen, schweren Hufen. Sie beugten die mächtigen Köpfe herunter und sahen mich kleinen Floh aus ihren guten Augen mit freundlicher Gelassenenheit an.«
(H.H. Isenbart: Freude mit Pferden)

Vielleicht liegt es mit an dieser ersten kindlichen Pferdeerfahrung, daß die Kaltblüter auch auf so viele Erwachsene in einer modernen Welt mit ihrer unglaublichen Rassevielfalt an Freizeit- und Sportpferden eine solch ungebrochene Faszination ausüben?

Heute sind etliche Kaltblutrassen in ihrem Bestand gefährdet und teilweise sogar vom Aussterben bedroht.

Die Technisierung vor allem in der Landwirtschaft seit Mitte dieses Jahrhunderts hatte den Einsatz von Pferden unrentabel werden lassen und war in der Folge mit dem Ruch des Veralteten, Rückschrittlichen behaftet. Wo es nur ging, wurden für viel Geld Maschinen gekauft, die die schwere Arbeit leichter und die Pferde überflüssig machten. Konkurrenzdruck, Ertragszwang und die hohe Verschuldung vieler bäuerlicher Betriebe ließen es oft nicht zu, die gute alte »Lotte« oder den dicken »Hans«, die so viele Jahre treu den Ackerwagen gezogen hatten und eigentlich zur Familie gehörten, aus reiner Liebe zu behalten. Da ist dann doch so manche Träne geflossen, als der Viehhändler oder der Schlachter vom Hof fuhr und der letzte Blick der großen dunklen Pferdeaugen fast das Herz zerriß ...

Noch früher als in der Landwirtschaft wirkte sich die Weiterentwicklung der Verbrennungsmotoren im Transportwesen aus: »Handel und Wandel« wurden einst vollständig mit Pferdekraft in Gang gesetzt und gehalten. Als Eisenbahn und Lastkraftwagen sich verbreiteten, bedeutete dies vielfach das Aus für die Pferdegespanne und damit auch das Ende einer menschlichen Entwicklungsetappe, die eng an das Leben einer anderen Gattung, des *Equus caballos*, geknüpft war und ohne diese so nicht stattgefunden hätte.

Mitte des 19. Jahrhunderts äußerte Heinrich Heine seine Gedanken über die Zukunft der Zugpferde in dem Gedicht »Pferd und Esel« mit bekannter Doppeldeutigkeit[1]:

> »(...)
> Mit stierem Blick sah lang das Pferd dem
> Zuge nach, es zittert
> an allen Gliedern und seufzt und spricht:
> »Der Anblick hat mich erschüttert!
> Wahrhaftig, wär' ich nicht von Natur bereits
> gewesen ein Schimmel,
> erbleichend vor Schrecken wär' mir die Haut
> jetzt weiß geworden – o Himmel!
> Bedroht ist das ganze Pferdgeschlecht von
> schrecklichen Schicksalsschlägen.
> Obgleich ein Schimmel, schau ich jedoch
> einer schwarzen Zukunft entgegen.
> Uns Pferde tötet die Konkurrenz von diesen
> Dampfmaschinen –
> Und kann der Mensch zum Reiten uns,
> zum Fahren uns entbehren –
> Ade der Hafer! Ade das Heu! Wer wird uns
> dann ernähren?
> Des Menschen Herz ist hart wie Stein,
> der Mensch gibt keinen Bissen
> umsonst, man jagt uns aus dem Stall,
> wir werden verhungern müssen.«
> So klagt das Roß und seufzte tief, der
> Langohr unterdessen
> hat mit der gemütlichen Seelenruh zwei
> Distelköpfe gefressen.
> Er leckte die Schnauze mit der Zung', und
> gemütlich begann er zu sprechen:
> »Ich will mir wegen der Zukunft nicht schon
> heute den Kopf zerbrechen.
> Wie klug auch die Maschinen sind,
> welche die Menschen schmieden,
> dem Esel bleibt zu jeder Zeit sein sicheres
> Dasein beschieden!«
> (...)«

Der Anteil der Zugpferde an der menschlichen Kultur und Zivilisation wird viel zu oft unterschätzt oder gar übersehen. Wo ein Dankeschön dem nutznießenden Menschen Ehre gäbe, bleibt noch heute häufig nur eine abfällige Bemerkung, ein mitleidiges Lächeln, sind wir doch am Ende des 2. Jahrtausends in der Lage, Lebensmittel, Brennstoffe, Möbelholz – kurz alles, was der Mensch zum Leben braucht, per Flugzeug, Eisenbahn und LKW von einem Ende der Welt zum anderen in einer Zeit zu transportieren, in der man früher vom Dorf in die nächste größere Stadt mit Pferd und Wagen trabte!

Bei allen bodenständigen einheimischen Pferderassen trat nach dem Zweiten Weltkrieg, besonders aber mit der zunehmenden Technisierung in Landwirtschaft und Transportwesen in den 1950er Jahren ein Wandel in der Pferdezucht ein. Während die kräftigen Warmblüter Richtung Sportpferd veredelt wurden, blieb das nutzlos gewordene Arbeitspferd auf der Strecke. Fernab von militärischer sowie landwirtschaftlicher Nutzung und unattraktiv für das »Herrenreiterwesen« konnte nur die eine oder andere kleine Zucht überleben. Ein geringer Kaltblutbestand verblieb in den Händen weniger Liebhaber, die sich um den Erhalt der nun (und teilweise heute noch) vom Aussterben bedrohten Pferderassen sorgten.

Zum Glück für die bedrohten Kaltblutrassen aber änderte sich ab Ende der 1980er Jahre dieses Bild, zunächst im Spannungsfeld zaghafter Versuche, altes Wissen neu zu beleben, und dem pionierhaften Eifer, bewährte Arbeitsweisen mit dem Pferd wieder einzuführen. Umweltbewußte Einzelkämpfer (die heute lange nicht mehr allein stehen) wiederentdeckten die Qualitäten der Zugpferde: Im umweltschonenden Einsatz in der Land- und Forstwirtschaft sowie bei kommunalen Arbeiten (z. B. Grünanlagenbewässerung) konnten die »Dicken« ihre hervorragenden Qualitäten erneut unter Beweis stellen.

Diese Qualitäten sind es, die den Kaltblüter heute auch fürs Freizeitreiten interessant machen: ihre sprichwörtliche Ruhe und Gemütlichkeit, der sanfte Charakter, die ausdauernde Leistung und ihre kon-

---

[1] Heinrich Heine: Sämtliche Gedichte, S. 820 ff.

9

trollierbare Kraft. Hinzu kommt die unvergleichliche Ausstrahlung dieser Muskelpakete: Wer einmal einem dieser langmähnigen schweren Westfalen oder Thüringer, Süddeutschen oder Schwarzwälder direkt ins Auge geblickt hat und sich den dampfenden Atem ins Gesicht hat pusten lassen, der vergißt das nicht so schnell! Und bei aller scheinbaren Behäbigkeit können die »Dicken« im Trab und auch im Galopp ordentlich Meter machen!

Bei dieser neuen Entwicklung ist vor allem zweierlei festzustellen:

Zum einen steht diese »neue alte Liebe« vielfach im Kontext der Suche nach Alternativen zu einer durch High-Tech dominierten Lebens- und Arbeitswelt, also einer umfassenden sinnlich-emotional reduzierten kollektiven wie individuellen Erfahrungswelt. In diesem Zusammenhang gewinnt alles Ursprüngliche, Naturbelassene an Wert, man sucht das Ambiente des schweren Pferdes, um die durch den Alltagsstreß geraubte innere Ruhe wiederzufinden.

Zum anderen ist aus diesem Blickwinkel auch häufig die *Arbeit* mit den Pferden zu sehen, wenn man sie denn tut: umfassende und oft völlig neue Naturerfahrung, körperliche Betätigung, aber auch geistige Anforderungen, die sich in der Regel von allem bisher Erlebten abheben. Hinzu kommt das Wiederentdecken von Arbeitsformen zwischen Mensch und Tier, aber auch der Menschen untereinander, die einen nachdenklich machen und die bisherigen Lebensweisen kritisch überprüfen lassen. Immer wieder hören wir von älteren Menschen, die die Arbeit mit Pferden noch kennen, sie seien froh gewesen, als mit den Maschinen die körperlichen Belastungen weniger wurden, aber es habe die Menschen auch untereinander fremd gemacht, isoliert. Gemeinsame Pausen, ein Schwätzchen zwischendurch, ein Meinungsaustausch über die Arbeit des Tages, das gäbe es heute alles gar nicht mehr, sie vermißten es aber schmerzlich ... Nicht nur einmal habe ich erlebt, wie ein alter Bauer eine verstohlene Träne aus dem Auge wischte, als wir mit unseren »Dicken« vorbeikamen!

Dieses Buch soll ein Danke sein an all die vielen Pferde, die mit Geduld und Mühe, mit ihrer Kraft und ihrem Schweiß unsere Zivilisation ermöglicht haben. Es soll Abbitte tun für die Schmerzen, die sie für uns ertragen mußten und die unwürdigen Bedingungen, unter denen der Mensch sie manchmal leben ließ (und in manchen Fällen leider auch heute noch leben läßt).

Es soll Mut machen zum Kaltblutpferd, indem es Vorurteile abbauen und Wissenslücken schließen hilft, vielfältige Anregungen gibt und zu Kontakten und zur Verständigung zwischen den Kaltblutfreunden untereinander, aber auch den Liebhabern anderer Pferderassen ermuntert. Bezugsquellen für Geräte für den Pferdezug werden ebenso vermittelt wie Reit- und Fahrzubehör in Größe XXL ... Ein Anspruch auf Vollständigkeit kann und soll dabei nicht erhoben werden.

Mein Dank gilt all den Kaltblutfreundinnen und -freunden, für die keine Frage zu abwegig oder zu oft gestellt war, die mich mit Informationen zugeschüttet und mir mit meinen Fragebögen wertvolles statistisches Material in die Hand gegeben haben. Einen Extrasack Möhren bekommt mein Elbgang/Edle-Abkömmling »Echte Freude« (gemeinhin als »Eddi« bekannt und ein 1991 geborenes Mecklenburger Kaltblut), der für mich der größte, der schönste und der vielseitigste Pferdepartner ist, den ich mir vorstellen kann und dem ich viele Anregungen für dieses Buch verdanke!

Das schwere Pferd

Im allgemeinen hat sich die Theorie von der Entwicklung und Verbreitung der Pferderassen aus dem Ursprung des Typus der Wald- und der Steppenpferde durchgesetzt. Die jeweilige Ausprägung der einzelnen Formen des *Equus caballus* war abhängig von den klimatischen und geographischen Bedingungen. Haarkleid, Größe und Festigkeit der Hufe, Herz-/Lungenvolumen und der Verdauungsapparat einschließlich der Zahnstruktur sind auf Umwelteinflüsse zurückzuführen. Auch wurde das Temperament der jeweiligen Gattung natürlich durch diese Bedingungen geprägt.

Die aus dem Wald kamen ...

Das Kaltblutpferd ist im Ursprung dem Waldpferd zuzuordnen.
Es ist das schwere, langsame Pferd, das im Pleistozän, auch Diluvium genannt (ca. 2 Millionen – 10 000 Jahre v. Chr. = spätes Eiszeitalter), lebte und als einer der frühen Vorfahren unserer Kaltblüter angesehen werden kann. Der zeitlichen Zuordnung seiner Existenz entsprechend wird es *Diluvial-Pferd*, *Equus przewalskii silvaticus* oder auch *Waldtarpan* genannt, weil es mit dem Pferd in den östlichen waldreichen Steppen verwandt gewesen sein soll. Die Frühform des Diluvial-Pferdes starb zum Ende des Pleistozäns aus. Ihm folgte der *Equus robustus* oder auch *Equus germanicus* – nach im Rheinland gefundenen versteinerten Überresten. Beide Bezeichnungen meinen den gleichen Typus.

Als sich mit Beginn der Eiszeit die Erdoberfläche abkühlte, mußte sich das nordische Pferd den veränderten klimatischen Bedingungen anpassen, um zu überleben. Es bewegte sich in Gebüsch und Wald, auf Felsgeröll, Eis und Schneedecken sowie in Sommersümpfen. Und es bekam ein langes, dickes Winterfell, um die Kälte zu ertragen, auch Schweif, Mähne und der Fesselbehang wurden dick und robust, um Kopf, Genitalien und Beine nicht nur vor Verletzungen, sondern auch im Sommer vor Insekten zu schützen. Die geringe Körper*oberfläche* im Verhältnis zum Körper*volumen* bedingte das optimale Halten der körpereigenen Wärme und verhinderte so das Auskühlen.

Auch die Hufform paßte sich an und wurde flacher und breiter als die der südlichen Steppenpferde (diese flache Hufform ist heute noch bei manchen unserer Pferde zu finden und wird in Norddeutschland scherzhaft »Oldenburger Moorfüße« genannt ...). Wegen der unwirtlichen Bodenverhältnisse bewegte es sich vornehmlich im Schritt. Seine Nahrung bestand in erster Linie aus hartem Schilf und Zweigen, was es sehr genügsam machte. Seine Größe soll zwischen 130 und 150 cm Stockmaß betragen haben.

Bereits in der Eiszeit sollen mindestens 20 verschiedene Formen des Urwildpferdes vorgekommen sein, von denen die meisten in ihrem Körperbau dem heutigen Kaltblut ähnlich waren.

In einer Höhle in der Nähe von Eggenburg (Österreich) wurden Pferdeknochen gefunden, deren Alter auf ca. 50 000 Jahre

Wohlbefinden auch bei Minustemperaturen: Das Waldpferd bekommt ein dickes Winterfell. (Schleswiger Kaltblut)

geschätzt wird. Teile dieses Fundes lassen auf Pferde mit schwerem Knochenbau schließen.

In Skandinavien fand man vor einiger Zeit ca. 10 000 Jahre alte Überreste eines sich langsam bewegenden, schweren Pferdes, die auf das Waldpferd deuten. In Nordwestdeutschland in neuerer Zeit gemachte Funde (etwa 3000 Jahre v. Chr.) verweisen ebenfalls auf schwere Pferde, die eine große Ähnlichkeit mit den heutigen schwedischen Kaltblütern aufweisen sollen.

Bei Ausgrabungen südlich des Dümmersees (Norddeutschland) stieß man nicht nur auf Knochen schwerer Pferde, sondern auch auf Überreste von aus Baumstämmen gebauten Straßen. Sie zeugen von seßhaften Bauern, die in Dorfgemeinschaften lebten, in Hausansammlungen ebenfalls aus Holz. Feste soziale Gruppen waren der Ausgangspunkt für eine Domestikation von Tieren, für die auch in »primitiven« menschlichen Kulturgemeinschaften ein Mindestmaß an Organisation und Arbeitsaufwand notwendig war. Die Pferdehaltung diente vermutlich ausschließlich der Fleischversorgung.

Die Anthropologen sind sich bis heute nicht einig über die zeitlichen Anfänge und den Umfang der ersten menschlichen Eingriffe in die biologische Entfaltung des *Equus caballus.* Die Auswertung der oben genannten Funde läßt aber zumindest den Gedanken zu, daß auch bei der Entwicklung des Kaltblutpferdes bereits vor etwa 5000 Jahren der Mensch seine Hand im Spiel hatte! Östlich der Oder, in der Nähe von Friedeberg, Neumark, wurde die Bernsteinnachbildung eines Pferdes gefunden, das deutlich die Formen des Kaltblüters aufweist. Diese Figur wird ebenfalls auf ca. 5000 Jahre geschätzt!

Die Geschichte des domestizierten Pferdes ist unmittelbar mit der menschlichen Kulturgeschichte verbunden, und diese war schon immer auch eine Geschichte der Kriege. Das Pferd diente als Zugtier vor allem in kriegerischen Auseinandersetzungen und erst einiges später dem Menschen als Reittier, ebenfalls im Krieg. So war denn auch die gezielte Zucht schwerer Pferde zunächst vor allem kriegerischem Nutzen unterworfen.

> Noch heute sind uns Redewendungen geläufig, deren ursprüngliche Bedeutung oft schon nicht mehr verstanden wird, die aber die einstige tiefe Bindung zwischen Mensch und Arbeitspferd aufzeigen:
> Man will mal *ausspannen*, sich *entspannen*, man fühlt sich *abgespannt*, zu sehr *eingespannt*... Andere *schlagen über die Stränge*, sie *sticht der Hafer*, man müßte sie mehr *an die Kandare nehmen, ihr Temperament zügeln!*
> *Komm in die Hufe!* sagt man, wenn sich jemand beeilen soll ...

Nachweislich läßt sich der Einsatz der »Dicken« ab dem Jahre 732 verfolgen, als Karl Martell das Vordringen der Mauren mit seinen schweren Reitern stoppte. In der entscheidenden Schlacht zwischen Poitiers und Tours trafen zwei auch reiterlich sehr verschiedene Kulturen aufeinander: die moslemischen Mauren ritten auf kleinen schnellen Pferden in sehr wendigem Sitz, wogegen Martells Truppen zum ersten Mal in der Geschichte in stark gepanzertem Rüstzeug auf schweren, kräftigen Pferden zum Kampf antraten. Zwar fehlte es ihnen an der Beweglichkeit und vermutlich auch Ausdauer der kleinen Steppenpferde; in Verbindung mit den mächtigen Panzern der Reiter aber bildeten sie ein unüberwindbares Hindernis für die Mauren. Aus dem Erfolg und den Erfahrungen dieses Krieges begann man mit der Zucht eines Pferdes, das die körperliche Größe und Kraft des nordischen schweren Pferdes mit der Ausdauer und dem Mut der Orientalen verband. Man vermutet, daß es sich um ursprüngliche Ardenner[1] handelte, die durch Einkreuzung mit arabischen Pferden hübscher und beweglicher werden sollten. Es entstand ein mittelschwerer, mittelgroßer Pferdetyp, der sich wohl bewährte. Zwischen dem 13. und 15. Jahrhundert wurden die Rüstungen dann so schwer, daß auch die Pferde wieder sehr kräftig werden mußten. Diese Pferde waren nicht groß, aber starkknochig und von kompaktem Körperbau.

Edwards[2] schreibt, daß um das Jahr 1000 das nordische Kriegspferd etwa 100 Kilogramm zu tragen hatte, dreihundert Jahre später aber bis zu knapp 200 Kilogramm! Diese Pferde sollen dem heutigen Jütländer (s. »Schleswiger«) sowie den Vorfahren des Cob ähnlich und der Grundtyp der Zugpferde der Renaissance gewesen sein. Mit der Weiterentwicklung des Rüstzeugs und der Waffentechnik – besonders einschneidend war die Erfindung des Schießpulvers – brauchte das Kriegspferd später wieder nicht mehr so stark zu sein. Zudem begann man in der Renaissance auch in Nordeuropa sich für die klassische Reitkunst

---

[1] Die Historiker sind sich nicht ganz einig, ob es sich hier um alte Noriker oder um Ardenner gehandelt hat, die eine zeitlich etwa parallel laufende Geschichte aufweisen können.

[2] Edwards, Elwyn Hartly: Pferde – Begleiter...

Bis zu 200 cm Stockmaß können Shire-Horses erreichen.

zu interessieren, die ebenfalls ein leichteres Pferd zur Grundlage hatte. So wandte man sich denn für einige Jahrhunderte erneut vom schweren kaltblütigen Typ ab.

> Shire-Horses und ähnliche »Giganten« sind nur in unserer Phantasie die Pferde der Ritter! Dieser Typ wäre viel zu groß für diesen Zweck gewesen, zumal im Mittelalter auch der Mensch selbst noch deutlich kleiner war. Die großen Kaltblutrassen entstanden erst viel später, als der Nutzen für die Landwirtschaft erkennbar wurde.

Ab dem 8. Jahrhundert wurden in Europa auch Pferde zur Landarbeit eingesetzt, als die Entwicklung von Hufeisen und Geschirren dies möglich werden ließ. Aber diese Pferde waren noch nicht groß und stark genug, um den Anforderungen dauerhaft gerecht zu werden. (Wer den Unterschied zwischen Reiten und Pflügen kennt, mag sich ein Bild davon machen, weshalb diese Pferde zwar die Mauren stoppen, aber auf dem Acker mit den Ochsen nicht mithalten konnten!)

Die gezielte Zucht schwerer Pferde begann erst wieder im 18. Jahrhundert, als die *Entwicklung der Transportmittel und der Bodenbearbeitungsgeräte* das Kaltblutpferd als Nutztier sinnvoll werden ließ. Bis dahin war das Arbeitstier der Ochse gewesen, dessen einfache Mentalität und kostengünstige Beschaffung und Haltung weit vor dem Pferd rangierten. Je schwieriger im 18. Jahrhundert dann die Arbeitsaufgaben wurden, um so mehr konnte das Pferd mit seiner Anpassungs- und Lernfähigkeit dem Rind den Rang ablaufen. 1730 wurde der Rotherham-Schwingpflug erfunden, der leichter zu ziehen war, und im Jahr darauf kamen Jethro Tulls pferdegezogene Sämaschine und eine Schlaghacke für den Pferdezug auf den Markt. Der Arbuthnot-Schwingpflug, der folgte, brachte die Ochsen weiter aus dem Rennen, weil sich mit ihm – mit *zwei* Pferden bespannt – erheblich mehr Land an einem Tag bewirtschaften ließ als mit *sechs* Ochsen!

Im 19. Jahrhundert nahm die Zahl der pferdegezogenen Ackergeräte immer mehr zu: In den USA gab es Mähdrescher, die von 40 (!) Pferden gezogen wurden. Ab dieser Zeit setzt dann auch der Ruhm der belgischen Kaltblüter ein, die in direkter Linie von den nordischen Waldpferden abstammen und auf deren genetischer Grundlage noch heute der wesentlichste Bestand nord- und mitteleuropäischer Kaltblutpferde beruht.

> Seit der Erfindung der Dampfmaschine (1769), die die sog. industrielle Revolution in Europa einleitete, ist auch der Begriff **»Pferdestärken« (PS)** bekannt, nach dem noch heute die Motorleistung vom Trecker bis zum Rennwagen gemessen wird:
>
> **Ein PS mißt die Kraft, die erforderlich ist, ein Gewicht von 75 kg in einer Sekunde um einen Meter zu heben!**
> Ein trainierter **Kaltblüter** entwickelt im Schnitt 3 bis 6 PS, kurzfristig aber **bis zu 25 PS!**

Im 19. Jahrhundert wuchsen entsprechend den Aufgaben, die die wirtschaftliche Entwicklung stellte, auch die Anforderungen an die Qualitäten hinsichtlich Mentalität und Physis der Pferde.

Für Kaltblutpferde wurden die ersten Zuchtbücher eingerichtet, um der Nachfrage nach leistungsstarken, gutmütigen, leichtfuttrigen Pferden schweren Schlages für die Landwirtschaft nachzukommen, sozusagen verbriefte Qualität zu bieten und kontrollieren zu können, welche Anpaarung sich bewährt und welche nicht.

Merkmale der Rasse

Das heutige Kaltblutpferd unterscheidet sich nicht wesentlich von seinen jahrtausendealten Vorfahren. Die äußeren Merkmale, das Exterieur, haben sich kaum verändert. Hauptsächlich Größe und Gewicht veränderten sich durch züchterische Selektion, die den jeweiligen geographischen und klimatischen Bedingungen und damit auch den Erfordernissen hinsichtlich der Haltungsbedingungen und der Arbeitsleistung der Pferde angepaßt wurde. Der Kaltblüter von heute hat eine durchschnittliche Größe zwischen 150 und 170 cm Stockmaß mit einem Gewicht zwischen 600 und 1200 Kilogramm.

Beachtenswert ist das relativ kleine Herz, wenn man es mit dem des Vollblüters vergleicht: Nur etwa 0,6 % des Körpergewichts wiegt das Herz des Kaltblüters, das des Vollblüters aber über 1 %. Natürlich kann, wie beim Sportler auch, durch Training und optimale Aufzucht mit viel frischer Luft und Bewegung das Herzvolumen vergrößert werden. Wichtig ist aber zu wissen, daß ein Kaltblutherz generell mehr Blutvolumen zu bewältigen hat, weshalb die Herzfrequenz *immer* höher ist. Hiermit wird auch die Legende widerlegt, daß das Kaltblut tatsächlich »kaltes Blut« haben soll; das Gegenteil ist der Fall. Diese Bezeichnung basiert allein auf dem ruhigen, gelassenen Temperament.

Fell und Behang sind dick und robust, der Fesselbehang je nach Rasse mehr oder weniger ausgeprägt. Kastanien und Sporne sind größer und gröber als bei Warmblütern. Der kräftige Hals und der oft schwere, aber ausdrucksvolle Kopf mit der natürlichen Vorwärts-Abwärts-Haltung in der Bewegung passen zu den starken Knochen des möglichst kompakten Körpers. Auch die gespaltene Kruppe gehört zum Erscheinungsbild des Kaltbluts.

Die Hautoberfläche ist naturbedingt unempfindlicher gegen Verletzungen und reagiert auch weniger sensibel auf großflächige Berührungen (Hand, Geschirr usw.), wogegen ihm Insekten erstaunlicherweise ebenso zu schaffen machen können wie einem Vollblut! Das Auge ist oft von starker Haut (leichten Wülsten) umgeben, die es vor Verletzungen schützen sollen.

Es ist vom Futter her eher genügsam (Erhaltungsbedarf), bei harter Belastung aber steigt der Nahrungsbedarf in Hinsicht auf Menge und Gehalt entsprechend.

Sein Temperament gilt von der Grundhaltung her als ruhig und ausgeglichen, was seiner Genesis im unwirtlichen Wald-, Waldsteppen- und Sumpfgebiet entspringt. Ein unbedachter Schritt hätte verheerende Folgen haben können!

Auch das hemmungslose »Wegräumen« bzw. Überklettern jeglicher sich im Weg befindender Hindernisse ist auf das alte Erbe zurückzuführen. Wenn wir uns als Kaltblutbesitzer möglicherweise ärgern über umgekippte Weidetore oder das Niedertrampeln von Schubkarren, Eimern oder was sonst den direkten Weg verbauen mag, müssen wir uns daran erinnern, wo die Heimat der Vorfahren unserer Pferde lag: Oft genug gab es in ihrer Geschichte keine Möglichkeit auszuweichen, nicht im dicht bewachsenen Wald und auch nicht im Sumpf. Außerdem wurde mit Beginn der züchterischen Selektion unter anderem Wert darauf gelegt, daß das Pferd vor dem schwer beladenen Wagen nicht um jedes Hindernis einen großen Bogen macht!

Aus dem gleichen Grund kann man immer wieder beobachten, daß der Kaltblüter unter dem Sattel oft nur mit Mühe dazu zu bewegen ist, auf dem Grünstreifen am Straßenrand zu gehen: Tief in seinem Erbwissen ist verankert, daß er nicht nur mit seinen großen Hufen und seinem Körpergewicht schnell in die häufig an Wegrändern üblichen Gräben abrutscht, sondern auch das Fuhrwerk, das zu ziehen er seit Generationen auf die Welt kommt, auf dem Weg und nicht am Straßenrand zu bleiben hat!

»Am Abend eines langen Tagesmarsches bei einem Wanderritt standen wir müde und hungrig vor einem scheinbar unüberwindbaren Hindernis: eine Metallbegrenzung für einen Fußgängerweg. Der ›Dicke‹ paßte nicht durch, herumzugehen war nicht möglich, blieb nur ein Umweg von nochmals 6 Kilometer ... Völlig frustriert wollten wir gerade umdrehen, da hob der ›Dicke‹ ganz gelassen seine Beine und kletterte im Zeitlupentempo über die Querstangen. Wir waren fassungslos – und sehr dankbar! Fazit: Mit einem Kaltblüter überwindet man jedes Hindernis!«
(Monika K. aus H.)

Sein ruhiges und besonnenes, dabei aber aufmerksames, lern- und arbeitswilliges Wesen machen das Kaltblutpferd zu einem angenehmen Freizeit- und Arbeitskumpel. Dabei spielt es keine Rolle, ob wir *körperlich* der Kraft der »Dicken« gewachsen und männlichen oder weiblichen Geschlechts sind. Welcher Dreizentnermann sollte ein durchgehendes 1000-Kilo-Pferd halten können, wo jeder Pferdemensch weiß, daß man auch gegen ein sich auf dem Gebiß festgemachtes Pony keine Chance hat!?

Man kann beherzte Mädchen gut schwere Pferde kontrollieren sehen, wo kräftige, aber ängstliche Erwachsene keine Chance haben!

Die Lebenserwartung der Kaltblüter beträgt ca. 25 Jahre, also etwas weniger als beim Warmblüter (ca. 30 Jahre). Allerdings liegt das Durchschnittsendalter bei 12 bis maximal 15 Jahren, was in fast allen Fällen auf Haltungs- und Fütterungsfehler sowie unnötigen Verschleiß zurückzuführen ist! Das Alter der Arbeitspferde in der Zeit, da sie noch tatsächlich in Arbeit waren, also bis in die 1960er Jahre, war höher. Wieso? Die Pferde hatten viel Bewegung und blieben nicht zwanzig Stunden im Stall wie heute. Dadurch bekamen sie ausreichend frische Luft (Lunge), das Herz-Kreislauf-System war trainiert und ebenso der Bewegungsapparat. Außerdem bedeutete ein gutes Arbeitspferd auch eine gute Kapitalanlage, die gepflegt wurde, um möglichst lange Nutzen aus ihr zu ziehen. Entgegen der weitverbreiteten Ansicht ist das Kaltblut *nicht* bereits mit drei Jahren ausgewachsen und voll arbeitsfähig! Das traf in früheren Zeiten noch weniger zu als heute, denn früher hatten die Futtermittel noch nicht die Qualität wie heute, außerdem wurde weniger auf ausreichende Vitamin- und Mineralstoffversorgung oder auf Verwurmung geachtet. Diese Mängel schränkten die Entwicklung des jungen Pferdes ein. Tatsächlich können Stuten und Hengste bis zu einem Alter von etwa 6 Jahren, Wallache bis 8 oder sogar bis 9 Jahren wachsen! Das *Größen*wachstum ist nach dem dritten Lebensjahr weitgehend abgeschlossen, es kommen aber im Verlauf der nächsten Jahre in der Regel noch ein paar Zentimeter Höhe hinzu[1]. Das Skelett mit dem tragenden Bänder-, Sehnen- und Muskelapparat muß sich erst langsam festigen. Vor allem in der Breite (aber auch in der Psyche) entwickelt sich das Kaltblutpferd noch über einen längeren Zeitraum (die Fütterungs- und Haltungsbedingungen haben hier einen wesentlichen Einfluß).

Die Entwicklung des Körpergewichts kann der folgenden Tabelle entnommen werden (ca.-Werte):

Bei der Geburt	65 kg
Jährling	500 kg
Zweijähriger	650 kg
Dreijähriger	750 kg
Erwachsenes Pferd	800–1000 kg

Das ausgeglichene Temperament und der gute Charakter machen Kaltblüter auch für Kinder attraktiv. (Brandenburger Kaltblut)

---

[1] Mein Kaltblutwallach »Eddi« ist zwischen dem 6. und 7. Lebensjahr noch um zwei Zentimeter größer geworden!

Arbeitspferde gestern und heute

Ein kurzer Rückblick

Wenn wir heute über den Einsatz von Arbeitspferden nachdenken, kommen uns in der Regel »nur« die Arbeit in der Land- und Forstwirtschaft, Brauchtumsritte und Planwagenfahrten in den Sinn. Dabei ist die Leistung der Pferde auf wesentlich breiterem Gebiet vollbracht worden, über das uns jedoch weder die Geschichtsbücher noch unsere Großväter und -mütter berichten, weil das meiste längst in Vergessenheit geraten ist.

Ohne den aufreibenden und unermüdlichen Einsatz der Pferde wäre die Industrialisierung Mitteleuropas kaum möglich gewesen. Während für die Personenbeförderung, das Nachrichtenwesen und das Zustellen sonstiger eiliger Güter das leichtere Pferd bevorzugt wurde, war das Kaltblut beim Schwertransport unverzichtbar. Ein Treidelpferd (treideln: Kanalschiffe von Land aus ziehen) in England beispielsweise mußte 50 bis 60 Tonnen in Bewegung setzen und halten! Besonders der Transport von Kohle, Schwermetallen und Maschinen erforderte ein Pferd mit großer Körperkraft.

Um eine Vorstellung davon zu bekommen, was die heutige westliche Industriegesellschaft dem Pferd verdankt, mag eine summarische Aufzählung angebracht sein, die Edel Marzinek-Späth[1] zusammengestellt hat und der nichts hinzuzufügen ist!

Pferde wurden (und werden zum Teil noch immer) eingesetzt:

- In der *Rohstoffgewinnung* mit Beginn der Industrialisierung: beim Kohle-, Erz- und Salztransport über und unter Tage, bei der Beförderung der Rohstoffe zur Weiterverarbeitung und zum Verkauf, beim Antrieb von Klär- und Schlammanlagen und auch von Aufzügen.

> 1917 arbeiteten noch 5027 Pferde im Ruhrgebiet unter Tage und 1066 über Tage. 500 Pferde waren noch 1955 im Bergbau eingesetzt. Die Geschichte des Kaltblutwallachs »Tobias«, des letzten, 1966 entlassenen Grubenpferdes in Deutschland, beschreibt H.-P. Lampe in seinem Buch »Von Pferden und Reitern in Westfalen«: »Tobias« hatte 17 Jahre unter Tage gearbeitet und starb im Alter von 22 Jahren, nachdem er noch für kurze Zeit sein Rentnerdasein auf einem Bauernhof genießen durfe. Der erste Tag des Ruhestandes muß besonders beeindruckend gewesen sein: »›Tobias‹ ging mit langsamen Schritten durch das Gras, mit jedem Schritt senkte sich sein Kopf mehr; schließlich blieb er stehen, rupfte und fraß Gras – und plötzlich legte er sich nieder und wälzte sich. Es standen Kumpel dabei, die vor Rührung heulten.«[2] Die Grubenpferde wurden äußerst pfleglich behandelt und hatten den Stellenwert eines Kumpels.

- In *Handwerk, Produktion, Handel und Gewerbe*: beim Antrieb von Göpelwerken, bei der Versorgung der ständig wachsenden Bevölkerung mit Lebensmitteln, Getränken, Haushaltswaren, Baustoffen und überhaupt allen über den Groß- und Einzelhandel zu beziehenden Gebrauchsgütern.

---

[1] Marzinek-Späth, Edel, S. 16 f.
[2] Lampe, H.-P.: Von Pferden und Reitern ..., S. 61

Historischer Bäckerwagen mit Schleswiger Kaltblut. (»Umzug historischer Pferdegespanne« auf der Alten Salzstraße in Lütau 1997)

- In der *Schiffahrt* und bei der *Fischerei*: beim Treideln, beim Fischen (Krabbenfischerei) einschließlich Abtransport der Fänge, beim Seenot-Rettungsdienst.
- Im *Transport- und Nachrichtenwesen*: allgemeine Transporte, besonders aber in der Personen- und Nachrichtenbeförderung (Postwesen). Wiederbelebt werden heute zum Teil pferdegezogene Eisenbahnen, Busse, Taxen usw., die einst notwendig waren, heute vor allem aus Gründen des Umweltschutzes und/oder als touristische Attraktion bzw. zur Wahrung erhaltenswerter Kulturmomente.
- Im *Gemeinwesen*: Feuerwehr-, Hochzeits-, Kranken- und Leichenwagen gehörten ebenfalls dazu. Außerdem noch die Abfallbeseitigung und die Wasserwirtschaft.

- Im *Wald*: früher wurde jegliche Arbeit im Forst von Pferden erledigt.
- In der *Landwirtschaft*: sämtliche anfallenden Arbeiten oblagen der Pferdewirtschaft.

Wie stark ist denn ein Pferd?

Die Aufgabe eines Zugpferdes ist das Bewegen eines Gegenstandes von Punkt A nach Punkt B durch Überwinden des Zugwiderstands *mit möglichst großer Präzision und möglichst geringem Einsatz körperlicher Energie.* Dieses Ziel kann nur erreicht werden durch beste Ausbildung, beste körperliche und seelische Konstitution und gute Ausrüstung. Natürlich muß der Gespannführer nicht nur *das Pferd*

Pflügen mit dem Pferd: traditionellster landwirtschaftlicher Einsatz.
(Sächsisch-thüringisches Kaltblut)

kennen und verstehen, sondern auch *sein Handwerk beherrschen.*

Zu wenig berücksichtigt in der Diskussion über den (Wieder-)Einsatz von Pferden in bestimmten Bereichen ist oft die große emotionale Bereicherung, die das Pferd uns in unserem von Technikhörigkeit und Sensationsmedien dominierten Alltag bietet. Zu wenig beachtet wird auch der unschätzbare Wert der Besinnung durch die unmittelbare Naturerfahrung, das Erinnern, das Ahnen eines Lebens- und Arbeitszusammenhanges, der weder das natürliche Umfeld zerstört noch die positiven familiären und nachbarschaftlichen Strukturen zerfrißt. Das kaum zu erklärende Gefühl von Frieden ist eine unmittelbare Erfahrung: Es durchdringt das Herz, wenn wir den Boden riechen, das frische Holz, ein Reh unseren Weg kreuzt, ein Eichhörnchen schnell den Stamm hochspringt. Die Pferde schnauben, wir sprechen mit ihnen, sie antworten mit ihrem

Ohrenspiel. Leder knarrt, eine Zugkette, ein Ortscheid klappert. Spaziergänger bleiben stehen, sprechen uns an, bewundern die Pferde. Innere Ruhe breitet sich aus. Katharsis.

Wer sich allerdings jetzt die Arbeit mit Pferden als herrlich romantisches Abenteuer vorstellt, liegt weit daneben: Zugpferdearbeit heißt körperliche Anstrengung mit einem gewissen Gefahrenpotential, das niemals unterschätzt werden darf und die in vielen Fällen hohe Konzentration erfordert. Wenn zwei Pferde mit einem Gesamtgewicht von 1800 kg zusammen kurzfristig bis zu 50 PS entwickeln, hört der Spaß für den Laien auf! Die Schulung des Gespannführers ist ebenso wichtig wie das Beachten der Sicherheits- und Unfallverhütungsmaßnahmen.

Für die Arbeit mit Pferden sprechen neben der sinnlichen Bereicherung für uns Menschen vor allem ökologische, kulturelle, aber auch ökonomische Aspekte. Zum einen werden Handwerkskünste (Sattler, Wagner bzw. Stellmacher, Seiler, Schmiede usw.) erhalten, die ein unschätzbares Kulturgut bedeuten, das unbedingt zu schützen ist und das natürlich auch Arbeitsplätze schafft. Das gleiche gilt für die Gespannführer selbst: Holzrücker, Kutschfahrer und andere bewahren nicht nur die Kenntnisse um die Arbeit mit dem Pferd, sie haben auch einen Arbeitsplatz.

Erwähnenswert ist aber auch die Einsparung von Diesel durch den Einsatz des Pferdes. Mit einem mittelschweren Kaltblutpferd kann eine landwirtschaftliche Fläche von 8,25 ha bewirtschaftet werden mit einer Futterfläche von 0,72 ha. Das spart 2123 Liter Rohöl einschließlich des Nichtverbrauchs von Kunstdünger (150 Liter Rohöl) durch vom Pferd selbst »produzierten« Dünger! Dazu kommen noch 185 Liter Rohöl, die zum Bau von Traktoren verbraucht werden. Da sich diese Werte auf den technischen Stand der pferdegezogenen Geräte der 1950er Jahre beziehen, kann die Einsparung nicht nachwachsender Rohstoffe beim Einsatz *moderner* Pferdezuggeräte noch höher angesetzt werden.[1]

Da das Pferd selbst nur nachwachsende Rohstoffe als Energieträger verbraucht und zudem die Umwelt nicht verschmutzt, trägt es zur Wiedergewinnung des natürlichen Gleichgewichts besonders beim Einsatz in der Landwirtschaft und im Forst (aber auch in den Innenstädten) bei. Zum Thema Bodenverdichtung sei soviel gesagt: Ein Kaltblüter hat zum Beispiel bei der Arbeit im Wald zwar einen doppelt so hohen Bodendruck wie ein Radschlepper (10 kg/cm zu 5 kg/cm), was aber relativ ist, da der Pferdehuf den Boden nicht *breitflächig* belastet und die Druckstellen durch die Mikroorganismen im Boden schnell wieder regeneriert werden.

Ein weiterer wirtschaftlicher Faktor ist das Kaltblutpferd selbst: 1997 wurden in Deutschland ca. 6000 eingetragene »Dicke« gezählt: gekörte Deckhengste, Zuchtstuten und Fohlen[2]. Dazu kommen die Nichteingetragenen und die in keiner Statistik registrierten Wallache. Man kann also von einem Gesamtbestand von ca. 8000 oder sogar mehr Kaltblütern ausgehen. Alle diese Pferde brauchen Futter, einfaches Zubehör vom Halfter bis zum Striegel, veterinärmedizinische Behandlung, Pferdeanhänger – Zugfahrzeuge für diese Anhänger nicht zu vergessen –, Gerätschaften für die Arbeit, Kutschwagen usw. Auch hier geht es um Arbeitspätze und Einkommensquellen.

Allein der kaltblütige Pferdebestand kann auf ein Gesamtmaß von 32 Mio. DM angesetzt werden (8000 × 4000)[3], ca. 4 Mio. DM für Heu, mindestens 0,5 Mio. DM für Hafer und 1,5 Mio. DM Umsatz allein für Geschirre (1000 × 1500 DM) pro Jahr! Das sind vermutete Werte, die in der Praxis durchaus höher sein können. Die Ausgaben für Kutsch- und Planwagen, Pferdetransporter in Übergröße und entsprechend leistungsfähige Zugfahrzeuge machen jährlich zusätzlich etliche Millionen Mark Umsatz in den verschiedensten Produktions- und Verkaufssparten aus.

Der Begriff **Pferdestärken** wurde weiter vorne bereits erklärt. Kaum jemand weiß allerdings, wie diese Maßeinheit entstanden ist: Die von James Watt erfundene Dampfmaschine ersetzte ein mittelschweres Pferd an einem Göpel, der Wasser förderte. *In einer Sekunde wurden 75 Liter Wasser einen Meter hoch gehoben.* Und dies ist noch heute der Kraftmesser für Maschinen jeder Art.

---

[1] Zimmermann, Michael: Energieaspekte des Pferdeeinsatzes. In: Das Zugpferd ... Nr. 3/4 1994, S. 22 ff.
[2] Jahresbericht FN 1997
[3] 4000 DM = Durchschnittspreis

Äußerste Kraftanstrengung der Pferde vor dem Starkholz-Rückewagen. (Mecklenburger Kaltblut)

Ein gut trainiertes Kaltblutpferd mag eine durchschnittliche Zugkraft von 3 bis zu 6 PS entwickeln. Bei kurzfristigen Belastungen kann diese Kraft auf über 20 PS steigen! Die Anstrengung des Pferdes sollte immer *dem Gesundheits- und Ausbildungsstand, dem Maß des Trainings und der Dauer der täglichen Beanspruchung* angemessen sein. Man darf auch nicht vergessen, daß ein Pferd, das regelmäßig Kutschwagen zieht, im schweren Zug am Boden andere Kräfte einsetzen muß.

Wie weit darf ein trainiertes Pferd nun belastet werden?

Auf gerader Strecke bei guten Wegen zieht das Pferd als *äußerste Grenze* bis zum Dreifachen seines Eigengewichts, in der Ebene auf schlechten Wegen und in bergigem Gelände mit mittlerer Steigung und guten Wegen das Zweifache, bei starker Steigung (Gebirge), bei mittlerer Steigung und schlechter Straße, auf dem Acker und sonst auf schwerem Boden zieht es eine Last, die etwa seinem Eigengewicht entspricht. Ein guter Gespannführer kennt die Grenze der körperlichen Kräfte seines Pferdes und achtet darauf, diese niemals zu überschreiten. Überbeanspruchte Pferde, also solche, denen mehr zugemutet wird, als sie tatsächlich ziehen können, verlieren das Vertrauen in sich und in ihren Führer und mögen in vielen Fällen die weitere Zugleistung verweigern – zu Recht. Eine ständige Belastung mit der Höchstgrenze des Zumutbaren ist nicht akzeptabel, denn sie führt zu vorzeitigen und unnötigen Verschleiß des Pferdes.

In Versuchen mit Rückepferden wurde eine *Dauerleistungsgrenze* (DLG) von 10–15 % des Körpergewichts des Pferdes[1]

[1] Untersuchung körperlicher Beanspruchung des Pferdes beim Holzrücken: Hoffmann, Bombosch u. Schlaghamersky, in: Das Zugpferd, 5/1992, S. 12 ff.

ermittelt. Andere Autoren setzen diese Grenze auf bis zu 25 % fest, was in den oben genannten Versuchen aber als erheblich zu hoch angesetzt nachgewiesen wurde.

Untersuchungen über die Herzfrequenz bei Arbeitspferden unter unterschiedlichen Belastungen haben ergeben, daß mit der Dauer der Anstrengung auch der Puls steigt und die Erholungspausen länger werden. Natürlich weiß das jeder erfahrene Pferdeführer selbst, dennoch ist es nicht unwichtig, dies auch wissenschaftlich untermauert zu sehen. Liegt der Ruhepuls des Kaltblüters bei durchschnittlich 40 Schlägen/min, kann die Frequenz bei Belastungen auf mehr als das Dreifache ansteigen. Solch hohe Belastungen müssen so kurz wie möglich gehalten werden und dürfen nur Ausnahmen bedeuten. Der Tagesmittelwert des Pulses sollte 80 bis 85 Schläge nicht überschreiten. Zu Beginn der Tagesarbeit sinkt der Puls relativ schnell wieder auf sein Normalmaß ab, mit zunehmendem Tagespensum, also Belastung und Ermüdung, dauert dieses Absinken immer länger. Auch schnellt dann der Puls bei erneuter Belastung rascher wieder hoch als zu Beginn.

Als Gradmesser für Belastung bzw. Erholungspausen des Pferdes genügt ein Blick auf die Nüstern und die Flanken, an deren Heben und Senken man erkennen kann, wie das Pferd »bei Puste« ist. Das Schwitzen ist selten ein Gradmesser, denn der Schweiß dient lediglich dem Senken der mit der Belastung ebenfalls ansteigenden Körpertemperatur, und wer selbst körperlich arbeitet, weiß, daß man zwar ordentlich schwitzen, aber durchaus noch belastbar sein kann.

Eine Pause ist geboten, *bevor* das Pferd einen extrem hohen Pulswert erreicht. Mögen in Einzelfällen Extreme nötig sein, sollte ansonsten die Arbeit ruhig und gleichmäßig durchgeführt werden. Die Kräfte des Pferdes werden andernfalls nur unnötig verschlissen und seine Arbeitswilligkeit mit Sicherheit überreizt.

Als ich in einem Sommer mit meinem Kaltblüter 2,5 ha Heu gewendet habe, konnte ich die Veränderung der Belastungsdauer mit fortschreitender Zeit deutlich beobachten: Während wir zu Beginn 3–4 Reihen wenden konnten und dann 2–3 Minuten Pause brauchten, veränderte sich dies zum Ende hin auf 1 Reihe wenden/6–10 Minuten Pause. Das war am ersten Tag, als das lange Gras noch frisch war. Am dritten Tag war das Heu fast trocken, hatte also entsprechend weniger Eigengewicht, und die Arbeits- und Pausenzeit verkürzte sich entsprechend.

Eine gute Regel für den Konditions- und Belastbarkeitszustand des Arbeitspferdes kann man den Anforderungen von Vielseitigkeits- und Distanzpferden entlehnen, die nur dann eine Prüfung erfolgreich bestanden haben, wenn sie nach der Belastung und entsprechender anschließender Ruhezeit körperlich in der Lage sind, erneut »in den Ring« zu treten. Einige Tage nach der Arbeit im Heu, die oben beschrieben wurde, nahm ich mit meinem Mecklenburger an einem kleinen Distanzritt (35 km) teil. Obwohl wir uns in schwierigem Gelände befanden (Berge – und wir kommen aus dem flachen Norden ...), war der »Dicke« am Ziel so fit, daß er Bocksprünge in seinem Paddock veranstaltete!

Kommunale Arbeiten

Hochmodern und voll im Trend sind Pferdeeinsätze vor allem im kommunalen Bereich. Nach anfänglichem Zögern und einiger Skepsis seitens der Verwaltungen machen besonders pferdegezogene Wasser- und Abfallwagen Schule. Der Ruf nach autofreien Innenstädten mit weniger Lärm- und Abgasbelastung wird schließlich immer lauter.

Zusammen mit dem wachsenden Umweltbewußtsein breiter Bevölkerungskreise steigt der politische Druck und damit die Handlungsbereitschaft der Gemeinden. In Versuchsmodellen konnte schon in den 1980er Jahren die Durchführbarkeit und die *Rentabilität* von Pferdegespannen in der Stadt bewiesen werden. Neu entwickelte Geräte bzw. Fuhrwerke auf dem letzten Stand der Technik verwehren dabei jeden Hang zum Nostalgischen.

Der Wiedereinsatz von Pferdegespannen setzt eine Denkweise voraus, die sich vom aktuellen »schneller, stärker, moderner« deutlich abgrenzt. Pferdewagen können nicht im eigentlichen Sinne an motorisierten Verkehrsmitteln gemessen werden. Allein das geringere Reise- bzw. Transporttempo (5 bis 10 km/h) birgt Wertigkeiten, die dem PKW und dem LKW abgehen: Erleben der Umgebung, Kontakte zum Tier und zu anderen Menschen, Ruhepol für die Nerven und die Sinne.

Streßpotenzierung durch die hohen Geschwindigkeiten des motorisierten Individualverkehrs, überschnelles Reaktionsmuß und ständige Schockerwartung durch das hohe Verkehrsaufkommen in den Städten zusätzlich zu Lärm und Gestank machen das Einkaufen, Bummeln, Spazierengehen in den Städten und stadtnahen Bereichen auch nach Feierabend und an den Wochenenden zu einem »Unvergnügen«. Der Pferdewagen dagegen kann von einem Punkt der Stadt zum anderen befördern ohne die Hast und die Fülle von im Stau steckengebliebenen PKWs, überbelegten Parkplätzen und luftverpestenden Kleinlastern mit dem dazugehörenden Lärmpegel. Der Wert von Zeit und Muße kann neu erfahren und schätzen gelernt werden.

Zusätzlich können mit den Lebens- und Arbeitsräumen für Pferde auch neue Entfaltungsmöglichkeiten für Stadtmenschen geschaffen werden, die die Lebensqualität erheblich erhöhen. Das Beispiel »Bremer Bürgerpark« (siehe S. 28) zeigt, wie die Pferde ins städtische Umfeld integriert sind und mit ihren vielfältigen Einsatzmöglichkeiten zum unverzichtbaren Bestandteil des dortigen Erholungsgebietes geworden sind.

Welche Arbeiten bieten sich überhaupt für den Pferdezug an? Grünanlagenbewässerung und Abfallsammlung überzeugen sehr, weil sie zum »Stop and Go«-Bereich zählen, in dem Motorfahrzeuge durch ständige Abgase ungeheuer lästig sind. Auch die Pflege von Anlagen und Wegen kann unproblematisch von Pferden übernommen werden ebenso wie die Holzeinbringung in Stadtwäldern. Der Winterdienst (Schneeräumen etc.) ist dagegen eher ungeeignet wegen der Witterungsbedingungen und vor allem wegen des leider immer noch häufig verwendeten Streusalzes.

Besonders attraktiv ist der Pferdeeinsatz in Gegenden mit Fremdenverkehr bzw. in Kurorten. Das Pferdegespann übt ja zusätzlich zu den bislang genannten Argumenten nach wie vor eine große Anziehungskraft aus, und mit den freundlichen Bewunderern am Straßenrand hat es eine zusätzliche Lobby! Daneben darf der PR-Effekt für die Gemeinden nicht unterschätzt werden: Presse- und Fernsehberichte über solche ökologischen Innovationen machen eine gute Werbung für die Kommunen, die Pferdezüge werden zu Anziehungspunkten nicht nur für Touristen, sonden für Interessenten vielfältigster Art. Zum Beispiel andere Gemeinden, die Informationen über solche Projekte einholen wollen, Studenten und Wissenschaftler, die die umfassenden sozialen, ökologischen und ökonomischen Aspekte des Pferdeeinsatzes wissenschaftlich begleiten und auswerten wollen (besonders sozialwissenschaftliche und betriebswirtschaftliche, aber auch verwaltungsbezogene Fachrichtungen), Vereine und Verbände, die sich mit Wohn-, Lebens- und Verkehrsproblematiken befassen, Umweltschutzorganisationen, Heimat- und Kulturvereine bis hin zu Kinder- und Seniorengruppen und vielen anderen.

Man sieht also, daß *ein einziges Pferd im kommunalen Einsatz eine lebende Brücke bildet zwischen den Menschen*, wobei Alter, Geschlecht, Beruf und parteiliche Zugehörigkeit in der Regel völlig nebensächlich sind.

> »Erst wenn der letzte Baum gerodet,
> der letzte Fluß vergiftet,
> der letzte Fisch gefangen,
> werdet ihr feststellen, daß man Geld
> nicht essen kann!«
> (Weissagung der Cree)

Die Arbeit im Gemeinwesen ist allerdings nur praktikabel, wenn sowohl die Kommune selbst als auch die verschiedenen Bevölkerungsgruppen und Verbände tatsächlich unterstützend mitwirken, gleich ob organisatorisch, politisch, finanziell oder moralisch. Die größten Hindernisse bilden meist die wirtschaftlichen Engpässe der Gemeinden, es muß also mindestens kostenneutral (d. h. nicht teurer als der übliche Einsatz motorisierter Fahrzeuge) mit dem Pferd gearbeitet werden, Mehrkosten dürfen nicht entstehen. Im Rahmen der Privatisierungsbestrebungen für kommunale Arbeiten bieten sich aber Pferdeeinsätze auf privatunternehmerischer Basis an, denn die Anschaffungskosten beispielsweise für einen Wasser- oder einen Abfallsammelwagen für den Pferdezug sind im Vergleich zum Motorfahrzeug sehr niedrig. Das gleiche gilt für »Wartung, Reparatur und Verbrauch«: Wenn die Arbeitsbelastung für das Pferd steigt, z. B. von 2 × wöchentlichem Einsatz auf 4 × oder von 2 Stunden täglich auf 5, ist der Mehrverbrauch des Pferdes an Kraftfutter und Hufbeschlag unerheblich, während beim Motorfahrzeug Verbrauch und Wartungskosten proportional mit der Nutzung ansteigen. Eine befürchtete Konkurrenz zu

Anlegen eines Wildblumenbeetes in der Gemeinde Lensahn. (Schleswiger Kaltblut)

den Stadtangestellten, die durch die Privatisierung verschiedener Kommunalarbeiten um ihren Arbeitsplatz bangen, hat sich in der Praxis als irrelevant erwiesen, da die auf das Pferdefuhrwerk übertragenen Aufgabenbereiche einen geringen Rahmen umfassen und in der Regel Arbeitsabläufe beinhalten, die die Stadtangestellten bereitwillig abgeben.

Will man seine Dienste einer Gemeinde anbieten, sollte man das Arbeitsvorhaben eingrenzen, die Beschaffenheit des Fuhrwerks überdenken – und welches Pferd eingesetzt werden soll mit welchem Geschirr und welchem Hufbeschlag sowie, wer das Gespann dann führen soll. Die Kosten müssen ausgerechnet und die Transportfrage zum und vom Einsatzort sowie die Versicherungslage geklärt werden. Weite Anfahrtswege lohnen nicht; bestenfalls werden die Pferde in der Nähe des Einsatzortes aufgestallt, zumindest aber sollte das Fahrzeug im städtischen Fuhrpark sicher abgestellt werden können.

Wer in der Stadt fährt, repräsentiert auch gleichzeitig, ganz gleich ob man das möchte oder nicht. Also muß das Gespann immer tiptop in Ordnung sein, der Fahrer gut mit den Pferden umgehen können und gleichzeitig auch Menschenkenntnis und gute Umgangsformen mitbringen. Wer bei der zwanzigsten Bemerkung am Tag, was man da für hübsche Haflinger angespannt habe (dabei sind es Schleswiger oder gar Schwarzwälder) die Nerven verliert, sollte sich einen anderen Job suchen ...

In so kleinem Rahmen ist natürlich die finanzielle Seite für den Fuhrmann nicht übermäßig attraktiv, als zusätzlicher Nebenverdienst aber noch akzeptabel, besonders wenn nach erfolgreicher Praxis der Rahmen der kommunalen Pferdearbeit

---

Beispiel: Abfallsammlung

Gemeinde XY, Kleinstadt mit mittlerem Fremdenverkehr

Arbeitsvorhaben:	2 × wöchentlich Papierkörbe leeren
Fuhrwerk:	Einfacher Pritschenwagen, Umbau nicht nötig
Pferde:	Einspänner, leichtes bis mittelschweres Pferd
Geschirr:	Arbeitsgeschirr
Sonstiges Zubehör:	Nicht notwendig
Fuhrmann/frau:	Nebenberufliche Tätigkeit als Fuhrmann/frau, Fahrabzeichen Kl. IV
Anfahrt zum städtischen Betriebshof:	20 Minuten
Versicherung des Gespanns:	Gewerbliche Haftpflicht des/der Gespannführers/führerin
Kosten des Gespanns:	ca. 60–80 DM/Std.
Zeitvorgabe:	Reine Arbeitszeit jeweils 3 Stunden (= bei 6 Std./Woche Arbeitszeit einschließlich Ein- u. Ausspannen, Pferdepflege, Anfahrt usw. insgesamt 10 Std./Woche)
Verdienst gesamt:	360 bzw. 480 DM/Wo.
Einkommen real:	36 bzw. 48 DM/Std. *abzüglich* Futter, Benzingeld, Hufbeschlag, Steuern, Versicherung etc.

ausgebaut werden kann. Ein Gespann muß also, wenn es sich im städtischen Einsatz voll rentieren soll, zu weiteren Aufgaben herangezogen werden. Vor allem die Grünanlagen erfreuen sich in immer mehr Fällen pferdegezogener Wasserwagen und der Wegeeggen; aber auch bei der Anlage und Pflege von Blumenbeeten und mit dem Säubern von Bänken, Pfosten, Schildern usw. lassen sich die Pferdekapazitäten auslasten. Eine lukrative Einsatzmöglichkeit für die Gespanne sind zusätzliche Kutschfahrten im heimatlichen Gelände.

Übrigens bedürfen nach den 1998er Verordnungen über die Verkehrssicherheit von Gespannen auch *Transportwagen* einer TÜV-Zulassung (Näheres dazu siehe Kapitel »Unfallfrei«)!

• Beispiel Sulingen

Seit Herbst 1997 fährt in Sulingen/Niedersachsen ein pferdegezogener Abfallwagen. Die Initiative ging von dem engagierten Fuhrmann aus, der nach über einem Jahr Vorbereitungszeit die Verwaltung der hübschen Kleinstadt von seinem Vorhaben überzeugen konnte. Das Pferd ist eine Schleswiger-Stute (1992 geboren, Gewicht 800 kg, Stockmaß 156 cm), die zweimal wöchentlich zum Einsatz kommt. Die Wegstrecke beträgt im Schnitt 6 km mit etwa 25 bis 30 Stops. Der Fuhrmann hält dabei jeweils möglichst zentral, um das immer wiederkehrende Anziehen des Pferdes (stop and go) möglichst gering zu halten, d. h es werden, soweit machbar, mehrere Entsorgungsstellen gleichzeitig erfaßt. Der Wagen ist ein restaurierter sogenannter Gummiwagen aus den 1960er Jahren, mit feststellbarer Fußbremse (Trommelbremse) versehen und bunt lackiert. Das Eigengewicht beträgt ca. 500 kg, die tatsächliche Zuladung gab der Fuhrmann mit maximal 500 kg an, erlaubt sind laut Hersteller 2,7 t. Um das Gespann optimal im Straßenverkehr zu sichern,

Kommunaleinsatz in Sulingen: Ein Pferd ist immer Anziehungspunkt für jung und alt. (Schleswiger Kaltblut)

27

während der Fahrer die Arbeit verrichtet, werden die Vorderräder (Drehkranzlenkung) mit Metallkeilen beidseitig gesichert, die Bremse festgestellt, die Leine festgemacht und, wo nötig, zusätzlich noch »Verkehrshütchen« vor bzw. hinter dem Wagen aufgestellt. Besser geht's nicht! Die größte Sorge des Fuhrmanns war anfänglich die Angst, von den Autofahrern als Verkehrshindernis angesehen und entsprechend ungeduldig behandelt zu werden. Diese Befürchtung hat sich jedoch als haltlos erwiesen: Die Autofahrer sind durchaus rücksichtsvoll, da die Überholzeiten für Motorfahrzeuge wegen des geringen Tempos des Pferdegespanns recht gering sind und sich als die *wahren* Verkehrshindernisse – auch für den Individualverkehr – wildparkende PKW und die ständige Flut be- und entladender Lastkraftwagen im Innenstadtbereich erwiesen haben!

Um die Kapazitäten des Gespanns besser auszulasten und die Kosten zu relativieren (siehe S. 26), werden Grünanlagenbewässerung und unter Umständen auch die Straßenreinigung mit einer pferdegezogenen Kehrmaschine überlegt.

Ansprechpartner
Gespannführer
Hermann Thieleke
Goethestr. 7
D-27232 Sulingen
Tel. D-0 42 71/37 12

• Beispiel Lensahn

In der Gemeinde Lehnsahn in Ostholstein kommt bereits seit 1992 ein Pferdegespann zum Einsatz. Aufgabe ist vor allem die Reinigung innerstädtischer Flächen und die Bewässerung. Heute, nach sechs Jahren Praxis, sind Verwaltung und Fuhrmann noch immer restlos überzeugt von der Sinnhaftigkeit des Pferdeein-

satzes, der entsprechend weiter ausgebaut werden soll!

Ansprechpartner:
Gemeindeverwaltung Lensahn
– Hauptamt –
Eutiner Str. 2
D-23738 Lensahn
Herr von Bühren
Tel.: D-0 43 63/5 08 44

Gespannführer:
Manfred Klos
D-23738 Lensahnerhof/Ostholstein
Tel.: D-0 43 63/8 36

• Beispiel Gengenbach

Kommunale Arbeiten mit Pferden werden auch seit Jahren erfolgreich durchgeführt in der Gemeinde Gengenbach, die hier sozusagen Pionierarbeit geleistet hat und Vorbild für andere Gemeinden war und ist.

Ansprechpartner:
Gemeindeverwaltung Gengenbach
– Hauptamt – Herr Huber
Tel.: D-0 78 03/8 30-126

Gespannführer:
Clemens Giesler
Tel.: D-0 78 03/59 84

• Beispiel Bremen: Kaltblüter im Stadtpark

In Bremen besitzt der »Bürgerparkverein« (der Bürgerpark mit dem dazugehörenden Stadtwald umfaßt eine 202 ha große Erholungsfläche mit Tierpark, Spielplätzen, Cafés usw.) schon seit vielen Jahren zwei Kaltblutpferde, die zwei- bis dreimal wöchentlich Kutschwagen durch die herrliche Anlage ziehen, daneben aber sowohl bei der Durchforstung des angrenzenden Waldes eingesetzt werden als auch zur Abfuhr von Laub und Grasmahd sowie zum Eggen des 8 Kilometer langen Reitweges.

Kommunaleinsatz in Lensahn: Reinigungsarbeiten im städtischen Bereich. (Schleswiger Kaltblut)

Wegepflege mit Schleppe oder Egge. Hier in Lensahn. (Schleswiger Kaltblut)

Die Pferde stehen im Sommer auf den Wiesen des Parks und bieten so eine zusätzliche Augenweide für die erholungsuchenden Spaziergänger.

Im Winter sind sie auf dem in den Park integrierten eigenen Betriebshof untergebracht. Das Winterheu wirbt man mit den Tieren auf den Parkwiesen. Der Fuhrmann und sein Begleiter pflegen und versorgen die Pferde selbst.

Die Pferde rentieren sich *indirekt* durch den hohen Stellenwert, den die Besucher ihnen beimessen, und *direkt* vor allem durch die Kutschfahrten.

Ansprechpartner:
»Bürgerparkverein in Bremen«
Parkverwaltung
D-28209 Bremen
Telefon D-0421/342070

- **Beispiel Göttingen**
  Pferdeomnibus – auf zur autofreien
  Innenstadt!

Der »Verein für angewandte Stadt- und Verkehrsökologie« in Göttingen hat 1997 ein beispielhaftes Konzept für einen pferdegezogenen Omnibus im innerstädtischen Bereich entwickelt:

Ausgehend von der sich für Mensch und Tier, Flora und Fauna gleichermaßen lebensbedrohlich entwickelnden Verkehrssituation in den Städten hat sich der Verein in Göttingen zur Entwicklung und Umsetzung von Alternativen zusammengefunden. In Zusammenarbeit mit anderen Gruppen und Initiativen wurde eine Konzeption erstellt, in der neben anderen schadstofflosen Transport- und Fortbewegungsmitteln wie Fahrräder auch Pferdegespanne für Alltags- und Transportfahrten wieder möglich, machbar und alltäglich

gemacht werden sollen. Der Pferde*omnibus* ist das erste Ziel. Der Bus (ein TÜV-geprüfter Planwagen mit 16 Sitzplätzen) fährt auf einer ca. 5 km langen Strecke fünf Haltestellen an. Die Fahrzeit beträgt insgesamt etwa 70 Minuten und kostet (Anfang 1998) 2,50 DM, es werden maximal vier Touren pro Fahrtag angesetzt. Eine Zusammenarbeit mit den örtlichen Verkehrsbetrieben wird angestrebt!

Als Problem hat sich bei dem Göttinger Modell der Anfahrtsweg für das Gespann erwiesen. Eine stadtintegrierte Unterbringung der Pferde muß gewährleistet sein.

Ansprechpartner:
»Verein für angewandte Stadt- und Verkehrsökologie«
Beethovenstr. 25
D-37085 Göttingen
Telefon: D-05 51/48 52 10

Pferdeomnibus in Göttingen. Stop am Hauptbahnhof. (Westfälisches Kaltblut)

Sanfter Tourismus: *Kul*Tour mit dem Pferdegespann

Tourismusaktivitäten mit Pferden nehmen an Beliebtheit immer mehr zu. Diese Pferdeeinsätze werden in der Regel auf gewerblicher Basis durchgeführt, aber auch mancher gemeinnützige Verein kann mit solchen Angeboten seinen Finanzhaushalt ausgleichen.

Bekannt sind in Ferien- und Naherholungsgebieten natürlich die **Planwagenbzw. Kremserfahrten**. Wer als Tourist an einer solchen Vergnügungsfahrt teilnimmt, genießt die schaukelnde Fahrt durchs Land mit der Familie oder dem Arbeitskollegium. Verantwortungsbewußte Fuhrleute muten ihren Pferden nur Streckenlängen und Wagenladungen zu, die problemlos zu bewältigen sind. Das ist aber nicht immer der Fall, was an dieser Stelle leider gesagt werden muß. Teilweise sind Gespanne in sengender Hitze über viele Stunden auf Tour mit nicht ausreichend ernährten Pferden, die nicht einmal genügend Pausen zugestanden bekommen, vom Pflegezustand der Hufe ganz zu schweigen. Diese Tiere werden im wahrsten Sinne des Wortes aus Profitgründen verheizt. Das ist entschieden zu verurteilen! (Mehr dazu siehe Kapitel »Tierschutz«.)

Der Trend bei den Planwagenfahrten geht ziemlich eindeutig in Richtung »Kulturreise«, das heißt es werden kulturell interessante Etappenziele angefahren (Naturdenkmäler, Museen, Schlösser, Mühlen u. a. m.). Dort pausiert man zur Besichtigung der Sehenswürdigkeiten und nimmt bestenfalls auch eine – mehr oder weniger rustikale – Mahlzeit ein. Bei diesen Fahrten läßt sich auf schöne Weise das wiedererwachte Interesse an Land und Leuten, Natur und Kultur mit der Romantik der Pferdewagen verbinden.

Die pferdegezogene Eisenbahn

• Beispiel Rainbach (Österreich)

Die erste Überlandbahn des europäischen Festlandes rollte in Österreich. Sie sollte den Gütertransport zwischen Moldau und Donau effektiver machen, aber auch Personenverkehr war möglich. Diese Pferdebahn wurde auf der Strecke Linz–Budweis eingesetzt. Das erste Teilstück konnte bereits 1832 zwischen Budweis und Urfahr in Betrieb genommen werden. Die Wagen wurden auf hölzernen, mit Flacheisen belegten Schienen von Pferden gezogen und besaßen die ungewöhnliche Spurbreite von 1106 mm. Es standen um die 600 Pferde zum wechselnden Einsatz bereit, meist schwere Noriker. Bei Güterzügen hatten die Pferde etwa 42, bei Personenzügen ca. 30 Kilometer zu laufen. Die Zugleistung lag bei über 2 Tonnen bei großen Steigungen (mit Vorspann), in der Ebene bei zweiachsigen Wagen bei 8,4 und bei vierachsigen sogar bei 22,5 Tonnen! Die Bahn war stark frequentiert und hatte eine Auslastung im Personenverkehr von über 180 000 Reisenden in manchen Jahren und bis zu 100 000 Tonnen Fracht! 1872 wurde der Betrieb der Pferdebahn zugunsten der dampfbetriebenen Lokomotiven eingestellt.

Seit 1996 fährt sie wieder! Die Personenwagen »Hannibal II« (Luxuswagen, Original-Nachbau) und »Franz Josef Gerstner« (offener Ausflugswagen) stehen auf zunächst 500 Meter originalgetreu restaurierter Strecke in Rainbach im Mühlviertel erneut dem Publikumsverkehr zur Verfügung. Viel gefragt von Besuchern, Presse und Fernsehen, hat sich rund um die Pferdebahn ein Netzwerk von Kulturgutpflege, PR-Rummel und Tourismus gebildet, der dem wiedergeborenen Schienenkind auf den Gleisen von Rainbach sehr zugute kommt.

Pferdeeisenbahn in Linz: der Luxuswagen »Hannibal II«. (Noriker)

Ansprechpartner:
Freunde der Pferdeeisenbahn e.V.
Museum und Gasthaus
Kerschbaum 61
A-4261 Rainbach i.M.
Tel./Fax: A-07 94 9/68 00

Mühlviertel Touristik GmbH
Blütenstr. 8
A-4020 Linz
Tel.: A-07 32/73 50 20
Fax: A-07 32/71 24 00

• Beispiel Blankenberg/Saale (Thüringen)

Fast zwanzig Jahre nach der Stillegung der österreichischen Pferdebahn wurde in Thüringen der »Pferde-Zug« in Betrieb genommen!
Blankenberg konnte sich seit dem 14. Jahrhundert einen Namen in der Papierher-

stellung machen. Mit der Verbesserung der Produktionsmaschinen nahm natürlich auch die Masse an Papier zu, die zu Markte kam, und der Transport von Blankenberg zum nahegelegenen Blankenstein, von wo aus die Ware in größerem Rahmen weitergeleitet wurde, fand ab 1897 mit der von Pferden gezogenen Kleinbahn statt.

100 Jahre später fährt die Pferdeeisenbahn auf einer Strecke von 1,7 Kilometern (!) wieder in Blankenberg. An zwei Haltestellen – Abfahrts- und Zielbahnhof dazu – können Passagiere zusteigen. Diese Pferdebahn ist ein einmaliges Projekt in Deutschland und erfreut sich großer Beliebtheit.

Wie ist es zu dieser Wiederbelebung eines einst gängigen Verkehrsmittels gekommen? 1994 stand nach der Stillegung der Papierfabrik der Abriß nicht nur der Kleinbahnstrecke, sondern der kompletten Anlage bevor. Dank beherzter Initiativen wurde noch im gleichen Jahr das gesamte Areal einschließlich der technischen Ausstattung der Fabrik zum Denkmalsensemble.

Die Pferdebahn konnte 1997 wieder in Betrieb genommen werden: Eine alte Transportlore wurde mit Sitzbänken und Geländer versehen und bietet 12 bis 16 Sitzplätze. Der Landesbevollmächtigte für Bauaufsicht Thüringen erteilte für die Gleisanlage und den Beförderungswagen eine Genehmigung (die Auflagen betreffen: maximale Personenzahl, Verhalten der Fahrgäste während der Fahrt, Höchstgeschwindigkeit, Haltestellen, das Zu- und Absteigen sowie das Umhängen an den Endhaltestellen).

Um die Blankenberger Papieranlage hat sich ein Verein für »Kur & Kultur e.V.« gebildet, der unter anderem auch die Einrichtung einer »Kulturfabrik Blankenberg« anstrebt (EU-Projekt).

Ansprechpartner:
Pferdebahn
Gemeinde Blankenstein
Herr Stöcker
Tel.: D-03 66 42/2 23 71
Fax: D-03 66 42/2 58 75

»Kur & Kultur e.V.«
Michael Birken
Christianenzell 2
D-07256 Lobenstein
Tel.: D-03 66 51/5 51 46
Fax: D-03 66 51/5 51 48

Moderner Pferdeeinsatz in der Landwirtschaft

Von allen Arbeiten, die heute (wieder) mit Pferden verrichtet werden, ist besonders die landwirtschaftliche mit dem Ruch des Veralteten, Rückschrittlichen behaftet. Wer aber mit dem Gespann sein Land reell bewirtschaftet, wehrt sich entschieden gegen dieses Vorurteil: Wie auch beim Holzrücken und im Transportwesen wird hier vielfach modernste Technik angewendet.

Der technische Stand der *konventionellen* Geräte für den Pferdezug ist in der Tat meist veraltet, oft unergonomisch und in etlichen Fällen auch von der Arbeitssicherheit her kaum noch zu vertreten. Kein Wunder, denn mit der Ausbreitung des Maschinenwesens in der Landwirtschaft sah man ab den 1950er/1960er Jahren keine Veranlassung mehr, über Verbesserungen bei den Pferdegeräten nachzudenken.

Welche Gründe kann es geben, zum Ende des 20. Jahrhunderts, in der der Weltraum erforscht, an den genetischen Mustern des Lebens manipuliert wird und ein technischer Stand in der Massenkommunikation erreicht ist, der an George Orwells »1984« erinnert, mit den Pferden (wieder) das Land zu bestellen?

Manchen bereitet es schlichtweg *Vergnügen*, ihre Pferde vielfältig einzusetzen. Das ist ein wichtiger Aspekt für die Arbeit mit Pferden, denn wer mit Mißfallen und Ablehnung an diese Aufgaben herangeht, überträgt seine Stimmung auf die Tiere und verdirbt damit den ganzen Arbeitseinsatz. Wer der Pferdebewirtschaftung nichts abgewinnen kann, sollte die Finger davon lassen, denn die Liebe zu den Pferden und eine positive Einstellung zur gestellten Aufgabe ist die Voraussetzung für ein erfolgreiches Gelingen. Das ist einer der wesentlichen Unterschiede zur Arbeit mit Traktoren: Die Maschine stört es nicht, wenn wir sie nicht mögen, sie anbrüllen oder wütend vor den Reifen treten! Das Pferd dagegen verübelt solches Verhalten sehr, denn es empfindet mit uns und erwartet von uns Vertrauen und Schutz, nicht Ungerechtigkeit und Mißhandlung!

Über die Entfaltung der sinnlichen Wahrnehmung des Menschen im Zusammenhang mit dem Umgang mit Pferden wurde weiter vorne bereits gesprochen. Wie im Forst ist auch auf dem Feld die *direkte* Naturerfahrung und das konkrete Miterleben des Arbeitsablaufs ein wichtiger Aspekt. Ein Stück weniger Entfremdung von den Ergebnissen der eigenen Arbeit ist Balsam für die Seele: Mensch und Pferd liefern durch ihren gemeinsamen Einsatz ein Produkt, an dessen Entstehen sie von Anfang bis Ende beteiligt sind!

Auch ist die Produktivität (neben der Arbeitsqualität) in der Regel höher als beim Maschineneinsatz; wieviel nicht nachwachsende Rohstoffe durch einen einzigen Einspänner in der Landwirtschaft im Jahresdurchschnitt gespart werden können, wurde ebenfalls bereits erwähnt (man mag diese Zahlen zur Verdeutlichung einfach einmal auf 10 oder 100 Pferde hochrechnen!). Die Natur wird auch direkt erheblich weniger belastet, und kostengünstig sind Pferde auch. Für einen Schlepper rechnet man in deutschen Landen ca. 1000 DM je PS bei Neukauf. Unter 50 PS sind neue Trecker selten zu haben, denn auch hier gilt die irrige Devise »je größer, desto besser«. Für kleinere Betriebe bedeutet dies natürlich eine große Ausgabe, und ein gebrauchter Schlepper für 6000 bis 20 000 DM ist immer noch teuer, zumal, wenn man Reparaturen nicht selbst durchführen kann. Viele alte Höfe sind außerdem von der Architektur her nicht auf große Maschinen ausgerichtet, man kommt also nur mit Pferdegespannen zurecht. Ein »Hafermotor« springt im tiefsten Winter an – was man gerade von älteren Schleppern ja nun wirklich nicht behaupten kann –, und obendrein ist er vielseitiger zu nutzen! (Mit Grausen sehe ich oft im Winter eine Reihe aneinandergehängter vollbesetzter Kinderschlitten hinter einen stinkenden, lärmenden Trecker gespannt durch den Schnee juckeln – und das Reitpferd steht auf dem Hof im Stall und langweilt sich.)

Das Wesen des Pferdes ist unter anderem auch von Neugier geprägt, und je mehr Anreize man seinem Pferd bietet, desto wacher wird es und nimmt um so aktiver am Geschehen teil. Warum also nicht am Wochenende, statt den Sattel oder das Kutschgeschirr aufzulegen, das Pferd zum Beispiel vor die Weideschleppe spannen? Für Pferd und Besitzer wird dies nicht nur eine neue Erfahrung sein, das Pferd kann auch richtig körperlich arbeiten, und die Umwelt wird geschont. Auf vielen Höfen sind heute Pferde untergestellt, die mit Reiten und Fahren selten ausgelastet sind und ohne weiteres zu einfachen Arbeiten herangezogen werden können.

Mit zwei mittelschweren Kaltblutpferden lassen sich bis zu 15 ha landwirtschaftliche Flächen bewirtschaften. Voraussetzung sind eine arrondierte Fläche, ein gutes Gespann und vernünftige Geräte. Seit Anfang der 1980er Jahre ist viel Innovationsarbeit in Sachen Pferdezug geleistet worden: Engagierte Ingenieure, Schlosser, Schmiede und natürlich Fuhrleute haben über Ergonomie und Sicherheit bei der landwirtschaftlichen Arbeit mit Pferden nachgedacht mit zum Teil hervorragenden Ergebnissen.

Zum einen wurden auf der Basis erprobter alter Techniken aus neuen Materialien bekannte Geräte nachgebaut, die dadurch leichter und pferdefreundlicher sowie sicherer geworden sind. Eine zweite Variante ist die Umrüstung neuer Maschinentechnik für den Pferdezug: Der Zapfwellenantrieb für den Schlepper wird dabei auf Bodenantrieb umgestellt. Eine weitere und die mit Abstand innovativste Möglichkeit ist die Verwendung sogenannter Vorderwagen, die angespannt bleiben, während die benötigten Geräte gewechselt werden können. Dadurch wird sowohl der Zeitverlust als auch die körperliche Anstrengung für die Fuhrleute deutlich reduziert. Auch für das Pferd bzw. die Pferde wird die Arbeit leichter. Die Vorderwagen sind mit Dreipunkthydraulik und Zapfwelle versehen, wodurch nicht allzu schwere Geräte aus dem Schleppersystem angehängt werden können. Mittlerweile werden diese Vorderwagen schon zum Teil in Serie hergestellt, vom ein- bis mehrspännigen Zug. Man kann aber auf seine individuellen Bedürfnisse bzw. Möglichkeiten ausgerichtet kostengünstig auch Spezialanfertigungen bauen lassen.

Auf diesem technischen Stand lassen sich weitgehend alle Feldarbeiten mit dem Pferd verrichten. Allerdings sind die vollwirtschaftlichen Betriebe, die (fast) ausschließlich Pferdegespanne verwenden, noch recht selten. Hier handelt es sich meist um biologisch ausgerichtete Wirtschaften. Aber auch ein Kombi-Verfahren wie im Forst ist eine Alternative: Wo der Pferdeeinsatz zeitlich, kräftemäßig und auch von der Bodenbeschaffenheit her möglich ist, wird er praktiziert, ansonsten kommt der Schlepper zum Einsatz. Vom Pferdegespann übernehmbare Arbeiten sind vor allem das Eggen und Grubbern, auch das Anpflügen von Abdeckplanen für Frühkulturen und die Reihenpflege im Gemüseanbau und ähnlichem. Gerne wird das Pferd auch zum Transport der Ware wie bei Direktvermarktern genutzt, wobei sich die Effektivität des Zugpferdes durch schlichte Sympathiewerbung ergänzt.

Ein gelungener Einsatz von Pferden in der Landwirtschaft ist – wie in allen anderen Bereichen – immer nur bei bester Konstitution und Ausbildung möglich. Von einem Pferd, das sonst nur den Kutschwagen zieht, kann man nicht erwarten, daß es ohne Vorbereitung mit der gleichen Lei-

stung ein Feld pflügt wie ein Gespann, das solche Arbeit täglich verrichtet. Gute Arbeitspferde denken mit, begreifen schnell die Anforderung und verrichten die Arbeit fast von allein.

Noch bevor übrigens junge Menschen zur Pferdearbeit zurückgefunden haben, gab und gibt es in erstaunlich breitem Rahmen vor allem in dörflichen Bereichen »Wettpflüge«-Veranstaltungen u. ä., bei denen die meist alten und älteren Bauern ihre Kunst zur Schau stell(t)en. Solchen Darbietungen ist es unter anderem zu verdanken, daß die nachfolgende Generation überhaupt einen prägnanten Eindruck vom effektiven, präzisen, leistungsstarken Einsatz von Pferden bekommen hat, den es wiederzubeleben und den heutigen Erfordernissen anzupassen galt und gilt.

Ansprechpartner:
Deutschland
IGZ Interessengemeinschaft Zugpferde in Deutschland
Österreich
Arbeitsgemeinschaft der Norischen Pferdezuchtverbände
Schweiz
IGA (Interessengemeinschaft Arbeitspferde – Schweiz)
(Adressen siehe Anhang)

Waldarbeit:
Holzrücken mit Pferden

Die Arbeit mit dem Pferd im Wald gehört zu den aufregendsten und beeindruckendsten Erlebnissen, die man mit Kaltblütern haben kann. Wer einmal beobachten durfte, mit welcher Kraft oft die dicksten Stämme aus dem Wald gezogen werden, wie das kleinste Zeichen des Rückers vom Pferd beachtet wird, wie eingespielt da ein gutes Mensch-Pferd-Team harmonisiert,

Praxisseminar an der Gesamthochschule Kassel, Institut für ökologische Agrarentwicklung. Der Dozent erklärt den Studenten den Umgang mit dem Pflug. (Ardenner)

kann diese Begeisterung verstehen. Die Ausbildung eines guten Rückepferdes dauert Jahre, besonders wenn es nur auf Zuruf gehen soll. Aber auch hier zahlt sich jede »investierte« Minute aus.

Das Rückepferd sollte von mittlerer Statur und mittlerem Gewicht sein. Zu kleine Pferde haben nicht ausreichend Kraft und zu große sind in engen Beständen oft nicht beweglich genug.

Je nach geographischer Beschaffenheit des Forstes und nach Schwere der Zuglast wird mit Brustblatt oder mit Kumt gearbeitet. Das Geschirr sollte so wenig Teile wie möglich haben, um möglichst wenig zusätzliche Last mitzubringen und das Pferd in allen Lagen beweglich zu halten. Profis benutzen oft eine V-Leine, die über dem Pferd zusammenläuft, man also nur *eine* Leine zum Führen hat. Wer keine entspre-

chende Erfahrung hat, sollte aber die normale Arbeitsleine verwenden.

Zum Anhängen der Stämme verwendet man Ketten mit mittelgroßen Gliedern, in die Haken eingehängt werden können, die aber nicht so groß sein dürfen, daß Äste und Zweige sich darin verfangen. An ein stabiles Ortscheid wird der Stamm gehängt, wobei der Abstand zum Ortscheit möglichst kurz sein sollte zur besseren Kraftentfaltung des Pferdes. Man benutzt dazu eine Kette, die kürzer oder länger eingestellt werden kann (Kettenverkürzung), je nach Beschaffenheit der Last. Ob man dann das »dicke« oder das »dünne« Stammende an der Zugkette befestigt, hängt davon ab, wie lang und wie schwer der Stamm ist, ob man Hindernisse überqueren muß usw. Hängt man das dünne Ende ein, wird der Stamm im Zug angehoben und kann sich so nicht in den Boden rammen. Allerdings ist die Zuglast dann ungünstiger für das Pferd. (Wer beruflich im Wald arbeitet, hat natürlich auch professionelle Ausrüstungsgegenstände wie z. B. Rückeschilde, -zangen und/oder -wagen, die ein Hobbyrücker in der Regel nicht benötigt.)

Besonders muß man auf den herumschwenkenden Stamm achten; da ist schon manch böser Unfall passiert! Man muß außerdem nicht nur das Pferd, die eigenen Füße und den Stamm ständig im Blick haben, sondern auch den Boden und das umstehende Gehölz: Wer bei der Arbeit an gesunden, nicht zum Schlagen vorgesehenen Bäumen die Rinde oder die Wurzeln beschädigt, hat den Förster nicht lange zum Freund!

Hat man einen Lehrgang »Holzrücken« besucht, möchte man zu Hause das Erlernte meist sofort mit dem eigenen Pferd probieren. Vorsicht! Erst einmal ganz in Ruhe auf einem eingezäunten Grundstück und mit Hilfe mindestens einer weiteren, bestenfalls erfahrenen Person! Und bitte immer erst mit einfachen Arbeiten beginnen!

Ökologisch ist die Rückearbeit mit Pferden längst wieder eine Alternative, und so können wir von Glück reden, daß trotz großangelegten Maschineneinsatzes in den letzten Jahrzehnten immer noch einzelne die Kunst des Holzrückens bewahrt und an ihr festgehalten haben und uns heute die Möglichkeit bieten, sie wieder zu erlernen und durchzuführen. Mittlerweile gehört das Rückepferd schon fast wieder zum Alltagsbild im Wald, und die regionalen Tageszeitungen und landwirtschaftlichen Wochenblätter berichten immer wieder gerne über diese Einsätze.

In einigen Bundesländern wird die Pferdearbeit durch staatliche Fördermaßnahmen

unterstützt, und die Rückkehr zum naturnahen Waldbau trägt dem in einigen Fällen bereits Rechnung. Ob und in welchem Umfang die Arbeit mit Rückepferden finanziell gefördert wird, erfährt man bei den regionalen Forstverwaltungen bzw. bei den Landesregierungen (»Ernährung, Landwirtschaft und Forsten«) und natürlich bei den Interessengruppen für Zugpferde(arbeit).

Sinnvoll ist der Einsatz der Pferde besonders bei Durchforstungen, beim Vorliefern von Schwachholz bis *maximal* 0,3 bis 0,4 m^3 (einspännig), im kombinierten Verfahren, d. h. Abziehen des gefällten Stammes, Zopfen und Entasten, Wenden des Stammes mit dem Pferd und Anliefern zur Rückegasse. Werden Holzabschnitte erstellt, kann auch in Kombination mit dem Forstwarder gearbeitet werden, wobei das Pferd die Abschnitte an die Gasse vorliefert. Das Rücken von Starkholz erfolgt – wenn überhaupt – mit Rückewagen und in der Regel zweispännig.

Man rechnet zur Auslastung eines Pferdes bei der Waldarbeit mindestens 400–600 Arbeitsstunden jährlich. Das entspricht durchschnittlich 3,5 Festmetern pro Stunde bzw. 2000 Festmetern pro Jahr.[1]

Mittlerweile gibt es außer der Holzeinbringung noch andere Aufgabenbereiche für Pferde im Wald: Zur Vorbereitung der Naturverjüngung werden bei Buche und Eiche schon pferdegezogene Grubber oder, vor allem bei der Kiefer, ein Streifenpflug eingesetzt. Das schont den Boden und den bereits vorhandenen Wurzelbestand. Eine sogenannte Freistellungswalze kann man in Aufforstungen gegen unerwünschten Bewuchs einsetzen oder mit Spezialmähern die Zwischenreihen in Sonderkulturen pflegen. Da die Arbeit im Forst saisonabhängig ist, veranstalten viele Rücker in den Sommermonaten Planwagenfahrten mit ihren Pferden. Das ist eine gute Einnahmequelle, und die Pferde bleiben im Training.

---

[1] Kaltblutpferde, FN, S. 11 f.

Ansprechpartner:
Deutschland
IGZ Interessengemeinschaft Zugpferde in Deutschland
Österreich
Arbeitsgemeinschaft der Norischen Pferdezuchtverbände
Schweiz
IGA (Interessengemeinschaft Arbeitspferde – Schweiz)
(Adressen siehe Anhang)

Werbefahrten und Brauereiwagen

Anziehungspunkt aller Kaltblutveranstaltungen sind die Brauereigespanne. Mit vier bis zehn schweren Kaltblutpferden bespannt (nur Haake Beck in Bremen fährt zweispännig mit Oldenburger *Warmblütern* Bier in Fässern aus), treten sie zu Werbezwecken bei vielen Anlässen auf, und die »Aaahs« und »Ooohs« des Publikums lassen beim Anblick dieser herrlichen Züge nicht nach.

Auch bei Festtagsumzügen wie Schützenfesten und zum Fasching oder Ähnlichem lädt man gerne Gespannführer mit Kaltblutpferden ein; traditionelle Feiertagsumzüge wie Ernte- und Jubiläumstage erfreuen sich geschmückter Pferdewagen mit herausgeputzten Pferden.

Auch historische Wagen, besonders feine Herrschaftswagen und Postkutschen, werden immer gern gesehen! Manche Stadtverwaltung und viele Reitvereine wissen um die Publikumswirksamkeit schwerer Gespanne und integrieren sie in ihr Festtagsprogramm.

- ### Beispiel Holsten Brauerei Hamburg

Bis 1973 wurde mit dem Sechserzug der Holsten Brauerei tatsächlich noch Bier ausgeliefert! Heute fährt das Team Werbe- und Schaueinsätze mit dem Original-Bierwagen von 1913.

Durch den Bedarf an gutmütigen, korrekten, zugfesten Schleswiger Pferden hat die Brauerei wesentlich zum Erhalt dieser alten bodenständigen Rasse beigetragen.

Kaltblutpferde als Projektmitarbeiter

Ein sehr wichtiges und nachahmenswertes Unterfangen ist der Einsatz von Kaltblutpferden in der psychologisch-pädagogischen Arbeit mit Menschen in schwierigen Lebenssituationen.

Im Umgang mit den Pferden erleben die Betroffenen oft erstmals in ihrem Leben Offenheit und Unvoreingenommenheit, erfahren sie Wärme und Freundlichkeit und auch das Vertrauen dieser Tiere. Verantwortungsgefühl für andere Lebewesen wird durch die Pflege der Pferde vermittelt, und in der Arbeit mit ihnen (Reiten, Fahren, land- und fortwirtschaftlicher Einsatz) ergeben sich ungeahnte neue Erfahrungsmöglichkeiten im sozialen Umgang der Menschen untereinander (Eigenverantwortlichkeit, Teamarbeit). Eine neue Naturerfahrung (wo kommt das Brot her, das ich esse?) und das Gefühl, die Kraft und Stärke der Pferde angemessen kontrollieren zu können und die entgegengebrachte Wärme und Zuneigung nicht auszunutzen (konstruktiver Umgang mit der Macht), geben ein neues Selbstwertgefühl und helfen, den eigenen Platz in der Gesellschaft, im sozialen Leben neu zu definieren und auszufüllen.

Wichtige Voraussetzung beim Einsatz von Pferden im sozialen Bereich ist der *freiwillige Zugang* der Betroffenen zu den Tieren. Wie an anderen Stellen bereits erwähnt, kann die Liebe zu den »Dicken«

Stadtrundfahrt mit dem Pferdeomnibus in Hannover. (Percheron)

nicht erzwungen werden. Nur mit Ruhe, Sorgfalt und Verständnis können die Pädagogen eine fruchtbare Beziehung zwischen ihren Schützlingen und den Pferden erwachsen lassen.

- **Beispiel: Pädagogische Siedlungsgemeinschaft Humanopolis, Stoetze/Niedersachsen**

Diese umfaßt ein ca. 16 ha großes Gelände mit verschiedenen Wohneinrichtungen sowie Arbeits- und Lehrmöglichkeiten wie Tischlerei, Physiklabor, Gärtnerei u. ä. Dort leben zwanzig Jugendliche mit Betreuern und Betreuerinnen in familienähnlichen Gemeinschaften. Zu diesem Projekt gehören über zehn Pferde, von denen die meisten Kaltblutpferde altmärkischer Herkunft sind.

Angeschafft wurden sie 1992 anläßlich einer Theatertournee der Gruppe, die mit sieben Planwagen unterwegs war. Nach dieser Tour hatten alle Beteiligten die Pferde ins Herz geschlossen, so daß die Tiere nicht, wie ursprünglich geplant, wieder verkauft, sondern behalten wurden und heute einen nicht wegzudenkenden Platz in der Gemeinschaft einnehmen.

Sie werden zum Reiten (therapeutisches, aber auch Freizeitreiten), anfänglich auch zur Feldarbeit und in erster Linie weiterhin zu Fahrten mit dem Planwagen eingesetzt: In den Sommerferien bietet das Projekt 14tägige Gruppen-Troßfahrten mit sieben Wagen an, bei deren Vorbereitung und Durchführung die Jugendlichen nicht unerheblich beteiligt sind. Aus diesen Fahrten finanziert sich der Unterhalt für die Pferde, und für die Jugendlichen bieten sie die Möglichkeit, im sozialen Alltag der Siedlungsgemeinschaft Gelerntes im verantwortungsvollen, aber zwanglosen Umgang mit Außenstehenden (den Troß-Reisenden) auszuprobieren und zu (über)prüfen.

Ansprechpartner:
»Humanopolis. Pädagogische Siedlungs- und Arbeitsgemeinschaft GmbH«
Dietmar Krüger
Gr. Malchau 50
D-29597 Stoetze
Tel.: D-0 58 72/80 40

- **Beispiel: FUN (Forst, Umwelt, Naturschutz), Eschwege/Hessen**

Dies ist ein Projekt, das bereits seit 1983 besteht und die Vorbereitung der (Re-)Integration von Langzeitarbeitslosen zum Ziel hat. Das Arbeitsgebiet liegt in der ökologischen Landschafts- und Forstpflege. Betriebsähnliche Strukturen und individuelle Betreuung sollen die einzelnen in die Lage versetzen, ihre eigenen Interessen und Fähigkeiten in diesen Arbeitsbereichen zu erkennen, zu erproben und zu erweitern, um so eine Chance auf dem sogenannten freien Arbeitsmarkt zu bekommen. Bei den Arbeiten handelt es sich meist um Auftragsarbeiten, wobei der Landschafts- und Naturschutz eine tragende Rolle spielt. Seit 1990 werden auch Kaltblutpferde eingesetzt. Im Sinne der umweltverträglichen Arbeitsverfahren haben sich die Pferde bewährt, und nach anfänglichen Schwierigkeiten seitens der Projektteilnehmer (Angst vor den großen Tieren, die hohen Anforderungen an Konzentration, Überblick und Geschick des Fuhrmanns/der Fuhrfrau) konnte sich die Pferdearbeit etablieren und erheblich erweitert werden.

FUN: Waldarbeit zur Reintegration. Hier einer der Anleiter mit »Timo«. (Sächsisch-thüringisches Kaltblut)

FUN: Pferdeeinsatz beim Brennholzwerben. (Sächsisch-thüringisches Kaltblut)

1998 umfaßt FUN 40 Mitarbeiter. Die Einrichtung finanziert sich zu 80 % aus öffentlichen Mitteln, der Rest wird selbst erwirtschaftet: So werden beispielsweise 8000 Festmeter pro Jahr mit den Pferden erbracht (2 Thüringer, 1 Westfälisches, 1 Sächsisches und 1 Ardenner Kaltblut, 2 schwere Warmblüter, 1 Haflinger). Im Winter wird in der Sechs-Tage-Woche gearbeitet, im Schichtsystem je 32 Stunden. In Zusammenarbeit mit dem Verkehrsbüro in Eschwege werden die Pferde zusätzlich im sanften Tourismus eingesetzt: Mit Planwagenfahrten unterschiedlicher Länge und mit verschiedenen Zielen werden den Teilnehmern dieser Touren die kulturellen Reize der Umgebung (Fachwerkstadt Eschwege, ein Besucherbergwerk u. ä.) nahegebracht. Wie in allen anderen Fällen auch liegt hier nicht nur eine zusätzliche Einnahmequelle für das Projekt, es dient auch der kontinuierlichen Auslastung und damit Konditionierung der Pferde.

Ansprechpartner:
»FUN (Forst – Umwelt – Naturschutz),
Werkstatt für junge Menschen«
Jakob Latz
Lessingstraße 1
D-37269 Eschwege
Tel.: D-0 56 51/62 91
Fax: D-0 56 51/7 04 60

- **Beispiel: »Jungenprojekt«**
  der Sonderpflege e.V. in Westfalen

»Sie wollen ganze Kerle sein – und Verantwortung gehört zentral dazu!« Unter dieser Prämisse arbeitet dieses Jungenprojekt. Auch hier wird wieder davon ausgegangen, daß das Pferd durch die unmittelbare Reflexion des eigenen Verhaltens ein ideales Medium im sozialen Lernen darstellt; denn es reagiert *sofort und direkt* auf die seelischen Disharmonien und mögliche unangemessene Verhaltensweisen derjenigen, die mit ihm umgehen. Besonders angesprochen sind gewalttätige und/oder hyperaktive Jungen. Außerdem haben sie hier die Gelegenheit, von Gerichten auferlegte Arbeitsstunden mit fachlicher Begleitung abzuleisten und so eine intensive Auseinandersetzung mit dem eigenen strafbaren Verhalten zu erleben.

Der Verein hat sich für Kaltblutpferde entschieden, weil sie sich durch ihr ausgeglichenes Temperament besonders eignen und »selbst in gefährlichen Situationen kaum aus der Ruhe zu bringen« sind.

Ansprechpartner:
»Sonderpflege e.V. – Jungenprojekt«
Tel.: D- 0 52 61/94 83 18

Herr Merten-Milching
Helle 32
D- 32682 Barntrup
Tel.: D- 0 52 63/22 80

Zwischen Nostalgie und neuer Technik: Fuhrmannstage

Seit einigen Jahren finden Fuhrleute-Tage wieder regen Zuspruch. Wettbewerbe und Schauprogramme rund ums Arbeits- bzw. Kaltblutpferd haben einige Arbeitsweisen mit Pferden erst wieder ins Gedächtnis gerufen, so manche haben erstmals (wieder) ein Kaltblutpferd bei einer solchen Veranstaltung leibhaftig zu Gesicht bekommen! Zu unterscheiden ist hier in zwei Kategorien von Veranstaltungen: die rein *traditionell-historisch* ausgerichteten (»Pflügen wie zu Opas Zeiten!«) und solche, bei denen *die Zukunft des schweren Pferdes* mehr im Vordergrund steht. Natürlich können beide Inhalte problemlos miteinander verbunden werden.

In kleineren Gemeinden lädt oft der örtliche Reit- und Fahrverein zu einem jährlichen Wettpflügen ein, bei dem die urigsten Gespanne, aber auch die größten Künstler zu bestaunen sind! Heimatvereine sowie -museen und dergleichen bieten sich auch gerne als regionale Veranstalter hierfür an.

In weitaus größerem Umfang laufen die Fuhrleutetreffen überregional ab: Die Fuhrmannstage im westfälischen Detmold mit dem Titel **»Pferde – Stark!«** beispielsweise locken jährlich mehr als

Süddeutsches Kaltblut beim Schaurücken im Münchner Olympiagelände.

Historisches Transportgespann bei einer Vorführung. (Süddeutsches Kaltblut)

10 000 Besucher an! Das gut 80 ha große Arreal des Detmolder Freilichtmuseums bietet aber auch eine grandiose Kulisse: Vor dem Hintergrund alter original restaurierter Häuser wird gepflügt und geeggt, Holz gerückt und Planwagen gefahren und vieles mehr. Modernste Geräte für den Pferdezug haben hier zum Teil ihren Probelauf. Schön harmoniert das historische Ambiente mit den Produkten von Erfindungsgeist und neuer Technik.

Ansprechpartner:
»Westfälisches Freilichtmuseum Detmold«
Krummes Haus
D-32760 Detmold
Tel.: D-0 52 31/7 04-150
Fax: D-0 52 31/70 61 06

Nennenswert sind auch die **Westfälischen Fuhrmannstage** in Hagen: Hier finden unter anderem Gehorsams- und Geschicklichkeitsfahrten für Ein- und Zweispänner statt, die ihresgleichen suchen! Die Gespanne fahren durch das Gelände des Freilichtmuseums und haben dort bestimmte Aufgaben zu erfüllen, z. B .» ... Warten der Gespanne jenseits der

Brücke; dichtes Heranfahren und freies Stehen an einer Rampe, Abstand kleiner als 10 cm; Anholen eines Lieferscheins im Schmiedemuseum durch den Fuhrmann; Aufladen eines Pakets; Transport des Pakets zum Aufwurfhammer; freies Stehen der Pferde; Ausliefern des Pakets durch den Fuhrmann; Weiterfahrt zum Ziel an der Brücke; ...« (Auszug aus der Ausschreibung von 1995). Sehr anspruchsvolle Anforderungen, denen tatsächlich nur erfahrene Gespannführer und -führerinnen und gutgeschulte Pferde genügen! Die Tour in Hagen geht bergauf und bergab, über Brücken über rauschendem Wasser, durch enge Gassen mit holperigem Pflaster, durch sehr eng stehende Zuschauermengen in den kleinen, auf mehrere Ebenen verteilten Museumsdörfern mit den historischen Werkstätten und Wohnhäusern.

Ansprechpartner:
»Westfälisches Freilichtmuseum Hagen«
Mäckingerbach
D-58091 Hagen-Selbecke
Tel.: D-0 23 31/78 07 44 oder 78 07 0
Fax: D-0 23 31/78 07 20

Fahrwettbewerb im Freilichtmuseum Hagen 1996:
Großes Geschick, beste Ausbildung und
unbedingter Gehorsam sind hier gefragt!
(Sächsisch-thüringisches Kaltblut)

Auch nach Hamburg werden einmal im Jahr Arbeitspferde eingeladen: Das Freilichtmuseum »Am Kiekeberg« veranstaltete 1996 den ersten **»Tag des Pferdes«,** an dem außer Kaltblütern auch andere Rassen ihr Leistungsvermögen unter Beweis stellten. Die Besucher durften zum Beispiel selbst pflügen und die vom Pferderoder geernteten Kartoffeln aufsammeln und mit nach Hause nehmen. Auf dem recht kleinen Areal sammeln sich jährlich einige Tausend Besucher, um den Pferden bei der Arbeit zuzusehen. Ein Kutschenkorso mit historischen Fahrzeugen, vom Ackerwagen bis zum Original-Omnibus, rundet das Bild ab.

Zum Freilichtmuseum gehören neben anderen artgerecht gehaltenen Tieren auch zwei Schleswiger Stuten, die zu bestimmten Vorführungen am »Tag des Pferdes« miteingesetzt werden.

Historischer Mähbinder. Vorführung im Freilichtmuseum Am Kiekeberg, Hamburg 1997.
(Schwarzwälder und Sächsisch-thüringisches Kaltblut)

Wettpflügen im Freilichtmuseum Detmold 1997 mit einem Kipppflug. (Mecklenburger Kaltblut)

Ansprechpartner:
Freilichtmuseum am Kiekeberg«
Michael Lemke
Am Kiekeberg 1
D-21224 Rosengarten-Ehestorf
Tel.: D-040/790 76 62 oder 790 63 57

Ganz anderer Art war das 1997 erstmalig veranstaltete Treffen **»Historische(r) Pferdegespanne auf der alten Salzstraße«.** Den Veranstaltern liegt besonders der Einsatz der Pferde im Transportwesen am Herzen, der ja in der Tat meist in Vergessenheit geraten ist. »Wagenpferde und Pferdewagen« sollen »in möglichst breiter Vielfalt einen Eindruck von der Schönheit, der kraftvollen Eleganz und der Leistungsfähigkeit arbeitender Zugpferde vermitteln« (aus dem Veranstaltungskonzept). »Zeit, einmal Dankeschön zu sagen!« Wie recht sie haben.

Ansprechpartner:
Jürgen und Uta-Marina Hagenkötter
Alte Salzstraße 29
D-21483 Lütau
Tel.: D-0 41 53/5 53 43

Natürlich sind dies nur einige Beispiele, die vielen anderen Veranstaltungen rundums Kaltblutpferd können hier gar nicht genannt werden. Termine und Adressen entnimmt man den Tageszeitungen bzw. den Pferdefachzeitschriften, den Terminplänen der Reiterverbände (Zuchtverbände), oder man erfährt sie bei den Zugpferdeaktivisten und -organisationen. Einfach ist es auch, eine Kleinanzeige im Regionalblatt aufzugeben, z. B. »Wer kann mir Auskünfte geben über Kaltblut-Veranstaltungen?« So lernt man zusätzlich noch andere Freunde der »Dicken« kennen und kann vielleicht Fahrgemeinschaften zu weiter entfernt gelegenen Plätzen bilden.

Auffallend ist übrigens bei fast allen Fuhrleutetreffen und -veranstaltungen die freundschaftliche Atmosphäre und der hilfsbereite solidarische Umgang der Teilnehmer, aber meist auch der Besucher untereinander.

Rat und Tat sind hier groß geschrieben. Dazu paßt auch der fast *ausnahmslos gepflegte Zustand der Gespanne, der kameradschaftliche Ton den Pferden gegenüber und die Beachtung tierschützerischer Aspekte des Zugpferdeeinsatzes* (Trainings- und Ausbildungszustand der Pferde, Leitungsgrenzen im Zug usw.). Es gibt selbstredend auch unangenehme Ausnahmen wie überall; sie sind zum Glück aber selten und werden von den Veranstaltern wie von den anderen Fuhrleuten deutlich ausgegrenzt.

Die »Pyramide« – ein gewagtes, aber sehr
attraktives Schaubild. (Gestütsparade im
Haupt- und Landgestüt Schwaiganger)

Ab geht die (Ungarische) Post!

Die Ungarische Post – stehend auf in der
Regel zwei aneinandergekoppelten Pferden im Galopp geritten – ist die Attraktion
jeder Veranstaltung. Es braucht ein sicheres, gut ausgebildetes Paßgespann sowie
einen mutigen Reiter. Und lange Übung!
Die Pferde werden am Kopf zusammenge-
bunden, wobei die Verbindung nicht über
die Trensenringe, sondern am Halfter festgemacht wird. Am Gebiß wäre der Druck
auf die Laden und Maulwinkel zu groß, in
die Halfter werden die Mundstücke mit
Knebeln eingehängt. Man kann mit einer
verkürzten Kreuzleine (wie beim Fahren)

die Pferde lenken, einfacher geht es aber
mit jeweils einem Zügelpaar. Auf den Pferderücken legt man eine rutschfeste Decke
oder Schabracke, die mit Longier- oder
Voltigiergurten befestigt wird; sie schützt
das Pferd vor dem Druck der Schuhe, die
ebenfalls sehr rutschfest sein müssen.
Wenn man dann, einen Fuß auf dem rechten, den anderen auf dem linken Pferd,
sich langsam aus der Hocke Richtung
Senkrechte bewegt, wird die Luft ganz
schön dünn dort oben! Erst mal auf den
stehenden Pferden das Aufrichten üben,
dann langsam im Schritt. Die Fußspitze
stemmt man gegen den Gurt, als Bremse
sozusagen, und achtet darauf, nicht auf die
Wirbelsäule der Pferdes zu treten. Sind die
Pferde in Bewegung, muß man weich mit
den Knien federn, um die Bewegungen
auszugleichen. Gehen die Pferde auseinander, beweist sich der Vorteil einer guten
Gymnastizierung des Reiters, der ja nicht

*Ein beherzter Reiter und ein gutes Gespann –
dann geht die Post ab!*

zwischen die acht Beine fallen darf. Wer seine Pferde am Bauchgurt zusammenbindet, riskiert im Fall eines solchen Sturzes sein Leben. Deshalb immer zur *Seite* abspringen!

Kommt man am Anfang mit den Zügeln durcheinander oder läßt versehentlich ein Zügelpaar los, sind gut auf Stimme reagierende Pferde prima, denn auf ein »Hooo« oder »Laaangsam!« halten sie an bzw. fallen in Schritt, und man kann in Ruhe den Knoten entwirren.

Zur eigenen Sicherheit geht anfänglich jemand am Kopf der Pferde mit, und man sollte eine Sturzkappe und vielleicht sogar eine Military-Weste tragen, um unvermeidliche »Flugstunden« heil zu überstehen. Beherrscht man erst einmal den Galopp auf einer 40–60 Meter-Bahn, läßt sich bei Schauprogrammen anläßlich verschiedenster Pferdeveranstaltungen so manche Mark dazuverdienen!

Ansprechpartner:
»Championat der ungarischen Postreiter«
Reit- und Fahrverein Distelrasen e.V.
Postfach 14 10
D-36374 Schlüchtern
Tel.: Fam. Schäfer, D-069/42 20 57
oder D-0 66 61/7 11 81

Und sie bewegen sich doch: Kaltblutrennen

Aus dem ehemals bäuerlichen Vergnügen des Kaltblutrennens – meist zu Festen anläßlich erfolgreich eingebrachter Ernte inszeniert – ist heute schon fast ein Kult geworden. Im Gegensatz zu früher werden die meisten Kaltblutpferde in unserer Zeit allerdings *nicht* ausreichend gearbeitet, und so ein Rennen erfordert Kondition, auch wenn es nur über ein paar hundert Meter geht. Wenn man also seinen »Dicken« zu einem solchen Rennen an-

Da bebt die Erde: Kaltblutrennen.

Schauprogramm beim Achselschwanger Vielseitigkeitsturnier: Kaltblutrennen der Profis.

meldet, muß man sorgfältig die Kondition des Pferdes überprüfen bzw. aufbauen. Überanstrengte Pferde können in der Lunge bluten!

Natürlich macht es gewaltigen Eindruck, wenn eine Gruppe Kaltblüter im gestreckten Galopp über die Bahn donnert! Doch Vorsicht: Rennen sind in der Regel tatsächlich nur für die Zuschauer und die Reiter ein Vergnügen, selten aber für die Pferde!

Kaltblut: die C-Klasse

Erstaunlicherweise hält sich hartnäckig das Gerücht, Kaltblutpferde seien zum Reiten wenig oder gar nicht geeignet. Dabei werden etwa 40 % der »Dicken« heute zum Reiten genutzt. Der mittelschwere Kaltbluttyp mit raumgreifenden Bewegungen und gutem Vorwärtsdrang, der von fast allen Zuchtverbänden mittlerweile angestrebt wird, eignet sich hervorragend zur Arbeit unter dem Sattel.

Für welche Reitweise man sich entscheidet, spielt keine Rolle, die Anforderungen sollen jedoch – wie bei jeder anderen Rasse auch – der körperlichen wie geistigen Eignung des jeweiligen Pferdes angemessen sein. Ein mittelschwerer Kaltblüter mit viel Schwung und Schwebephase kann wunderbar in Dressur ausgebildet werden, und zwar auch in höheren Lektionen. Auch das Westernreiten erfreut sich bei Kaltblutbesitzern zunehmender Beliebtheit, wobei Aufgaben wie »Stops« und »Spinning« etc. wegen der erheblichen körperlichen Beanspruchung ausgelassen werden. Aber wer sein Pferd kennt, kennt auch dessen Grenzen. Mein eigener Kaltblüter lernt diesen Sommer den »Spanischen Schritt« ... Auch im Geschicklichkeitsparcours (Trail) haben sich die »Dicken« bestens bewährt, ebenso natürlich beim Wanderreiten.

Selbstverständlich können Kaltblüter auch springen, manche lieben es sogar! Bei entsprechender Ausbildung sind die Anforderungen eines Einsteiger-Parcours kein Problem, empfehlenswert ist dies allerdings nicht, weil die Belastung für die Gelenke bald doppelt so hoch ist wie bei Warmblütern (wegen des höheren Eigengewichts). Gegen ein paar Sprünge zwischendurch ist aber normalerweise nichts einzuwenden. Mein »Dicker« nimmt erst ab einer bestimmten Höhe (mindestens 60 cm) die Beine hoch; alles, was darunter liegt, findet er »albern« und schmeißt es um ...

Auch Distanzritte sind mit Kaltblütern machbar, die Strecken sollten aber ca. 30 Kilometer nicht überschreiten und nicht öfter als zwei-, dreimal im Jahr durchgeführt werden. Wir wollen ja unsere dicken Freunde möglichst lange gesund und munter halten, und so schränkt man besser jede übermäßige Belastung auf ein Minimum ein. Selbst ein bestens konditioniertes Kaltblutpferd, das in der Wertung über anderen Rassen liegt, hat dennoch eine größere körperliche Belastung (das Eigengewicht) als andere Rassen!

Zur Ausbildung unter dem Sattel kann man für Kaltblüter die gleichen Grundsätze anwenden wie für Warm- und Vollblüter. Ein sensibel ausgebildeter »Dicker« geht auf die feinste Hilfe! »Tot im Maul« sind sie nur, wenn sie grob behandelt werden, und das trifft auf *alle* Pferde zu! Gute Biegung und beste Balance kann man auch bei Kaltblütern erreichen. Allerdings gilt es zu bedenken, daß die Reaktionszeit etwas verzögert ist und eine ganze Parade beispielsweise etwas länger braucht, um umgesetzt zu werden. Das hängt mit dem großen Körpervolumen und dem entsprechend längeren Weg von der Reizaufnahme durch die Nervenenden, der Weitergabe des empfundenen Reizes an das Gehirn und dem motorisch-kognitiv antrainierten adäquaten Verhalten auf diesen Reiz hin zusammmen. Der Weg ist schlicht länger ... Und länger ist auch der »Brems-

weg« bei der ganzen Parade, besonders wenn sie aus höherem Tempo gegeben wird: 800 oder 900 Kilogramm brauchen eben ein paar Meter mehr, um zum Halt zu kommen.

Besonders schön ist natürlich das Wanderreiten mit den schweren Pferden, weil sie einen guten »Sitzkomfort« bieten und man ordentlich Gepäck mitnehmen kann.

Insgesamt gesehen nimmt die Sympathie für Kaltblüter als Reitpferde deutlich zu. Besonders ihr ausgeglichenes Temperament und ihre ruhige freundliche Austrahlung begeistern immer mehr Reiter und Reiterinnen, die sich nach dem Alltagsstreß im Berufsleben auf einen erholsamen Ausflug mit dem Pferd freuen und sich auf keinen Fall noch mit einem zappeligen, nervösen Pferd herumärgern wollen. Und natürlich als Gewichtsträger bieten sich die »Dicken« an, wobei auch hier Grenzen nach oben gesetzt sind bzw. sehr gewichtige Reiter sich einen schweren Typ mit nicht zu langem Rücken und gut proportionierten Hufen suchen und die Anforderungen an Tempo und Dauer der Belastung angemessen reduzieren sollten.

Ansprechpartnerin:
Autorin
(Adresse siehe Anhang)

Kutschfahrten

Wer sich nun wundert, daß das Fahren extra erwähnt wird, sei eines Besseren belehrt: Das Fahren von Arbeitsgespannen oder das Planwagenfahren ist etwas anderes als zum Beispiel das Anspannen eines Jagdwagens! Die ersten werden vornehmlich im Schritt und maximal im ruhigen Trab (»Zuckeltrab« oder »Jog«, wie man heute sagt) gezogen. Der Marathonwagen aber ist auch zu flottem Tempo im schwie-

Schick, aber selten zu sehen: Kaltblüter vor dem Sulky.
Hier die Hengste des Landgestütes Moritzburg bei der Hengstparade 1996.

rigen Gelände in der Lage! Die Versammlung in der Anspannung sollte bei Kaltblütern nicht übertrieben werden, sie haben oft wenig Ganaschenfreiheit und sollen ja auch einen kräftigen Hals mitbringen. In Verbindung mit dem großen schweren Kopf muß man schon aufpassen, daß man dem Pferd durch zu starkes An-den-Zügel- (die Leine) Stellen keine Schmerzen zufügt – Gleiches gilt natürlich auch für die Reiterei! –, denn bei zu starker Genickabknickung kann die Ohrspeicheldrüse schmerzhaft gequetscht werden! Die natürliche Aufrichtung ist bei den »Dicken« aber sehr schön und ermöglicht ein dressurmäßiges Reiten und Fahren ohne die bei Sportpferden leider oft zu beobachtende zwangsweise herbeigeführte Halsbiegung. Ein Pferd in der natürlichen Selbsthaltung kann wunderbar den Schub aus der Hinterhand entwickeln und untertreten.

Ein Kaltblut-Kutschgespann hat den enormen Vorteil, daß es in der Regel wesentlich ruhiger und besonnener ist als Warmblüter, was wiederum auch auf die Kundschaft wirkt: Diese mächtigen und doch so friedlichen Riesen strahlen Ruhe und Sicherheit aus, Passanten wagen es eher, an sie heranzutreten und sie zu streicheln, ein Gespräch mit dem Kutscher anzufangen usw. Das Warmblutgespann hat in der Erinnerung der Menschen oft etwas Unnahbares, denn es waren die »besseren« Herrschaften, die damit fuhren, wogegen Kaltblutpferde schon immer zu den arbeitenden Menschen gehörten und oft deren Los teilten!

Ob Hochzeits- oder Geburtstagsfahrten, mit Freunden ein Picknick im Grünen oder einfach aus Spaß an der Freude – Kaltblutfahren kommt immer gut an!

»Im Mittelalter galt das Reisen mit dem Wagen als unmännlich und war ausschließlich adligen Frauen, Kindern, Alten, Gebrechlichen und hochgestellten Geistlichen vorbehalten. Noch 1588 untersagte der Herzog von Braunschweig seinem Adel das ›Gutschenfahren‹, da es zur Verweichlichung führe.

Doch die rasche Verbreitung des Kutschwagens als Fahrzeug für den Adel und schließlich auch für das Bürgertum ließ sich trotz Verboten nicht aufhalten.«

(Rudi Palla: Verschwundene Arbeit)

Rasse ist Klasse!

Kaltblutpferde in Deutschland

Der Ursprung unserer Kaltblutrassen läßt sich auf Jahrtausende zurückverfolgen. Auch der züchterische Einfluß des Menschen geht weit zurück. Die ältesten Rassen sind die Noriker und die Ardenner, aber auch das belgische Kaltblut kann auf eine lange Geschichte zurückblicken. Die ersten Zuchtbücher für kaltblütige Pferde – den schweren Landschlag, wie sie auch genannt wurden – entstanden meist ab dem 19. Jahrhundert in Verbindung mit den höheren Qualitätsanforderungen an die Tiere, die vor allem die sich rasch verbessernden Ackergeräte zu ziehen hatten. Bis auf die Pfalz-Ardenner, die Schwarzwälder Füchse, die Schleswiger und das auf dem Noriker basierende Süddeutsche Kaltblut wird spätestens ab Beginn des 20. Jahrhunderts in Deutschland auf rheinisch-deutscher (belgischer) Grundlage gezüchtet. Die Hauptvererber lassen sich noch heute in den Abstammungsnachweisen unserer Pferde von Ost nach West finden und zum Teil bis 1863 zurückverfolgen.

Die Zucht von Kaltblutpferden wird in einigen Bundesländern mit Prämien unterstützt. Für Zuchtstuten und gefallene Fohlen kann man eine kleine finanzielle Unterstützung beantragen. Ansprechpartner sind die jeweiligen Zuchtverbände. Für Zuchtstuten ist eine Leistungsprüfung sinnvoll, bei der zusätzlich zum bereits bei der Stutbuchaufnahme benoteten Exterieur und Ausdruck die Leistungsfähigkeit und Zugwilligkeit, der allgemeine Umgang und der Charakter bewertet werden.

Besonders wer auf Qualität statt Quantität achten will, meldet seine Stute zur Leistungsprüfung an, die aber in jedem Fall freiwillig geschieht.

Anders sieht dies bei Hengsten aus: Gekörte Hengste sind immer der Leistungsprüfung zu unterziehen. Wie auch die Stuten müssen die Hengste ihr Vermögen hinsichtlich Leistung und Charakter bei verschiedenen Aufgaben unter Beweis stellen. Diese Veranstaltungen finden in der Regel in den Landgestüten statt.

Rheinisch-deutsches Kaltblut

Die Blutlinie der rheinisch-deutschen Kaltblutpferde geht auf das »Rheinische Pferdestammbuch« von 1892 zurück. Das westfälische Pferdestammbuch wurde 1904 eingerichtet. Wie in anderen Provinzen hatte man zuvor im Rheinland und in Westfalen auch mit anderen Kaltblutschlägen gewirtschaftet, besonders mit englischen. Die Anforderungen aus Landwirtschaft und Industrie ließen aber auch hier binnen kurzer Zeit auf Brabanter und Ardenner Pferde zurückgreifen, die wegen ihrer Leistungsfähigkeit, Umgänglichkeit und Robustheit bevorzugt wurden. Außerdem fand man gerade im Rheinland ähnliche Aufzuchtbedingungen wie in Belgien, was diesen Pferden auch den Vorzug gab.

Der Stammvater der heutigen Blutlinien ist der Belgier »Orange I« (geb. 1863), dessen Besitzer ihn am Strick durchs ganze Land geführt und ihn unterwegs den Bau-

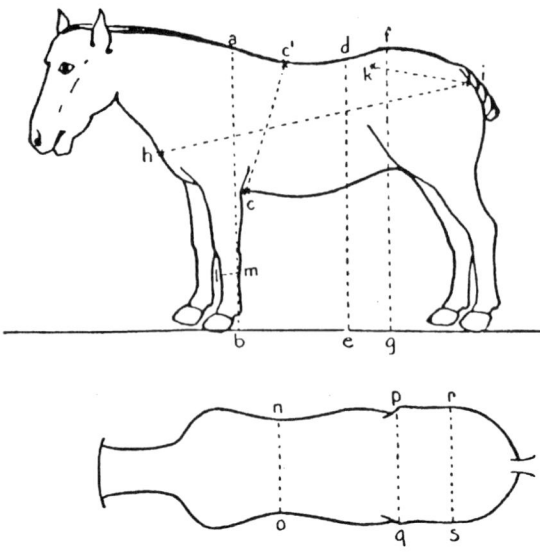

a – b	Widerristhöhe	h – i	Rumpflänge
a – c	Brusttiefe	k – i	Kruppenlänge
b – c	Beinlänge	l – m	Röhrbeinumfang
c–c'–c	Brustumfang	n – o	Brustbreite
d – e	Rückenhöhe	p – q	Hüftbreite
f – g	Kreuzbeinhöhe	p – s	Umdreherbreite

Normalmodell eines deutschen Kaltblutpferdes mit den bei den Messungen berücksichtigten Körpermaßen. (Aus: Dr. Hering »Ein Beitrag zur Kenntnis der Jugendentwicklung des rheinisch-deutschen Kaltblutpferdes« Hannover 1925)

»Albion d'Hor« (aus »Das rheinisch-deutsche Pferd«, hrsg. von der Deutschen Gesellschaft für Züchtungskunde, Berlin 1936)

ern zum Bedecken ihrer Stuten angeboten haben soll.

Bereits 1881 wurden die braunen Ardenner »Flick« und »Flock« im westfälischen Landgestüt Warendorf aufgestellt. Sie standen in den Stationen Dortmund und Bochum zum Decken zur Verfügung, denn von dort wurde ein hoher Bedarf an schweren Pferden für industrielle Arbeit angemeldet. Es müssen Spaßvögel gewesen sein, die der Zucht mit schweren Pferden skeptisch gegenüberstanden, die den Pferden diese Namen gaben, denn 1883 kamen »Gick« und »Geck«, 1884 »Hepp« und »Hopp« und 1886 noch »Klipp« und »Klapp« hinzu.

Zu Anfang dieses Jahrhunderts machten die Kaltblutpferde im rheinischen und westfälischen Raum etwa zwei Drittel des Hengstbestandes aus. Während des Zweiten Weltkrieges stiegen die Bedeckungsraten noch einmal erheblich wegen der hohen Nachfrage und der Flucht in Sachwerte. Seit Beginn der fünfziger Jahre gab es dann deutliche Einbrüche. Das Rheinische Landgestüt Wickrath wurde 1957 aufgelöst bzw. mit dem Warendorfer zum »Nordrhein-westfälischen Landgestüt« zusammengefaßt.

1945 waren im Rheinischen Pferdestammbuch 952 Hengste und 24 497 Stuten registriert. In Nordrhein-Westfalen zählte man 1965 noch 96 Kaltbluthengste und 1789 Zuchtstuten, wobei der Bestand weiter gegen Null tendierte, bis auch die Rheinisch-Deutschen auf der Liste der bedrohten bodenständigen Haustierrassen standen. 1976 stellte das Warendorfer Gestüt erstmalig wieder einen »Dicken« zur Bedeckung auf. »Nippes I« stand im Oberbergischen, wo wegen des großen Waldanteils mit einem erneuten Bedarf an Kaltblutpferden vor allem aus forstwirtschaftlichen Aspekten heraus gerechnet wurde. »Nippes I« geht auf die alte »Albion d'Hor'«-

Orange I (1863)

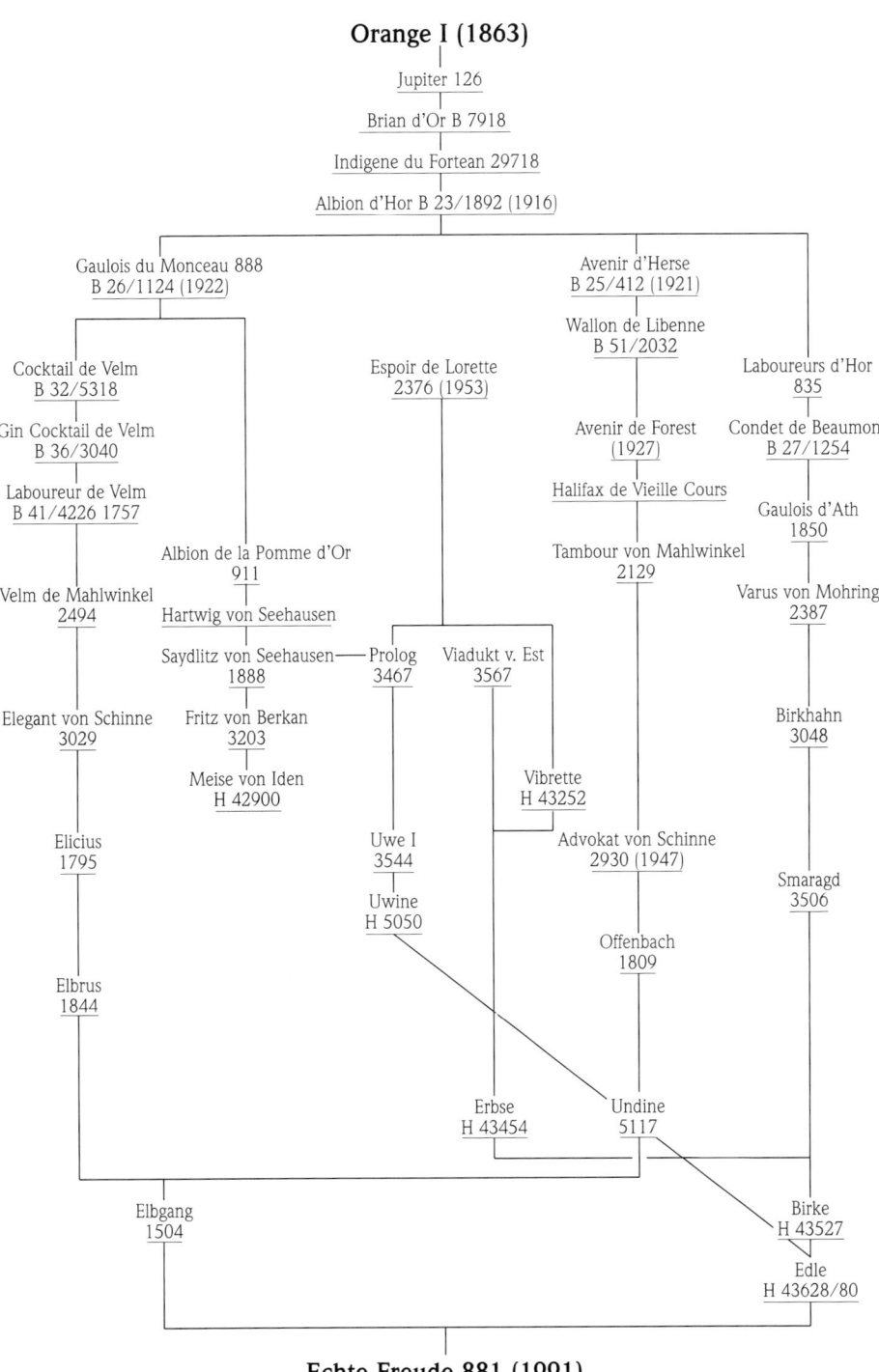

Jupiter 126

Brian d'Or B 7918

Indigene du Fortean 29718

Albion d'Hor B 23/1892 (1916)

Gaulois du Monceau 888
B 26/1124 (1922)

Avenir d'Herse
B 25/412 (1921)

Wallon de Libenne
B 51/2032

Cocktail de Velm
B 32/5318

Espoir de Lorette
2376 (1953)

Laboureurs d'Hor
835

Gin Cocktail de Velm
B 36/3040

Avenir de Forest
(1927)

Condet de Beaumont
B 27/1254

Laboureur de Velm
B 41/4226 1757

Halifax de Vieille Cours

Gaulois d'Ath
1850

Albion de la Pomme d'Or
911

Tambour von Mahlwinkel
2129

Velm de Mahlwinkel
2494

Hartwig von Seehausen

Varus von Mohring
2387

Saydlitz von Seehausen —— Prolog
1888   3467

Viadukt v. Est
3567

Elegant von Schinne
3029

Fritz von Berkan
3203

Birkhahn
3048

Meise von Iden
H 42900

Vibrette
H 43252

Elicius
1795

Uwe I
3544

Advokat von Schinne
2930 (1947)

Uwine
H 5050

Offenbach
1809

Smaragd
3506

Elbrus
1844

Erbse
H 43454

Undine
5117

Elbgang
1504

Birke
H 43527

Edle
H 43628/80

Echte Freude 881 (1991)

Linie (aus »Orange I«) zurück, die er in langen Jahren des Deckeinsatzes an seine vielen Nachkommen weitergab.

Die rheinisch-deutschen Kaltblutpferde werden zum Teil seit hundert und mehr Jahren rein gezüchtet, also ohne fremde Blutmischung.

40 gekörte Hengste zählte man 1997 und 695 Stuten mit 229 Fohlen.[1] Da auch die Kaltblutzucht in den neuen Bundesländern auf alter rheinisch-deutscher Grundlage basiert, ist der Gesamtbestand in Deutschland natürlich erheblich größer.

Die Landesregierung in NRW fördert die Zucht von Kaltblutpferden und bezuschußt zusätzlich im Rahmen des Waldhilfsprogramms die Arbeit mit Pferden aus landschaftspflegerischen Gründen.

In einer Festschrift für den Landstallmeister Gerd Lehmann aus dem Jahr 1991 heißt es zuversichtlich: »Es ist keine Frage: Das Resümee bietet für die Zucht und das Ansehen des Kaltblutpferdes in Nordrhein-Westfalen verheißungsvolle Perspektiven.«[2] Weiter so!

Ansprechpartner:
Westfälisches Pferdestammbuch e.V.
Sudmühlenstr. 31–35
D-48157 Münster
Tel.: D-02 51/3 28 09-11
Fax: D-02 51/3 28 09-24

Nordrhein-Westfälisches Landgestüt
Sassenbergerstr. 11
D-48231 Warendorf
Tel.: D-0 25 81/35 05
Fax: D-0 25 81/63 28 45

Rheinisches Pferdestammbuch e.V.
Endenicher Allee 60, D-53115 Bonn
Tel.: D-02 28/70 34 19

Verband Hessischer Pferdezüchter e.V.
Pferdezentrum Alsfeld
An der Hessenhalle 5
D-36304 Alsfeld
Tel.: D-0 66 31/7 20 11
Fax: D-0 66 31/7 20 16

Die Zucht in den neuen Bundesländern

Nach der Öffnung der Grenzen der ehemaligen DDR wurde der Pferdemarkt zunächst überschwemmt von Kaltblütern, die aus den aufgelösten Genossenschaften für wenig Geld auf den Markt kamen. Manche wurden aus Mitleid – und um sie vor dem Schlachten zu retten – gekauft. Ganze Wagenladungen von Kaltblütern gingen in die Fleischproduktion.

> »Morgens gegen 7.00 Uhr kamen einige Lastwagen auf den Hof von einer westdeutschen Spedition. Innerhalb kürzester Zeit war der Stall leer. Über 20 Pferde haben sie mitgenommen, Wallache, Zuchtstuten, alles. Es war zum Heulen. Jahrelange Arbeit war dahin. Und man hängt ja an den Tieren, wenn man ständig mit ihnen umgeht. Sie gehörten zu uns dazu. Und plötzlich war alles vorbei ...«
> (Friedrich Z. aus G.)

Gute Zuchtstuten und ausgebildete Arbeitspferde verschwanden oft in der Versenkung nichtsahnender Pferdefreunde, ebenso wie viele Abstammungsnachweise verlorengingen.

Gezüchtet wurde auf dem Territorium der heute neuen Bundesländer seit spätestens Anfang des 20. Jahrhunderts durchweg auf rheinisch-deutscher Grundlage, wobei in der Geschichte der Kaltblutzucht, wie überall, nach den jeweiligen äußeren

---

[1] Jahresbericht der FN 1997
[2] Pferdezucht im Wandel, S. 71. Hier findet man eine schön zusammengefaßte ausführliche Zuchtgeschichte einschließlich der genealogischen Abfolge.

Mecklenburger Kaltblut (Freilichtmuseum Am Kiekeberg, Hamburg 1997).

Bedingungen unterschiedliche Schläge probiert wurden. Noch heute finden wir Variationen in Größe, Farbe, Körpermasse usw., die von den unterschiedlichen Anforderungen, bedingt durch Boden, Klima und Besitzverhältnisse, zeugen.

Das Mecklenburger Kaltblut

In welchem Ausmaß der Kaltblutbestand auch in Mecklenburg-Vorpommern reduziert wurde, sieht man an der Entwicklung der Mitgliederzahlen des ansässigen Zuchtverbandes: 1993 zählte der Verband nur noch 25(!) aktive Züchter, zum Ende der 90er Jahre hat sich die Zahl bei ca. 60 Aktiven konsolidiert. Daß damit auch eine erschreckende Gefährdung für den Zucht-

bestand der liebevoll »Mecki« genannten »Dicken« aus Mecklenburg-Vorpommern besteht, liegt in der Natur der Sache: 1996 gab es 91 eingetragene Kaltblutstuten und 33 registrierte Fohlen[1], als reine Mecklenburger mit dem Originalbrand wurden 1997 nur insgesamt 42 Zuchtstuten und 34 Fohlen[2] gezählt!

Insgesamt 7 Hengste stehen aktuell der Bestandssicherung zur Verfügung 4 Privat-, 3 Landbeschäler).

Gezüchtet wird das Mecklenburger Kaltblut seit Anfang dieses Jahrhunderts auf rheinisch-deutscher Grundlage, nachdem die Kreuzung mit Suffolk- und Clydesdale-Hengsten ebensowenig den gewünschten Wirtschaftspferdetyp hervorgebracht hatte wie die Blutmischung mit dänischen und Schleswiger Pferden.

---

[1] Angaben des Zuchtverbandes
[2] Jahresbericht der FN 1997, Vorabdruck

Zuchtzielbeschreibung[1]:

Größe:	155–165 cm
Farben:	Rappen, Braune, Füchse, Schimmel
Gebäude:	harmonische Typen
Kopf:	trockenes Gesicht mit freundlichem Auge
Hals:	kräftig, gut aufgesetzt
Körper:	mittelschwer; schräge, muskulöse Schulter, gut bemuskelte Kruppe
Fundament:	trocken, korrekt, harte Hufe
Bewegungs- ablauf:	raumgreifende Gänge
Besondere Merkmale:	leichtfuttrig; guter Charakter; gutes Temperament; arbeits- willig

Ansprechpartner:
Verband der Pferdezüchter
Mecklenburg-Vorpommern e.V.
Speichertstr. 11
D-18273 Güstrow
Tel.: D-03 84 36/8 60 33
Fax: D-03 84 36/8 52 39

Landgestüt Redefin
Betriebsgelände 01
D-19230 Redefin
Tel.: D-03 88 54/2 05 und 2 06
Fax: D-03 88 54/2 20

Altmärkisches Kaltblut

Zu Beginn des 19. Jahrhunderts wurden in Sachsen neben den Suffolks auch Percherons zur Zucht eingesetzt. Ab etwa 1875 kamen einige Clydesdale-Hengste hinzu, ebenso Shire Horses. Auch hier setzte sich ab spätestens 1920 die rhei-nisch-deutsche Blutlinie durch, weil sie robuste, leichtfuttrige, leistungsbereite Pferde hervorbrachte, die zu allen Arbeiten eingesetzt werden konnten. Bereits 1904 war die erste altmärkische Pferdezuchtgenossenschaft für das belgische Pferd gegründet worden.

Der Bestand an Altmärker Kaltblutpferden lag 1997 bei 272 eingetragenen Zuchtstuten, 87 Fohlen und 20 gekörten Hengsten. Diese Daten verteilen sich auf die Zuchtregionen Berlin-Brandenburg, Mecklenburg-Vorpommern und Sachsen-Anhalt.

Der Altmärker ist ein Kaltblutpferd mit mittlerem Rahmen sowie guter Bemuskelung und mit Brust- und Flankentiefe. Leistungswilligkeit und Gutmütigkeit werden erwartet bei ruhigem Temperament und ausgezeichneter Konstitution. Das Stockmaß liegt zwischen 158 und 165 cm. Als Farben kennt man Füchse, Rapp-, Braun- und Rotschimmel sowie Braune.[2]

Ansprechpartner:
Pferdezuchtverband Berlin-Brandenburg
e.V.
Hauptgestüt 10
D-16845 Neustadt/Dosse
Tel.: D-03 39 70/1 32 01
Fax: D-03 39 70/1 39 49

Pferdezuchtverband Sachsen-Anhalt
Frommenhagenstraße 16
D-01237 Dresden
Tel./ Fax: D-0 39 31/21 28 59

Verband der Pferdezüchter
Mecklenburg-Vorpommern e.V.
Adresse nebenstehend

Landgestüt Redefin
Adresse nebenstehend

---

[1] aus: Zuchtverbandsordnung des Verbandes der Pferdezüchter Mecklenburg-Vorpommern e.V. Zuchtprogramm, Zuchtbuchordnung. In: Hengstverteilungsplan 1997, S. 43
[2] Kaltblutpferde. FN 1993, S. 13 f.

Stuten in der Arbeitsanspannung. (Sächsisch-thüringisches Kaltblut)

Sächsisch-Thüringisches Kaltblut

Man mag meinen, besonders wenn man die Zuchtzielbeschreibungen liest, daß zwischen Mecklenburger, Altmärker und Sächsisch-Thüringischen Kaltblütern kein Unterschied zu erkennen sei. Seit Generationen findet man schließlich in den ostdeutschen Regionen das Kaltblutpferd auf rheinisch-deutscher Grundlage in Reinzucht erhalten.

Jedoch ist der Zuchtgeschichte zu entnehmen, daß man, während bei den Mecklenburgern mit Suffolk- und Clydesdale-Hengsten, Dänen und Schleswigern experimentiert wurde und in der Altmärker Geschichte mit Suffolk und Percheron, im Sächsisch-Thüringischen zunächst Noriker, später auch Percheron und Shire Horse einkreuzte. Zwischen 1889 und 1899 kamen 521 Shire Horses, 144 Clydesdales und 248 Belgier nach Sachsen.[1] Auch hier setzte sich dann das belgische Pferd zunehmend durch.

Die heutige Zucht geht wie viele Blutlinien bei den rheinisch-deutsch gezogenen Kaltblutpferden vornehmlich auf den Belgier »Albion d'Hor« (1916) zurück.

Gefordert wird laut Zuchtbuch ein mittelschweres, gut bemuskeltes, leichtfuttriges, arbeitswilliges Kaltblutpferd mit gutem Charakter und gutem Temperament. Als Stockmaß werden 158 bis 165 cm angesetzt, als Farben kommen Füchse, Rapp-, Braun- und Rotschimmel sowie Braune vor.[2]

Das Landgestüt Moritzburg konnte noch 1991 17 Kaltbluthengste[3] vorstellen – nur sechs Jahre später zählte man 20 Hengste

---

[1] Gefährdete Nutztierrassen, S. 98
[2] Kaltblutpferde. FN 1993, S. 19
[3] ebd.

(14 Privatbeschäler, 6 Landbeschäler), 313 Zuchtstuten und 109 Fohlen, die sich auf die Zuchtverbände Mecklenburg-Vorpommern, Sachsen, Sachsen-Anhalt, Thüringen und Hessen verteilen. Der Schwerpunkt der Zucht liegt selbstredend in Sachsen und Thüringen.[1]

Ansprechpartner:
Pferdezuchtverband Sachsen e.V.
Winterbergstraße 98
D-01237 Dresden
Tel.: D-03 51/2 56 10 01
Fax: D-03 51/2 54 90 63

Verband Thüringer Pferdezüchter e.V.
Lisztstraße 4
D-99423 Weimar
Tel.: D-0 36 43/2 48 80
Fax: D-0 36 43/24 88 15

Sächsisches Landgestüt Moritzburg
Schloßallee 1
D-01466 Moritzburg
Tel.: D-03 52 07/8 14 07
Fax: D-03 52 07/8 17 75

Brandenburgisches Haupt- und Landgestüt
Havelberger Straße 20
D-16845 Neustadt/Dosse
Tel.: D-03 39 70/1 34 94-5
Fax: D-03 39 70/1 33 85

Fast ausgestorben: Pfalz-Ardenner

1996 schien der Untergang dieser auf eine jahrhundertealte Geschichte zurückblickende, mit dem Noriker älteste Kalt-

[1] Jahresbericht der FN 1997, Vorabdruck

Ardenner mit Rückergeschirr.

blutrasse aus den französischen und belgischen Ardennen in Deutschland nicht mehr aufzuhalten zu sein.

Mit 7 eingetragenen Stuten, 2 Hengsten mit nur insgesamt 2 (!) Bedeckungen und keinem einzigen gefallenen Fohlen galt die Rasse zum zweiten Mal (der erste große Einbruch war in den 1970er Jahren) praktisch als ausgestorben.[1] Doch die Alarmzeichen haben zu einer deutlichen Bestandszunahme innerhalb nur eines einzigen Jahres geführt, so daß jetzt wieder Hoffnung besteht: Zwar konnte auch 1997 kein gefallenes Fohlen registriert werden aber immerhin 17(!) Bedeckungen, 3 Hengste und wieder 14 Zuchtstuten[2] können die Basis für einen Neuanfang sein.

Der Ardenner wird vermutlich seit mehr als zweitausend Jahren gezüchtet. Bereits Julius Cäsar und Nero sollen die Vorzüge dieser schönen und ausdauernden Pferde zu schätzen gewußt haben. Im 8. Jahrhundert stoppten sie der Überlieferung nach unter den Reitern Karl Martells die Mauren auf ihrem Vormarsch nach Mittel- und Nordeuropa und wurden dann durch Einkreuzung arabischen Blutes leichter und beweglicher gemacht. Jahrhunderte später kreuzte man mit schweren Belgiern, um wieder mehr Masse zu bekommen. Die Ardenner waren und sind beliebt für ihre Zähigkeit und klimatische Anpassungsfähigkeit, ihren Arbeitseifer und ihre Genügsamkeit.

Die erste Kaltblutzuchtgesellschaft in der Pfalz wurde 1890 gegründet. Nachdem zunächst eine Verbindung mit schweren belgischen und rheinischen Hengsten das für die Landwirtschaft nötige kalibrige Pferd bringen sollte, wurde während des Zweiten Weltkrieges und den folgenden Jahren mit zahlreichen Stuten und Hengsten aus Lothringen wieder auf den typischen Ardenner gezielt.[3]

Dem Ursprung in den Bergen entspricht vor allem die Größe. Das heutige Zuchtziel verlangt ein unkompliziertes Kaltblutpferd im mittleren Rahmen mit gutem Charakter und ruhigem Temperament.

Zuchtzielbeschreibung:

Größe:	Stuten durchschnittlich 157 cm, Hengste 160 cm
Farben:	alle Farben
Gebäude:	
Kopf:	klein, trocken, ausdrucksvoll, Ohren klein, waches Auge
Hals:	gut angesetzt, aufgerichtet
Körper:	mittlerer Rahmen, große, schräge Schulter, breite, tiefe Brust, gut bemuskelte, lange Kruppe, stark bemuskelte Hinterhand
Fundament:	stark, trocken, klar, wenig Behang, korrekte, harte Hufe
Bewegungsablauf:	raumgreifender Schritt, energischer, schwungvoller Trab, korrekter, guter Raumgriff
Besondere Merkmale:	guter Charakter, unkompliziert, ruhiges Temperament

---

[1] Auf der Roten Liste der GEH (s. Anhang) von 1997 heißt es zu den Pfalz-Ardennern: »Die Rasse ist auch bei größten Anstrengungen nicht mehr zu erhalten.« ebd.

[2] ebd.

[3] Zwischen 1914 und 1918 wurden fast 100 000 (!) Pferde in Belgien von den deutschen Besatzern beschlagnahmt. Über die während des Zweiten Weltkrieges von den Deutschen erbeuteten Pferde gibt es leider keine Angaben in Zahlen, es werden aber nicht gerade wenige gewesen sein. Siehe auch: Pit Schlechter: Der Ardenner. In: Das Zugpferd 1/91, S. 16 ff.

Ansprechpartner:
Pferdezuchtverband Rheinland-Pfalz-Saar e.V.
Pferdezentrum
D-67816 Standenbühl
Tel.: 0 63 57/8 97

Schleswiger Pferde

»Munkedahl« und »Oppenheim« – das klingt nach Tradition, aber auch nach Kraft und Ausdauer, so kräftig und ausdauernd, wie die Unwetter durch das Land dieser Pferde toben können! Klimatische Bedingungen, Bodenbeschaffenheit und Futtergrundlage haben auch in Schleswig-Holstein von jeher den Typ Arbeitspferde geprägt, der dort heute noch heimisch und anderswo kaum zu finden ist. Laut FN-Bericht von 1997 haben von den 213 eingetragenen Stuten (mit 60 Fohlen) nur zwei ihre Heimat außerhalb des norddeutschen Raumes gefunden! 31 gekörte Hengste stehen aktuell zur Verfügung, jeweils einer in Berlin-Brandenburg, in Hessen und in Mecklenburg-Vorpommern, alle anderen in Niedersachsen bzw. Holstein.
Auch die Zucht des Schleswiger Pferdes kann auf eine lange Geschichte zurückblicken. Seit der zweiten Hälfte des 18. Jahrhunderts versuchte die Obrigkeit, mit Verordnungen und Erlassen bezüglich der Zulassung und des Haltens von Beschälern die Zuchtergebnisse zu verbessern – mit unterschiedlichem Erfolg. Rumpf und Fundament, Kopf, Auge und Hufe: Hier wurde mit Macht auf Qualität gedrängt.

> »Weil nichts einer guten Pferdezucht nachtheiliger ist und die Abarbeitung der Pferde mehr befördert, als wenn untaugliche Hengste zum Beschälen gebrauchet werden, so soll es hinführo in besagten unseren Herzogthümern und Landen so wenig in den Städten als dem Bauer oder Besitzer eines Bauernhofes auf dem Lande, er gehöre zu einem Amte, Landschaft, Stadtgebiete, Klösterlichen-, Adlichen- oder Kanzeley-Gute, erlaubt seyn, Hengste, die über 2 Jahr alt sind, länger als bis zur nächsten, (...) umständlich verordneten jährlichen Untersuchung unbesichtiget zu behalten. Und werden sie bey solcher Untersuchung zu Beschälern nicht brauchbar gefunden, noch also zum Beweise ihrer Tauglichkeit auf die eben daselbst gedachte Art gemeldet; so müssen die Eigenthümer dieselben innerhalb 6 Monaten, nachdem sie für untüchtig erkannt worden, entweder wallachen lassen oder sie außerhalb Landes verkaufen.« (Verordnung von 1782[1])

Seinen Ursprung findet der Schleswiger im jütländischen Pferd aus Dänemark. Die Jütländer sollen bereits bei den Römern, aber auch bei den Wikingern Anklang gefunden haben!
»Oppenheim LXII«[2] gilt als der Stammvater dieser Pferdezucht. 1862 wurde er nach Dänemark importiert, seine Herkunft kann heute nicht genau geklärt werden, es soll aber ein Suffolk gewesen sein. »Oppenheim LXII« wird beschrieben als wohlgebauter schwerer Hengst mit gut angesetztem und gebogenem Hals, einem großen Kopf und gebogenen Nasenrücken, der noch heute einen Teil seiner Nachfahren prägt. Er stand nur sieben Jahre im Deckeinsatz (er mußte wegen Hufrehe getötet werden), hinterließ aber ein Dutzend guter Söhne. Auf seinen Enkel »Munkedahl 445« (geboren 1883) geht ein guter Teil des heutigen Pferdebestandes zurück. »Munkedahl« wurde im Alter

---

[1]) zitiert nach: C. Becker: Das Schleswiger Pferd, S. 20
[2]) »Oppenheim XLII« verdankt seinen Namen dem Pferdeimporteur Oppenheimer, der ihn ursprünglich für die Landgestüte in Mecklenburg gekauft hatte.

Schleswiger Zuchtstute beschützt ihr junges Fohlen.

von 22 Jahren in Kopenhagen getötet und sein Skelett im Landesmuseum ausgestellt![1]

Den Verband der Schleswiger Pferdezuchtvereine rief man 1891 ins Leben. Durch konsequente Selektion konnte ein leichtfuttriges, robustes und gängiges Kaltblutpferd gezogen werden. Bis in die 1920er Jahre erreichte die Widerristhöhe durchschnittlich 178 cm (!), heute wird eine Größe von 156 bis 162 cm angestrebt. Der heutige Bestand gilt als gefährdet und verdankt seinen Erhalt unter anderem der Holsten Brauerei in Hamburg, die seit Jahr und Tag mit Schleswiger Pferden fährt.

Der Schleswiger ist ein vielseitig einsetzbares Pferd, das wegen der schwungvollen Bewegungen und des lebhaften Temperaments auch bei Freizeitreitern beliebt ist.

Zuchtzielbeschreibung:

Größe:	156–162 cm
Farben:	vorherrschend Füchse, selten Schimmel, Rappen, Braune
Gebäude:	
Kopf:	trocken, markant, nicht zu lang, lebhaftes Auge

[1] Verband der ...: Das Schleswiger Pferd, S. 4

Hals:	kräftig, nicht zu kurz, gut aufgesetzt
Körper:	rundrippig, viel Brusttiefe, nicht zu kurze Beine, mittlerer Rahmen
Fundament:	trocken, starke Gelenke, stabil, korrekt, runde Hufe mit genügend hohen Trachten, seidiger, nicht zu üppiger Behang
Bewegungs-ablauf:	geräumiger Schritt, raumgreifende, energische Trabaktion mit viel Schub
Besondere Merkmale:	lebhaftes, energisches Temperament, leistungsfähig, futterdankbar

Ansprechpartner:
Stammbuch für Kaltblutpferde in Niedersachsen e.V.
– Geschäftsstelle –
Lindhooper Straße 92, D-27283 Verden
Tel.: D-0 42 31/67 30

– Beratung / Zuchtleitung –
Wilhelm-Seedorf-Straße 3
D-29525 Uelzen
Tel.: D-05 81/80 73-26, Fax: 80 73-60

Pferdestammbuch Schleswig-Holstein/Hamburg e.V.
Steenebeker Weg 151
D-24106 Kiel
Tel.: D-04 31/33 17 76

Die »Perlen des Schwarzwalds«: St. Märgener

Der Schwarzwälder Fuchs ist das kleinste, aber auch mit Abstand eleganteste Arbeits-

pferd in Deutschland. Gebirgige Landschaft mit kargem Futter haben über die Jahrhunderte ein robustes, leichtfuttriges, wendiges und sehr leistungsfähiges Pferd hervorgebracht.

Die Geschichte der Schwarzwälder Zucht ist auch eine regional bäuerliche, geprägt von dem Widerspruch zwischen den Erfordernissen der Bewirtschaftung des bergigen Landes und den Verordnungen und Zuchtauflagen, die sich im Ergebnis nicht bewährten. Das »Wildern« der Stutenbesitzer – ohne Wissen der Obrigkeit natürlich, die eigene Vorstellungen über das Zuchtziel hatte und den Bauern immer wieder Vorschriften machte, doch die Hengste eigener Wahl zur Bedeckung zu nehmen … – hatte Tradition seit dem 19. Jahrhundert bis in die Mitte der 1950er Jahre.

Die Blutlinienführung der Schwarzwälder Füchse geht auf das Norische und das Ardenner Pferd zurück, allerdings ließen über Jahrhunderte hinweg durchziehende Kriegsscharen, Besatzer, aber auch Handelnde und Reisende Pferde verschiedener Schläge in der Region zurück, so daß eine Kreuzung mit warm- und vollblütigen Pferden in der Historie als sicher gilt. Eine Mischung mit schweren Belgiern war immer wieder versucht worden – zum Ärger der Einheimischen, die für ihre Arbeit das trittsichere, leichtere Kaltblutpferd bevorzugten.

Die »Schwarzwälder Pferdezuchtgenossenschaft« konstituierte sich 1896 mit Sitz in St. Märgen (weshalb diese Pferde auch »St. Märgener« genannt werden). Seit 1954 züchtet man wieder konsequent den »alten« Typ des Schwarzwälders. 1997[1] wurden 616 Zuchtstuten mit 247 Fohlen gezählt. 21 Hengste verteilen sich auf die Zuchtverbände Baden-Württemberg (20), Hessen (5), Westfalen (4) und Niedersachsen (6). Bei den Verbänden Rheinland

---
[1] Jahresbericht FN 1997, Vorabdruck

Langer, seidiger Behang zählt zu den Schönheitsmerkmalen der Schwarzwälder Füchse.

und Rheinland-Pfalz-Saar steht jeweils 1 Hengst zur Verfügung. Allein das baden-württembergische Landgestüt in Marbach stellte 1997 16 (!) Landbeschäler auf.

Das traditionelle Roßfest in St. Märgen findet am zweiten Sonntag im September der Jahre 1998, 2001, 2004 usw. statt mit Pferdeprämierungen, Schauvorführungen und Festumzug.

Zuchtzielbeschreibung:

Größe:	Stuten 148–156 cm, Hengste bis max. 160 cm
Farben:	Füchse bis Dunkelfüchse
Gebäude:	
Kopf:	kurz, trocken, markant, ausdrucksvolles Auge
Hals:	kräftig, gut aufgesetzt
Körper:	leicht, mittelrahmig, schräge Schulter und breite, stark bemuskelte Kruppe
Fundament:	korrekt, trocken, kräftige, klare Gelenke, harte Hufe
Bewegungs-ablauf:	raumgreifende Gänge
Besondere Merkmale:	gutmütig, zugstark, robust, langlebig

Ansprechpartner:
Pferdezuchtverband Baden-Württemberg e.V.
Heinrich-Baumann-Straße 1–3
D-70190 Stuttgart
Tel.: D-0711/1 66 55-01
Fax: D-0711/1 66 55-20

63

Schwarzwälder Pferdezuchtgenossenschaft
August Hog
Scheuerhalterhof
D-79274 St. Märgen
Tel.: D-07669/330

Josef Schill
Facklerhof
D-79215 Elzach-Prechtal
Tel.: D-07682/8785

Interessengemeinschaft der Kaltblutzüchter
Dr. Konrad Ehlers
Aussiedlerhof
Echterdinger Straße 80
D-70599 Stuttgart
Tel.: D-0711/453459

Haupt- und Landgestüt Marbach
D-72532 Gomadingen-Marbach a. d. L.
Tel.: D-07385/96950
Fax: D-07385/969510

Verband Hessischer Pferdezüchter e. V.
Pferdezentrum Alsfeld
An der Hessenhalle 5
D-36304 Alsfeld
Tel.: D-06631/72011
Fax: D-06631/72016

Süddeutsches Kaltblut

Mit über 2000 Zuchtstuten mit gut 400 Fohlen und 72 Hengsten, die fast ausschließlich in Bayern zu finden sind, braucht sich der Landesverband Bayerischer Pferdezüchter um den Kaltblutbestand in seiner Region kaum zu sorgen.

Daß es im Gegenteil eher zu einigen Absatzproblemen kommen kann und nicht wenige Pferde die Reise zum Schlachthof antreten, ist bedauerlicherweise die Kehrseite der Medaille.

In seiner Abstammung geht das Süddeutsche Kaltblut auf Noriker (siehe S. 66) zurück. Es wurden seit Generationen im Bayerischen zwei Schläge gezüchtet: der etwas leichtere Oberländer für das Grünlandgebiet und die Voralpenregion sowie der schwere Pinzgauer Typ für die Ackerbaugebiete.

> »Im ältesten Gesetzbuche der Bajuvarier ist verordnet, daß ein Marschalk (Pferdepfleger, d. V.) über 12 Rosse aufgestellt ist und hohes Ansehen beim Herrn und im Stall genießen soll. Er schaltete über den Marstall der Herrenhaushaltung, wobei ihm die anderen Stallbediensteten und Hengstfütterer unterstellt waren. Die letzteren hatten die Pferde zu warten und solche gab es nach dem Umfang der großen Höfe viele. Gelangte ein Pferd zum Verkaufe, so wurden auch diese Dienstleute mitveräußert. (...)
> Wenn einer die Schelle[1] von einem Pferde oder Ochsen stahl, so mußte er es mit 1 Schilling büßen; die gleiche Strafe traf denjenigen, welcher einem Kriegsroß den Schwanz oder das Ohr abhaute; war es nur ein mittelmäßiges Pferd, so kostete es nur einen halben Schilling; bei einem noch schlechteren mußte er es mit einer Tremitze (?) büßen.«
> aus: Podewills: Die Zucht des Oberländer Pferdes

Seit dem Jahr 1920 waren im staatlichen Gestüt Schwaiganger südlich von München eigene Hengste für die angestrebte Reinzucht des Norikers aufgestellt. In den dreißiger Jahren begann man, beide Ausrichtungen miteinander zu verbinden, und 1952 entschied man sich für die einheitliche Bezeichnung »Süddeutsches Kaltblut«.

---

[1] Von diesen Schellen (Glocken), die die Pferde um den Hals trugen, um den Hütern und Besitzern immer ihren Aufenthaltsort zu melden, kommt vermutlich die Bezeichnung »Beschäler« (*Bescheller, Bescheler*); ebenso ist eine Ableitung aus dem grimmen Schelch (*Schelcher, Scheller, Scheler*), wie der Hengst in der Nibelungensage genannt wird, denkbar.

Eine Koppel Süddeutscher Kaltblutpferde.

Zuchtzielbeschreibung:

Größe:	158–165 cm
Farbe:	vornehmlich Füchse, aber auch Braune, Rappen, Schimmel, Tiger und Mohrenköpfe
Gebäude:	
Kopf:	mittelschwerer Kopf, gutmütiges, ausdrucksvolles Auge
Hals:	kräftiger, gut angesetzter, mittellanger Hals
Körper:	großrahmig, gut bemuskelt, tiefrumpfig, lange breite gespaltene Kruppe
Fundament:	kräftige, gut ausgebildete Gelenke, trockene, harte Hufe
Bewegungsablauf:	raumgreifendes Schritt- und Trabpferd

Besondere
Merkmale: ausgeglichenes Temperament, hart, anspruchslos

Ansprechpartner:

Landesverband bayerischer
Pferdezüchter e.V.
Landshamer Straße 11
D-81929 München
Tel.: D-089/92 69 67 69
Fax: D-089/92 69 67 25

Bayerisches Haupt- und Landgestüt
Schwaiganger
Schwaiganger 1
D-82441 Ohlenstadt/Obb.
Tel.: D-0 88 41/6 13 60
Fax: D-0 88 41/61 36 66

Noriker

In den salzburgischen Gebirgsgauen hausten in historischer Zeit die Volksgruppen der Taurisker bzw. der Noriker, die den Überlieferungen zufolge nur Bergbau betrieben haben sollen.

Feuersänger[1] vertritt die Ansicht, daß bei diesen Arbeiten schon kleine keltische Pferde eingesetzt wurden, die Julius Cäsar als »klein und mißgestaltet, aber sehr leistungsfähig« bezeichnet haben soll. Möglicherweise handelte es sich um die kleinen Saumpferde, die es damals bereits gegeben haben soll.

> »*Säumer* besorgten vor der Entstehung eines überregionalen Straßensystems vorwiegend im Auftrag von Kaufleuten die Beförderung von Waren (*Saum*) mit Pferden, Eseln, Mauleseln und Maultieren, bisweilen auch über die Hohen Tauern, den Brenner, den Großen Sankt Bernhard und den Septimer in den Graubündener Alpen. «
> (Rudi Palla: Verschwundene Arbeit)

Das Vordringen der römischen Legionen auf ihren kräftigen, aber edlen Pferden in die nördlichen alpinen Bereiche ab etwa 118 v. Chr. hatte eine Mischung der heimischen mit den fremden Pferden zur Folge[2], deren Ergebnis bei der Besetzung des

Herrlich geschmücktes Gespann dunkelbrauner Norikerstuten vor einer Holzfuhre.

---

[1]) Feuersänger: Der Pinzgauer ..., S. 19 ff.
[2]) Manche Autoren gehen davon aus, daß es *keine* nennenswerte Vermischung mit den bodenständigen Pferden gab, sondern daß vielmehr die römischen Pferde hier beheimatet wurden und sich im Verlaufe der Generationen an Klima, Futtergrundlage und Boden angepaßt und zum Typ des bekannten Norikers entwickelt haben. Eine *eindeutige* Aufschließung der Historie ist aber nicht möglich.

Noriker-Rotschimmelstute bei der Leistungsprüfung vor einem Zugschlitten.

»Noricum« genannten Gebietes 15 n. Chr. bereits das Wohlwollen der römischen Besatzer fand. Nach dem Untergang des römischen Reiches wurde das Verbreitungsgebiet der norischen Pferde vor allem infolge der vielen Kriege und der Völkerwanderung geographisch immer weiter eingeengt.

Im Mittelalter war die Reinzucht noch am ehesten in dem weitabgelegenen Hochgebirge der Ostalpen erhalten, im Großglocknergebiet im Salzburgischen, zu dem auch der Pinzgau gehört[1].

Von hier aus konnte sich der Noriker erneut verbreiten, und hier liegt auch die Heimat seines neuen Namens: Pinzgauer.

Das Jahr 1565 wird von den hippologischen Geschichtsschreibern als »das Jahr der Wiedergeburt des Pinzgauers« bezeichnet, als die salzburgischen Erzbischöfe das erste Gestüt im Pinzgau anregten

(1576 errichtet) und von Stund an auch Verordnungen und Erlasse die Zucht betreffend dem Volke kundgetan wurden. Bereits 1574 wurde der erste Landbeschäler in den Pinzgau geschickt.

Am Ende des 19. Jahrhunderts gründeten sich die ersten 12 Salzburger Pferdezuchtvereine, ab 1903 erfolgte die Herausgabe des »Gestütsbuches des Verbandes der Pinzgauer Pferdezuchtvereine des Landes Salzburg« mit 435 aufgeführten Hengsten und 1081 Stuten. 1927 faßte man im »Österreichisch-bayerischen Verband für die norische Pferdezucht« sämtliche Zuchtorganisationen in Österreich und in Bayern zusammen.

Die Zucht wird mit viel Sorgfalt betrieben, was nicht nur die Aufzucht und die Haltung der Pferde betrifft, sondern auch zum Beispiel die Selektionskriterien für die Hengstauswahl:

---

[1]) Eine Verwandtschaft zum belgischen Kaltblut besteht den vorhandenen Urkunden zufolge bis heute nicht.

Die **Zuchtrichtlinie** beschreibt den Noriker wie folgt:»Gute Gänge, verbunden mit viel Gleichgewichtsgefühl und Trittsicherheit. Gutes Steigvermögen. Wendig. Große Zugwilligkeit. Fleißig. Ruhiges Temperament. Nerv und Ausdauer. Robust.«

Die Größe liegt zwischen 155 und 170 cm, als Farben kommen Füchse, Rappen und Braune vor. Die Fleckfärbung ist unter dem Namen »Pinzgauer Tigerschecken« bekannt geworden.

Der Noriker hat das größte geschlossene Zuchtgebiet aller europäischen Kaltblutrassen (Deutschland, Österreich, Pakistan!). Der Bestand lag 1994 bei ca. 7500 Pferden.

Ansprechpartner:

Arbeitsgemeinschaft der Norischen Pferdezuchtverbände
A-5751 Mayrhofen 96
Tel.: A-0 65 42/6 82 32

Vorsitzender der Arbeitsgemeinschaft Noriker – Herr Griesner
Tel.: A-0 65 42/6 82 70

---

[1] Griesner, Sepp: Die Noriker ... S. 59
[2] Angaben des Schweizerischen Freibergerzuchtverbandes

Die schönen »Leichten« aus der Schweiz: Freiberger Pferde

Das Freiberger Pferd vertritt praktisch den letzten Schlag leichter Kaltblutpferde in Westeuropa. Seine Heimat im schweizerischen Jura, im Hochplateau der Freiberge, hat es wie die anderen Gebirgspferde genügsam, wendig und sehr trittsicher gemacht. Noch heute werden diese Pferde in der schweizerischen Armee als Arbeitstiere eingesetzt, aber auch in der Landwirtschaft und im Tourismus sieht man sie viel. Mit 150 Hengsten und 4832 eingetragenen Stuten (1997)[2] braucht um den Bestand der Rasse nicht gebangt zu werden. Zudem ist der Freiberger in seiner Heimat fest verwurzelt und hat mit den bäuerlichen Familien eine solide Lobby.

Sein Ursprung soll eine Mischung aus Normannen, Anglo-Normannen, Vollblütern und schweren Zugpferden sein.

Das Freiberger Pferd im heutigen Typ geht auf die gezielte Anpaarung kleiner Landesstuten mit kompakten englischen und französischen Warmbluthengsten zurück, die ab 1880 nachvollzogen werden kann. Durch sein vergleichsweise leichtes Gewicht (480 bis 600 kg) und die handliche Größe von 150 bis 160 cm ist dieses Pferd sehr vielseitig und wird zum Teil auch im Sport eingesetzt.

Das **Zuchtprogramm** des Schweizerischen Freibergerverbandes formuliert sehr umfassend und detailliert die Anforderungen, die an die Rasse gestellt werden«. Hier nur ein kleiner Auszug daraus:

»Erwünscht ist
• ein edles, harmonisch gebautes, mittelrahmiges Pferd im mittelschweren Typ mit einem ausdrucksvollen Kopf, einem großen Auge, einer gut geformten Halsung, einer kräftigen Bemuskelung so-

wie korrekten, trockenen klaren Gliedmaßen;

- ein leistungsbereites und leistungsfähiges, vielseitig einsetzbares und belastbares Pferd, das für Reit-, Fahr-, Trag- und Zugzwecke jeder Art geeignet ist;
- ein unkompliziertes, umgängliches, gleichzeitig einsatzfreudiges, nervenstarkes und verläßliches Pferd, das durch sein Auftreten und Verhalten gute Charaktereigenschaften sowie ein gelassenes, ausgeglichenes Temperament erkennen läßt und einen wachen, intelligenten Eindruck macht;
- ein frühreifes, genügsames, sehr leichtfuttriges Pferd;
- eine hohe physische und psychische Belastbarkeit.

Hervorstechendste Eigenschaft des Freibergers ist sein ausgeprägt guter Charakter!«[1]

Von der Deutschen Reiterlichen Vereinigung wird seit dem Jahr 1997 der Freiberger jedoch nicht mehr dem Kaltblut, sondern dem Schweren Warmblut zugerechnet.

Ansprechpartner:

Schweizerischer Freibergerzuchtverband im Verband Schweizerischer Pferdezuchtorganisationen
– Geschäftsstelle –
Postfach
CH-1580 Avenches
Tel.: CH-026/676 63 30
Fax: CH-026/676 63 96

Heini Spychiger
Tel. CH-032/9 41-39 64

Deutscher Förderverein für Freiberger Pferde e.V.
Hermann-Löns-Weg 25
D-30938 Burgwedel-Engensen
Tel.: D-051 39/8 71 31
oder D-050 73/75 94

Freiberger im Sport: hier vor dem Marathonwagen.

---

[1] Schweizerischer Freibergerzuchtverband: Zuchtprogramm und Herdbuchordnung 1997

Was beim Kauf zu beachten ist

Wer nun dem Charme der Kaltblüter erlegen ist und damit liebäugelt, sein Leben mit einem oder einer eigenen »Dicken« zu bereichern, sollte, bevor er einer Zufallsbekanntschaft oder der Liebe auf den ersten Blick nachgibt, zunächst einige Fragen grundsätzlich für sich klären.

Als erstes steht, wie bei jedem Pferdekauf, die Überlegung: Wozu soll das Pferd eingesetzt werden? Zum Fahren? Zum Arbeitseinsatz? Zum gemütlichen Reiten oder zu was sonst? Es versteht sich von selbst, daß für jede Aufgabe eine besondere Ausbildung nötig ist und daß Alter und Temperament eine wesentliche Rolle spielen. Die sprichwörtliche Gutmütigkeit und das freundliche Wesen der »Dicken« schließen unterschiedliche Charaktere und individuelle Erfahrungen eines jeden Pferdes nicht aus. Vorwärtsdrang und Arbeitseifer, Erziehung und Ausbildung unterliegen vielfältigen Einflüssen, und bei einem Pferd, das man nicht selbst aufgezogen und ausgebildet hat, darf man sich auch bei den sanften Riesen auf manche Überraschung gefaßt machen!

> »Als wir unseren Wallach kauften, wollten wir ihn nur zum Reiten. Da seine Vorbesitzer auch ›nur‹ Reiter waren, wurde über seine ›Fahrtüchtigkeit‹ gar nicht gesprochen. Einige Zeit später wollten wir's dann doch mal probieren. Wir waren natürlich sehr aufgeregt und unsicher, wie das alles klappen würde. Aber bei den ersten Vorübungen – Fahren vom Boden aus, Schleppe ziehen usw. – war er dermaßen cool und reagierte so fein und willig auf alle Kommandos, daß wir davon ausgehen mußten, daß er das aus dem Effeff gelernt hat. Er ist ein traumhaftes Fahrpferd, wer hätte das gedacht!« (Petra und Gottfried B. aus A.)

Als erstes sollte man *jedes* Pferd, das zum Kauf angeboten wird, *selbst* aus dem Stall oder von der Weide holen dürfen oder zumindest dabeisein. Hier kann man schon wesentliche Schlüsse auf die Umgänglichkeit und die Grunderziehung ziehen und einen ersten Eindruck von seinem Temperament bekommen. Läßt sich das Pferd nur schwer fangen, macht es auf dem Absatz kehrt, wenn es nur Halfter und Strick sieht, so verbindet es die Arbeit und/oder den Kontakt mit Menschen oft nur mit unangenehmen Erfahrungen. Hampelt es beim Führen und hört nicht auf die Kommandos, kann man sich seinen Teil über seine Erziehung denken ... Schleicht es im Schneckentempo oder marschiert es flott los, sagt uns das eine Menge über seinen Vorwärtsdrang und seine Arbeitswilligkeit.

Nach Möglichkeit sollte das Pferd dann freilaufen, daß man die Bewegungen in allen drei Gangarten beobachten und eventuelle Unregelmäßigkeiten sehen kann.

Putzen und Anschirren bzw. Aufsatteln sollte auch unbedingt vom Käufer selbst getan werden.

Wenn das Pferd die Hufe nicht gibt, weiß man, daß es unzureichend daran gewöhnt ist, was auf mangelhafte Hufpflege schließen läßt (ein Grundübel!). Man achte auch besonders auf Mauke und Milbenbefall!

Bei der Fellpflege lassen sich Verletzungen und Narben erkennen, die mit dem bloßen Auge nicht sichtbar sind, und man kann Muskelverspannungen und Hautkrankheiten feststellen.

Auch als Reitpferd sehr beliebt: das Schleswiger Kaltblut.

Verfilzter, verdreckter Behang zeugen ebenfalls von Vernachlässigung. Sträubt sich das Pferd gegen Sattel und Geschirr, hat es vielleicht irgendwo Schmerzen, vielleicht aber auch »nur« die Nase voll von menschlichen Anforderungen. Es kommt auch vor, daß die Maulwinkel wund oder sogar blutig gerieben sind: Hier war ein zu kleines Gebiß und/oder eine harte Hand am Werk!

> »Unsere Stute wurde als geritten und gefahren angeboten. Der Verkäufer zeigte uns sogar Photos, die sie ein- bis vierspännig vor dem Wagen zeigten. Als wir sie zu Hause das erste Mal anspannten, war unser Schock groß: Die Schere war noch nicht ganz festgemacht, stürmte sie panisch los und mangelte buchstäblich alles über, was im Wege stand. Zum Glück war das Hoftor zu, sonst wäre wer weiß was passiert. Eine erfahrene Ausbilderin kam uns später zu Hilfe, und wir mußten feststellen, daß unsere Stute wohl mal einen schlimmen Unfall vor dem Wagen gehabt hatte. Mit viel viel Geduld haben wir ihr Vertrauen mittlerweile soweit gewonnen, daß sie wenigstens wieder eine Schleppe zieht, aber ans Fahren ist überhaupt nicht zu denken!«
> (Giesela A. aus M.)

Wer einen Kaltblüter zum Fahren haben möchte, sollte sich unbedingt selbst von dessen »Fahrtüchtigkeit« überzeugen. Man verlasse sich nur in Ausnahmefällen auf die Zusicherungen des Verkäufers. Käufer und Verkäufer sollten gemeinsam anspannen und probefahren. Man weiß dann auch gleich, in welchem Stil und mit welchen Kommandos das Pferd geht. Nicht selten werden auch Kaltblüter kaputtgefahren, d. h. sie sind mit dem Wagen wie auch immer verunglückt oder im Zug überfordert worden. Ein Pferd, dem mit Schwung ein Wagen an die Hacken gerammt ist, das miterlebt hat, wie ein Planwagen ins Schleudern gerät und es selbst mitriß oder das sich mit einer Kutsche überschlagen hat, läßt sich in den seltensten Fällen jemals wieder vernünftig, d. h. gefahrlos und mit Freude für Mensch und Pferd, anspannen. Auch viel Liebe und Geduld haben hier meist keinen Erfolg. Also: Augen auf!

Beim Reiten hingegen gibt es in der Regel weniger Risiko. Oft hat das Pferd halt nur keine Ausbildung unter dem Sattel genossen, biegt sich wenig und schert sich kaum um Schenkelhilfen. Den Menschen auf dem Rücken kennen eigentlich alle »Dicken«, denn an den Ritt zur Weide sind sie meist von Anfang an gewöhnt. Die qualitative Ausbildung unter dem Reiter kann jedoch nachgeholt werden.

> »Einmal war ich mit meinem ›Dicken‹ auf einem Reitlehrgang. Natürlich wurden wir belächelt bzw. mitleidig bis abfällig angesehen. Und beim Füttern gab's dann Ärger, weil nur ein Scheibchen Heu vorgelegt wurde. ›Soviel Heu ist im Preis nicht drin!‹ war die Antwort auf meine Frage. Daß die Warmblüter viermal soviel Kraftfutter bekamen und ich mein bißchen sogar noch mitgebracht hatte, spielte keine Rolle …«
> (Manfred G. aus L.)
> Solche Form der Intoleranz ist leider keine Seltenheit, aber es gibt zum Glück auch viele gegenteilige Erfahrungen!

Die Frage nach dem Alter stellt sich natürlich auch. Hier spielen die Pferdeerfahrung und die Reit- bzw. Fahrkenntnisse der zukünftigen Besitzer eine wichtige Rolle: Die besten Pferde sind oft die selbstaufgezogenen und -ausgebildeten. Eine derartige Ausbildung und das damit verbundene Abwarten ist aber häufig nicht möglich, weil man *jetzt* reiten oder fahren möchte und nicht erst in drei Jahren, oder weil man sich das nicht zutraut. Kaltblüter über 10 Jahre sind oft schon verbraucht durch schlechte Pflege und Haltung und zu viel wie zu frühe Arbeit; auch bringen sie entsprechende Langzeitschäden mit, die auf den ersten Blick nicht immer zu erkennen sind. Es bleibt also das empfehlenswerte Alter zwischen 4 und 10 Jahren. Natürlich kann man Glück haben und einen älteren gesunden »Dicken« finden; da man aber in jedem Fall eine Ankaufuntersuchung mit Beugeproben und Herz-/Lungencheck machen sollte, geht man auch kein Risiko ein.

Des weiteren frage man auch nach Futterart und Menge, damit dem Pferd die Umstellung erleichtert wird.

Die Frage des Geschlechts des zukünftigen Stallgenossen bleibt in der Regel der eigenen Vorliebe überlassen. Mancher schwört auf Stuten, ein anderer auf Wallache, manche lassen einfach das »gewisse Etwas« entscheiden. Eine Regel, welches besser ist, läßt sich nicht aufstellen.

> »Eigentlich wollte ich immer nur einen Wallach haben. Nach langer Suche stand ›sie‹ da – ein Blick, und die Sache war klar ...«
> (Peter W. aus H.)

blütern zusammenstehen sollen. Solche Bedenken sind in der Regel unbegründet, denn die »Kalten« prügeln sich nicht gerne und haben das auch gar nicht nötig: Ein Zucken mit dem Ohr, ein eindeutiger Blick, zur Not eine kurz angehobene Hinterhand reichen aus, um die Verhältnisse zu klären ... Außerdem hat ein Kaltbluthuf zwar größere Maße als der eines Ponys, wird aber selten mit einem solchen Schwung ausgepfeffert, wie man das von Ponys kennt. Auch gehen die »Dicken« einer Auseinandersetzung gern aus dem Weg, wenn sie dafür in Ruhe fressen dürfen ...

> »Vorsicht – Füße!« Das war am Anfang immer der Warnruf, wenn wir mit unserem Kaltblüter auf die Stallgasse kamen. Komisch geguckt haben die meisten schon, als wir damals mit unserem ›Dicken‹ ankamen. Mittlerweile ist er einer der Stall-Lieblinge, dem jeder gerne extra was zusteckt ...«
> (Gaby D. aus K.)

Und da jedes Pferd auch ein Zuhause braucht, sollte vor dem Kauf auf jeden Fall die Unterbringung gesichert sein. Nimmt der Reitstall um die Ecke überhaupt ein 900 kg schweres Pferd auf? Sind die Boxen – oder bestenfalls der Offenstall – nicht nur ausreichend groß, sondern auch stabil genug gebaut? Man macht sich keine Freunde im Stall, wenn ständig Trennwände, Türen und Tore Opfer der Urgewalten in Form eines gelangweilten, unternehmungslustigen Kaltbluts werden ...

Auch die Zäune bedürfen einer Überprüfung auf Kaltblutfestigkeit. Es ist sicherzustellen, daß ausreichend Heu gefüttert wird und nur der genau vorgegebene Bedarf an Kraftfutter!

Das gleiche gilt auch für Stallgemeinschaften und Pensionsplätze im Offenstall. Manche Pferdebesitzer ängstigen sich um ihre eigenen Pferde, wenn diese mit Kalt-

Auch um einen Schmied, der Kaltblüter annimmt, muß man sich bemühen. Auf der Suche nach einem Tierarzt sollte dieser auf ein Kaltblut vorbereitet werden. Dabei sollte man sich nicht nur von Kompetenz, sondern auch von Sympathie leiten lassen. Das Leben des Pferdes kann in seinen Händen liegen, da sollte man darauf vertrauen können.

Wer die Wahl hat, hat die Qual: Das bodenständige Rassespektrum bietet für jeden Geschmack das passende Kaltblutpferd. Hier entscheiden Geschmack und Einsatzvorhaben. Man trägt zum Erhalt bedrohter Rassen bei, wenn man sich für ein Tier auf dieser Liste entscheidet, aber der Rest muß auch stimmen. Außerdem gibt es eine Vielzahl hübscher gesunder Pferde ohne Papiere, was oft den Preis senkt, bei denen aber natürlich die Herkunft nicht überprüft werden kann.

Wer züchten möchte, sollte sich eingehend mit dem jeweiligen Zuchtverband (Adressen siehe Anhang) beraten, der Hinweise und Tips gibt nicht nur zur Zucht selbst, sondern auch Adressen von zum Verkauf stehenden Stuten und Hengsten vermitteln kann. Auch kann man auf diesem Wege Kontakte zu anderen Züchtern und Züchterinnen bekommen, die den Neulingen in der Regel gerne mit Rat und Tat zur Seite stehen.

Nun zur alles entscheidenden Frage: Wo bekommt man ein Kaltblutpferd? Hier gibt es mehrere Möglichkeiten: in der Zeitung inserieren oder auf Inserate antworten, zum Händler gehen, zum Züchter oder Veranstaltungen wie Kaltblutschauen u. ä. besuchen. Die in der Regel beste Möglichkeit hat man beim Züchter, denn dort stehen meist mehrere Pferde im Stall, die man miteinander vergleichen kann (wer heute Kaltblüter züchtet, tut das aus Liebe zum Pferd und entsprechend sind Umgang und Aufzucht). Beim Pferd vom Händler weiß man nie, wo das Pferd vorher war und was es erlebt hat, dennoch kann man auch da Glück haben.

Grundsätzlich aber sollten die oben genannten Hinweise beachtet werden, um unliebsame Überraschungen zu vermeiden.

> »Roßtäuscher betrieben ursprünglich den Tauschhandel, später das Geldgeschäft mit Pferden; nach Grimm galten sie ›als Betrüger‹ und erschienen meist ›in schlechter Gesellschaft‹, was ihnen den Spottnamen ›Roßtäuscher‹ eintrug. Sie färbten unter anderem grauhaarige Pferde und rieben ihnen Pfeffer in den After, um Temperament vorzutäuschen.« (Rudi Palla: Verschwundene Arbeit)

Man hüte sich vor allwissenden Beratern, die angeblich »unheimlich viel Ahnung« von Pferden haben. Jemand Kompetentes zu Rates zu ziehen schadet zwar in den seltensten Fällen, oft wird aber dem Unwissenden auch nur Fachkenntnis vorgespielt. »Fehlersucher« machen sich schnell unbeliebt, denn »Nobody is perfect!«; auch vollkommene Pferde gibt es – zum Glück – nicht.

Den Kommentar der Berater anhören, überlegen – und dann nach der eigenen Fasson entscheiden!

Zur Haltung von Kaltblutpferden

Das Pferd als Gattungswesen wird in seinen physischen und psychischen Eigenschaften noch von den gleichen Urtrieben und Instinken geprägt wie seine Vorfahren vor Millionen von Jahren. Instinkte sind verfeinerte Formen der Triebe, und beide prägen jedes Verhalten, jede Reaktion unserer Pferde. In Kurzfassung lassen sich die Gattungsmerkmale so zusammenfassen: Fluchttier – Herdentier – Pflanzenfresser. Was die Merkmale »Fluchttier« angeht, sind auch beim Pferd Skelett, Muskeln und Sehnen entsprechend aufgebaut. Binnen Sekunden muß das Pferd, auch das Kaltblut, in der Lage sein, sein volles Tempo zu erreichen, um in einer bedrohlichen Situation sein Leben zu retten. Diese Reaktionsfähigkeit wird nicht ständig instinktiv trainiert, vielmehr gehört sie zum natürlichen Selbsterhaltungstrieb. So nimmt es nicht wunder, daß auch alte und kranke Pferde in Schrecksituationen unglaubliche Leistungen erbringen können.

Diese Leistungen sind – ohne Langzeitschäden an den Extremitäten zu bewirken – nur durch ständige *gleichmäßige* Bewegung machbar. Bei 20–22 Stunden Stallruhe täglich mit 1–2 Stunden Arbeitsleistung ist ein frühzeitiger Verschleiß vorprogrammiert. Auch viele Kaltblutpferde gehen wegen Sehnen- und Gelenkschäden frühzeitig aus dem Leben.

Das gleiche gilt für das Herz und die Lungen. Nur unter ständigem Training (ständiger Bewegung) an frischer Luft können sie sich gesund und belastbar entwickeln. Die empfindlichen Atmungsorgane der Pferde sind nicht geschaffen für miefige Stalluft

oder ständig aufgewirbelten Staub beim Fegen der Stallgasse und Einstreuen der Box bzw. Heuaufschütteln!

Auch die Wachstumshormone und die Regenerationfähigkeit der Zellen werden bei artgemäßer Haltung besser angeregt und zur vollen Entfaltung gebracht. Die Hufe werden robuster durch viel Bewegung auf verschiedenen Untergründen wie Sand, harter Boden, Wiese etc., als sie das bei hauptsächlicher Stallhaltung werden könnten!

Mittlere Aktivität von 5 Pferden über 2 Stunden täglich (nach REHM 1980)			
Aktivität im Auslauf nach Stallhaltung in Minuten	Gruppe	Einzelbox	Ständer
Attraktive Sozialaktivität Aufsuchen, Begrüßen, Naso-Nasalkontakt, Belecken, Geruchskontrolle, Spiel	11	41	34
Kohäsive Sozialaktivität Zusammensein, Hüten, Folgen	40	30	18
Repulsive Sozialaktivität Schlagen, Angriff, Vertreiben, Verfolgen	1	2	4
Repulsive Sozialaktivität Weggehen, Meiden	4	6	9
Ohne Fortbewegung Stehen	106	93	84
Fortbewegungsaktivität Schritt, Trab, Galopp	14	27	36

Aufenthalt im Freien, Bewegung und Artgenossen braucht das Pferd, um sich gut zu entwickeln. (Noriker)

1988 lag das Durchschnittsalter der Pferde in Deutschland bei weniger als 10 % der erfaßten Tiere bei über 14 Jahren.[1] Diese erschreckenden Zahlen haben ein Umdenken in Haltungsfragen bewirkt (zumindest teilweise), so daß zehn Jahre später sich die Lebenserwartung schon erhöht hat. Diese Zahlen sind angesichts der biologischen Lebenserwartung immer noch zu niedrig, aber immerhin eine Verbesserung. Artgerecht gehaltene Pferde haben in der Regel eine höhere Lebenserwartung als Stallpferde![2]

In seinem Buch »Das Zugpferd und seine Leistung« spricht der Autor Paul Buhle davon, »daß vernünftige Pferdehaltung dem Volksvermögen (. . .) zugute« kommt[3].

Pferde sind als Herdentiere gesellige Wesen und benötigen für ein ausgeglichenes Körper-Geist-Gefüge Artgenossen, mit denen sie in ihrer Sprache kommunizieren können. Fellpflege, spielen, toben oder auch nur in Reichweite nebeneinander grasen oder dösen – das gehört unmittelbar zu den Lebensbedürfnissen eines jeden Pferdes. Auch solche Tiere, die tagtäglich im Arbeitseinsatz sind und müde nach Hause kommen, haben zwar ihr Bewegungsbedürfnis befriedigt, nicht aber ihr soziales!

[1]) Marten/Majer: Pferdefreundliche Betriebe, S. 8 f.
[2]) 1948 wurde nach Dr. Ernst Schiermann ein Durchschnittsalter der rheinisch-deutschen Kaltblüter von 12¼ Jahren ermittelt.
[3]) Buhle, Paul: Das Zugpferd und seine Leistungen, S. 13

Auch im Winter gehören Kaltblüter nach draußen. Hier gut erkennbar die Einzäunung mit kaltblutresistenter Elektrolitze.

Frische Luft und Bewegung fördern Wachstum und Gesundheit. Auch das junge Fohlen sollte so viel wie möglich nach draußen.

»Im allgemeinen braucht der Mensch die geistigen Fähigkeiten des Pferdes nicht, sondern nur seine Körperkräfte zur Arbeit. Er hat daher gar kein Interesse daran, die geistigen Kräfte des Pferdes zu fördern und zu entwickeln. Unsere Stallhaltung, bei der viele Pferde gezwungen werden, stundenlang täglich auf knapp ein Meter Entfernung Wände anzustarren, wirkt natürlich geisttötend auf die Pferde.«[1] Sehr treffend hat Paul Buhle schon 1927 den Zusammenhang zwischen Haltungsform und geistiger Regsamkeit erkannt. Mehr braucht denn auch hierzu nicht gesagt zu werden ...

Haltungsformen

Grundsätzlich unterscheidet man zwischen Einzel- und Gruppenhaltung, zwischen Boxen, Lauf- und Offen- bzw. Bewegungsställen. *Ständer* werden hier nicht besprochen – diese Haltung ist übrigens in der Schweiz bereits seit einigen Jahren aus *tierschützerischen Gründen verboten*, ebenso wie die *Einzelhaltung* von Pferden!

Kaltblutpferde brauchen aufgrund ihres Körpervolumens grundsätzlich mehr Platz als andere Pferde gleicher Größe. Eine Box sollte dementsprechend zusätzlich zu dem üblichen Maß »doppelte Widerristhöhe im Quadrat« mindestens 2–3 m² größer sein und auf jeden Fall über ein Außenfenster verfügen. Für viel täglichen »Freigang« im Auslauf bzw. Weidegang mit Artgenossen ist Sorge zu tragen.

Ein Laufstall bietet einen akzeptablen Kompromiß, wo ein Offenstall nicht möglich ist: Zwei oder mehr Pferde teilen sich einen Stall, in dem sie frei umhergehen können. Problematisch kann die individuelle Fütterung sein; hier sind Einzellösungen gefragt!

Bestenfalls beherbergt ein Offen- bzw. Bewegungsstall die Pferde. Der Platzbedarf entspricht in etwa dem der Box. Über den Bau von solchen Ställen sind verschiedene Bücher (s. Anhang) erhältlich, so daß hier nicht auf allgemeine Dinge wie Futterplatz und Liegefläche etc. eingegangen werden muß. Es empfiehlt sich in jedem Fall, die Ausgänge breit genug zu halten, daß kein Gedränge entsteht und auch rangniedrigeren Pferden die Flucht möglich ist, beispielsweise durch Trennbalken u. ä. Zur individuellen Fütterung errichtet man bestenfalls Freßstände mit Krippen, in denen die Tiere ungestört fressen können. Für Kaltblüter empfiehlt sich eine Futterstandbreite von 90 Zentimeter und eine Tiefe von gut zwei Metern.[2]

Viele Pferdebesitzer haben Angst, die Tiere könnten sich bei Gruppenhaltung gegenseitig Schaden zufügen, sich verletzen. Diese Sorge ist in der Regel völlg unbegründet, wenn man auf die *Sozialdistanz* achtet, die Pferde untereinander einhalten, ihnen also ein ausreichend großes Territorium zur Verfügung stellt. Als Herdentiere stehen oder liegen sie in Gruppen zusammen, den Abstand zwischen den Tieren bestimmen aber Sympathie und Rangordnung. Wird die Sozialdistanz verletzt, kommt es zu Auseinandersetzungen, um den Regeln wieder Geltung zu verschaffen. Natürlich gibt es Pferde, die einander nicht ausstehen können, oder solche mit gleichem Machtanspruch. Sollten sich die daraus erwachsenden Streitigkeiten nicht innerhalb weniger Wochen legen, können diese Pferde nicht zusammen gehalten werden. Tatsächlich kommt es aber in der

---

[1] Buhle, Paul: Das Zugpferd und seine Leistung, S. 9
[2] Sehr anschaulich sind die Broschüren der FN »Neue Haltungsformen für Pferde unter alten Dächern« und »Auslaufhaltung – Artgerechte Pferdehaltung«, s. Anhang.

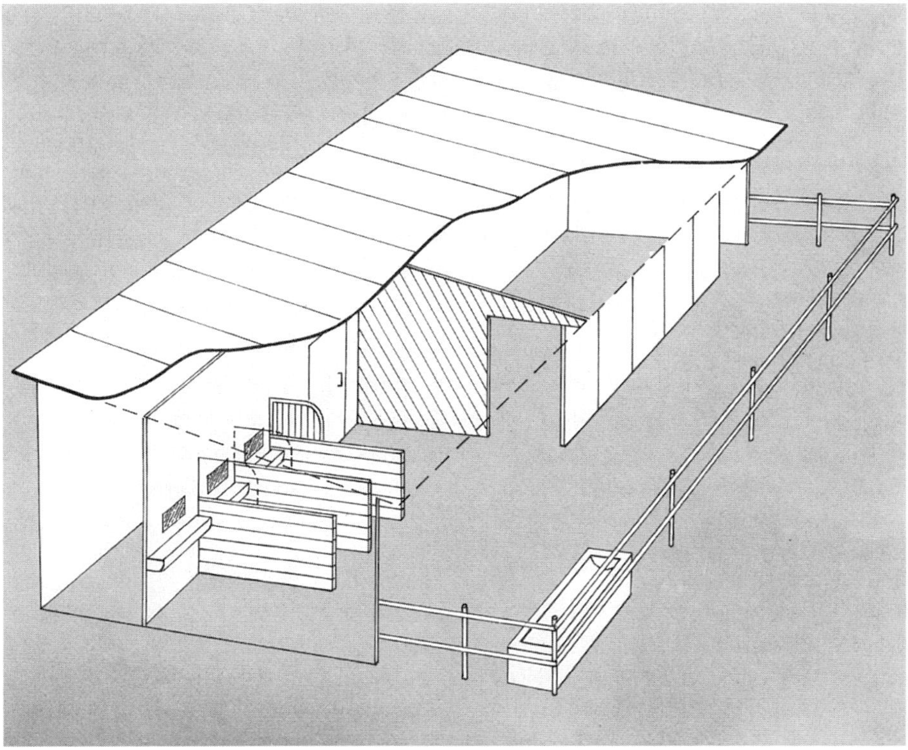

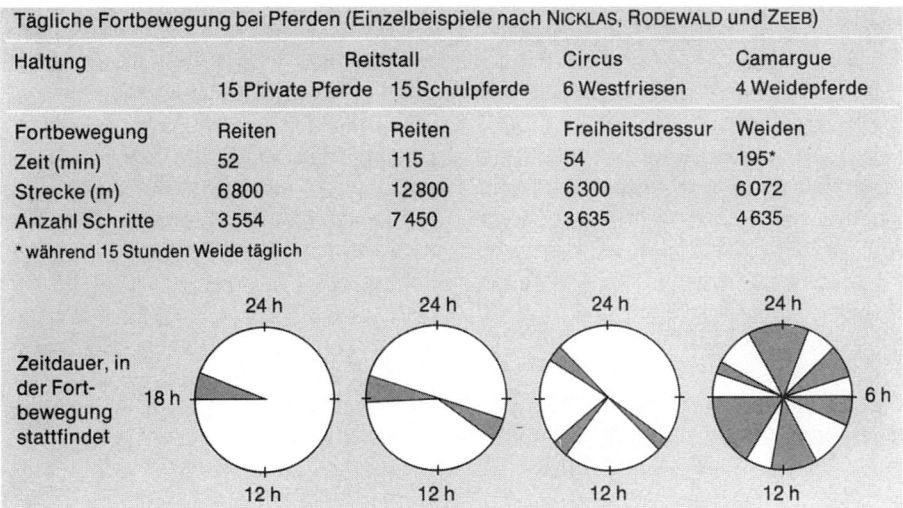

Gruppen-Auslauf-Haltung für 3 Pferde. (Aus »Handbuch Pferd«, München 1995[5])

Tägliche Fortbewegung bei Pferden (Einzelbeispiele nach NICKLAS, RODEWALD und ZEEB)			
Haltung	Reitstall	Circus	Camargue
	15 Private Pferde 15 Schulpferde	6 Westfriesen	4 Weidepferde
Fortbewegung	Reiten	Reiten	Freiheitsdressur	Weiden
Zeit (min)	52	115	54	195*
Strecke (m)	6800	12800	6300	6072
Anzahl Schritte	3554	7450	3635	4635

* während 15 Stunden Weide täglich

Tägliche Fortbewegung bei Pferden. (Aus »Handbuch Pferd«, München 1995[5])

79

Regel nur zu gefährlichen Auseinandersetzungen, wenn sie durch zu wenig Raum eingegrenzt werden oder ein Tier sozial deformiert ist!

Zur Kaltblutfestigkeit von Stallbauten

Hier hat man schon die unglaublichsten Dinge gesehen und gehört: ganze Wände, die einfach herausgedrückt wurden, eine Tür, die von einem unternehmungslustigen Kaltblut auf den nächtlichen Ausflug einfach mitgenommen wurde ... Ein Stall aus Holz (der K-Wert[1] von Holz entspricht bei 2,8 mm Stärke dem von zwei Reihen Mauersteinen, außerdem handelt es sich um einen nachwachsenden Rohstoff) sollte eine Wandstärke von mindestens 3,5–4 Zentimeter haben, die Abstände zwischen den Pfosten sollten 1–1,5 Meter nicht überschreiten (Fachwerkbauweise). Man darf nicht vergessen, welche Kräfte hier einwirken können! Zwei feste Reihen gemauerter Steine sind möglich, sollten aber verstärkt werden und nicht ohne zusätzlichen Trägern auf breiter Fläche stehen. Stütz- und Querbalken bedürfen eines Mindestmaßes von 12×12 Zentimeter; selten halten Balken, die dieses Maß auf einer Seite unterschreiten.

Den Boden befestigt man bestenfalls mit Rasengittersteinen; sie sind »atmungsaktiv« und halten auch der Belastung durch beschlagene Kaltbluthufe stand. Wenn Beton gegossen wird, sollte zur Mitte hin zu einer kleinen Abflußrinne ein leichtes Gefälle eingeplant werden. Beton ist sehr kalt, deshalb ist bei solchem Boden immer auf dickste Einstreu zu achten! Pferde nehmen außerdem Schaden am Skelett, wenn

sie viel hart liegen müssen. Saubere reichliche Einstreu im zugfreien Raum verlängert außerdem deutlich die Liegezeiten der Pferde. Eine Alternative sind heute Gummibeläge auf dem Stallboden, die Hufe und Eisen schonen, angemessen temperiert sind und außerdem Einstreu sparen. Sie sind aber leider recht teuer und nicht aus natürlichem Material hergestellt. Auf keinen Fall darf der Boden (außer bei einem Weideunterstand) naturbelassen bleiben. Man bekommt nicht nur Ärger mit den Umweltbehörden (Stalldung), der Boden wird gerade von den schweren Kaltblütern schnell durchgematscht und ist nicht mehr sauberzuhalten.

Die Stallhöhe sollte 3,5 Meter auf keinen Fall unterschreiten (doppelte Widerristhöhe). Bei Boxenhaltung sind das größere Körpervolumen (Körperwärme, Schwitzwasser etc.) und der hohe Sauerstoffbedarf der »Dicken« in Rechnung zu stellen.

Zum Lichtbedarf der Pferde ist noch anzumerken, daß die meisten Stallungen zu dunkel sind. Wenn das Pferd schon in einer Box, sogar einer Innenbox ohne Fenster stehen muß, sollte nicht noch am Licht gegeizt werden. Licht ist ebenso wie Luft ein Lebenselexier, und wesentliche Körperfunkionen wie Wachstum, Rosse und dergleichen werden vom Licht beeinflußt. Wo nicht anders möglich, müssen künstliche Lichtquellen adäquat zum Tageslicht geschaffen werden, die bequem mit einer Zeitschaltuhr versehen werden können! Als Berechnungsgrundlage werden etwa 2,5–3 Watt je Quadratmeter Stallfläche gerechnet, abzüglich der Fenster und sonstigen Lichtquellen.[2]

Einen großen Gefallen tun wir unseren Pferden, wenn wir auf Bauch- bis Schulterhöhe stabile Bürsten an einem Balken fest-

---

[1] Der K-Wert benennt den Kälteschutzfaktor von Baumaterialien
[2] Handbuch Pferd (5. Aufl.), S. 256

Freiberger beim Holzrücken am Steilhang. Bei dieser gefährlichen Arbeit sind Präzision und Teamarbeit gefragt.

Ein geschmücktes Gespann (Süddeutsches Kaltblut) bei einer landwirtschaftlichen Vorführung.

81

Pflügen erfordert Erfahrung und Kondition sowohl beim Menschen wie beim Pferd. Hier eine braune Norikerstute bei der Arbeit.

Traditionell: Miststreuen per Hand. Vor dem Wagen zwei Süddeutsche Kaltblüter.

Süddeutsches Kaltblut vor der Egge. Eine gute Arbeit besonders für junge Pferde.

Noriker-Tigerstuten bei der Heuernte. Moderne Geräte ermöglichen heute das Pressen in Ballen per Pferdezug.

Freiberger beim Walzen der Saat.

Der Gabelwender erfreut sich noch heute großer Beliebtheit. (Freiberger)

Mit Freiberger Saumpferden unterwegs im Gebirge.

St. Gotthard-Postkutsche mit einem Freiberger Fünfergespann.

Die Kleinsten und die Größten: Besonders Kinder lieben die »Dicken«.

Ausritte mit Kaltblütern, wie hier in der Schweiz, sind ein immer beliebter werdendes Vergnügen für Urlauber jeden Alters.

Äußerste Kraftanstrengung für das Pferd bedeuten die Zugleistungs-Wettbewerbe.

Ein Freiberger bei der Schweizer Armee.

Holzabfuhr im Winter: ohne Pferde gar nicht zu leisten.

Landbeschäler aus Moritzburg bei einer Vorführung mit dem Langholzwagen.

Vierspänner in historischer Aufmachung bei einer landwirtschaftlichen Parade. (Süddeutsches Kaltblut)

Pinzgauer Tigerschecken in Tandem-Anspannung vor einem original französischen Einachser-Arbeitskarren.

Pinzgauer Pferdekoppel.

Hochbeladener Heuwagen, gezogen von Süddeutschen Kaltblütern bei einer Vorführung.

Stutenkoppel in Schwaiganger: Süddeutsches Kaltblut.

Rheinisch-westfälische Kaltblutherde. Weidegang und Pferdegesellschaft sind das A und O der Haltung auch von Kaltblütern.

Freiberger auf der Koppel.

*Mecklenburger
Kaltblut, Gestüt
Neustadt/Dosse.*

*Schleswiger
Kaltblut.*

*Rheinisch-
westfälische
Kaltblutstute.*

90

Sächsisches Kaltblut und der bekannte Wagenradbrand aus dem sächsisch-thüringischen Zuchtgebiet.

Ein Freiberger bei der Levade.
Auch höhere Dressuraufgaben sind
für Kaltblüter kein Problem.

Ein zweijähriger Pinzgauer.

Aufwendig geschmückte Süddeutsche Kaltblüter beim Georgiritt.

Schwarzwälder Füchse im Haupt- und Landgestüt Marbach.

Für Festtagsumzüge werden die Tiere wie hier die beiden Süddeutschen Kaltblutpferde besonders schön und liebevoll geschmückt.

Zwei Süddeutsche Kaltblüter vor dem Wagen. Auch Kaltblüter können ordentlich »Meter machen«!

Noriker Dunkelfuchsstute vor dem Zugschlitten bei der Leistungsprüfung.

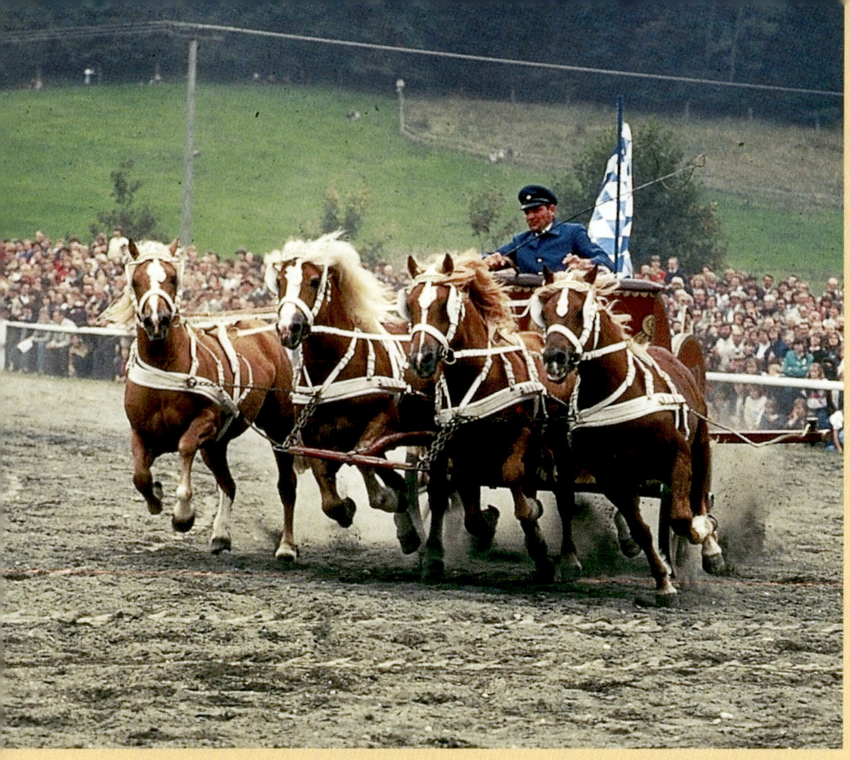

Gestütsparade in Schwaiganger: Süddeutsches Kaltblut rasant vor einem römischen Kampfwagen.

Kaltblutstuten in Arbeitsanspannung – hier vor einem alten Mähwagen – beim bayerischen Zentral-Landwirtschaftsfest auf der Münchner Theresienwiese.

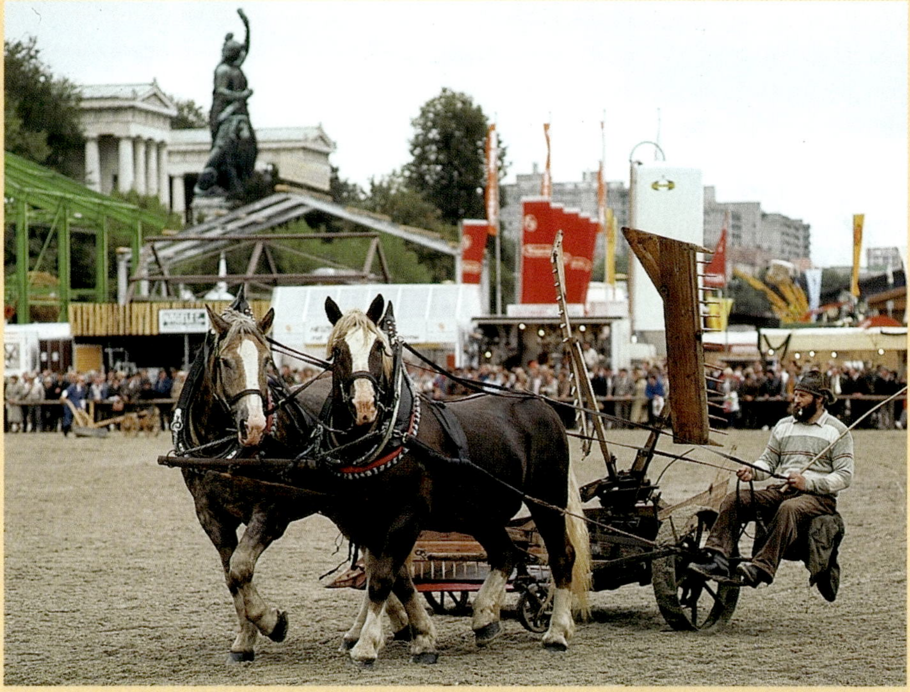

Gespann-Quadrille mit Freibergern.

Die »leichten« Freiberger beim Geschicklichkeits- springen.

Noriker und Ardenner im vollen Galopp.

Schwieriger Trailparcours – auch für Kaltblüter kein Problem!

Der gute Charakter und die Leichtrittigkeit machen den Kaltblüter auch für Kinder attraktiv. Selbst der Hund hat seinen Spaß!

Dressur, Gehorsam, Geschick, Vertrauen – das Kaltblut ist der ideale Freizeitpartner.

schrauben; daran können sich die Tiere ausgiebig kratzen und scheuern und schonen zugleich das restliche Stallinventar.

Einzäunung von Paddocks und Wiesen

Die Einzäunung von Weiden und Paddocks für Kaltblutpferde erfordert meist besondere Maßnahmen, denn wegen der robusten Haut, dem dichten Mähnen- und Schopfbehang und dem im Winter sehr dicken Fell reichen einfache Elektrozäune oft nicht aus. Es empfiehlt sich ein Hausstromgerät mit möglichst hoher Spannung (mindestens 6000 Volt). Batteriegeräte auf den Weiden müssen häufig überprüft werden. Breitbandlitzen mit mindesten vier Leitern haben sich bewährt. Einfacher Draht sollte nur zusätzlich, z. B. zu Holzzäunen, verwendet werden, da er böse Schnittwunden verursachen kann. Ebenfalls empfehlenswert ist in Streifen geschnittenes Förderband von ca. 10 cm Breite mit einer Reißkraft von etwa 1000 kg.

Ein Weideunterstand ist immer zu empfehlen, wenn nicht Bäume ausreichenden Schutz bieten. Allerdings bevorzugen auch Insekten den Schatten der Bäume, weshalb man oft Pferde in der prallen Sonne statt im kühlen Schatten stehen sieht.

Für *kupierte Kaltblüter* (kupieren ist in Deutschland verboten, nicht aber der Import kupierter Pferde!) sollte in jedem Fall ein Unterstand zur Verfügung stehen oder an der verbliebenen Schweifrübe ein sog. Toupet angebracht werden, mit dem das Pferd die quälenden Insekten verscheuchen kann. Übrigens erfreuen sich die »Dicken« im Sommer der besonderen Beliebtheit seitens kleinerer Pferde, die sich dann skrupellos in deren großen Schatten stellen und die Insekten von den mächtigen Schweifen vertreiben lassen!

Haltungskosten

Eine kleine Berechnung soll verdeutlichen, daß Kaltblutpferde tatsächlich keine wesentlich höheren Kosten bedeuten als vergleichbar große Warmblüter:

Erhaltungsbedarf[1]

	Kaltblut		Warmblut	
Heu	10 kg	2,40 DM	6 kg	1,44 DM
Kraftfutter	0,5 kg	0,30 DM	3 kg	1,80 DM
Stroh[2]	15 kg	1,35 DM	10 kg	0,90 DM
Minerale		0,50 DM		0,40 DM
Gesamt Tag		4,55 DM		4,54 DM
Gesamt Monat		136,50 DM		136,20 DM

Mittlerer Leistungsbedarf

	Kaltblut		Warmblut	
Heu	10 kg	2,40 DM	6 kg	1,44 DM
Kraftfutter	5 kg	3,00 DM	7 kg	4,20 DM
Stroh	15 kg	1,35 DM	10 kg	0,90 DM
Minerale		0,50 DM		0,40 DM
Gesamt Tag		7,25 DM		6,94 DM
Gesamt Monat		217,50 DM		208,20 DM

Die zunächst höher erscheinenden Kosten muß man mit der Arbeitsleistung in Beziehung setzen, die ja auch entsprechend größer ist als die eines gleich großen Warmblüters!

Zudem wird einem Pferd ja selten jeden Tag die gleich hohe Arbeitsleistung abverlangt, und so ist im Regelfall von Futterkosten von ca. 150–180 DM auszugehen bei reiner Stallhaltung. Kann das Pferd in der Weidesaison Gras genießen, reduzieren

---

[1] Durchschnittliche Kosten Anfang 1998 in Deutschland
[2] einschließlich Einstreu

2. Rentabilitätsberechnung der Kaltblutfohlenaufzucht bis zum gebrauchsfähigen Tier.

Vor dem Kriege verlangten die Pferdehändler für ein Paar schwere Belgier 4000—4800 Mark. Das sind Zahlen, die den Konsumenten empfindlich treffen, wenn er ein Paar Pferde kaufen muß. Andererseits kann der Pferdezüchter, wenn er gutes einwandfreies Material liefert, eine recht gute Erwerbsquelle haben. Für den Landwirt, der den Ackerbau mit der Viehzucht vereinigen muß, kann sich durch die Absatzmöglichkeit seiner Pferdezucht das Konto für diese recht gut aufbessern.

Hier mag eine Berechnung der Kosten für ein Fohlen bis zum erwachsenen Arbeitspferd folgen:

„Das Fohlen ist geboren am 1. Februar. — Rationen pro Tag und Kopf.

1. Periode 3. und 4. Lebensmonat:
   3 Pfd. Hafer je Tag = 60 Tage = 180 Pfd. à 8 Pf. . . = 14,40 RM
   4 „ Heu . . = 240 „ = 960 „ à 2,5 „ . . = 6,— „
2. Periode 5.—8. Lebensmonat (1. VI.—1. X.):
   In den ersten 2 Monaten 6 Ltr. Magermilch, 360 Ltr. à 2,5 Pf.
   = 9,— Mk . . . . insgesamt = 29,40 „
   4 Pfd. Hafer, 120 Tage = 4,8 Ztr. à 8 RM . . . . . = 38,40 „
   2 „ grobe Weizenkleie, zweimal wöchentlich, à Ztr. 5 RM = 3,60 „
   Weide für 5 Monate (1. V.—1. X.) . . . . = 20,— „
3. Periode 9.—15. Lebensmonat (1. X.—1. V.):
   6 Pfd. Hafer, 210 Tage = 12,6 Ztr. à 8 RM . . . . . = 100.80 „
   3 „ grobe Weizenkleie, zweimal wöchentlich, à Ztr. 5 RM = 9,— „
   2 „ Leinkuchen, Bohnen- oder Erbsenschrot, 420 Pfd. à 8 Pf. = 33,60 „
   8 „ Heu, 220 Tage = 16,8 Ztr. à 2,50 RM . . . . . = 42,— „
   1 „ Strohhäcksel, lang geschnitten, mindestens 2 cm, 210 Tage
   = 2,1 Ztr. à Ztr. 1,— RM . . . . = 2,10 „
4. Periode 16.—21. Lebensmonat (1. V.—1. XI.):
   Weidegang für 6 Monate . . . . — 60,— „
5. Periode 22.—27. Lebensmonat (1. XI.—1. V.):
   6 Pfd. Hafer, 180 Tage = 10,8 Ztr. à 8 RM . . . . . = 86,40 „
   2 „ Bohnen-, Erbsen- oder Leinkuchenschrot, 3,6 Ztr. à 8 RM = 28,80 „
   3 „ grobe Weizenkleie, zweimal wöchentlich, à 5 RM . . = 7,80 „
   12 „ Heu, 21,6 Ztr., à 2,50 . . . . = 54,— „
   3 „ Strohhäcksel, 5,4 Ztr., à 1 RM . . . . = 5,40 „
6. Periode 28.—33. Lebensmonat (1. V.—1. XI.):
   Weide für 6 Monate . . . . = 70,— „
7. Periode 34.—39. Lebensmonat (1. XI.—1. V.):
   6 Pfd. Hafer, 180 Tage = 10,8 Ztr., à 8 RM . . . . . = 86,40 „
   2 „ Bohnen-, Erbsen- oder Leinkuchenschrot, 3,6 Ztr., à 8 RM = 28,80 „
   3 „ grobe Weizenkleie, zweimal wöchentlich, à Ztr. 5 RM = 7,80 „
   12 „ Heu, 21,6 Ztr., à 2,50 RM . . . . = 54,— „
   4 „ Häcksel, 7,2 Ztr., à 1 RM . . . . = 7,20 „
8. Periode 40.—44. Lebensmonat (1. V.—1. X.):
   Weidegang für 5 Monate (durch Arbeit unterbrochen) . . . = 50,— „
   Kraftfutterzulage für 90 Arbeitstage à 8 Pfd. = 7,2 Ztr. à 8 RM = 57,60 „
9. Periode 45.—48. Lebensmonat (1. X.—1. II.):
   6 Pfd. Hafer, 120 Tage = 7,2 Ztr. à 8 RM . . . . . = 57,60 „
   2 „ Bohnen-, Erbsen- oder Leinkuchen, 2,4 Ztr., à 8 RM . = 19,20 „
   3 „ grobe Weizenkleie, zweimal wöchentlich, à Ztr. 5 RM = 5,— „
   12 „ Heu, 120 Tage = 14,4 Ztr. à 2,50 RM . . . . . = 36,— „
   5 „ Häcksel, 6 Ztr., à 1 RM . . . . = 6,— „
   Zulage von 8 Pfd. Kraftfutter an 50 Arbeitstagen = 4 Ztr., à 8 RM = 32,-- „
   für Möhren und Langfutterstroh vom 1.—4. Lebensjahr . = 30,— „

Gesamtfutterkosten des vierjährigen Pferdes 1068,90 RM

Hiervon sind abzurechnen: 80 geleistete Arbeitstage im Sommer
und Herbst des vierten Lebensjahres, à 3 RM . . . = 240,— „

Es bleiben Reinaufzuchtkosten des vierjährigen Pferdes . . 828,90 RM
oder rund 850,— RM.

Aus: Werner Miehler: »Die Entwicklung der Kaltblutzucht in der Provinz Sachsen«. Inn.-Diss., Jena 1926

sich die Kosten auf die Weidepacht, das Mineralfutter und u. U. etwas Kraftfutter auf ca. 70–80 DM monatlich.

Kaltblut und Wasser

Kaltblüter haben eine eigene Beziehung zum Wasser. Sie schieben das Maul im Wasser hin und her, und man hat den Eindruck, als planschten sie nur. Oft wird man dann ärgerlich, weil das Tränkewasser verschüttet und die Einstreu naß wird. Wer sich allerdings die Zeit nimmt, kann beobachten, daß sie keinesfalls nur die Langeweile vertreiben; vielmehr spülen sie das Maul und ebenso die Nasenlöcher. Sie tauchen die Nüstern oft tief ins Wasser und schnauben und prusten. Es bietet sich also an, um diesem natürlichen Pflegetrieb Rechnung zu tragen, vom herkömmlichen Tränkebecken abzusehen. Diese eignen sich ohnehin nicht besonders für Pferde, bedenkt man das Trinkvolumen, außerdem sind die Trinkschalen für das Kaltblutmaul in der Regel zu klein. Es gibt Anbieter für Becken mit größerem Fassungsvolumen (ab 5 Liter aufwärts), die als einfache Selbsttränken oder mit Frostsicherung angeboten werden. Ansonsten genügt auch ein 20-Liter-Eimer.

Im Auslauf und auf der Weide empfiehlt sich eine feste, nicht kaputt zu machende Wasserstelle. Sie kann zusätzlich zur Selbsttränke angebracht werden, denn Kaltblüter lieben es, ihre Hufe im Wasser zu baden! Nur nehmen sie leider dazu in der Regel eben das Trinkwasser, das meist in alten Badewannen oder Maurerwannen eingefüllt wird. Wie ärgerlich, wenn man mühsam 200 Liter Wasser gepumpt oder, noch schlimmer, mit dem Auto kanisterweise herbeigeschafft hat, und der liebe »Dicke« nur so lange wartet, bis die Wanne schön voll ist, um seine dreckigen Füße genüßlich einzutunken! Da ist dann schon so manches unfreundliche Wort gefallen ... Dem abzuhelfen gibt es zwei Möglichkeiten:

a) wir verwehren den Badetrieb, indem wir den Wasserzugang gerade auf Kopfgröße zubauen, oder
b) wir bieten zwei Sorten Wasser an: eins zum Trinken und eins zum Baden. Diese Lösung ist natürlich pferdegerechter, aber auch nicht immer einzurichten.

Noch ein Tip zum Wasser: In trockenen Sommern bewährt es sich, direkt vor der Wasserstelle den Boden ordentlich durchzuweichen. So erhält der Huf die erforderliche Feuchtigkeit und wird nicht spröde, ohne daß man viel dafür tun muß.

Einiges über die Fütterung

Über die Haltungs- und Futterkosten von Kaltblutpferden wird seitens der Laien, aber auch der Besitzer anderer Pferderassen viel spekuliert und gespöttelt. Zu Unrecht, wie eine Berechnung der durchschnittlichen Ausgaben (siehe S. 97) zeigt. Im Vergleich mit dem Warmblüter sind die Futterkosten annähernd gleich – der Warmblüter braucht mehr Kraftfutter, der Kaltblüter mehr Heu –, und ein Pferd im Hochleistungssport hat ähnliche Rationen Kraftfutter wie eines im schweren Arbeitseinsatz.

Bevor man sich über die Zusammenstellung einer Futterration für ein Kaltblutpferd Gedanken macht, muß man sich darüber im klaren sein, daß Futteraufnahme mehr bedeutet als nur fressen und satt werden!

Das Pferd verbringt in der Natur 12 bis 16 Stunden mit der Nahrungsaufnahme! Es braucht die Zeit, weil der kleine Magen nur geringe Futtermengen zuläßt (Magenvolumen ca. 15–22 Liter beim Kaltblut), des begrenzten Sättigungs- und Nährstoffgehalts der pflanzlichen Nahrung wegen also dem Körper ständig Energie zuführen muß, um ihn am Leben zu halten.

Dabei bewegt es sich in ruhiger Gleichmäßigkeit, die nur durch plötzliches Hochschrecken und Davonjagen, spielerische Galoppaden und friedliches Dösen (Schlafen im Stehen) unterbrochen wird. Dieses Verhalten ist auch bei Weidepferden zu beobachten. Zwei Dinge fallen dabei auf:

1. Das Pferd frißt tatsächlich *ständig*.
2. Es ist dennoch in der Lage, in Sekundenschnelle zu Höchstform aufzulaufen, was zwei der Charakteristika des Pferdes als Fluchttier und Pflanzenfresser ausmacht. Mit einem überladenen Magen müßte sich das Pferd wie das Raubtier, das auf Vorrat fressen kann, einem ausreichenden Verdauungsschlaf hingeben. Dann wäre es als Beutetier in der Natur aber ein tatsächlich »gefundenes Fressen« und auf Dauer in seinem Gattungsbestand bedroht! Also ist das Ernährungssystem auf kleine Portionen eingestellt.

Die Verdauungszeit beträgt je nach Futterart 24 bis 50 Stunden! Die Hauptarbeit wird dabei vom Dickdarm (Blinddarm und Grimmdarm) geleistet, in dem die Rohfaseranteile des Futters aufgeschlossen werden. Der Blinddarm kann beim Kaltblüter eine Länge von über einen Meter und ein Fassungsvermögen von 40 Liter und mehr haben! Der Grimmdarm hat eine Länge von mehr als 8 Meter (Dünndarm ca. 26–28 Meter) und nimmt an seiner tiefsten Stelle einen Durchmesser von über 50 Zentimeter ein! Diese enormen Ausmaße sind der Grund, weshalb man gerade beim Kaltblutpferd – mit dem Stethoskop auf der verzweifelten Suche nach dem Ruhepuls – oft nur die Darmgeräusche erfassen kann.

Etwas anderes ist im Zusammenhang mit dem Verdauungssystem aber ganz wichtig zu wissen: Der Rohfaseranteil im Futter fungiert auch als Wasserspeicher im Darm, aus dem besonders bei hohen Arbeitsleistungen dem Körper Flüssigkeit zugeführt

A Magen
B Zwölffingerdarm
C Leerdarm
D Hüftdarm
E Blinddarm
F Grimmdarm (»Kolon«)
F1 rechte, untere Längslage
F2 linke, untere Längslage
F3 linke, obere Längslage
F4 rechte, obere Längslage
  (= »magenähnliche
  Erweiterung«)
F5 Querkolon
F6 »Kleines Kolon«
G Mastdarm

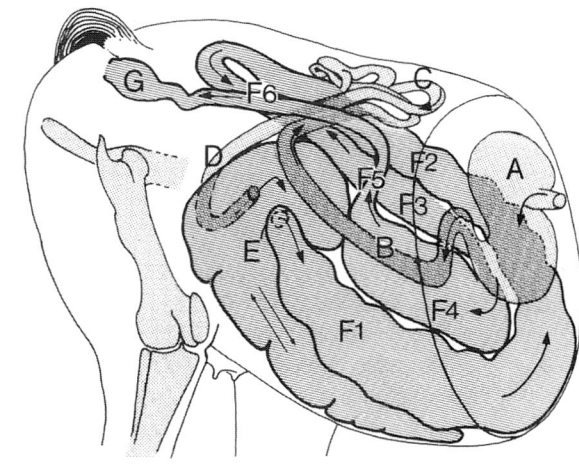

*Dünn- und Dickdarm (schematisiert), Ansicht von vorne und rechts.
(Aus »Handbuch Pferd«, München 1995[5])*

wird. Oft sehen Pferde nach einer schweren Anstrengung im Flankenbereich sehr eingefallen aus: Der Darm ist leer! Entweder hat das Pferd zuviel gemistet (Streßsymptom), meist ist aber der Rauhfutteranteil zu gering. Vor anstrengenden Arbeitstagen sollte also auf ausreichende Grundfutterversorgung geachtet werden, damit der Pferdedarm ein »Depot« anlegen kann.

Man geht bei Stallhaltung von einer Mindestzeit der Aufnahme von Grundfutter von 3 Stunden täglich aus, was also das Pferd bei der üblichen zweimaligen Fütterung je etwa 1½ bis 2 Stunden lang beschäftigt. Diese Zeiten gewährleisten zwar in der Regel eine ausreichende *physische Versorgung,* damit ist aber weder das Verdauungssystem noch – was wenigstens ebenso wichtig ist – die *Psyche* des Pferdes ausgelastet. Dem Pferd muß also über den rein körperlichen Lebenserhalt hinaus alternativ eine adäquate Möglichkeit geboten werden, seinen Instinkten nachzugehen und sich einem Teil seines Lebenszwecks, der Nahrungsaufnahme, hinzugeben. Dazu eignen sich gutes Futterstroh,

an dem gründlich herumgekaut werden kann und muß und zusätzlich bestenfalls noch Äste oder Zweige, die

a) gesund sind,
b) gut gegen Langeweile wirken und
c) außerdem der Zahnpflege dienen!

Wenig bekannt ist auch die Tatsache, daß Pferde Feinschmecker sind und die Abwechslung lieben. Wer jemals beobachtet hat, mit welcher Sorgfalt und Genüßlichkeit ein Kaltblutpferd mit seinen so dick wirkenden Lippen Brombeeren vom Strauch abzupft oder honigsüße Distelblüten nascht, ohne auch nur eine winzige Schramme davonzutragen, der bekommt nicht nur einen Eindruck von der Geschicklichkeit und Sanftheit dieser Pferde, sondern kann sich auch vorstellen, an was unsere »Dicken« sonst noch sinnliche Freude empfinden! In einem unbeobachteten Moment hat mein Rheinisch-Deutscher einmal ein dickes Stück Nußkuchen *mit Sahne* von einem Teller gemopst, und so mancher Holzrücker teilt in der Pause bei der Waldarbeit brüderlich seine Vesper mit seinem tonnenschweren Kumpel ...

Wo es möglich ist, sollte also dem Abwechslungsbedürfnis des Pferdes auch in der Nahrung genüge getan werden.

Früher war man der Ansicht, daß Kaltblüter wenig Ansprüche ans Futter stellen, also auch mit minderer Qualität, z. B. beim Heu, zufrieden seien. Auch heute noch gibt es Anhänger dieser Meinung, dem muß aber auf das heftigste widersprochen werden! Das Verdauungssystem der »Dicken« ist hochempfindlich, die Magen-Darm-Flora ebenso schnell gestört wie bei anderen Pferdetypen, und ebenso groß ist die fütterungsbedingte Anfälligkeit für Koliken.

Die praktische Fütterung des Kaltblutpferdes

Wir unterscheiden bei den Futtermitteln in

- **Saftfutter** (Gras, Silo, Möhren, Rüben, Äpfel etc.),
- **Rauhfutter** (Heu, Heulage und Stroh)
- **Kraftfutter** (Getreide, besonders Hafer und Mischfutter).

Zusätzlich gibt es noch

- **Mineralfutter** und diverse
- **diätetische Futtermittel.**

An Zweigen bzw. Baumschnitt wird gerne herumgeknabbert. Wer genug hat, wendet sich anderem zu.

Unter *Grundfutter* versteht man das Futter, das unverzichtbar ist, also den wichtigsten Anteil an der Nahrung stellt: Weidegras, Heu, Heulage, Silo, Futterstroh.

In der Stallsaison muß bedacht werden, daß robust gehaltene Pferde einen höheren Futterbedarf haben, bedingt durch die ständige Bewegung und die klimatischen Reize. Je nach Witterung muß beim Grundfutter mindestens 1/4 zur normalen Ration hinzugerechnet werden.

Bei der Zusammenstellung einer Futterration müssen wir zunächst verschiedene Kategorien unterscheiden:

a) **Erhaltungsbedarf:** keine bis unerhebliche Arbeit, z. B. 1 Stunde Schrittreiten mit wenig Gewicht oder im Schritt eine leichte Kutsche ziehen.

b) **Leichte Arbeit:** 1–2 Stunden durchschnittliches Reiten oder Fahren ohne nennenswerte Gewichtsbelastung = Erhaltungsbedarf + maximal 25 % Energie.

c) **Mittlere Arbeit:** 2–3 Stunden Reiten oder Fahren/Arbeiten mit Gewichtsbelastung oder in höherem Tempo oder etwa 4 Stunden Reiten oder Fahren/Arbeiten ohne schweres Gewicht = Erhaltungsbedarf + bis zu 50 % Energie.

d) **Schwere Arbeit:** 6–8 Stunden starke körperliche Beanspruchung = Erhaltungsbedarf + 50 % oder mehr Energie.

Energie bedeutet dabei nicht den Umfang der Haferration, sondern *den Anteil am Futter, der in Energie umwandelbar ist.* Sie wird gemessen in Megajoule (MJ) und ist bei jedem Pferd unterschiedlich. Grundsätzlich hat der Kaltblüter wegen des geringen Wärmeverlustes seines Körpers (dickere Fettschicht unter der Haut und weniger Körperoberfläche im Verhältnis zum Körpervolumen) einen im Vergleich zum Vollblüter wesentlich geringeren Grundenergieverbrauch.

Auch der Eiweißbedarf ist von großer Wichtigkeit: Die Bedarfszahlen liegen annähernd bei denen der verdaulichen Energie und werden gemessen in »Gramm verdauliches Rohprotein«. Das Protein (Eiweiß)-Energieverhältnis soll zwischen 5:1 und 7:1 liegen, je nach körperlicher Belastung.

Damit kommen wir auch gleich zum Ca:P-Verhältnis (Calcium-Phosphor) im Futter, das einen Regelwert vom 3:1 keinesfalls überschreiten und besser bei 1,5 bis 2:1 liegen sollte.

Das Grundfutter

Gras (Saftfutter)

In der Weidesaison besteht die Hauptnahrungsquelle des Pferdes natürlich aus Gras. Ein erwachsenes Kaltblutpferd hat dabei einen Verbrauch von etwa 70 bis 100 kg! Verursacht durch negative Umwelteinflüsse, Überdüngung und/oder selektive Grasansaat, die nicht immer für Pferde bestens geeignet ist (z. B. enthält das Gras auf Rinderweiden in der Regel viel mehr Eiweiß, als Pferden guttut), muß die Konstitution der Weidepferde gut beobachtet werden. Es empfiehlt sich immer, auch in der Weidesaison Mineralstoffe zuzufüttern. Sehr fette Wiesen sollten portionsweise abgesteckt werden, um gesundheitliche Schäden wie Hufrehe und ähnliches zu vermeiden. Je nach Arbeitsbeanspruchung muß auch dem Weidepferd Kraftfutter zugefüttert werden, denn der Energiegehalt des Grases reicht für leichte Beanspruchung zwar aus, aber nicht für mittlere bis schwere Arbeit.

Heu (Rauhfutter)

Für ein erwachsenes Kaltblutpferd rechnet man 10 bis 15 kg Heu täglich. In der Aufzuchtphase, bei hochträchtigen und laktierenden Stuten sowie bei schwerer Arbeit können es auch bis zu 20 kg sein. Das Heu soll eine gute Qualität haben, darf für junge Pferde im Zahnwechsel und für alte ruhig etwas weicher sein, ansonsten wird ein fester langer Halm bevorzugt. Der beste Zeitpunkt der Heuernte liegt in der Mitte bis zum Ende der Grasblüte, da das Gras in dieser Zeit am gehaltvollsten ist. Man sollte es etwa eine Handbreit über dem Boden abmähen, um Verunreinigungen durch Sand und Erde zu vermeiden. Außerdem dörrt der Boden in heißen Sommern nicht so schnell aus und das Gras wächst besser nach.

Das schönste Heu ist natürlich das selbstgeworbene – wenn es zumindest mit dem Pferd gewendet wird; denn der Pferdeheuwender arbeitet schonender als der Traktor: Der Halm bleibt heil, und die Blüte bzw. Saat wird nicht ausgeschleudert. (Obendrein wird es nicht mit Auspuffgasen vollgequalmt!)

Pferde sollten immer den festen ersten Schnitt bekommen, denn der zweite Schnitt ist wesentlich weicher und wird meist nicht gründlich genug gekaut, was zu Verdauungsstörungen bis zur Kolik führen kann. Wenn der zweite Schnitt verfüttert wird, muß er gut mit Stroh vermischt werden.

Heulage (Rauhfutter)

Heulage wird kurz vor dem Trockenstadium, das es zu Heu werden ließe, zusammengepreßt, in der Regel in runde Ballen. Diese sind mit Folie umwickelt, die es luftdicht verschließen. So verhindert man die Austrocknung und einen möglichen Fäulnisprozeß. Ein Heulageballen wiegt im Durchschnitt etwa 400–500 kg.

Pferde lieben diese Art Futter außerordentlich, denn es ist noch aromatischer als gutes Heu und staubt nicht, was es auch für Allergiker gut geeignet macht. Heulage kann mengenmäßig in geringerem Umfang als Heu verfüttert werden. Leider sind bei Heulage ebenso wie bei Silo (s. u.) immer einige Probleme zu erwarten:

1. Sie ist in guter Qualität schwer zu bekommen.
2. Man kann in die Ballen nicht hineinsehen oder -fassen, um die Qualität zu prüfen, muß sich also auf das Wort des Verkäufers verlassen und kann dabei böse Überraschungen erleben.
3. Der geöffnete Ballen muß in fünf bis sieben Tagen verbraucht werden (je nach Höhe der Außentemperatur kürzer oder länger), weil dann der Gärungsprozeß einsetzt und die Heulage ungenießbar macht. Man braucht also eine entsprechend große Anzahl Pferde, damit ein Ballen vor dem Verderben verbraucht werden kann.
4. Durch die Unmengen Einwickelfolie entsteht eine Menge Abfall, der entsorgt werden muß. Im Plastikmüll (»Grüner Punkt«) darf die Folie nicht abgeladen werden, auch nicht im Hausmüll, außerdem wäre jede private Mülltonne damit überlastet. Man muß sie also sammeln und sich beim Landhandel oder der nächsten Raiffeisen-Warengenossenschaft nach den Abholterminen erkundigen. Verpaßt man den Termin, bleibt man auf dem Müll sitzen.

Der große Vorteil der Wickelballen ist, daß man sie im Freien lagern kann. Allerdings muß man auch bei der Lagerung Sorgfalt walten lassen, denn jedes noch so kleine Loch in der Folie führt zu Fäulnis. Wie schützt man Folienballen vor Beschädigungen? Die Ballen sollten nebeneinander locker am Boden liegen und auf der Oberseite wird ein alter Autoreifen plaziert. Spannt man jetzt ein Vogelnetz so über die Ballen, daß es seitlich herunterhängt, und beschwert es an den herabhängenden Enden mit Steinen oder Reifen, damit es im Sturm nicht davonfliegt, können die Vögel, die mit ihren Schnäbeln gern die Folie aufhacken, keinen Schaden anrichten. In gut einem Meter Abstand wird dann noch aus Flatterbändern oder Elektrodraht eine Absperrung gezogen, was sowohl Pferde als auch Wild zurückhält.

Silage (Saftfutter)

Silage ist mit Heulage eigentlich nicht zu vergleichen, sowohl von der Qualität als auch vom Gehalt her. Silage (Silo) wird in der Regel für Rinder geworben, und dementsprechend ist ihre Zusammensetzung bzw. Konsistenz: Der Feuchtigkeitsgehalt ist sehr hoch – manchmal wird schon einen Tag nach der Mahd gepreßt –, der Eiweißgehalt ist erheblich, und oft ist sie leider nicht ganz sauber, also mit Sand und Erde verunreinigt.

Das Rind wurde als Wiederkäuer von der Natur mit einem erheblich robusteren Verdauungstrakt ausgestattet als das Pferd, weshalb bei der Futtermittelwerbung nicht immer die Sorgfalt angewendet wird, wie es für Pferdefutter nötig wäre. Mit Silo gefütterte Pferde leiden häufig an Durchfall wegen der hohen Feuchtigkeit, auf die der Pferdedarm nicht eingestellt ist (siehe hierzu auch S. 100 ff.).

Wegen des vielen Eiweißes darf man nur geringe Mengen füttern, was aber das Pferd dann weder satt macht noch seinen Nährstoffhaushalt ausreichend versorgt. Dazu kommen die gleichen Grundprobleme wie bei der Heulage. Es ist keineswegs eine angenehme Aufgabe, 600–800 kg (soviel wiegt ein Siloballen) stinkende, vergorene, schimmelige Silage zu entsorgen!

Stroh (Rauhfutter)

Stroh hat den enormen Vorteil, daß es meist recht preiswert ist und die Pferde den ganzen Tag beschäftigt. Sie kauen und knabbern, wenn die Portion Heu verdrückt ist, stundenlang an der Einstreu herum, was ihrer Psyche guttut und den natürlichen Rhythmus des Verdauungssystems in Gang hält.

Zum Verfüttern sind besonders Gersten-, Weizen- und Haferstroh geeignet. Haferstroh ist nur schwer zu bekommen, weil außer für Lebensmittel und zur Pferdefütterung kaum Hafer angebaut wird und der Futterbedarf besonders für Schweine, die ja in ihrer Anzahl die der Pferde um einige Millionen übertreffen, durch die anderen genannten Getreidearten gedeckt wird. In Gegenden mit hoher Schweine»produktion« ist hauptsächlich Gersten- und Roggenstroh zu bekommen. Roggenstroh wird von Pferden nicht so gerne angenommen, weil das Korn selbst bitterer ist.

Wenn man Glück hat, ist das Stroh schlecht gedroschen, hat also noch einen geringen Anteil an Korn, das die Pferde gerne mögen, was bei der Festsetzung der Kraftfutterration aber berücksichtigt werden sollte. Ist sogar noch der Grasrand des Feldes miteingemäht, schmeckt das Stroh besonders gut, und man spart außerdem Heu. Das Stroh aus biologischem Anbau ist natürlich gesünder und gehaltvoller als das andere, man muß nur darauf achten, daß der eingepreßte Anteil an Gräsern, Feldblumen und Kräutern, die die Biofelder so wunderschön aussehen lassen, auch richtig durchgetrocknet ist. Kamille und Kornblumen beispielsweise haben einen wesentlich höheren Feuchtigkeitsanteil als der Halm des Korns.

Mengenmäßig sollte Futterstroh frei zur Verfügung stehen. Wenn ein Kaltblüter 5 bis 10 kg Stroh frißt, ist das normal, sofern die Hauptnahrung aus Heu oder Heulage besteht. Rechnet man die Einstreu dazu, ergibt das einen Tagesbedarf von 15 bis 20 kg. Nimmt das Pferd zuviel Stroh auf, sehen wir das an der Farbe des Mistes, der bei Heu- und Heulagefütterung grünlich ist, bei einem Übermaß an Stroh hellbraun wird und am Boden spröde zerfällt.

Stroh enthält sehr viel schwerverdauliche Rohfaser, die im Übermaß genossen zu Verstopfungen und damit zu Unwohlsein und erheblichem Leistungsabfall führen kann!

Kraftfutter

Kraftfutter ist, wie der Name schon sagt, der Stoff, der nicht nur satt machen soll, sondern auch »Power« gibt.

In Anbetracht der Vielfältigkeit von Einzelfuttermitteln sind hier nur die gängigsten genannt. Fertige Mischfutter müssen anhand des »Waschzettels« auf ihre Zusammensetzung hin (insbesondere das Verhältnis von Kalzium und Phosphor = Ca : P-Wert) überprüft werden.

Wichtig ist, *daß Getreide keinen für die Pferdefütterung ausreichenden Anteil an Vitaminen und Mineralstoffen enthält*, weshalb immer ein Vitamin-Mineralstoffgemisch zugefüttert werden muß.

Hafer

Den größten Anteil am Kraftfutter nimmt noch heute der Hafer ein, weil er

a) schlicht und ergreifend das *bekannteste* Pferdefutter ist und kaum jemand weiß, daß Hafer durch andere Futtermittel vollständig zu ersetzen ist, und weil er

b) über einen günstigen Rohfaser- und Energieanteil verfügt.

Das Kalzium-Phoshor-Verhältnis (Ca:P-Wert) liegt beim Hafer etwa bei 0,4:1. Bei ausreichender Fütterung von Heu und Stroh wird das Ca:P-Verhältnis in der Regel ausgeglichen. Bei Deckung des Kraftfutterbedarfs bei mittlerer bis schwerer Arbeit ausschließlich oder vorrangig mit Hafer kann eine Unterversorgung an Kalzium entstehen. Auch ist nicht nur der *Energie-*, sondern auch der *Eiweiß*anteil recht hoch, weshalb sich bei erhöhtem Kraftfutterbedarf immer eine Mischung von Hafer mit anderen, weniger eiweißhaltigen Futtermitteln empfiehlt.

Was Hafer von den anderen Krippenfuttersorten unterscheidet, ist sein relativ hohes Maß an ungesättigten Fettsäuren und an Schleimstoffen, die sich positiv nicht nur auf den Verdauungstrakt, sondern auch auf den gesamten Stoffwechsel des Pferdes auswirken.

Mais

Im Vergleich mit dem Hafer enthält Mais weniger Eiweiß und Rohfaser, aber mehr Energie (4,7:1). 800 g Mais können 1 kg Hafer ersetzen, daher eignet sich Mais besonders zur Fütterung von mittel bis schwer arbeitenden Pferden. 30–50 % des Kraftfutters darf Mais sein. Er sollte gebrochen, geschrotet oder in Flocken angeboten werden, denn das Maiskorn ist sehr hart und wird in ganzer Form im Pferdemaul nicht ausreichend zerkleinert, weshalb wiederum seine Inhaltsstoffe im Darm nicht adäquat aufgeschlossen werden können.

Gerste

Gerste ist in der Pferdefütterung besonders im Orient bekannt. In Mitteleuropa weniger gebräuchlich, eignet sie sich doch ausgezeichnet zur Fütterung auch unserer schweren Pferde, denn sie enthält ebenso wie der Mais weniger Eiweiß, aber mehr Energie als der Hafer. 1 kg Hafer kann durch 0,9 kg geschrotete Gerste ersetzt werden. Bis zu 50 % des Kraftfutters darf Gerste sein.

Pflanzenöl
Pferde lieben es! Ein bis drei Eßlöffel Öl täglich ins Futter gegeben regt den Appetit an, fördert die Verdauung und läßt das Fell glänzen. Es enthält etwa dreimal soviel Energie wie Hafer und eignet sich insofern ausgezeichnet zur Fütterung von Pferden mit hohem Energiebedarf. Zu empfehlen sind Sonnenblumen- und Maiskeimöl, aber auch Distelöl (eine Frage des Geld-beutels ...).

Saftfutter

Wie oben bereits erwähnt, mögen Pferde auch beim Speiseplan die Abwechslung. Aber nicht nur zur Befriedigung des Ge-nußbedürfnisses des Pferdes, sondern auch zur Bedarfsdeckung an Mineralstoffen und Vitaminen empfiehlt sich die Fütterung von Saftfutter.
Außerdem ist das Pferd auch hier wieder beschäftigt und kann seinen Betätigungs-trieb durch Zerkleinern und Kauen der meist harten Früchte befriedigen. Manche Pferde sieht man zum Beispiel große Möhren an einem Ende mit den Zähnen packen und mit kräftigem Hieb auf dem Rand der Futterkrippe in kleine Stücke hauen!

Möhren
Ein Kaltblutpferd kann mit bis zu 20 kg Möhren täglich gefüttert werden. Da die »Wurzel« oder »Karotte«, wie sie auch ge-nannt wird, viel Energie enthält, muß die Ration des sonstigen Kraftfutters verringert werden.
10 kg Möhren entsprechen etwa 1,6 kg Hafer! Der Karotinbedarf eines 1000-Kilo-Pferdes wird mit 4–5 kg Möhren gedeckt.

Zuckerrüben
Zuckerrüben empfehlen sich wegen ihres hohen *Energie*gehalts (*Zucker*-Rüben!) vor allem in der Fütterung von schwer arbei-tenden Pferden, sie können aber ebenso wie Möhren natürlich nur einen Teil des Kraftfutters ersetzen. Die maximale Men-ge von 15 kg/Tag ersetzt ca. 4,5 kg Hafer, wobei der *Eiweiß*bedarf durch Getreide ausgeglichen werden muß.

Futterrüben
Futterrüben können in größerem Umfang verfüttert werden als Zuckerrüben, weil ihr Energieanteil nur etwa halb so hoch ist. Bis zu 25 kg darf ein Kaltblüter davon täglich fressen. Das hört sich gigantisch an; wenn man aber berücksichtigt, daß *eine* Rü-be schon fünf Kilogramm und mehr wie-gen mag, relativiert sich dieses Bild wieder.

Äpfel und Birnen
Alle Pferde lieben Obst. Zum Glück hat die Natur es so eingerichtet, daß die Vitamin-C-haltigen Früchte kurz vor dem Winter reif werden, wodurch nicht nur der Mensch, sondern unter anderem auch der Pflanzenfresser seine Abwehrkräfte für die Unbillen des Winters ausreichend stärken kann. Meist wird an Pferde das Fallobst verfüttert, wobei darauf geachtet werden muß, fauliges auszusortieren, weil es der Magen-Darm-Flora schadet. 5 Kilo Äpfel oder Birnen am Tag sollten nicht über-schritten werden, sonst muß man mit Durchfall rechnen. Außerdem ist ebenso wie bei den Knollenfrüchten die Kraftfut-tergabe zu reduzieren.

Sonstiges Obst und Beeren
Wußten Sie, daß Pferde auch Pflaumen mögen? Natürlich sollte der Stein entfernt werden – wobei mancher unserer vierbei-nigen Arbeits- und Freizeitkameraden sie auch ausspucken kann.

Das gleiche gilt für Johannis- und Himbeeren, Brombeeren wurden schon zu Anfang des Kapitels kurz erwähnt. Diese Leckereien sollten aber auch immer solche bleiben und dem Pferd höchstens handvoll- und nicht pfundweise angeboten werden.

Bananen stehen bei manchen Pferden ebenfalls auf dem Speiseplan. Sie enthalten viel Magnesium (gut für Muskeln und Nerven) und Kalium (ein *Mangel* kann durch starkes Schwitzen oder Durchfall entstehen). Matschige Bananen werden in der Regel verschmäht, weil sie zwischen den Zähnen kleben, was Pferde nicht leiden können.

Äste und Zweige

Alle Pferde knabbern gern an Ästen und Zweigen herum, was der Zahnpflege dient, wie bereits erwähnt, und in den Stall gehängt oder gelegt wirken sie gegen Langeweile. Wichtig sind aber vor allem die Mineralstoffe, z. T. auch Vitamine, die im Geäst enthalten sind, besonders im Frühjahr.

Gerne wird Tanne und Fichte verzehrt – wobei Blau- und Edeltanne nicht auf der Speisekarte stehen, die Nadeln sind zu spitz und zu bitter –, auch die Kiefer. Wirft man einen gründlich abgeschmückten Weihnachtsbaum in den Auslauf, ist er spätestens nach einem Tag bis auf die nackten Strünke niedergemacht! Erst kommen die Nadeln dran, dann die kleinen Ästchen, als nächstes die größeren und so fort.

Sehr beliebt sind auch Obstbaumschnitt, Birkenzweige und, in Maßen, die Eiche. Eicheln selbst werden selten gefressen, aber Laub und kleine Zweige um so lieber. Die Eiche enthält Gerbsäure, die die Arterien weitet, was besonders alte Pferde und tragende Stuten zu schätzen wissen, aber auch bronchial- und lungenkranke. Es

kommt so gut wie nie vor, daß ein Pferd sich an Zweigen überfrißt, schon gar nicht an Eiche. Ist der Bedarf gedeckt, wendet es sich anderem zu.

Ein angenehmer Nebeneffekt der »Baumspeise« ist der, daß das Holz an Stall und Einzäunung in Ruhe gelassen wird!

Diätetische Futtermittel

Wie der Name schon sagt, werden sie gezielt eingesetzt, sei es im Krankheits- oder Rekonvaleszenzfall oder in besonderen Streßsituationen.

Leinsamen

Er enthält einen hohen Anteil an Schleimstoffen, die sich positiv auf die Magen-Darm-Flora auswirken. Ungekocht kann Leinsamen bei einem erwachsenen Kaltblüter bis zu 150 g täglich verfüttert werden. Er schmeckt knackig lecker (wir kennen ihn aus unserem Frühstücksmüsli) und fördert damit den Appetit, außerdem tut er der Verdauung gut. In größeren Mengen muß man ihn mindestens 10 Minuten kochen und anschließend aufquellen lassen; er wird bei Verdauungsstörungen ins Futter gegeben.

Weizenkleie

Diese fördert ebenso die Verdauung (leicht abführende Wirkung), wenn sie angefeuchtet genossen wird. In trockenem Zustand macht sie eher »peppig«. Wegen ihres leicht nußartigen Geschmacks mögen Pferde sie gerne; ihr Ca:P-Verhältnis ist aber recht hoch (fast 1:10!), deshalb sollte sie nur in Maßen verfüttert werden.

Mash

Mash – auch Kleiemash genannt – wirkt leicht abführend und erleichtert also den Magen-Darm-Trakt. Bei bestimmten

Krankheiten, nach großen Anstrengungen oder zur regelmäßigen Darmpflege kann Mash eine gute Hilfe sein. Man füllt dazu einen Futtereimer (10–12 l) etwa zu ¼ mit Quetschhafer, ½ mit Kleie und gibt eine flache Handvoll Salz sowie bestenfalls noch eine Handvoll geschroteten Leinsamen hinzu. Das Ganze wird durchgerührt und mit sehr heißem bis kochendem Wasser zu einem festen Brei verarbeitet. Wenn er auf Körpertemperatur abgekühlt ist, darf er verfüttert werden. Bei großen schweren Kaltblütern kann die Menge um bis zu 50 % erhöht werden.

Nach wie vor gilt der lehrreiche Satz, daß das Auge der Fütternden die Menge und Zusammensetzung der Ration des jeweiligen Pferdes bestimmt. Nicht nur Energieverbrauch und Grundfuttervolumen variieren je nach Typ und Temperament, auch das notwendige Maß an Zusätzen wie Leinsamen oder Pflanzenöl etc. kann in sehr unterschiedlichem Rahmen notwendig sein. Zudem sollte man sich beim Füttern daran erinnern, daß das Verdauungssystem der »Dicken« langsamer arbeitet als bei Warm- und Vollblutpferden.

Unter Berücksichtigung nebenstehender Übersicht kann ein mittelschwer arbeitendes Kaltblutpferd (800 kg) also gefüttert werden mit (Durchschnittswerte):

10 kg Heu sowie ca.

5 kg Kraftfutter	= 3 kg Hafer,	
	0,8 kg Mais	
	+ 200 g Pflanzenöl	
	+ 2,5 kg Möhren	
oder	= 3,5 kg Hafer	
	+ 0,5 kg Mais	
	+ 100 g Pflanzenöl	
	+ 2 kg Möhren	
oder	= 2,5 kg Hafer	
	+ 15 kg Futterrüben	
oder	= 1 kg Hafer	
	+ 15 kg Zuckerrüben	

Zusammenstellung einer Futterration:

Eine kleine Übersicht über die Futterration eines mittelschweren Kaltblutpferdes (800 kg) im Vergleich:

	Kaltblut	Warmblut
Erhaltungsbedarf		
Heu	10 kg	6 kg
Kraftfutter	0,5 kg	3 kg
Stroh*	15 kg	10 kg
Minerale**		
Leichter Leistungsbedarf		
Heu	10 kg	6 kg
Kraftfutter	2,5 kg	4,5 kg
Stroh*	15 kg	10 kg
Minerale**		
Mittlerer Leistungsbedarf		
Heu	8–10 kg	5–6 kg
Kraftfutter	5 kg	5–7 kg
Stroh*	15 kg	10 kg
Minerale**		
Hoher Leistungsbedarf		
Heu	8 kg	5 kg
Kraftfutter	8–10 kg	8–10 kg
Stroh*	15 kg	10 kg
Minerale**		

* einschl. Einstreu
** entsprechend dem Gewicht des Pferdes und der Mengenempfehlung des Herstellers

Salz (Natrium)

In jeden Pferdestall und auf jede Pferdeweide gehört ein Salzleckstein! Der Natriumbedarf des Kaltblutpferdes liegt bei ca. 15–20 g täglich. Er wird in der Regel *nicht* durch Ergänzungsfutter gedeckt, muß also zusätzlich zugeführt werden. Ein Mangel an Natrium zeigt sich u. a. durch ständiges Lecken (an Händen, Balken, Steinen usw.), Aufnahme von Erde und Graswurzeln, schlimmstenfalls durch

Appetitlosigkeit, Gewichtsabnahme und Leistungsschwäche.

Gerade beim hart arbeitenden und entsprechend schwitzenden Kaltblüter reicht die Zusatzversorgung durch Lecksteine oft nicht aus. Es empfiehlt sich die Beimischung von losem Viehsalz unter das Kraftfutter. Der Bedarf bei großer Schweißabsonderung kann auf bis zu 170 g steigen!

Wasser

Der Wasserbedarf des Kaltblüters ist erheblich. Je nach Witterung und Wasser- bzw. Trockenanteil des Futters kann er bis zu 120 Liter betragen! Als Richtwert gilt, wie bei Warmblutpferden, 5–12 Liter je 100 kg Körpergewicht.

Wasser sollte bestenfalls frei zur Verfügung stehen, wenigstens aber zweimal täglich – ähnlich dem Tränkeverhalten in der Natur, wo das Pferd ein- bis zweimal am Tag die Wasserstelle aufsucht – in ausreichender Menge angeboten werden. Es reicht *nicht*, vor und nach dem Füttern den Wassereimer hinzuhalten. Pferde trinken zunächst etwa 5 bis 10 Liter in einem Zug, machen eine Pause und saufen dann weiter. Nimmt man den Eimer bei der ersten Pause weg, weil man denkt, das Pferd sei fertig, und kommt erst ein paar Stunden später wieder mit neuem Wasser, ist das Pferd immer unterversorgt!

Gutes Pferd – gesundes Pferd

Einige Besonderheiten bei der Gesundheitsfürsorge und Behandlung von Krankheiten sind bei Kaltblütern zu beachten. Selbstverständlich gelten ansonsten die allgemeinen, für alle Pferde gleichermaßen zutreffenden Ursachen und Symptome für Krankheiten. Insofern ist hier keine umfassende Abhandlung über Pferdekrankheiten zu erwarten.

Wie bei jedem anderen Pferd auch gilt beim Kaltblut die Regel: beobachten, erkennen, (be-)handeln! Jede körperliche Krankheit geht immer auch mit Störungen des seelischen Wohlbefindens einher, und wer sein Pferd kennt, bemerkt die ersten Anzeichen von Unbehagen sofort.

Mauke

Was ist Mauke und wie entsteht sie? Mauke ist eine sogenannte »bakterielle Mischinfektion«. Sie ist zu erkennen an kleinen nässenden Stellen im Fesselbereich, vor allem in der Fesselbeuge, die jucken und im ersten aufgekratzten Zustand aussehen wie unsere Mückenstiche. Die aufgescheuerten Stellen verschorfen, und der trockene Schorf juckt wieder. Also wird erneut gekratzt, bis alles näßt und blutig wird. Spätestens dann kommt Schmutz in die Wunde, die sich prompt entzündet. Die irgendwann abheilenden Hautflecken verschorfen und jucken wieder. So geht das immer weiter. Das Hauptproblem bei Mauke ist, daß sie im akuten Stadium schmerzhaft ist, irgendwann dickwulstig vernarbt und diese Narben schmerzhaft

auf die Sehnen drücken können. Daraus kann sich eine Lahmheit entwickeln. Diese Schäden sind nicht zu beheben. Es haben auch schon Pferde wegen Mauke eingeschläfert werden müssen!

Die Ursache von Mauke ist fast immer ein *Pflegemangel*. Auch bei genetisch bedingter Veranlagung ist die gute Pflege das A und O. Vorbeugen ist besser als behandeln! Bei nassem Wetter sollte man prophylaktisch ein- bis zweimal die Woche zum Beispiel Melkfett in die Fesselbeuge schmieren, das das Wasser abweist. So kann dort kein feuchtwarmes Klima entstehen, wie die Bakterien es lieben. Saubere Einstreu ist natürlich vorauszusetzen. Vorsicht bei feuchten Wiesen; wenn das Pferd dort weidet, ist tägliche Kontrolle der Fesselbeuge und Prophylaxe wie oben wichtig!

Was aber tun, wenn der/die »Dicke« Mauke hat? Auf keinen Fall den Fesselbehang abschneiden, es sei denn, man kommt sonst an die kranken Hautstellen nicht heran. Wenn man also zur Schere greifen muß, schneidet man das Haar nicht kürzer als zwei bis drei Zentimeter, denn sonst juckt allein der nachwachsende Behang, und man will ja jedes Kratzen verhindern!

Zunächst muß man die Bakterien bekämpfen, dazu eignen sich jodhaltige Wundsalben wie Braunol, Betaisodona u. ä. Manche nehmen auch reinen Bienenhonig oder eine Honig-Schweineschmalz-Mischung. Damit werden die Wunden abgedeckt. Wenn der Heilungsprozeß einsetzt, sich also Schorf bildet, nimmt man

111

zur Behandlung lebertran- oder lanolinhaltige (fettende) Salben, die die schorfige Wundoberfläche weich und elastisch halten und damit ein erneutes Aufkratzen verhindern. Wer schon mit Honig behandelt, kann dabei bleiben. Übrigens ist Bienenhonig ein seit Jahrtausenden bekanntes Heilmittel, das sich auch als Wund-, Heil- und Zugsalbe (bei Vereiterungen) hervorragend bewährt hat!

Raspe

Diese Erkrankung ist der Mauke sehr ähnlich, kommt aber hauptsächlich im Bereich der Beuge des Vorderfußwurzelgelenks vor. Die Behandlung kann wie bei der Mauke erfolgen.

Fußräude

Ähnlich wie Mauke zeigt sich die Fußräude. Die Symptome sind fast gleich, und man merkt den Unterschied eigentlich nur daran, daß die erstbefallenen *Stellen* untypisch sind für Mauke, also beispielsweise oberhalb der Fessel, das Bein hoch, *während die Fessel selbst frei ist* – oder wenn die Maukebehandlung ohne Erfolg bleibt.

Fußräude ist im Gegensatz zur Mauke nicht durch Bakterien bedingt, sondern durch *Parasiten*, durch Milben. Um sie zu bekämpfen, braucht man ein Antiparasitikum, das nachhaltig die Milben bekämpft, das Pferd aber möglichst schont. Beste Erfahrungen habe ich dabei mit dem »Parasitenfrei« von Dr. Schaette (Naturheilmittel) gemacht (über Tierarzt oder Apotheke zu beziehen). Wichtig ist die Kontrolle, denn manchmal kommen die lieben Tierchen wieder, wenn sie sich unbeobachtet fühlen!

Wie bei allen Hauterkrankungen gilt auch für Mauke und Räude, daß auf jeden Fall die Haltungsbedingungen überprüft werden müssen. Dunkle Ställe mit schlechtem, feuchtwarmem Klima bieten den Krankheitserregern optimale Bedingungen. Kontrollieren sollte man auch auf jeden Fall den *Vitaminhaushalt* des erkrankten Pferdes, und man sollte dessen *Stoffwechsel* mit dafür geeignetem Zusatzfutter unterstützen. Hauterkrankungen sind immer begünstigt durch Stoffwechselstörungen: Eiweißüberschuß, Vitaminmangel usw.!

Übrigens kratzen sich Kaltblüter immer gern die Füße, mit und ohne Krankheitsbefall. Manche »Dicken« beknabbern sich sogar *gegenseitig* die Fesseln. Oft muß man ihnen aber eine Scheuermöglichkeit bieten, damit sie sich nicht an dafür ungeeigneten Stellen verletzen. Alte LKW-Reifen eignen sich hierfür hervorragend!

Ernährung und Wohlbefinden

Ohne jetzt noch einmal im einzelnen auf die notwendigen Bestandteile der Pferdenahrung einzugehen, müssen doch einige Elemente kurz erläutert werden:

Vitamine sind lebensnotwendig. Ein Mangel an Vitaminen bedingt Stoffwechselstörungen, gefährdet das Immunsystem, hindert das Wachstum etc. In der Regel sind im Futter ausreichend Vitamine vorhanden. Bei schwerer Arbeit, in Krankheitsfällen, bei Rekonvaleszenz und im Fellwechsel müssen oft zusätzliche Vitamine verabreicht werden.

Ein **Mangel an Eiweiß** führt zu Gewichtsverlusten und Entwicklungsstörungen bei jungen Pferden, denn Eiweiß ist u. a. wesentlich am Aufbau der Skelettmuskulatur und des Bindegewebes beteiligt. Ein Überschuß kann notfalls bis zum

Dreifachen des Tagesbedarfs toleriert werden. Man erkennt dieses Mißverhältnis oft an Hufringen oder weil das Pferd mit Scheuern reagiert. Bei ernsthaften Erkrankungen wie Durchfall oder Hufrehe durch zuviel Eiweiß kommt es zu einer starken Belastung von Leber und Niere.

Sehr gravierend wirkt sich auch ein **Mineralstoffmangel** aus: Die Hufe werden schwach, Fell und Behang weniger robust, die gesamte Konstitution leidet. Ein tägliches Zufüttern von Mineralien ist fast immer sinnvoll. Wer hier spart, spart am falschen Ende; diese Kosten zahlen sich immer aus!

Der Magen-Darm-Trakt

Der Magen des Kaltblutpferdes hat ein Fassungsvermögen von ca. 20–24 Litern (Warmblut = 15–18 l). In Relation zur Körpermasse ist dies recht wenig, von der Natur aber überaus durchdacht, denn mit schwerem, überladenem Magen ist schlecht laufen!

Pflanzen enthalten nicht in dem Maße langfristig sättigende Stoffe wie Fleisch, also muß *öfter* Nahrung aufgenommen werden. Die Verdauungszeit beträgt im Durchschnitt 36 bis 50 Stunden, je nach Aufschließbarkeit des Futters, wobei man erleben kann, daß Durchfall verursachende Nahrung (z. B. einige Kilo unreifer Äpfel) schon nach wenigen Stunden das Pferd rückseitig wieder verläßt.

Es kann davon ausgegangen werden, daß die Verdauungszeiten der Kaltblüter etwas länger sind als die der Warmblüter. Das hängt vor allem mit dem größeren Körpervolumen zusammen, aber auch, wenngleich in geringerem Maße, mit dem Temperament.

Bei Koliken kann man erleben, wie sehr die »Dicken« leiden können. Manche vergehen fast vor Schmerz bei einer leichten Kolik, sie jammern und vermitteln den Eindruck kurz bevorstehenden Ablebens. Andere wiederum ertragen eine wirklich schlimme Kolik mit dem Schmerz in den Augen, lassen sich aber sonst – außer den normalen Symptomen wie Scharren und Sich-Hinlegen-Wollen – kaum etwas anmerken. Gerade bei solch »starken« Typen muß man als Besitzer einen scharfen Blick für Abweichungen in der körperlich-seelischen Verfassung entwickeln, um rechtzeitig handeln zu können!

Das Herz

An anderer Stelle wurde bereits über das kleine Herz der großen Pferde gesprochen. Kaltblüter aus schlechter Aufzucht oder Haltung neigen eher zu Herzbeschwerden – gerade in den heißen Monaten – als andere. Diese Pferde sollten bei Hitze nicht stark belastet werden. Die Herzfunktion kann unterstützt werden mit *Weißdorngaben*. Weißdorn ist in verschiedenen Formen in jedem Supermarkt und in jeder Drogerie oder Apotheke erhältlich. Man sollte zunächst die Dosis für erwachsene Menschen ansetzen.

Bachblüten

Seit einigen Jahren wird das System der körperlich-seelischen Heilung durch Blütenessenzen nach Dr. Edward Bach wieder zur Anwendung gebracht. In Grundzügen gesagt, geht dieses Prinzip von der Einheit von Körper und Seele aus und begreift jede Krankheit als Hilferuf. Die Blüten sind auf einzelne Aspekte der Seele abgestimmt und helfen, sich selbst und die Umwelt besser zu reflektieren und die für die individuelle Persönlichkeit wichtigen, vorher pathogenen, subtilen Momente des Lebens (die Schwingungen) aufzufangen und zu verstehen. Es gibt bislang wenig wissenschaftliche Beweise für die Wirksamkeit der Bachblüten, aber bei Menschen wie bei Tieren konnten schon erstaunliche Veränderungen zum Positiven festgestellt werden. Es entstehen, wie oft bei chemisch-pharmazeutischen Produkten, keine durch die Medikamente künstlich hervorgerufenen Befindlichkeitszustände; vielmehr geschieht die Wandlung von innen heraus.

Auch bei Pferden können Bachblüten angewendet werden: bei chronischen Ängsten, Nervosität, Zähneknirschen, Weltabgewandtheit, Heimweh, Trauer über den Verlust der Weidegefährtin u. v. m.! Achtung: Kein Mittel wirkt, wenn die Ursache des Leidens nicht abgestellt wird. Man darf also niemals Wunder erwarten und sich mit der alleinigen Verabreichung von Medizin aus der Verantwortung schleichen! Mittlerweile arbeiten viele Veterinärmediziner mit diesen Blüten, daneben gibt es aber auch spezielle Beratungen.

Vorsicht, Würmer!

Kaltblüter müssen im gleichen Turnus entwurmt werden wie andere Pferde, also mindestens vor dem Weide*auftrieb* und dem Weide*abtrieb,* und im Winter zwischen Dezember und Januar gegen Dasselfliegen. Oft wird das Gewicht der »Dicken«, nach dem die Dosis des Antiwurmmittels bemessen wird, zu niedrig angesetzt, weil man einfach nicht glauben will, daß er oder sie tatsächlich *so* schwer ist! Besonders bei Ein- und Zweijährigen ist es kaum vorstellbar, daß sie schon 500 oder gar 700 Kilogramm wiegen! Wurmkuren können meist bedenkenlos für mehrere hundert Kilo überdosiert werden; also

lieber etwas dazugeben, als den Erfolg der Behandlung in Frage stellen. Stark verwurmte Tiere brauchen mehrere Anwendungen im Abstand einiger Wochen, das sollte dann jeweils mit dem Tierarzt besprochen werden.

Muskeln und Gelenke

Jedem Sportler wird eine individell bemessene Aufwärmzeit zugestanden. Warum nicht auch den Pferden? In jedem seriösen Lehrbuch über Pferdeausbildung wird über diese Aufwärm- und Lösungsphase ausgiebig gesprochen, in der Praxis ist sie aber viel zu selten zu beobachten. Ein Reitpferd, also auch den Kaltblüter unter dem Sattel, soll man *mindestens 10 Minuten* am hingegebenen oder langen Zügel (je nach Pferd) zu Beginn einer Reitstunde Schritt gehen lassen. Danach erst beginnt die lösende Arbeit im Trab. Zunächst führt man *vor dem Aufsteigen* das Pferd zwei bis drei Runden, damit die kalten Muskeln und die noch nicht »betriebsbereiten« Sehnen, Bänder und Gelenke schon etwas mehr durchblutet, d. h. vorgewärmt und nicht sofort nach dem Aufsatteln mit dem Reitergewicht belastet werden. Werden diese Regeln nicht beachtet, sind langfristig Muskel- und Gelenkschäden vorprogrammiert.

Auch für Zugpferde sollte diese Regel gelten. Gerade bei hartem Einsatz können nicht ausreichend vorgewärmte Muskeln bösen Schaden nehmen. Man geht also mit dem im Geschirr stehenden Pferd mindestens 5 bis 10 Minuten über den Hof, durch den Wald etc. und spannt dann an. In früheren Zeiten war dieser Aufwand beim Arbeitspferd selten nötig, weil es zu seinem Arbeitsplatz hinmarschierte, wogegen es heute vielfach mit dem Anhänger zu seinem Einsatzort transportiert wird.

Pferde aus Offenställen brauchen zu Beginn der Arbeit in der Regel viel weniger Schrittzeit als Boxenpferde, denn sie bewegen sich ja ständig in natürlichem Rhythmus, wogegen dem Tier in der Box nur ein paar Quadratmeter zur Verfügung stehen.

Auch die Bewegung auf schwerem Boden stellt eine erhebliche Belastung für die Gelenke dar. Bei der Planung von Ausläufen und Reitplätzen muß daher darauf geachtet werden, daß der aufgefahrene Sand 10, maximal aber 15 cm Höhe nicht überschreitet. Auch bei der Arbeit auf dem Feld bedeutet aufgeweichter, tiefer Ackerboden eine Schadensquelle für die Gesundheit des Pferdes, auf längere Sicht gesehen natürlich. Die Arbeitszeit sollte bei »Matschwetter« entsprechend verkürzt werden, zumal ja auch die Geräte auf schwerem Boden einen größeren Zugwiderstand bieten als im trockenen Gelände und die Kondition von Pferd (und Pferdeführer) erheblich schneller nachläßt.

Schwitzen und abkühlen

Muskelverspannungen können auch auftreten, wenn das Pferd schwitzt und dann zu schnell abkühlt, meist weil es uneingedeckt herumsteht, während Fuhrmann oder Reiter mit irgend etwas beschäftigt sind. Eine Pferdedecke oder eine einfache alte Wolldecke tun hier gute Dienste. Man muß nicht meinen, daß das Pferd durch solche Maßnahmen verzärtelt wird – ganz im Gegenteil. Robuste Gesundheit und Vernachlässigung sind zwei völlig verschiedene Dinge!

Das gleiche gilt für das verschwitzte Pferd nach der Arbeit. Abspritzen mit Wasser ist eine Wohltat, wobei manche Pferde erst an das Wasser gewöhnt werden müssen. Das tut man vorsichtig und mit Geduld.

Lauwarmes Wasser erfüllt seinen Zweck besser als kaltes, auch im Sommer. Kaltes Wasser regt die Durchblutung an, und das Pferd soll ja abkühlen! (Außerdem hat kaltes Wasser oft eine Schockwirkung auf den Kreislauf – wir Menschen kennen dies aus dem Freibad …) Eine Wassertemperatur zwischen 20 und 25 °C mögen Pferde im allgemeinen sehr gern.

Wie beim Menschen beginnt die Abkühlung am linken Vorderbein (Arm), wandert langsam Richtung Herz und dann zum rechten Vorderbein (Arm). Danach kommen linke und rechte Hinterhand dran. Stück für Stück arbeitet man sich zu Bauch und Rücken vor. Bei Schlauch bzw. Euter sollte man mit kaltem Wasser besonders vorsichtig sein!

Wenn eine Ganzkörperwäsche nicht möglich oder nötig ist, kann auch ein Schwamm Abhilfe schaffen. Zwei, drei Eimer lauwarmes Wasser erfüllen hier auch ihren Zweck. Besonders die Schweißstellen unter dem Leder müssen gut ausgewaschen werden, denn das verklebte Fell kann sich nicht aufstellen oder glatt anlegen, je nach Wetter, und die Haut vermag nicht richtig zu atmen. Außer an richtig heißen Tagen muß das Wasser mit einem Schweißmesser abgezogen werden. Wenn es etwas kühler ist, muß man trockenreiben. Es bleibt eine Illusion, ein richtig nasses Kaltblutpferd mit Stroh trocken zu bekommen – am besten hat man immer einen Stapel ausrangierter Handtücher parat, mit denen das Pferd dann soweit abgerieben wird, bis Luft und Wind den Rest schadlos übernehmen können.

An kühlen Tagen und im Winter, wo ohnehin kein Pferd gewaschen wird, sollte man das verschwitzte Pferd auf jeden Fall eindecken. Jute, Sympatex und ähnliche Materialien bieten sich für Offenstallpferde an, Wolle oder Dolan etc. reichen für Boxenpferde aus.

Im Offenstall trocknet das Pferd besser ab, weil durch die Bewegung der Kreislauf in Gang gehalten wird. In der Box hingegen wird ein nasses Pferd schnell kalt und steif, was auf die Muskulatur sehr schädlich wirkt. Eine Decke aus robustem Material kann viele Stunden, auch über Nacht, wenn man erst abends von der Arbeit mit dem Pferd heimkommt, übergelegt bleiben. Bis nämlich ein Kaltblut mit Winterfell richtig trocken ist, vergehen einige Stunden ... Am nächsten Morgen nimmt man die Decke wieder ab – fertig!

Woll- und Dolandecken haben den Vorteil, daß sie die Körperwärme halten und den Schweiß nach außen abgeben. Es ist jedoch regelmäßig zu prüfen, ob beim richtig nassen Pferd unter Umständen die Decke gewechselt werden muß, weil die Flüssigkeitsmenge auf ihrer Außenseite möglicherweise zu groß wird und dann doch ans Pferd zurückfindet.

Daß ein frisch gebadetes und auch ein verschwitztes eingedecktes Pferd sich sofort wälzen muß, liegt in seiner Natur und sollte ihm nicht verwehrt werden.

Viele Schäden, wie etwa nasses »in den Stall Stellen«, Belastung ohne ausreichendes Aufwärmen etc., treten erst nach Jahren auf. Wer also heute denkt, sein Pferd brauche solche Sorgfalt nicht, erhält zu einem späterem Zeitpunkt mit Sicherheit die Quittung!

Tellington-Touch und Massage

Der Tellington-Touch ist eine Massage- oder vielmehr eine *Berührungs*technik, bei der durch kreisende Bewegungen der Fingerspitzen Druck auf die Haut (hier natürlich die Pferdehaut) sowie Muskulatur ausgeübt wird. Durch dieses manuelle Kreisen wird eine anregende und zugleich beruhigende Wirkung erzielt.[1] Bei Kaltblütern mit ihrer sehr widerstandsfähigen Haut wird meist ein etwas festerer Druck benötigt; man muß das jeweils ausprobieren. Man selbst erlebt dabei nicht nur das Pferd durch den eigenen sechsten Sinn – die Haut –, man findet so auch Stellen am Pferd, an denen es sich gern oder ungern anfassen läßt, und spürt Verspannungen, Hautunregelmäßigkeiten oder kleinere Verletzungen auf. Dem Pferd wird ein Ganzkörpergefühl vermittelt und das *Bewußt*-Sein einzelner Körperteile. Bei der Hinterhand zum Beispiel ist oft folgendes zu beobachten: Sie wird von den »Dicken« ja gerne hinterhergeschleift, über den Boden geschlurft. Dabei ist eine gute Hinterhandaktivität das A und O eines jeden Reit- und Arbeitspferdes! Durch das kreisende Spiel auf der Haut bekommt das Pferd eine erste Ahnung, daß es bestimmte Körperteile auch bewußt einzusetzen vermag. Zur Hinterhandaktivierung eignet sich nicht nur das Beinkreisen, sondern auch die Schweifmassage[2], die zudem noch den Rücken entlastet, indem Druck von den Bandscheiben genommen wird. Bei Pferden mit Senkrücken und solchen, die Schwergewichte zu tragen haben, sollte nach der Arbeit regelmäßig der Rücken leicht angehoben werden.[3] Für die vielen Kaltblutpferde mit einem sogenannten toten, d. h. hart gemachten Maul empfehlen sich auch die Maulübungen und Gaumenmassagen.

Die Tellington-Methode, über die auch im Kapitel »Ausbildung« gesprochen wird, bietet dem aufgeschlossenen Kaltblutbesit-

---

[1] Ausführlich wird diese Arbeit mit dem Pferd in den Büchern a) »Die Tellington-Methode: So erziehe ich mein Pferd« und b) »Die Persönlichkeit Ihres Pferdes« beschrieben, s. Anhang.
[2] s. o. a), S. 48 f.
[3] s. o. b), S. 167

zer eine Vielzahl von Möglichkeiten zum Umgang mit dem Pferd, zum Erkennen von Unstimmigkeiten, Korrekturen usw., die die im Anhang genannten Bücher hierzu unbedingt lesenswert machen.

Akute Muskelverspannungen treten besonders im Rückenbereich durch nicht passende Sättel, schlechte Reitweisen, zu viel Reitergewicht oder Nervosität und Angst auf.

Wie lassen sich Verspannungen im Pferderücken erkennen?

Man fährt beispielsweise mit dem Daumennagel etwa 5 Zentimeter neben der Wirbelsäule Richtung Kruppe, zunächst mit leichtem, dann mit festerem Druck, jeweils auf beiden Seiten. An schmerzenden Stellen zuckt das Pferd zusammen und drückt den Rücken weg. Hat man eine solche Verspannung entdeckt, sollte man gleich mit einer Massage beginnen!

Es bieten sich dazu die einfachen Techniken an, deren wir uns auch als Menschen untereinander bedienen: zunächst Aufwärmen der Muskeln durch leichtes Reiben und Klopfen u. ä., dann Kneten und Walken, wie man es kennt. Auch Massagestriegel erfüllen ihren Zweck, ebenso größere Massage*igel* oder Handrollen aus Holz. Besonders gut wirkt eine Einreibung mit Franzbranntwein, der zur Not mit Wasser verdünnt werden kann, denn er ist nicht gerade billig. Nach der Massage ist das Pferd unbedingt noch mindestens zehn Minuten mit einer Decke warm zu halten!

Und natürlich muß die Ursache der Verspannung abgestellt werden.

Kommunikation mit »Artgenossen« ist ein Grundbedürfnis von Mensch und Tier. Hier zwei dunkelbraune Norikerstuten.

Kaltblutpflege

Vor der Arbeit – aber auch während der Ruhezeiten – muß jedes Pferd gründlich geputzt werden. Besonders die Stellen, an denen Geschirr oder Sattel und Zaum aufliegen, bedürfen gründlichster Reinigung, damit durch Schmutz- oder Schweißreste die Haut nicht wundgerieben wird. Manche Pferde bringen von Natur aus eine empfindliche Haut mit und neigen schnell zu Scheuerstellen, besonders in der Gurten- und Sattellage oder im Brustblattbereich. Hier hilft immer ein dickes Polster sowie Waschungen mit Essigwasser (1 EL Essig auf 1 Liter Wasser), das die Haut widerstandsfähiger macht.

Zur **Körperpflege** eignen sich feste Gummi- oder Eisenstriegel. Mit letzteren muß man vorsichtig umgehen, damit man nicht an Knochen stößt oder Sehnen reizt, Gummistriegel sind da einfacher zu handhaben. Kaltblüter mögen gerne festen Druck beim Putzen, also nicht zu zimperlich sein! Die Anwendung des Striegels geschieht immer in nicht zu kleinen Bögen *mit* dem Fell, so werden Staub, Schmutz und Schweiß herausgerieben. Auch der Durchblutung der Muskeln dient ein gründliches Striegeln, denn es wirkt wie eine *Massage*.

Nach der Vorreinigung nimmt man eine feste Kardätsche, bestenfalls aus Naturborsten, und rundet damit die Fellpflege ab. Hierzu werden gerade bei den »Dicken« gern grobe Bürsten mit Kunststoffborsten benutzt. Davon ist jedoch abzuraten, es sei denn, man muß bei wirklich grobem Schmutz vorreinigen, denn diese Plastikbosten schaden bei häufiger Anwendung der Fellstruktur.

Übrigens müssen und sollen artgerecht gehaltene Pferde nicht so häufig geputzt (auf »Hochglanz poliert«) werden wie Stalltiere, da zum einen zu vieles Bürsten die vor jedem Wetter schützende Fettschicht auf der Haut negativ beeinflußt und zum anderen diese Pferde sich auch selbst besser sauber halten können durch Wälzen, Scheuern und gegenseitige Fellpflege!

Die **Mähne** sollte regelmäßig *gründlich* gekämmt werden, sie verfilzt sonst und die vielen dicken Kaltbluthaare sind nicht mehr zu entwirren! Das gleiche gilt für den **Schweif**. Bürsten sollen nicht zur Schweifpflege benutzt werden, denn es werden zu viele Haare ausgerissen. Ein Schweifhaar braucht viele Jahre, um nachzuwachsen! Der Schweif wird im klassischen Sinne *verlesen*, was häufig zur Meuterei der Pferdepfleger- und -pflegerinnen führt, wenn dies nur einmal im Jahr geschieht. Regelmäßiges Waschen mit Baby- oder anderen pH-neutralem Shampoo schadet nicht, wenn es gut ausgespült wird. Den Schweif kann man fast das ganze Jahr über waschen (und abtrocknen, notfalls mit dem Fön!), für die Mähne empfehlen sich nur warme Tage.

Auch der **Fesselbehang** muß regelmäßig ausgekämmt oder -gebürstet werden, schon um eventuellen Mauke- oder Milbenbefall zu prüfen bzw. zu behandeln.

Das Einmaleins kaltblütiger Hufe

Zur Pflege kaltblütiger Hufe ist zunächst ein gut erzogenes Pferd vonnöten, das ruhig steht und ordentlich die Füße gibt. Hier lohnen sich Geduld und Konsequenz! Vor allem sind die lieben »Dicken« ja nicht doof und merken sofort, mit wem sie Späße treiben können und mit wem nicht. Das Repertoire reicht dabei von »Ach, ich bin ja heute so schwach, auf drei Beinen würde ich umfallen – du mußt mich stützen!« über »Hufe geben? Was soll das denn sein?« bis zum völligen Mißachten jeglicher Anweisungen. Wenn man sich sicher ist, daß das Pferd weiß, was es soll und auch keine Angst hat, sind hier ein paar ernsthafte Worte angebracht.

Hufe auskratzen und auf kleinste Steinchen untersuchen etc., besonders im sogenannten weißen Bereich, versteht sich von selbst. Auch millimeterkleine Fremdkörper können sich tief eintreten und Hufgeschwüre verursachen. Ein erfahrener Pferdemensch hört am Geräusch des Hufkratzers auf dem Huf, ob ein Steinchen eingetreten ist! Das gleiche gilt übrigens für das Pferd in Arbeit: Am Klang der Hufe auf festem Boden ist ein eingetretener Stein sofort zu erkennen und auch, wo er sich festgesetzt hat. Hier bewährt sich ein gut erzogenes Pferd, das sowohl unter dem Sattel wie im Geschirr auch unterwegs ruhig stehenbleibt, wenn der Fremdkörper entfernt wird.

Die Hufpflege mit Beschlag ist wie bei jedem anderen Pferd zu handhaben.

Leider neigen einige Kaltblutpferde zu *nicht ganz so schöner* **Hufsubstanz,** die sich aber in der Regel ausreichend verbessern läßt – wenn man eineinhalb bis zwei Jahre warten kann, bis sich der Erfolg einstellt! Mineralfutter, Vitamine (u. U. Biotin-Gaben) und viel Bewegung sind das A und O bei schlechten Hufen. Lorbeeröl (Apotheke) – mit einer alten Zahnbürste einmal pro Woche in den Kronrand massiert – fördert sehr gut das Hufwachstum. Wo es nur möglich ist, sollte das Pferd »barfuß« gehen, und wenn es immer nur Tage oder wenige Wochen sind. Auch Zwanghufe und ähnliches lassen sich selbst beim älteren Pferd noch korrigieren, wenn es ohne Eisen gehen darf. Übrigens laufen Offenstallpferde öfter ohne »Schuhe« als Boxenpferde, was durch die viele Bewegung auf unterschiedlichem Grund bedingt ist.

Extrem **spröde Hufe** werden in trockenen Zeiten mehrmals täglich gut mit Wasser genäßt, wobei das Wasser einziehen soll. (Man kann das Pferd übrigens auch gleich mit den betreffenden Beinen in Wassereimer stellen, wenn es sich das gefallen läßt und man ausreichend große und robuste Eimer besitzt!) Anschließend trägt man dünn Huffett auf, damit nicht gleich alles wieder austrocknet. Das macht man zwei- bis dreimal täglich. Bei zu weichem Huf läuft der Prozeß genau anders herum: alles Feuchte fernhalten und bloß kein Fett auftragen, weil dann der Huf nicht trocknen kann! Es schadet ansonsten generell *nicht*, einmal wöchentlich den Kronrand und die Ballen mit Huffett zu bestreichen – nötig ist es meist nicht.

Höchster Alarm ist bei **Strahlfäule** geboten! Manche behaupten, Kaltblüter neigten besonders zu dieser Krankheit. Das kann aber nur insofern bestätigt werden, als daß sie früher oft unter schlechten Stallbedingungen gehalten wurden, wo der Mist naß und tief war und natürlich den Strahl angriff. Mistige Einstreu und langes Stehen auf verunreinigtem Boden begünstigen Strahlfäule in jedem Fall, aber auch Stoffwechselstörungen und Immunschwäche können eine Ursache sein. Fest steht, daß trocken und sauber stehende Pferde seltener unter Strahlfäule leiden, aber auch eine nach langem Regen weich gewordene saubere Weide Pferde mit Strahlfäule entlassen kann. Sie ist nicht schlimm und es muß in der Regel auch nicht peinlich sein, ein hieran leidendes Pferd zu haben, man muß es nur sorgfältig behandeln. In kurzer Zeit (zwei bis vier Wochen) ist es meist vorbei, wenn ernsthaft daran gearbeitet wird. Auf keinen Fall darf Hufteer aufgetragen werden, denn die Fäulnisbakterien bleiben auch noch beim trockengeriebenen, frisch ausgeschnittenen Huf unter dem Teer aktiv und richten dort weiteren Schaden an.

Zur Behandlung holt man sich aus der Apotheke zehnprozentigen Jodoform-Äther (Jodoform desinfiziert und der Äther läßt unnötige Flüssigkeit verdunsten) und Holzspatel. Der Strahl wird gesäubert, notfalls mit Bürste und warmem Wasser, und mit einem sauberen Lappen und dem Spatel (zur Not kann man auch das runde Ende eines Kaffeelöffels nehmen) so tief es geht getrocknet. Etwas Jodoformlösung wird in die erkrankte Stelle gegossen (nicht zu tief einatmen!) und gut mit Watte aufgefüllt.[1] Das wiederholt man im schlimmen Stadium täglich, bei einsetzender Heilung sobald die Watte sich gelöst hat, sonst alle zwei bis drei Tage, wobei dann meist auch ein Zustopfen mit Watte *ohne* Lösung ausreicht. Ist man sich über

das Ausmaß der Erkrankung nicht sicher, sollte auf jeden Fall ein Fachmann hinzugezogen werden.

Der Huf ist der »tragende Punkt« des Pferdes, und je mehr Eigengewicht das Tier selbst mitbringt, desto größer ist natürlich auch die Belastung. **Fehlstellungen** wirken sich bei schweren Pferden schneller auf die Gesundheit aus als bei leichteren, deshalb ist der Pflege und gegebenenfalls der Korrektur der Hufe besondere Beachtung zu schenken. Korrekturbeschläge sind teuer, und Fehlstellungen verringern generell die Nutzungszeit des Pferdes. Manches kann beim Fohlen und Jungpferd noch korrigiert werden, was beim älteren Pferd schon irreparabel ist. Deshalb ist in der Aufzucht wöchentlich eine Hufkontrolle durchzuführen, gerade auch in der Weidesaison, denn ein Bockhuf beispielsweise kann beim Fohlen innerhalb kürzester Zeit entstehen, ist bei rechtzeitiger Behandlung aber auch fast ebenso schnell zu beheben.

Hufkorrektur und Hufbeschlag

Der Huf wächst einen bis eineinhalb Zentimeter im Monat, wenn das Pferd gesund ist und einen guten Stoffwechsel hat. Mangelversorgung ist immer auch direkt am Befinden der »Füße« festzustellen. Alle sechs bis acht Wochen sollte deshalb der Hufschmied konsultiert werden.

Die häufigsten Fehler beim Kaltblutbeschlag sind zu kleine bzw. zu eng gelegte **Hufeisen** sowie unnötige Stollen und Griffe, oft aber auch das Nichteinhalten der Beschlagzeiten. Ein zu gering bemessenes Eisen »schnürt« den Huf ein, der ja in seiner Form durchaus veränderbar ist, und führt unweigerlich zu Hufverformungen,

---

[1] Eine sehr praxisnahe Anleitung (mit Bildern) zur Strahlfäulebehandlung findet man in der *Freizeit im Sattel*, 9/96, S. 770 ff.

durch die die Druckbelastung durch das Eigengewicht nicht gleichmäßig aufgefangen werden kann. Das bedingt unnötigen Verschleiß vor allem im Bereich des Huf- und Fesselgelenks.

Stollen und Griffe wiederum (»Stollen« heißen punktuell an die Schenkelenden des Hufeisens angeschweißte Verstärkungen, die an Schraubenmuttern erinnern, »Griffe« sind das gleiche an der Zehe) machen nur Sinn, wenn das Pferd auf weichem Boden arbeiten muß, um dort mehr Halt zu bekommen. Ansonsten sind sie nicht nur überflüssig, sondern aus tierschützerischen Gründen auch nicht vertretbar! Es entsteht eine ungleiche Belastung auf Zehe und Trachten, der Druck wird nicht gleichmäßig aufgenommen und die Gelenke werden unnötig belastet. Stollen und Griffe sind auf hartem Boden absolut schädlich, weil zusätzlich noch dem Huf die Gleitphase genommen wird, was zu einer permanenten Stauchung der Gelenke führt. Solche Eisen müssen unbedingt abgenommen werden!

Daß man noch so viele Kaltblutpferde mit Stollen und Griffen sieht, kann nur als Relikt aus vergangenen Zeiten betrachtet werden, als man es entweder noch nicht wußte, oder aber die Wege so schlecht befestigt waren, daß der aufgeweichte Boden ohne diese Verstärkungen an den Eisen für die Pferde ein kaum zu bewältigendes Hindernis gewesen wäre.

Besseren Halt gerade auf asphaltierten Straßen bieten sogenannte **Widia-Stifte**, kleine dünne Stifte aus Hartmetall, die in eigens in die Hufeisen gebohrte Löcher geschlagen werden. Sie stehen nur so weit heraus, daß der Halt da ist, die Gleitphase des Hufes aber erhalten bleibt und vor allem bei Gruppenhaltung keine Verletzungsgefahr für andere Pferde entsteht.

Kaltblutbeschlag ist in der Regel recht teuer, weil aufwendig (zwischen 150 und

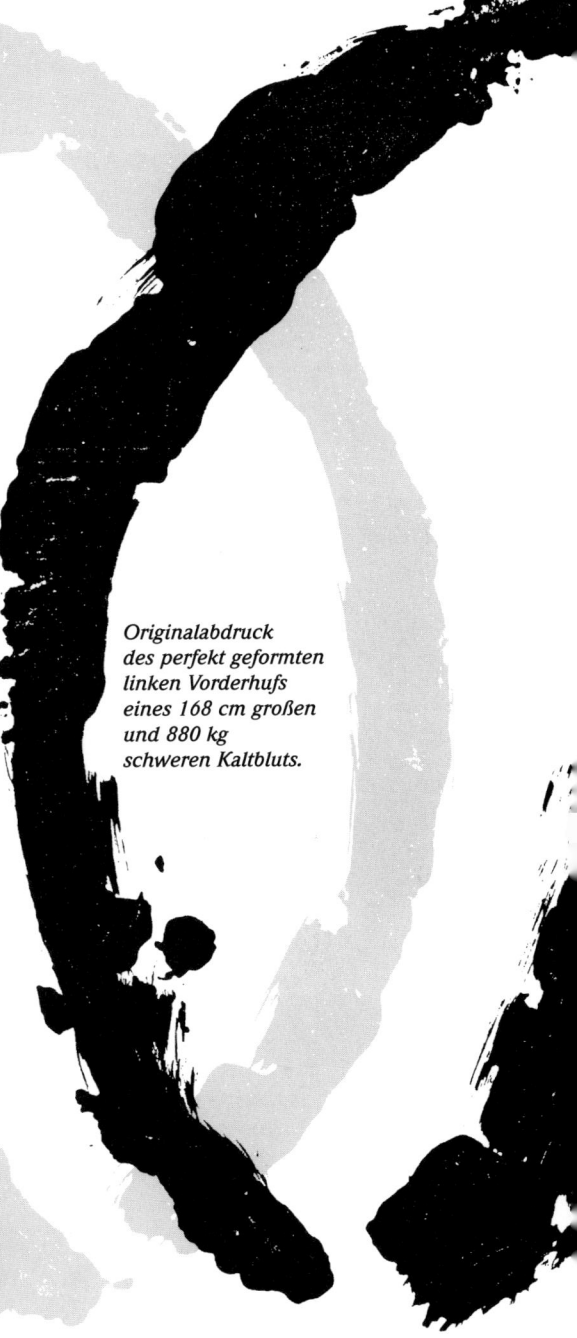

Originalabdruck des perfekt geformten linken Vorderhufs eines 168 cm großen und 880 kg schweren Kaltbluts.

250 DM). Es lohnt sich also rein finanziell – besonders für Hobbyreiter und -fahrer –, von vornherein auf gesundes Hufwachstum zu achten, damit das Pferd barfuß gehen kann.

Nicht jeder Schmied macht es, nicht jeder kann es: Hufpflege beim Kaltblut.

Unfallfrei und abgesichert

Was trägt man bei der Arbeit? Handschuhe, feste Schuhe, bei der *Arbeit* Sicherheitsschuhe, am besten halbhoch mit sich nicht lösenden Schnürbändern (ich selbst binde *immer*, wenn ich mit Pferden zu tun habe, eine Doppelschleife!), ein klappbares scharfes Messer für den Notfall in der Hosentasche, keine Hosen mit weitem Schlag, weil der sich irgendwo im Gerät verfangen kann – Gleiches gilt für die Pullover und Jacken –, ein Sonnen- bzw. Regenschutz, der bei Wind nicht vom Kopf fliegt. Das ist es in etwa.

Zur Unfallverhütung gehört auch, *grundsätzlich nicht* über Ortscheid und Stränge zu treten, wenn man die Seite wechseln oder etwas korrigieren will, *niemals* einen oder mehrere Finger in Haken oder Ösen und ähnliches zu stecken und auf die eigenen Füße zu achten. *Niemals* etwas so am Pferd oder am Gerät befestigen, daß es im Notfall nicht schnell gelöst werden kann! Man muß das Pferd *immer* im Blick behalten. Viele Unfälle passieren unter anderem deshalb, weil entweder der Pferdeführer sich zu viel zugetraut hat oder das Pferd nicht entsprechend sicher ist, Geschirr und/oder Geräte nichts taugen[1], schließlich aus Leichtsinn oder *Routine* die Sicherheitsmaßnahmen nicht beachtet werden – und weil vielleicht das Pferd nicht ausreichend beobachtet wurde! Wer sein Pferd kennt, bemerkt Angst und Unsicherheit bei ihm, *bevor* diese sich zur Panik ge-

steigert haben! Das beste, sicherste Pferd kann mit Situationen konfrontiert werden, die es völlig aus dem Gleichgewicht bringen. Da hängt man dann, wenn nötig und noch Zeit dazu ist, die Last schnell ab und geht in jedem Fall sofort an den Kopf des Pferdes, faßt ans Kopfstück und redet ihm beruhigend und freundlich zu. Damit ist in der Regel die Krise schon überstanden. Und da die Sinnesorgane unserer vierbeinigen Freunde um ein Vielfaches besser entwickelt sind als unsere und sie entsprechend »Verdächtiges« wesentlich eher bemerken als wir, ist der ständige Blick nach dem Pferd der beste Garant für sicheres, unfallfreies Arbeiten.

Die »Berufsgenossenschaft für Fahrzeughaltungen« hat eine Broschüre zur »Unfallverhütung in der Pferdehaltung« herausgegeben, die nicht nur gerade für den Neuling wertvolle praktische Tips zur Sicherheit im Umgang mit Pferden enthält, sondern auch für den Fahrbetrieb wichtige Sicherheitsfaktoren und gesetzliche Auflagen vermittelt, u. a. über Beleuchtung, Bremsung und dergleichen. Auch die Deutsche Reiterliche Vereinigung (FN) hat in Zusammenarbeit mit der DEKRA und dem TÜV »Richtlinien für den Bau und Betrieb pferdebespannter Fahrzeuge« veröffentlicht. Darin heißt es unter anderem: »Die Verantwortung für den Betrieb eines Fahrzeugs hat (...) der Halter, der die Inbetriebnahme nicht anordnen oder zulas-

---

[1]) Viele alte landwirtschaftliche Geräte mit Aufsitz (Heuwender, Rechen etc.) sind z. B. nicht mehr mit einem sogenannten Sicherungsbügel (Sturzbügel) versehen. Ein solcher Sicherungsbügel ist vor dem Aufsitz angebracht und hat den Zweck, den Gespannführer im Falle unvorhersehbarer Ereignisse nicht »unter die Räder« kommen zu lassen. Es ist sehr gefährlich, ohne solchen Schutz zu fahren!

sen darf, wenn ihm bekannt ist (...) daß der Führer nicht zur selbständigen Leitung geignet (, ...) ist.« Hier werden besonders die technischen Anforderungen an die Fahrzeuge genannt. Wer sich mit seinem Gespann auf öffentliche Wege begibt, besonders noch Personen befördert, sollte diese Bestimmungen zur Sicherheit aller Beteiligten einhalten. Besonders *schadhafte Bremsen und mangelhafte Beleuchtung* sind eine erhebliche Unfallquelle!

Bezugsquellen der Broschüren:

* »Unfallverhütung in der Pferdehaltung« Berufsgenossenschaft für Fahrzeughaltungen, Technischer Aufsichtsdienst (Hrsg.), Max-Brauer-Allee 44 D-22765 Hamburg

* »Richtlinien für den Bau und Betrieb pferdebespannter Fahrzeuge« Deutsche Reiterliche Vereinigung (FN) (Hrsg.), Postfach 11 03 63 D-48205 Warendorf Tel.: D-0 25 81/6 36 21 54 Fax: D-0 25 81/6 33 31 46

* Arthur Gerdes: »Sicherheit und Unfallverhütung im Straßenverkehr – Sicherheit mit Pferd und Wagen« Loseblattsammlung. Bei: RGVS – Verkehrssicherheitstechnik, Wollgrasweg 12 D-26316 Varel Tel.: D-0 44 51/86 13 92 Fax: D-0 44 51/86 13 93

Ebenfalls bei der RGVS zu beziehen sind etliche Artikel in Sachen Gespannsicherheit wie Kellen, Signalwesten etc. Außerdem veranstaltet die RGVS auch Lehrgänge für Gespannführer, deren Teilnahme sich in jedem Fall lohnt.

Versicherung eines Gespanns

Jedes Gespann muß – gleich wie viele Pferde vor welchem Wagen bzw. welchem Gerät zu welchem Zweck gespannt sind – *haftpflichtversichert* sein. Ein Muß kommt dabei nicht vom Gesetzgeber, sondern aus der Verantwortung des Gespannführers seinen Mitmenschen gegenüber. Ein Tier ist *immer* unberechenbar; ganz gleich wie gut es ausgebildet und wie erfahren das Team ist – das Risiko bleibt. Und gerade ein Gespann schwerer Kaltblüter kann einen unvorstellbaren Schaden anrichten, wenn es mit Pfug, Egge oder Planwagen außer Kontrolle gerät! Die Versicherung schützt einen selbst im Schadensfall vor dem finanziellen Ruin und sichert vor allem die Ansprüche der Geschädigten.

Es gibt verschiedene Möglichkeiten, Pferde und Fuhrwerke zu versichern: eine **private Haftpflicht** für Tierhalter, eine gewerbliche oder eine land- und forstwirtschaftliche Versicherung. Wer niemals Geld für eine Fahrt mit dem Pferdewagen nimmt, braucht nur eine einfache Versicherung mit Kutschenrisiko. Vor Abschluß eines Vertrages sollte man auf jeden Fall prüfen, ob nur *bestimmte* Kutschwagen oder *bestimmte* Pferde, z. B. Pferd A mit Jagdwagen B, versichert sind, oder der Schutz auch Pferd C mit Planwagen D einschließt. Das wird sehr unterschiedlich gehandhabt, und wer mehrere Pferde und/oder Wagen zum Fahren einsetzt, sollte das unbedingt klären.

Gewerbliche Fahrten bedürfen auch einer **gewerblichen Haftpflicht**, die entsprechend teurer ist (Preise sollte man grundsätzlich vergleichen), aber auch die Fahrgäste umfaßt. Zur Teilnahme an Fuhrmannstagen usw. reicht in der Regel die private Kutschenhaftpflicht aus. Bei land- und forstwirtschaftlichen Betrieben sowie Nebenwirtschaften ist der Einsatz von

Zugtieren in der Regel in die **Betriebs-haftpflicht** integriert (Schäden »aus dem Halten, Hüten und Verwenden von Nutztieren im versicherten Betrieb und Zugtieren auch von Lohnfuhren«). Wer gewerblich Lehrgänge mit Zugpferden anbietet (Land und Forst), sollte dieses Risiko in der gewerblichen Kutschenversicherung extra vermerken lassen.

Zu Veranstaltungen mit Pferden wird man grundsätzlich nur mit ausreichendem Versicherungsschutz zugelassen.

Hinzu kommt, daß die meisten Versicherungen für Schäden, die durch das Fahrzeug verursacht wurden, nur aufkommen, wenn es den Anorderungen des Technischen Überwachungsvereins entspricht (s. o.). Eine TÜV-Abnahme des Fuhrwerks ist noch nicht in allen Bundesländern Deutschlands verpflichtend, wohl aber das Einhalten der gesetzlichen Auflagen.

Sehr günstig sind im übrigen Versicherungen auf Gruppenbasis über den örtlichen Reit- und Fahrverein (FN), bundesweite Vereine wie die Interessengemeinschaft Zugpferde in Deutschland (IGZ), oder die Vereinigung der FreizeitreiterInnen und -fahrerInnen (VFD) und andere. Da lohnt das Informieren, man spart erheblich auch im gewerblichen Bereich.

*Ob bei der Schau, auf der Straße oder im Wald – ohne Haftpflicht sollte nicht angespannt werden.
(Schleswiger Stuten des Landgestüts Celle)*

125

Die Ausbildung des Fahr- und Arbeitspferdes

Das perfekte Zugpferd gibt es nicht! Mag das Exterieur noch so optimal sein, so kommt es doch noch auf etwas anderes an: Das Interieur – die charakterliche Festigkeit, der Arbeits- und Leistungswillen sowie das Vertrauen – muß ebenso stimmen! So mancher Mangel im Gebäude wird durch diese inneren Werte ausgeglichen. Was nutzt das schönste Pferd, wenn es nicht zur Arbeit taugt?

Die Ansicht, daß Kaltblüter schon mit drei Jahren voll einsatzfähig sind, wurde weiter vorne bereits widerlegt. Die Äußerlichkeiten täuschen! Auch beim jungen Kaltblüter sind die Knochen noch weich und nehmen Schaden bei zu früher Belastung. Als zeitliche Faustregel für die Ausbildung kann man sagen: Erziehung des Fohlens (Halfterführigkeit, Putzen, Hufe geben etc.), für ein- und zweijährige Pferde Spazierengehen und spielerische Aufgaben, Dreijährige anlernen und die Grundkondition aufbauen, mit vier Jahren die Ausbildung erweitern, und ab fünf darf's dann ernst werden.

Besonders bis zum Abschluß des Zahnwechsels sollte man vorsichtig mit dem Gebiß umgehen, außerdem können gerade Vierjährige im Zahnwechsel sehr launisch sein. Wer Säuglinge und Kleinkinder beim Zahnen genießen durfte, weiß, daß dieser Prozeß auch immer mit Schmerzen verbunden ist. Aufmüpfigkeit in diesem Stadium muß also nicht unbedingt Widersetzlichkeit bedeuten!

Wenn bereits in dieser Phase sich das Pferd ungerecht behandelt fühlt, kann das schon einen Einbruch in das Vertrauensverhältnis zwischen Pferd und Ausbilder bedeuten.

> »Vernünftige Behandlung der Tiere (…) gehört unbedingt zu einer guten Bildung, nach der mit vollem Recht jedermann strebt. Mag einer noch so hochgestellt, klug und gelehrt sein und es fehlt ihm dies Verantwortungsbewußtsein für das Mitgeschöpf, so hat er keine wahre Bildung. (…) Wer keine Roheiten der Menschen untereinander, keine Kriege haben will, der fördere kräftig solche Gedanken – er kann darum doch ein ›ganzer Mann‹ sein, was manchem schwer fällt zu begreifen.« (Paul Buhle: Das Zugpferd und seine Leistungen)

Eine fundierte Ausbildung bildet – ebenso wie eine solide, artgerechte Aufzucht und Haltung – das Gerüst für viele Jahre gemeinsamer erfolgreicher, beide zufriedenstellender Arbeit und/oder Freizeitvergnügens. Hier sollte nicht gespart werden – jede sorgfältig aufgebaute Lerneinheit zahlt sich doppelt aus! Freundliche Konsequenz sollte dabei immer das Grundmotto sein, wobei man bei nachweislicher Widersetzlichkeit auch ruhig einmal sauer reagieren darf, aber die mentale Basis sollten Ruhe und Verständnis bilden.

Es muß auch mit aller Deutlichkeit darauf hingewiesen werden, daß der sanfteste Kaltblutriese zur Gefahr wird, wenn er schlecht erzogen ist und seine Position im Mensch-Pferd-Verhältnis nicht akzeptiert! Freundliche Konsequenz bedeutet, dem Pferd eine klare und deutliche Richtung im Verhalten vorzugeben und darauf zu achten, daß diese auch eingehalten wird. Da das Pferd ein friedliebendes Tier ist und

Auseinandersetzungen gerne aus dem Weg geht (weil es sich dabei verletzen und somit als Fluchttier in Lebensgefahr bringen könnte), ist es meist nicht nötig, die großen Ressourcen menschlicher Ausdrucksfähigkeit von Unzufriedenheit und Mißbilligung aufzufahren: Ein kurzes Kommando, ein kleines Zupfen an der Führkette, ein Blick oder ein Fingerzeig reichen beim gut erzogenen Pferd in der Regel aus, um die Verhältnisse zu klären.

Früher mußte ein Pferd möglichst schnell zum Einsatz gebracht werden, weil der Broterwerb davon abhängig war. Heute bestehen diese wirtschaftlichen Zwänge nicht mehr, und erfahrene Pferdeleute wissen, daß ein halbes oder ganzes Jahr mehr Zeit für die körperliche und geistige Entwicklung dem Pferd nicht nur eine längere Lebenserwartung beschert, sondern auch in der Lernphase mehr Erfolg bedeutet, weil das schon reifere Tier den Anforderungen besser gewachsen ist.

Auch unsere Erwartungen an die Pferde sind andere als noch vor dreißig, vierzig Jahren: Wir wollen ein Pferd, das mitdenkt und seine Arbeit gerne tut. Es soll physisch und psychisch gesund sein und sich freuen, wenn wir kommen – und nicht abrupt die Kurve kratzen, wenn es Halfter und Geschirr nur von weitem sieht. Viele suchen nach einem Pferd, das nicht nur sie mögen, sondern das diese Zuneigung auch zurückgibt. Was kann schöner sein als ein Begrüßungswiehern, ein freundliches Anpusten aus den großen Nüstern und ein wohliges Ächzen, wenn wir unseren »Dicken« an seiner Lieblingsstelle kratzen!

> »Unsere ›Marlene‹ ist ein tolles Pferd: Sie ist artig und zuverlässig, schön zu reiten und zu fahren und sieht super aus. Nur schade, daß sie so abweisend ist! Sie toleriert es, daß wir sie streicheln und mit ihr schmusen, aber es kommt niemals etwas zurück!«
> Anne H. aus B.

Abweisendes Verhalten ist meist auf frühe Konflikte zwischen Mensch und Pferd zurückzuführen: auf Überforderung, Ungerechtigkeit oder schlicht auf das Ignorieren der sozialen Bedürfnisse des Pferdes, die ja unter anderem auch im gegenseitigen Fellkraulen bestehen. Pferde betreiben gegenseitige Fellpflege *ausschließlich* mit Artgenossen, die sich ihrer *Sympathie* erfreuen. So brauchen wir Menschen uns nicht zu wundern, wenn das Grundvertrauen zum Menschen gründlich verdorben wurde, daß »Lise« oder »Max« von »Fellpflege« unsererseits nichts wissen wollen ... Oftmals sind diese Lücken auch mit noch soviel Zuwendung nicht mehr zu schließen; damit muß man sich abfinden.

Auf den nächsten Seiten werden wir uns Schritt für Schritt mit der **Ausbildung unseres Kaltblutpferdes als Zugpferd** beschäftigen.

Es gibt im großen und ganzen nur zwei Methoden, Fahr- und Arbeitspferde auszubilden. Die eine ist die herkömmliche, mit Doppellonge und Schleppe, zur Gewöhnung an Disziplin, Leinenführung und den Zug. Hierüber ist bereits viel geschrieben worden, und insofern wird darauf verzichtet, diesen Weg hier noch einmal zu skizzieren. Es sei nur erwähnt, daß Longieren für Pferde sehr langweilig und eintönig ist und die Gelenke sehr belastet. Meist wird auch zu früh damit begonnen und dann zu lange gearbeitet. Der Umgang mit der Doppellonge ist etwas für Fachleute; man kann ein Pferd nur verderben, wenn man die Longenarbeit nicht beherrscht!

Die andere Methode ist weniger bekannt, und in manchem weicht sie von der herkömmlichen Art ab. Sie setzt einen anderen Zugang und andere Erwartungen an den Arbeits- und Freizeitpartner Pferd voraus. Diese Methode mag ungewöhnlich erscheinen, hat sich in der Praxis aber bewährt und beruht auf einem System, das feinfühlig und individuell auf jedes Pferd einzugehen hilft.

Diese Ausbildung basiert auf den Methoden von Linda Tellington-Jones (siehe Literaturverzeichnis). Es ist ein System geistigen und körperlichen Aufbaus, das auf den jeweiligen individuellen Typ Pferd ausgerichtet wird und das der Ausbildende seinen eigenen Fähigkeiten und äußeren Rahmenbedingungen entsprechend ausrichten kann. Diese Methode wurde von der Autorin für Arbeitspferde weiterentwickelt und bringt nach erfolgreicher Ausbildung mitdenkende, zuverlässige, leistungsbereite Pferde hervor.

Der Begriff »Bodenarbeit« ist mittlerweile doch schon etwas bekannter und meint die Arbeit mit dem Pferd am Boden (nicht die Boden*bearbeitung*): Die Aufgaben, die dem Pferd dabei gestellt werden, fördern seine Aufmerksamkeit, die Huf-Augen-Koordination, und sie schulen Balance und Disziplin erheblich besser, schneller und artgerechter, als man das von der reinen Longenarbeit sagen kann.

Das Pferd lernt, seinen Verstand zu benutzen, anstatt sich unreflektiert seinem Fluchttrieb hinzugeben. So lernt es beispielsweise, in Schrecksituationen erst einmal zu sehen, was überhaupt los ist, um dann festzustellen, daß der Aufwand des Flüchtens gar nicht lohnt. Ein panisches Pferd ist schon unter dem Sattel sehr unerfreulich. Wenn der oder die »Dicke« erst mit dem beladenen Heuwagen oder mit dem Mähwerk unhaltbar abdampft, kommt wahre Freude auf ... Das Pferd lernt also mitzudenken, mitzuarbeiten, Entscheidungen zu treffen und vor allem, nicht nur uns, sondern auch sich selbst zu vertrauen. Diese Ausbildung fördert die positiven Eigenschaften des Pferdes und trägt zur Herausbildung starker Pferdepersönlichkeiten bei.

Aber auch die Menschen, die solcherart mit ihren Pferden arbeiten, sagen übereinstimmend, daß die Tellington-Methode (TTEAM) auch sie selbst verändert hat: Eine intensivere Wahrnehmung von Geist und Körper des Pferdes, das Beobachten seiner positiven Veränderung während der Ausbildung und das Erkennen des eigenen Anteils daran bringen eine neue Qualität in die Beziehung zwischen Mensch und Tier. Während man die kleinsten mimischen Zeichen des Pferdes, mit denen es seine psychische und körperliche Verfassung kundtut, wahrnehmen und deuten lernt, fördert man auch die eigene sinnliche Wahrnehmung und geht eine Symbiose ein mit dem Pferd und der Aufgabe, die ihm gestellt wurde.

> Niemals sollte ein unerfahrener Mensch allein ein Pferd ausbilden. Bei entsprechender Beratung und Hilfestellung kann aber auch der Neuling diese Aufgabe mit Erfolg bewältigen. Welche Freude ist es, mit einem selbstausgebildeten Pferd solide Arbeit zu leisten!

Grundlage aller Lernschritte ist das Prinzip der Ganzheitlichkeit, also nicht nur Teile zu betrachten, einzelne Momente des Pferdes an sich, aber auch seiner Ausbildung herauszugreifen und isoliert abzuhandeln, sondern von der Komplexität auszugehen und alles Einzelne in den entsprechenden Zusammenhang zu stellen. Wir gehen immer davon aus, daß wir ein selbständig arbeitendes, »mitdenkendes« Pferd haben wollen, das in allen Fällen Ruhe bewahrt und das sich auf uns verläßt, wie wir uns auch auf es verlassen können.

Die Ausbildung wird in drei Abschnitte eingeteilt:

1. die Grundausbildung,
2. die Gewöhnung an das Geschirr und an den Zug,
3. das Lernen von Arbeitsaufgaben, Aufbau der Zugfestigkeit.

Ausbildung an der Hand: Zweijähriger lernt Vorwärtsgehen, Anhalten, Abstand halten.

Erste Ausbildungsphase: Grundausbildung

Die ersten Abschnitte der Ausbildung finden immer an der Hand statt, man geht also neben oder vor dem Pferd her und sagt und zeigt ihm, was es tun soll.

Einige Grundsätze sind bei der Schulung von Pferden generell zu beachten: Die Konzentrationsfähigkeit von Pferden, besonders von jungen, ist sehr begrenzt und muß ebenso wie Kondition und Muskeln sorgsam aufgebaut werden.

Man sollte also zu Anfang nie länger als 10 bis 15 Minuten arbeiten! Jede Lerneinheit wird mit einer einfachen Aufgabe begonnen und jede neue Übung höchstens viermal wiederholt, weil es dem Pferd sonst langweilig wird. Nach der neuen Aufgabe braucht es Zeit, das Neue zu verarbeiten; also nicht gleich zum Nächsten übergehen, sondern ein, zwei Runden am langen Strick um den Platz gehen oder es kurz grasen lassen o. ä.

Wenn man mit der Ausbildung beginnt, sollten die ersten Übungen natürlich leicht sein und nicht mehr als zwei oder drei

»Hindernisse« umfassen. Umfang und Schwierigkeitsgrad werden dann – der individuellen Lerngeschwindigkeit angemessen – langsam gesteigert. Sobald sich das Pferd überfordert fühlt, muß man die Aufgabe sofort abbrechen, weil andernfalls das Selbstvertrauen des Pferdes leidet, und es statt dessen eine bekannte einfache Übung absolvieren lassen, die dem Tier das Selbstwertgefühl wieder zurückgibt.

Nicht vergessen, das Pferd nach *jeder* Übung, auch wenn sie zum zwanzigstenmal problemlos bewältigt wurde, zu loben! Dadurch lernt es genau zu unterscheiden, wann wir mit ihm zufrieden sind und wann nicht! Ein »Braaav!« oder »Gut gemacht!« reicht dazu aus, ein kurzes bestätigendes Klopfen vielleicht noch – von Leckerli sollte man möglichst absehen, weil gerade Kaltblüter dazu neigen, nur noch nach den Möhrenstückchen oder Haferkeksen in unserer Tasche zu suchen und sich nicht mehr auf die Aufgaben konzentrieren!

Die Kommandos sollen immer gleich sein. Ist ein Pferd bereits auf ein Kommando ausgebildet und soll ein anderes lernen, müssen beide zusammen gegeben und dann langsam das neue durch das alte ersetzt werden (z. B. »Haaalt! Brrrrr!«).

Pferde können auch absolut übellaunige Tage haben. Nach Möglichkeit sollte das junge Pferd dann in Ruhe gelassen werden, wogegen das erwachsenere Pferd lernen muß, sich »zusammenzureißen« und trotz aller Launen ordentlich mitzumachen. Vielleicht läßt sich das Tagespensum ja verkürzen. Das gleiche gilt auch für uns Menschen: Ist der Tag ohnehin schon gelaufen, sollte man den engeren Kontakt zum Pferd tunlichst vermeiden. Die lieben Vierbeiner haben nämlich ein viel ausgeprägteres Empfinden für unsere seelische Verfassung, als man das umgekehrt immer sagen kann! Schlechte Laune steckt an,

und Gereiztheit und Aggressivität sind ein schlechter Begleiter des Ausbilders.

Zur praktischen Seite sei vorweggeschickt: Das Pferd muß immer auf beiden Händen gearbeitet werden (also von rechts und von links), das fördert Balance, Biegsamkeit und Zuverlässigkeit gleichermaßen. Im Alltag kommen die Schwierigkeiten ja auch nicht nur von links! Die Aufgabenstellung muß abwechslungsreich sein und verschiedene Schwierigkeitsgrade beinhalten. Ganz wichtig ist auch die eigene Sicherheit: Immer Handschuhe tragen und festes Schuhwerk! Daran denken, daß das junge, unausbalancierte Pferd in seiner natürlichen Schiefe schnell mal danebentritt und unabsichtlich unsere Zehen erwischt – also Abstand halten! Auch kann es bei neuen Übungen gern einmal einen Satz in die falsche Richtung machen, was den Menschenfüßen in dünnen Stoffschuhen oder gar Sandalen selten guttut ... Außerdem ist es selbstverständlich, daß alle das Pferd gefährdenden Gegenstände entfernt werden!

Diese Regeln gelten für Pferde jeder Rasse und jeden Alters.

Für die zeitliche **Dauer von der Grundausbildung** bis zum Fahren auf der Straße lassen sich nur Richtwerte angeben. Schließlich lernt jedes Pferd unterschiedlich schnell oder langsam, außerdem hängt dies auch von der Zeit ab, die dem Ausbilder zu Verfügung steht. Bei einem unverdorbenen, halfterführigen und weitgehend straßensicheren Pferd setzt man erfahrungsgemäß bei täglich 60 bis 90 Minuten Training (verteilt auf mindestens zwei Lerneinheiten einschließlich Pausen, Umbau der Hindernisse usw.) vier bis acht Tage an.

Was braucht man für die Grundausbildung?

Ein gut sitzendes Halfter aus Nylon oder Leder, eine Führkette und eine lange feste Gerte sind zunächst alles, was man an Zubehör für das Pferd benötigt. Leider sind die im Handel zu beziehenden Führketten auf die großen Köpfe der Kaltblüter nicht ausgerichtet und eigentlich zu kurz (75 cm). Bestenfalls baut man selbst eine, die dann etwa 100–110 cm lang sein sollte.

Wenn man auf der linken Hand arbeitet, wird die Führkette durch den seitlichen Halfterring unten links von außen nach in-

nen gezogen. Als nächstes legt man die Kette einmal von unten nach oben um den Nasenriemen des Halfters und führt sie zum gegenüberliegenden Halfterring, wo man sie dann von innen nach außen durchzieht. Die Kette sollte nicht direkt auf dem empfindlichen Nasenbein liegen! Der Karabiner wird oben rechts am Halfterring eingehakt, der »Nippel« zeigt nach außen, so drückt er nicht auf der Wange. Arbeitet man auf der rechten Hand, wird die Kette genau andersherum angelegt. Ein heftiges Pferd muß zusätzlich am normalen Halfterstrick geführt werden, denn die Kette dient der Vermittlung feiner

Trittsicherheit ist eine wichtige Voraussetzung für sicheres Arbeiten mit dem Pferd. Dreijähriger lernt, über eine Palette zu gehen.

Vertrauenssache: Pferd geht mit Führerin mit verbundenen Augen.

Signale; wenn das Pferd in die Kette hineinspringt und einen starken Ruck oder ein Reißen erfährt, erreicht man genau das Gegenteil! Man kann ein Pferd, das allein vielleicht nicht zu halten ist, auch zu zweit von beiden Seiten führen: Dazu legt man die Ketten von links *und* von rechts übereinander. Die Hand wird dabei leicht zurückgenommen und halbhoch Richtung Pferdehals gehalten; das verhindert, daß man instinktiv nach unten zieht oder sich an der Kette festklammert, wenn das Pferd unvermutet losgeht. Um dem Pferd zu vermitteln, was man von ihm will, wird leicht an der Kette gezupft. So macht man es zum Beispiel aufmerksam oder bringt es wieder zur Mitarbeit. Man geht auf Kopfhöhe des Pferdes, damit man jederzeit vortreten kann, um mit der Gerte eine Richtung anzugeben oder das Pferd anzuhalten. Diese Gerte wird waagerecht in der äußeren Hand gehalten, mit dem Knauf nach vorne, und in der Mitte gefaßt. Das Handling der Gerte muß genauso geübt werden wie das Einfädeln der Führkette. Es sollte am Anfang immer jemand dabeisein, der Hilfestellung gibt und sagt, wie man's richtig macht!

Ist das Pferd soweit vorbereitet, begibt man sich auf ein eingezäuntes Grundstück, bestenfalls einen Reitplatz (auf Grasflächen hat man immer die Mühe, das Pferd vom Fressen abhalten zu müssen!). Man geht zunächst einige Runden mit dem Pferd auf dem Hufschlag in der beschriebenen Haltung und Position zum Pferd. Dann läßt man es anhalten, kurz stehenbleiben und wieder weitergehen. Immer muß am Anfang ein deutliches Kommando kommen – später reicht oft ein leises Wort oder ein Fingerzeig! Zum Anhalten bleibt man selbst stehen, nimmt die Kette leicht an und benutzt die Gerte: Sie wird vor die Nase des Pferdes gehalten – Abstand etwa ein halber Meter, daß das Pferd sie auch sehen und als Hindernis wahrnehmen kann –, oder es wird mit ihr an dessen Brust geklopft. Erfahrungsgemäß muß man bei Kaltblütern schon mal etwas fester klopfen ...

Die Arbeit am Boden

Manche werden diese Art von Arbeit etwas albern oder es sogar peinlich finden, mit dem Pferd zu Fuß »über Stock und Stein« zu hüpfen, besonders wenn man Zuschauer bekommt, die dergleichen noch nie gesehen haben. Darüber sollte man sich hinwegsetzen: Auf den Erfolg kommt es an!

Das Pferd lernt nämlich unter anderem durch Nachahmung, was man sich bei der Ausbildung von Fahrpferden unter anderem ja auch zunutze macht, indem das junge Pferd mit einem erfahrenen angespannt wird. So sollte man sich darauf einstellen, dem oder der »Dicken« die eine oder andere Übung vorzumachen. Die ganze Familie läßt sich in die Ausbildung einbeziehen: So können die Kinder mit lautem Rasseln oder Topfdeckelschlagen das Pferd an jedweden Krach gewöhnen! Auch laute, plötzlich einsetzende Musik sollte zum Programm gehören, gerade wenn man mit dem Pferd auch an Veranstaltungen teilnehmen möchte. Derartige Aktionen sollten anfangs immer erst in einigem Abstand stattfinden, dann kann man langsam näher kommen.

Man sucht sich für den Bodenparcours einige Stangen von 3–4 Meter Länge zusammen, Eimer, Plastikplane, Müllsäcke, Regenschirme und was man sonst noch findet.

Für die einfachste Übung legt man vier Stangen mit einem Abstand von etwa 80 cm parallel zueinander auf den Boden (der Schrittlänge des Pferdes entsprechend). Das Pferd soll gut einen Meter vor dem Hindernis stehenbleiben und wird durch Zupfen an der Kette und Klopfen mit der Gerte auf die Stangen auf das Vorhaben aufmerksam gemacht. Es soll dann auf Kommando antreten und über die Stangen gehen. Der Sinn liegt darin, daß es die Übungen *mit Verstand* absolviert, also nicht einfach darüberlatscht, sondern *weiß, was es gerade tut!* In den weiteren Schritten lernt es, über den Stangen stehenzubleiben, sich Schritt für Schritt vorwärts und später auch rückwärts zu bewegen. Gerade ein Kaltblutpferd gewinnt sehr an Wertschätzung, wenn es seine Riesenhufe mit Bedacht setzt und nicht einfach drauflostrampelt!

> »Einmal ist unser ›Dicker‹ in der Rumpelkammer verschwunden, es hat wohl jemand nicht aufgepaßt ... Dort stand alles voll mit Gerätschaften, Werkzeug, Flaschen und sonstigen Gegenständen, an denen ein Pferd sich verletzen kann. Wir konnten ihn auf einem Platz von höchstens einem Quadratmeter umdrehen und dann hinausführen, ohne daß er etwas kaputtgeschmissen hätte!«
> (Holger A. aus V.)

Die Übung mit den Stangen wird beliebig erweitert: quer durchgehen vorwärts, später auch rückwärts; die Stangen werden zu einem »L« und einem »V« oder einem »Zickzack« zusammengelegt. Da gibt es viele Möglichkeiten! Für Trittsicherheit sorgt auch das sternförmige Auslegen der Stangen, besonders wenn sie unterschiedlich hoch ausgerichtet sind.

An jedes neue Hindernis wird das Pferd in Ruhe herangeführt und hat Zeit, es sich anzuschauen, egal, ob es sich um Plastikfolie handelt oder um mit Luftballons spielende Kinder.

Kaltblüter haben den Vorteil, von der Natur mit viel Ruhe und Besonnenheit bedacht worden zu sein. Selten sind sie in unbekannten Situationen von vornherein ängstlich und aufgeregt. Im Vergleich mit Warm- und Vollblütern ist die Ausbildung unserer »Dicken« somit wesentlich unkomplizierter – sofern sie nicht schon früh verdorben wurden.

An einfachen Übungen hat schon das ein- und zweijährige Pferd Spaß und man schafft eine solide Grundlage. Schwierige Aufgaben dürfen aber erst später kommen. In den nächsten Schritten lernt das Pferd, hinter uns her- und auf uns zuzugehen, allein unangebunden stehenzubleiben, rückwärts um die Ecke zu gehen usw. Diese Übungen führt man zwischen am Boden liegenden Stangen durch, die den zur Verfügung stehenden Raum einschränken. Das baut Platzangst ab und sorgt wieder für gezielte Huf-Augen-Koordination.

Gerade für große schwere Pferde ist es wichtig, ihnen über die Größe und Wucht ihres Körpers ein Bewußtsein zu vermitteln, was Verletzungen bei Mensch und Pferd vermeiden hilft. Man kann dieses »Selbst«bewußtsein auf das Gespann erweitern: Das gibt mehr Sicherheit bei der Arbeit, damit so ein »Dicker« nicht meint, er passe durch jede Lücke, wenn's geht noch mit einem Wagen oder einem Heuwender! Gute Rückepferde zum Beispiel suchen nicht nur den besten Weg für sich selbst aus dem Wald, sondern haben auch ein Gespür dafür entwickelt, ob sie mit dem Holz hinter sich zwischen zwei engstehenden Bäumen durchpassen!

Lernt das Pferd das Rückwärtsgehen, sollte man wissen, daß sich an der Brust etwa in der Mitte eine weiche Stelle befindet, die mit mehr oder weniger leichtem Druck

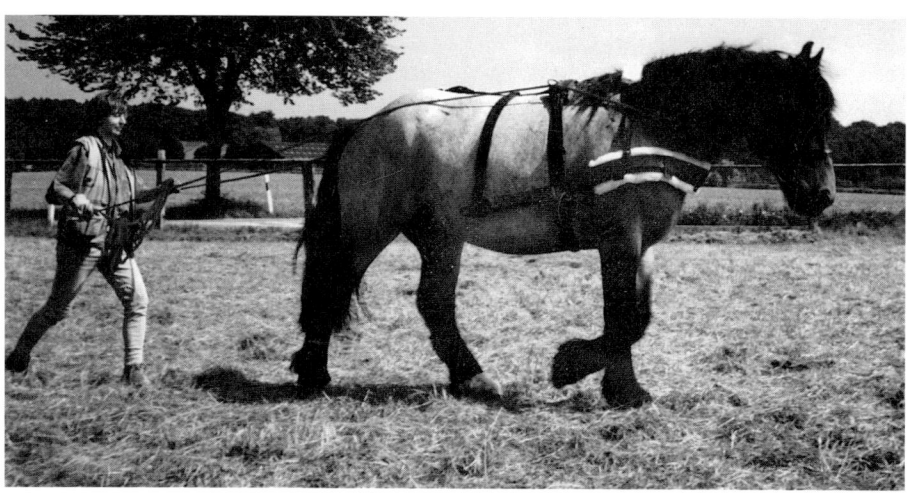

Fahren vom Boden aus – ohne diese Vorübung kein gefahrloses Einfahren.

berührt das Pferd zum Rückwärtsgehen animiert. Man kann sowohl den Daumen als auch den Knauf der Gerte ansetzen. Rückwärtsgehen ist für Pferde sehr anstrengend, weil sie die Hanken tief senken müssen. Junge und generell überbaute Pferde sowie solche mit Senkrücken tun sich da oft besonders schwer. Außerdem ist das Rückwärtsgehen in den sozialen Auseinandersetzungen der Pferde unter sich gleichbedeutend mit einem Unterordnen und einem Ausweichmanöver dem Stärkeren gegenüber. Man sollte also niemals zur Strafe ein Pferd meterlang rückwärts gehen lassen. Bei bewußter Widersetzlichkeit können ein paar Schritte rückwärts in Ausnahmefällen erlaubt sein. Aber es gibt noch heute Fuhrleute, die zum Beispiel ein Pferd, das sich weigert zu ziehen, 30 (!) Meter rückwärts jagen, damit es ordentlich anzieht. Das ist Tierquälerei! Ein Pferd, das die Arbeit verweigert, hat immer einen Grund dafür. Den sollte man herausfinden und versuchen, das Pferd wieder aufzubauen, statt ihm den letzten Rest seiner Selbstachtung zu nehmen!

Eine Annekdote wird am Stammtisch immer wieder gerne erzählt:
»Es gab einmal zwei Holzrücker, der eine war grob zu seinem Pferd, schlug es, schrie es an und pflegte es auch nicht. Der andere liebte sein Pferd, versorgte es gut und sprach freundlich mit ihm, wenn sie zur Arbeit in den Wald gingen. Der erste kam eines Tages unter einen Baum und klemmte fest. Er rief sein Pferd, zu ihm zu kommen, daß er sich mit dessen Hilfe befreie. Das Pferd sah seinen Peiniger hilflos am Boden liegen und sah zu, daß es davonkam. Der Mann wurde Stunden später erst halbtot von Wanderern gefunden ... Als der zweite einmal festgeklemmt war und sich nicht selbst befreien konnte, rief natürlich auch er nach seinem Pferd. Es hatte die mißliche Lage seines Herrn besorgt beobachtet und geduldig auf einen Ruf gewartet. Es stieg über die Baumstämme und Äste und stellte sich vorsichtig so auf, daß der Mann sich am Geschirr des Pferdes festhalten und sich mit seiner Hilfe Schritt für Schritt befreien konnte!«

Das gezielte Rückwärtsgehen Schritt für Schritt ist die Voraussetzung für vernünftiges Eindeichseln bzw. Anspannen überhaupt. Geht das Pferd auf Kommando zurück, auch zwischen zwei Stangen durch, legt man zwei Stangen in Deichselbreite und -höhe nebeneinander und begrenzt die eine offene Seite, z. B. mit einem Faß oder einer dritten Stange. Jetzt geht das Pferd rückwärts in diese Gasse und lernt dabei, im rechten Moment stehenzubleiben, einen Schritt anzutreten, wieder einen Schritt rückwärts zu gehen, wieder anzutreten ...

Spannt man dann das Pferd zum ersten Mal in eine Einspännerschere, weiß es schon, was man von ihm will, wenn es zum Beispiel zum Ausrichten der Zugstränge vor- oder zurücktreten soll. Bei einspännigen Kutschen ist es üblich, die Schere anzuheben und über das aufgestellte Pferd herabzusenken. Das ist aber nicht immer möglich, und viele *Geräte* für den Pferdezug haben feststehende Scheren!

Wenn das Pferd ruhig und sicher auf die einfachen Stimmkommandos hört (zum Losgehen und zum Anhalten), lernt es als nächstes das Antraben und das Durchparieren vom Trab zum Schritt. Man arbeitet hier auch am Boden mit Stimme und mit Gertenhilfe.

Zweite Ausbildungsphase: Gewöhnung an das Geschirr und an den Zug

In der jetzt folgenden Ausbildungsphase kommt es ganz besonders darauf an, das Vertrauen des Pferdes auf keinen Fall zu erschüttern, es im Gegenteil zu stärken und weiter auszubauen. Im Verlauf der Grundausbildung konnte man die Lerngeschwindigkeit und möglicherweise auch gewisse Ängste des Pferdes kennenlernen und bezieht dies in die Planung der nächsten Lernschritte ein.

Anpassung des Arbeitsgeschirrs

Wir gehen jetzt davon aus, daß das Pferd mit einem einfachen Brustblattgeschirr arbeiten wird. Es soll zunächst locker aufgelegt – also nicht gleich den Bauchgurt so stramm ziehen –, aber sorgfältig angepaßt werden. Das Brustblatt liegt zwei, drei Fingerbreit über den Brustknochen, das Rückenkissen hinter dem Widerrist. (Wenn man ein gebrauchtes Geschirr kauft oder geschenkt bekommt, muß es auf jeden Fall auf Brüchigkeit überprüft werden; so manch böser Unfall hat seine Ursache in gerissenen Geschirrteilen!) Der Schweifriemen muß weich und anschmiegsam über dem Darmausgang liegen. Sinnvoll, aber nicht bei jedem Geschirr vorhanden, ist ein Strangriemen, der vor den Flanken über dem Rücken liegt und die Zugstränge hält, was besonders bei der Arbeit vom Boden aus von Vorteil ist. Denn beim Bewegen ebenerdiger Zuglasten (z. B. Weideschleppe) tritt das Pferd schneller mal über die Stränge als vor dem Wagen. Der Zugwinkel soll ungebrochen sein und ca. 45 Grad betragen, das heißt einfach ausgedrückt: eine gerade Linie von Geschirr und Zugsträngen von der Pferdeschulter bis zum Ortscheid hin. Die Winkelangaben beziehen sich auf das Bodenziehen, bei der Deichselanspannung variieren sie natürlich entsprechend der Höhe der Ortscheidaufhängung.

Der Bauchgurt wird vorsichtig etwas strammer gezogen und dann das Pferd einige Runden (am Halfter mit Führkette) geführt, damit es sich daran gewöhnen kann. Man sollte es an diesem Tag dabei belassen; bestimmt hat das Anpassen des Geschirrs seine Zeit gebraucht, das Pferd mußte lange stillhalten und hat damit auch schon genug.

Die Zugstränge

Man legt zwei zwei bis zweieinhalb Meter lange Ketten mit mittelgroßen Gliedern und einer ausreichenden Belastbarkeit (in der Regel 500–1000 kg) bereit. Dazu vier passende Karabiner, ein Ortscheid und ein kleineres Stück Kette, ebenfalls mit Karabiner. Ketten eignen sich zum Ziehen am Boden besser als Seile, denn sie hängen schwer herab, wenn das Pferd stehenbleibt, und wickeln sich nicht um die Hinterbeine.

Man zeigt dem Pferd nun die Ketten und klappert damit herum; dann weiß es, was da gleich an ihm herumhängt und es gerät nicht in Panik. Man streicht mit den Ketten am Pferd auf und ab, wickelt sie auch mal locker um die Beine – immer bereit, sie sofort fortzunehmen, wenn das Pferd Angst zeigt!

Während eine vertraute Person das Pferd hält, hängt die andere die Zugketten in die Strangösen ein und nimmt langsam und vorsichtig die Enden auf. Dreht das Pferd den Kopf und möchte sehen, was man da treibt, soll es! Dann nimmt man die Ketten am äußersten Ende (falls es doch mal treten sollte) und hält sie locker hoch. Das Pferd soll jetzt losgehen, die zweite Person führt es dabei am Kopf. Die Ketten werden auf- und ab-, hin- und hergeschlenkert. Wenn das Pferd Kurven geht, liegen die Ketten eng um seine Hinterhand. So lernt es, die Berührungen normal zu finden. Auch sollte man selber hin- und hergehen, damit das Pferd gut sehen kann, was da hinter ihm passiert, d. h. den Sichtkontakt auch nach hinten einhält und sich daran gewöhnt, daß etwas beziehungsweise jemand dauernd hinter ihm ist.

Bei einem ängstlichen Pferd arbeitet man erst mit *einer* Kette. Sie wird in eine Strangöse eingehängt (die Seite ist beliebig) und das Ende hängt auf den Boden herab. Sobald das Pferd losgeht, bewegt die Kette sich mit. Aber das Pferd kann ausweichen, bis es gelernt hat, sich nicht mehr zu fürchten.

Dringend muß man darauf achten, das alle Knoten, Schlaufen, Karabiner etc. im Notfall sofort geöffnet werden können! Geht man hinter dem Pferd her, sollte man mit ihm reden. Es muß schließlich lernen, daß die Kommandos bald nicht mehr von vorn, sondern von hinten kommen. Das verwirrt es am Anfang sehr und erfordert Geduld.

Leichte Zugaufgaben

Die nächsten Schritte Richtung Ziehen sind eigentlich recht einfach: Man hängt jetzt das Ortscheid in die Ketten ein. Es wird aufgehoben und der Zug (Druck) während des Gehens langsam verstärkt, d. h. man macht sich immer schwerer. Anfangs wird das Pferd sich vielleicht wundern und stehenbleiben; dann wird es aufgefordert weiterzugehen. Nur wer hinter dem Pferd geht, gibt jetzt die Kommandos zum Losgehen und zum Anhalten. Die Person, die vorn am Pferd zur Sicherheit mitläuft, soll es zwar führen, aber nur mit der Gerte und der Führkette die Kommandos von hinten unterstützen. Man sollte sich also mit dem Helfer gut absprechen! Als nächstes schleift das Ortscheid auf dem Boden mit. Falls das Pferd sich jetzt wieder unsicher fühlen sollte, bindet man ein Seil an das Ortscheid und hält es locker in der Hand. So kann es ohne Zeitverzögerung sofort angehoben werden, wenn das Pferd Angst bekommt!

War die Vorübung am Boden erfolgreich, wird jetzt ein Autoreifen an das Ortscheid gehängt. Dazu benutzt man eine kurze Kette. Bevor man aber jetzt mit einem Reifen nach dem anderen den Zug verstärkt, sollte man spaßeshalber einmal selbst zwei, drei Reifen über den Boden schleppen. Die sind schwerer, als man denkt,

und man bekommt einen Eindruck von der Kraft dieser Pferde!

Leinenführung, Fahren vom Boden aus

Inzwischen hat das Pferd sich daran gewöhnt, daß etwas hinter ihm herschleift und daß die Kommandos von hinten kommen. Zusätzliche Sicherheit vermittelte ihm außerdem noch die Person, die neben ihm ging und es locker führte. Damit das Pferd in aller Ruhe auch die Leinenführung lernen kann, arbeitet man zunächst mit zwei Führketten, die über Kreuz über der Nase liegen. Man steht dicht neben dem Pferd und nimmt in die rechte Hand die rechte Führkette und in die linke Hand die linke. Da hier mit großen Pferden gearbeitet wird, faßt man unter dem Hals durch. Das Pferd wird dann mit einem leichten Zug an der jeweiligen Kette abwechselnd nach beiden Seiten gebogen. Man geht im Schritt zusammen los und läßt das Pferd einmal rechts, einmal links gehen und macht am Anfang nur große Bögen und Wendungen.

Dann verlängert man die Führketten mit einer leichten Fahr- oder Arbeitsleine (es kann hier auch eine Longe sein) und zieht sie durch die Leinenaugen des Geschirrs oder durch entsprechende Ösen des Longiergurtes. Der Helfer oder die Helferin hält das Pferd am Führstrick am Halfter, während man selbst langsam die Leine nach hinten nimmt. Auf Kommando tritt das Pferd im Schritt an. Der Helfer hält vorn den Führstrick ganz locker und ist nur zur Sicherheit dabei. Man geht im Schritt wie bei der Vorübung in großen Bögen rechts und links, hält öfter einmal an, wobei das Pferd zum Stehenbleiben am Ende auf Stimmkommandos und nicht auf die Leine hören soll! Nachdem man diese Aufgabe einige Male geübt hat, läßt der Helfer den Führstrick am Halfter immer länger und geht ganz langsam, Schritt für Schritt, nach hinten. Wird das Pferd unsicher – es fühlt sich schnell allein gelassen da vorn –, kann man wieder unterstützend vortreten.

Sollten Schwierigkeiten auftreten, heißt es, immer Ruhe zu bewahren. Viele Probleme mit Pferden resultieren daraus, daß *der Mensch* in Panik gerät! Man geht einfach ein oder zwei Ausbildungsschritte zurück und setzt dort wieder an, wo das Pferd noch ganz sicher war.

Wird eine Hilfestellung bei der Leinenführung nicht mehr benötigt, ist das Ziel dieses Ausbildungsabschnittes erreicht. Jetzt werden schrittweise die Zugübungen und die Leinenführung kombiniert. Auf keinen Fall sollte man sich scheuen, wieder jemanden um Mithilfe zu bitten, wenn es nicht so klappen sollte wie erwartet. Pferde sind Lebewesen mit einem eigenen Willen, und gerade junge Pferde können launisch und schon mal recht aufsässig sein. Auch hier ist Ruhe bewahren das oberste Gebot. Vielleicht bricht man auch einmal eine Übungsstunde ab: Das Pferd kennt den Zeitplan nicht und nimmt weniger Schaden, wenn man es einfach wieder ausschirrt, als wenn man die Aufgabe mit Macht durchzieht.

Übergang zum Kopfstück mit Gebiß

Das Gebiß wird erst eingeschnallt, wenn das Übungsgelände Richtung Straße verlassen werden soll!

Das Pferd muß ruhig und sicher in der Leinenführung und im einfachen Zug sein, bevor man ihm ein Metallstück ins Maul legt. Es schmerzt das Pferd sehr, wenn es sich bei den Zugübungen erschrecken sollte und plötzlich scheuend den Kopf hochreißt, zur Seite springt oder Schlimmeres passiert. Das gibt immer einen bösen Ruck im Maul! Aber das Pferdemaul soll ja weich und empfindsam bleiben.

Der Übergang von der Führkette zur Trense ist sehr einfach. Es gilt zunächst, die passende Größe festzustellen. Die Faustregel heißt: Bei leicht angenommenen Zügeln/Leinen soll zwischen Maul und Gebißring ein Fingerbreit Platz sein! Es gilt auszuprobieren, welche Art von Mundstück das Pferd lieber mag: Metall, Gummi oder Leder, gebrochene Trense oder Stange. Wenn man eine Fahrkandare benutzen will, wird sie weich (im obersten Ring) eingeschnallt. Alle Mundstücke – bis auf die aus Gummi – umwickelt man bestenfalls mit Wollfäden oder Streifen von weichem Tuch. Selbstklebende Latexbandagen werden auch gerne genommen. Leder ist ebenfalls geeignet, es darf aber nur pflanzlich behandelt und muß mit *Pflanzenöl* gut eingerieben sein! Diese Polster dämmen den Druck im Maul, außerdem hat das Pferd etwas zu kauen!

Zum ersten Arbeiten mit Gebiß zieht man das Halfter über das Kopfstück und fährt vom Boden aus, wie gehabt mit den Führketten. Hat das Pferd das Gebiß akzeptiert, wird die Leine eingeschnallt. Immer weich mit der Hand nachgeben, wenn das Pferd den Kopf bewegt; der Helfer sollte wieder vorne mitgehen. Es ist wichtig, daß das Pferd hier keine schlechten Erfahrungen macht, sonst reißt es schon beim nächsten Auftrensen den Kopf hoch oder macht das Maul gar nicht erst auf!

Dann hängt man den oder die Reifen hinter das Pferd, leitet es dabei von hinten, und übt das Anhalten und Vorwärtsgehen. Ist man überzeugt, daß das Pferd gut auf die Kommandos hört, sich rechts und links von der Leine führen läßt und einige Minuten ruhig stehenbleiben kann, ist es bestens vorbereitet, das Übungsgelände zu verlassen!

Bevor man nun den großen Schritt nach draußen wagt, sollte man sich bewußtmachen, welche neuen Anforderungen jetzt an das Pferd gestellt werden. Es sollen ja auf jeden Fall Unfälle und andere Katastrophen vermieden werden!

Bislang hat man auf vertrautem Boden gearbeitet, das Pferd kannte sich aus und hatte womöglich noch Artgenossen in Sicht- oder Rufweite. Jetzt will man das Pferd aus dieser gewohnten Umgebung herausführen und ihm zugleich noch neue Aufgaben stellen. Je intensiver man die Vorübungen betrieben hat, um so einfacher wird nun dieser Schritt, insbesondere dann, wenn man sich nicht gescheut hat, dem Pferd bei Spaziergängen schon mal einiges von der Gegend zu zeigen – wie Straßen, Traktoren usw. – und es so auch schon vertraut damit ist, von der Herde wegzugehen. Beim Spazierengehen lernt das Pferd auch die unterschiedliche Bodenbeschaffenheit kennen: Asphalt, Platten, Fahrbahnmarkierungen, Gullideckel usw.! Es kann nämlich sehr unangenehm

sein, wenn es samt Kutsche einen Satz auf die andere Straßenseite macht, nur weil es sich vor weißen Streifen auf dem Boden fürchtet!

Man fährt zunächst (in Begleitung) das Pferd vom Boden aus ohne Zuglast in die nähere Umgebung, dann erst kommt der große Schritt zum Fahren!

Der Unterschied zwischen Schleppe und Wagen

Einen Gegenstand am Boden oder einen Wagen zu ziehen kann für manches Pferd ein himmelweiter Unterschied sein. Folgendes gilt es dabei zu beachten:

Ein Wagen ist höher als die Schleppe und macht andere Geräusche. Das soll das Pferd jetzt kennenlernen. Bestenfalls spannt man ein erfahrenes Pferd an und läßt einen Helfer losfahren. Das unerfahrene Pferd nimmt man an der Hand mit und geht mit ihm vor, neben und hinter dem

Erste Fahrt allein vor dem Wagen: Dreijährige Ardennenstute in der Ausbildung.

139

Wagen her. Das Pferd soll in aller Ruhe schauen, sich an die Geräusche gewöhnen und sich von der Ruhe des erfahrenen Fahrpferdes beeindrucken lassen. Das wird so lange geübt (manche brauchen nur einmal), bis das junge Pferd ganz ruhig neben dem Fahrpferd hergeht, den Wagen hinter sich.

Wer kein Lehrpferd zur Verfügung hat, kann sich anders behelfen: Man braucht dazu einen Helfer, eine Blechbüchse voll mit kleinen Steinen und eine Schubkarre. Mit dem angeschirrten Pferd geht man auf den Übungsplatz und stellt ihm einfache Zugaufgaben. Dann bittet man die zweite Person, mit der Blechbüchse soviel Krach wie möglich zu machen und immer näher an und um das Pferd herum zu gehen. Wenn es seine Ruhe wiedergefunden hat, geht man zusammen ein, zwei Runden klappernd hinter dem Pferd her. Als nächstes kommt die Schubkarre dran. Der Helfer fährt mit der Karre direkt hinter dem Pferd her (imitiert sozusagen den Wagen), dann kommen laute Geräusche produzierende Gegenstände in die Karre. So fährt man einige Runden und sollte sich auch nicht ob etwaiger skeptisch bis spöttelnd schauender Neugieriger scheuen: Auf solche Weise ein Pferd vorzubereiten macht Spaß und bringt Sicherheit für alle!

Im nächsten Übungsabschnitt spannt man das Pferd vor die Autoreifen (ein oder zwei reichen) und fährt eine ruhige Nebenstraße oder einen befestigten Feldweg entlang. Vorsichtshalber soll wieder jemand am Kopf des Pferdes mitgehen, unter Umständen auch mit einem Führstrick. Man wird jetzt feststellen, was für einen Lärm die Schleppe auf Stein und Asphalt macht, und froh sein, das Pferd auf Krach jeder Art vorbereitet zu haben! Und noch etwas wird auffallen: Man muß das Pferd lauter ansprechen als gewohnt! Zum einen ist das durch die Schleppgeräusche bedingt,

zum anderen wird das Pferd auf der Straße und im Gelände mit viel mehr und anderen Geräuschquellen konfrontiert als bisher. Laute und deutliche Kommandos sind jetzt wichtiger denn je!

Wenn das alles zufriedenstellend gelaufen ist, ist der große Moment da:

Dritte Ausbildungsphase: Die erste Fahrt mit dem Wagen

Man wählt zu Anfang einen leichten Wagen mit Gummibereifung, den man notfalls selbst ziehen kann. Das Anspannen geschieht immer auf ebener Fläche: nicht bergauf oder bergab und auch so, daß das Pferd nicht als erstes eine Kurve gehen muß. Bestenfalls fährt man das erste Mal auf dem Übungsgelände. Das Eindeichseln wurde ja vorher gut geübt, den Wagen kennt das Pferd. Was jetzt nur stören kann, ist die menschliche Ungeduld und bestimmt auch die (durchaus verständliche) Nervosität. Also für den großen Augenblick keinen Tag aussuchen, an dem man schlecht geschlafen oder gerade die Nachricht über die Steuernachzahlung zugestellt bekommen hat! Man braucht auf alle Fälle jemanden, der das Pferd am Kopf hält, während die Deichsel befestigt und die Zugketten eingehängt werden. Man achte auf einen ungebrochenen Zugwinkel und auf den Abstand der Hinterhand des Pferdes zum Ortscheid. Auch hier gibt es eine Faustregel: Er soll in etwa so groß sein wie die Länge des Pferdes von der Flanke bis zum Ende der Pobacke.

Wichtig: Das eingedeichselte Pferd nicht allzulange warten lassen, denn es wird schnell ungeduldig!

Die Begleitperson soll vorn am Pferd mitgehen, ein Führstrick ist zur Sicherheit noch am Kopfstück befestigt. Man steigt auf den Kutschbock und nimmt die Leinen auf. Jetzt kommt das Kommando zum Anziehen. Normalerweise tritt das Pferd gleich an und zieht den Wagen, als hätte es nie etwas anderes getan. Manchmal jedoch bleibt es nach einigen Schritten stehen, weil es der größere Druck auf das Brustblatt verunsichert. Also nicht strafen! Sehr viel Erfolg bringt in solchen Fällen, wenn jemand den Wagen von hinten anschiebt, während vom Bock das Kommado zum Losmarschieren gegeben wird. Wenn das Pferd wieder stockt, wird wieder etwas angeschoben. In kürzester Zeit hat das Pferd den Bogen raus.

Wichtig: Die Überwindung des Zugwiderstandes ist anstrengend für das Pferd. Rollt der Wagen erst einmal, rollt er fast von allein (aus diesem Grund und auch zum »Anschieben« ein leichter Wagen!). Deshalb ist darauf zu achten, daß das Pferd nicht dauernd stehenbleibt und dann neu anziehen muß. Dabei würde es sich rasch verausgaben und schon bald die Lust an der Arbeit verlieren, weil es ja immer wieder von vorne anfangen muß. Also zum Weitergehen auffordern, *bevor* es stehenbleibt.

Die Begleitperson am Führstrick kann je nach Temperament und Gelassenheit des Pferdes den Strick immer länger lassen und sich immer weiter nach hinten Richtung Kutschbock bewegen und irgendwann den Strick losmachen, sollte aber die ersten Male stets in »greifbarer« Nähe zum Pferd sein. Am ersten Tag fährt man nicht länger als eine halbe Stunde auf möglichst gerader Strecke und vermeidet enge Wendungen. Das Wenden in der Einspännerdeichsel wird allmählich und Schritt für Schritt geübt. Zum Anhalten benutzt man die Stimme und die Bremse des Wagens, nicht die Leine!

Anmerkung zur Leinenführung

Da hier ein Kaltblutpferd ausgebildet wird, hat man an die Fahrweise vermutlich auch andere Kriterien als an ein anderes Kutschgespann. Die *Arbeit* mit Pferden stellt nicht nur andere Anforderungen an die Tiere, sondern auch an die Pferdeführer. Beim Pflügen beispielsweise wird die Leine über die Schultern gehängt, beim Holzrücken oft ganz losgelassen. Eine Fahrpeitsche ist in solchen Fällen überflüssig und auch gefährlich, weil sich die Peitschenschnur in den Gerätschaften verwickeln kann. Ein Arbeitspferd, das immer fest an der Leine gehalten werden muß, strengt zu sehr an. Oft sind ja auch Arbeiten zu erledigen, bei denen sich das Gespann viel auf gerader Strecke bewegt. Da soll das Pferd ruhig und gelassen geradeaus gehen, ohne daß man es mit dauernder Leineneinwirkung in der richtigen Richtung und im gleichmäßigen Tempo halten muß! Bei einer Fahrt auf der Straße dagegen muß man wegen der allgemeinen Verkehrssicherheit engen Kontakt zum Pferdemaul halten.

Leinenführung an sich ist ein eigenes Thema, und man wird im Laufe der Zeit einen persönlichen Stil finden. (Ein Fahrkurs mit Erwerb eines Fahrabzeichens – FN oder VFD – kann allerdings nie schaden und ist teilweise schon Pflicht).

Noch etwas: Man sollte sich nicht dazu hinreißen lassen, wie im Wilden Westen dem Pferd mit der Leine auf den Hintern zu donnern, damit es losgeht oder das Tempo steigert! Das macht einen schlechten Eindruck und ist unter Fahrern zu Recht verpönt!

In der nun folgenden Zeit baut man die Zugleistung des Pferdes langsam und kontinuierlich auf, erhöht Stück für Stück die Wegstrecke sowie das Gewicht auf dem Wagen und fährt auch in unebenem Gelände. Vermieden werden muß jede

Ein solide ausgebildetes Gespann bedeutet Sicherheit und Vergnügen!

Wenn es einmal Rückschritte geben sollte, so macht das nichts; man geht einfach bis zu dem Punkt der Ausbildung zurück, an dem das Pferd noch ganz sicher war. Das kostet ein paar Tage, vielleicht zwei Wochen. Will man aber etwas mit Gewalt erzwingen, ist der Verlust größer: Das Vertrauen des Pferdes wird gestört und schlimmstenfalls passiert ein Unfall.

Schlußbemerkung: Immer wieder hört man Gruselgeschichten von Gespannführern über schlimme Unfälle, zerschmetterte Wagen und dergleichen, oder Pferde, die sich im Geschirr hinschmeißen, die überhaupt nicht mehr ziehen, sich gar nicht mehr anspannen lassen wollen etc. Ja, es gibt Pferde, die von Natur aus zuguntauglich sind – aber das sind ganz seltene Ausnahmen. Fast immer liegen hier Ausbildungsfehler vor, Ungeduld, Hast und mangelndes Verständnis der Fuhrmänner oder Fuhrfrauen für ihre Pferde. Aus meinen eigenen Erfahrungen kann ich über keinen einzigen Unfall und kein durchgegangenes Gespann oder ähnliches berichten!

Ausbildung für den Forst und für die landwirtschaftliche Arbeit

Überforderung, um das Vertrauen des Pferdes nicht zu erschüttern! Fehlt es einmal an der Zeit oder gibt es keine Möglichkeit zum Fahren – das Pferd verlernt es nicht. Bevor man aber nach einigen Monaten das junge Pferd wieder vor den Wagen oder ein Gerät spannt, sollte man nochmals eine oder zwei Übungseinheiten »Fahren vom Boden aus« einlegen – zum Wiedereingewöhnen.

Für die Ausbildung des zuverlässigen leistungsfähigen Zugpferdes muß man sehr viel Sorgfalt und Zeit aufwenden. Kaltblüter sind intelligente sensible Wesen, die Überforderung und schlechte Behandlung sehr übelnehmen.

Hat das Pferd eine solide Grundausbildung hinter sich, sollte man ihm ruhig eine Erholungspause gönnen, wie dies auch bei Remonten im Reitpferdebereich eigentlich üblich ist.

Wem ein erfahrenes Lehrpferd zur Verfügung steht, der hat es einfacher als jemand ohne, weil das junge Tier mit dem älteren zusammengespannt werden kann und so ziemlich schnell und unkompliziert an die Arbeit herangeführt wird. Aber auch hier können bestimmte Vorübungen nicht schaden, wie sie für ein allein lernendes Pferd unverzichtbar sind. Vor allem das Geradeausgehen (in bzw. an der Furche bleiben) muß sorgfältig geprobt werden. Man fährt dabei das Pferd vom Boden aus, wobei eine Begleitperson am Kopf geht und Hilfe leisten kann. Am besten sucht man sich einen Ackerrandstreifen oder einen Fahrbahnrand, an dem man sich orientieren kann. Wer es genau nimmt, kann auch mit Kreide eine bestimmte Strecke auf einer ruhigen Straße markieren.

Auch das Wenden am Ende des Ackers muß zunächst ohne Gerät geübt, also simuliert werden. Andernfalls ist die Gefahr von Verletzungen und von körperlicher Überforderung des Pferdes zu groß. Erst wenn das Pferd auf leichte Hilfen hin steht, umtritt, vorwärts und rückwärts geht, kann man Pflug oder Scheibenegge anhängen. Man darf ja nicht vergessen, daß das Pferd unerfahren ist und entsprechend unsicher und aufgeregt! Da kommt man dann ganz schön ins Schwitzen, wenn der oder die »Dicke« mit der Egge hintendran im gestreckten Trab nach Hause zieht! Auch muß das Pferd lernen, die Nase nicht ständig ins Gras oder Korn etc. zu stecken. Dies gilt es energisch zu unterbinden, sonst hat man nicht lange Freude an der Arbeit, und die Ernte, besonders im Gartenbau, fällt entsprechend dürftig aus... Während der ersten Arbeitsgänge mit dem Pferd sollte man nicht allein draußen sein. Ist eine zweite Person dabei, kann diese jederzeit mit anfassen oder Hilfe holen, wenn etwas schiefgeht. Niemals darf man auch die Länge einer Ackerfurche und den Zugwiderstand im schweren Boden unterschätzen!

Auch die Waldarbeit sollte mit dem Pferd in Ruhe vorbereitet werden. Es empfiehlt sich, zunächst verschiedene Hindernisse im Slalom und in Wendungen zu »umfahren«, wie Tonnen, Hütchen etc. Auch das Fahren vom Boden aus über Stangen und zwischen ihnen hindurch dient der Vorbereitung. Dann wird eine einfache leichte Stange von ca. 4 Metern Länge angehängt: der erste »Stamm«. Auch damit geht man nach einigen Runden »Ganze Bahn« in Bögen und Wendungen, später auch im Slalom um die Hindernisse. Hier merkt dann auch der Pferdeführer die eigene Geschicklichkeit, denn die Bögen und Wendungen erfordern wegen des herumschlagenden Stammes ein gutes Augenmaß.

Das Über-den-Stamm-Treten braucht, wenn die Last rückwärtsgerichtet werden soll, *sehr* viel Übung von beiden, denn das Pferd muß sich um 180 Grad drehen, ohne daß der Stamm sich bewegt, und dann muß es einen Schritt gehen, übertreten, wieder einen Schritt gehen, wieder übertreten und so fort. Das ist sehr schwierig und sollte erst mit dem schon weiter ausgebildeten Tier angegangen werden.

Hört das Pferd gut auf die Kommandos und zieht *langsam* an, kann man sich in den Wald wagen. Ein gutes Arbeitspferd begreift schnell die Aufgabe und entwickelt ein Gespür für den kürzesten und besten Weg zur Rückegasse. Nicht alle Pferde besitzen diese Gabe, und man sollte dies nicht grundsätzlich erwarten.

Wie bei allem Lernen macht die Übung den Meister! Ein Pferd, das nur gelegentlich im Wald eingesetzt wird, kann seine Arbeit dennoch gut machen, natürlich wird es aber niemals die Routine eines »Profis« erlangen. Ebenso ergeht es aber auch dem Rücker. Insofern passen sich Leistungsstand und Erfahrung von Mensch *und* Tier in der Regel einander an.

Zum Thema Tierschutz

Zusätzlich zu den (hoffentlich) allgemein bekannten Regeln des Tierschutzgesetzes über Umgang, Ausbildung etc. von Pferden sei hier noch folgendes zur Sprache gebracht:

Auszug aus dem Tierschutzgesetz[1]

§ 1 Zweck dieses Gesetzes ist es, aus der Verantwortung des Menschen für das Tier als Mitgeschöpf dessen Leben und Wohlbefinden zu schützen. Niemand darf einem Tier ohne vernünftigen Grund Schmerzen, Leiden oder Schäden zufügen.

§ 2 Wer ein Tier hält, betreut oder zu betreuen hat,
1. muß das Tier seiner Art und seinen Bedürfnissen entsprechend angemessen ernähren, pflegen und verhaltensgerecht unterbringen,
2. darf die Möglichkeit des Tieres zu artgemäßer Bewegung nicht so einschränken, daß ihm Schmerzen oder vermeidbare Leiden oder Schäden zugefügt werden.

§ 3 Es ist verboten,
1. einem Tier außer in Notfällen Leistungen abzuverlangen, denen es wegen seines Zustandes offensichtlich nicht gewachsen ist oder die offensichtlich seine Kräfte übersteigen.

Die Häufigkeit von Krankheiten bei Pferden, vor allem Magen-, Darm- und Atemwegserkrankungen, aber auch die vielen Leiden an den Extremitäten machen deutlich, daß den Anforderungen der Pferde an artgerechte Haltung und ein angemesse-nes Maß an Arbeitsbelastung viel zu oft nicht Rechnung getragen wird.

Die Haltung in Ständern ist leider in Deutschland noch nicht als artwidrig verboten, ernstzunehmende Pferdehalter werden aber selbst Sorge tragen für eine angemessene Unterbringung ihrer »Dickhäuter«. Übrigens sind (1998) bereits etwa 20 % der Kaltblüter in Deutschland in Offenställen untergebracht, und zwar sowohl gewerblich als auch zu Hobbyzwecken genutzte Fahr-, Arbeits- und Reitpferde!

Über kupierte Pferde und entsprechenden Insektenschutz ist bereits Näheres gesagt worden.

In den **»Leitlinien« zum Tierschutz**, den gesetzesbegleitenden Texten (s. Fußnote und Literaturverzeichnis) werden die Anforderungen an Umgang, Haltung, Ausbildung und Einsatz der Pferde näher erläutert.

Im **Tierschutzbericht** von 1997[2] der Regierung der Bundesrepublik Deutschland berichten die Vertreter aus Niedersachsen, daß »die als Touristenattraktion angebotenen Kutschfahrten in der Lüneburger Heide und an der Küste wiederholt zu Beschwerden über die Überforderung der Pferde, den Umgang der Kutscher mit den Tieren und den technisch schlechten Zustand der Kutschen geführt« haben. »Daher hat das Land per Erlaß die jährliche Überprüfung der nach § 11 des Tier-

---

[1]) Das Tierschutzgesetz, hier Neufassung vom 17.2.1993, ist Teil des Bundesgesetzblattes und zu beziehen über das Bundesministerium für Ernährung, Landwirtschaft und Forsten (BML); dort sind auch die »Leitlinien zur Beurt. v. Pferdehaltungen ...« und die »Leitlinien Tierschutz i. Pferdesport« erhältlich (siehe Literaturverzeichnis). Im Sommer 1998 ist für Deutschland eine Neufassung des Tierschutzgesetzes zu erwarten.

[2]) »Tierschutzbericht der Bundesregierung 1997«, S. 30

schutzgesetzes erlaubnispflichtigen Reit- und Fahrbetriebe geregelt und festgelegt, daß dabei auch die Kenntnisse und Fähigkeiten der Kutscher sowie Bescheinigungen über die technische Überprüfung der Fahrzeuge zu kontrollieren sind. Die Erfahrungen mit dieser Maßnahme zeigen im Ergebnis deutliche Verbesserungen für die Situation der betroffenen Kutschpferde.« Dieser sogenannte »Niedersächsische Kutschenerlaß« soll demnächst auch länderübergreifend Anwendung finden.

Leider gibt es in jedem Gesetz Lücken, und so bieten sich Möglichkeiten zur Täuschung und Verschleierung. So lobenswert diese niedersächsische Initiative auch ist – ohne die tatkräftige Mithilfe der Nutznießer dieser Urlaubsgespanne, ohne die Zivilcourage der einzelnen wird noch viel Pferdeleid unaufgedeckt bleiben!

> »Die größte Gemeinheit ist es jedenfalls, das wehrlos in schwerer Arbeitsfuhre eingespannte (…) Pferd zu mißhandeln.
> Leider kommt das aus Roheit, Mangel an Selbstbeherrschung, Unverstand und Gewinnsucht zum schweren Schaden des ›Ehrenstandes der Fuhrleute‹ noch allzu häufig vor.
> In schweren, unentschuldbaren Fällen wäre die beste ›Strafe für solche Entmenschten die Ächtung durch die Berufkollegen‹ bzw. wie in der Schweiz Bekanntmachung im Kreis- usw. Blatt mit Namensnennung des Rohlings.«
> (Paul Buhle, 1927)

Pferdeschutz live

Als eines der vielen Beispiele, wo sich verständnisvolle, engagierte Menschen der Pferde annehmen, die unter schlechten Bedingungen leben müssen, mißhandelt wurden oder ohne nachvollziehbaren Grund ihr Leben auf der Schlachtbank vorzeitig beenden sollen, sei hier die Initiative der **»Pferdefreunde Birnbaum e.V.«** in Bayern genannt:

Der Verein besteht seit 1995 und konnte innerhalb kurzer Zeit über 150 Pferde vor dem Schlachter bewahren, hauptsächlich Süddeutsche Kaltblüter. Auf den großen Märkten und Auktionen in Österreich und Bayern werden die Fohlen aufgekauft, die keinen Käufer gefunden haben und in der Regel unmittelbar anschließend in Massentransporten zum Schlachten nach Italien und Frankreich verfrachtet würden. Die aufgekauften Tiere werden von den »Pferdefreunden Birnbaum« an geeignete Besitzer gegen Kostenerstattung und mit Schutzvertrag vermittelt. Der Verein plädiert für »Qualität statt Quantität« in der Zucht der Süddeutschen Kaltblutpferde.

Ansprechpartner:
»Pferdefreunde Birnbaum e.V.«
Frau Sigrun Kleber
Birnbaum 3
D-91466 Gerhardshofen
Tel.: D-09163/7445

Von Heiden und anderen – oder: Weshalb wir keine Pferde essen

Nun obliegt der Verzehr und die Produktion von Pferdefleisch nicht nur dem individuellen Geschmack oder wirtschaftlichen Zwängen – bei den Mittel- und Nordeuropäern nimmt das Pferd doch einen anderen Stellenwert ein als in Südeuropa. Kultische Verehrung, Mythologisierung und Anbetung wurde dem Pferd bereits in der Frühgeschichte durch die Menschen unserer Breitengrade zuteil, wobei zunächst das verehrte Pferd durchaus auf der Speisekarte stand: Die »alten« Germanen brachten besonders den Göttern Wotan und Freyr Pferdeopfer dar, meist Schimmel. Bestimmte Teile blieben den Göttern vorbehalten, der Rest wurde von den Anwesenden in heiliger Gemeinschaft mit den Gottheiten gegessen. Mit der Christianisierung wurde dann der Verzehr von Pferdefleich als heidnischer Brauch verpönt und verfolgt. So tief verwurzelt ist diese jahrhundertealte Überlieferung, daß das Pferdefleisch der Genuß der »Heiden« sei, daß sich noch heute viele gegen den Verzehr wehren!

Als Bindeglied zwischen Mensch und Fortschritt hatte das Pferd seinen festen Platz in der Gesellschaft. Sein Anteil an der kulturellen Entwicklung der menschlichen Gemeinschaften machte es selbst zum Kulturgut, das zwar nicht immer gut behandelt wurde, aber im Rang wesentlich höher stand als Ochse, Schwein und Schaf.

Zudem bewunderte der Mensch von der ersten Begegnung mit dem *Equus caballus* an dessen Kraft, Mut, Schnelligkeit und Schönheit; kein Tier wurde in Geschichten und Gedichten so gepriesen, keines in der darstellenden Kunst so oft und vielfältig wiedergegeben wie das Pferd!

Und so nimmt es denn nicht wunder, daß ein Schlachtpferd, besonders ein junges, bei uns besondere Anteilnahme erregt.

> »Das Pferd ist das edelste und wertvollste unserer Haustiere und Mitgeschöpfe, das uns auch über seinen wirtschaftlichen Nutzen hinaus vom künstlerischen und historischen Standpunkt aus ethisch viel bedeutet.« (Paul Buhle, 1927[1])

Nicht jedes Pferd kann gerettet werden, und ein Tier nur aus *Mitleid* zu kaufen kann auch ein unschönes Ende nehmen. Besonders unerfahrene Pferdeliebhaber, die nicht ahnen, daß das niedliche Fohlen drei Jahre später vielleicht schon 850 Kilogramm auf die Waage bringt, sollten sich *vor* der Herzensentscheidung um eine ausreichende Beratung bemühen. Von Liebe allein kann auch ein Kaltblutpferd nicht leben.

---

[1] Paul Buhle, S. 8

146

Bezugsquellen für allgemeines Zubehör

(Adressen und Preise Stand Ende 1997)

Bei allem Zubehör sollte man darauf achten, daß es nicht nur dem Pferd *paßt*, sondern auch *hält* und *von den Proportionen her angemessen* ist. Ein schwerer Kaltblüter sieht einfach nicht gut aus mit einem zierlichen Sattel oder Geschirr – wogegen ein kaum sichtbarer Reitzaum den Kopf erst richtig zu Geltung bringen kann!

Auch beim »Dicken« findet die Devise »Weniger ist mehr« Anwendung, bzw. je besser ausgebildet Mensch und Pferd sind, desto weniger »Rüstung« ist nötig. Es ist ein Irrtum zu glauben, Kaltblutpferde könnten nur mit Massen von Leder und Metall »in den Griff« zu bekommen sein – es geht auch anders. Auf die passende Größe sollte auch bei Wagen und Kutschen geachtet werden. Fürs Anlernen und zum Training haben kleine leichte Gefährte ihre Vorteile, spätestens beim ernsthaften Kutschfahren muß man dann feststellen, daß die »Dicken« doch zu stark sind für den Ponywagen, der einfach nicht ernst genommen wird und bei zu leichtem Gewicht auch eine Gefahrenquelle darstellen kann!

Gebisse

Fa. Sprenger (zu bestellen in jedem Pferdesportgeschäft):
- Wassertrense massiv, Material Aurigan
  - Breite bis 170 mm
  - Stärke 23 mm
  - 129,– DM
- Wassertrense hohl
  - Breite bis 160 mm
  - Stärke 18 mm
  - 39,– DM

- Wassertrense massiv
  - Breite bis 160 mm
  - Stärke 20 mm
  - 39,– DM
- Doppelringtrense massiv
  - Breite bis 160 mm
  - Stärke 20 mm
  - 54,– DM

Flying Horse
Hauptstr. 66
D-69226 Nußloch
Tel./Fax: D-0 62 24/1 08 69
- Verschiedene Westerngebisse bis 17 mm
  89,– bis 129,– DM

Fa. Bruno Kellinghusen
Neuengammer Hausdeich 157
D-21039 Hamburg
Tel: D-040/7 23 13 72
Fax D-040/7 23 29 19
- Postkandare bis 175 mm
  92,– DM
- Liverpoolkandare bis 175 mm
  92,– DM

E. Meroth
Tel./Fax: D-0 221/39 35 95
- Ledergebisse alle Breiten, alle Längen
  ca. 70,– DM
  (Ledergebisse sollten immer ca. 1,5 cm länger bemessen werden, weil sie sich der Kieferanatomie sehr gut anpassen und die Maulwinkel wund werden können, wenn die Gebisse zu klein sind! Auch die Breite sollte bei den »Dicken« entsprechend vermessen sein, ca. 2 bis 2,5 cm.)

147

Manche Spezialgebisse, z. B. das Tellington-Bit, lassen sich von geübten Fachleuten auf die gewünschte Breite verändern.

Es empfiehlt sich gerade beim Reiten, für ein Pferd verschiedene Gebisse zu verwenden, je nach Anlaß und Ausbildungsphase, um die Einwirkung zu verfeinern.

Ich selbst besitze für meinen Mecklenburger fünf Gebisse: eine Postkandare zum Fahren, eine einfach gebrochene Wassertrense, ein Tellington-Bit, ein Ledergebiß und einen gebiß*losen* Zaum (Eigenentwicklung) zum einfachen Ausreiten und für Wanderritte!

Reitzubehör

Trensenzäume

Stall- und Gestütsservice R. Huisken
Führser Mühlenweg 79
D-31582 Nienburg
Tel./Fax: D-0 50 21/1 72 74
• Hann. Reithalfter mit Zügeln 59,90 DM

Flying Horse
Hauptstr. 66, D-69226 Nußloch
Tel./Fax: D-0 62 24/1 08 69
• versch. Engl. u. Hann.
  Reithalfter   ab 89,– DM
• versch. Westernzäume   ab 98,– DM

Sonderanfertigungen nach individuellem Geschmack sind in der Regel nicht teurer als eine fertige Markenqualität.

Sättel

Stall- und Gestütsservice R. Huisken
(Adresse etc. siehe oben)
• Kaltblutsattel mit Trachten und
  Rippsitz   420,– DM

Flying Horse
(Adresse etc. siehe oben)
• versch. Sättel englisch   ab 795,– DM

• Trachtensattel   429,– DM
• versch. Westernsättel   ab 1890,– DM

Verschiedene bekannte Sattelhersteller passen für wenig Aufpreis handelsübliche Sättel für Übergrößen an.

Auch Western- und Stocksattel etc. sind zum Teil für breite Pferde erhältlich. Kataloge (Adressen in den Fachzeitschriften) anfordern, nachfragen!

Sattelgurte

• Schnürengurte, aber auch manche Neopren- und Ledergurte, kann man in jedem Reitsportgeschäft in Übergrößen (bis 165 cm) bestellen.

Flying Horse
(Adresse etc. nebenstehend)
• Westerngurte   ab 49,– DM

Fahrzubehör

Geschirre in Kaltblutgrößen sind mittlerweile fast überall erhältlich. Man muß sich nur entscheiden, ob es ein Kutsch- oder ein Arbeitsgeschirr sein darf.

Arbeitsgeschirre für Einspänner haben manchmal keine Aufhalter; da kann man aber improvisieren, wenn man zum Beispiel einen Heuwender anspannen will. Kutschgeschirre sind in der Regel aufwendiger und schwerer – und teurer. Vorsicht vor Opas Geschirren! Manches Brustblattgeschirr sah man schon krachen, wenn es ernsthaften Zug aushalten sollte! Diese optisch oft erstaunlich gut erhaltenen Geschirre sind zwar meist ordentlich aufgehängt auf dem Dachboden gelagert worden – bloß gefettet wurden sie nicht! Leder wird brüchig und spröde, wenn es nicht regelmäßig mit Feuchtigkeit und Fett in Berührung kommt.

Kumte werden individuell dem Pferd angepaßt und sind natürlich kostenaufwendig. Ein Kumt sollte also – sofern es nicht

verstellbar ist – erst dem ausgewachsenen Pferd angemessen werden.

Kutschgeschirre für Kaltblüter sind mittlerweile über die Reitsportgeschäfte zu beziehen.

Bei Arbeitgeschirren sollte man zunächst im Bekanntenkreis fragen, notfalls inserieren. Adressen für neue Arbeitsgeschirre sind über die Interessengruppen für Zugpferde zu erfahren oder aus den Anzeigen in den Fachzeitschriften.

Forstbetrieb Hasenbrede GbR
Weißer Weg 109
D-32657 Lemgo
Tel.: D-0 52 61/1 06 95
• Professionelle Amerikanische Arbeitsgeschirre, Fiegenüberwurf für die Anspannung.

Pferdedecken

Pferdedecken zu allen Zwecken und in allen Qualitäten sind mittlerweile auch fast überall im Handel. Größen bis 165 sind kein Problem mehr.

Neben dem Bezug im Reitsportgeschäft kann man sich auch informieren bei

Fa. Loesdau, Tel.: D-0 74 76/94 99 0
Fa. Krämer, Tel.: D-0 62 05/94 94 0

Ein Prachtgespann der Holsten Brauerei.

Halfter

Auch Halfter können heute überall bezogen werden (erfreulicherweise hat sich binnen kürzester Zeit der Markt auf die »liebenswerten Dicken« eingestellt ...):

Die Größe heißt »Kaltblut« oder »Warmblut 4« und ist von Nylon für zum Teil unter 20,– DM bis zur stabilen Lederausführung zu haben. Hier sind der Verwendungszweck und der Geschmack gefragt. Ausreichend stabil ist beides. Übrigens geben bei Kraftproben meist nicht die Halfter selbst nach, sondern die Ringe bzw. Karabiner!

Das gleiche gilt für Führ- und Anbindestricke. Es reißt nicht der Strick selbst – es birst der Karabiner, wenn das Pferd sich etwas anstrengt! Übrigens haben auch Warmblüter beim Spiel »wie stark belastbar ist mein Anbindestrick« wenig Probleme zu beweisen, daß sie die Gewinner sind. Es empfiehlt sich also eine entsprechend robuste Hakenversion.

Geräte für den Pferdezug

Im folgenden werden einige neu entwickelte bzw. verbesserte Geräte für die Pferdebespannung vorgestellt. Natürlich besteht auch hier kein Anspruch auf Vollständigkeit, zumal immer mehr Fuhrleute einfallsreiche eigene Ideen umsetzen und so ständig mit Neuerungen und »Erfindungen« gerechnet werden kann.

An der Auflistung der Geräte läßt sich deutlich sehen, daß Pferdebewirtschaftung heute aber auch gar nichts mit Nostalgie zu tun hat. Hier werden vielmehr für Mensch und Pferd energetisch und ergonomisch hochmoderne Entwicklungen aufgezeigt, die von ihrer ökologisch-ökonomischen Stoßrichtung her zukunftsorientiert sind und in der Konkurrenz zum Dieselmotor sehr wohl bestehen, wenn sie an den richtigen Stellen eingesetzt werden.

Viele neue Geräte werden mittlerweile in Serie hergestellt, bei anderen handelt es sich um Eigenbauten, deren »Väter« gerne bereit sind, alle Fragen zu beantworten!

Vorderwagen
(für Traktoren-Geräte)

Walter Bohland
Clemensstr. 17
D-55262 Heidesheim
Tel.: 0 61 32/5 61 46
• Auch Sonderanfertigungen.

Metall- und Gerätebau Rühl
Weedstraße 63
D-35410 Hungen-Uthpe

Pintow Hitch Cart
Vertretung für Deutschland, Österreich und die Schweiz:
Constantin Pohlen
Hackerskofen 28, D-84177 Gottfrieding
Tel.: D-0 87 31/22 37
Fax: D-0 87 31/40 03
• Auch andere Geräte.

Fa. Kress & Co.
Osterbachstraße 10
D-74196 Neuenstadt-Stein
Tel.: D-0 62 64/532-2/3/4
Fax: D-0 62 64/77 28
• Vielfachgerät, Netzeggen, Hack- und Pflegegeräte.

Fa. Kress & Co., Büro Nord
Deppenflether Straße 4
D-27809 Lemwerder
Tel.: D-04 21/67 81 18
Fax: D-04 21/67 82 28
• Vielfachgerät, Netzeggen, Hack- und Pflegegeräte.

Fa. Horsetrac
Günter Seifried
Kohlstattweg 40
D-88339 Bad Waldsee/Reute
Tel.: D-0 75 24/4 86 88
Fax: D-0 75 24/4 86 89
• Auch Düngerstreuer etc.

Otto Burkhalter
Mechanische Schmiede, Landmaschinen
Hauptstraße 28, CH-3418 Rüegsbach
Tel.: CH-0 34/4 60 15 15
• Auch Mehrzweckgeräte.

Maschineninformationsstelle der IGA
Nicolas Salzgerber
CH-7243 Pany/Graubünden
Tel. CH-081/3 3 23 536

Carthorse Machinery
Charlie Pinney
Egmont Farm Payhembury
Honiton Devon, EX 14 OJA, England
Tel./Fax: GB-014 04/84 12 33

Vertretung für Deutschland, Österreich und die Schweiz:
Constantin Pohlen
(Adresse siehe Seite 150)
• Verschiedene Spezialgeräte.

MIPE VIVIANI snc – Officine meccaniche
Loc. Pian del Casone
I-53035 Monteriggioni (SI)
Tel.: I-05 77/30 40 69
Fax: I-05 77/30 40 70
• Scheibenegge, Pflug ab Zweispänner.

Bezugsquellen aus den USA können u. a. bei der Autorin erfragt werden.

Ältere landwirtschaftliche Geräte

IGZ-Börse
Tel.: D-0 23 33/8 82 78

Wilfried v. d. Fecht
Tel.: D-0 47 52/3 44

Informationen erhält man auch durch Herumfragen oder durch Kleinanzeigen.

Zubehör für die Forstarbeit

Metall- und Gerätebau Rühl
(Adresse siehe Seite 150)
• Forstgrubber, Forstsämaschine.

Claude Fanac
Schlosserei und Schmiede
Hauptstraße 28
CH-Zihlschlacht TG
Tel.: CH-071/4 22 47 45
Fax: CH-071/4 22 47 49
• Forstgeräte für den Pferdezug, Zug- und Spielwagen u. a. m.
und
• **ZEP** = **Z**ug**E**rleichterung für das **P**ferd
Hier handelt es sich um eine geniale Weiterentwicklung, die kurz vorgestellt werden soll: Es handelt sich um ein Zugdämpfungselement, das in Form, Farbe und Länge an die üblichen Geschirre angepaßt wird: In die Zugstränge wird zum Ortscheid hin das **ZEP** (hochfester Fasermantel mit Naturkautschukkern, Gewicht 280 g) eingepaßt. Es fängt die unregelmäßige Zugkraftaufbringung (auch im Mehrspänner) und die Stöße im Zug bis zu 60 % ab und verringert dadurch die Belastung für das Pferd um bis zu 20 %!

Koordinierungsstelle Pferdeeinsatz im Wald
CH-7243 Pany/Graubünden
Tel./Fax: CH-081/3 3 23 536

Weitere Geräte

Fa. Horsetrac
Günter Seifried
Kohlstattweg 40
D-88339 Bad Waldsee/Reute
Tel.: D-0 75 24/4 86 88
Fax: D-0 75 24/4 86 89
• Geräte und Zubehör für den modernen Zugpferdeeinsatz (Entwicklung und Herstellung): Kehrmaschinen, Splittstreuer, Leichtmüllverdichter u. a. m.

Adressen

Zuchtverbände, Rassegemeinschaften

Deutschland

Pferdezuchtverband
Baden-Württemberg e.V.
Tierzuchtamt Stuttgart
Referat Pferdezucht
Zuchtleitung Kaltblut und Kleinpferde
Petra Guhr, Tel.: 0711/166 55-07

Interessengemeinschaft der
Kaltblutzüchter (B.-W.)
Dr. Konrad Ehlers
Aussiedlerhof
Echterdinger Straße 80
D-70599 Stuttgart
Tel.: 0711/45 34 59

Haupt- und Landgestüt Marbach
D-72532 Gomadingen-Marbach a. d. L.
Tel.: 0 73 85/9 69 50
Fax: 0 73 85/96 95 10

Landesverband Bayerischer
Pferdezüchter e.V.
Landshamer Straße 11
D-81929 München
Tel.: 089/92 69 67 69
Fax: 089/92 69 67 25

Bayerisches Haupt- und Landgestüt
Schwaiganger
Schwaiganger 1
D-82441 Ohlenstadt/Obb.
Tel.: 0 88 41/6 13 60
Fax: 0 88 41/61 36 66

Pferdezuchtverband
Berlin-Brandenburg e.V.
Hauptgestüt 10
D-16845 Neustadt/Dosse
Tel.: 03 39 70/1 32 01
Fax: 03 39 70/1 39 49

Brandenburgisches Haupt- und
Landgestüt
Havelberger Straße 20
D-16845 Neustadt/Dosse
Tel.: 03 39 70/1 34 94-5
Fax: 03 39 70/1 33 85

Verband Hessischer Pferdezüchter e.V.
Pferdezentrum Alsfeld
An der Hessenhalle 5
D-36304 Alsfeld
Tel.: 0 66 31/7 20 11
Fax: 0 66 31/7 20 16

Verein der Züchter, Halter und Freunde
des Kaltblutpferdes in Hessen e.V.
Wolfgang Schellbacher
Tel.: D-0 61 65/23 81

Verband der Pferdezüchter Mecklenburg-
Vorpommern e.V.
Speichertstr. 11
D-18273 Güstrow
Tel.: 03 84 36/8 60 33
Fax: 03 84 36/8 52 39

Landgestüt Redefin
Betriebsgelände 01
D-19230 Redefin
Tel.: 03 88 54/2 05 und 2 06
Fax: 03 88 54/2 20

Rheinisches Pferdestammbuch e.V.
Endenicher Allee 60
D-53115 Bonn
Tel.: 02 28/70 34 19

Pferdezuchtverband Rheinland-Pfalz-
Saar e.V.
Pferdezentrum
D-67816 Stangenbühl
Tel.: 0 63 57/8 97
Fax: 0 63 57/15 01

Pferdezuchtverband Sachsen e.V.
Winterbergstraße 98
D-01237 Dresden
Tel.: 03 51/2 56 10 01
Fax: 03 51/2 54 90 63

Sächsisches Landgestüt Moritzburg
Schloßallee 1
D-01466 Moritzburg
Tel.: 03 52 07/8 14 07
Fax: 03 52 07/8 17 75

Pferdezuchtverband Sachsen-Anhalt
Frommenhagenstraße 16
D-01237 Dresden
Tel./ Fax: 0 39 31/21 28 59

Verband Thüringer Pferdezüchter e.V.
Lisztstraße 4
D-99423 Weimar
Tel.: 0 36 43/2 48 80
Fax: 0 36 43/24 88 15

Westfälisches Pferdestammbuch e.V.
Sudmühlenstr. 31–35
D-48157 Münster
Tel.: 02 51/3 28 09-11
Fax: 02 51/3 28 09-24
Ansprechpartner: Dr. Otto Marré
Am Keilbach 20 a
D-48153 Münster
Tel.: 02 51/78 57 63

Nordrhein-Westfälisches Landgestüt
Sassenbergerstr. 11
D-48231 Warendorf 1
Tel.: 0 25 81/35 05
Fax: 0 25 81/63 28 45

Stammbuch für Kaltblutpferde in
Niedersachsen e.V.
– Geschäftsstelle –
Lindhooper Straße 92
D-27283 Verden
Tel.: 0 42 31/67 30
– Beratung / Zuchtleitung –
Wilhelm-Seedorf-Straße 3
D-29525 Uelzen
Tel.: 05 81/80 73-26
Fax: 05 81/80 73-60

Pferdestammbuch Schleswig-
Holstein/Hamburg e.V.
Steenebeker Weg 151, D-24106 Kiel
Tel.: 04 31/33 17 76

Schwarzwälder Pferdezuchtgenossen-
schaft e.V.
Ansprechpartner: August Hog
Scheuerhalterhof
D-79274 St. Märgen
Tel.: 0 76 69/3 30

Josef Schill
Facklerhof, D-79215 St. Märgen
Tel.: 0 76 82/87 85

Zuchtverband für Deutsche Pferde e.V.
Am Nordertor 1
D-27283 Verden
Tel.: 0 42 31/8 28 92
Fax: 0 42 31/57 80

Deutscher Förderverein für Freiberger
Pferde e.V.
Hermann-Löns-Weg 25
D-30938 Burgwedel-Engensen
Tel.: 0 51 39/8 71 31 oder 0 50 73/75 94

Österreich

Arbeitsgemeinschaft der Norischen
Pferdezuchtverbände
A-5751 Mayrhofen 96
Tel.: 0 65 42/6 82 32
Vors. d. Arbeitsgemeinschaft Noriker
Herr Griesner
Tel.: 06542/6 82 70

Schweiz

Schweizerischer Freibergerzuchtverband
im Verband Schweizerischer Pferdezucht-
organisationen
– Geschäftsstelle –
Postfach
CH-1580 Avenches
Tel.: 0 26/6 76 63 30
Fax: 0 26/6 76 63 96
Ansprechpartner:
Heini Spychiger, Tel.: 032/941-39 64

Interessenvertretung Fuhrleute/ Kaltblutfreunde/freundinnen

Die Interessenverbände arbeiten interna-
tional zusammen und führen einen regen
Erfahrungsaustausch.

Deutschland

Interessengemeinschaft Zugpferde in
Deutschland (IGZ)
– Bundesgeschäftsstelle –
Dr. Reinhard Scharnhölz
Altenkirchener Straße 3
D-53773 Hennef-Uckerath
Tel./Fax: 0 22 48/10 34

Die Ziele der IGZ sind:
- Die vielfältigen Einsatzmöglichkeiten
  des Zugpferdes aufzuzeigen,

- neue Wege des Einsatzes zu erproben
  und zu finden und damit u. a. umwelt-
  schonende Wege in der Stadt- und Land-
  schaftspflege zu gehen,
- die Entwicklung moderner pferdegezogener Geräte und Fahrzeuge zu fördern
  und damit die Effizienz des Pferdeeinsatzes zu steigern,
- für Betriebe, die mit Zugpferden arbeiten, Existenzmöglichkeiten (und den Erfahrungsschatz alter Fuhrleute) zu erhalten und diese zu unterstützen,
- in der Öffentlichkeit den Pferdeeinsatz
  als Beitrag zum Umweltschutz bekannt
  zu machen,
- das Aufstellen von Regeln für die speziel-
  len Erfordernisse des fuhrmäßigen Einsatzes und des Fahrens vom Boden
  (Landwirtschaft, Forst) festzulegen und
  auf einen Führerschein für Arbeitsge-
  spanne hinzuarbeiten.
- Der Verein widmet sich der Erhaltung
  wertvollen Kulturguts, das die Zugtierver-
  wendung und den noch vorhandenen
  traditionellen Erfahrungsschatz darstellt.
- Es wird eine aktive Förderung von Jugendlichen und Nachwuchskräften betrieben, deren Ausbildung und ihre Beziehung zu den Zugtieren gefördert.

Ansprechpartner für die einzelnen Bundesländer sind über die Geschäftsstelle zu erfahren.

Österreich

Die »Arbeitsgemeinschaft« übernimmt in
Österreich zur Zeit die Aufgaben einer IG
Arbeitspferde, die aktuell noch nicht als
solche besteht:

Arbeitsgemeinschaft der Norischen
Pferdezuchtverbände
A-5751 Mayrhofen 96
Tel.: 0 65 42/6 82 32

Schweiz

Interessengemeinschaft Arbeitspferde –
Schweiz (IGA)
Nicolas Salzgerber
CH-7243 Pany/Graubünden
Tel. 081/3 23 536
Jacob Frei
Im Margel
CH-8934 Kronau

Die IGA besteht seit 1992. Ihr Ziel ist es, dem Arbeitspferd in der Land- und Forstwirtschaft zu einem höheren Stellenwert zu verhelfen. Etwa die Hälfte der Mitglieder sind aktive Bauern, es gibt aber auch Schlosser, Landmaschinenmechaniker, Sattler und Tierärzte in ihren Reihen.
1994 wurde eine Maschinen-Informationsstelle eingerichtet, nicht nur um die Interessen der Mitglieder zu vertreten, sondern auch um neue Maschinen und Geräte zu testen.

Koordinierungsstelle Pferdeeinsatz
im Wald
CH-7243 Pany/Graubünden
Tel./Fax: 081/3 32 35 36

Allgemeine Adressen

Deutsche Reiterliche Vereinigung e.V. (FN)
Freiherr-von-Langen-Straße 13
D-48231 Warendorf
Tel.: 0 25 81/63 36 20
Fax: 0 25 81/6 21 44

Vereinigung der Freizeitreiter/innen
in Deutschland e.V. (VFD)
Verband der Gelände-, Wanderreiter
und -fahrer
Am Bauernwald 5 b
D-81739 München
• Regionale Verbände mit Ansprechpartnern.

Kuratorium für Technik und Bauwesen
in der Landwirtschaft e.V. (KTBL)
Bartningstraße 49
D-64289 Darmstadt

Deutsches Pferdemuseum
Hippologisches Institut
Andreasstraße 17
D-27283 Verden (Aller)
Tel.: 0 42 31/39 01

Unfallverhütung, Verkehrssicherheit

Deutsche Reiterliche Vereinigung e.V. (FN)
(Adresse etc. nebenstehend)

Berufsgenossenschaft für
Fahrzeughaltungen
– Technischer Aufsichtsdienst –
Max-Brauer-Allee 44
D-22765 Hamburg

Dekra AG
Schulze-Delitzsch-Str. 49
D-70565 Stuttgart
Tel.: 07 11/78 61-0

Verband der technischen Überwachungs-
vereine e.V. (VdTÜV)
Kurfürstenstr. 56
D-45138 Essen
Tel.: 02 01/89 87-0

RGV Büro für Verkehrssicherheit
Wollgrasweg 12
D-26316 Varel
Tel.: 0 44 51/86 13 93
Fax: 0 44 51/86 23 12

Tierschutz, Arterhaltung

*Gesellschaft zur Erhaltung alter und
gefährdeter Haustierrassen e.V.*
– Geschäftsstelle –
A. Feldmann / I. Weiland
Postfach 1218
D-37202 Witzenhausen
Tel.: 0 55 42/18 64
Fax: 0 55 42/7 25 60

*Bundesministerium für Ernährung,
Landwirtschaft und Forsten (BML)*
– Referat Tierschutz –
Postfach
D-53107 Bonn
Tel.: 02 28/52 90

Jedes Veterinäramt (Kreis oder Bezirk =
Landesregierung), jeder *Tierschutzverein*
(Adressen siehe Telefonbuch)

Ausbildung und Korrektur

Fahren lernen
Jede/r Fahrwart/in FN oder VFD, Liste
anfordern!

Pferde einfahren
Nach klassischer Methode:
Jeder Fahrstall.
Zusätzliche Adressen bei den Interessenge-
meinschaften f. Zugpferde bzw. Kaltblüter
erfragen!

Nach der Tellington-Methode:
Gine Willrich
Anstedt 8
D-27251 Scholen
Tel.: 0 42 75/12 05

Beritt
Gine Willrich, s. o.
Hier sind auch weitere Adressen zu erfahren!

Holzrücken lernen
*Koordinierungsstelle Pferdeeinsatz im
Wald*
CH-7243 Pany/Graubünden
Tel./Fax: 081/3 32 35 36

*Landesanstalt für Ökologie,
Bodenordnung und Forsten*
Sachgebiet Waldarbeitsschule (NRW)
Alter Holzweg 93
D-59755 Arnsberg
Tel.: 0 29 32/9 81-0
Fax: 0 29 32/9 81-33
Sonstige Adressen bei den Interessenge-
meinschaften f. Zugpferde bzw. Kaltblüter
erfragen!

Lehrgänge zum Umgang mit
Arbeitspferden
Lehrgänge: Arbeiten mit Zugpferden
Pit Schlechter
9, rue principale
L-7475 Schoos
Tel.: 0 03 52/32 60 31
Fax: 0 03 52/32 59 90
und
S. I. Munshausen
Frumeschgaass 1
L-9766 Munshausen
Tel./Fax: 0 03 52/9 17 45

Lehrgänge: Ausbildung von Pferdeführern
Gine Willrich (auf Anfrage)
Hier sind auch u. U. weitere Adressen zu
erfahren!

TTEAM–Arbeit, Tellington-Touch etc.
für Kaltblüter
Gine Willrich
(Adresse etc. nebenstehend)

BECKER, CARL: Das Schleswiger Pferd. Hrsg. vom Verband Schleswiger Pferdezuchtvereine. Hannover 1914

BENDER, INGOLF: Handbuch Offenstallhaltung – Planung – Stallbau – Weidenutzung. Stuttgart 1992

BERUFSGENOSSENSCHAFT FÜR FAHRZEUGHALTUNGEN (Hrsg.): Unfallverhütung in der Pferdehaltung. Glückstadt 1993

BLENDINGER, WILHELM: Psychologie und Verhaltensweisen des Pferdes. Berlin/Hamburg 1987, 5., durchges. Aufl.

BRUNS, URSULA/LINDA TELLINGTON-JONES: Die Tellington-Methode: So erzieht man sein Pferd. Zürich 1985

BUHLE, PAUL: Das Zugpferd und seine Leistungen. Stuttgart 1923, Reprint

BUNDESMINISTER FÜR ERNÄHRUNG, LANDWIRTSCHAFT UND FORSTEN (Hrsg.): Auslaufhaltung – Artgerechte Pferdehaltung. Bonn o. Jg.

–: Neue Haltungsformen für Pferde unter alten Dächern. Bonn o. Jg.

–: Tierschutzbericht 1997 – Bericht über den Stand der Entwicklung des Tierschutzes. o. O., 1997

–: Leitlinien zur Beurteilung von Pferdehaltungen unter Tierschutzgesichtspunkten. Bonn, o. J.

–: Leitlinien Tierschutz im Pferdesport. Bonn, o. J.

DAS ZUGPFERD: Internationale Zeitschrift zur Förderung der Kaltblutrassen in umweltschonender Arbeit und in der Freizeit. Oberteuringen/Stücken, Jahrgänge 1991–1997

DEUTSCHE REITERLICHE VEREINIGUNG E.V. (Hrsg.): Richtlinien für Reiten und Fahren. Bd. 4, Haltung, Fütterung, Gesundheit und Zucht. Warendorf 1997, 9. Aufl.

–: Pferdehaltung in Gruppen. Warendorf 1989

–: Jahresbericht 1995. Warendorf 1996 (Bezugsquelle: »FN«)

–: Jahresbericht 1996. Warendorf 1997

–: Jahresbericht 1997. Vorabdruck

DEUTSCHE REITERLICHE VEREINIGUNG/DEKRA AG/VDTÜV (Hrsg.): Richtlinien für den Bau und Betrieb pferdebespannter Fahrzeuge. o. O., o. J. (Bezugsquelle: »FN«)

DOHN, HANNO/WERNER ERNST: Pferdeland am Rhein. Bad Homburg 1982

EDELMANN, RENATE: Mit Bachblüten unsere Haustiere heilen. Interlaken 1990

EDWARDS, ELWYN HARTLEY: Pferde – Begleiter des Menschen durch die Geschichte. Zürich 1988

EHRENSBERGER, DR. EMIL: Pfälzische Pferdezucht – Beiträge zur Geschichte derselben und der Gestütsanstalt Zweibrücken. Hannover 1922

FEUERSÄNGER, DR. PHIL. HELMUT: Das Pinzgauer Noriker. Innsbruck/Leipzig 1941

FREIZEIT IM SATTEL: Die Fachzeitschrift fürs Freizeitreiten. Bonn, versch. Ausgaben ab 1992

GERDES, ARTHUR: Sicherheit und Unfallverhütung im Straßenverkehr – Gespannfuhrwerke und Pferde. Varel 1994

GESELLSCHAFT ZUR ERHALTUNG ALTER UND GEFÄHRDETER HAUSTIERRASSEN E.V. (Hrsg.): Pferde und Esel. Wetzlar 1995

GRIESNER, SEPP: Die Noriker – Hengstaufzucht und Hengsthaltung im Hauptzuchtgebiet. Hrsg. v. Landespferdezuchtverband Salzburg, A–Maishofen 1991

GROLL, EUGEN: Das Norische Pferd. In: Monographien landwirtschaftlicher Nutztiere, Bd. 16, hrsg. v. d. Redaktion d. *Deutschen Landwirtschaftlichen Tierzucht.* Hannover 1919.

HANCAR, FRANZ: Das Pferd in prähistorischer und früher Zeit. Institut für Völkerkunde an der Universität Wien. Wien 1956

HARTENSTEIN, ELISABETH: Mit dem Pferd durch die Jahrtausende. Berlin 1956

HEINE, HEINRICH: Sämtliche Gedichte. Hrsg. v. Klaus Briegleb, FfM / Leipzig 1993

ISENBART, HANS-HEINRICH: Freude mit Pferden. CH-6330 Cham, 1997

KAPITZKE, GERHARD: Pferde kennen und lieben. Balve 1980

KERN, DR. P.: Das rheinisch-deutsche Kaltblutpferd. Hrsg. v. d. Gesellschaft für Züchtungskunde. Berlin 1936

KIDD, JANE: Die große Enzyklopädie der Pferde. Erlangen 1990

KILEY-WORTHINGTON, MARTHE: Pferdepsyche – Pferdeverhalten. CH-6330 Cham, 1993, 2. Aufl.

KOLLER, CORNELIA: Abenteuer Distanzreiten – Die Herausforderung für Pferd und Reiter. 1996

LAMPE, HANS-PETER: Westfalens Pferde. Recklinghausen o. J. (1979?)

–: Von Reitern und Pferden in Westfalen. Warendorf 1983

LÖFFLER, DR. KARL.: Geschichte des Pferdes. Enzyklopädie für Pferdefreunde, Pferdebesitzer und Pferdezüchter. Berlin 1863

MARTEN, JENS/WERNER MAJER: Pferdefreundliche Betriebe. Hrsg. vom Kuratorium für Technik und Bauwesen in der Landwirtschaft, KTBL-Schrift 346, Darmstadt 1991 (Bezugsquelle s. Adressenliste)

MARZINEK-SPÄTH, EDEL: Das große Pferdelexikon A–Z. München 1996

MASCHMANN-RINGE, FRIEDERIKE: Der Blütenstrauß des Edward Bach – Die sanfte Heilweise für psychische und körperliche Blockaden. München 1995

MCBANE, S., H. DOUGLAS-COOPER: Handbuch Pferde, Rassen, Haltung, Pflege. Niederhausen/Ts, 1995/1996

MINISTERIUM FÜR UMWELT, RAUMORDNUNG UND LANDWIRTSCHAFT (Hrsg.): Das Nordrhein-westfälische Landgestüt. Geschichte, Aufgabe, Erfolge. Düsseldorf 1977

MISCHKA, ROBERT A.: Zugpferde heute. Nordamerikas Arbeitspferde und Mulis auf dem Weg ins 21. Jahrhundert. Oberteuringen 1993

OSTEN-SACKEN, NIELS VON DER: Pferdeställe – Praktische Anweisungen zu Planung, Bau und Unterhalt. München 1976

PALLA, RUDI: Verschwundene Arbeit – Ein Thessaurus der untergegangenen Berufe. FfM 1994

PAPAVASSILIOU, FRIDRUN: Liebenswerte Riesen – Die schönen Kaltblutpferde Europas. Wiesbaden 1988, 2. akt. Ausgabe

PAUL, WINFRIED/GÜNTHER HANGEN: Kaltblüter – Alte Liebe rostet nicht. Friedberg/H. 1989

PODEWILS, HANS FREIHERR VON: Die Zucht des Oberländer Pferdes. Hrsg. v. d. deutschen Gesellschaft für Züchtungskunde. Berlin 1922

REITER UND PFERDE IN WESTFALEN (Hrsg.): Pferdezucht im Wandel – Festschrift für Gerd Lehmann, 25. Landesstallmeister in Warendorf. Münster-Hiltrup 1991

RÖGER-LAKENBRINK, INGE: Freiberger. CH–6330 Cham, 1997

SALOMON, WALTER: Naturheilkunde für Pferde. Bonn 1990, 4. Aufl.

SAMBRAUS, HANS HINRICH: Gefährdete Nutztierrassen: Ihre Zuchtgeschichte, Nutzung und Bewahrung. Stuttgart 1994

SCHIERMANN, DIPL.-LANDW. ERNST: Untersuchungen über die Lebensdauer und Fruchtbarkeit des rheinisch-deutschen Kaltblutpferdes. Arbeiten aus der deutschen Tierzucht, Heft 20. Bonn 1948

SPRINGORUM, BERND: Hinweise zum Konditionstraining für Military-Pferde. Warendorf 1986

TELLINTON-JONES, LINDA/SYBIL TAYLOR: Die Persönlichkeit Ihres Pferdes. Stuttgart 1995

WOODALL, DAPHNE MACHIN: Weltgeschichte des Pferdes. München 1984

ZUCHTVERBAND FÜR FLECKVIEH UND WÄLDERVIEH IM RZV (Hrsg.): Perlen des Schwarzwalds – Festschrift zum 100jährigen Jubiläum der organisierten Zucht der Schwarzwälder Kaltblutpferde und der Vorderwälder Rinder. St. Märgen 1996

Einer für alle – alle für einen! (Sächsisch-thüringisches Kaltblut)

Das Know-how für Haltung und Ausbildung.

Renate Ettl
Pferde naturgemäß und artgerecht halten
Aus Liebe zum Pferd: die verschiedenen Möglichkeiten der artgerechten Haltung unter Berücksichtigung der natürlichen Bedürfnisse des Pferdes, Weidewirtschaft, Stallbau, Praxistips.

John Hickman
Der richtige Hufbeschlag
Geschichte des Hufbeschlags, Anatomie und Physiologie des Hufs, Werkzeuge, verschiedene Hufeisentypen, Methoden des Hufbeschlags und der Hufpflege.

Colin Vogel
Das Beste für mein Pferd
Einfühlsame Pflege und Haltung – orientiert an den Bedürfnissen des Pferdes: der optisch perfekt gestaltete Ratgeber mit über 750 Farbfotos für verantwortungsbewußte Pferdebesitzer und Reiter, denen das Wohlergehen ihres Pferdes am Herzen liegt.

Kerstin Diacont
Bodenarbeit mit Pferden
Alle Aspekte der Bodenarbeit – vom psychologischen Grundwissen über das Pferdeverhalten bis zur Ausbildungsanleitung mit Übungen aus den Bereichen Dressur und Westernreiten sowie Beispielen zur Korrektur verrittener Pferde.

Handbuch Pferd
Das Standardwerk der Pferdekunde – konkurrenzlos kompetent: präzise, umfassende Informationen und fachliches Know-how von 42 hochqualifizierten Fachautoren zu den Bereichen Zucht, Haltung, Ausbildung, Sport, Medizin und Recht.

MÜNCHENER
NEUES TESTAMENT

MÜNCHENER
NEUES
TESTAMENT

Studienübersetzung

Patmos Verlag

Diese Übersetzung wurde erarbeitet vom
„Collegium Biblicum München e. V.",
erwachsen aus dem Schülerkreis von
Prof. Dr. Otto Kuss, München.
Sie wird herausgegeben vom ehemaligen Vorsitzenden des
Collegiums, Prof Dr. Josef Hainz, Frankfurt,
und seinen Mitarbeitern
Dr. Martin Schmidl und Dr. Josef Sunckel.

Bibliografische Information der Deutschen Nationalbibliothek
Die Deutsche Nationalbibliothek verzeichnet diese Publikation in
der Deutschen Nationalbibliografie; detaillierte bibliografische
Daten sind im Internet über http://dnb.d-nb.de abrufbar.

© 1988 Patmos Verlag der Schwabenverlag AG, Ostfildern
11. Auflage 2016
Nachdruck der 5., durchgesehenen
und neu bearbeiteten Auflage 1998
Satz: Martin Schmidl, Rimbach
www.patmos.de

Druck: CPI books GmbH, Leck
Hergestellt in Deutschland
ISBN 978-3-8436-0511-3

INHALT

VORWORT

Übersetzungen des Neuen Testaments gibt es viele; aber ihre Zielsetzungen sind sehr verschieden. Die einen orientieren sich am *Leser*, wollen ihm mit der Übersetzung schon ein Stück weit den Text erschließen und Verstehensschwierigkeiten beseitigen, sind also interessiert an Lesbarkeit und Verständlichkeit für den heutigen Menschen. Die anderen halten fest an der Priorität des *Textes,* möchten ihm, so gut es geht, treu bleiben und nicht allzusehr interpretierend eingreifen.

Das „Münchener Neue Testament" (MNT) verfährt im Sinne des zweiten Typs und verfolgt den Grundsatz: „So griechisch wie möglich, so deutsch wie nötig", mit einer Entschiedenheit, wie sie nur selten vertreten wurde.

Sie entspringt dem an Universitäten und Hochschulen immer drängender werdenden Bedürfnis, all jenen Studierenden, aber auch interessierten Laien, die des Griechischen nicht oder nicht genügend mächtig sind, einen Basistext anzubieten, der das Manko fehlender Sprachkenntnisse ein wenig ausgleicht. Das MNT will also nicht das Original ersetzen, es will auch nicht andere Übersetzungen verdrängen. Aber dadurch, daß das MNT dem griechischen Original seine Eigenart, auch seine Ecken und Kanten beläßt, will es einen Weg zum Original erschließen und schafft es eine gewisse Verfremdung der oft allzu bekannten Texte, so daß eine neue Aufmerksamkeit für den Text gewonnen und zu intensiverer Beschäftigung mit dem Text angeregt wird.

Als „Studienübersetzung" will das MNT seinen experimentellen Charakter nicht verleugnen. Manche werden daran Anstoß nehmen. Zu ungewohnt ist vermutlich die weitgehende Beibehaltung der griechischen Wortstellung, der vielen – im Deutschen inzwischen recht ungebräuchlichen – Partizipien, der Komposita, der griechischen und hebräischen Namen usw.; auch wird man wohl des öfteren Anstoß nehmen

an stehengelassenen Brüchen im Text, abgebrochenen Satz-
konstruktionen, die nicht geglättet, Härten, die nicht harmonisiert sind – oder auch Inkonsequenzen der Übersetzer.
Zwar ist die Übersetzung an möglichst einheitlicher Wiedergabe des Urtextes interessiert und um konkordante Wiedergabe griechischer Wörter und Begriffe bemüht, aber sie ist
nicht mit dem Computer angefertigt, sondern in jahrelanger
Arbeit im Kreis des „Collegium Biblicum München e. V."
(CBM e. V.) entstanden.

Am Anfang stand ein von Prof. Dr. Otto Kuss angeregter
Übersetzerkreis für seine Promovenden. Einübung war das
Ziel; wir sollten unsere Erfahrungen und Entdeckungen machen mit dem griechischen Text. „Gängige" Übersetzungen
wurden anfangs bewußt vermieden, Wortschöpfungen eher
gesucht als verworfen, alles eingeklammert, was im griechischen Text keine Entsprechung hat, usw.; später, als der
Schülerkreis sich 1970 zum Verein CBM e. V. zusammenschloß und allmählich der Plan zur Veröffentlichung der
Übersetzung entstand, mußten wir einsehen, daß auch wir zu
Kompromissen genötigt waren, wollten wir die Anstößigkeit
der Übersetzung nicht überziehen.

Es mag genügen, auf einige Übersetzungsgrundsätze besonders hinzuweisen:
- Grundlage des MNT ist die 26. Auflage von Nestle-Aland.
  Ihr folgten wir weitgehend: Wir übernehmen die Einteilung
  der Texte, die Absätze, die eckigen Klammern [ ] und
  doppelten Klammern [[ ]] für unsichere Lesarten oder spätere Einfügungen in den Text, die durch Kursivdruck ange-
  zeigten alttestamentlichen Zitate samt den zugehörigen
  Verweisstellen am Textrand (einschließlich des G als Hin-
  weis auf die Septuagintafassungen von Zitaten); wir verweisen mit Anmerkungen (*) auf ausgelassene Verse, die
  in den besten Handschriften fehlen, und wir orientieren uns
  im allgemeinen auch an der Satzzeichensetzung von Nestle-
  Aland, weichen allerdings zur Erleichterung des Verständ-
  nisses – vor allem durch Kommasetzungen, Doppelpunkte

und Ausrufezeichen – des öfteren davon ab. Nicht übernommen haben wir die kleinen Abstände im Text von
Nestle-Aland, die auf gedankliche Zäsuren aufmerksam
machen, und die Absetzungen von Texten und Zitaten in
Versform bzw. in Sinnzeilen.

- Übersetzungsbedingte Hinzufügungen zum Text haben wir
  mit runden Klammern ( ) kenntlich gemacht, sofern sie
  nicht zur Wiedergabe griechischer Konstruktionen unab-
  dingbar erschienen (z. B. bei Verwendung von Präpositionen zur Wiedergabe eines griechischen Kasus, bei Auflösung von Partizipien, Genitivus-Absolutus-Konstruktionen
  usw.).
- Weggelassen haben wir die Artikel vor Eigennamen, v. a.
  im Nominativ, sowohl bei Personen wie bei Städten und
  Inseln. Die Eigennamen sind in der Form belassen, wie sie
  im griechischen Text stehen; doch wurden Ausnahmen gemacht bei Jesus, Isajas, Rom und Kreta sowie überall, wo
  im Deutschen statt des i ein j gebräuchlich (z. B. Gajos,
  Benjamin, Kajaphas) oder wo vom Hebräischen her ein h
  erforderlich ist (z.B. Abraham, Gehenna) oder ein ch (z.B.
  Rachab; aber: Johannes).
- Unübersetzt blieben des öfteren die kleineren Partikel, die
  sich im Deutschen viel voluminöser ausnehmen als im
  Griechischen, sowie die doppelten Verneinungen.
- Häufig mußten wir „Stufenpläne" anwenden, um dem
  Griechischen so treu bleiben zu können wie möglich, ohne
  doch die deutsche Sprache zu vergewaltigen (so z. B. bei
  der Wiedergabe von griechischen Komposita mit oder ohne
  nachfolgender Präposition, bei der Zusammenziehung von
  Präpositionen und Artikeln, bei der Kommasetzung im
  Falle von vorausgestellten Partizipien und generell bei der
  Wiedergabe von Partizipien).
- Griechischer Aorist wird in der Regel mit deutschem Im-
  perfekt wiedergegeben; Aorist-Partizipien werden im all-
  gemeinen gleichzeitig übersetzt – außer bei ausgeprägter
  Vorzeitigkeit.

- Die meisten Kompromisse an das deutsche Sprachempfinden mußten beim Umgang mit der griechischen Wortstellung gemacht werden: etwa bei der Stellung des Personalpronomens zur Verbform, bei der Stellung des Objekts, der Hilfsverben, bei Prädikaten aus konjugierter Verbform plus Infinitivform, bei Partizipien, Nebensätzen, Fragesätzen, Verneinungen und bei der Stellung von Partikeln. Hier galt es immer neu, Ermessensentscheidungen zu treffen.

- Durch die Einfügung eines (es) konnte die Stellung von Prädikaten vor den Subjekten beibehalten werden; doch bei näheren Bestimmungen des Prädikats oder wenn ein Nebensatz vorangeht, war auch diese Regelung nicht anwendbar.

- Der Konjunktiv wurde im Deutschen nur, wo er unbedingt gefordert erschien, verwendet.

- Maße, Gewichte, Währungen sind i. d. R. in der griechischen Form belassen, häufig auch Amtsbezeichnungen und Fachausdrücke (wie Praitorion, Synhedrion usw.).

- Dem Substantiv mit Artikel nachgestellte Adjektiva sind vorgezogen (z. B. der große Mensch); doch in Einzelfällen sind wir auch von dieser Regel abgewichen (z. B. Babylon, die große).

- Die konkordante Wiedergabe von Wörtern und Begriffen erfolgte nicht mechanisch und um jeden Preis; es sollte nur nicht grundlos von der Hauptbedeutung eines Wortes oder Begriffes abgewichen werden.

Das MNT ist keine Interlinearübersetzung, für die nur wenige ein Bedürfnis haben, sondern es will möglichst vielen Benutzern eine Hilfe anbieten für Studium und Bibelarbeit.

Nach allen bisherigen Erfahrungen bei der Erprobung des MNT im Hochschulbereich wie in der praktischen Gemeindearbeit erfüllt es die Zwecke, für die es geschaffen wurde. Die Benutzer attestieren der Übersetzung, sie sei im besten Sinne „anstößig": Sie stoße den Leser auf leicht überlesbare Textprobleme und oft übersehene Textdimensionen hin und rege, indem sie alte Lesegewohnheit irritiert, zu neuem Hören und zu vertiefter Auseinandersetzung an.

Daß das MNT diese Funktionen erfüllt, wünschen sich alle, die im Verlauf der Jahre an seiner Erarbeitung mitgewirkt haben. Es sind dies v. a. die Mitglieder und Freunde des CBM e. V.: Dr. Werner Bracht, Prof. Dr. Jost Eckert, Prof. Dr. Josef Ernst, Prof. Dr. Josef Hainz, Prof. P. Dr. Ivan Havener †, Joachim Herten, Prof. Dr. Dr. Peter Hofrichter, Alfred Hübner, Abt Dr. Emmeram Kränkl, Prof. Dr. Franz Laub, Hans Liebl, Dr. Andrea Link, Dr. Walter Lütgehetmann, Eva-Maria Räpple, Dr. Gerhard Riese, Prof. Dr. Alexander Sand, Helmut Schneider, Prof. Dr. Friedrich Schröger †, Hans Schuierer, Prof. Dr. Dr. Dr. Lutz Simon, Dr. Bernhard Spörlein, Prof. Dr. Hanneliese Steichele, Dr. Hans-Jörg Steichele, Dr. Josef Wagner.

Für das Collegium Biblicum München e. V.

Josef Hainz

VORWORT ZUR 3. AUFLAGE

Das MNT hat in den vergangenen zwei Jahren die von uns
erhoffte, aber doch nicht einfach erwartbare Aufnahme gefunden. Es erfüllt offenbar in hohem Maße die Aufgabe, um
derentwillen es geschaffen wurde, nämlich die eines „Arbeits-
instruments" für das Studium des NT.

Studierende vor allen Dingen, aber auch Pfarrer und Kate-
chetinnen/Katecheten verwenden es – wie uns allenthalben
bestätigt wird – dankbar, und auch in der gemeindlichen Bibelarbeit scheint es seinen Platz gefunden zu haben.

Diese freundliche Aufnahme des MNT hat uns ermutigt,
nun auch eine „Synopse zum MNT" herauszubringen. Bei
den Vorarbeiten zu dieser Synopse ergab sich sowohl die
Notwendigkeit wie die Möglichkeit, alle Abweichungen in
Paralleltexten zu überprüfen und – wo nötig – einer Korrektur
zu unterziehen. Manche Übersetzungen und auch Prinzipien
der Übersetzung wurden neu durchdiskutiert. Insgesamt zeigte sich aber, daß an der Grundkonzeption des MNT nichts geändert werden sollte. Im Gegenteil: Aufgrund der – noch ver-
besserten – Genauigkeit in der Wortstellung und der weit-
gehenden Konkordanz bei der Wiedergabe von Wörtern und
Konstruktionen dürfte sich kaum eine Übersetzung für eine
Synopse besser eignen als das MNT.

Wir haben die Gelegenheit selbstverständlich auch genutzt,
um eine Reihe von Druckfehlern der ersten Auflagen und gelegentliche Inkonsequenzen bei der Übersetzung zu beseitigen, soweit sie uns selber aufgefallen sind. Daß wir auf manche auch von Benutzern aufmerksam gemacht wurden, freut
uns ganz besonders, zeigt es doch, daß nicht nur uns selbst
daran gelegen ist, das „Arbeitsinstrument MNT" laufend zu
verbessern.

Für das Collegium Biblicum München e.V.   *Josef Hainz*

VORWORT ZUR 5. AUFLAGE

10 Jahre nach dem ersten Erscheinen des MNT legen wir
jetzt eine 5. Auflage vor, die erstmals größere Veränderungen
aufweist. Grund dafür sind die Vorarbeiten zu einer „Konkordanz zum MNT", die in Kürze erscheinen wird. Verglichen
mit den eher geringfügigen Änderungen, die die Herstellung
der „Synopse zum MNT" notwendig gemacht hatte, kann
man bei der 5. Auflage von einer gründlichen Überarbeitung
sprechen.

Wir hatten uns zwar immer um eine konkordante Wiedergabe des griechischen Textes des NT bemüht, gleichzeitig
aber auch immer darauf hingewiesen, daß die in den Jahren
zwischen 1965 und 1988 entstandene Übersetzung noch nicht
mit den Hilfen des Computerzeitalters arbeiten konnte. Anfangs waren wir noch angewiesen auf Alfred Schmollers
„Handkonkordanz" (Württembergische Bibelanstalt Stuttgart,
^{8}1949, später ^{15}1973); aber deren Vorzüge und Nachteile sind
bekannt. Dann gab es zwar die vollständige Computer-
Konkordanz von Kurt Aland in 2 Bänden (Vollständige Konkordanz zum griechischen Neuen Testament, de Gruyter
Berlin, New York, 1978), aber jedermann kann sich vorstellen, daß es fast unmöglich ist, alle Stellenangaben zu den einzelnen Begriffen des NT zu überprüfen, wenn die Übersetzung im Prinzip fertig ist. Derartiges ist erst möglich, seit das
NT für PCs verfügbar ist und solche Überprüfungen mechanisch vorgenommen werden können. Wir haben zu diesem
Zweck für die 5. Auflage des MNT „BibleWorks" (Version
3.5, Hermeneutika Computer Bible Research Software: Big
Fork, MT 1997) benutzt und sind mit dem Ergebnis hochzu-
frieden.

Denn obwohl sich tausende von Änderungen als notwendig
ergaben, hat sich doch am MNT nichts Wesentliches geändert; es hat seinen Stil und seine Eigenart bewahrt. Keiner der

im Vorwort zur 1. Auflage genannten Übersetzungsgrundsätze mußte geändert werden, eher haben wir sie noch strenger gehandhabt und haben eingegangene Kompromisse (die um der deutschen Sprache willen erfolgten) revidiert. Auch sind wir nicht der Versuchung erlegen, um einer konkordanten Wiedergabe willen die Bedeutungsvielfalt griechischer Begriffe zu beschneiden. Nur wo sich konkordante Übersetzung zwingend nahelegte oder leicht herstellbar war, haben wir Änderungen vorgenommen.

Durch das inzwischen erschienene CBM-Gemeinschaftswerk „Münchener Theologisches Wörterbuch zum Neuen Testament" hat sich der Kreis von Mitgliedern und Freunden des „Collegium Biblicum München e.V." beträchtlich erweitert. Wir haben die Möglichkeit genutzt, viele dieser ausgewiesenen Fachleute zu bitten, bei den Vorarbeiten zur 5. Auflage des MNT mitzuwirken. Und so sind im Zuge dieser Revision noch einmal alle neutestamentlichen Schriften in ihrer Übersetzung im MNT einer eingehenden Überprüfung unterzogen worden.

Wir haben diesen Kolleginnen und Kollegen herzlich zu danken. Es sind dies:

Prof. Dr. Franz Annen, Chur; Prof. Dr. Knut Backhaus, Paderborn; Prof. Dr. Gerhard Dautzenberg, Gießen; Prof. Dr. Detlev Dormeyer, Münster; Prof. Dr. Peter Dschulnigg, Bochum; Dr. Monika Fander, Hilzingen; Siegfried Fay, Schwalbach; Prof. Dr. Dr. Heinz Giesen, Hennef; Prof. Dr. Rudolf Hoppe, Passau; Dr. Gerhard Hotze, Osnabrück; Dr. Beate Kowalski, Paderborn; Dr. Hans-Jürgen Kuhn; Prof. Dr. Lorenz Oberlinner, Freiburg; Dr. Martin Schmidl, Frankfurt; Dr. Sebastian Schneider, Eppstein; Dr. Klaus Scholtissek, Würzburg; Prof. Dr. Otto Schwankl, Passau; Dr. Alois Stimpfle, Augsburg; Dr. Josef Sunckel, Frankfurt; Dr. Joachim Theis, Trier; Prof. Dr. Franz Georg Untergaßmair, Osnabrück; Prof. Dr. Alfons Weiser, Vallendar; und Dr. Armin Wouters, München.

Das Herausgeberteam hat alle eingegangenen Anregungen und Vorschläge bearbeitet. In Frankfurt traf sich eine Kommission zu vielen ganztägigen Sitzungen, um über strittige Fragen zu beraten und zu entscheiden. Dazu gehörten vor allem Prof. Dr. Dr. Heinz Giesen, Alfred Hübner, Dr. Klaus Scholtissek und Dr. Helmut Müller, Sprachlehrer für Griechisch und Hebräisch an der Universität Frankfurt am Main, der uns bereitwillig in schwierigen philologischen Fragen zur Seite stand.

Für die in Aussicht genommene „Konkordanz zum MNT", aber auch für die 2. Auflage der „Synopse zum MNT" mußte eine Datenbank erstellt werden. Für die Einrichtung - wie für alle anderen Computerarbeiten - war Dr. Martin Schmidl verantwortlich; bei der Durchführung halfen Johanna Bayer und Alexander Bauer.
Auch der Ertrag dieser Arbeiten für die Verbesserung von MNT und Synopse war beträchtlich.

Insgesamt darf man sagen, war es ein glückliches Zusammentreffen: Ohne die in Aussicht genommene Konkordanz hätte eine Überarbeitung des MNT und der Synopse wohl noch lange auf sich warten lassen. Niemand schien sie für nötig zu halten; alle waren mit dem bisher Vorgelegten zufrieden.
Um so mehr freut es uns Herausgeber und das ganze „Collegium Biblicum München", ohne gravierende Veränderungen ein stark verbessertes und um einen Anhang (mit Wort- und Sacherklärungen sowie Landkarten) erweitertes MNT in 5. Auflage vorlegen zu können.

Frankfurt, 13. August 1998
Die Herausgeber

Josef Hainz
Martin Schmidl
Josef Sunckel

NACH MATTHAIOS

1 ^{1} Buch (des) Ursprungs von Jesus Christos, (dem) Sohn Davids, (dem) Sohn Abrahams.

^{2} Abraham zeugte den Isaak, Isaak aber zeugte den Jakob, Jakob aber zeugte den Judas und seine Brüder, ^{3} Judas aber zeugte den Phares und den Zara aus der Thamar, Phares aber zeugte den Hesrom, Hesrom aber zeugte den Aram, ^{4} Aram aber zeugte den Aminadab, Aminadab aber zeugte den Naasson, Naasson aber zeugte den Salmon, ^{5} Salmon aber zeugte den Boes aus der Rachab, Boes aber zeugte den Jobed aus der Ruth, Jobed aber zeugte den Jessai, ^{6} Jessai aber zeugte den David, den König.

David aber zeugte den Solomon aus der des Uria, ^{7} Solomon aber zeugte den Roboam, Roboam aber zeugte den Abia, Abia aber zeugte den Asaph, ^{8} Asaph aber zeugte den Josaphat, Josaphat aber zeugte den Joram, Joram aber zeugte den Ozias, ^{9} Ozias aber zeugte den Joatham, Joatham aber zeugte den Achaz, Achaz aber zeugte den Hezekias, ^{10} Hezekias aber zeugte den Manasses, Manasses aber zeugte den Amos, Amos aber zeugte den Josias, ^{11} Josias aber zeugte den Jechonias und seine Brüder während der Umsiedlung nach Babylon.

^{12} Nach der Umsiedlung nach Babylon aber zeugte Jechonias den Salathiel, Salathiel aber zeugte den Zorobabel, ^{13} Zorobabel aber zeugte den Abiud, Abiud aber zeugte den Eliakim, Eliakim aber zeugte den Azor, ^{14} Azor aber zeugte den Sadok, Sadok aber zeugte den Achim, Achim aber zeugte den Eliud, ^{15} Eliud aber zeugte den Eleazar, Eleazar aber zeugte den Matthan, Matthan aber zeugte den Jakob, ^{16} Jakob aber zeugte den Joseph, den Mann Marias, aus der geboren wurde Jesus, der Christos genannte.

^{17} Alle Geschlechter nun von Abraham bis David (sind) vierzehn Geschlechter, und von David bis zur Umsiedlung nach Babylon (sind) vierzehn Geschlechter, und von der Umsiedlung nach Babylon bis zu dem Christos (sind) vierzehn Geschlechter.

[18] Des Jesus Christos Ursprung aber war so: Als verlobt worden war seine Mutter Maria dem Joseph, wurde sie, ehe sie zusammenkamen, schwanger befunden aus heiligem Geist. [19] Joseph aber, ihr Mann, der gerecht war und sie nicht bloßstellen wollte, beschloß, heimlich sie zu entlassen. [20] Während er aber dieses dachte, siehe, ein Engel (des) Herrn im Traum erschien ihm, sagend: Joseph, Sohn Davids, fürchte dich nicht, anzunehmen Maria als deine Frau; denn das in ihr Gezeugte ist aus heiligem Geist. [21] Gebären aber wird sie einen Sohn, und rufen wirst du seinen Namen Jesus; denn er wird retten sein Volk von ihren Sünden. [22] Dieses Ganze aber ist geschehen, damit erfüllt wird das Gesagte vom Herrn durch den Propheten, (den) sagenden: [23] *Siehe, die Jungfrau wird schwanger werden, und gebären wird sie einen Sohn, und rufen werden sie seinen Namen Emmanuel,* das ist übersetzt: *mit uns (ist) Gott.* [24] Aufstehend aber Joseph vom Schlaf, tat er, wie ihm aufgetragen hatte der Engel (des) Herrn, und er nahm seine Frau an, [25] und nicht erkannte er sie, bis daß sie gebar einen Sohn; und er rief seinen Namen Jesus.

2 [1] Als aber Jesus geboren war in Bethlehem (in) der Judaia in (den) Tagen (des) Herodes, des Königs, siehe, Magier von Osten kamen nach Hierosolyma, [2] sagend: Wo ist der (neu)geborene König der Judaier? Denn wir sahen seinen Stern im Osten, und wir kamen, ihm zu huldigen. [3] (Es) hörend aber, wurde der König Herodes verwirrt und ganz Hierosolyma mit ihm, [4] und versammelnd alle Hochpriester und Schriftkundigen des Volkes, erkundigte er sich bei ihnen, wo der Christos geboren werde. [5] Die aber sprachen zu ihm: In Bethlehem (in) der Judaia; denn so ist geschrieben durch den Propheten: [6] *Und du Bethlehem,* Land Juda, keinesfalls *die geringste bist du unter den Führern Judas; denn aus dir wird herauskommen ein Führer, welcher weiden wird mein Volk Israel.*

Jes 7,14 (G)

Jes 8,8.10 (G)

Mi 5,1.3

2 Sam 5,2
1 Chr 11,2

⁷ Da, heimlich rufend die Magier, erkundete Herodes genau bei ihnen die Zeit des erscheinenden Sterns, ⁸ und schickend sie nach Bethlehem, sprach er: Hineingehend forscht genau nach dem Kind! Wann ihr (es) aber gefunden habt, meldet mir, auf daß auch ich kommend ihm huldige. ⁹ Die aber, hörend den König, gingen weg; und siehe, der Stern, den sie sahen im Osten, ging ihnen voran, bis kommend er darüber stand, wo das Kind war. ¹⁰ Sehend aber den Stern, freuten sie sich mit großer Freude sehr. ¹¹ Und kommend in das Haus, sahen sie das Kind mit Maria, seiner Mutter, und (nieder)fallend huldigten sie ihm, und öffnend ihre Schatz(behälter), darbrachten sie ihm Geschenke, Gold und Weihrauch und Myrrhe. ¹² Und unterwiesen im Traum, nicht zurückzukehren zu Herodes, auf einem anderen Weg entwichen sie in ihr Land.

¹³ Als sie aber entwichen waren, siehe, ein Engel (des) Herrn erscheint im Traum dem Joseph, sagend: Aufstehend nimm mit das Kind und seine Mutter und flieh nach Aigyptos, und sei dort, bis ich zu dir spreche; denn Herodes will suchen das Kind, es zu vernichten. ¹⁴ Der aber, aufstehend, nahm mit das Kind und seine Mutter nachts und entwich nach Aigyptos, ¹⁵ und er war dort bis zum Ende von Herodes; damit erfüllt wird das Gesagte vom Herrn durch den Propheten, (den) sagenden: *Aus Aigyptos rief ich meinen Sohn.* Hos 11,1

¹⁶ Da wurde Herodes, sehend, daß er genarrt wurde von den Magiern, sehr zornig, und schickend tötete er alle Knaben in Bethlehem und in allen seinen Gebieten, ab zweijährig und darunter, gemäß der Zeit, die er genau erkundete bei den Magiern. ¹⁷ Da wurde erfüllt das Gesagte durch Jeremias, den Propheten, (den) sagenden: ¹⁸ *Eine Stimme wurde in Rama* Jer 31,15 *gehört, Weinen und viel Klagen; Rachel beweinend ihre Kinder, und nicht wollte sie getröstet werden, weil sie nicht sind.*

¹⁹ Als aber geendet war Herodes, siehe, ein Engel (des) Herrn erscheint im Traum dem Joseph in Aigyptos, ²⁰ sagend: Aufstehend nimm mit das Kind und seine Mutter und geh ins Land Israel! Denn gestorben sind die Suchenden das Leben

des Kindes. [21] Der aber, aufstehend, nahm mit das Kind und seine Mutter, und hineinkam er ins Land Israel.

[22] Hörend aber, daß Archelaos als König herrsche über die Judaia anstelle seines Vaters Herodes, fürchtete er sich, dorthin zu gehen; unterwiesen aber im Traum, entwich er in die (Landes)teile der Galilaia, [23] und (an)gekommen wohnte er in einer Stadt, genannt Nazaret; auf daß erfüllt wird das Gesagte durch die Propheten, daß Nazoraier er gerufen werden wird.

3 [1] In jenen Tagen aber kommt Johannes der Täufer, verkündend in der Öde der Judaia, [2] [und] sagend: Kehrt um! Denn nahegekommen ist das Königtum der Himmel. [3] Denn dieser ist der Angesprochene durch Isaias, den Propheten, (den) sagenden: *Stimme eines Rufenden in der Öde: Bereitet den Weg (des) Herrn, gerade macht* seine *Straßen.* [4] Er aber, Johannes, hatte sein Gewand aus Haaren vom Kamel und einen ledernen Gürtel um seine Hüfte; seine Nahrung aber war Heuschrecken und wilder Honig. [5] Damals hinausging zu ihm Hierosolyma und die ganze Judaia und die ganze Umgegend des Jordanes, [6] und sie wurden getauft im Fluß Jordanes von ihm, bekennend ihre Sünden.

Jes 40,3 (G)

[7] Sehend aber viele der Pharisaier und Saddukaier, kommend zu seiner Taufe, sprach er zu ihnen: Brut von Nattern, wer zeigte euch, zu fliehen vor dem kommenden Zorn? [8] Bringt also Frucht, würdig der Umkehr, [9] und meint nicht, sagen zu (können) bei euch: Als Vater haben wir den Abraham. Denn ich sage euch: (Es) kann Gott aus diesen Steinen erwecken Kinder dem Abraham. [10] Schon aber ist die Axt an die Wurzel der Bäume gelegt; jeder Baum nun, nicht bringend gute Frucht, wird ausgehauen und ins Feuer geworfen.

[11] Ich zwar taufe euch mit Wasser zur Umkehr, der aber nach mir Kommende ist ein Stärkerer als ich, dessen ich nicht wert bin, die Sandalen zu tragen; er wird euch taufen mit heiligem Geist und Feuer; [12] dessen Worfschaufel (ist) in seiner Hand, und durchreinigen wird er seine Tenne, und sammeln wird er sein Getreide in die Scheune, die Spreu aber

wird er verbrennen mit unlöschbarem Feuer.

[13] Da kommt Jesus von der Galilaia an den Jordanes zu Johannes, um getauft zu werden von ihm. [14] Johannes aber hinderte ihn, sagend: Ich habe nötig, von dir getauft zu werden, und du kommst zu mir? [15] Antwortend aber sprach Jesus zu ihm: Laß jetzt; denn so ist es geziemend für uns, zu erfüllen jede Gerechtigkeit. Da läßt er ihn. [16] Getauft aber stieg Jesus sofort herauf vom Wasser; und siehe, geöffnet wurden [ihm] die Himmel, und er sah [den] Geist Gottes herabsteigend wie eine Taube [und] kommend auf ihn; [17] und siehe, eine Stimme aus den Himmeln, sagend: Dieser ist mein geliebter Sohn, an dem ich Gefallen fand.

4 [1] Da wurde Jesus hinaufgeführt in die Öde vom Geist, um versucht zu werden vom Teufel. [2] Und fastend vierzig Tage und vierzig Nächte, zuletzt hungerte (ihn). [3] Und hinzukommend, der Versucher sprach zu ihm: Wenn du Sohn Gottes bist, sprich, daß diese Steine Brote werden. [4] Der aber antwortend sprach: Geschrieben ist: *Nicht vom Brot allein*   Dtn 8,3 *wird leben der Mensch, sondern von jedem Wort, herausgehend durch (den) Mund Gottes.* [5] Da nimmt ihn der Teufel mit in die heilige Stadt und stellte ihn auf den Rand des Heiligtums [6] und sagt ihm: Wenn du Sohn Gottes bist, wirf dich hinunter; denn es ist geschrieben: *Seinen Engeln wird er ge-*   Ps 91,11 *bieten deinetwillen,* und: *Auf Händen werden sie dich tragen,*   Ps 91,12 *damit du nicht anstoßest gegen einen Stein deinen Fuß.* [7] (Es) sagte ihm Jesus: Wieder ist geschrieben: *Nicht sollst du ver-*   Dtn 6,16 (G) *suchen (den) Herrn, deinen Gott.* [8] Wieder nimmt ihn der Teufel mit auf einen sehr hohen Berg und zeigt ihm alle Königreiche der Welt und ihre Herrlichkeit [9] und sprach zu ihm: Dieses alles werde ich dir geben, wenn du (nieder)fallend mir huldigst. [10] Da sagt ihm Jesus: Geh fort, Satan! Denn es ist geschrieben: *(Dem) Herrn, deinem Gott, sollst du huldigen*   Dtn 6,13 (G); 10,20 *und ihm* allein *dienen.* [11] Da läßt ihn der Teufel, und siehe, Engel kamen hinzu und dienten ihm.

[12] Hörend aber, daß Johannes übergeben wurde, entwich er in die Galilaia. [13] Und zurücklassend Nazara, (an)gekommen,

wohnte er in Kapharnaum, dem am Meer in (den) Gebieten von Zabulon und Nephthalim; [14] damit erfüllt wird das Gesagte durch Isaias, den Propheten, (den) sagenden: [15] *Land Zabulon* und *Land Nephthalim gegen das Meer (hin), jenseits des Jordanes, Galilaia der Heiden, –* [16] *das Volk, das in Finsternis sitzende, sah ein großes Licht, und den im Land und Schatten (des) Todes Sitzenden, ein Licht ging* ihnen *auf.*

Jes 8,23–9,1

[17] Von da (an) begann Jesus zu verkünden und zu sagen: Kehrt um! Denn nahegekommen ist das Königtum der Himmel.

[18] Umhergehend aber entlang dem Meer der Galilaia, sah er zwei Brüder, Simon, den Petros genannten, und Andreas, seinen Bruder, werfend ein Wurfnetz ins Meer; denn sie waren Fischer. [19] Und er sagt ihnen: Auf, hinter mich! Und machen werde ich euch zu Fischern von Menschen. [20] Die aber, sogleich lassend die Netze, folgten ihm. [21] Und weitergehend von dort, sah er andere zwei Brüder, Jakobos, den des Zebedaios, und Johannes, seinen Bruder, im Boot mit Zebedaios, ihrem Vater, zurechtbringend ihre Netze, und er rief sie. [22] Die aber, sogleich lassend das Boot und ihren Vater, folgten ihm.

[23] Und umherzog er in der ganzen Galilaia, lehrend in ihren Synagogen und verkündend das Evangelium des Königtums und heilend jede Krankheit und jede Schwäche im Volk.

[24] Und hinausging sein Ruf in die ganze Syria; und hinbrachten sie ihm alle, denen es schlecht ging, durch mancherlei Krankheiten und Qualen Bedrängte [und] Besessene und Mondsüchtige und Gelähmte; und er heilte sie. [25] Und (es) folgten ihm viele Volksmengen von der Galilaia und (der) Dekapolis und von Hierosolyma und Judaia und von jenseits des Jordanes.

5 [1] Sehend aber die Volksmengen, hinaufstieg er auf den Berg; und als er sich gesetzt hatte, kamen zu ihm seine Schüler; [2] und öffnend seinen Mund lehrte er sie, sagend: [3] Selig die Armen dem Geist (nach), denn ihrer ist das Königtum der Himmel. [4] Selig die Trauernden, denn sie werden ermutigt werden. [5] Selig die Sanften, denn sie werden erben die Erde. ⁶ Selig die Hungernden und Dürstenden nach der Gerechtigkeit, denn sie werden gesättigt werden. ⁷ Selig die sich Erbarmenden, denn sie werden Erbarmen finden. ⁸ Selig die Reinen dem Herzen (nach), denn sie werden Gott sehen. ⁹ Selig die Frieden Schaffenden, denn sie werden Söhne Gottes gerufen werden. ¹⁰ Selig die Verfolgten wegen (der) Gerechtigkeit, denn ihrer ist das Königtum der Himmel. ¹¹ Selig seid ihr, wann sie euch schmähen und verfolgen und sagen alles Böse über euch, [lügend], wegen meiner. ¹² Freut euch und jubelt, denn euer Lohn (ist) groß in den Himmeln; denn so verfolgten sie die Propheten, die vor euch.

¹³ Ihr seid das Salz der Erde; wenn aber das Salz schal wird, mit was wird es salzig gemacht werden? Zu nichts hat es mehr Kraft, außer, hinausgeworfen, zertreten zu werden von den Menschen.

¹⁴ Ihr seid das Licht der Welt. Nicht kann eine Stadt sich verbergen, auf einem Berg liegend. ¹⁵ Auch zündet man nicht an eine Leuchte und stellt sie unter den Scheffel, sondern auf den Leuchter, und sie leuchtet allen im Haus. ¹⁶ So soll leuchten euer Licht vor den Menschen, auf daß sie sehen eure rechten Werke und verherrlichen euren Vater in den Himmeln.

¹⁷ Meint nicht, daß ich kam, aufzulösen das Gesetz oder die Propheten; nicht kam ich aufzulösen, sondern zu erfüllen. ¹⁸ Amen, denn ich sage euch: Bis vergeht der Himmel und die Erde, nicht ein einziges Jota oder ein einziges Häkchen vergeht vom Gesetz, bis alles geschieht. ¹⁹ Wer immer also auflöst ein einziges dieser geringsten Gebote und lehrt so die Menschen, (der) Geringste wird er gerufen werden im Königtum der Himmel; wer aber immer (es) tut und (so) lehrt, dieser wird groß gerufen werden im Königtum der Himmel.

²⁰ Denn ich sage euch: Wenn nicht überfließt eure Gerechtigkeit mehr als (die) der Schriftkundigen und Pharisaier, nicht werdet ihr hineingehen ins Königtum der Himmel.

²¹ Ihr hörtet, daß gesagt wurde den Alten: *Du sollst nicht morden!* Wer aber immer mordet, verfallen wird er sein dem Gericht. ²² Ich aber sage euch: Jeder Zürnende seinem Bruder

Ex 20,13
Dtn 5,17

wird verfallen sein dem Gericht. Wer aber immer spricht zu seinem Bruder: Tor, verfallen wird er sein dem Synhedrion. Wer aber immer spricht: Törichter, verfallen wird er sein in die Gehenna des Feuers. ²³ Wenn du nun hinbringst deine Gabe zum Altar und dort dich erinnerst, daß dein Bruder etwas hat gegen dich, ²⁴ laß dort deine Gabe vor dem Altar und geh zuerst fort, versöhne dich mit deinem Bruder, und dann, kommend, bring hin deine Gabe! ²⁵ Sei ein Wohlgesonnener deinem Widersacher, (und zwar) schnell, solange du mit ihm auf dem Weg bist, damit dich nicht übergeben wird der Widersacher dem Richter und der Richter dem Diener und du ins Gefängnis geworfen wirst. ²⁶ Amen, ich sage dir: Nicht wirst du herausgehen von dort, bis du zurückgibst den letzten Kodrantes.

Ex 20,14
Dtn 5,18

²⁷ Ihr hörtet, daß gesagt wurde: *Du sollst nicht ehebrechen!* ²⁸ Ich aber sage euch: Jeder Ansehende eine Frau, um sie zu begehren, brach schon die Ehe mit ihr in seinem Herzen. ²⁹ Wenn aber dein rechtes Auge dir Anstoß gibt, reiß es aus und wirf (es) von dir! Denn es ist nützlich(er) für dich, daß zugrundegeht eines deiner Glieder und nicht dein ganzer Leib geworfen wird in (die) Gehenna. ³⁰ Und wenn deine rechte Hand dir Anstoß gibt, schlag sie ab und wirf (sie) von dir! Denn es ist nützlich(er) für dich, daß zugrundegeht eines deiner Glieder und nicht dein ganzer Leib in (die) Gehenna hingeht.

³¹ Gesagt wurde aber: Wer immer seine Frau entläßt, gebe ihr einen Scheidebrief. ³² Ich aber sage euch: Jeder Entlassende seine Frau, ausgenommen aufgrund von Unzucht, macht, daß zum Ehebruch sie genommen wird, und wer immer eine Entlassene heiratet, bricht die Ehe.

³³ Wieder hörtet ihr, daß gesagt wurde den Alten: Du sollst nicht eidbrüchig werden, erfüllen aber sollst du dem Herrn deine Eide! ³⁴ Ich aber sage euch: Überhaupt nicht schwören! Weder beim Himmel, denn Thron Gottes ist er, ³⁵ noch bei der Erde, denn Fußbank seiner Füße ist sie, noch bei Hierosolyma, denn Stadt des großen Königs ist sie; ³⁶ auch nicht bei

deinem Kopf schwöre, denn nicht kannst du ein einziges Haar weiß machen oder schwarz. [37] Sein soll aber euer Wort: ja ja, nein nein; das Mehr aber als dieses ist vom Bösen.

[38] Ihr hörtet, daß gesagt wurde: *Auge anstelle von Auge* und *Zahn anstelle von Zahn.* [39] Ich aber sage euch: Nicht dem Bösen widerstehen! Sondern, welcher dich schlägt auf [deine] rechte Wange, wende ihm auch die andere zu! [40] Und dem, der willens ist, mit dir zu rechten und dein Untergewand zu nehmen, laß ihm auch das Obergewand! [41] Und welcher dich zwingen will zu einer Meile, geh fort mit ihm zwei! [42] Dem dich Bittenden gib, und den, der von dir leihen will, weise nicht ab! *(Ex 21,24f / Lev 24,20 / Dtn 19,21)*

[43] Ihr hörtet, daß gesagt wurde: *Du sollst lieben deinen Nächsten* und du sollst hassen deinen Feind. [44] Ich aber sage euch: Liebt eure Feinde und betet für die euch Verfolgenden, [45] auf daß ihr werdet Söhne eures Vaters in (den) Himmeln, weil seine Sonne er aufgehen läßt über Böse und Gute und er regnen läßt über Gerechte und Ungerechte. [46] Denn wenn ihr liebt die euch Liebenden, welchen Lohn habt ihr? Tun nicht auch die Zöllner dasselbe? [47] Und wenn ihr grüßt allein eure Brüder, was tut ihr Besonderes? Tun nicht auch die Heidnischen dasselbe? [48] Seid also ihr vollkommen, wie euer himmlischer Vater vollkommen ist! *(Lev 19,18)*

6 [1] Achtet [aber] darauf, eure Gerechtigkeit nicht zu tun vor den Menschen, um gesehen zu werden bei ihnen; wenn aber doch, Lohn habt ihr nicht bei eurem Vater in den Himmeln. [2] Wann du also tust eine Wohltat, trompete nicht vor dir (her) wie die Heuchler tun in den Synagogen und in den Gassen, auf daß sie verherrlicht werden von den Menschen; amen, ich sage euch: Weghaben sie ihren Lohn. [3] Wenn du aber tust eine Wohltat, nicht erfahre deine Linke, was deine Rechte tut, [4] auf daß deine Wohltat im Verborgenen ist; und dein Vater, der im Verborgenen sehende, wird dir vergelten.

[5] Und wann ihr betet, seid nicht wie die Heuchler; denn sie lieben (es), in den Synagogen und in den Ecken der Straßen

stehend zu beten, auf daß sie leuchten vor den Menschen; amen, ich sage euch: Weghaben sie ihren Lohn. [6] Du aber, wann du betest, geh hinein in deine Kammer und, verschließend deine Tür, bete zu deinem Vater, dem im Verborgenen; und dein Vater, der im Verborgenen sehende, wird dir vergelten.

[7] Betend aber, plappert nicht wie die Heidnischen; denn sie meinen, daß in ihrer Vielrederei sie erhört werden. [8] Nicht also gleicht euch ihnen an; denn (es) weiß euer Vater, wessen ihr Bedarf habt, bevor ihr ihn bittet.

[9] So nun sollt ihr beten: Unser Vater in den Himmeln; geheiligt werden soll dein Name; [10] kommen soll dein Königtum; geschehen soll dein Wille, wie im Himmel auch auf Erden; [11] unser nötiges Brot gib uns heute; [12] und erlaß uns unsere Schuldigkeiten, wie auch wir erließen unseren Schuldnern; [13] und nicht führe uns hinein in Versuchung, sondern rette uns vom Bösen.

[14] Denn wenn ihr erlaßt den Menschen ihre Übertretungen, wird erlassen auch euch euer himmlischer Vater; [15] wenn ihr aber nicht erlaßt den Menschen, auch euer Vater wird nicht erlassen eure Übertretungen.

[16] Wann ihr aber fastet, werdet nicht wie die mürrischen Heuchler; denn unansehnlich machen sie ihre Gesichter, auf daß sie erscheinen den Menschen als Fastende; amen, ich sage euch: Weghaben sie ihren Lohn. [17] Du aber fastend salbe deinen Kopf, und dein Gesicht wasche, [18] auf daß du nicht erscheinst den Menschen fastend, sondern deinem Vater, dem im Verborgenen; und dein Vater, der im Verborgenen sehende, wird dir vergelten.

[19] Sammelt euch nicht Schätze auf der Erde, wo Motte und Wurm vernichten und wo Diebe einbrechen und stehlen; [20] sammelt euch aber Schätze im Himmel, wo weder Motte noch Wurm vernichten und wo Diebe nicht einbrechen und nicht stehlen; [21] denn wo dein Schatz ist, dort wird sein auch dein Herz.

[22] Die Leuchte des Leibes ist das Auge. Wenn nun dein

Auge lauter ist, wird dein ganzer Leib licht sein; [23] wenn aber dein Auge böse ist, wird dein ganzer Leib finster sein. Wenn nun das Licht in dir Finsternis ist, wie groß (ist) die Finsternis!

[24] Keiner kann zwei Herren dienen; denn entweder den einen wird er hassen, und den anderen wird er lieben, oder er wird an den einen sich halten, und den anderen wird er verachten. Nicht könnt ihr Gott dienen und (dem) Mammon.

[25] Deswegen sage ich euch: Sorgt euch nicht um euer Leben, was ihr essen sollt [oder was ihr trinken sollt] und nicht um euren Leib, was ihr anziehen sollt! Ist nicht das Leben mehr als die Nahrung und der Leib (mehr) als das Gewand? [26] Schaut auf zu den Vögeln des Himmels, daß sie nicht säen noch ernten noch sammeln in Scheunen, und euer himmlischer Vater nährt sie; unterscheidet nicht ihr euch (viel) mehr von ihnen? [27] Wer aber von euch kann, sorgend, hinzulegen zu seinem Alter eine einzige Elle? [28] Und um ein Gewand, was sorgt ihr euch? Beobachtet die Lilien des Ackers, wie sie wachsen; nicht mühen sie sich noch spinnen sie; [29] ich sage euch aber: Auch nicht Solomon in seiner ganzen Herrlichkeit war umkleidet wie eine von diesen. [30] Wenn aber Gott das Gras des Ackers, das heute ist und morgen in (den) Ofen geworfen wird, so kleidet, nicht um viel mehr euch, Kleingläubige? [31] Sorgt euch also nicht, sagend: Was sollen wir essen? oder: Was sollen wir trinken? oder: Womit sollen wir uns umkleiden? [32] Denn alles dieses erstreben die Völker; denn (es) weiß euer himmlischer Vater, daß ihr alles dessen bedürft. [33] Sucht aber zuerst das Königtum [Gottes] und seine Gerechtigkeit, und dieses alles wird euch hinzugelegt werden. [34] Sorgt also nicht für das Morgen, denn das Morgen wird sorgen für sich; genügend (ist) dem Tag seine Schlechtigkeit.

7 [1] Richtet nicht, damit ihr nicht gerichtet werdet! [2] Denn mit welchem Richtspruch ihr richtet, werdet ihr gerichtet werden, und mit welchem Maß ihr meßt, gemessen werden wird euch. [3] Was aber siehst du den Span im Auge deines Bruders, den Balken in deinem Auge aber beachtest du nicht? [4] Oder wie wirst du sagen deinem Bruder: Laß, ich möchte herausziehen den Span aus deinem Auge, und siehe, der Balken (ist) in deinem Auge? [5] Heuchler, zieh heraus zuerst aus deinem Auge den Balken, und dann wirst du zusehen, herauszuziehen den Span aus dem Auge deines Bruders.

[6] Gebt nicht das Heilige den Hunden und werft nicht eure Perlen vor die Schweine, damit sie nicht zertreten sie mit ihren Füßen und sich umwendend zerreißen euch.

[7] Bittet, und gegeben werden wird euch; sucht, und finden werdet ihr; klopft an, und geöffnet werden wird euch; [8] denn jeder Bittende empfängt, und der Suchende findet, und dem Anklopfenden wird geöffnet werden. [9] Oder wer von euch ist ein Mensch, den sein Sohn bitten wird um Brot, – wird er etwa einen Stein übergeben ihm? [10] Oder auch um einen Fisch wird er bitten, – wird er etwa eine Schlange übergeben ihm? [11] Wenn nun ihr, die ihr böse seid, wißt, gute Gaben zu geben euren Kindern, um wieviel mehr wird euer Vater in den Himmeln geben Gutes den ihn Bittenden.

[12] Alles nun, was immer ihr wollt, daß euch die Menschen tun, so auch tut ihr ihnen! Denn dieses ist das Gesetz und die Propheten.

[13] Geht hinein durch das enge Tor! Denn breit (ist) das Tor und weit der Weg, der ins Verderben führende, und viele sind die Hindurchgehenden durch es; [14] wie eng (ist) das Tor und gedrängt der Weg, der ins Leben führende, und wenige sind die ihn Findenden!

[15] In acht nehmt euch vor den Lügenpropheten, welche zu euch kommen in Gewändern von Schafen, innen aber sind sie räuberische Wölfe. [16] An ihren Früchten werdet ihr sie erkennen. Man sammelt doch nicht von Dornen Weintrauben oder von Disteln Feigen? [17] So bringt jeder gute Baum gute Früchte, der faule Baum aber bringt schlechte Früchte. [18] Nicht kann ein guter Baum schlechte Früchte bringen noch ein fauler Baum gute Früchte bringen. [19] Jeder Baum, nicht bringend gute Frucht, wird ausgehauen, und er wird ins Feuer geworfen. [20] Also denn, an ihren Früchten werdet ihr sie erkennen.

²¹ Nicht jeder Sagende zu mir: Herr, Herr, wird hineingehen ins Königtum der Himmel, sondern der Tuende den Willen meines Vaters in den Himmeln. ²² Viele werden sagen zu mir an jenem Tag: Herr, Herr, prophezeiten wir nicht in deinem Namen, und warfen wir (nicht) in deinem Namen Dämonen hinaus, und taten wir (nicht) in deinem Namen viele Kraft (-taten)? ²³ Und dann werde ich bekennen ihnen: Niemals kannte ich euch; *geht weg von mir, die ihr wirkt das Ungesetzliche!*   Ps 6,9

²⁴ Jeder nun, welcher diese meine Worte hört und sie tut, verglichen werden wird er einem verständigen Mann, welcher baute sein Haus auf den Felsen; ²⁵ und herabkam der Regen, und (es) kamen die Flüsse, und (es) wehten die Winde, und niederfielen sie auf jenes Haus, aber nicht fiel es; denn es war gegründet worden auf den Felsen. ²⁶ Und jeder diese meine Worte Hörende und sie nicht Tuende, verglichen werden wird er einem törichten Mann, welcher baute sein Haus auf den Sand; ²⁷ und herabkam der Regen, und (es) kamen die Flüsse, und (es) wehten die Winde, und anstießen sie an jenes Haus, und es fiel, und (es) war sein Fall groß.

²⁸ Und es geschah, als Jesus beendete diese Worte, gerieten außer sich die Volksmengen über seine Lehre, ²⁹ denn er war lehrend sie wie ein Vollmacht Habender und nicht wie ihre Schriftkundigen.

8 ¹ Als er aber herabgestiegen war vom Berg, folgten ihm viele Volksmengen. ² Und siehe, ein Aussätziger, hinzukommend, fiel nieder vor ihm, sagend: Herr, wenn du willst, kannst du mich reinigen. ³ Und ausstreckend die Hand, berührte er ihn, sagend: Ich will, werde gereinigt! Und sogleich wurde gereinigt sein Aussatz. ⁴ Und (es) sagt ihm Jesus: Sieh, daß zu keinem du sprichst, sondern geh fort, zeig dich dem Priester und bring dar die Gabe, die verordnete Moyses, zum Zeugnis ihnen!

⁵ Als er aber hineinkam nach Kapharnaum, kam zu ihm ein Hauptmann, bittend ihn ⁶ und sagend: Herr, mein Knecht liegt im Haus gelähmt, arg gequält. ⁷ Und er sagt ihm: Ich werde

kommend ihn heilen. [8] Und antwortend sagte der Hauptmann:
Herr, nicht bin ich wert, daß unter mein Dach du hineinkommst, aber sprich nur mit einem Wort, und geheilt werden
wird mein Knecht. [9] Denn auch ich bin ein Mensch unter
Vollmacht, habend unter mir Soldaten, und sage ich diesem:
Geh! Und er geht, und einem andern: Komm! Und er kommt,
und meinem Sklaven: Tue dies! Und er tut (es). [10] (Es) hörend
aber, staunte Jesus und sprach zu den (ihm) Folgenden:
Amen, ich sage euch: Bei keinem fand ich so großen Glauben
in Israel. [11] Ich sage euch aber: Viele werden von Osten und
Westen kommen und sich (zu Tisch) legen mit Abraham und
Isaak und Jakob im Königtum der Himmel, [12] die Söhne aber
des Königtums werden hinausgeworfen werden in die Finsternis draußen; dort wird sein das Weinen und das Klappern
der Zähne. [13] Und (es) sprach Jesus zum Hauptmann: Geh
fort! Wie du glaubtest, soll dir geschehen. Und geheilt wurde
[sein] Knecht in jener Stunde.

[14] Und kommend Jesus in das Haus von Petros, sah er dessen Schwiegermutter (aufs Bett) geworfen und fiebernd;
[15] und er berührte ihre Hand, und (es) verließ sie das Fieber;
und sie stand auf und diente ihm.

[16] Als es aber Abend geworden war, hinbrachten sie ihm
viele Besessene; und hinauswarf er die Geister durch ein Wort,
und alle, denen es schlecht ging, heilte er, [17] auf daß erfüllt
würde das Gesagte durch Isaias, den Propheten, (den) sagenden: *Er nahm unsere Schwachheiten, und die Krankheiten
trug er.*

Jes 53,4

[18] Sehend aber Jesus eine Volksmenge um ihn, befahl er,
wegzufahren zum Gegenüber. [19] Und hinzukommend, ein
Schriftkundiger sprach zu ihm: Lehrer, ich werde dir folgen,
wo immer du hingehst. [20] Und (es) sagt ihm Jesus: Die Füchse
haben Höhlen und die Vögel des Himmels Nester, der Sohn
des Menschen aber hat nicht(s), wohin er den Kopf lege.
[21] Ein anderer aber [seiner] Schüler sprach zu ihm: Herr, erlaube mir, zuerst fortzugehen und zu begraben meinen Vater.
[22] Jesus aber sagt ihm: Folge mir, und laß die Toten begraben

ihre Toten!

[23] Und als er eingestiegen war ins Boot, folgten ihm seine Schüler. [24] Und siehe, ein großes Beben entstand im Meer, so daß das Boot bedeckt wurde von den Wellen; er aber schlief. [25] Und hinzukommend weckten sie ihn, sagend: Herr, rette, wir werden vernichtet! [26] Und er sagt ihnen: Was seid ihr feige, Kleingläubige? Dann, geweckt, anfuhr er die Winde und das Meer, und (es) wurde große Stille. [27] Die Menschen aber staunten, sagend: Was für einer ist dieser, daß auch die Winde und das Meer ihm gehorchen?

[28] Und als er gekommen war zum Gegenüber ins Land der Gadarener, begegneten ihm zwei Besessene, aus den Gräbern herauskommende, sehr gefährliche, so daß nicht vermochte einer, vorüberzugehen auf jenem Weg. [29] Und siehe, sie schrien, sagend: Was (ist zwischen) uns und dir, Sohn Gottes? Kamst du hierher vor (der) Zeit, uns zu quälen? [30] (Es) war aber weit von ihnen eine Herde vieler Schweine weidend. [31] Die Dämonen aber baten ihn, sagend: Wenn du uns hinauswirfst, schick uns in die Herde der Schweine! [32] Und er sprach zu ihnen: Geht fort! Die aber, herauskommend, weggingen in die Schweine; und siehe, (es) raste die ganze Herde hinunter den Abhang ins Meer, und sie starben in den Wassern. [33] Die (sie) Weidenden aber flohen, und weggehend in die Stadt, meldeten sie alles, auch das von den Besessenen. [34] Und siehe, die ganze Stadt kam heraus zur Begegnung mit Jesus, und sehend ihn, baten sie, daß er fortgehe von ihren Gebieten.

9 [1] Und einsteigend in ein Boot, fuhr er hinüber und kam in die eigene Stadt.

[2] Und siehe, hinbrachten sie ihm einen auf ein Bett gelegten Gelähmten. Und sehend Jesus ihren Glauben, sprach er zu dem Gelähmten: Hab Mut, Kind, erlassen werden deine Sünden. [3] Und siehe, einige der Schriftkundigen sprachen bei sich: Dieser lästert. [4] Und sehend Jesus ihre Gedanken, sprach er: Weshalb denkt ihr Böses in euren Herzen? [5] Was ist denn müheloser, zu sprechen: Erlassen werden deine Sünden, oder

zu sprechen: Steh auf und geh umher? [6] Damit ihr aber wißt, daß Vollmacht hat der Sohn des Menschen, auf der Erde zu erlassen Sünden – da sagt er dem Gelähmten: Aufstehend, trag dein Bett und geh fort in dein Haus! [7] Und aufstehend wegging er in sein Haus. [8] (Es) sehend aber, fürchteten sich die Volksmengen und verherrlichten Gott, den gebenden solche Vollmacht den Menschen.

[9] Und weitergehend Jesus von dort, sah er einen Menschen, sitzend bei der Zollstelle, Matthaios genannt, und er sagt ihm: Folge mir! Und aufstehend folgte er ihm.

[10] Und es geschah, als er (zu Tisch) lag im Haus, und siehe, viele Zöllner und Sünder, kommend, lagen (zu Tisch) mit Jesus und seinen Schülern. [11] Und (es) sehend, sagten die Pharisaier seinen Schülern: Weshalb ißt euer Lehrer mit den Zöllnern und Sündern? [12] Der aber, hörend (es), sprach: Nicht nötig haben die Starken einen Arzt, sondern die, denen es

Hos 6,6 schlecht geht. [13] Hingehend aber lernt, was es ist: *Erbarmen will ich und nicht ein Opfer;* denn nicht kam ich, zu rufen Gerechte, sondern Sünder.

[14] Da kommen zu ihm die Schüler von Johannes, sagend: Weshalb fasten wir und die Pharisaier [viel], deine Schüler aber fasten nicht? [15] Und (es) sprach zu ihnen Jesus: Können etwa die Söhne des Brautgemachs trauern, solange bei ihnen ist der Bräutigam? Kommen werden aber Tage, wann weggenommen wurde von ihnen der Bräutigam, und dann werden sie fasten. [16] Keiner aber setzt einen Flicken ungewalkten Stoffes auf ein altes Gewand; denn (es) reißt sein Füllstück vom Gewand, und schlimmer wird (der) Riß. [17] Und nicht schüttet man jungen Wein in alte Häute; wenn aber nun doch, zerreißen die Häute, und der Wein wird verschüttet, und die Häute werden vernichtet; sondern man schüttet jungen Wein in neue Häute, und beide werden bewahrt.

[18] Als dieses er zu ihnen redete, siehe, ein Vorsteher, kommend, fiel nieder vor ihm, sagend: Meine Tochter starb soeben; aber kommend leg deine Hand auf sie, und sie wird leben. [19] Und aufstehend folgte ihm Jesus und seine Schüler.

²⁰ Und siehe, eine Frau, an Blutfluß leidend zwölf Jahre, hinkommend von hinten, berührte die Quaste seines Gewandes.

²¹ Denn sie sagte bei sich: Wenn ich nur berühre sein Gewand, werde ich gerettet werden. ²² Jesus aber, sich umwendend und sie sehend, sprach: Hab Mut, Tochter! Dein Glaube hat dich gerettet. Und gerettet wurde die Frau von jener Stunde (an).

²³ Und kommend Jesus in das Haus des Vorstehers und sehend die Flötenspieler und die Volksmenge lärmend, ²⁴ sagte er: Weicht! Denn das Mädchen starb nicht, sondern schläft. Und sie verlachten ihn. ²⁵ Als aber hinausgeworfen war die Volksmenge, hineinkommend ergriff er ihre Hand, und aufstand das Mädchen. ²⁶ Und hinausging diese Kunde in jenes ganze Land.

²⁷ Und dem von dort weitergehenden Jesus folgten zwei Blinde, schreiend und sagend: Erbarme dich unser, Sohn Davids! ²⁸ Als er aber ins Haus kam, kamen zu ihm die Blinden, und (es) sagt ihnen Jesus: Glaubt ihr, daß ich dies tun kann? Sie sagen ihm: Ja, Herr. ²⁹ Da berührte er ihre Augen, sagend: Nach eurem Glauben soll euch geschehen! ³⁰ Und geöffnet wurden ihre Augen. Und anschnaubte sie Jesus, sagend: Seht (zu), keiner soll (es) erfahren! ³¹ Die aber, herauskommend, erzählten herum über ihn in jenem ganzen Land.

³² Während sie aber weggingen, siehe, hinbrachten sie ihm einen stummen, besessenen Menschen. ³³ Und als hinausgeworfen worden war der Dämon, redete der Stumme. Und (es) staunten die Volksmengen, sagend: Niemals erschien so (etwas) in Israel. ³⁴ Die Pharisaier aber sagten: Im Herrscher der Dämonen hinauswirft er die Dämonen.

³⁵ Und (es) durchzog Jesus die Städte alle und die Dörfer, lehrend in ihren Synagogen und verkündend das Evangelium des Königtums und heilend jede Krankheit und jede Schwäche.

³⁶ Sehend aber die Volksmengen, wurde er ergriffen über

Num 27,17
Jdt 11,19
2 Chr 18,16
sie, weil sie geschunden und hingeworfen waren *wie Schafe, nicht habend einen Hirten.* [37] Da sagt er seinen Schülern: Die Ernte (ist) zwar viel, die Arbeiter aber (sind) wenige; [38] bittet nun den Herrn der Ernte, auf daß er ausschicke Arbeiter in seine Ernte.

10 [1] Und herbeirufend seine zwölf Schüler, gab er ihnen Vollmacht über unreine Geister, um sie hinauszuwerfen und zu heilen jede Krankheit und jede Schwäche.

[2] Der zwölf Apostel Namen aber sind diese: Als erster Simon, der Petros genannte, und Andreas, sein Bruder, und Jakobos, der des Zebedaios, und Johannes, sein Bruder, [3] Philippos und Bartholomaios, Thomas und Matthaios, der Zöllner, Jakobos, der des Alphaios, und Thaddaios, [4] Simon, der Kananaier, und Judas, der Iskariotes, der ihn auch Übergebende.

[5] Diese zwölf schickte Jesus (aus), gebietend ihnen, sagend: Auf einen Weg zu Heiden geht nicht fort, und in eine Stadt (der) Samariter geht nicht hinein! [6] Geht aber (viel)mehr zu den verlorenen Schafen (des) Hauses Israel! [7] Hingehend aber verkündet, sagend: Nahegekommen ist das Königtum der Himmel. [8] Kranke heilt, Tote erweckt, Aussätzige reinigt, Dämonen werft hinaus! Umsonst empfingt ihr, umsonst gebt! [9] Nicht erwerbt Gold, auch nicht Silber, auch nicht Kupfer (-geld) in eure Gürtel, [10] nicht eine Tasche für (den) Weg, auch nicht zwei Gewänder, auch nicht Sandalen, auch nicht einen Stock; denn wert (ist) der Arbeiter seiner Nahrung. [11] In welche Stadt aber immer oder (in welches) Dorf ihr hineingeht, forscht, wer in ihr (es) wert ist; und dort bleibt, bis ihr hinausgeht. [12] Hineingehend aber in das Haus, grüßt es! [13] Und wenn das Haus (es) wert ist, soll kommen euer Friede auf es; wenn aber nicht (es) wert ist, soll euer Friede zu euch zurückkehren. [14] Und wer immer euch nicht aufnimmt und nicht hört eure Worte, herausgehend aus (jenem) Haus oder jener Stadt, schüttelt ab den Staub eurer Füße! [15] Amen, ich sage euch: Erträglicher wird es ergehen (dem) Land Sodoma und Gomorra am Tag (des) Gerichts als jener Stadt.

[16] Siehe, ich schicke euch wie Schafe inmitten von Wölfen; werdet also verständig wie die Schlangen und unverdorben wie die Tauben.

[17] Nehmt euch aber in acht vor den Menschen; denn sie werden euch übergeben in Synhedrien, und in ihren Synagogen werden sie euch geißeln. [18] Und vor Statthalter aber und Könige werdet ihr geführt werden wegen meiner, zum Zeugnis ihnen und den Völkern. [19] Wann sie aber übergeben euch, sorgt nicht, wie oder was ihr reden sollt; denn gegeben werden wird euch in jener Stunde, was ihr reden sollt; [20] denn nicht ihr seid die Redenden, sondern der Geist eures Vaters (ist) der Redende in euch.

[21] Übergeben aber wird (der) Bruder (den) Bruder zum Tod und (der) Vater (das) Kind, und aufstehen werden Kinder gegen Eltern, und sie werden sie töten. [22] Und ihr werdet sein Gehaßte von allen wegen meines Namens; der Durchhaltende aber zum Ende, dieser wird gerettet werden.

[23] Wann aber sie euch verfolgen in dieser Stadt, flieht in die andere; amen, denn ich sage euch, nicht werdet ihr zu Ende kommen mit den Städten Israels, bis kommt der Sohn des Menschen.

[24] Nicht ist ein Schüler über dem Lehrer und nicht ein Sklave über seinem Herrn. [25] Es genügt dem Schüler, daß er wird wie sein Lehrer und der Sklave wie sein Herr. Wenn sie den Hausherrn Beelzebul riefen, um wieviel mehr seine Hausgenossen.

[26] Fürchtet sie also nicht; denn nichts ist verhüllt, was nicht offenbart werden wird, und verborgen, was nicht erkannt werden wird. [27] Was ich euch sage in der Finsternis, sprecht im Licht, und was ins Ohr ihr hört, verkündet auf den Dächern! [28] Und fürchtet euch nicht vor denen, die töten den Leib, die Seele aber nicht töten können; fürchtet aber mehr den, der sowohl Seele wie Leib vernichten kann in (der) Gehenna! [29] Werden nicht zwei Sperlinge für ein Assarion verkauft? Und nicht einer von ihnen wird fallen auf die Erde ohne euren Vater. [30] Von euch aber auch die Haare des Kop-

fes sind alle gezählt. ³¹ Fürchtet euch also nicht! Von (den) vielen Sperlingen unterscheidet ihr euch.

³² Jeder nun, welcher sich bekennen wird zu mir vor den Menschen, bekennen werde auch ich mich zu ihm vor meinem Vater in [den] Himmeln; ³³ welcher aber mich (ver)leugnet vor den Menschen, (ver)leugnen werde auch ich ihn vor meinem Vater in [den] Himmeln.

³⁴ Meint nicht, daß ich kam, Frieden zu werfen auf die Erde; nicht kam ich, Frieden zu werfen, sondern ein Schwert.

Mi 7,6 ³⁵ Denn ich kam, zu entzweien *einen Menschen gegen seinen Vater* und *eine Tochter gegen ihre Mutter* und *eine Schwiegertochter gegen ihre Schwiegermutter,* ³⁶ und *Feinde des Menschen (werden) seine Hausgenossen.*

³⁷ Der Vater oder Mutter mehr Liebende als mich, nicht ist meiner wert, und der Sohn oder Tochter mehr Liebende als mich, nicht ist meiner wert; ³⁸ und wer nicht nimmt sein Kreuz und folgt hinter mir, nicht ist meiner wert. ³⁹ Der sein Leben Findende, verlieren wird er es, und der sein Leben Verlierende wegen meiner, finden wird er es.

⁴⁰ Der Aufnehmende euch, mich nimmt er auf, und der mich Aufnehmende nimmt auf den mich Schickenden. ⁴¹ Der einen Propheten Aufnehmende auf (den) Namen eines Propheten (hin), wird (den) Lohn eines Propheten empfangen, und der einen Gerechten Aufnehmende auf (den) Namen eines Gerechten (hin), wird (den) Lohn eines Gerechten empfangen. ⁴² Und wer immer zu trinken gibt einem dieser Kleinen einen Becher kalten (Wassers) allein auf (den) Namen eines Schülers (hin), amen, ich sage euch: Nicht verliert er seinen Lohn.

11 ¹ Und es geschah, als Jesus zu Ende kam, Anordnung gebend seinen zwölf Schülern, ging er fort von dort, um zu lehren und zu verkünden in ihren Städten.

² Johannes aber, hörend im Gefängnis die Werke des Christos, schickend durch seine Schüler, ³ sprach zu ihm: Bist du der Kommende, oder sollen einen anderen wir erwarten? ⁴ Und antwortend sprach Jesus zu ihnen: Hingehend meldet

Johannes, was ihr hört und seht: *Blinde sehen wieder,* und   Jes 29,18; 35,5f;
Lahme gehen umher, Aussätzige werden gereinigt, und *Taube*   42,18; 26,19; 61,1
hören, und *Tote werden erweckt,* und Armen wird (ein Evan-
gelium) verkündet; ⁶und selig ist, wer immer nicht Anstoß
nimmt an mir.

⁷Während diese aber gingen, begann Jesus zu reden zu den
Volksmengen über Johannes: Was kamt ihr heraus in die Öde
zu sehen? Ein Rohr, vom Wind geschüttelt? ⁸Doch, was kamt
ihr heraus zu sehen? Einen Menschen in weiche (Gewänder)
gekleidet? Siehe, die das Weiche Tragenden sind in den Häusern der Könige. ⁹Doch, was kamt ihr heraus zu sehen? Einen Propheten? Ja, ich sage euch, und mehr als einen Pro-
pheten. ¹⁰Dieser ist (es), über den geschrieben ist: *Siehe, ich*   Ex 23,20
schicke meinen Boten vor deinem *Angesicht (her), der her-*   Mal 3,1
richten wird deinen *Weg vor* dir.

¹¹Amen, ich sage euch: Nicht ist erweckt worden unter
(den) Geborenen von Frauen ein Größerer als Johannes der
Täufer; der Kleinere aber im Königtum der Himmel ist größer als er. ¹²Von den Tagen aber (des) Johannes des Täufers
bis jetzt wird das Königtum der Himmel vergewaltigt, und
Gewalttätige reißen es (an sich). ¹³Denn alle Propheten und
das Gesetz bis zu Johannes prophezeiten; ¹⁴und wenn ihr (es)
annehmen wollt: Er ist Elias, der Kommen-Sollende. ¹⁵Der
Ohren Habende soll hören!

¹⁶Wem aber werde ich vergleichen dieses Geschlecht?
Gleich ist es Kindern, sitzend auf den Märkten, die, zurufend
den anderen, ¹⁷sagen: Auf der Flöte spielten wir euch, und
nicht tanztet ihr, Klagelieder sangen wir, und nicht trauertet
ihr. ¹⁸Denn (es) kam Johannes, weder essend noch trinkend,
und sie sagen: Einen Dämon hat er. ¹⁹(Es) kam der Sohn des
Menschen, essend und trinkend, und sie sagen: Siehe, ein
Mensch, ein Fresser und Weinsäufer, von Zöllnern ein Freund
und von Sündern. Und gerechtgesprochen wurde die Weisheit
von ihren Werken.

²⁰Da begann er zu schelten die Städte, in denen seine mei-
sten Kraft(taten) geschahen, weil sie nicht umkehrten. ²¹Wehe

dir, Chorazin, wehe dir, Bethsaida! Denn wenn in Tyros und Sidon geschehen wären die Kraft(taten), die geschehenen bei euch, längst in Sack und Asche wären sie umgekehrt. [22] Jedoch ich sage euch, Tyros und Sidon wird es erträglicher ergehen am Tag (des) Gerichts als euch. [23] Und du, Kapharnaum, wirst du nicht bis zum Himmel erhoben werden? Bis in (den) Hades wirst du hinabsteigen; denn wenn in Sodoma geschehen wären die Kraft(taten), die bei dir geschehenen, geblieben wäre es bis zum Heute. [24] Jedoch ich sage euch: (Dem) Land Sodoma wird es erträglicher ergehen am Tag (des) Gerichts als dir.

[25] In jener Zeit antwortend sprach Jesus: Ich preise dich, Vater, Herr des Himmels und der Erde, daß du verbargst dieses vor Weisen und Verständigen und es offenbartest Unmündigen; [26] ja, Vater, weil so es Gefallen fand vor dir. [27] Alles wurde mir übergeben von meinem Vater, und keiner erkennt den Sohn außer der Vater, auch den Vater erkennt keiner außer der Sohn und wem immer der Sohn (es) offenbaren will.

[28] Auf, zu mir alle sich Mühenden und Belasteten! Und ich werde euch ausruhen lassen. [29] Nehmt mein Joch auf euch und lernt von mir, weil sanft ich bin und demütig dem Herzen (nach), und *ihr werdet finden Ruhe für eure Seelen;* [30] denn mein Joch ist erträglich und meine Last leicht.

Jer 6,16

12 [1] In jener Zeit ging Jesus an den Sabbaten durch die Saaten; seine Schüler aber hungerten, und sie begannen, Ähren zu rupfen und zu essen. [2] Die Pharisaier aber, sehend (es), sprachen zu ihm: Siehe, deine Schüler tun, was nicht erlaubt ist, zu tun am Sabbat. [3] Er aber sprach zu ihnen: Nicht last ihr, was David tat, als er hungerte und die mit ihm, [4] wie er hineinging in das Haus Gottes und sie die Brote der Ausstellung aßen, was ihm nicht erlaubt war zu essen, auch nicht denen mit ihm, außer den Priestern allein? [5] Oder nicht last ihr im Gesetz, daß an den Sabbaten die Priester im Heiligtum den Sabbat entweihen und schuldlos sind? [6] Ich sage euch aber: Ein Größeres als das Heiligtum ist hier.

⁷ Wenn ihr aber erkannt hättet, was es ist: *Erbarmen will ich*   Hos 6,6
und nicht ein Opfer, nicht hättet ihr verurteilt die Schuldlo-
sen. ⁸ Denn Herr ist des Sabbats der Sohn des Menschen.

⁹ Und fortgehend von dort, kam er in ihre Synagoge; ¹⁰ und
siehe, ein Mensch, habend eine vertrocknete Hand. Und sie
befragten ihn, sagend, ob es erlaubt ist, an den Sabbaten zu
heilen?, damit sie anklagten ihn. ¹¹ Der aber sprach zu ihnen:
Wer wird sein von euch ein Mensch, der haben wird ein einziges Schaf, und wenn dieses hineinfällt an Sabbaten in eine
Grube, wird er es nicht ergreifen und aufrichten? ¹² Um wieviel (mehr) nun unterscheidet sich ein Mensch von einem
Schaf. Deshalb ist es erlaubt, an den Sabbaten recht zu tun.
¹³ Da sagt er dem Menschen: Strecke aus deine Hand! Und
ausstreckte er (sie), und wiederhergestellt wurde sie, gesund
wie die andere. ¹⁴ Hinausgehend aber die Pharisaier, faßten
sie einen Beschluß gegen ihn, auf daß sie ihn vernichteten.

¹⁵ Jesus aber erkennend (es), entwich von dort. Und (es)
folgten ihm viele [Volksmengen], und er heilte sie alle, ¹⁶ und
anfuhr er sie, damit sie nicht offenbar ihn machten, ¹⁷ damit
erfüllt wird das Gesagte durch Isaias, den Propheten, (den)
sagenden: ¹⁸ *Siehe, mein Knecht, den ich erwählte, mein Ge-*   Jes 42,1–4
liebter, an dem Gefallen fand meine Seele; legen werde ich
meinen Geist auf ihn, und ein Gericht wird er verkünden den
Völkern. ¹⁹ *Nicht wird er streiten, und nicht wird er schreien,*
und nicht wird hören einer auf den Straßen seine Stimme.
²⁰ *Ein angebrochenes Rohr wird er nicht zerbrechen, und ei-*
nen glimmenden Docht wird er nicht löschen, bis er führt zum
Sieg *das Gericht.* ²¹ *Und auf seinen Namen werden Völker*
hoffen.

²² Da wurde hingebracht zu ihm ein Besessener, blind und
stumm, und er heilte ihn, so daß der Stumme redete und sah.
²³ Und außer sich gerieten alle Volksmengen und sagten: Ist
etwa dieser der Sohn Davids? ²⁴ Die Pharisaier aber, hörend
(es), sprachen: Dieser wirft nicht hinaus die Dämonen, außer
mit dem Beelzebul, (dem) Herrscher der Dämonen. ²⁵ Kennend aber ihre Gedanken, sprach er zu ihnen: Jedes König-

tum, geteilt in sich, wird verwüstet, und jede Stadt oder (jedes) Haus, geteilt in sich, wird nicht bestehen. [26] Und wenn der Satan den Satan hinauswirft, wurde er in sich geteilt; wie also wird bestehen sein Königtum? [27] Und wenn ich mit Beelzebul hinauswerfe die Dämonen, eure Söhne, mit wem werfen sie hinaus? Deswegen werden sie Richter sein über euch. [28] Wenn aber mit (dem) Geist Gottes ich hinauswerfe die Dämonen, also kam zu euch das Königtum Gottes. [29] Oder wie kann einer hineingehen in das Haus des Starken und seine Gefäße rauben, wenn er nicht zuerst band den Starken? Und dann wird er sein Haus ausrauben. [30] Der nicht mit mir ist, gegen mich ist er, und der nicht sammelt mit mir, zerstreut.

[31] Deshalb sage ich euch: Jede Sünde und Lästerung wird erlassen werden den Menschen, aber die Lästerung des Geistes wird nicht erlassen werden. [32] Und wer immer spricht ein Wort wider den Sohn des Menschen, erlassen werden wird ihm; wer aber immer spricht wider den heiligen Geist, nicht erlassen werden wird ihm, weder in diesem Aion noch im zukünftigen.

[33] Entweder haltet den Baum für gut und seine Frucht für gut, oder haltet den Baum für faul und seine Frucht für faul; denn aus der Frucht wird der Baum erkannt. [34] Brut von Nattern, wie könnt ihr Gutes reden, die ihr böse seid? Denn aus dem Überfluß des Herzens redet der Mund. [35] Der gute Mensch wirft aus dem guten Schatz(behälter) heraus Gutes, und der böse Mensch wirft aus dem bösen Schatz(behälter) heraus Böses. [36] Ich sage euch aber: Jedes unnütze Wort, welches reden werden die Menschen, ablegen werden sie über es Rechenschaft am Tag (des) Gerichts. [37] Denn aus deinen Worten wirst du gerechtgesprochen werden, und aus deinen Worten wirst du verurteilt werden.

[38] Da antworteten ihm einige der Schriftkundigen und Pharisaier, sagend: Lehrer, wir wollen von dir ein Zeichen sehen. [39] Der aber antwortend sprach zu ihnen: Ein böses und ehebrecherisches Geschlecht verlangt ein Zeichen, aber ein Zeichen wird ihm nicht gegeben werden, wenn nicht das Zei-

chen (des) Jonas, des Propheten. [40] Denn wie *Jonas war im*   Jona 2,1
Bauch des Seeungetüms drei Tage und drei Nächte, so wird
sein der Sohn des Menschen im Herzen der Erde drei Tage
und drei Nächte. [41] (Die) ninevitischen Männer werden aufstehen im Gericht mit diesem Geschlecht, und sie werden es
verurteilen, weil sie umkehrten zur Verkündigung (des) Jonas, und siehe, mehr als Jonas (ist) hier. [42] (Die) Königin vom
Südreich wird aufstehen im Gericht mit diesem Geschlecht,
und sie wird es verurteilen, weil sie kam von den Enden der
Erde, zu hören die Weisheit Solomons, und siehe, mehr als
Solomon (ist) hier.

[43] Wann aber der unreine Geist herauskommt von dem
Menschen, hindurchgeht er durch wasserlose Gegenden, suchend einen Ruheplatz, und nicht findet er. [44] Da sagt er: In
mein Haus werde ich zurückkehren, von wo ich herauskam;
und kommend findet er (es) leerstehend, gefegt und geschmückt. [45] Da geht er, und mit sich nimmt er sieben andere
Geister, böser als er selbst, und hineinkommend wohnen sie
dort; und es wird das Letzte jenes Menschen schlimmer als
das Erste. So wird es sein auch mit diesem bösen Geschlecht.

[46] Noch während er redet zu den Volksmengen, siehe, die
Mutter und seine Brüder standen draußen, suchend mit ihm
zu reden. [47] [(Es) sprach aber einer zu ihm: Siehe, deine Mutter und deine Brüder, draußen stehen sie, suchend mit dir zu
reden.] [48] Der aber antwortend sprach zu dem mit ihm Redenden: Wer ist meine Mutter, und welche sind meine Brüder?
[49] Und ausstreckend seine Hand über seine Schüler, sprach er:
Siehe, meine Mutter und meine Brüder! [50] Denn welcher
immer tut den Willen meines Vaters in den Himmeln, er ist
mein Bruder und (meine) Schwester und Mutter.

13 [1] An jenem Tag, als Jesus herausgekommen war aus
dem Haus, saß er am Meer. [2] Und zusammenkamen
bei ihm viele Volksmengen, so daß er, in ein Boot eingestiegen, sich setzte, und die ganze Volksmenge stand am Strand.

[3] Und er redete zu ihnen vieles in Gleichnissen, sagend:
Siehe, hinausging der Säende, um zu säen. [4] Und bei seinem

Säen – die einen (Samen) fielen entlang des Weges, und kommend die Vögel fraßen sie auf. [5] Andere aber fielen auf das Felsige, wo sie nicht viel Erde hatten, und sogleich gingen sie auf wegen des Nicht-Tiefe-Habens an Erde; [6] als aber die Sonne aufging, wurden sie verbrannt, und wegen des Nicht-Wurzel-Habens vertrockneten sie. [7] Andere aber fielen unter die Dornen, und aufstiegen die Dornen, und sie erstickten sie. [8] Andere aber fielen auf die gute Erde und gaben Frucht, das eine hundert, das andere sechzig, das andere dreißig. [9] Der Ohren Habende soll hören!

[10] Und hinzukommend sprachen die Schüler zu ihm: Weshalb redest du in Gleichnissen zu ihnen? [11] Der aber antwortend sprach zu ihnen: Euch ist es gegeben, zu erkennen die Geheimnisse des Königtums der Himmel, jenen aber ist es nicht gegeben. [12] Denn wer hat, gegeben werden wird ihm, und überreich wird er gemacht werden; wer aber nicht hat, auch was er hat, wird weggenommen werden von ihm. [13] Deswegen rede ich in Gleichnissen zu ihnen, weil als Sehende sie nicht sehen und als Hörende sie nicht hören und nicht verstehen. [14] Und erfüllt wird ihnen die Prophetie (des) Isaias, die sagende: *Mit (dem) Gehör werdet ihr hören, und nicht sollt ihr verstehen, und sehend werdet ihr sehen, und nicht sollt ihr schauen.* [15] *Denn verstockt ist das Herz dieses Volkes, und mit den Ohren schwer hörten sie, und ihre Augen verschlossen sie, damit sie nicht schauen mit den Augen und mit den Ohren hören und mit dem Herz verstehen und umkehren und ich sie heilen werde.* [16] Eure Augen aber (sind) selig, weil sie sehen, und eure Ohren, weil sie hören. [17] Amen, denn ich sage euch: Viele Propheten und Gerechte begehrten zu schauen, was ihr seht, und nicht schauten sie, und zu hören, was ihr hört, und nicht hörten sie.

[18] Ihr nun, hört das Gleichnis des Säenden! [19] Jedesmal, wenn einer hört das Wort des Königtums und nicht versteht, kommt der Böse und raubt das Gesäte in seinem Herzen; dieser ist der entlang des Weges Gesäte. [20] Der aber auf das Felsige Gesäte, dieser ist der das Wort Hörende und sofort mit

Jes 6,9f (G)

Freude es Aufnehmende, [21] nicht aber hat er eine Wurzel in
sich, sondern auf (den) Augenblick ist er; wenn aber entsteht
Bedrängnis oder Verfolgung wegen des Wortes, sofort nimmt
er Anstoß. [22] Der aber in die Dornen Gesäte, dieser ist der das
Wort Hörende, aber die Sorge des Aions und der Trug des
Reichtums erstickt das Wort, und fruchtlos wird es. [23] Der
aber auf die gute Erde Gesäte, dieser ist der das Wort Hörende und Verstehende, der dann Frucht bringt, und der eine
trägt hundert, der andere sechzig, der andere dreißig.

[24] Ein anderes Gleichnis legte er ihnen vor, sagend: Verglichen wurde das Königtum der Himmel einem Menschen, sä-
end guten Samen auf seinem Acker. [25] Beim Schlafen der
Menschen aber kam sein Feind, und er säte darauf Unkraut
inmitten des Weizens, und er ging weg. [26] Als aber keimte der
Halm und Frucht trug, da erschien auch das Unkraut. [27] Hinzukommend aber sprachen die Sklaven des Hausherrn zu ihm:
Herr, sätest du nicht guten Samen auf deinem Acker? Woher
also hat er Unkraut? [28] Der aber sagte ihnen: Ein feindlicher
Mensch tat dies. Die Sklaven aber sagen ihm: Willst du nun,
daß weggehend wir es sammeln? [29] Der aber sagt: Nein, damit
ihr nicht, sammelnd das Unkraut, entwurzelt zugleich mit ihm
den Weizen. [30] Laßt miteinander wachsen beide bis zur Ernte;
und zur Zeit der Ernte werde ich sagen den Erntearbeitern:
Sammelt zuerst das Unkraut und bindet es zu Bündeln, um es
zu verbrennen; den Weizen aber sammelt in meine Scheune.

[31] Ein anderes Gleichnis legte er ihnen vor, sagend: Gleich
ist das Königtum der Himmel einem Senfkorn, das nehmend
ein Mensch säte auf seinem Acker; [32] das kleiner zwar ist als
alle Samen, wann es aber wuchs, größer als die Gartenge-
wächse ist es, und es wird ein Baum, so daß kommen *die Vö-*   Ps 103,12 (G)
gel des Himmels und *nisten in seinen Zweigen.*

[33] Ein anderes Gleichnis redete er zu ihnen: Gleich ist das
Königtum der Himmel einem Sauerteig, den nehmend eine
Frau hineinverbarg in drei Saton Mehl, bis daß es durchsäuert
wurde ganz. [34] Dieses alles redete Jesus in Gleichnissen zu
den Volksmengen, und ohne Gleichnis redete er nichts zu ih-

nen, [35] auf daß erfüllt würde das Gesagte durch den Prophe-
Ps 78,2 ten, (den) sagenden: *Öffnen werde ich in Gleichnissen meinen*
Mund, aussprechen werde ich Verborgenes seit Grundlegung
[(der) Welt].
[36] Dann, verlassend die Volksmengen, kam er ins Haus.
Und (es) kamen zu ihm seine Schüler, sagend: Erkläre uns
das Gleichnis vom Unkraut des Ackers. [37] Der aber antwortend sprach: Der Säende den guten Samen ist der Sohn des
Menschen, [38] der Acker aber ist die Welt; der gute Same aber,
diese sind die Söhne des Königtums; das Unkraut aber sind
die Söhne des Bösen, [39] der Feind aber, der es Säende, ist der
Teufel; die Ernte aber ist (die) Vollendung (des) Aions, die
Erntearbeiter aber sind (die) Engel. [40] Wie nun gesammelt
wird das Unkraut und durch Feuer [ver]brannt wird, so wird
es sein bei der Vollendung des Aions: [41] Schicken wird der
Sohn des Menschen seine Engel, und sie werden sammeln aus
seinem Königtum alle Ärgernisse und die Tuenden das Unge-
Dan 3,6 setzliche, [42] und *sie werden sie werfen in den Feuerofen;* dort
wird sein das Weinen und das Klappern der Zähne. [43] Dann
werden die Gerechten aufleuchten wie die Sonne im König
tum ihres Vaters. Der Ohren Habende soll hören!

[44] Gleich ist das Königtum der Himmel einem Schatz, verborgen im Acker, den, nachdem er (ihn) gefunden hatte, ein
Mensch verbarg, und in seiner Freude geht er fort, und er
verkauft alles, wieviel er hat, und er kauft jenen Acker.

[45] Wieder gleich ist das Königtum der Himmel einem Menschen, einem Kaufmann, suchend schöne Perlen; [46] nachdem
er aber eine wertvolle Perle gefunden hatte, hat er, weggehend, alles verkauft, wieviel er hatte, und er kaufte sie.

[47] Wieder gleich ist das Königtum der Himmel einem
Schleppnetz, geworfen ins Meer und aus jeder Art (Fische)
sammelnd; [48] das, als es gefüllt war, zogen sie hinauf auf den
Strand, und sich setzend sammelten sie die guten (Arten) in
Gefäße, die faulen aber warfen sie hinaus. [49] So wird es sein
bei der Vollendung des Aions; hinausgehen werden die Engel, und sie werden aussondern die Bösen aus (der) Mitte der

Gerechten, [50] und *sie werden sie werfen in den Feuerofen;* Dan 3,6
dort wird sein das Weinen und das Klappern der Zähne.

[51] Habt ihr verstanden das alles? Sie sagen ihm: Ja. [52] Der
aber sprach zu ihnen: Deshalb ist jeder Schriftkundige, Schüler geworden des Königtums der Himmel, gleich einem Menschen, einem Hausherrn, welcher herausholt aus seinem
Schatz(behälter) Neues und Altes.

[53] Und es geschah, als Jesus beendete diese Gleichnisse,
brach er auf von dort. [54] Und kommend in seine Vaterstadt,
lehrte er sie in ihrer Synagoge, so daß sie außer sich gerieten
und sagten: Woher (sind) diesem diese Weisheit und die
Kräfte? [55] Ist nicht dieser des Zimmermanns Sohn? Wird nicht
seine Mutter genannt Mariam und seine Brüder Jakobos und
Joseph und Simon und Judas? [56] Und sind seine Schwestern
nicht alle bei uns? Woher also (ist) diesem dieses alles? [57] Und
sie nahmen Anstoß an ihm. Jesus aber sprach zu ihnen: Nicht
ist ein Prophet ungeehrt, außer in (seiner) Vaterstadt und in
seinem Haus. [58] Und nicht tat er dort viele Kraft(taten) wegen
ihres Unglaubens.

14 [1] In jener Zeit hörte Herodes, der Tetrarch, das Gerücht über Jesus, [2] und er sprach zu seinen Knechten: Dieser ist Johannes der Täufer; er wurde erweckt von
den Toten, und deswegen wirken die Kräfte in ihm.

[3] Denn Herodes, ergreifend den Johannes, hatte gebunden
[ihn] und im Gefängnis verwahrt wegen Herodias, der Frau
(des) Philippos, seines Bruders. [4] Denn (es) sagte ihm Johannes: Nicht ist dir erlaubt, sie zu haben. [5] Und obwohl er ihn
töten wollte, fürchtete er die Volksmenge, weil für einen
Propheten sie ihn hielten.

[6] Als aber das Geburtsfest des Herodes war, tanzte die
Tochter der Herodias in der Mitte, und sie gefiel dem Herodes, [7] weshalb er mit einem Eid zusicherte, ihr zu geben, was
immer sie erbitte. [8] Die aber, vorgeschoben von ihrer Mutter:
Gib mir, sagt sie, hier auf einem Teller den Kopf (des) Johannes des Täufers! [9] Und der König, betrübt wegen der Eide
und der mit (zu Tisch) Liegenden, befahl, daß (er) gegeben

werde, [10] und (hin)schickend ließ er enthaupten [den] Johannes im Gefängnis. [11] Und gebracht wurde sein Kopf auf einem Teller, und gegeben wurde er dem Mädchen, und es brachte (ihn) seiner Mutter. [12] Und hinkommend seine Schüler, wegtrugen sie die Leiche, und sie begruben sie*, und kommend meldeten sie (es) Jesus.

[13] (Es) hörend aber, entwich Jesus von dort in einem Boot an einen einsamen Ort für sich; und hörend (es), folgten die Volksmengen ihm zu Fuß von den Städten. [14] Und herauskommend sah er eine große Volksmenge, und er wurde ergriffen über sie, und er heilte ihre Kranken.

[15] Als es aber Abend geworden war, kamen zu ihm die Schüler, sagend: Einsam ist der Ort und die Stunde schon vorübergegangen; entlasse die Volksmengen, damit, weggehend in die Dörfer, sie sich kaufen Speisen. [16] [Jesus] aber sprach zu ihnen: Nicht nötig haben sie wegzugehen, gebt ihnen ihr zu essen! [17] Die aber sagen ihm: Nicht(s) haben wir hier außer fünf Brote und zwei Fische. [18] Der aber sprach: Bringt mir sie hierher! [19] Und befehlend, daß die Volksmengen sich hinlegten auf das Gras, nehmend die fünf Brote und die zwei Fische, aufschauend zum Himmel, segnete er, und brechend gab er den Schülern die Brote, die Schüler aber den Volksmengen. [20] Und (es) aßen alle und wurden gesättigt, und wegtrugen sie das Übriggebliebene der Stücke, zwölf volle Körbe. [21] Die Essenden aber waren etwa fünftausend Männer, ohne Frauen und Kinder.

[22] Und sogleich nötigte er die Schüler, einzusteigen ins Boot und vorauszufahren ihm zum Gegenüber, bis daß er entlasse die Volksmengen. [23] Und entlassend die Volksmengen, hinaufstieg er auf den Berg für sich, um zu beten. Als es aber Abend geworden war, allein war er dort. [24] Das Boot aber war schon viele Stadien vom Land entfernt, bedrängt von den Wellen, denn (es) war entgegen der Wind. [25] Bei (der) vierten Wache der Nacht aber kam er zu ihnen, umhergehend auf dem Meer. [26] Die Schüler aber, sehend ihn auf dem Meer

* bzw. [ihn]

umhergehend, wurden verwirrt, sagend: Ein Gespenst ist
(es), und vor Furcht schrien sie. [27] Sofort aber redete [Jesus]
zu ihnen, sagend: Habt Mut, ich bin (es); fürchtet euch nicht!
[28] Antwortend aber ihm, sprach Petros: Herr, wenn du (es)
bist, befiehl mir, zu kommen zu dir auf den Wassern! [29] Der
aber sprach: Komm! Und hinabsteigend vom Boot, ging Petros umher auf den Wassern und kam zu Jesus. [30] Sehend aber
den [starken] Wind, fürchtete er sich, und beginnend zu sin-
ken, schrie er, sagend: Herr, rette mich! [31] Sogleich aber,
ausstreckend die Hand, ergriff ihn Jesus und sagt ihm: Klein-
gläubiger, warum zweifeltest du? [32] Und als sie hinaufstiegen
ins Boot, nachließ der Wind. [33] Die aber im Boot fielen nieder
vor ihm, sagend: Wahrhaft, Gottes Sohn bist du.

[34] Und hinüberfahrend kamen sie auf das Land, nach Gennesaret. [35] Und erkennend ihn, schickten die Männer jenes
Ortes in jene ganze Umgegend, und hinbrachten sie ihm alle,
denen es schlecht ging, [36] und sie baten ihn, daß sie nur berührten die Quaste seines Gewandes; und wieviele berührten,
wurden gerettet.

15 [1] Da kommen zu Jesus von Hierosolyma Pharisaier
und Schriftkundige, sagend: [2] Weshalb übertreten
deine Schüler die Überlieferung der Älteren? Denn nicht waschen sie [ihre] Hände, wann Brot sie essen. [3] Der aber antwortend sprach zu ihnen: Weshalb übertretet auch ihr das
Gebot Gottes wegen eurer Überlieferung? [4] Denn Gott sprach:
Ehre den Vater und die Mutter, und: *Der Beschimpfende Va-*   Ex 20,12
ter oder Mutter soll mit Tod enden. [5] Ihr aber sagt: Wer im-   Dtn 5,16
mer spricht zum Vater oder zur Mutter: Weihegabe (sei), was   Ex 21,17
immer du von mir Nutzen hättest, [6] nicht wird er ehren seinen   Lev 20,9
Vater; und ihr entmachtetet das Wort Gottes wegen eurer
Überlieferung. [7] Heuchler, recht prophezeite über euch Isaias,
sagend: [8] *Dieses Volk ehrt mit den Lippen mich, ihr Herz aber*   Jes 29,13 (G)
hält sich weit fern von mir; [9] *vergeblich aber verehren sie*
mich, lehrend als Lehren Gebote von Menschen. [10] Und herbeirufend die Volksmenge, sprach er zu ihnen: Hört und versteht! [11] Nicht das Hineingehende in den Mund macht gemein

den Menschen, sondern das Herausgehende aus dem Mund, dieses macht gemein den Menschen.

[12] Da, hinzukommend die Schüler, sagen sie ihm: Weißt du, daß die Pharisaier, hörend das Wort, Anstoß nahmen? [13] Der aber antwortend sprach: Jede Pflanze, die nicht pflanzte mein himmlischer Vater, wird entwurzelt werden. [14] Laßt sie; als Blinde sind sie Führer [von Blinden]; wenn aber ein Blinder einen Blinden führt, werden beide in eine Grube fallen.

[15] Antwortend aber sprach Petros zu ihm: Deute uns [dieses] Gleichnis! [16] Der aber sprach: Noch seid auch ihr Unverständige? [17] Nicht begreift ihr, daß alles Hineingehende in den Mund in den Bauch gelangt und in (den) Abort ausgeschieden wird? [18] Das Herausgehende aber aus dem Mund, aus dem Herzen kommt es heraus, und jenes macht gemein den Menschen. [19] Denn aus dem Herzen gehen aus böse Gedanken, Morde, Ehebrüche, Unzüchtiges, Diebstähle, Falschzeugnisse, Lästerungen. [20] Dieses ist das Gemeinmachende den Menschen, das Essen aber mit ungewaschenen Händen macht nicht gemein den Menschen.

[21] Und herauskommend von dort, entwich Jesus in die (Landes)teile von Tyros und Sidon. [22] Und siehe, eine Frau, eine Chananaierin, von jenen Gebieten herauskommend, schrie, sagend: Erbarme dich meiner, Herr, Sohn Davids! Meine Tochter ist böse besessen. [23] Der aber antwortete ihr nicht ein Wort. Und hinzukommend baten seine Schüler ihn, sagend: Entlaß sie, denn sie schreit hinter uns (her). [24] Der aber antwortend sprach: Nicht wurde ich geschickt, außer zu den verlorenen Schafen des Hauses Israel. [25] Die aber kommend fiel nieder vor ihm, sagend: Herr, hilf mir! [26] Der aber antwortend sprach: Nicht ist es recht, zu nehmen das Brot der Kinder und hinzuwerfen (es) den Hündchen. [27] Die aber sprach: Ja, Herr; denn auch die Hündchen essen von den Bröckchen, den fallenden vom Tisch ihrer Herren. [28] Da, antwortend, sprach Jesus zu ihr: O Frau, groß (ist) dein Glaube; es soll dir geschehen, wie du willst. Und geheilt wurde

ihre Tochter von jener Stunde (an).

²⁹ Und fortgehend von dort, kam Jesus entlang am Meer der Galilaia, und hinaufsteigend auf den Berg setzte er sich dort. ³⁰ Und (es) kamen zu ihm viele Volksmengen, habend bei sich Lahme, Blinde, Krüppel, (Taub)stumme und viele andere, und sie legten sie hin zu seinen Füßen; und er heilte sie; ³¹ daher staunte die Volksmenge, sehend (Taub)stumme redend, Krüppel gesund und Lahme umhergehend und Blinde sehend; und sie verherrlichten den Gott Israels.

³² Jesus aber, herbeirufend seine Schüler, sprach: Ergriffen werde ich über die Volksmenge, weil sie schon drei Tage bleiben bei mir und nicht(s) haben, was sie essen könnten; und entlassen will ich sie nicht hungrig, damit sie nicht erliegen auf dem Weg. ³³ Und (es) sagen ihm die Schüler: Woher (kämen) uns in (der) Öde soviele Brote, um zu sättigen eine so große Volksmenge? ³⁴ Und (es) sagt ihnen Jesus: Wieviele Brote habt ihr? Die aber sprachen: Sieben und wenige Fischchen. ³⁵ Und gebietend der Volksmenge, sich niederzulassen auf die Erde, ³⁶ nahm er die sieben Brote und die Fische, und dankend brach er (sie), und er gab (sie) den Schülern, die Schüler aber den Volksmengen. ³⁷ Und (sie) aßen alle und wurden gesättigt. Und das Übriggebliebene der Stücke trugen sie weg, sieben volle Körbe. ³⁸ Die Essenden aber waren viertausend Männer, ohne Frauen und Kinder.

³⁹ Und entlassend die Volksmengen, stieg er ein ins Boot, und er kam in die Gebiete von Magadan.

16 ¹ Und hinzukommend die Pharisaier und Saddukaier, (ihn) versuchend, verlangten sie von ihm, ein Zeichen aus dem Himmel zu zeigen ihnen. ² Der aber antwortend sprach zu ihnen: [Wenn es Abend wird, sagt ihr: Heiteres Wetter (kommt); denn (es) rötet sich der Himmel; ³ und (in der) Frühe: Heute (kommt) Sturm; denn (es) rötet sich der sich trübende Himmel. Das Angesicht des Himmels zwar wißt ihr zu beurteilen, die Zeichen der Zeiten aber könnt ihr nicht?] ⁴ Ein böses und ehebrecherisches Geschlecht verlangt ein Zeichen, aber ein Zeichen wird ihm nicht gegeben werden, wenn nicht das Zeichen (des) Jonas. Und zurücklassend sie, wegging er. [5] Und als die Schüler kamen zum Gegenüber, vergaßen sie, Brote mitzunehmen. [6] Jesus aber sprach zu ihnen: Seht (zu) und nehmt euch in acht vor dem Sauerteig der Pharisaier und Saddukaier! [7] Die aber überlegten bei sich, sagend: Brote nahmen wir nicht (mit). [8] (Es) erkennend aber, sprach Jesus: Was überlegt ihr bei euch, Kleingläubige, daß Brote ihr nicht habt? [9] Noch nicht begreift ihr, und nicht erinnert ihr euch an die fünf Brote der Fünftausend und wieviele Körbe ihr aufhobt? [10] Und nicht an die sieben Brote der Viertausend und wieviele Körbe ihr aufhobt? [11] Wieso begreift ihr nicht, daß nicht über Brote ich zu euch sprach? Nehmt euch aber in acht vor dem Sauerteig der Pharisaier und Saddukaier! [12] Da verstanden sie, daß er nicht (davon) sprach, sich in acht zu nehmen vor dem Sauerteig der Brote, sondern vor der Lehre der Pharisaier und Saddukaier.

[13] Kommend aber Jesus in die (Landes)teile von Kaisareia, dem von Philippos, fragte er seine Schüler, sagend: Wer, sagen die Menschen, daß der Sohn des Menschen sei? [14] Die aber sprachen: Die einen: Johannes der Täufer, andere aber: Elias, andere aber: Jeremias oder einer der Propheten. [15] Er sagt ihnen: Ihr aber, wer, sagt ihr, daß ich sei? [16] Antwortend aber sprach Simon Petros: Du bist der Christos, der Sohn des lebendigen Gottes. [17] Antwortend aber sprach Jesus zu ihm: Selig bist du, Simon Barjona, weil nicht Fleisch und Blut dir offenbarten, sondern mein Vater in den Himmeln. [18] Und ich sage dir: Du bist Petros, und auf diesem Felsen werde ich bauen meine Kirche, und (die) Tore (des) Hades werden sie nicht überwinden. [19] Geben werde ich dir die Schlüssel des Königtums der Himmel, und was immer du bindest auf der Erde, wird gebunden sein in den Himmeln, und was immer du löst auf der Erde, wird gelöst sein in den Himmeln. [20] Dann trug er den Schülern auf, daß sie keinem sagten: Er ist der Christos.

[21] Von da (an) begann Jesus zu zeigen seinen Schülern, daß er müsse nach Hierosolyma hingehen und vieles leiden von

den Ältesten und Hochpriestern und Schriftkundigen und getötet werden und am dritten Tag erweckt werden. [22] Und herbeinehmend ihn, begann Petros ihn anzufahren, sagend: (Gott
sei) dir gnädig, Herr; nicht soll dir dies geschehen. [23] Der
aber, sich umwendend, sprach zu Petros: Geh fort, hinter
mich, Satan! Ein Ärgernis bist du mir, weil du nicht sinnst
das von Gott, sondern das der Menschen.

[24] Da sprach Jesus zu seinen Schülern: Wenn einer will
hinter mir (her)kommen, soll er sich selbst verleugnen und
tragen sein Kreuz und mir folgen! [25] Denn wer immer will
sein Leben retten, verlieren wird er es; wer aber immer verliert sein Leben wegen meiner, finden wird er es. [26] Denn was
wird es nützen einem Menschen, wenn er die ganze Welt gewinnt, an seinem Leben aber bestraft wird? Oder was wird
geben ein Mensch als Gegenwert seines Lebens? [27] Denn es
wird der Sohn des Menschen kommen in der Herrlichkeit seines Vaters mit seinen Engeln, und dann *wird er vergelten jedem nach seinem Tun.* [28] Amen, ich sage euch: (Es) sind einige der hier Stehenden, welche nicht kosten werden (den)
Tod, bis sie sehen den Sohn des Menschen kommend in seinem Königtum.

17 [1] Und nach sechs Tagen mitnimmt Jesus den Petros
und Jakobos und Johannes, dessen Bruder, und hinaufbringt er sie auf einen hohen Berg für sich. [2] Und er wurde
umgestaltet vor ihnen, und (es) leuchtete sein Gesicht wie die
Sonne, seine Gewänder aber wurden weiß wie das Licht.
[3] Und siehe, (es) erschien ihnen Moyses und Elias, sich unterredend mit ihm. [4] Antwortend aber sprach Petros zu Jesus:
Herr, recht ist es, daß wir hier sind; wenn du willst, werde
ich machen hier drei Zelte, dir eines und Moyses eines und
Elias eines. [5] Während er noch redet, siehe, eine lichte Wolke
überschattete sie, und siehe, eine Stimme aus der Wolke, sagend: Dieser ist mein geliebter Sohn, an dem ich Gefallen
fand; hört ihn! [6] Und hörend (es), fielen die Schüler auf ihr
Gesicht und fürchteten sich sehr. [7] Und hinzukam Jesus und,
berührend sie, sprach er: Steht auf und fürchtet euch nicht!

Ps 62,13
Spr 24,12
Sir 35,22 (G)

⁸ Erhebend aber ihre Augen, keinen sahen sie außer ihn, Jesus allein. ⁹ Und während sie herabstiegen vom Berg, gebot ihnen Jesus, sagend: Zu keinem sprecht von dem Gesicht, bis daß der Sohn des Menschen aus Toten erweckt ist. ¹⁰ Und (es) befragten ihn die Schüler, sagend: Was nun sagen die Schriftkundigen: *Elias muß kommen zuerst?* ¹¹ Der aber antwortend sprach: *Elias kommt zwar und wird* alles *wiederherstellen;* ¹² ich sage euch aber: Elias kam schon, aber nicht erkannten sie ihn, sondern sie taten an ihm, was sie wollten; so wird auch der Sohn des Menschen leiden von ihnen. ¹³ Da verstanden die Schüler, daß über Johannes den Täufer er sprach zu ihnen.

Mal 3,23f

¹⁴ Und als sie kamen zur Volksmenge, kam zu ihm ein Mensch, auf die Knie fallend vor ihm ¹⁵ und sagend: Herr, erbarme dich meines Sohnes, denn er ist mondsüchtig, und schlecht ergeht es ihm; denn oft fällt er ins Feuer und oft ins Wasser. ¹⁶ Und hinbrachte ich ihn deinen Schülern, aber nicht konnten sie ihn heilen. ¹⁷ Antwortend aber sprach Jesus: O ungläubiges und verkehrtes Geschlecht, bis wann werde ich mit euch sein? Bis wann werde ich ertragen euch? Bringt mir ihn hierher! ¹⁸ Und anfuhr ihn Jesus, und herauskam von ihm der Dämon, und (es) war geheilt der Knabe von jener Stunde (an).

¹⁹ Da, kommend die Schüler zu Jesus für sich, sprachen sie: Weshalb konnten wir nicht hinauswerfen ihn? ²⁰ Der aber sagt ihnen: Wegen eures Kleinglaubens, amen, denn ich sage euch: Wenn ihr habt einen Glauben wie ein Senfkorn, werdet ihr sagen diesem Berg: Geh fort von hier nach dort, und fortgehen wird er; und nichts wird euch unmöglich sein.*

²² Als sie aber zusammengekommen waren in der Galilaia, sprach zu ihnen Jesus: Der Sohn des Menschen ist im Begriff übergeben zu werden in (die) Hände von Menschen, ²³ und sie werden töten ihn, und am dritten Tag wird er erweckt werden. Und sie wurden sehr betrübt.

²⁴ Als sie aber kamen nach Kapharnaum, kamen die die

* V 21 ist sekundär, eingedrungen aus Mk 9,29.

Doppeldrachmen Einnehmenden zu Petros und sprachen:
Euer Lehrer, zahlt er nicht [die] Doppeldrachmen? [25] Er sagt:
Ja. Und kommend ins Haus, kam ihm Jesus zuvor, sagend:
Was dünkt dir, Simon? Die Könige der Erde, von welchen
nehmen sie Zoll oder Steuer? Von ihren Söhnen oder von den
Fremden? [26] Als er aber sprach: Von den Fremden, sagte ihm
Jesus: Also sind frei die Söhne. [27] Damit wir aber nicht An-
stoß geben ihnen: Gehend ans Meer, wirf eine Angel aus und
nimm den ersten heraufsteigenden Fisch, und öffnend sein
Maul, finden wirst du einen Stater; jenen nehmend, gib (ihn)
ihnen für mich und dich!

18 [1] In jener Stunde kamen die Schüler zu Jesus, sagend: Wer also ist (der) Größere im Königtum der
Himmel? [2] Und herberufend ein Kind, stellte er es in ihre
Mitte [3] und sprach: Amen, ich sage euch: Wenn ihr euch nicht
umwendet und werdet wie die Kinder, nicht kommt ihr hinein
ins Königtum der Himmel. [4] Wer also sich erniedrigen wird
wie dieses Kind, dieser ist der Größere im Königtum der
Himmel. [5] Und wer immer aufnimmt ein solches Kind in meinem Namen, mich nimmt er auf.

[6] Wer aber immer Anstoß gibt einem dieser Kleinen, der
Glaubenden an mich, zukommt ihm, daß umgehängt würde
ein Eselsmühlstein um seinen Nacken und er versenkt würde
in der Tiefe des Meeres. [7] Wehe der Welt wegen der Ärgernisse; denn (die) Notwendigkeit (besteht), daß die Ärgernisse
kommen, jedoch wehe dem Menschen, durch den das Ärgernis kommt. [8] Wenn aber deine Hand oder dein Fuß dir Anstoß
gibt, schlag ihn ab und wirf (ihn) von dir! Besser für dich ist
es, hineinzugehen ins Leben als Krüppel oder Lahmer, als,
zwei Hände oder zwei Füße habend, geworfen zu werden ins
ewige Feuer. [9] Und wenn dein Auge dir Anstoß gibt, reiß es
aus und wirf (es) von dir! Besser für dich ist es, als Einäugiger ins Leben hineinzugehen, als, zwei Augen habend, geworfen zu werden in die Gehenna des Feuers.

[10] Seht (zu), daß ihr nicht verachtet eines dieser Kleinen;
denn ich sage euch: Ihre Engel in (den) Himmeln schauen un-

ablässig das Angesicht meines Vaters in (den) Himmeln.*

[12] Was dünkt euch? Wenn es geschieht, (daß) einem Menschen hundert Schafe (gehören) und (es) verirrt sich eines von ihnen, wird er nicht verlassen die neunundneunzig auf den Bergen, und gehend sucht er das verirrte? [13] Und wenn es geschieht, daß er es findet, amen, ich sage euch: Er freut sich über es mehr als über die neunundneunzig, die nicht sich verirrten. [14] So ist es nicht (der) Wille vor eurem Vater in (den) Himmeln, daß verlorengehe eines dieser Kleinen.

[15] Wenn aber gesündigt hat [gegen dich] dein Bruder, geh fort, überführe ihn zwischen dir und ihm allein. Wenn er dich hört, gewannst du deinen Bruder; [16] wenn er aber nicht hört, nimm mit dir noch einen oder zwei, damit *auf (dem) Mund von zwei Zeugen oder drei bestehe jedes Wort;* [17] wenn er aber vorbeihört an ihnen, sprich zur Gemeinde; wenn er aber auch an der Gemeinde vorbeihört, sei er dir wie der Heidnische und der Zöllner. [18] Amen, ich sage euch: Wieviel immer ihr bindet auf der Erde, wird gebunden sein im Himmel, und wieviel immer ihr löst auf der Erde, wird gelöst sein im Himmel.

[19] Wieder [amen] sage ich euch: Wenn zwei übereinstimmen von euch auf der Erde in jeder Sache, die immer sie erbitten, geschehen wird es ihnen von meinem Vater in (den) Himmeln. [20] Denn wo zwei oder drei versammelt sind auf meinen Namen, dort bin ich in ihrer Mitte.

[21] Dann hinkommend sprach Petros zu ihm: Herr, wie oft wird sündigen gegen mich mein Bruder, und ich werde ihm erlassen? Bis siebenmal? [22] (Es) sagt ihm Jesus: Nicht sage ich dir: bis siebenmal, sondern bis siebzigmal sieben.

[23] Deswegen wurde verglichen das Königtum der Himmel einem Menschen, einem König, der Abrechnung halten wollte mit seinen Sklaven. [24] Als er aber begann, (sie) abzuhalten, wurde hingebracht zu ihm einer, ein Schuldner von zehntausend Talenten. [25] Da er aber nicht(s) hatte zurückzugeben, befahl der Herr, daß er verkauft werde und die Frau und die Kinder und alles, wieviel er hat, und daß zurückgegeben

Dtn 19,15 (margin)

* V 11 ist nur in einigen unbedeutenderen Handschriften bezeugt.

werde. ²⁶ Fallend nun fiel der Sklave nieder vor ihm, sagend:
Sei großmütig zu mir, und alles werde ich dir zurückgeben!
²⁷ Ergriffen aber entließ der Herr jenes Sklaven ihn, und die
Schuld erließ er ihm. ²⁸ Herauskommend aber fand jener
Sklave einen seiner Mitsklaven, der ihm schuldete hundert
Denare, und ergreifend ihn, würgte er (ihn), sagend: Gib zurück, wenn du etwas schuldest! ²⁹ (Nieder)fallend nun bat sein
Mitsklave ihn, sagend: Sei großmütig zu mir, und ich werde
dir zurückgeben. ³⁰ Der aber wollte nicht, sondern weggehend
warf er ihn ins Gefängnis, bis er zurückgebe das Geschuldete.
³¹ Sehend nun seine Mitsklaven das Geschehene, wurden sie
sehr betrübt, und kommend erklärten sie ihrem Herrn alles
Geschehene. ³² Dann, herbeirufend ihn, sagt sein Herr ihm:
Böser Sklave, all jene Schuld erließ ich dir, weil du mich ba-
test; ³³ mußtest nicht auch du dich erbarmen deines Mitsklaven, wie auch ich mich deiner erbarmte? ³⁴ Und erzürnt übergab ihn sein Herr den Folterern, bis daß er zurückgebe alles
Geschuldete. ³⁵ So wird auch mein himmlischer Vater euch
tun, wenn ihr nicht erlaßt, jeder seinem Bruder, von euren
Herzen.

19

¹ Und es geschah, als Jesus beendete diese Worte,
aufbrach er von der Galilaia, und er kam in die Gebiete der Judaia jenseits des Jordanes. ² Und (es) folgten ihm
viele Volksmengen, und er heilte sie dort.

³ Und hinzukamen zu ihm Pharisaier, versuchend ihn und
sagend: Ob es erlaubt ist einem Menschen, zu entlassen seine
Frau aus jedem Grund? ⁴ Der aber antwortend sprach: Nicht
last ihr, daß der Erschaffende von Anfang (an) *männlich und*
weiblich machte sie? ⁵ Und er sprach: *Dessentwegen wird zu-*
rücklassen ein Mensch den Vater und die Mutter, und an-
schließen wird er sich seiner Frau, und (es) werden sein die
zwei zu einem Fleisch. ⁶ Daher nicht mehr sind sie zwei, sondern ein Fleisch. Was nun Gott zusammenjochte, soll ein
Mensch nicht trennen. ⁷ Sie sagen ihm: Warum nun gebot
Moyses, einen Scheidebrief zu geben und [sie] zu entlassen?
⁸ Er sagt ihnen: Moyses erlaubte euch wegen eurer Harther-

Gen 1,27; 5,2

Gen 2,24 (G)

zigkeit, eure Frauen zu entlassen; von Anfang (an) aber ist es nicht gewesen so. [9] Ich sage euch aber: Wer immer entläßt seine Frau – nicht bei Unzucht – und heiratet eine andere, bricht die Ehe.

[10] (Es) sagen ihm [seine] Schüler: Wenn so ist die Sache des Menschen mit der Frau, ist es nicht nützlich zu heiraten. [11] Der aber sprach zu ihnen: Nicht alle fassen [dieses] Wort, sondern (die), denen es gegeben ist. [12] Denn (es) sind Verschnittene, welche aus (dem) Mutterleib geboren wurden so, und (es) sind Verschnittene, welche verschnitten wurden von den Menschen, und (es) sind Verschnittene, welche sich selbst verschnitten wegen des Königtums der Himmel. Der fassen Könnende soll (es) fassen!

[13] Da wurden hingebracht zu ihm Kinder, damit er die Hände auflege ihnen und bete; die Schüler aber fuhren sie an. [14] Jesus aber sprach: Laßt die Kinder und hindert sie nicht, zu kommen zu mir; denn solcher ist das Königtum der Himmel! [15] Und als er ihnen die Hände aufgelegt hatte, ging er von dort.

[16] Und siehe, einer hinzukommend sprach zu ihm: Lehrer, was Gutes soll ich tun, damit ich habe ewiges Leben? [17] Der aber sprach zu ihm: Was fragst du mich über das Gute? Einer ist der Gute; wenn du aber willst ins Leben hineingehen, bewahre die Gebote! [18] Er sagt ihm: Welche? Jesus aber sprach: Das: *Nicht sollst du morden, nicht sollst du ehebrechen, nicht sollst du stehlen, nicht sollst du falschzeugen,* [19] *ehre den Vater und die Mutter,* und *lieben sollst du deinen Nächsten wie dich selbst.* [20] (Es) sagt ihm der junge Mann: Dieses alles hielt ich, wessen noch ermangle ich? [21] (Es) sagte ihm Jesus: Wenn du willst vollkommen sein, geh fort, verkaufe deinen Besitz und gib (ihn) [den] Armen, und du wirst haben einen Schatz in (den) Himmeln, und auf, folge mir! [22] Hörend aber der junge Mann das Wort, wegging er betrübt; denn er hatte viele Güter.

[23] Jesus aber sprach zu seinen Schülern: Amen, ich sage euch: Ein Reicher wird schwer hineingehen ins Königtum der

Ex 20,12–16
Dtn 5,16–20

Lev 19,18

Himmel! [24] Wieder sage ich euch aber: Müheloser ist es, daß ein Kamel durch (das) Loch einer Nadel hindurchgeht, als daß ein Reicher hineingeht ins Königtum Gottes. [25] (Es) hörend aber die Schüler, gerieten sie außer sich sehr, sagend: Wer also kann gerettet werden? [26] (Sie) anschauend aber, sprach Jesus zu ihnen: Bei Menschen ist dies unmöglich, bei Gott aber (ist) alles möglich.

[27] Da, antwortend sprach Petros zu ihm: Siehe, wir verließen alles und folgten dir. Was also wird sein mit uns? [28] Jesus aber sprach zu ihnen: Amen, ich sage euch: Ihr, die mir Folgenden, bei der Wiedergeburt, wann sich setzt der Sohn des Menschen auf den Thron seiner Herrlichkeit, werdet auch ihr sitzen auf zwölf Thronen, richtend die zwölf Stämme Israels. [29] Und jeder, welcher verließ Häuser oder Brüder oder Schwestern oder Vater oder Mutter oder Kinder oder Äcker wegen meines Namens, Hundertfaches wird er empfangen, und ewiges Leben wird er erben. [30] Viele Erste aber werden sein Letzte und Letzte Erste.

20 [1] Denn gleich ist das Königtum der Himmel einem Menschen, einem Hausherrn, welcher herauskam gleich (in der) Frühe, zu mieten Arbeiter in seinen Weinberg. [2] Übereinkommend aber mit den Arbeitern auf einen Denar den Tag, schickte er sie in seinen Weinberg. [3] Und herauskommend um (die) dritte Stunde, sah er andere untätig stehend auf dem Markt, [4] und zu jenen sprach er: Geht auch ihr fort in den Weinberg, und was immer gerecht ist, werde ich euch geben! [5] Die aber gingen hin. Wieder [aber] herauskommend um (die) sechste und neunte Stunde, tat er ebenso. [6] Um die elfte aber herauskommend, fand er andere stehend, und er sagt ihnen: Was seid ihr hier gestanden den ganzen Tag untätig? [7] Sie sagen ihm: Weil keiner uns mietete. Er sagt ihnen: Geht auch ihr fort in den Weinberg! [8] Als es aber Abend geworden war, sagt der Herr des Weinbergs seinem Verwalter: Ruf die Arbeiter und erstatte ihnen den Lohn, beginnend bei den Letzten bis zu den Ersten! [9] Und kommend die um die elfte Stunde, empfingen sie je einen Denar. [10] Und kommend meinten die Ersten, daß mehr sie empfingen; und (es) empfingen [den] je einen Denar auch sie. [11] Empfangend aber murrten sie gegen den Hausherrn, [12] sagend: Diese Letzten arbeiteten eine einzige Stunde, und gleich machtest du sie uns, die wir trugen die Last des Tages und die Hitze. [13] Der aber, antwortend, sprach zu einem jeden von ihnen: Freund, nicht tue ich Unrecht dir; kamst du nicht auf einen Denar überein mit mir? [14] Nimm das Deine und geh fort! Ich will aber diesem Letzten geben wie auch dir. [15] [Oder] ist mir nicht erlaubt, was ich will, zu tun an den Meinen? Oder ist dein Auge böse, weil ich gut bin? [16] So werden sein die Letzten Erste und die Ersten Letzte.

[17] Und hinaufsteigend nach Hierosolyma, mitnahm Jesus die zwölf [Schüler] für sich, und auf dem Weg sprach er zu ihnen: [18] Siehe, hinaufsteigen wir nach Hierosolyma, und der Sohn des Menschen wird übergeben werden den Hochpriestern und Schriftkundigen, und sie werden verurteilen ihn zum Tod [19] und übergeben ihn den Heiden zum Verspotten und Geißeln und Kreuzigen, und am dritten Tag wird er erweckt werden.

[20] Da kam zu ihm die Mutter der Söhne (des) Zebedaios mit ihren Söhnen, niederfallend und erbittend etwas von ihm. [21] Der aber sprach zu ihr: Was willst du? Sie sagt ihm: Sprich, daß sitzen diese meine zwei Söhne, einer zu deiner Rechten und einer zu deiner Linken in deinem Königtum. [22] Antwortend aber sprach Jesus: Nicht wißt ihr, was ihr erbittet. Könnt ihr trinken den Kelch, den ich trinken werde? Sie sagen ihm: Wir können. [23] Er sagt ihnen: Zwar werdet ihr meinen Kelch trinken, das Sitzen aber zu meiner Rechten und zur Linken, [dies] zu geben, ist nicht meine (Sache), sondern (ist für die,) denen es bereitet ist von meinem Vater.

[24] Und (es) hörend, wurden die Zehn unwillig über die zwei Brüder. [25] Jesus aber, herbeirufend sie, sprach: Ihr wißt, daß die Führer der Völker sich ihrer bemächtigen und die Großen sie vergewaltigen. [26] Nicht so soll es sein unter euch, sondern wer immer will unter euch groß werden, soll sein euer Die-

ner, ²⁷und wer immer will unter euch sein Erster, soll sein
euer Sklave; ²⁸wie der Sohn des Menschen nicht kam, bedient
zu werden, sondern zu dienen und zu geben sein Leben als
Lösegeld anstelle vieler.

²⁹Und als sie herausgingen von Jericho, folgte ihm eine
große Volksmenge. ³⁰Und siehe, zwei Blinde sitzend am
Weg, hörend, daß Jesus vorbeigeht, schrien, sagend: Erbarme dich unser, [Herr], Sohn Davids! ³¹Die Volksmenge aber
anfuhr sie, daß sie schwiegen; die aber schrien mehr, sagend:
Erbarme dich unser, Herr, Sohn Davids! ³²Und stehenblei-
bend rief Jesus sie und sprach: Was wollt ihr, soll ich euch
tun? ³³Sie sagen ihm: Herr, daß sich öffnen unsere Augen.
³⁴Ergriffen aber berührte Jesus ihre Augen, und sogleich sa-
hen sie wieder, und sie folgten ihm.

21 ¹Und als sie nahekamen nach Hierosolyma und kamen nach Bethphage zum Berg der Ölbäume, da
schickte Jesus zwei Schüler, ²sagend ihnen: Geht in das Dorf
euch gegenüber, und sogleich finden werdet ihr eine Eselin
angebunden und ein Füllen bei ihr; lösend (sie), führt (sie) zu
mir! ³Und wenn einer zu euch etwas spricht, werdet ihr sagen: Der Herr hat sie nötig; sofort aber wird er sie schicken.
⁴Dies aber ist geschehen, damit erfüllt wird das Gesagte
durch den Propheten, (den) sagenden: ⁵*Sprecht zur Tochter*   Jes 62,11
Sion: Siehe, dein König kommt zu dir, sanft und aufgestiegen   Sach 9,9
auf eine Eselin und auf ein Füllen, (dem) Jungen eines Zug-
tiers. ⁶Gehend aber die Schüler und tuend, gleichwie ihnen
aufgetragen hatte Jesus, ⁷führten sie die Eselin und das Füllen
(herbei), und auflegten sie auf sie die Gewänder, und darauf-
setzte er sich auf sie. ⁸Die ganz große Volksmenge aber
breitete aus ihre Gewänder auf dem Weg, andere aber schlugen Zweige ab von den Bäumen und breiteten (sie) aus auf
dem Weg. ⁹Die Volksmengen aber, die ihm vorausgehenden
und die folgenden, schrien, sagend: *Hosanna dem Sohn Da-*   Ps 118,25f
vids; gesegnet der Kommende im Namen (des) Herrn; Hosan-
na in den Höhen!

¹⁰ Und als er hineinging nach Hierosolyma, erbebte die ganze Stadt, sagend: Wer ist dieser? ¹¹ Die Volksmengen aber sagten: Dieser ist der Prophet Jesus, der vom Nazareth der Galilaia.

¹² Und hineinging Jesus ins Heiligtum, und hinauswarf er alle Verkaufenden und Kaufenden im Heiligtum, und die Tische der Geldwechsler stieß er um und die Sitze der die Tau-

Jes 56,7   ben Verkaufenden, ¹³ und er sagt ihnen: Geschrieben ist: *Mein Haus wird Haus (des) Gebets gerufen werden,* ihr aber macht

Jer 7,11   es *zu einer Höhle von Räubern.* ¹⁴ Und (es) kamen zu ihm Blinde und Lahme im Heiligtum, und er heilte sie. ¹⁵ Sehend aber die Hochpriester und die Schriftkundigen das Staunenswerte, das er tat, und die Kinder, die schreienden im Heiligtum und sagenden: Hosanna dem Sohn Davids, wurden sie unwillig ¹⁶ und sprachen zu ihm: Hörst du, was diese sagen?

Ps 8,3 (G) Jesus aber sagt ihnen: Ja. Niemals last ihr: *Aus (dem) Mund von Unmündigen und Säuglingen bereitetest du Lob?* ¹⁷ Und zurücklassend sie, hinausging er aus der Stadt nach Bethania und übernachtete dort.

¹⁸ (In der) Frühe aber, hinaufgehend in die Stadt, hungerte (ihn). ¹⁹ Und sehend einen einzelnen Feigenbaum auf dem Weg, kam er zu ihm, und nichts fand er an ihm außer Blätter allein, und er sagt ihm: Niemals mehr soll aus dir eine Frucht werden in Ewigkeit. Und (es) vertrocknete auf der Stelle der Feigenbaum.

²⁰ Und sehend (es), staunten die Schüler, sagend: Wie vertrocknete auf der Stelle der Feigenbaum? ²¹ Antwortend aber sprach Jesus zu ihnen: Amen, ich sage euch: Wenn ihr habt Glauben und nicht zweifelt, nicht allein das des Feigenbaumes werdet ihr tun, sondern auch wenn zu diesem Berg ihr sprecht: Werde weggetragen und werde geworfen ins Meer, werden wird er (es); ²² und alles, wieviel immer ihr erbittet im Gebet, glaubend werdet ihr (es) empfangen.

²³ Und als er kam ins Heiligtum, kamen zu ihm, während er lehrte, die Hochpriester und die Ältesten des Volkes, sagend: In welcher Vollmacht tust du dieses? Und wer gab dir diese

Vollmacht? [24] Antwortend aber sprach Jesus zu ihnen: Fragen werde euch auch ich ein einziges Wort, wenn ihr das mir sagt, werde auch ich euch sagen, in welcher Vollmacht ich dieses tue: [25] Die Taufe (des) Johannes, woher war sie? Vom Himmel oder von Menschen? Die aber überlegten bei sich, sagend: Wenn wir sprechen: Vom Himmel, sagen wird er uns: Weshalb nun glaubtet ihr ihm nicht? [26] Wenn wir aber sprechen: Von Menschen, fürchten wir die Volksmenge; denn alle halten für einen Propheten den Johannes. [27] Und antwortend sprachen sie zu Jesus: Wir wissen (es) nicht. (Es) sagte ihnen auch er: Auch ich sage euch nicht, in welcher Vollmacht ich dieses tue.

[28] Was aber dünkt euch? Ein Mensch hatte zwei Kinder. Und kommend zum ersten, sprach er: Kind, geh fort heute, arbeite im Weinberg! [29] Der aber antwortend sprach: Ich will nicht; zuletzt aber, Reue bekommend, ging er hin. [30] Kommend aber zu dem anderen sprach er ebenso. Der aber antwortend sprach: Ich (will), Herr! Aber nicht ging er hin. [31] Wer von den zweien tat den Willen des Vaters? Sie sagen: Der erste. (Es) sagt ihnen Jesus: Amen, ich sage euch: Die Zöllner und die Dirnen gehen euch voran ins Königtum Gottes. [32] Denn (es) kam Johannes zu euch auf (dem) Weg (der) Gerechtigkeit, und nicht glaubtet ihr ihm, die Zöllner aber und die Dirnen glaubten ihm; ihr aber, sehend (es), auch nicht zuletzt bekamt ihr Reue, ihm zu glauben.

[33] Ein anderes Gleichnis hört! Es war ein Mensch, ein Hausherr, welcher pflanzte einen Weinberg, und einen Zaun setzte er um ihn herum, und er grub in ihm eine Kelter, und er baute einen Turm, und er vergab ihn an Bauern, und er verreiste. [34] Als aber nahekam die Zeit der Früchte, schickte er seine Sklaven zu den Bauern, zu nehmen seine Früchte. [35] Und die Bauern, nehmend seine Sklaven: Den einen schunden sie, den anderen aber töteten sie, den anderen aber steinigten sie. [36] Wieder schickte er andere Sklaven, mehr als die ersten, und sie taten ihnen ebenso. [37] Zuletzt aber schickte er zu ihnen seinen Sohn, sagend: Scheuen werden sie sich vor

meinem Sohn. [38] Die Bauern aber, sehend den Sohn, sprachen bei sich: Dieser ist der Erbe; auf, töten wir ihn, und behalten wir sein Erbe! [39] Und nehmend ihn, warfen sie (ihn) hinaus außerhalb des Weinbergs, und sie töteten (ihn). [40] Wann nun kommt der Herr des Weinbergs, was wird er tun jenen Bauern? [41] Sie sagen ihm: Als Böse wird er sie bös zugrunderichten, und den Weinberg wird er vergeben an andere Bauern, welche ihm abgeben werden die Früchte zu ihren Zeiten.

[42] (Es) sagt ihnen Jesus: Niemals last ihr in den Schriften: Ps 118,22f *(Der) Stein, den verwarfen die Bauenden, dieser wurde zum Hauptstein; vom Herrn wurde dieses, und es ist staunenswert in unseren Augen?* [43] Deswegen sage ich euch: Weggenommen werden wird von euch das Königtum Gottes, und gegeben werden wird es einem Volk, bringend seine Früchte. [[44] Und der Fallende auf diesen Stein wird zerschellen; auf wen aber immer er fällt, zermalmen wird er ihn.]

[45] Und hörend die Hochpriester und die Pharisaier seine Gleichnisse, erkannten sie, daß über sie er redet; [46] und suchend, ihn zu ergreifen, fürchteten sie die Volksmengen, da für einen Propheten sie ihn hielten.

22 [1] Und antwortend sprach Jesus wieder in Gleichnissen zu ihnen, sagend: [2] Verglichen wurde das Königtum der Himmel einem Menschen, einem König, welcher machte eine Hochzeit für seinen Sohn. [3] Und er schickte seine Sklaven, zu rufen die Gerufenen zur Hochzeit, aber nicht wollten sie kommen. [4] Wieder schickte er andere Sklaven, sagend: Sprecht zu den Gerufenen: Siehe, mein Mahl habe ich bereitet, meine Ochsen und die Masttiere (sind) geschlachtet, und alles (ist) bereit; auf, zur Hochzeit! [5] Die aber, nicht kümmernd sich, gingen weg, der eine auf den eigenen Acker, der andere zu seinem Geschäft; [6] die übrigen aber, ergreifend seine Sklaven, mißhandelten und töteten (sie). [7] Der König aber wurde zornig, und schickend seine Heere, vernichtete er jene Mörder, und ihre Stadt zündete er an. [8] Da sagt er seinen Sklaven: Die Hochzeit ist zwar bereit, die Gerufenen aber waren nicht würdig; [9] geht nun an die Kreuzungen der Wege, und wieviele immer ihr findet, ruft zur Hochzeit. [10] Und hinausgehend jene Sklaven auf die Wege, sammelten sie alle, die sie fanden, Böse und Gute; und gefüllt wurde der Hochzeitssaal von (zu Tisch) Liegenden. [11] Hereinkommend aber der König, zu schauen die (zu Tisch) Liegenden, sah er dort einen Menschen, nicht bekleidet mit einem Hochzeitsgewand, [12] und er sagt ihm: Freund, wie kamst du hier herein, nicht habend ein Hochzeitsgewand? Der aber verstummte. [13] Da sprach der König zu den Dienern: Bindend seine Füße und Hände, werft ihn hinaus in die Finsternis draußen; dort wird sein das Weinen und das Klappern der Zähne. [14] Denn viele sind Berufene, wenige aber Auserwählte.

[15] Dann weggehend faßten die Pharisaier einen Beschluß, auf daß sie ihn fingen in einem Wort. [16] Und sie schicken ihm ihre Schüler mit den Herodianern, sagend: Lehrer, wir wissen, daß wahrhaftig du bist und den Weg Gottes in Wahrheit du lehrst und du dich um keinen kümmerst. Denn nicht siehst du auf (das) Gesicht von Menschen; [17] sprich also zu uns, was dir dünkt: Ist es erlaubt, Steuer zu geben (dem) Kaiser oder nicht? [18] Erkennend aber ihre Bosheit, sprach Jesus: Was versucht ihr mich, Heuchler? [19] Zeigt mir die Steuermünze! Die aber brachten ihm hin einen Denar. [20] Und er sagt ihnen: Von wem (ist) dieses Bild und die Aufschrift? [21] Sie sagen ihm: (Vom) Kaiser. Da sagt er ihnen: Gebt also das (des) Kaisers (dem) Kaiser und das Gottes Gott! [22] Und (es) hörend, staunten sie, und lassend ihn, gingen sie weg.

[23] An jenem Tag hinzukamen zu ihm Saddukaier, sagend, nicht gebe es Auferstehung, und sie befragten ihn, [24] sagend: Lehrer, Moyses sprach: *Wenn einer stirbt, nicht habend Kinder, als Schwager heiraten soll sein Bruder dessen Frau, und aufstellen soll er Nachkommenschaft seinem Bruder.* [25] Es waren aber bei uns sieben Brüder; und der erste, nachdem er geheiratet hatte, starb, und nicht habend Nachkommenschaft, hinterließ er seine Frau seinem Bruder; [26] gleicherweise auch der zweite und der dritte bis zu den sieben. [27] Zuletzt aber von allen starb die Frau. [28] Bei der Auferstehung nun, wessen der

Dtn 25,5
Gen 38,8

sieben Frau wird sie sein? Denn alle hatten sie. [29] Antwortend aber sprach Jesus zu ihnen: Ihr irrt, nicht kennend die Schriften und nicht die Kraft Gottes; [30] denn bei der Auferstehung weder heiraten sie, noch werden sie verheiratet, sondern wie Engel im Himmel sind sie. [31] Über die Auferstehung der Toten aber, nicht last ihr das euch Gesagte von Gott, (dem) sagenden: [32] *Ich bin der Gott Abrahams und der Gott Isaaks und der Gott Jakobs?* Nicht ist er [der] Gott Toter, sondern Lebender. [33] Und (es) hörend, gerieten die Volksmengen außer sich über seine Lehre.

Ex 3,6

[34] Die Pharisaier aber, hörend, daß zum Schweigen er brachte die Saddukaier, kamen zusammen daselbst, [35] und (es) befragte (ihn) einer von ihnen, [ein Gesetzeskundiger,] ihn versuchend: [36] Lehrer, welches Gebot (ist) groß im Gesetz? [37] Der aber sagte ihm: *Du sollst lieben (den) Herrn, deinen Gott, mit deinem ganzen Herzen und mit deiner ganzen Seele und mit deiner ganzen Einsicht.* [38] Das ist das große und erste Gebot. [39] Ein zweites aber (ist) ihm gleich: *Du sollst lieben deinen Nächsten wie dich selbst.* [40] An diesen zwei Geboten hängt das ganze Gesetz und die Propheten.

Dtn 6,5
Jos 22,5 (G)

Lev 19,18

[41] Als aber zusammengekommen waren die Pharisaier, befragte sie Jesus, [42] sagend: Was dünkt euch über den Christos? Wessen Sohn ist er? Sie sagen ihm: Des David. [43] Er sagt ihnen: Wie nun ruft David im Geist ihn Herr, sagend: [44] *(Es) sprach (der) Herr zu meinem Herrn: Sitze zu meiner Rechten, bis ich hinlege deine Feinde unter deine Füße?* [45] Wenn also David ihn Herr ruft, wie ist er sein Sohn? [46] Und keiner konnte antworten ihm ein Wort, und nicht wagte einer von jenem Tag (an) mehr, ihn zu befragen.

Ps 110,1

23 [1] Da redete Jesus zu den Volksmengen und zu seinen Schülern, [2] sagend: Auf des Moyses Sitz setzten sich die Schriftkundigen und die Pharisaier. [3] Alles nun, was immer sie sprechen zu euch, tut und bewahrt, nach ihren Werken aber tut nicht! Denn sie reden, aber nicht tun sie. [4] Sie binden aber schwere [und unerträgliche] Lasten, und auflegen sie (sie) auf die Schultern der Menschen, selbst aber mit ihrem

Finger nicht wollen sie bewegen sie. [5] Alle ihre Werke aber tun sie zum Gesehenwerden bei den Menschen; denn breit machen sie ihre Gebetsriemen, und groß machen sie die Quasten, [6] sie lieben aber das Erstlager bei den Mählern und die Erstsitze in den Synagogen [7] und die Begrüßungen auf den Märkten und gerufen zu werden von den Menschen Rabbi.

[8] Ihr aber sollt nicht gerufen werden Rabbi; denn einer ist euer Lehrer, ihr alle aber seid Brüder. [9] Auch Vater sollt ihr nicht rufen (einen) von euch auf der Erde, denn einer ist euer Vater, der himmlische. [10] Auch sollt ihr nicht gerufen werden Meister, denn euer Meister ist einer, der Christos. [11] Der Größere aber von euch soll sein euer Diener. [12] Wer aber erhöhen wird sich selbst, erniedrigt werden wird er, und wer erniedrigen wird sich selbst, erhöht werden wird er.

[13] Wehe aber euch, Schriftkundige und Pharisaier, Heuchler, weil ihr verschließt das Königtum der Himmel vor den Menschen; denn ihr geht nicht hinein, und die Hineingehenden laßt ihr nicht hineinkommen.*

[15] Wehe euch, Schriftkundige und Pharisaier, Heuchler, weil ihr durchzieht das Meer und das Trockene, zu machen einen einzigen zum Proselyten, und wann er (es) geworden ist, macht ihr ihn zum Sohn (der) Gehenna, zweimal (mehr als) ihr.

[16] Wehe euch, blinde Führer, die ihr sagt: Wer immer aber schwört beim Tempel, nichts ist es; wer immer aber schwört beim Gold des Tempels, schuldet. [17] Törichte und Blinde, wer ist denn größer, das Gold oder der das Gold heiligende Tempel? [18] Und: Wer immer schwört beim Altar, nichts ist es; wer immer aber schwört bei der auf ihm (liegenden) Gabe, schuldet. [19] Blinde, was ist denn größer, die Gabe oder der Altar, der heiligende die Gabe? [20] Der Schwörende also beim Altar, schwört bei ihm und bei all dem auf ihm; [21] und der Schwörende beim Tempel, schwört bei ihm und bei dem ihn Bewohnenden, [22] und der Schwörende beim Himmel, schwört beim Thron Gottes und bei dem Sitzenden auf ihm.

[23] Wehe euch, Schriftkundige und Pharisaier, Heuchler,

* V 14 fehlt in den wichtigsten Handschriften.

weil ihr bezehntet die Minze und den Dill und den Kümmel und unterließet die gewichtigen (Teile) des Gesetzes, das Recht und das Erbarmen und die Treue; dieses [aber] müßte man tun und jenes nicht lassen. [24] Blinde Führer, die ihr durchseiht die Mücke, das Kamel aber verschlingt.

[25] Wehe euch, Schriftkundige und Pharisaier, Heuchler, weil ihr reinigt das Äußere des Bechers und der Schüssel, innen aber sind sie voll von Raub und Unbeherrschtheit. [26] Blinder Pharisaier, reinige zuerst das Innen des Bechers, damit auch sein Außen rein wird.

[27] Wehe euch, Schriftkundige und Pharisaier, Heuchler, weil ihr gleicht geweißten Grabmälern, welche außen zwar schön scheinen, innen aber voll sind von Totengebein und jeder Unreinheit. [28] So auch ihr, außen zwar scheint ihr den Menschen gerecht, innen aber seid ihr voll von Heuchelei und Ungesetzlichkeit.

[29] Wehe euch, Schriftkundige und Pharisaier, Heuchler, weil ihr baut die Grabmäler der Propheten und schmückt die Gräber der Gerechten, [30] und ihr sagt: Wenn wir gewesen wären in den Tagen unserer Väter, nicht wären wir gewesen ihre Teilhaber am Blut der Propheten. [31] Daher bezeugt ihr euch selbst, daß ihr Söhne derer seid, die mordeten die Propheten. [32] Und ihr machtet voll das Maß eurer Väter. [33] Schlangen, Brut von Nattern, wie flieht ihr vor dem Gericht der Gehenna?

[34] Deswegen siehe: Ich schicke zu euch Propheten und Weise und Schriftkundige; (etliche) von ihnen werdet ihr töten und kreuzigen, und (etliche) von ihnen werdet ihr geißeln in euren Synagogen und werdet ihr verfolgen von Stadt zu Stadt; [35] auf daß komme über euch alles gerechte Blut, ausgegossen auf der Erde, vom Blut Abels, des Gerechten, bis zu dem Blut (des) Zacharias, (des) Sohnes (des) Barachias, den ihr mordetet zwischen dem Tempel und dem Altar. [36] Amen, ich sage euch: Kommen wird dieses alles über dieses Geschlecht.

[37] Jerusalem, Jerusalem, die tötet die Propheten und steinigt die zu ihr Geschickten, wie oft wollte ich zusammenführen

deine Kinder, auf welche Weise ein Vogel zusammenführt seine Jungen unter die Flügel, und nicht wolltet ihr. [38] Siehe, gelassen wird euch euer Haus öde. [39] Denn ich sage euch: Nicht sollt ihr mich sehen ab jetzt, bis ihr sprecht: *Gesegnet* Ps 118,26 *der Kommende im Namen (des) Herrn.*

24 [1] Und herauskommend Jesus vom Heiligtum, ging er weg, und hinzukamen seine Schüler, zu zeigen ihm die Bauten des Heiligtums. [2] Der aber antwortend sprach zu ihnen: Nicht seht ihr dieses alles? Amen, ich sage euch: Nicht wird gelassen hier Stein auf Stein, der nicht zerstört werden wird.

[3] Als er aber saß auf dem Berg der Ölbäume, kamen zu ihm die Schüler für sich, sagend: Sprich zu uns: Wann wird dieses sein und was (ist) das Zeichen deiner Ankunft und (der) Vollendung des Aions?

[4] Und antwortend sprach Jesus zu ihnen: Seht (zu), daß nicht einer euch irreführt! [5] Denn viele werden kommen in meinem Namen, sagend: Ich bin der Christos, und viele werden sie irreführen. [6] Ihr werdet aber hören von Kriegen und Gerüchten von Kriegen; seht (zu), erschreckt nicht! Denn es muß geschehen, doch noch nicht ist (es) das Ende. [7] Denn aufstehen wird Volk gegen Volk und Königtum gegen Königtum, und (es) werden sein Hungersnöte und Erdbeben an (manchen) Orten; [8] alles dieses aber (ist der) Anfang (der) Wehen.

[9] Dann werden sie euch übergeben in Bedrängnis, und sie werden euch töten, und ihr werdet sein Gehaßte von allen Völkern wegen meines Namens. [10] Und dann werden Anstoß nehmen viele, und sie werden einander übergeben, und sie werden hassen einander; [11] und viele Lügenpropheten werden aufstehen, und sie werden viele irreführen; [12] und wegen des Übervollwerdens der Ungesetzlichkeit wird sich abkühlen die Liebe der Vielen. [13] Der Durchhaltende aber zum Ende, dieser wird gerettet werden. [14] Und verkündet werden wird dieses Evangelium des Königtums auf dem ganzen Erdkreis zum Zeugnis allen Völkern, und dann wird kommen das Ende.

Dan 9,27;
11,31; 12,11 ¹⁵ Wann nun ihr seht *den Greuel der Verwüstung,* den ange-
sprochenen durch Daniel, den Propheten, stehend an heiligem
Ort – der Lesende soll begreifen –, ¹⁶ dann sollen die in der
Judaia fliehen in die Berge, ¹⁷ der auf dem Dach soll nicht
herabsteigen, wegzutragen die (Dinge) aus seinem Haus,
¹⁸ und der auf dem Acker soll nicht zurückkehren nach hinten,
wegzutragen sein Gewand. ¹⁹ Wehe aber den Schwangeren
und den Säugenden in jenen Tagen!

²⁰ Betet aber, damit nicht geschehe eure Flucht winters und
nicht am Sabbat! ²¹ Denn sein wird dann große Bedrängnis,
dergleichen nicht geschehen ist von Anfang (der) Welt bis
zum Jetzt und auch gewiß nicht geschehen wird. ²² Und wenn
nicht abgekürzt würden jene Tage, nicht würde gerettet werden jedes Fleisch; wegen der Auserwählten aber werden abgekürzt werden jene Tage.

²³ Dann, wenn einer zu euch spricht: Siehe, hier (ist) der
Christos! oder: Hier!, glaubt (es) nicht! ²⁴ Denn aufstehen
werden Lügenchristosse und Lügenpropheten, und geben
werden sie große Zeichen und Wunder, so daß sie irreführen,
wenn möglich, auch die Auserwählten. ²⁵ Siehe, vorhergesagt
habe ich (es) euch. ²⁶ Wenn sie also sprechen zu euch: Siehe,
in der Öde ist er, geht nicht hinaus! Siehe, in den Kammern,
glaubt (es) nicht! ²⁷ Denn wie der Blitz ausgeht von Osten und
scheint bis Westen, so wird sein die Ankunft des Sohnes des
Menschen; ²⁸ wo immer ist die Leiche, dort werden sich versammeln die Geier.

Jes 13,10; 34,4 ²⁹ Sogleich aber nach der Bedrängnis jener Tage *wird die
Sonne verfinstert werden, und der Mond wird nicht geben sei-
nen Schein, und die Sterne werden fallen* vom Himmel, *und
die Kräfte der Himmel* werden erschüttert werden. ³⁰ Und
dann wird erscheinen das Zeichen des Sohnes des Menschen
am Himmel, und dann werden trauern alle Stämme der Erde,
Dan 7,13f und sie werden sehen *den Sohn des Menschen, kommend auf
den Wolken des Himmels* mit Kraft und viel Herrlichkeit;
³¹ und er wird schicken seine Engel mit großem Trompeten
(-stoß), und sie werden zusammenführen seine Auserwählten

aus den vier Winden, von (den) Enden (der) Himmel bis zu ihren Enden. [32] Vom Feigenbaum aber lernt das Gleichnis: Wann schon sein Zweig wird zart und die Blätter herauswachsen, erkennt ihr, daß nahe der Sommer; [33] So auch ihr, wann ihr seht alles dieses, erkennt, daß nahe er ist vor (den) Türen! [34] Amen, ich sage euch: Nicht geht vorüber dieses Geschlecht, bis alles dieses geschieht. [35] Der Himmel und die Erde wird vorübergehen, meine Worte aber werden gewiß nicht vorübergehen.

[36] Über jenen Tag aber und (die) Stunde weiß keiner, auch nicht die Engel der Himmel, auch nicht der Sohn, außer der Vater allein.

[37] Denn wie die Tage des Noe, so wird sein die Ankunft des Sohnes des Menschen. [38] Denn wie sie waren in [jenen] Tagen vor der Sintflut essend und trinkend, heiratend und verheiratend, bis zu (dem) Tag, an dem hineinging Noe in die Arche, [39] und sie (es) nicht erkannten, bis die Sintflut kam und alle wegtrug; so wird sein [auch] die Ankunft des Sohnes des Menschen. [40] Dann werden zwei sein auf dem Acker, einer wird mitgenommen und einer wird (zurück)gelassen; [41] (es werden sein) zwei Mahlende an der Mühle, eine wird mitgenommen und eine wird (zurück)gelassen.

[42] Wacht also, weil ihr nicht wißt, an welchem Tag euer Herr kommt! [43] Jenes aber erkennt: Wenn der Hausherr wüßte, zu welcher (Nacht)wache der Dieb kommt, wachen würde er, und nicht ließe er (zu), daß eingebrochen wird (in) sein Haus. [44] Deswegen werdet auch ihr bereit, denn zu welcher Stunde ihr (es) nicht meint, kommt der Sohn des Menschen.

[45] Wer also ist der treue und verständige Sklave, den aufstellte der Herr über sein Hausgesinde, zu geben ihnen die Nahrung zur (bestimmten) Zeit? [46] Selig jener Sklave, den, kommend, sein Herr finden wird, so tuend; [47] amen, ich sage euch: Über all seinen Besitz wird er ihn aufstellen. [48] Wenn aber spricht jener üble Sklave in seinem Herzen: Zeit läßt sich mein Herr, [49] und er beginnt zu schlagen seine Mitsklaven, ißt aber und trinkt mit den Betrunkenen, [50] kommen wird

der Herr jenes Sklaven an einem Tag, an dem er (es) nicht erwartet, und in einer Stunde, in der er (es) nicht erkennt, [51] und zweiteilen wird er ihn, und seinen Teil wird er mit den Heuchlern festsetzen; dort wird sein das Weinen und das Klappern der Zähne.

25 [1] Dann wird verglichen werden das Königtum der Himmel zehn Jungfrauen, welche, nehmend ihre Lampen, hinausgingen zur Begegnung mit dem Bräutigam. [2] Fünf aber von ihnen waren töricht und fünf verständig. [3] Die törichten nämlich, nehmend ihre Lampen, nicht nahmen Öl mit sich. [4] Die verständigen aber nahmen Öl (mit) in den Gefäßen mit ihren Lampen. [5] Als aber der Bräutigam sich Zeit ließ, einnickten alle und schliefen. [6] Mitten (in der) Nacht aber entstand Geschrei: Siehe, der Bräutigam! Kommt heraus zur Begegnung mit [ihm]! [7] Da standen alle jene Jungfrauen auf, und zurechtmachten sie ihre Lampen. [8] Die törichten aber sprachen zu den verständigen: Gebt uns von eurem Öl, weil unsere Lampen erlöschen! [9] (Es) antworteten aber die verständigen, sagend: Niemals! Nicht würde es genügen uns und euch; geht (viel)mehr zu den Verkaufenden und kauft euch! [10] Als sie aber weggingen zu kaufen, kam der Bräutigam, und die Bereiten gingen hinein mit ihm zur Hochzeit, und verschlossen wurde die Tür. [11] Zuletzt aber kommen auch die übrigen Jungfrauen, sagend: Herr, Herr, öffne uns! [12] Der aber antwortend sprach: Amen, ich sage euch: Ich kenne euch nicht. [13] Wacht also, weil ihr nicht wißt den Tag und nicht die Stunde!

[14] Denn wie ein Mensch, verreisend, rief die eigenen Sklaven und ihnen übergab seinen Besitz – [15] und dem (einen) gab er fünf Talente, dem (anderen) zwei, dem (anderen) eines, jedem nach der eigenen Kraft, und er verreiste. Indem sogleich [16] wegging, der die fünf Talente empfangen hatte, arbeitete er mit ihnen und gewann andere fünf; [17] ebenso der die zwei (empfangen hatte), er gewann andere zwei. [18] Der aber das eine empfangen hatte, hingehend grub er die Erde auf, und er verbarg das Silber(geld) seines Herrn. [19] Nach viel Zeit aber

kommt der Herr jener Sklaven und hält Abrechnung mit ihnen. [20]Und hinzukommend (der), der die fünf Talente empfangen hatte, brachte er hinzu andere fünf Talente, sagend:
Herr, fünf Talente übergabst du mir; sieh, andere fünf Talente gewann ich. [21](Es) sagte ihm sein Herr: Gut, guter und
treuer Sklave, über weniges warst du treu, über vieles werde
ich dich stellen; geh ein in die Freude deines Herrn. [22]Hinzu-
kommend [aber] auch der mit den zwei Talenten sprach:
Herr, zwei Talente übergabst du mir; sieh, andere zwei Talente gewann ich. [23](Es) sagte ihm sein Herr: Gut, guter und
treuer Sklave, über weniges warst du treu, über vieles werde
ich dich stellen; geh ein in die Freude deines Herrn! [24]Hinzu-
kommend aber auch (der), der das eine Talent empfangen hatte, sprach: Herr, ich kannte dich, daß du ein harter Mensch
bist, erntend, wo du nicht sätest, und sammelnd von dort,
(wo) du nicht ausstreutest; [25]und (dich) fürchtend, hingehend
verbarg ich dein Talent in der Erde; sieh, du hast das Deine!
[26]Antwortend aber sprach sein Herr zu ihm: Böser und träger
Sklave, du wußtest, daß ich ernte, wo ich nicht säte, und
sammle von dort, (wo) ich nicht ausstreute? [27]Du hättest also
hinlegen müssen mein Silber(geld) den Geldwechslern, und
kommend hätte ich empfangen das Meine mit Zins. [28]Nehmt
also weg von ihm das Talent und gebt (es) dem Habenden die
zehn Talente. [29]Denn jedem Habenden wird gegeben werden,
und er wird überreich gemacht werden, von dem Nicht-Habenden aber, auch was er hat, wird weggenommen werden
von ihm. [30]Und den unnützen Sklaven werft hinaus in die
Finsternis draußen! Dort wird sein das Weinen und das Klappern der Zähne.

[31]Wann aber kommt der Sohn des Menschen in seiner
Herrlichkeit und alle Engel mit ihm, dann wird er sich setzen
auf (den) Thron seiner Herrlichkeit; [32]und (es) werden versammelt werden vor ihm alle Völker, und er wird trennen sie
voneinander, wie der Hirt trennt die Schafe von den Böcken,
[33]und er wird stellen die Schafe zu seiner Rechten, die Böcke
aber zur Linken. [34]Dann wird sagen der König denen zu sei-

ner Rechten: Auf, (ihr) Gesegneten meines Vaters, erbt das Königtum, euch bereitet seit Grundlegung (der) Welt. [35] Denn ich hungerte, und ihr gabt mir zu essen, ich dürstete, und ihr tränktet mich, fremd war ich, und ihr führtet mich ein, [36] nackt, und ihr umkleidetet mich, krank war ich, und ihr schautet auf mich, im Gefängnis war ich, und ihr kamt zu mir. [37] Dann werden antworten ihm die Gerechten, sagend: Herr, wann sahen wir dich hungernd, und wir speisten (dich), oder dürstend, und wir tränkten (dich)? [38] Wann aber sahen wir dich fremd, und wir führten (dich) ein, oder nackt, und wir umkleideten (dich)? [39] Wann aber sahen wir dich krank oder im Gefängnis, und wir kamen zu dir? [40] Und antwortend wird der König ihnen sagen: Amen, ich sage euch: In dem (Maß) ihr tatet einem dieser meiner geringsten Brüder, mir tatet ihr (es). [41] Dann wird er sagen auch denen zur Linken: Geht weg von mir, [ihr] Verfluchten, in das ewige Feuer, das bereitete für den Teufel und seine Engel. [42] Denn ich hungerte, und nicht gabt ihr mir zu essen, ich dürstete, und nicht tränktet ihr mich, [43] fremd war ich, und nicht führtet ihr mich ein, nackt, und nicht umkleidet ihr mich, krank und im Gefängnis, und nicht schautet ihr auf mich. [44] Dann werden antworten auch sie, sagend: Herr, wann sahen wir dich hungernd oder dürstend oder fremd oder nackt oder krank oder im Gefängnis, und wir dienten dir nicht? [45] Dann wird er antworten ihnen, sagend: Amen, ich sage euch: In dem (Maß) ihr nicht tatet einem dieser Geringsten, auch mir tatet ihr (es) nicht. [46] Und weggehen werden diese zu ewiger Strafe, die Gerechten aber zum ewigen Leben.

26 [1] Und es geschah, als Jesus beendete alle diese Worte, sprach er zu seinen Schülern: [2] Ihr wißt, daß nach zwei Tagen das Pascha ist, und der Sohn des Menschen wird übergeben, um gekreuzigt zu werden.

[3] Da kamen zusammen die Hochpriester und die Ältesten des Volkes in den Hof des Hochpriesters, des Kajaphas genannten, [4] und sie berieten sich, damit sie Jesus mit List er-

greifen und töten; ⁵ sie sagten aber: Nicht am Fest, damit nicht ein Tumult entsteht im Volk.

⁶ Als aber Jesus war in Bethania im Haus Simons des Aussätzigen, ⁷ kam zu ihm eine Frau, habend eine Alabasterflasche kostbaren Öls, und ausschüttete sie (es) auf seinen Kopf, während er (zu Tisch) lag. ⁸ (Es) sehend aber die Schüler, wurden sie unwillig, sagend: Wozu diese Vergeudung? ⁹ Denn (es) hätte dies verkauft werden können für viel und gegeben werden (den) Armen. ¹⁰ (Es) erkennend aber, sprach Jesus zu ihnen: Was bereitet ihr Mühen der Frau? Denn ein rechtes Werk wirkte sie an mir; ¹¹ denn allzeit habt ihr die Armen bei euch, mich aber habt ihr nicht allzeit; ¹² denn da sie schüttete dieses Öl auf meinen Leib, zu meinem Begräbnis tat sie (es). ¹³ Amen, ich sage euch: Wo immer verkündet wird dieses Evangelium in der ganzen Welt, geredet werden wird auch, was diese tat, zum Gedenken an sie.

¹⁴ Dann ging einer der Zwölf, der Judas Iskariotes genannte, zu den Hochpriestern, (und) ¹⁵ er sprach: Was wollt ihr mir geben, und ich werde euch übergeben ihn? Die aber legten ihm dreißig Silber(geldstücke) hin. ¹⁶ Und von da (an) suchte er Gelegenheit, daß er ihn übergebe.

¹⁷ Aber am ersten (Tag des Festes) der Ungesäuerten kamen die Schüler zu Jesus, sagend: Wo, willst du, sollen wir bereiten dir, zu essen das Pascha? ¹⁸ Der aber sprach: Geht fort in die Stadt zu dem und dem und sprecht zu ihm: Der Lehrer sagt: Meine Zeit ist nahe, bei dir will ich halten das Pascha mit meinen Schülern. ¹⁹ Und (es) taten die Schüler wie ihnen aufgetragen hatte Jesus, und sie bereiteten das Pascha.

²⁰ Als es aber Abend geworden war, (zu Tisch) lag er mit den Zwölf. ²¹ Und während sie aßen, sprach er: Amen, ich sage euch: Einer von euch wird mich übergeben. ²² Und sehr betrübt begannen sie ihm zu sagen ein jeder: Doch nicht ich bin (es), Herr? ²³ Der aber antwortend sprach: Der Eintauchende mit mir die Hand in die Schüssel, dieser wird mich übergeben. ²⁴ Der Sohn des Menschen geht zwar fort, gleichwie geschrieben ist über ihn; wehe aber jenem Menschen,

durch den der Sohn des Menschen übergeben wird; besser wäre es für ihn, wenn nicht gezeugt worden wäre jener Mensch! [25] Antwortend aber Judas, der ihn Übergebende, sprach: Doch nicht ich bin (es), Rabbi? Er sagt ihm: Du sagtest (es).

[26] Während sie aber aßen, nehmend Jesus Brot und segnend, brach er (es), und gebend es den Schülern, sprach er: Nehmt, eßt! Dies ist mein Leib. [27] Und nehmend einen Becher und dankend, gab er (ihn) ihnen, sagend: Trinkt aus ihm alle! [28] Denn dies ist mein Blut des Bundes, das für viele ausgegossene zu(m) Erlaß von Sünden. [29] Ich sage euch aber: Nicht trinke ich ab jetzt aus diesem Ertrag des Weinstocks bis zu jenem Tag, wann ich ihn trinke mit euch neu im Königtum meines Vaters. [30] Und nachdem sie (den Lobgesang) gesungen hatten, hinausgingen sie zum Berg der Ölbäume.

[31] Da sagt ihnen Jesus: Ihr alle werdet Anstoß nehmen an mir in dieser Nacht; denn es ist geschrieben: *Schlagen werde ich den Hirten, und (es) werden zerstreut werden die Schafe der Herde.* [32] Nach meinem Erwecktwerden aber werde ich vorangehen euch in die Galilaia. [33] Antwortend aber sprach Petros zu ihm: Wenn alle Anstoß nehmen werden an dir, ich werde niemals Anstoß nehmen. [34] (Es) sagte ihm Jesus: Amen, ich sage dir: In dieser Nacht, ehe ein Hahn schreit, wirst du dreimal mich verleugnen. [35] (Es) sagt ihm Petros: Und wenn es sein müßte, daß ich mit dir sterbe, nicht werde ich dich verleugnen. Gleicherweise sprachen auch alle Schüler.

[36] Dann kommt mit ihnen Jesus zu einem Platz, genannt Gethsemani, und er sagt den Schülern: Setzt euch da, bis [daß] ich hingehend dort bete! [37] Und mitnehmend den Petros und die zwei Söhne (des) Zebedaios, begann er betrübt zu werden und Angst zu haben. [38] Da sagt er ihnen: *Ganz betrübt ist meine Seele* bis zum Tod; bleibt hier und wacht mit mir! [39] Und vorgehend ein wenig, fiel er auf sein Gesicht, betend und sagend: Mein Vater, wenn es möglich ist, soll vorübergehen an mir dieser Kelch; jedoch nicht wie ich will, sondern

Sach 13,7

Ps 42,6.12; 43,5

wie du! [40] Und er kommt zu den Schülern und findet sie schlafend, und er sagt dem Petros: So vermochtet ihr nicht eine einzige Stunde zu wachen mit mir? [41] Wacht und betet, damit ihr nicht hineinkommt in Versuchung! Der Geist (ist) zwar bereit, das Fleisch aber schwach. [42] Wieder, zum zweiten (Mal) weggegangen, betete er, sagend: Mein Vater, wenn dieser nicht kann vorübergehen, ohne daß ich ihn trinke, soll geschehen dein Wille! [43] Und gekommen, wieder fand er sie schlafend, denn (es) waren ihre Augen beschwert. [44] Und lassend sie, wieder weggegangen, betete er zum dritten (Mal), dasselbe Wort wieder sprechend. [45] Dann kommt er zu den Schülern und sagt ihnen: Schlaft weiter und ruht! Siehe, nahegekommen ist die Stunde, und der Sohn des Menschen wird übergeben in (die) Hände von Sündern. [46] Steht auf, gehen wir! Siehe, nahegekommen ist der mich Übergebende.

[47] Und noch während er redet, siehe, Judas, einer der Zwölf, kam und mit ihm eine große Volksmenge mit Schwertern und Hölzern von den Hochpriestern und Ältesten des Volks. [48] Der ihn Übergebende aber gab ihnen ein Zeichen, sagend: Wen immer ich küssen werde, er ist (es); ergreift ihn! [49] Und sogleich hinkommend zu Jesus, sprach er: Gruß (dir), Rabbi! Und abküßte er ihn. [50] Jesus aber sprach zu ihm: Freund, für was bist du da? Dann, hinzukommend, legten sie Hand an Jesus, und sie ergriffen ihn. [51] Und siehe, einer derer mit Jesus, ausstreckend die Hand, zog heraus sein Schwert und, schlagend den Sklaven des Hochpriesters, abhieb er dessen Ohr. [52] Da sagt ihm Jesus: Stecke dein Schwert weg an seinen Platz! Denn alle ein Schwert Nehmenden, durchs Schwert werden sie vernichtet werden. [53] Oder meinst du, daß ich nicht bitten kann meinen Vater, und hinstellen wird er mir jetzt mehr als zwölf Legionen von Engeln? [54] Wie nun würden erfüllt die Schriften, daß es so geschehen muß? [55] In jener Stunde sprach Jesus zu den Volksmengen: Wie gegen einen Räuber herauskamt ihr mit Schwertern und Hölzern, mich festzunehmen? Täglich saß ich im Heiligtum lehrend, und nicht ergrifft ihr mich. [56] Dies Ganze aber geschah, damit er-

füllt werden die Schriften der Propheten. Dann flohen die Schüler, alle ihn verlassend.

[57] Die aber, ergreifend Jesus, führten (ihn) ab zu Kajaphas, dem Hochpriester, wo die Schriftkundigen und die Ältesten zusammenkamen. [58] Petros aber folgte ihm von weitem bis zum Hof des Hochpriesters, und hineinkommend drinnen setzte er sich mit den Dienern, zu sehen das Ende.

[59] Die Hochpriester aber und das ganze Synhedrion suchten ein Falschzeugnis gegen Jesus, auf daß sie ihn töteten, [60] und nicht fanden sie (eines), obwohl viele Falschzeugen hinzukamen. Zuletzt aber zwei Hinzukommende [61] sprachen: Dieser sagte: Ich kann zerstören den Tempel Gottes und während dreier Tage bauen. [62] Und aufstehend sprach der Hochpriester zu ihm: Nichts antwortest du (auf das), was diese gegen dich bezeugen? [63] Jesus aber schwieg. Und der Hochpriester sprach zu ihm: Ich beschwöre dich beim lebendigen Gott, damit du uns sagst, ob du bist der Christos, der Sohn Gottes. [64] (Es) sagt ihm Jesus: Du sagtest (es). Jedoch ich sage euch: Ab jetzt werdet ihr sehen *den Sohn des Menschen* sitzend zur Rechten der Kraft und *kommend auf den Wolken des Himmels.* [65] Da zerriß der Hochpriester seine Gewänder, sagend: Er lästerte, was noch haben wir nötig Zeugen? Sieh, jetzt hörtet ihr die Lästerung; [66] was dünkt euch? Die aber antwortend sprachen: Schuldig (des) Todes ist er.

[67] Dann spuckten sie in sein Gesicht, und sie schlugen ihn, andere aber ohrfeigten (ihn), [68] sagend: Prophezeie uns, Christos! Wer ist, der dich schlug?

[69] Petros aber setzte sich draußen im Hof; und (es) kam zu ihm eine Magd, sagend: Auch du warst mit Jesus, dem Galiläer. [70] Der aber leugnete vor allen, sagend: Nicht weiß ich, was du sagst. [71] Hinausgehend aber zum Tor, sah ihn eine andere, und sie sagt denen dort: Dieser war mit Jesus, dem Nazoraier. [72] Und wieder leugnete er mit einem Eid: Nicht kenne ich den Menschen. [73] Nach kurzem aber hinzukommend, sprachen die Dastehenden zu Petros: Wahrhaft, auch du bist von ihnen, denn auch deine Rede macht dich offenbar.

Dan 7,13

⁷⁴ Dann begann er, zu fluchen und zu schwören: Nicht kenne ich den Menschen. Und sogleich schrie ein Hahn.

⁷⁵ Und (es) erinnerte sich Petros des Wortes von Jesus, der gesagt hatte: Ehe ein Hahn schreit, dreimal wirst du mich verleugnen, und hinausgehend nach draußen, weinte er bitter.

27 ¹ Als aber Morgenfrühe geworden war, faßten einen Beschluß alle Hochpriester und die Ältesten des Volkes gegen Jesus, um ihn zu töten. ² Und als sie ihn gebunden hatten, abführten und übergaben sie (ihn) Pilatos, dem Statthalter.

³ Dann, als Judas, der Übergebende ihn, sah, daß er verurteilt wurde, Reue bekommend, zurückbrachte er die dreißig Silber(geldstücke) den Hochpriestern und Ältesten, ⁴ sagend: Ich sündigte, übergebend unschuldiges Blut. Die aber sprachen: Was betrifft (das) uns? Du magst sehen! ⁵ Und hinwerfend die Silber(geldstücke) in den Tempel, entwich er, und weggehend erhängte er sich. ⁶ Die Hochpriester aber, nehmend die Silber(geldstücke), sprachen: Nicht ist es erlaubt, sie zu werfen in den Tempelschatz, da es ein Preis für Blut ist. ⁷ Einen Beschluß aber fassend, kauften sie von ihnen den Acker des Töpfers zum Begräbnis für die Fremden. ⁸ Deshalb wurde gerufen jener Acker Blutacker bis zum Heute. ⁹ Da wurde erfüllt das Gesagte durch Jeremias, den Propheten, (den) sagenden: *Und sie nahmen die dreißig Silber(geldstücke),* den Schätzpreis des Geschätzten, den sie schätzten (seiten der) Söhne Israels, ¹⁰ und sie gaben sie für den Acker des Töpfers, *gleichwie* mir *aufgetragen hatte (der) Herr.* ¹¹ Jesus aber wurde gestellt vor den Statthalter; und (es) befragte ihn der Statthalter, sagend: Du bist der König der Judaier? Jesus aber sagte: Du sagst (es). ¹² Und während er angeklagt wurde von den Hochpriestern und Ältesten, antwortete er nichts. ¹³ Da sagt ihm Pilatos: Hörst du nicht, wieviel sie gegen dich bezeugen? ¹⁴ Und nicht antwortete er ihm, auch nicht auf ein einziges Wort, so daß der Statthalter sehr staunte.

¹⁵ Zum Fest aber war gewohnt der Statthalter, freizulassen

Sach 11,13

Ex 9,12 (G)

der Volksmenge einen Gefangenen, den sie wollten. [16] Sie hatten aber damals einen berüchtigten Gefangenen, genannt [Jesus] Barabbas. [17] Nachdem sie nun zusammengekommen waren, sprach zu ihnen Pilatos: Wen wollt ihr, soll ich euch freilassen, [Jesus, den] Barabbas oder Jesus, den Christos genannten? [18] Denn er wußte, daß wegen Neid sie ihn übergaben.

[19] Als er sich aber gesetzt hatte auf den Richterstuhl, schickte zu ihm seine Frau, sagend: Nichts (sei zwischen) dir und jenem Gerechten; denn vieles litt ich heute im Traum wegen seiner.

[20] Die Hochpriester aber und die Ältesten überredeten die Volksmengen, damit sie erbäten den Barabbas, Jesus aber vernichteten. [21] Antwortend aber sprach der Statthalter zu ihnen: Wen wollt ihr, soll ich euch von den Zweien freilassen? Die aber sprachen: Den Barabbas. [22] (Es) sagt ihnen Pilatos: Was nun soll ich tun (mit) Jesus, dem Christos genannten? (Sie) sagen alle: Gekreuzigt soll er werden! [23] Der aber sagte: Was denn Schlechtes tat er? Die aber schrien übermäßig, sagend: Gekreuzigt soll er werden!

[24] Sehend aber Pilatos, daß es nichts nützt, sondern (noch) mehr Tumult entsteht, nehmend Wasser, wusch er die Hände vor der Volksmenge, sagend: Unschuldig bin ich an diesem Blut; seht ihr (zu)! [25] Und antwortend sprach das ganze Volk: Sein Blut (komme) über uns und über unsere Kinder! [26] Da ließ er ihnen frei den Barabbas, Jesus aber, (ihn) geißeln (lassend), übergab er, damit er gekreuzigt werde.

[27] Dann, mitnehmend die Soldaten des Statthalters Jesus ins Praitorion, versammelten sie um ihn die ganze Kohorte. [28] Und ausziehend ihn, legten sie einen scharlachroten Mantel ihm um, [29] und flechtend einen Kranz aus Dornen, auflegten sie (diesen) auf seinen Kopf und ein Rohr in seine Rechte, und auf die Knie fallend vor ihm, verspotteten sie ihn, sagend: Gruß (dir), König der Judaier! [30] Und spuckend auf ihn, nahmen sie das Rohr und schlugen auf seinen Kopf. [31] Und als sie ihn verspottet hatten, auszogen sie ihm den Mantel, und anzogen sie ihm seine Gewänder, und abführten sie ihn zum

Kreuzigen. ³²Hinausgehend aber fanden sie einen Menschen, einen Kyrenaier, mit Namen Simon; diesen zwangen sie, daß er trage sein Kreuz.

³³Und kommend an einen Ort, genannt Golgotha, welches ist (der) Kraniou-Topos (= Schädel-Ort) genannte, ³⁴gaben sie ihm zu trinken Wein mit Galle gemischt; und kostend wollte er nicht trinken. ³⁵Nachdem sie ihn aber gekreuzigt hatten, *aufteilten sie sich seine Gewänder, werfend ein Los,* Ps 22,19 ³⁶und sitzend bewachten sie ihn dort. ³⁷Und anbrachten sie über seinem Kopf seine Schuld geschrieben: Dieser ist Jesus, der König der Judaier.

³⁸Dann werden gekreuzigt mit ihm zwei Räuber, einer zur Rechten und einer zur Linken. ³⁹Die Vorbeigehenden aber lästerten ihn, schüttelnd ihre Köpfe ⁴⁰und sagend: Der den Tempel zerstören und in drei Tagen bauen wollte, rette dich selbst, wenn (der) Sohn Gottes du bist, [und] steig herab vom Kreuz! ⁴¹Gleicherweise auch die Hochpriester, spottend mit den Schriftkundigen und Ältesten, sagten: ⁴²Andere rettete er, sich selbst kann er nicht retten; König Israels ist er, herabsteigen soll er jetzt vom Kreuz, und wir werden glauben an ihn. ⁴³*Er hat vertraut auf Gott, er soll jetzt ihn retten, wenn* Ps 22,9 *er will;* denn er sprach: Gottes Sohn bin ich. ⁴⁴(Auf) dieselbe (Weise) aber auch die Räuber, die mitgekreuzigten mit ihm, schmähten ihn.

⁴⁵Von der sechsten Stunde (an) aber wurde Finsternis über die ganze Erde bis zur neunten Stunde. ⁴⁶Um die neunte Stunde aber aufschrie Jesus mit lauter Stimme, sagend: *Eli,* Ps 22,2 *Eli, lema sabachthani?* Dies ist: *Mein Gott, mein Gott, weshalb verließest du mich?* ⁴⁷Einige aber der dort Stehenden, hörend (es), sagten: Nach Elias schreit dieser. ⁴⁸Und sogleich laufend einer von ihnen und nehmend einen Schwamm und füllend (ihn) mit Essig und steckend (ihn) auf ein Rohr, gab er zu trinken ihm. ⁴⁹Die übrigen aber sagten: Laß, sehen wir, ob Elias kommt, rettend ihn. ⁵⁰Jesus aber, wieder rufend mit lautem Schrei, gab auf den Geist.

⁵¹Und siehe, der Vorhang des Tempels wurde gespalten

von oben bis unten in zwei (Stücke), und die Erde erbebte, und die Felsen wurden gespalten, [52] und die Gräber wurden geöffnet, und viele Leiber der entschlafenen Heiligen wurden erweckt; [53] und herauskommend aus den Gräbern nach seiner Erweckung, gingen sie hinein in die heilige Stadt und erschienen vielen.

[54] Der Hauptmann aber und die mit ihm, bewachend Jesus, sehend das Erdbeben und die Geschehnisse, fürchteten sich sehr, sagend: Wahrhaft Gottes Sohn war dieser.

[55] (Es) waren aber dort viele Frauen von weitem schauend, welche gefolgt waren Jesus von der Galilaia, ihm zu dienen; [56] unter ihnen war Maria, die Magdalenerin, und Maria, die Mutter des Jakobos und Joseph, und die Mutter der Söhne (des) Zebedaios.

[57] Als es aber Abend geworden war, kam ein reicher Mensch von Arimathaia, namens Joseph, der auch selbst Schüler geworden war von Jesus; [58] dieser, gehend zu Pilatos, erbat den Leib des Jesus. Da befahl Pilatos, daß er hergegeben werde. [59] Und nehmend den Leib, einhüllte Joseph ihn [in] reines Leinen [60] und legte ihn in sein neues Grab, das er gehauen hatte in den Felsen, und hinwälzend einen großen Stein zur Tür des Grabes, ging er weg. [61] (Es) war aber dort Mariam, die Magdalenerin, und die andere Maria, sitzend vor dem Grabmal.

[62] Am folgenden (Tag) aber, welcher ist (der) nach dem Rüsttag, kamen zusammen die Hochpriester und die Pharisaier bei Pilatos, [63] sagend: Herr, wir erinnerten uns, daß jener Betrüger sprach, noch lebend: Nach drei Tagen werde ich erweckt. [64] Befiehl also, daß gesichert werde das Grabmal bis zum dritten Tag, damit nicht kommend seine Schüler ihn stehlen und sprechen zum Volk: Erweckt wurde er von den Toten, und (es) wird sein der letzte Betrug schlimmer als der erste. [65] (Es) sagte ihnen Pilatos: Haltet Wache; geht fort, sichert, wie ihr (es) kennt! [66] Die aber gehend, sicherten das Grabmal, nachdem sie den Stein versiegelt hatten, mit der Wache.

28 [1] Spät aber am Sabbat, beim Aufleuchten zum Ersten der Woche, kam Mariam, die Magdalenerin, und die andere Maria, zu schauen das Grabmal. [2] Und siehe, (es) geschah ein großes Erdbeben; denn ein Engel (des) Herrn, herabsteigend aus (dem) Himmel und hinzukommend, wälzte den Stein weg und setzte sich auf ihn. [3] (Es) war aber sein Anblick wie ein Blitz und sein Gewand weiß wie Schnee. [4] Aus Furcht aber vor ihm erbebten die Bewachenden, und sie wurden wie Tote. [5] Antwortend aber sprach der Engel zu den Frauen: Fürchtet euch nicht, denn ich weiß, daß ihr Jesus, den Gekreuzigten, sucht; [6] nicht ist er hier, denn erweckt wurde er, gleichwie er gesprochen hatte. Auf, seht den Ort, wo er lag! [7] Und schnell gehend, sprecht zu seinen Schülern: Er wurde erweckt von den Toten, und siehe, vorangeht er euch in die Galilaia, dort werdet ihr ihn sehen. Siehe, ich sprach zu euch.

[8] Und weggehend schnell vom Grab mit Furcht und großer Freude, liefen sie, (es) zu melden seinen Schülern. [9] Und siehe, Jesus begegnete ihnen, sagend: Gruß (euch)! Die aber, hinzukommend, ergriffen seine Füße und fielen nieder vor ihm. [10] Da sagt ihnen Jesus: Fürchtet euch nicht! Geht fort, meldet meinen Brüdern, daß sie hingehen in die Galilaia, und dort werden sie mich sehen.

[11] Während sie aber gingen, siehe, einige der Wache, kommend in die Stadt, meldeten den Hochpriestern alles Geschehene. [12] Und sich versammelnd mit den Ältesten und einen Beschluß fassend, gaben sie beträchtliches Silber(geld) den Soldaten, [13] sagend: Sagt: Seine Schüler, (des) Nachts kommend, stahlen ihn, während wir schliefen. [14] Und wenn dies gehört wird beim Statthalter, werden wir [ihn] überreden und euch sorgenfrei machen. [15] Die aber, nehmend das Silber (-geld), taten, wie sie belehrt worden waren. Und herumerzählt wurde dieses Wort bei (den) Judaiern bis zum heutigen [Tag].

[16] Die elf Schüler aber gingen in die Galilaia auf den Berg, wohin sie Jesus bestellt hatte, [17] und sehend ihn, huldigten sie

(ihm), andere aber zweifelten. [18] Und hinzukommend redete Jesus mit ihnen, sagend: Gegeben wurde mir alle Vollmacht im Himmel und auf [der] Erde. [19] Gehend nun, macht zu Schülern alle Völker, taufend sie auf den Namen des Vaters und des Sohnes und des heiligen Geistes, [20] lehrend sie, alles zu bewahren, wieviel ich euch geboten habe; und siehe, ich bin mit euch alle Tage bis zur Vollendung des Aions.

NACH MARKOS

1 ¹ Anfang des Evangeliums von Jesus Christos, [(dem) Sohn Gottes]. ² Gleichwie geschrieben ist in dem Isaias, dem Propheten: *Siehe, ich schicke meinen Boten vor deinem Angesicht (her), der herrichten wird* deinen *Weg;* ³ *Stimme eines Rufenden in der Öde: Bereitet den Weg (des) Herrn, gerade macht* seine *Straßen,* ⁴ – war Johannes [der] Taufende in der Öde und verkündend eine Taufe (der) Umkehr zu(m) Erlaß von Sünden. ⁵ Und hinausging zu ihm das ganze judaische Land und die Hierosolymiten alle, und sie wurden getauft von ihm im Fluß Jordanes, bekennend ihre Sünden. ⁶ Und (es) war Johannes angezogen mit Haaren vom Kamel und einem ledernen Gürtel um seine Hüfte und essend Heuschrecken und wilden Honig.

Ex 23,20
Mal 3,1
Jes 40,3 (G)

⁷ Und er verkündete, sagend: (Es) kommt der Stärkere als ich nach mir, dessen ich nicht wert bin, gebückt zu lösen den Riemen seiner Sandalen. ⁸ Ich taufte euch mit Wasser, er aber wird taufen euch mit heiligem Geist.

⁹ Und es geschah – in jenen Tagen kam Jesus vom Nazaret der Galilaia und wurde getauft im Jordanes von Johannes. ¹⁰ Und sofort, heraufsteigend aus dem Wasser, sah er sich spaltend die Himmel und den Geist wie eine Taube herabsteigend auf ihn; ¹¹ und eine Stimme kam aus den Himmeln: Du bist mein geliebter Sohn, an dir fand ich Gefallen.

¹² Und sofort treibt der Geist ihn hinaus in die Öde. ¹³ Und er war in der Öde vierzig Tage, versucht vom Satan, und er war mit den Tieren, und die Engel dienten ihm.

¹⁴ Nachdem aber übergeben war Johannes, kam Jesus in die Galilaia, verkündend das Evangelium Gottes ¹⁵ und sagend: Erfüllt ist die Zeit, und nahegekommen ist das Königtum Gottes; kehrt um und glaubt an das Evangelium!

¹⁶ Und entlanggehend entlang dem Meer der Galilaia, sah er

Simon und Andreas, den Bruder Simons, (Wurfnetze) aus-
werfend im Meer; denn sie waren Fischer. [17] Und (es) sprach
zu ihnen Jesus: Auf, hinter mich! Und machen werde ich, daß
ihr werdet Fischer von Menschen. [18] Und sofort, lassend die
Netze, folgten sie ihm. [19] Und weitergehend ein wenig, sah er
Jakobos, den des Zebedaios, und Johannes, seinen Bruder,
und sie im Boot zurechtbringend die Netze; [20] und sofort rief
er sie. Und lassend ihren Vater Zebedaios im Boot mit den
Lohnarbeitern, weggingen sie hinter ihm.

[21] Und hineingehen sie nach Kapharnaum; und sofort an den
Sabbaten hineinkommend in die Synagoge, lehrte er. [22] Und
sie gerieten außer sich über seine Lehre; denn er war lehrend
sie wie ein Vollmacht Habender und nicht wie die Schriftkundigen.

[23] Und sofort war in ihrer Synagoge ein Mensch in unreinem Geist, und aufschrie er, [24] sagend: Was (ist zwischen)
uns und dir, Jesus, Nazarener? Kamst du, uns zu vernichten?
Ich kenne dich, wer du bist, der Heilige Gottes. [25] Und anfuhr
ihn Jesus, sagend: Verstumme und komm heraus aus ihm!
[26] Und zerrend ihn der unreine Geist und schreiend mit lauter
Stimme, kam er heraus aus ihm. [27] Und sie erschraken alle, so
daß sie stritten unter sich, sagend: Was ist dies? Eine neue
Lehre mit Vollmacht; und den unreinen Geistern befiehlt er,
und sie gehorchen ihm. [28] Und hinausging sein Ruf sofort
überall in die ganze Umgegend der Galilaia.

[29] Und sofort, aus der Synagoge hinausgehend, kamen sie in
das Haus von Simon und Andreas mit Jakobos und Johannes.
[30] Die Schwiegermutter Simons aber lag danieder, fiebernd,
und sofort reden sie zu ihm über sie. [31] Und hinzukommend
richtete er sie auf, ergreifend die Hand; und (es) verließ sie
das Fieber, und sie diente ihnen.

[32] Als es aber Abend geworden war, da untergegangen war
die Sonne, brachten sie zu ihm alle, denen es schlecht ging,
und die Besessenen; [33] und (es) war die ganze Stadt versammelt an der Tür. [34] Und er heilte viele, denen es schlecht ging
durch mancherlei Krankheiten, und viele Dämonen warf er

hinaus, und nicht ließ er reden die Dämonen, weil sie ihn kannten.

[35] Und (in der) Frühe, ganz in (der) Nacht, aufstehend, hinausging er, und wegging er zu einem einsamen Ort, und dort betete er. [36] Und nacheilte ihm Simon und die mit ihm, [37] und sie fanden ihn und sagen ihm: Alle suchen dich. [38] Und er sagt ihnen: Gehen wir anderswohin, in die anliegenden Ortschaften, damit auch dort ich verkünde; denn dazu ging ich aus.

[39] Und er kam verkündend in ihren Synagogen in die ganze Galilaia und die Dämonen hinauswerfend. [40] Und (es) kommt zu ihm ein Aussätziger, bittend ihn [und auf die Knie fallend] und sagend ihm: Wenn du willst, kannst du mich reinigen. [41] Und ergriffen ausstreckend die Hand, berührte er ihn und sagt ihm: Ich will, werde gereinigt! [42] Und sofort wegging von ihm der Aussatz, und er wurde gereinigt. [43] Und anschnaubend ihn, sofort warf er ihn hinaus [44] und sagt ihm: Sieh, daß zu keinem du etwas sprichst, sondern geh fort, zeig dich dem Priester und bring dar für deine Reinigung, was verordnete Moyses, zum Zeugnis ihnen! [45] Der aber, hinausgehend, begann, viel zu verkünden und herumzuerzählen das Wort, so daß er nicht mehr offen in eine Stadt hineingehen konnte, sondern draußen an einsamen Orten war er; und sie kamen zu ihm überallher.

2 [1] Und hineinkommend wieder nach Kapharnaum nach Tagen, wurde gehört, daß er im Haus ist. [2] Und zusammenkamen viele, so daß es nicht mehr Raum gab, auch nicht an der Tür, und er redete zu ihnen das Wort. [3] Und sie kommen, bringend zu ihm einen Gelähmten, getragen von Vieren. [4] Und da sie (ihn) nicht hinbringen konnten zu ihm wegen der Volksmenge, abdeckten sie das Dach, wo er war, und (es) aufgrabend, hinablassen sie die Bahre, wo der Gelähmte daniederlag. [5] Und sehend Jesus ihren Glauben, sagt er dem Gelähmten: Kind, erlassen werden deine Sünden. [6] (Es) waren aber einige der Schriftkundigen dort sitzend und überlegend in ihren Herzen: [7] Was dieser so redet? Er lästert; wer kann erlassen Sünden, wenn nicht einer, Gott? [8] Und sofort erken-

nend Jesus mit seinem Geist, daß sie so überlegen bei sich, sagt er ihnen: Was überlegt ihr dieses in euren Herzen? [9] Was ist müheloser, zu sprechen zu dem Gelähmten: Erlassen werden deine Sünden, oder zu sprechen: Steh auf und trag deine Bahre und geh umher? [10] Damit ihr aber wißt, daß Vollmacht hat der Sohn des Menschen, zu erlassen Sünden auf der Erde, – sagt er dem Gelähmten: [11] Dir sage ich, steh auf, trag deine Bahre und geh fort in dein Haus! [12] Und er stand auf, und sofort, tragend die Bahre, hinausging er vor allen, so daß alle sich entsetzten und Gott verherrlichten, sagend: So (etwas) sahen wir niemals.

[13] Und hinausging er wieder entlang dem Meer; und die ganze Volksmenge kam zu ihm, und er lehrte sie. [14] Und weitergehend sah er Levi, den des Alphaios, sitzend bei der Zollstelle, und er sagt ihm: Folge mir! Und aufstehend folgte er ihm.

[15] Und es geschieht, daß er (zu Tisch) liegt in seinem Haus, und viele Zöllner und Sünder lagen (zu Tisch) mit Jesus und seinen Schülern; denn sie waren viele, und sie folgten ihm. [16] Und die Schriftkundigen der Pharisaier, sehend, daß er ißt mit den Sündern und Zöllnern, sagten seinen Schülern: Mit den Zöllnern und Sündern ißt er? [17] Und hörend (es), sagt Jesus ihnen: Nicht nötig haben die Starken einen Arzt, sondern die, denen es schlecht geht; nicht kam ich, zu rufen Gerechte, sondern Sünder.

[18] Und (es) waren die Schüler von Johannes und die Pharisaier Fastende. Und sie kommen und sagen ihm: Weshalb fasten die Schüler von Johannes und die Schüler der Pharisaier, deine Schüler aber fasten nicht? [19] Und (es) sprach zu ihnen Jesus: Können etwa die Söhne des Brautgemachs, während der Bräutigam bei ihnen ist, fasten? (Für) wie lange Zeit sie den Bräutigam bei sich haben, können sie nicht fasten. [20] Kommen werden aber Tage, wann weggenommen wurde von ihnen der Bräutigam, und dann werden sie fasten an jenem Tag. [21] Keiner näht einen Flicken ungewalkten Stoffes auf ein altes Gewand; wenn aber doch, reißt das Füllstück

von ihm, das neue vom alten, und schlimmer wird (der) Riß.
[22] Und keiner schüttet jungen Wein in alte Häute; wenn aber doch, zerreißen wird der Wein die Häute, und der Wein wird vernichtet und die Häute; sondern jungen Wein in neue Häute!

[23] Und es geschah, daß er an den Sabbaten entlangging durch die Saaten, und seine Schüler begannen, einen Weg zu machen, rupfend die Ähren. [24] Und die Pharisaier sagten ihm: Sieh, was tun sie an den Sabbaten, was nicht erlaubt ist? [25] Und er sagt ihnen: Niemals last ihr, was David tat, als er Bedarf hatte und hungerte, er und die mit ihm, [26] wie er hineinging in das Haus Gottes unter Abiathar, (dem) Hochpriester, und die Brote der Ausstellung aß, die nicht erlaubt ist zu essen, außer den Priestern, und auch denen gab, die mit ihm waren? [27] Und er sagte ihnen: Der Sabbat wurde wegen des Menschen und nicht der Mensch wegen des Sabbats; [28] daher: Herr ist der Sohn des Menschen auch des Sabbats.

3 [1] Und hineinkam er wieder in die Synagoge. Und (es) war dort ein Mensch, vertrocknet habend die Hand. [2] Und sie belauerten ihn, ob an den Sabbaten er ihn heilen wird, damit sie anklagten ihn. [3] Und er sagt dem Menschen, dem die vertrocknete Hand habenden: Steh auf, in die Mitte! [4] Und er sagt ihnen: Ist es erlaubt, an den Sabbaten Gutes zu tun oder Schlechtes zu tun, ein Leben zu retten oder zu töten? Die aber schwiegen. [5] Und rings anschauend sie mit Zorn, ganz betrübt über die Verstocktheit ihres Herzens, sagt er dem Menschen: Strecke aus die Hand! Und ausstreckte er (sie), und wiederhergestellt wurde seine Hand. [6] Und hinausgehend die Pharisaier sofort mit den Herodianern, faßten sie einen Beschluß gegen ihn, auf daß sie ihn vernichteten.

[7] Und Jesus mit seinen Schülern entwich zum Meer, und eine große Menge von der Galilaia [folgte] und von der Judaia [8] und von Hierosolyma und von der Idumaia und von jenseits des Jordanes und (aus der Gegend) um Tyros und Sidon eine große Menge, hörend, wieviel er tat, kam zu ihm. [9] Und er sprach zu seinen Schülern, damit ein Boot ihm be-

reitliege wegen der Volksmenge, damit sie ihn nicht bedränge; [10] denn viele heilte er, so daß sie herfielen über ihn, damit ihn berührten, wieviele Plagen hatten. [11] Und die unreinen Geister, wann sie ihn erblickten, fielen nieder vor ihm und schrien, sagend: Du bist der Sohn Gottes. [12] Und anfuhr er sie viel, damit sie nicht ihn offenbar machten.

[13] Und hinaufsteigt er auf den Berg, und herbeiruft er, die er selbst wollte, und fortgingen sie zu ihm. [14] Und er machte Zwölf, [die er auch Apostel nannte,] damit sie seien mit ihm und damit er sie schicke, zu verkünden [15] und Vollmacht zu haben, hinauszuwerfen die Dämonen; [16] [und er machte die Zwölf,] und auflegte er dem Simon als Namen Petros, [17] und Jakobos, den des Zebedaios, und Johannes, den Bruder des Jakobos, und er legte ihnen auf als Name[n] Boanerges, das ist: Söhne (des) Donners; [18] und Andreas und Philippos und Bartholomaios und Matthaios und Thomas und Jakobos, den des Alphaios, und Thaddaios und Simon, den Kananaier, [19] und Judas Iskarioth, der ihn auch übergab.

[20] Und er kommt in ein Haus; und zusammenkommt wieder [die] Volksmenge, so daß sie nicht einmal Brot essen konnten. [21] Und (es) hörend, gingen die bei ihm aus, ihn zu ergreifen; denn sie sagten: Er geriet außer sich.

[22] Und die Schriftkundigen, die von Hierosolyma herabgestiegenen, sagten: Beelzebul hat er, und: Mit dem Herrscher der Dämonen hinauswirft er die Dämonen.

[23] Und sie herbeirufend, in Gleichnissen sagte er ihnen: Wie kann Satan Satan hinauswerfen? [24] Und wenn ein Königtum in sich geteilt wird, nicht kann bestehen jenes Königtum; [25] und wenn ein Haus in sich geteilt wird, nicht wird jenes Haus bestehen können. [26] Und wenn der Satan aufstand wider sich und geteilt wurde, kann er nicht bestehen, sondern ein Ende hat er. [27] Doch nicht kann einer, in das Haus des Starken hineingehend, seine Gefäße ausrauben, wenn nicht zuerst den Starken er band, und dann wird er sein Haus ausrauben.

[28] Amen, ich sage euch: Alles wird erlassen werden den Söhnen der Menschen, die Versündigungen und die Lästerun-

gen, wieviel immer sie lästerten; [29] wer immer aber lästerte gegen den heiligen Geist, nicht hat Erlaß in Ewigkeit, sondern schuldig ist er ewiger Versündigung. [30] Weil sie sagten: Einen unreinen Geist hat er.

[31] Und (es) kommt seine Mutter und seine Brüder, und draußen stehend, schickten sie zu ihm, rufend ihn. [32] Und (es) saß um ihn eine Volksmenge, und sie sagen ihm: Siehe, deine Mutter und deine Brüder [und deine Schwestern] draußen suchen dich. [33] Und antwortend ihnen, sagt er: Wer ist meine Mutter und (welche sind) [meine] Brüder? [34] Und rings anschauend die um ihn im Kreis Sitzenden, sagt er: Sieh, meine Mutter und meine Brüder! [35] [Denn] wer immer tut den Willen Gottes, dieser ist mein Bruder und (meine) Schwester und Mutter.

4 [1] Und wieder begann er zu lehren am Meer; und zusammenkommt bei ihm eine ganz große Volksmenge, so daß er, in ein Boot eingestiegen, sich setzte im Meer, und die ganze Volksmenge, zum Meer hin auf dem Land waren sie. [2] Und er lehrte sie in Gleichnissen vieles, und er sagte ihnen in seiner Lehre:

[3] Hört! Siehe, hinausging der Säende zu säen. [4] Und es geschah beim Säen – das eine fiel entlang des Weges, und (es) kamen die Vögel und fraßen es auf. [5] Und anderes fiel auf das Felsige, wo es nicht viel Erde hatte, und sofort ging es auf wegen des Nicht-Tiefe-Habens an Erde; [6] und als aufging die Sonne, wurde es verbrannt, und wegen des Nicht-Wurzel-Habens vertrocknete es. [7] Und anderes fiel in die Dornen, und aufstiegen die Dornen und erstickten es, und Frucht gab es nicht. [8] Und andere (Samen) fielen in die gute Erde und gaben Frucht, aufsteigend und wachsend, und brachten: eines dreißig und eines sechzig und eines hundert. [9] Und er sagte: Wer Ohren hat zu hören, soll hören!

[10] Und als er allein war, fragten ihn die um ihn mit den Zwölf nach den Gleichnissen. [11] Und er sagte ihnen: Euch ist das Geheimnis des Königtums Gottes gegeben; jenen aber, denen draußen, geschieht alles in Gleichnissen, [12] damit

Jes 6,9f *Sehende sehen und nicht schauen und Hörende hören und nicht verstehen, damit sie nicht etwa umkehren und ihnen erlassen werde.*

[13] Und er sagt ihnen: Nicht versteht ihr dieses Gleichnis, und wie werdet ihr alle Gleichnisse erkennen? [14] Der Säende sät das Wort. [15] Diese aber sind die entlang des Weges, wohin gesät wird das Wort; und wann sie hören, sofort kommt der Satan und trägt weg das Wort, das in sie gesäte. [16] Und diese sind die auf das Felsige Gesäten, die, wann sie hören das Wort, sofort mit Freude es aufnehmen, [17] aber nicht haben sie eine Wurzel in sich, sondern auf (den) Augenblick sind sie; dann, wenn entsteht Bedrängnis oder Verfolgung wegen des Wortes, sofort nehmen sie Anstoß. [18] Und andere sind die in die Dornen Gesäten, diese sind die das Wort Hörenden, [19] aber die Sorgen des Aions und der Trug des Reichtums und die Begierden um das Übrige hinzukommend ersticken das Wort, und fruchtlos wird es. [20] Und jene sind die auf die gute Erde Gesäten, welche hören das Wort und (es) annehmen und Frucht bringen: eines dreißig und eines sechzig und eines hundert.

[21] Und er sagte ihnen: Kommt etwa die Leuchte, damit sie unter den Scheffel gestellt wird oder unter das Bett? Nicht, damit sie auf den Leuchter gestellt wird? [22] Denn nicht ist Verborgenes, wenn nicht, damit es offenbart wird; und nicht wurde Geheimes, außer, damit es kommt ins Offenbare. [23] Wenn einer Ohren hat zu hören, er soll hören! [24] Und er sagte ihnen: Seht (zu), was ihr hört! Mit welchem Maß ihr meßt, gemessen werden wird euch und hinzugelegt werden wird euch. [25] Denn wer hat, gegeben werden wird ihm; und wer nicht hat, auch was er hat, wird weggenommen werden von ihm.

[26] Und er sagte: So ist das Königtum Gottes, wie (wenn) ein Mensch warf den Samen auf die Erde [27] und schläft und aufsteht Nacht und Tag, und der Same keimt und wird lang, wie er selbst nicht weiß. [28] Selbsttätig bringt die Erde Frucht, zuerst Halm, dann Ähre, dann voller Weizen in der Ähre.

²⁹ Wann (es) aber zuläßt die Frucht, sofort schickt er die Sichel, weil ansteht die Ernte.

³⁰ Und er sagte: Wie sollen wir vergleichen das Königtum Gottes, oder in welchem Gleichnis sollen wir es darlegen?

³¹ (Es ist) wie mit einem Senfkorn, das, wann es gesät wird auf die Erde, kleiner ist als alle Samen auf der Erde, ³² und wann es gesät wird, aufsteigt und größer wird als alle Gartengewächse und große Zweige macht, so daß unter seinem Schatten *die Vögel des Himmels nisten* können.   Ps 103,12 (G)

³³ Und mit vielen solchen Gleichnissen redete er zu ihnen das Wort, gleichwie sie (es) hören konnten; ³⁴ ohne Gleichnis aber redete er nicht zu ihnen, für sich aber den eigenen Schülern löste er alles auf.

³⁵ Und er sagt ihnen an jenem Tag, als es Abend geworden war: Laßt uns hinüberfahren zum Gegenüber! ³⁶ Und lassend die Volksmenge, mitnehmen sie ihn, wie er war, im Boot, und andere Boote waren mit ihm. ³⁷ Und (es) entsteht ein großer Sturmwind, und die Wellen warfen sich auf ins Boot, so daß schon gefüllt wurde das Boot. ³⁸ Und er selbst war im Heck auf dem Kopfkissen schlafend. Und sie wecken ihn und sagen ihm: Lehrer, nicht kümmert dich, daß wir vernichtet werden? ³⁹ Und aufgeweckt, anfuhr er den Wind und sprach zum Meer: Schweig, sei stumm! Und nachließ der Wind, und (es) wurde große Stille. ⁴⁰ Und er sprach zu ihnen: Was seid ihr feige? Noch nicht habt ihr Glauben? ⁴¹ Und sie fürchteten sich in großer Furcht, und sie sagten zueinander: Wer also ist dieser, daß auch der Wind und das Meer ihm gehorcht?

5 ¹ Und sie kamen zum Gegenüber des Meeres ins Land der Gerasener. ² Und als er herauskam aus dem Boot, sofort begegnete ihm aus den Gräbern ein Mensch in unreinem Geist, ³ der die Behausung hatte in den Grabstätten, und auch mit einer Kette konnte keiner mehr ihn binden, ⁴ deswegen, (weil) er oft mit Fußfesseln und Ketten gebunden worden war und zerrissen worden waren von ihm die Ketten und die Fußfesseln zerrieben, und keiner vermochte ihn zu bändigen; ⁵ und allzeit, nachts und tags, war er in den Grabstätten und in den Bergen, schreiend und zerschlagend sich mit Steinen. [6] Und sehend den Jesus von weitem, lief er und fiel nieder vor ihm, [7] und schreiend mit lauter Stimme, sagt er: Was (ist zwischen) mir und dir, Jesus, Sohn Gottes, des Höchsten? Ich beschwöre dich bei Gott, quäle mich nicht! [8] Denn er sagte ihm: Komm heraus, unreiner Geist, aus dem Menschen! [9] Und er befragte ihn: Was (ist) dein Name? Und er sagt ihm: Legion (ist) mein Name, weil wir viele sind. [10] Und er bat ihn sehr, daß er nicht sie schicke außerhalb des Landes. [11] (Es) war aber dort bei dem Berg eine große Herde von Schweinen weidend; [12] und sie baten ihn, sagend: Schick uns in die Schweine, damit wir in sie hineingehen! [13] Und er erlaubte (es) ihnen. Und herauskommend die unreinen Geister, hineingingen sie in die Schweine, und (es) raste die Herde hinunter den Abhang ins Meer, etwa zweitausend, und sie ersoffen im Meer.

[14] Und die sie Weidenden flohen, und sie meldeten (es) in die Stadt und in die Höfe; und sie kamen zu sehen, was das Geschehene ist. [15] Und sie kommen zu Jesus und erblicken den Besessenen dasitzend, bekleidet und bei Sinnen, den, der den Legion gehabt hatte, und sie fürchteten sich. [16] Und (es) erzählten ihnen, die gesehen hatten, wie dem Besessenen geschah, und über die Schweine. [17] Und sie begannen, ihn zu bitten, wegzugehen von ihren Gebieten.

[18] Und als er einsteigt ins Boot, bat ihn der besessen Gewesene, daß er mit ihm sei. [19] Und nicht ließ er ihn, sondern sagt ihm: Geh fort in dein Haus zu den Deinen und melde ihnen, wieviel der Herr dir getan hat und sich erbarmte deiner! [20] Und wegging er und begann zu verkünden in der Dekapolis, wieviel ihm Jesus getan, und alle staunten.

[21] Und als Jesus hinübergefahren war [im Boot] wieder zum Gegenüber, zusammenkam eine große Volksmenge bei ihm, und er war am Meer. [22] Und (es) kommt einer der Synagogenvorsteher mit Namen Jairos, und sehend ihn, fällt er zu seinen Füßen, [23] und er bittet ihn sehr, sagend: Mit meinem Töchterchen geht es zum Letzten; kommend leg die Hände

ihr auf, damit sie gerettet werde und lebe! [24] Und wegging er mit ihm. Und (es) folgte ihm eine große Volksmenge, und sie bedrängten ihn.

[25] Und eine Frau, welche war im Blutfluß zwölf Jahre [26] und vieles leidend von vielen Ärzten und verausgabend das Ganze von ihr und keinen Nutzen habend, sondern (viel)mehr zum Schlimmeren kommend, [27] hörend über Jesus, kommend in der Volksmenge, von hinten berührte sein Gewand; [28] denn sie sagte: Wenn ich berühre auch nur seine Gewänder, werde ich gerettet werden. [29] Und sofort vertrocknete die Quelle ihres Blutes, und sie erkannte am Leib, daß sie geheilt ist von der Plage. [30] Und sofort erkennend bei sich die von ihm ausgegangene Kraft, sich umwendend in der Volksmenge, sagte Jesus: Wer berührte mich an den Gewändern? [31] Und (es) sagten ihm seine Schüler: Du siehst die Volksmenge, dich bedrängend, und sagst: Wer berührte mich? [32] Und herumschaute er zu sehen, die dies getan hatte. [33] Die Frau aber, sich fürchtend und zitternd, wissend, was ihr geschehen ist, kam und fiel nieder vor ihm und sagte ihm die ganze Wahrheit. [34] Der aber sprach zu ihr: Tochter, dein Glaube hat dich gerettet; geh fort in Frieden und sei gesund von deiner Plage!

[35] Noch als er redet, kommen vom Synagogenvorsteher Sagende: Deine Tochter starb; was noch bemühst du den Lehrer? [36] Jesus aber, überhörend das geredete Wort, sagt dem Synagogenvorsteher: Fürchte dich nicht, glaube nur! [37] Und er ließ keinen mit sich folgen, außer Petros und Jakobos und Johannes, den Bruder von Jakobos. [38] Und sie kommen in das Haus des Synagogenvorstehers, und er erblickt einen Tumult und Weinende und Heulende sehr, [39] und hineingehend sagt er ihnen: Was lärmt und weint ihr? Das Kind starb nicht, sondern schläft. [40] Und sie verlachten ihn. Er aber, hinauswerfend alle, mitnimmt den Vater des Kindes und die Mutter und die mit ihm, und hineingeht er, wo das Kind war. [41] Und ergreifend die Hand des Kindes, sagt er ihr: Talitha kum, was ist übersetzt: Mädchen, dir sage ich, steh auf! [42] Und sofort stand auf das Mädchen und ging umher; denn es war von

zwölf Jahren. Und sie entsetzten sich [sofort] mit großem Entsetzen. ⁴³ Und auftrug er ihnen sehr, daß keiner erfahre dies, und er sagte, daß gegeben werde ihr zu essen.

6 ¹ Und hinausging er von dort und kommt in seine Vaterstadt, und (es) folgen ihm seine Schüler. ² Und als es Sabbat geworden, begann er zu lehren in der Synagoge, und viele Hörende gerieten außer sich, sagend: Woher (ist) diesem dieses, und welche (sind) die Weisheit, die diesem gegebene, und solche Kräfte, geschehend durch seine Hände? ³ Ist nicht dieser der Zimmermann, der Sohn der Maria und Bruder von Jakobos und Joses und Judas und Simon? Und sind nicht seine Schwestern hier bei uns? Und sie nahmen Anstoß an ihm. ⁴ Und (es) sagte ihnen Jesus: Nicht ist ein Prophet ungeehrt, außer in seiner Vaterstadt und bei seinen Verwandten und in seinem Haus. ⁵ Und nicht konnte er dort tun irgendeine Kraft(tat), außer daß er, wenigen Kranken die Hände auflegend, (sie) heilte. ⁶ Und er staunte wegen ihres Unglaubens. Und er durchzog die Dörfer im Umkreis, lehrend. ⁷ Und herbeiruft er die Zwölf, und er begann, sie zu schicken zwei (und) zwei, und er gab ihnen Vollmacht über die unreinen Geister, ⁸ und er gebot ihnen, daß sie nichts tragen auf (dem) Weg, außer einen Stock nur, nicht Brot, nicht Tasche, nicht im Gürtel Kupfer(geld), ⁹ sondern untergebunden Sandalen; und: Nicht zieht an zwei Gewänder! ¹⁰ Und er sagte ihnen: Wo ihr etwa hineingeht in ein Haus, dort bleibt, bis ihr hinausgeht von dort. ¹¹ Und welcher Ort immer euch nicht aufnimmt, und sie euch nicht hören, herausgehend von dort, schüttelt ab den Staub unter euren Füßen, zum Zeugnis ihnen! ¹² Und hinausgehend verkündeten sie, damit man umkehre, ¹³ und viele Dämonen warfen sie hinaus, und sie salbten mit Öl viele Kranke und heilten (sie).

¹⁴ Und (es) hörte der König Herodes, denn bekannt wurde sein Name, und man sagte: Johannes der Taufende ist erweckt worden aus Toten, und deswegen wirken die Kräfte in ihm. ¹⁵ Andere aber sagten: Elias ist er; andere aber sagten:

Ein Prophet wie einer der Propheten. [16] (Es) hörend aber sagte Herodes: Den ich enthaupten ließ, Johannes, dieser wurde erweckt.

[17] Denn er, Herodes, (aus)schickend hatte ergriffen den Johannes und hatte gebunden ihn im Gefängnis wegen Herodias, der Frau (des) Philippos, seines Bruders, weil er sie geheiratet hatte; [18] denn (es) sagte Johannes dem Herodes: Nicht ist dir erlaubt, zu haben die Frau deines Bruders. [19] Herodias aber grollte ihm und wollte ihn töten, aber sie konnte nicht; [20] denn Herodes fürchtete Johannes, kennend ihn als einen Mann, gerecht und heilig, und er bewahrte ihn, und hörend ihn, war er sehr ratlos, und gern hörte er ihn.

[21] Und als ein günstiger Tag geworden, als Herodes an seinem Geburtsfest ein Mahl machte für seine Großen und die Chiliarchen und die Ersten der Galilaia, [22] und als hereinkam seine Tochter, (die der) Herodias, und tanzte, gefiel sie dem Herodes und den mit (zu Tisch) Liegenden. (Es) sprach der König zu dem Mädchen: Bitte mich, was immer du willst, und geben werde ich (es) dir! [23] Und er schwor ihr [vielfach]: Was immer du mich bittest, geben werde ich dir bis zur Hälfte meines Königreiches. [24] Und hinausgehend sprach sie zu ihrer Mutter: Was soll ich bitten? Die aber sprach: Den Kopf (des) Johannes des Taufenden. [25] Und hineingehend sofort mit Eile zum König, bat sie, sagend: Ich will, daß sogleich du mir gibst auf einem Teller den Kopf (des) Johannes des Täufers. [26] Und ganz betrübt werdend wegen der Eide und der (zu Tisch) Liegenden, wollte der König sie nicht abweisen; [27] und sofort (aus)schickend einen Henker, befahl der König, zu bringen seinen Kopf. Und weggehend ließ er enthaupten ihn im Gefängnis, [28] und er brachte seinen Kopf auf einem Teller und gab ihn dem Mädchen, und das Mädchen gab ihn seiner Mutter. [29] Und (es) hörend kamen seine Schüler und trugen weg seine Leiche und legten sie in ein Grab.

[30] Und zusammenkommen die Apostel bei Jesus, und sie meldeten ihm alles, wieviel sie taten und wieviel sie lehrten. [31] Und er sagt ihnen: Auf, (geht) ihr selbst für euch an einen

einsamen Ort, und ruht ein wenig! Denn (es) waren die Kommenden und die Fortgehenden viele, und nicht einmal zu essen hatten sie Zeit.

[32] Und wegfuhren sie im Boot an einen einsamen Ort für sich. [33] Und man sah sie abfahrend, und (es) erfuhren viele, und zu Fuß von allen Städten liefen sie zusammen dort, und zuvorkamen sie ihnen.

[34] Und herauskommend sah er eine große Volksmenge, und

Num 27,17 er wurde ergriffen über sie, weil sie waren *wie Schafe, nicht habend einen Hirten,* und er begann sie zu lehren vieles.

[35] Und als (es) schon späte Stunde geworden war, kommend zu ihm, sagten seine Schüler: Einsam ist der Ort und schon späte Stunde; [36] entlasse sie, damit, weggehend in die Höfe und Dörfer im Umkreis, sie sich kaufen, was sie essen (könnten). [37] Der aber antwortend sprach zu ihnen: Gebt ihnen ihr zu essen! Und sie sagen ihm: Sollen wir weggehend kaufen für zweihundert Denare Brote und ihnen zu essen geben? [38] Der aber sagt ihnen: Wieviele Brote habt ihr? Geht fort, seht! Und (es) erfahrend, sagen sie: Fünf, und zwei Fische. [39] Und er befahl ihnen, daß alle sich hinlegen, Gruppe um Gruppe, auf dem grünen Gras. [40] Und niederließen sie sich, Schar um Schar, zu hundert und zu fünfzig. [41] Und nehmend die fünf Brote und die zwei Fische, aufschauend zum Himmel, segnete und brach er die Brote, und gab (sie) [seinen] Schülern, damit sie (sie) vorlegten ihnen, auch die zwei Fische ließ er verteilen allen. [42] Und (es) aßen alle und wurden gesättigt, [43] und wegtrugen sie Stücke, von zwölf Körben (die) Füllungen, auch von den Fischen. [44] Und (es) waren die Essenden [die Brote] fünftausend Männer.

[45] Und sofort nötigte er seine Schüler, einzusteigen ins Boot und vorauszufahren zum Gegenüber nach Bethsaida, bis er selbst entläßt die Volksmenge. [46] Und sich verabschiedend von ihnen, wegging er auf den Berg, um zu beten. [47] Und als es Abend geworden war, war das Boot inmitten des Meeres, und er allein auf dem Land. [48] Und sehend sie, sich quälend beim Rudern, denn es war der Wind ihnen entgegen, um (die)

vierte Wache der Nacht kommt er zu ihnen, umhergehend auf dem Meer, und er wollte vorübergehen an ihnen. ⁴⁹ Die aber, sehend ihn auf dem Meer umhergehend, meinten, daß es ein Gespenst sei, und aufschrien sie; ⁵⁰ denn alle sahen ihn und wurden verwirrt. Der aber redete sofort mit ihnen und sagt ihnen: Habt Mut, ich bin (es); fürchtet euch nicht! ⁵¹ Und hinaufstieg er zu ihnen ins Boot, und nachließ der Wind; und sehr [, im Übermaß] entsetzten sie sich bei sich; ⁵² denn nicht hatten sie verstanden aufgrund der Brote, sondern (es) war ihr Herz verstockt.

⁵³ Und hinüberfahrend auf das Land, kamen sie nach Gennesaret und legten an. ⁵⁴ Und als sie herauskamen aus dem Boot, sofort erkennend ihn, ⁵⁵ umherliefen sie in jenem ganzen Land und begannen auf den Bahren die, denen es schlecht ging, umherzutragen, wo sie hörten, daß er sei. ⁵⁶ Und wo immer er hineinging in Dörfer oder in Städte oder in Höfe, auf den Märkten hinlegten sie die Schwachen, und sie baten ihn, daß sie, wenn auch nur die Quaste seines Gewandes, berührten; und wieviele immer ihn berührten, wurden gerettet.

7 ¹ Und zusammenkommen bei ihm die Pharisaier und einige der Schriftkundigen, kommend von Hierosolyma. ² Und als sie sehen einige seiner Schüler, daß sie mit gemeinen Händen, das ist: ungewaschenen, essen die Brote ³ – denn die Pharisaier und alle Judaier, wenn nicht mit (der) Faust sie sich wuschen die Hände, essen nicht, festhaltend die Überlieferung der Älteren, ⁴ und (kommend) vom Markt, wenn nicht sie sich besprengten, essen sie nicht, und anderes vieles ist (es), was sie übernahmen festzuhalten: Waschungen von Bechern und Näpfen und Töpfen [und Betten] –, ⁵ und (es) befragen ihn die Pharisaier und die Schriftkundigen: Weshalb wandeln deine Schüler nicht nach der Überlieferung der Älteren, sondern essen mit gemeinen Händen das Brot?

⁶ Der aber sprach zu ihnen: Recht prophezeite Isaias über euch Heuchler, wie geschrieben ist: *Dieses Volk ehrt mit den Lippen mich, ihr Herz aber hält sich weit fern von mir;* ⁷ *vergeblich aber verehren sie mich, lehrend als Lehren Gebote* | Jes 29,13 (G)

von Menschen. [8] Verlassend das Gebot Gottes, haltet ihr fest die Überlieferung der Menschen. [9] Und er sagte ihnen: Recht weist ihr ab das Gebot Gottes, damit ihr eure Überlieferung aufrichtet. [10] Denn Moyses sprach: *Ehre deinen Vater und deine Mutter,* und: *Der Beschimpfende Vater oder Mutter soll mit Tod enden.* [11] Ihr aber sagt: Wenn ein Mensch spricht zum Vater oder zur Mutter: Korban, das ist: Weihegabe (sei), worin immer du von mir Nutzen hättest, [12] nicht mehr laßt ihr ihn etwas tun für den Vater oder die Mutter, [13] entmachtend das Wort Gottes durch eure Überlieferung, die ihr überliefert habt; und ähnliches solches tut ihr vieles.

Ex 20,12
Dtn 5,16
Ex 21,17
Lev 20,9

[14] Und herbeirufend wieder die Volksmenge, sagte er ihnen: Hört mich alle und versteht! [15] Nichts ist außerhalb des Menschen, hineingehend in ihn, was ihn gemein machen kann, sondern das aus dem Menschen Herausgehende ist das Gemeinmachende den Menschen.*

[17] Und als er hineinging in ein Haus, weg von der Volksmenge, befragten ihn seine Schüler nach dem Gleichnis. [18] Und er sagt ihnen: So seid auch ihr Unverständige? Nicht begreift ihr, daß alles von außen Hineingehende in den Menschen nicht ihn gemein machen kann, [19] weil es nicht hineingeht in sein Herz, sondern in den Bauch, und in den Abort hinausgeht? – (damit) rein erklärend alle Speisen. [20] Er sagte aber: Das aus dem Menschen Herausgehende, jenes macht gemein den Menschen. [21] Denn von innen, aus dem Herzen der Menschen, gehen aus die schlechten Gedanken, Unzüchtiges, Diebstähle, Morde, [22] Ehebrüche, Habgierigkeiten, Bosheiten, List, Ausschweifung, böses Auge, Lästerung, Überheblichkeit, Unverstand; [23] all dieses Böse geht von innen heraus und macht gemein den Menschen.

[24] Von dort aber, aufstehend, ging er weg in die Gebiete von Tyros. Und hineingehend in ein Haus, wollte er, keiner solle (es) erfahren, aber nicht konnte er verborgen sein; [25] doch sofort, hörend über ihn, eine Frau, deren Töchterchen einen unreinen Geist hatte, kommend, fiel nieder zu seinen

---

* V 16 ist ein „Wanderlogion" (vgl. Mk 4,23 u. ö.).

Füßen; [26] die Frau aber war Hellenin, Syrophoinikerin der Abstammung (nach); und sie bat ihn, daß er den Dämon hinauswerfe aus ihrer Tochter. [27] Und er sagte ihr: Laß zuerst gesättigt werden die Kinder; denn nicht ist es recht, zu nehmen das Brot der Kinder und (es) den Hündchen hinzuwerfen. [28] Die aber antwortete und sagt ihm: Herr, auch die Hündchen unter dem Tisch essen von den Bröckchen der Kinder. [29] Und er sprach zu ihr: Wegen dieses Wortes geh fort, herausgekommen ist aus deiner Tochter der Dämon. [30] Und weggegangen in ihr Haus, fand sie das Kind geworfen auf das Bett und den Dämon herausgekommen.

[31] Und wieder hinausgehend aus den Gebieten von Tyros, kam er durch Sidon ans Meer der Galilaia mitten in die Gebiete (der) Dekapolis. [32] Und man bringt ihm einen Tauben und Stummen, und man bittet ihn, daß er auflege ihm die Hand. [33] Und wegnehmend ihn von der Volksmenge für sich, legte er seine Finger in seine Ohren, und spuckend berührte er seine Zunge, [34] und aufschauend zum Himmel, stöhnte er und sagt ihm: Ephphatha, das ist: Werde geöffnet! [35] Und [sogleich] öffnete sich sein Gehör, und gelöst wurde die Fessel seiner Zunge, und er redete richtig. [36] Und auftrug er ihnen, daß sie (es) keinem sagen; soviel er aber ihnen auftrug, sie verkündeten (um so) mehr, überreichlich. [37] Und über die Maßen gerieten sie außer sich, sagend: Recht hat er alles gemacht, und die Taub(stumm)en macht er hören und [die] Redelose[n] reden.

8 [1] In jenen Tagen, als wieder eine große Volksmenge da ist und sie nicht(s) haben, was sie essen könnten, herbeirufend die Schüler, sagt er ihnen: [2] Ergriffen werde ich über die Volksmenge, weil sie schon drei Tage bleiben bei mir und nicht(s) haben, was sie essen könnten; [3] und wenn ich sie entlasse hungrig in ihr Haus, werden sie erliegen auf dem Weg; und einige von ihnen sind von weit her gekommen. [4] Und (es) antworteten ihm seine Schüler: Woher wird einer diese hier sättigen können mit Broten in (der) Öde? [5] Und er fragte sie: Wieviel habt ihr Brote? Die aber sprachen: Sieben.

⁶ Und er gebietet der Volksmenge, sich niederzulassen auf der Erde; und nehmend die sieben Brote, dankend brach er (sie), und er gab (sie) seinen Schülern, damit sie vorlegten, und sie legten vor der Volksmenge. ⁷ Und sie hatten wenige Fischchen; und segnend sie, sagte er, auch diese vorzulegen. ⁸ Und sie aßen und wurden gesättigt, und wegtrugen sie Überreste an Stücken sieben Körbe. ⁹ Sie waren aber etwa viertausend. Und er entließ sie.

¹⁰ Und sofort, einsteigend ins Boot mit seinen Schülern, kam er in die (Landes)teile von Dalmanutha.

¹¹ Und hinausgingen die Pharisaier und begannen zu streiten mit ihm, verlangend von ihm ein Zeichen vom Himmel, versuchend ihn. ¹² Und aufstöhnend in seinem Geist, sagt er: Was verlangt dieses Geschlecht ein Zeichen? Amen, ich sage euch, nicht wird gegeben werden diesem Geschlecht ein Zeichen. ¹³ Und lassend sie, wieder einsteigend, wegging er zum Gegenüber.

¹⁴ Und sie vergaßen, mitzunehmen Brote, und außer einem Brot hatten sie nicht(s) mit sich im Boot. ¹⁵ Und er trug ihnen auf, sagend: Seht (zu), hütet euch vor dem Sauerteig der Pharisaier und dem Sauerteig (des) Herodes! ¹⁶ Und sie überlegten untereinander, daß Brote sie nicht haben. ¹⁷ Und (es) erkennend, sagt er ihnen: Was überlegt ihr, daß Brote ihr nicht habt? Noch nicht begreift ihr und nicht versteht ihr? Habt ihr verstockt euer Herz? ¹⁸ *Augen habend seht ihr nicht, und Ohren habend hört ihr nicht?* Und nicht erinnert ihr euch, ¹⁹ als die fünf Brote ich brach für die Fünftausend, wieviele Körbe von Stücken voll ihr wegtrugt? Sie sagen ihm: Zwölf. ²⁰ Als die sieben für die Viertausend, wievieler Körbe Füllungen an Stücken trugt ihr weg? Und sie sagen [ihm]: Sieben. ²¹ Und er sagte ihnen: Noch nicht versteht ihr?

²² Und sie kommen nach Bethsaida. Und sie bringen ihm einen Blinden, und sie bitten ihn, daß er ihn berühre. ²³ Und ergreifend die Hand des Blinden, hinausbrachte er ihn außerhalb des Dorfes, und spuckend in seine Augen, auflegend ihm die Hände, befragte er ihn: Siehst du etwas? ²⁴ Und aufschau-

Jer 5,21

end sagte er: Ich sehe die Menschen: Wie Bäume sehe ich Umhergehende. ²⁵ Dann wieder auflegte er die Hände auf seine Augen, und er sah klar und wurde wiederhergestellt, und anschaute er alles genau. ²⁶ Und er schickte ihn in sein Haus, sagend: Aber nicht geh ins Dorf hinein!

²⁷ Und hinausging Jesus und seine Schüler in die Dörfer von Kaisareia, dem von Philippos; und auf dem Weg befragte er seine Schüler, sagend ihnen: Wer, sagen die Menschen, daß ich sei? ²⁸ Die aber sprachen zu ihm, sagend: Johannes der Täufer, und andere: Elias, andere aber: Einer der Propheten. ²⁹ Und er befragte sie: Ihr aber, wer, sagt ihr, daß ich sei? Antwortend sagt ihm Petros: Du bist der Christos. ³⁰ Und anfuhr er sie, daß sie keinem sagen über ihn.

³¹ Und er begann zu lehren sie: (Es) muß der Sohn des Menschen vieles leiden und verworfen werden von den Ältesten und den Hochpriestern und den Schriftkundigen und getötet werden und nach drei Tagen aufstehen; ³² und in Offenheit redete er das Wort. Und Petros, herbeinehmend ihn, begann ihn anzufahren. ³³ Der aber, sich umwendend und sehend seine Schüler, fuhr Petros an und sagt: Geh fort, hinter mich, Satan, weil du nicht sinnst das von Gott, sondern das der Menschen!

³⁴ Und herbeirufend die Volksmenge mit seinen Schülern, sprach er zu ihnen: Wenn einer will hinter mir folgen, soll er sich selbst verleugnen und tragen sein Kreuz und mir folgen! ³⁵ Denn wer immer will sein Leben retten, verlieren wird er es; wer aber verlieren wird sein Leben wegen meiner und des Evangeliums, retten wird er es. ³⁶ Denn was nützt es, daß ein Mensch gewinnt die ganze Welt und bestraft wird an seinem Leben? ³⁷ Denn was könnte geben ein Mensch als Gegenwert seines Lebens? ³⁸ Denn wer immer sich schämt meiner und meiner Worte in diesem ehebrecherischen und sündigen Geschlecht, auch der Sohn des Menschen wird sich schämen seiner, wann er kommt in der Herrlichkeit seines Vaters mit den heiligen Engeln.

9 ¹ Und er sagte ihnen: Amen, ich sage euch: (Es) sind einige der hier Stehenden, welche nicht kosten werden (den) Tod, bis sie sehen das Königtum Gottes, gekommen in Kraft.

² Und nach sechs Tagen mitnimmt Jesus den Petros und den Jakobos und den Johannes, und hinaufbringt er sie auf einen hohen Berg für sich allein. Und er wurde umgestaltet vor ihnen, ³ und seine Gewänder wurden strahlend ganz weiß, wie (sie) ein Walker auf der Erde nicht so weiß machen kann. ⁴ Und (es) erschien ihnen Elias mit Moyses, und sie waren sich unterredend mit Jesus. ⁵ Und antwortend sagt Petros zu Jesus: Rabbi, recht ist es, daß wir hier sind, und wir wollen machen drei Zelte, dir eines und Moyses eines und Elias eines. ⁶ Denn nicht wußte er, was er antworte, denn erschreckt wurden sie. ⁷ Und (es) entstand eine Wolke, überschattend sie, und (es) kam eine Stimme aus der Wolke: Dieser ist mein geliebter Sohn, hört ihn! ⁸ Und plötzlich, herumschauend, keinen mehr sahen sie, sondern Jesus allein mit ihnen.

⁹ Und während sie herabsteigen vom Berg, auftrug er ihnen, daß sie keinem, was sie sahen, erzählten, außer wann der Sohn des Menschen aus Toten aufgestanden sei. ¹⁰ Und das Wort hielten sie fest, unter sich streitend: Was ist das Aus-Toten-Aufstehen?

¹¹ Und sie befragten ihn, sagend: Wieso sagen die Schrift-
kundigen: *Elias muß kommen zuerst?* ¹² Der aber sagte ihnen: Elias zwar, kommend zuerst, stellt alles wieder her; aber wieso ist geschrieben über den Sohn des Menschen, daß er vieles leidet und verachtet wird? ¹³ Doch ich sage euch: Auch Elias ist gekommen, und sie taten ihm, was sie wollten, gleichwie geschrieben ist über ihn.

¹⁴ Und kommend zu den Schülern, sahen sie eine große Volksmenge um sie und Schriftkundige, streitend gegen sie. ¹⁵ Und sofort, die ganze Volksmenge, als sie ihn sahen, erschraken sie und herbeilaufend begrüßten sie ihn. ¹⁶ Und er befragte sie: Was streitet ihr gegen sie? ¹⁷ Und (es) antwortete ihm einer aus der Volksmenge: Lehrer, ich brachte meinen

Mal 3,23

Sohn zu dir, habend einen redelosen Geist; [18] und wo immer er ihn ergreift, reißt er ihn nieder, und er schäumt und knirscht die Zähne und erstarrt; und ich sagte deinen Schülern, daß sie ihn hinauswerfen (sollten), aber nicht vermochten sie (es). [19] Der aber, antwortend ihnen, sagt: O ungläubiges Geschlecht, bis wann werde ich bei euch sein? Bis wann werde ich ertragen euch? Bringt ihn zu mir! [20] Und sie brachten ihn zu ihm. Und sehend ihn, riß der Geist sofort ihn hin und her, und fallend auf die Erde, wälzte er sich, schäumend. [21] Und er befragte seinen Vater: Wie lange Zeit ist es, daß dies ihm geschehen ist? Der aber sprach: Von Kind an; [22] und oft auch ins Feuer warf er ihn und ins Wasser, damit er ihn vernichte; doch wenn du etwas kannst, hilf uns, ergriffen über uns! [23] Jesus aber sprach zu ihm: Das Wenn-du-kannst – alles (ist) möglich dem Glaubenden! [24] Sofort, schreiend, sagte der Vater des Kindes: Ich glaube; hilf meinem Unglauben! [25] Sehend aber Jesus, daß zusammenläuft eine Volksmenge, anfuhr er den unreinen Geist, sagend ihm: Redeloser und stummer Geist, ich befehle dir, komm heraus aus ihm und nicht mehr geh hinein in ihn! [26] Und schreiend und viel zerrend kam er heraus; und er wurde wie tot, so daß die vielen sagten: Er starb. [27] Jesus aber, ergreifend seine Hand, richtete ihn auf, und er stand auf.

[28] Und nachdem er hineingegangen war in ein Haus, befragten ihn seine Schüler für sich: Wieso konnten wir ihn nicht hinauswerfen? [29] Und er sprach zu ihnen: Diese Art kann durch nichts herauskommen, außer durch Gebet.

[30] Und von dort hinausgehend, umhergingen sie durch die Galilaia, und nicht wollte er, daß einer (es) erführe; [31] denn er lehrte seine Schüler und sagte ihnen: Der Sohn des Menschen wird übergeben in (die) Hände von Menschen, und sie werden töten ihn, und getötet, nach drei Tagen wird er aufstehen. [32] Die aber verstanden nicht das Wort, und sie fürchteten sich, ihn zu befragen.

[33] Und sie kamen nach Kapharnaum. Und im Haus angekommen, befragte er sie: Was überlegtet ihr auf dem Weg?

³⁴ Die aber schwiegen; denn untereinander hatten sie beredet auf dem Weg, wer (der) Größere (sei). ³⁵ Und sich setzend rief er die Zwölf und sagt ihnen: Wenn einer will Erster sein, soll er sein aller Letzter und aller Diener. ³⁶ Und nehmend ein Kind, stellte er es in ihre Mitte, und umarmend es, sprach er zu ihnen: ³⁷ Wer immer eines solcher Kinder aufnimmt in meinem Namen, mich nimmt er auf; und wer immer mich aufnimmt, nicht mich nimmt er auf, sondern den mich Schickenden.

³⁸ (Es) sagte ihm Johannes: Lehrer, wir sahen einen in deinem Namen hinauswerfend Dämonen, und wir hinderten ihn, weil er nicht uns (nach)folgte. ³⁹ Jesus aber sprach: Hindert ihn nicht! Denn keiner ist, der tun wird eine Kraft(tat) in meinem Namen und fähig sein wird, gleich mich zu beschimpfen; ⁴⁰ denn wer nicht ist gegen uns, für uns ist er.

⁴¹ Denn wer immer euch zu trinken gibt einen Becher Wassers im Namen, daß ihr (des) Christos seid, amen, ich sage euch: Nicht verliert er seinen Lohn.

⁴² Und wer immer Anstoß gibt einem einzigen dieser Kleinen, der Glaubenden [an mich], besser wäre es für ihn mehr, wenn herumgelegt wäre ein Eselsmühlstein um seinen Nacken und er geworfen wäre ins Meer. ⁴³ Und wenn dir Anstoß gibt deine Hand, schlag sie ab! Besser ist es, daß du als Krüppel hineingehst ins Leben, als, die zwei Hände habend, hinzugehen in die Gehenna, in das unlöschbare Feuer.* ⁴⁵ Und wenn dein Fuß dir Anstoß gibt, schlag ihn ab! Besser ist es, daß du hineingehst ins Leben als Lahmer, als, die zwei Füße habend, geworfen zu werden in die Gehenna.* ⁴⁷ Und wenn dein Auge dir Anstoß gibt, wirf es weg! Besser ist es, daß du als Einäugiger hineingehst ins Königtum Gottes, als, zwei Augen habend, geworfen zu werden in die Gehenna, ⁴⁸ wo *ihr Wurm nicht endet und das Feuer nicht gelöscht wird.*

Jes 66,24

⁴⁹ Denn jeder wird mit Feuer gesalzen werden. ⁵⁰ Gut (ist) das Salz; wenn aber das Salz salzlos wird, mit was werdet ihr es würzen? Habt in euch Salz und haltet Frieden untereinander!

* VV 44 und 46 sind sekundäre Wiederholungen von V 48.

10 ¹ Und von dort, aufstehend, kommt er in die Gebiete der Judaia [und] jenseits des Jordanes, und zusammenkommen wieder Volksmengen zu ihm, und wie er gewohnt war, wieder lehrte er sie.

² Und hinzukommende Pharisaier befragten ihn, ob es erlaubt ist einem Mann, (seine) Frau zu entlassen – versuchend ihn. ³ Der aber antwortend sprach zu ihnen: Was gebot euch Moyses? ⁴ Die aber sprachen: (Es) erlaubte Moyses, einen Scheidebrief zu schreiben und zu entlassen. ⁵ Jesus aber sprach zu ihnen: Wegen eurer Hartherzigkeit schrieb er euch dieses Gebot. ⁶ Von Anfang (der) Schöpfung (an) aber *männlich und weiblich machte er sie;* ⁷ *dessentwegen wird zurücklassen ein Mensch seinen Vater und die Mutter [und anschließen wird er sich an seine Frau],* ⁸ *und (es) werden sein die zwei zu einem Fleisch; daher nicht mehr sind sie zwei, sondern ein Fleisch.* ⁹ Was nun Gott zusammenjochte, soll ein Mensch nicht trennen.

Gen 1,27; 5,2
Gen 2,24 (G)

¹⁰ Und im Haus wieder befragten ihn die Schüler über dies. ¹¹ Und er sagt ihnen: Wer immer entläßt seine Frau und heiratet eine andere, bricht die Ehe gegen sie; ¹² und wenn sie, entlassend ihren Mann, heiratet einen anderen, bricht sie die Ehe.

¹³ Und hinbrachten sie zu ihm Kinder, damit er sie berühre; die Schüler aber fuhren sie an. ¹⁴ (Es) sehend aber, wurde Jesus unwillig und sprach zu ihnen: Laßt die Kinder kommen zu mir, hindert sie nicht, denn solcher ist das Königtum Gottes! ¹⁵ Amen, ich sage euch: Wer immer nicht aufnimmt das Königtum Gottes wie ein Kind, nicht kommt er hinein in es. ¹⁶ Und umarmend sie, segnete er (sie), legend die Hände auf sie.

¹⁷ Und als er sich auf (den) Weg machte, herbeilaufend einer und auf die Knie fallend vor ihm, befragte er ihn: Guter Lehrer, was soll ich tun, damit ewiges Leben ich erbe? ¹⁸ Jesus aber sprach zu ihm: Was nennst du mich gut? Keiner (ist) gut, wenn nicht einer, Gott. ¹⁹ Die Gebote kennst du: *Nicht sollst du morden, nicht sollst du ehebrechen, nicht sollst du stehlen, nicht sollst du falschzeugen, nicht sollst du berau-*

Ex 20,12–16
Dtn 5,16–20
Sir 4,1 (G)

ben, ehre deinen Vater und die Mutter. [20] Der aber sagte ihm: Lehrer, dieses alles hielt ich seit meiner Jugend. [21] Jesus aber, anschauend ihn, liebte ihn und sprach zu ihm: Eines mangelt dir: Geh fort, wieviel du hast, verkaufe und gib (es) [den] Armen, und du wirst haben einen Schatz im Himmel, und auf, folge mir! [22] Der aber, entsetzt über das Wort, wegging betrübt; denn er hatte viele Güter.

[23] Und herumschauend sagt Jesus seinen Schülern: Wie schwer werden die die Güter Habenden ins Königtum Gottes hineingehen! [24] Die Schüler aber erschraken bei seinen Worten. Jesus aber, wieder antwortend, sagt ihnen: Kinder, wie schwer ist es, ins Königtum Gottes hineinzugehen; [25] müheloser ist es, daß ein Kamel durch [das] Loch [der] Nadel hindurchgeht, als daß ein Reicher ins Königtum Gottes hineingeht. [26] Die aber gerieten übermäßig außer sich, sagend zu sich: Und wer kann gerettet werden? [27] Anschauend sie, sagt Jesus: Bei Menschen (ist es) unmöglich, doch nicht bei Gott; denn alles (ist) möglich bei Gott.

[28] (Es) begann zu sagen ihm Petros: Siehe, wir verließen alles und sind dir gefolgt. [29] (Es) sagte Jesus: Amen, ich sage euch, keiner ist, der verließ Haus oder Brüder oder Schwestern oder Mutter oder Vater oder Kinder oder Äcker wegen meiner und wegen des Evangeliums, [30] ohne daß er empfängt Hundertfaches: jetzt in dieser Zeit Häuser und Brüder und Schwestern und Mütter und Kinder und Äcker unter Verfolgungen, und im kommenden Aion ewiges Leben. [31] Viele Erste aber werden sein Letzte und [die] Letzte[n] Erste.

[32] Sie waren aber auf dem Weg hinaufsteigend nach Hierosolyma, und (es) war vorangehend ihnen Jesus, und sie erschraken; die Folgenden aber fürchteten sich. Und mitnehmend wieder die Zwölf, begann er ihnen zu sagen das ihm widerfahren Werdende: [33] Siehe, hinaufsteigen wir nach Hierosolyma, und der Sohn des Menschen wird übergeben werden den Hochpriestern und den Schriftkundigen, und sie werden verurteilen ihn zum Tod und übergeben ihn den Heiden [34] und verspotten ihn und anspucken ihn und geißeln ihn und

töten, und nach drei Tagen wird er aufstehen.

³⁵ Und hinzukommen zu ihm Jakobos und Johannes, die Söhne (des) Zebedaios, sagend ihm: Lehrer, wir wollen, daß, was immer wir dich bitten, du uns tust. ³⁶ Der aber sprach zu ihnen: Was wollt ihr, daß [ich] euch tun soll? ³⁷ Die aber sprachen zu ihm: Gib uns, daß, einer zu deiner Rechten und einer zur Linken, wir sitzen in deiner Herrlichkeit! ³⁸ Jesus aber sprach zu ihnen: Nicht wißt ihr, was ihr erbittet. Könnt ihr trinken den Kelch, den ich trinke, oder die Taufe, die ich getauft werde, getauft werden? ³⁹ Die aber sprachen zu ihm: Wir können. Jesus aber sprach zu ihnen: Den Kelch, den ich trinke, werdet ihr trinken, und die Taufe, die ich getauft werde, werdet ihr getauft werden, ⁴⁰ das Sitzen aber zu meiner Rechten oder zur Linken zu geben, ist nicht meine (Sache), sondern (ist für die,) denen es bereitet ist.

⁴¹ Und (es) hörend, begannen die Zehn unwillig zu sein über Jakobos und Johannes. ⁴² Und herbeirufend sie, sagt Jesus ihnen: Ihr wißt, daß die über die Völker zu herrschen Geltenden sich ihrer bemächtigen und ihre Großen sie vergewaltigen. ⁴³ Nicht so aber ist es unter euch, sondern wer immer will groß werden unter euch, soll sein euer Diener, ⁴⁴ und wer immer will unter euch sein Erster, soll sein aller Sklave; ⁴⁵ denn auch der Sohn des Menschen kam nicht, bedient zu werden, sondern zu dienen und zu geben sein Leben als Lösegeld anstelle vieler.

⁴⁶ Und sie kommen nach Jericho. Und als er herausgeht von Jericho und seine Schüler und eine beträchtliche Volksmenge, saß der Sohn von Timaios, Bartimaios, ein blinder Bettler, am Weg. ⁴⁷ Und hörend, daß Jesus, der Nazarener, (es) ist, begann er zu schreien und zu sagen: Sohn Davids, Jesus, erbarme dich meiner! ⁴⁸ Und anfuhren ihn viele, daß er schweige; der aber schrie um vieles mehr: Sohn Davids, erbarme dich meiner! ⁴⁹ Und stehenbleibend sprach Jesus: Ruft ihn! Und sie rufen den Blinden, sagend ihm: Hab Mut, steh auf, er ruft dich! ⁵⁰ Der aber, wegwerfend sein Gewand, aufspringend, kam zu Jesus. ⁵¹ Und antwortend ihm, sprach Jesus:

Was willst du, soll ich dir tun? Der Blinde aber sprach zu ihm: Rabbuni, daß ich wieder sehe! [52] Und Jesus sprach zu ihm: Geh fort! Dein Glaube hat dich gerettet. Und sofort sah er wieder, und er folgte ihm auf dem Weg.

11 [1] Und als sie nahekommen nach Hierosolyma, nach Bethphage und Bethania zum Berg der Ölbäume, schickt er zwei seiner Schüler [2] und sagt ihnen: Geht fort in das Dorf euch gegenüber, und sofort, hineingehend in es, finden werdet ihr ein Füllen angebunden, auf das keiner (der) Menschen noch sich setzte; löst es und bringt (es her)! [3] Und wenn einer zu euch spricht: Was tut ihr dies? Sprecht: Der Herr hat es nötig, und sofort schickt er es wieder hierher. [4] Und weggingen sie und fanden ein Füllen, angebunden bei (der) Tür draußen auf der Straße, und sie lösen es. [5] Und einige der dort Stehenden sagten ihnen: Was tut ihr, lösend das Füllen? [6] Die aber sprachen zu ihnen, gleichwie Jesus gesprochen hatte, und sie ließen sie. [7] Und sie bringen das Füllen zu Jesus, und sie werfen auf es ihre Gewänder, und er setzte sich auf es. [8] Und viele breiteten aus ihre Gewänder auf den Weg, andere aber Büschel, abschlagend (sie) von den Äckern. [9] Und die Vorausgehenden und die (ihm) Folgenden schrien:

Ps 118,25f *Hosanna; gesegnet der Kommende im Namen (des) Herrn;* [10] gesegnet das kommende Königtum unseres Vaters David;

Ps 148,1
Ijob 16,19 *Hosanna in den Höhen!* [11] Und hineinging er nach Hierosolyma ins Heiligtum, und rings anschauend alles, als schon spät war die Stunde, hinausging er nach Bethania mit den Zwölf.

[12] Und am folgenden (Tag), als sie hinausgingen von Bethania, hungerte (ihn). [13] Und sehend einen Feigenbaum von weitem, der Blätter hatte, kam er, ob er wohl etwas fände an ihm, und kommend zu ihm, nichts fand er außer Blätter; denn es war nicht die Zeit (der) Feigen. [14] Und antwortend sprach er zu ihm: Niemals mehr in Ewigkeit soll von dir einer eine Frucht essen. Und (es) hörten seine Schüler.

[15] Und sie kommen nach Hierosolyma. Und hineingehend ins Heiligtum, begann er hinauszuwerfen die Verkaufenden

und die Kaufenden im Heiligtum, und die Tische der Geldwechsler und die Sitze der die Tauben Verkaufenden stieß er
um, [16] und nicht ließ er zu, daß einer hindurchtrage ein Gefäß
durch das Heiligtum. [17] Und er lehrte und sagte ihnen: Ist
nicht geschrieben: *Mein Haus wird Haus (des) Gebets gerufen*   Jes 56,7
werden für alle Völker? Ihr aber habt es gemacht *zu einer*   Jer 7,11
Höhle von Räubern.

[18] Und (es) hörten die Hochpriester und die Schriftkundigen, und sie suchten, wie sie ihn vernichteten; denn sie fürchteten ihn, denn die ganze Volksmenge geriet außer sich über
seine Lehre.

[19] Und als es spät wurde, hinausgingen sie außerhalb der
Stadt.

[20] Und entlanggehend (in der) Frühe, sahen sie den Feigenbaum, vertrocknet von (den) Wurzeln (her). [21] Und sich erinnernd sagt ihm Petros: Rabbi, sieh, der Feigenbaum, den
du verfluchtest, ist vertrocknet! [22] Und antwortend sagt ihnen
Jesus: Habt Glauben an Gott! [23] Amen, ich sage euch: Wer
immer spricht zu diesem Berg: Werde weggetragen und werde geworfen ins Meer, und nicht zweifelt in seinem Herzen,
sondern glaubt, daß, was er redet, geschieht, zuteil wird es
ihm. [24] Deswegen sage ich euch, alles, wieviel ihr betet und
erbittet, glaubt, daß ihr (es) erhieltet, und zuteil wird es euch!
[25] Und wann ihr (da)steht betend, erlaßt, wenn ihr etwas habt
gegen einen, damit auch euer Vater in den Himmeln erlasse
euch eure Übertretungen. *

[27] Und sie kommen wieder nach Hierosolyma. Und während er umhergeht im Heiligtum, kommen zu ihm die Hochpriester und die Schriftkundigen und die Ältesten, [28] und sie
sagten ihm: In welcher Vollmacht tust du dieses? Oder wer
gab dir diese Vollmacht, damit du dieses tust? [29] Jesus aber
sprach zu ihnen: Fragen werde ich euch ein einziges Wort,
und antwortet mir, und ich werde euch sagen, in welcher
Vollmacht ich dieses tue. [30] Die Taufe (des) Johannes, vom
Himmel war sie oder von Menschen? Antwortet mir! [31] Und

* V 26 ist aus Mt 6,14f eingedrungen.

sie überlegten bei sich, sagend: Wenn wir sprechen: Vom Himmel, wird er sagen: Weshalb [nun] glaubtet ihr ihm nicht? [32] Doch sollen wir sprechen: Von Menschen? – Sie fürchteten (aber) die Volksmenge; denn alle hielten den Johannes wirklich (dafür), daß er ein Prophet war. [33] Und antwortend sagen sie zu Jesus: Wir wissen (es) nicht. Und Jesus sagt ihnen: Auch ich sage euch nicht, in welcher Vollmacht ich dieses tue.

12

[1] Und er begann, zu ihnen in Gleichnissen zu reden: Einen Weinberg pflanzte ein Mensch, und er setzte herum einen Zaun, und er grub eine Kelter, und er baute einen Turm, und er vergab ihn an Bauern, und er verreiste. [2] Und er schickte zu den Bauern zur (rechten) Zeit einen Sklaven, damit er von den Bauern nehme von den Früchten des Weinbergs; [3] und nehmend ihn, schunden sie (ihn) und schickten (ihn) leer (weg). [4] Und wieder schickte er zu ihnen einen anderen Sklaven; und jenen schlugen sie auf den Kopf und entehrten sie. [5] Und einen anderen schickte er; und jenen töteten sie, und viele andere, die einen schindend, die anderen tötend. [6] Noch einen hatte er, einen geliebten Sohn; er schickte ihn als letzten zu ihnen, sagend: Scheuen werden sie sich vor meinem Sohn. [7] Jene Bauern aber sprachen zu sich: Dieser ist der Erbe; auf, töten wir ihn, und unser wird sein das Erbe! [8] Und nehmend (ihn), töteten sie ihn und warfen ihn hinaus außerhalb des Weinbergs. [9] Was [nun] wird tun der Herr des Weinbergs? Kommen wird er, und zugrunderichten wird er die Bauern, und geben wird er den Weinberg anderen. [10] Und nicht last ihr diese Schrift: *(Der) Stein, den verwarfen die Bauenden, dieser wurde zum Hauptstein;* [11] *vom Herrn wurde dieses, und es ist staunenswert in unseren Augen?* [12] Und sie suchten ihn zu ergreifen, aber sie fürchteten die Volksmenge; denn sie erkannten, daß er gegen sie das Gleichnis sprach. Und lassend ihn, gingen sie weg.

Ps 118,22f

[13] Und sie schicken zu ihm einige der Pharisaier und der Herodianer, damit sie ihn fingen im Wort. [14] Und kommend sagen sie ihm: Lehrer, wir wissen, daß wahrhaftig du bist und

du dich um keinen kümmerst; denn nicht siehst du auf (das)
Gesicht von Menschen, sondern in Wahrheit den Weg Gottes
lehrst du: Ist es erlaubt, Steuer zu geben (dem) Kaiser oder
nicht? Sollen wir geben oder sollen wir nicht geben? [15] Der
aber, kennend ihre Heuchelei, sprach zu ihnen: Was versucht
ihr mich? Bringt mir einen Denar, damit ich sehe! [16] Die aber
brachten (einen). Und er sagt ihnen: Von wem (ist) dieses
Bild und die Aufschrift? Die aber sprachen zu ihm: (Vom)
Kaiser. [17] Jesus aber sprach zu ihnen: Das (des) Kaisers gebt
(dem) Kaiser und das Gottes Gott. Und sie erstaunten über
ihn.

[18] Und (es) kommen Saddukaier zu ihm, welche sagen, Auferstehung gebe es nicht, und sie befragten ihn, sagend: [19] Leh-   Dtn 25,5f
rer, Moyses schrieb uns: *Wenn jemandes Bruder stirbt* und   Gen 38,8
zurückläßt eine Frau *und nicht hinterläßt ein Kind,* daß *nehme
sein Bruder die Frau und erstehen lasse er Nachkommenschaft seinem Bruder.* [20] Sieben Brüder waren; und der erste
nahm eine Frau und sterbend nicht hinterließ er Nachkommenschaft; [21] und der zweite nahm sie, und er starb, nicht zurücklassend Nachkommenschaft; und der dritte ebenso; [22] und
die sieben nicht hinterließen Nachkommenschaft. Zuletzt von
allen starb auch die Frau. [23] Bei der Auferstehung, [wann sie
aufstehen,] wessen von ihnen Frau wird sie sein? Denn die
sieben hatten sie als Frau. [24] (Es) sagte ihnen Jesus: Irrt ihr
nicht deswegen, nicht kennend die Schriften und nicht die
Kraft Gottes? [25] Denn wann sie aus Toten aufstehen, weder
heiraten sie, noch werden sie verheiratet, sondern sie sind wie
Engel in den Himmeln. [26] Über die Toten aber, daß sie erweckt werden, nicht last ihr im Buch von Moyses beim Dornbusch, wie Gott zu ihm sprach, sagend: *Ich, der Gott Abra-*   Ex 3,6
hams und [der] Gott Isaaks und [der] Gott Jakobs? [27] Nicht ist
er ein Gott Toter, sondern Lebender; viel irrt ihr.

[28] Und hinzukommend einer der Schriftkundigen, hörend
sie streitend, sehend, daß er recht geantwortet hatte ihnen,
befragte ihn: Welches ist (das) erste Gebot von allem? [29] (Es)
antwortete Jesus: (Das) erste ist: *Höre, Israel, (der) Herr un-*   Dtn 6,4f

Jos 22,5 (G) *ser Gott ist einziger Herr,* ³⁰ *und du sollst lieben (den) Herrn,*
deinen Gott, aus deinem ganzen Herzen und aus deiner gan-
zen Seele und aus deiner ganzen Einsicht und aus deiner gan-
Lev 19,18   *zen Kraft.* ³¹ (Das) zweite (ist) dieses: *Du sollst lieben deinen*
Nächsten wie dich selbst. Größer als dieses ist ein anderes
Gebot nicht. ³² Und (es) sprach zu ihm der Schriftkundige:
Dtn 6,4; 4,35   Recht, Lehrer, in Wahrheit sprachst du: *Einziger ist (er), und*
Jes 45,21   *nicht ist ein anderer außer ihm;* ³³ und das *Ihn-Lieben aus dem*
Dtn 6,5
Jos 22,5 (G)   *ganzen Herzen und aus dem ganzen Verstehen und aus der*
Lev 19,18   *ganzen Kraft* und das *Den-Nächsten-Lieben wie sich selbst* ist
überreichlich mehr als alle Brandopfer und Schlachtopfer.
³⁴ Und Jesus, sehend [ihn], daß er vernünftig geantwortet
hatte, sprach zu ihm: Nicht weit bist du vom Königtum Got-
tes. Und keiner wagte mehr, ihn zu befragen.

³⁵ Und antwortend sagte Jesus, lehrend im Heiligtum: Wieso sagen die Schriftkundigen, daß der Christos Sohn Davids
Ps 110,1   ist? ³⁶ David selbst sprach im heiligen Geist: *(Es) sprach (der)*
Herr zu meinem Herrn: Sitze zu meiner Rechten, bis ich hinle-
ge deine Feinde unter deine Füße! ³⁷ David selbst nennt ihn
Herr, und woher ist er sein Sohn? Und [die] große Volksmenge hörte ihn gern.

³⁸ Und in seiner Lehre sagte er: Hütet euch vor den Schriftkundigen, die wollen in Talaren umhergehen und Begrüßungen auf den Märkten ³⁹ und Erstsitze in den Synagogen und
Erstlager bei den Mählern, ⁴⁰ die Auffressenden die Häuser
der Witwen und zum Schein lang Betenden: Diese werden
empfangen überreichliches Gericht.

⁴¹ Und sich setzend gegenüber dem Schatzkasten, sah er,
wie die Volksmenge Kupfer(geld) wirft in den Schatzkasten.
Und viele Reiche warfen viel; ⁴² und kommend, eine arme
Witwe warf zwei Lepta, das ist ein Kodrantes. ⁴³ Und herbeirufend seine Schüler, sprach er zu ihnen: Amen, ich sage
euch: Diese arme Witwe warf mehr als alle in den Schatzkasten Werfenden; ⁴⁴ denn alle warfen aus ihrem Überfluß,
diese aber warf aus ihrem Mangel alles, wieviel sie hatte, ihren ganzen Besitz.

13 [1] Und als er herausgeht aus dem Heiligtum, sagt ihm einer seiner Schüler: Lehrer, sieh, was für Steine und was für Bauten! [2] Und Jesus sprach zu ihm: Siehst du diese großen Bauten? Nicht wird gelassen hier Stein auf Stein, der nicht zerstört wird.

[3] Und als er saß auf dem Berg der Ölbäume gegenüber dem Heiligtum, befragte ihn für sich Petros und Jakobos und Johannes und Andreas: [4] Sprich zu uns: Wann wird dieses sein und was (ist) das Zeichen, wann dieses alles im Begriff ist, vollendet zu werden? [5] Jesus aber begann zu sagen ihnen: Seht (zu), daß nicht einer euch irreführt! [6] Viele werden kommen in meinem Namen, sagend: Ich bin (es), und viele werden sie irreführen. [7] Wann ihr aber hört von Kriegen und Gerüchten von Kriegen, erschreckt nicht! Es muß geschehen, doch noch nicht (ist es) das Ende. [8] Denn aufstehen wird Volk gegen Volk und Königtum gegen Königtum, (es) werden sein Erdbeben an (manchen) Orten, (es) werden sein Hungersnöte; (der) Anfang (der) Wehen (ist) dieses.

[9] Seht aber ihr auf euch selbst; übergeben werden sie euch in Synhedrien, und in Synagogen werdet ihr geschunden werden, und vor Statthalter und Könige werdet ihr gestellt werden wegen meiner, zum Zeugnis ihnen. [10] Aber zu allen Völkern muß zuerst verkündet werden das Evangelium. [11] Und wann sie euch führen, (euch) übergebend, nicht vorher sorgt euch, was ihr reden sollt, sondern was immer euch gegeben wird in jener Stunde, dies redet; denn nicht seid ihr die Redenden, sondern der heilige Geist. [12] Und übergeben wird (der) Bruder (den) Bruder zum Tod und (der) Vater (das) Kind, und aufstehen werden Kinder gegen Eltern, und sie werden töten sie; [13] und ihr werdet sein Gehaßte von allen wegen meines Namens. Der Durchhaltende aber zum Ende, dieser wird gerettet werden.

[14] Wann aber ihr seht *den Greuel der Verwüstung* stehend, wo er nicht darf – der Lesende soll begreifen –, dann sollen die in der Judaia fliehen in die Berge, [15] der auf dem Dach [aber] soll nicht herabsteigen und nicht hineingehen, wegzutra-

Dan 9,27; 11,31; 12,11

gen etwas aus seinem Haus, [16] und der auf dem Acker soll nicht zurückkehren nach hinten, wegzutragen sein Gewand. [17] Wehe aber den Schwangeren und den Säugenden in jenen Tagen!

[18] Betet aber, damit es nicht geschehe winters; [19] denn (es) werden sein jene Tage eine Bedrängnis, dergleichen nicht geschehen ist eine solche von Anfang (der) Schöpfung, die Gott schuf, bis zum Jetzt und gewiß nicht geschehen wird. [20] Und wenn nicht abgekürzt hätte (der) Herr die Tage, nicht würde gerettet werden jedes Fleisch; doch wegen der Auserwählten, die er auswählte, abkürzte er die Tage.

[21] Und dann, wenn einer zu euch spricht: Sieh, hier (ist) der Christos, sieh, dort!, glaubt (es) nicht! [22] Denn aufstehen werden Lügenchristosse und Lügenpropheten, und geben werden sie Zeichen und Wunder, um irrezuführen, wenn möglich, die Auserwählten. [23] Ihr aber seht (zu)! Vorhergesagt habe ich euch alles.

Jes 13,10 [24] Doch in jenen Tagen nach jener Bedrängnis *wird die Sonne verfinstert werden, und der Mond wird nicht geben sei-* Jes 34,4 *nen Schein,* [25] *und die Sterne werden sein* aus dem Himmel *fallende, und die Kräfte in den Himmeln* werden erschüttert Dan 7,13f werden. [26] Und dann werden sie sehen *den Sohn des Menschen, kommend in Wolken* mit viel Kraft *und Herrlichkeit.* [27] Und dann wird er schicken die Engel, und er wird zusammenführen [seine] Auserwählten aus den vier Winden, vom Ende (der) Erde bis zum Ende (des) Himmels.

[28] Vom Feigenbaum aber lernt das Gleichnis: Wann schon sein Zweig wird zart und herauswachsen die Blätter, erkennt ihr, daß nahe ist der Sommer; [29] so auch ihr, wann ihr seht dieses geschehend, erkennt, daß nahe er ist vor (den) Türen!

[30] Amen, ich sage euch: Nicht geht vorüber dieses Geschlecht, bis daß dieses alles geschieht. [31] Der Himmel und die Erde werden vorübergehen, meine Worte aber werden gewiß nicht vorübergehen.

[32] Über jenen Tag aber oder die Stunde weiß keiner, auch nicht die Engel im Himmel, auch nicht der Sohn, außer der Vater.

³³ Seht (zu), wacht! Denn nicht wißt ihr, wann die Zeit ist.
³⁴ Wie ein Mensch auf Reisen, verlassend sein Haus und gebend seinen Sklaven die Vollmacht, jedem sein Werk – und dem Türhüter gebot er, daß er wache. ³⁵ Wacht also! Denn nicht wißt ihr, wann der Herr des Hauses kommt, ob spät oder mitternachts oder beim Hahnenschrei oder (in der) Frühe, ³⁶ damit nicht, plötzlich kommend, er euch finde schlafend. ³⁷ Was ich aber euch sage, allen sage ich (es): Wacht!

14 ¹ (Es) war aber das Pascha und das (Fest der) Ungesäuerten nach zwei Tagen. Und (es) suchten die Hochpriester und die Schriftkundigen, wie sie ihn in List ergreifend töten könnten; ² denn sie sagten: Nicht am Fest, damit nicht sein wird ein Tumult des Volkes.

³ Und als er war in Bethania im Haus Simons des Aussätzigen, während er (zu Tisch) lag, kam eine Frau, habend eine Alabasterflasche echten, kostbaren Nardenöls; zerbrechend die Alabasterflasche, ausschüttete sie (es) auf seinen Kopf. ⁴ (Es) waren aber einige unwillig bei sich selbst: Wozu ist diese Vergeudung des Öls geschehen? ⁵ Denn es hätte dieses Öl verkauft werden können um über dreihundert Denare und gegeben werden den Armen; und anschnaubten sie sie. ⁶ Jesus aber sprach: Laßt sie! Was bereitet ihr ihr Mühen? Ein rechtes Werk wirkte sie an mir. ⁷ Denn allzeit habt ihr die Armen bei euch, und wann ihr wollt, könnt ihr ihnen gut tun, mich aber habt ihr nicht allzeit. ⁸ Was sie hatte, tat sie; vorwegnahm sie, zu salben meinen Leib zum Begräbnis. ⁹ Amen, ich sage euch aber: Wo immer verkündet wird das Evangelium in die ganze Welt, auch was diese tat, wird geredet werden zum Gedenken an sie.

¹⁰ Und Judas Iskarioth, der eine der Zwölf, ging weg zu den Hochpriestern, damit er ihn übergebe ihnen. ¹¹ Die aber, hörend (es), freuten sich und sagten zu, ihm Silber(geld) zu geben. Und er suchte, wie er ihn gelegen übergäbe.

¹² Und am ersten Tag (des Festes) der Ungesäuerten, als man das Pascha schlachtete, sagen ihm seine Schüler: Wo,

willst du, sollen wir weggehend bereiten, damit du essen (kannst) das Pascha? [13] Und er schickt zwei seiner Schüler und sagt ihnen: Geht fort in die Stadt, und begegnen wird euch ein Mensch, einen Tonkrug Wassers tragend; folgt ihm, [14] und wo immer er hineingeht, sagt dem Hausherrn: Der Lehrer sagt: Wo ist meine Unterkunft, wo ich das Pascha mit meinen Schülern esse? [15] Und er selbst wird euch zeigen ein großes Oberzimmer, ausgelegt, bereit; und dort bereitet (es) für uns! [16] Und hinausgingen die Schüler, und sie kamen in die Stadt und fanden (es), gleichwie er gesprochen hatte zu ihnen, und sie bereiteten das Pascha.

[17] Und als es Abend geworden war, kommt er mit den Zwölf. [18] Und während sie (zu Tisch) lagen und aßen, sprach Jesus: Amen, ich sage euch: Einer von euch wird mich übergeben, der Essende mit mir. [19] Sie begannen betrübt zu werden und ihm zu sagen einer nach dem andern: Doch nicht ich? [20] Der aber sprach zu ihnen: Einer der Zwölf, der Eintauchende mit mir in die Schüssel. [21] Denn der Sohn des Menschen geht zwar fort, gleichwie geschrieben ist über ihn; wehe aber jenem Menschen, durch den der Sohn des Menschen übergeben wird; besser (wäre es) für ihn, wenn nicht gezeugt worden wäre jener Mensch!

[22] Und während sie aßen, nehmend Brot, segnend, brach er (es) und gab (es) ihnen und sprach: Nehmt! Dies ist mein Leib. [23] Und nehmend einen Becher, dankend gab er (ihn) ihnen, und sie tranken aus ihm alle. [24] Und er sprach zu ihnen: Dies ist mein Blut des Bundes, das ausgegossene für viele. [25] Amen, ich sage euch: Nicht mehr trinke ich aus dem Ertrag des Weinstocks bis zu jenem Tag, wann ich ihn trinke neu im Königtum Gottes.

[26] Und nachdem sie (den Lobgesang) gesungen hatten, hinausgingen sie zum Berg der Ölbäume. [27] Und (es) sagt ihnen Jesus: Alle werdet ihr Anstoß nehmen, weil geschrieben ist: Sach 13,7 *Schlagen werde ich den Hirten, und die Schafe werden zerstreut werden.* [28] Aber nach meinem Erwecktwerden werde ich vorangehen euch in die Galilaia. [29] Petros aber sagte ihm:

Wenn auch alle Anstoß nehmen werden, doch nicht ich.
[30] Und (es) sagt ihm Jesus: Amen, ich sage dir: Du wirst
heute in dieser Nacht, ehe zweimal ein Hahn schreit, dreimal
mich verleugnen. [31] Der aber redete überaus (heftig): Wenn es
sein müßte, daß ich mitsterbe (mit) dir, nicht werde ich dich
verleugnen. Ebenso aber sagten auch alle.

[32] Und sie kommen zu einem Platz, dessen Name Gethsemani, und er sagt seinen Schülern: Setzt euch hier, solange
ich bete! [33] Und mitnimmt er den Petros und [den] Jakobos
und [den] Johannes mit sich, und er begann zu erschrecken
und Angst zu haben, [34] und er sagt ihnen: *Ganz betrübt ist*   Ps 42,6.12; 43,5
meine Seele bis zum Tod; bleibt hier und wacht! [35] Und vorgehend ein wenig, fiel er auf die Erde und betete, damit,
wenn es möglich ist, vorübergehe weg von ihm die Stunde,
[36] und er sagte: Abba, Vater, alles (ist) dir möglich; nimm
fort diesen Kelch weg von mir; doch nicht was ich will, sondern was du! [37] Und er kommt und findet sie schlafend, und
er sagt dem Petros: Simon, du schläfst? Nicht vermochtest
du, eine einzige Stunde zu wachen? [38] Wacht und betet, damit
ihr nicht kommt in Versuchung! Der Geist (ist) zwar bereit,
das Fleisch aber schwach. [39] Und wieder weggegangen, betete
er, dasselbe Wort sprechend. [40] Und wieder gekommen, fand
er sie schlafend, denn (es) waren ihre Augen ganz beschwert,
und nicht wußten sie, was sie ihm antworten sollten. [41] Und er
kommt das dritte (Mal) und sagt ihnen: Schlaft weiter und
ruht! Es ist genug; (es) kam die Stunde, siehe, übergeben
wird der Sohn des Menschen in die Hände der Sünder.
[42] Steht auf, gehen wir! Siehe, der mich Übergebende ist nahegekommen.

[43] Und sofort, noch während er redet, kommt hinzu Judas,
einer der Zwölf, und mit ihm eine Volksmenge mit Schwertern und Hölzern von den Hochpriestern und den Schriftkundigen und den Ältesten (her). [44] (Es) hatte aber gegeben ihnen
der ihn Übergebende ein Zeichen, sagend: Wen immer ich
küssen werde, er ist (es); ergreift ihn und führt ihn sicher ab!
[45] Und kommend sofort, hinkommend zu ihm, sagt er: Rabbi!

Und abküßte er ihn; [46] die aber legten Hand an ihn, und sie ergriffen ihn. [47] Einer aber, [einer] der Dabeistehenden, ziehend das Schwert, schlug den Sklaven des Hochpriesters, und abhieb er sein Ohr.

[48] Und antwortend sprach Jesus zu ihnen: Wie gegen einen Räuber herauskamt ihr mit Schwertern und Hölzern, mich festzunehmen? [49] Täglich war ich bei euch im Heiligtum lehrend, und nicht ergrifft ihr mich; doch (dies geschah,) damit erfüllt werden die Schriften. [50] Und verlassend ihn, flohen alle. [51] Und ein junger Mann folgte ihm, umworfen mit einem Leinen auf nacktem (Leib), und sie ergreifen ihn; [52] der aber, zurücklassend das Leinen, floh nackt.

[53] Und abführten sie Jesus zum Hochpriester, und zusammenkommen alle Hochpriester und Ältesten und Schriftkundigen. [54] Und Petros von weitem folgte ihm bis innen in den Hof des Hochpriesters, und er war zusammensitzend mit den Dienern und sich wärmend beim Licht.

[55] Die Hochpriester aber und das ganze Synhedrion suchten gegen Jesus ein Zeugnis, um ihn zu töten, und nicht fanden sie (eines); [56] denn viele falschzeugten gegen ihn, aber gleich waren die Zeugnisse nicht. [57] Und einige, aufstehend, falschzeugten gegen ihn, sagend: [58] Wir hörten ihn, sagend: Ich werde zerstören diesen Tempel, den handgemachten, und während dreier Tage werde ich einen anderen, nicht handgemachten, bauen. [59] Und auch so war nicht gleich ihr Zeugnis.

[60] Und aufstehend in (die) Mitte, befragte der Hochpriester Jesus, sagend: Nicht antwortest du etwas (auf das), was diese gegen dich bezeugen? [61] Der aber schwieg, und nicht antwortete er etwas. Wieder befragte ihn der Hochpriester und sagt ihm: Du bist der Christos, der Sohn des Gelobten? [62] Jesus

Dan 7,13 aber sprach: Ich bin (es), und ihr werdet sehen *den Sohn des Menschen* sitzend zur Rechten der Kraft und *kommend mit den Wolken des Himmels*. [63] Der Hochpriester aber, zerreißend seine Gewänder, sagt: Was noch haben wir nötig Zeugen? [64] Ihr hörtet die Lästerung; was scheint euch? Die aber verurteilten ihn alle, schuldig zu sein (des) Todes.

[65] Und (es) begannen einige, ihn anzuspucken und sein Gesicht zu umhüllen und ihn zu schlagen und ihm zu sagen: Prophezeie! Und die Diener übernahmen ihn mit Schlägen.

[66] Und während Petros unten ist im Hof, kommt eine der Mägde des Hochpriesters, [67] und sehend den Petros sich wärmend, anschauend ihn, sagt sie: Auch du warst mit dem Nazarener, dem Jesus. [68] Der aber leugnete, sagend: Weder weiß ich noch verstehe ich, was du sagst. Und hinausging er nach draußen in den Vorhof [, und ein Hahn schrie].

[69] Und die Magd, sehend ihn, begann wieder den Dabeistehenden zu sagen: Dieser ist von ihnen. [70] Der aber leugnete wieder. Und nach kurzem wieder sagten die Dabeistehenden zu Petros: Wahrhaft, von ihnen bist du, denn auch ein Galiläer bist du. [71] Der aber begann zu fluchen und zu schwören: Nicht kenne ich diesen Menschen, den ihr nennt. [72] Und sofort, zum zweiten (Mal) schrie ein Hahn. Und (es) erinnerte sich Petros an das Wort, wie Jesus zu ihm sprach: Ehe ein Hahn schreit zweimal, dreimal wirst du mich verleugnen; und sich hinwerfend weinte er.

15

[1] Und sofort, (in der) Frühe, nachdem einen Beschluß herbeigeführt hatten die Hochpriester mit den Ältesten und Schriftkundigen und das ganze Synhedrion, als sie Jesus gebunden hatten, wegbrachten sie (ihn) und übergaben (ihn) Pilatos.

[2] Und (es) befragte ihn Pilatos: Du bist der König der Judaier? Der aber, antwortend ihm, sagt: Du sagst (es). [3] Und anklagten ihn die Hochpriester vieles. [4] Pilatos aber befragte ihn wieder, sagend: Nicht antwortest du etwas? Sieh, wieviel sie dich anklagen! [5] Jesus aber antwortete nichts mehr, so daß Pilatos staunte.

[6] Zum Fest aber freiließ er ihnen einen Gefangenen, den sie erbaten. [7] (Es) war aber der Barabbas Genannte mit den Aufrührern gebunden, welche bei dem Aufruhr einen Mord getan hatten. [8] Und hinaufsteigend begann die Volksmenge zu bitten, gleichwie er ihnen zu tun pflegte. [9] Pilatos aber antwortete ihnen, sagend: Wollt ihr, ich soll euch freilassen den Kö-

nig der Judaier? ¹⁰ Denn er erkannte, daß wegen Neid übergeben hatten ihn die Hochpriester. ¹¹ Die Hochpriester aber hetzten die Volksmenge auf, damit er (viel)mehr den Barabbas freilasse ihnen. ¹² Pilatos aber, wieder antwortend, sagte ihnen: Was nun [wollt ihr], soll ich tun (mit dem) [, den ihr nennt] den König der Judaier? ¹³ Die aber schrien wieder: Kreuzige ihn! ¹⁴ Pilatos aber sagte ihnen: Was denn tat er Schlechtes? Die aber schrien übermäßig: Kreuzige ihn!

¹⁵ Pilatos aber, wollend der Volksmenge Genüge tun, freiließ ihnen den Barabbas und übergab Jesus, (ihn) geißeln (lassend), damit er gekreuzigt werde.

¹⁶ Die Soldaten aber abführten ihn hinein in den Hof, das ist (das) Praitorion, und zusammenrufen sie die ganze Kohorte. ¹⁷ Und anziehen sie ihm einen Purpurmantel, und umlegen sie ihm einen dornigen Kranz, den sie flochten; ¹⁸ und sie begannen, ihn zu grüßen: Gruß (dir), König der Judaier! ¹⁹ Und sie schlugen seinen Kopf mit einem Rohr und spuckten ihn an, und beugend die Knie, fielen sie nieder vor ihm. ²⁰ Und als sie ihn verspottet hatten, auszogen sie ihm den Purpurmantel, und anzogen sie ihm seine Gewänder.

Und hinausführen sie ihn, damit sie kreuzigten ihn. ²¹ Und sie zwingen einen Vorbeigehenden, Simon, einen Kyrenaier, kommend vom Acker, den Vater von Alexandros und Ruphos, daß er trage sein Kreuz.

²² Und sie bringen ihn zu dem Golgotha-Ort, welches übersetzt ist: Kraniou-Topos (= Schädel-Ort). ²³ Und sie gaben ihm mit Myrrhe gewürzten Wein; der aber nahm (ihn) nicht.

Ps 22,19 ²⁴ Und sie kreuzigen ihn und *aufteilen sie sich seine Gewänder, werfend ein Los über sie,* wer was nähme. ²⁵ (Es) war aber (die) dritte Stunde, und sie kreuzigten ihn. ²⁶ Und (es) war die Aufschrift seiner Schuld aufgeschrieben: Der König der Judaier.

²⁷ Und mit ihm kreuzigen sie zwei Räuber, einen zur Rechten und einen zur Linken von ihm.*

²⁹ Und die Vorbeigehenden lästerten ihn, schüttelnd ihre

* V 28 ist aus Lk 22,37 eingedrungen.

Köpfe und sagend: Ha, (du,) der den Tempel zerstören und bauen wollte in drei Tagen, [30] rette dich selbst, herabsteigend vom Kreuz! [31] Gleicherweise auch die Hochpriester, spottend untereinander mit den Schriftkundigen, sagten: Andere rettete er, sich selbst kann er nicht retten; [32] der Christos, der König Israels, soll herabsteigen jetzt vom Kreuz, damit wir sehen und glauben. Auch die Mitgekreuzigten mit ihm schmähten ihn.

[33] Und als geworden war (die) sechste Stunde, Finsternis wurde über die ganze Erde bis zur neunten Stunde. [34] Und in der neunten Stunde schrie Jesus mit lauter Stimme: *Eloi Eloi*   Ps 22,2 *lema sabachthani?* Was ist übersetzt: *Mein Gott, mein Gott, wozu verließest du mich?* [35] Und einige der Dabeistehenden, hörend (es), sagten: Sieh, nach Elias schreit er. [36] Laufend aber einer [und] füllend einen Schwamm mit Essig, steckend (ihn) auf ein Rohr, gab er zu trinken ihm, sagend: Laßt, sehen wir, ob Elias kommt, ihn herunterzuholen. [37] Jesus aber, ausstoßend einen lauten Schrei, hauchte aus.

[38] Und der Vorhang des Tempels wurde gespalten in zwei (Stücke) von oben bis unten. [39] Sehend aber der Centurio, der dabeistehende gegenüber von ihm, daß er so aushauchte, sprach: Wahrhaft, dieser Mensch war Sohn Gottes.

[40] (Es) waren aber auch Frauen von weitem schauend, unter ihnen auch Maria, die Magdalenerin, und Maria, (des) Jakobos des Kleinen und (des) Joses Mutter, und Salome, [41] die, als er war in der Galilaia, ihm folgten und ihm dienten, und viele andere Mitheraufgestiegene mit ihm nach Hierosolyma.

[42] Und als es schon Abend geworden war, da Rüsttag war, das ist: Vorsabbat, [43] kommend Joseph, [der] von Arimathaia, ein vornehmer Ratsherr, der auch selbst war erwartend das Königtum Gottes, (es) wagend ging hinein zu Pilatos und erbat den Leib des Jesus. [44] Pilatos aber staunte, daß er schon gestorben sei, und herbeirufend den Centurio, befragte er ihn, ob er bereits starb; [45] und (es) erfahrend vom Centurio, schenkte er die Leiche dem Joseph. [46] Und kaufend Leinen, herunterholend ihn, einwickelte er (ihn) mit dem Leinen und

legte ihn in ein Grab, das gehauen war aus einem Felsen, und hinwälzte er einen Stein an die Tür des Grabes. [47] Maria aber, die Magdalenerin, und Maria, die von Joses, erblickten, wo er hineingelegt worden ist.

16 [1] Und als vorüber war der Sabbat, Maria, die Magdalenerin, und Maria, die [des] Jakobos, und Salome kauften Essenzen, damit kommend sie ihn salbten. [2] Und sehr früh am Ersten der Woche gehen sie zum Grab, als aufgegangen war die Sonne. [3] Und sie sagten zu sich: Wer wird wegwälzen uns den Stein aus der Tür des Grabes? [4] Und aufschauend erblicken sie, daß weggewälzt war der Stein; denn er war sehr groß.

[5] Und hineingehend ins Grab, sahen sie einen jungen Mann sitzend zur Rechten, umworfen mit weißem Gewand, und sie erschraken. [6] Der aber sagt ihnen: Erschreckt nicht! Jesus sucht ihr, den Nazarener, den Gekreuzigten; erweckt wurde er, nicht ist er hier; sieh, der Ort, wohin sie ihn legten! [7] Doch geht fort, sprecht zu seinen Schülern und dem Petros: Vorangeht er euch in die Galilaia; dort werdet ihr ihn sehen, gleichwie er gesprochen hatte zu euch.

[8] Und herausgehend flohen sie vom Grab, denn (es) hielt sie Zittern und Entsetzen; und keinem sagten sie etwas; denn sie fürchteten sich.

[[Alles Gebotene aber meldeten sie denen um Petros eilig. Danach aber schickte auch Jesus selbst vom Osten und bis zum Westen durch sie aus die heilige und unvergängliche Verkündigung des ewigen Heils. Amen.]]

[[[9] Auferstanden aber früh am Wochenersten, erschien er zuerst Maria, der Magdalenerin, von der er hinausgeworfen hatte sieben Dämonen. [10] Jene, gehend, meldete (es) den mit ihm gewesenen Trauernden und Weinenden; [11] aber jene, hörend, daß er lebt und gesehen wurde von ihr, glaubten nicht.

[12] Danach aber wurde er zweien von ihnen, die umhergin-

gen, offenbart in anderer Gestalt, als sie gingen aufs Land;
[13] und jene, weggehend, meldeten (es) den übrigen; auch jenen glaubten sie nicht.

[14] Später [aber] wurde er den Elfen selbst, als sie (zu Tisch) lagen, offenbart, und er schalt ihren Unglauben und (ihre) Hartherzigkeit, daß sie denen, die ihn gesehen hatten als Erweckten, nicht glaubten. [15] Und er sprach zu ihnen: Gehend in die ganze Welt, verkündet das Evangelium der ganzen Schöpfung! [16] Der Glaubende und Getaufte wird gerettet werden, der Nichtglaubende aber wird verurteilt werden. [17] Als Zeichen aber werden den Glaubenden diese folgen: In meinem Namen werden sie Dämonen hinauswerfen, in neuen Zungen werden sie reden, [18] [und in den Händen] werden Schlangen sie tragen, und wenn immer etwas Tödliches sie trinken, nicht wird es ihnen schaden, auf Kranke werden sie (die) Hände auflegen und recht wird es ihnen gehen.

[19] Der Herr Jesus nun, nach dem Reden zu ihnen, wurde aufgenommen in den Himmel und setzte sich zur Rechten Gottes. [20] Jene aber, hinausgehend, verkündeten überall, indem der Herr mitwirkte und das Wort festigte durch die nachfolgenden Zeichen.]]

Nach Lukas

1 ¹Da nun viele versuchten, abzufassen eine Erzählung über die Dinge, die sich bei uns erfüllt haben, ²gleichwie uns übergaben die von Anfang (an) Augenzeugen und Diener des Wortes Gewordenen, ³schien es auch mir (gut), der ich von vorn an allem gefolgt bin, genau nacheinander dir zu schreiben, bester Theophilos, ⁴damit du erkennst die Sicherheit (der) Worte, über die du unterrichtet wurdest.

⁵(Es) geschah in den Tagen (des) Herodes, (des) Königs der Judaia, ein Priester mit Namen Zacharias aus (der) Tagesdienstabteilung (des) Abia, und er (hatte) eine Frau aus den Töchtern Aarons, und ihr Name (war) Elisabet. ⁶(Es) waren aber beide gerecht vor Gott, wandelnd in allen Geboten und Rechtsprüchen des Herrn untadelig. ⁷Aber nicht (hatten) sie ein Kind, weil die Elisabet unfruchtbar war, und beide waren vorgerückt in ihren Tagen.

⁸Es geschah aber, als er als Priester diente in der Ordnung seiner Tagesdienstabteilung vor Gott, ⁹erloste er nach der Sitte des Priesteramtes das Räuchern, hineingehend in den Tempel des Herrn; ¹⁰und die ganze Menge des Volks war betend draußen zur Stunde des Räucheropfers. ¹¹(Es) erschien ihm aber ein Engel (des) Herrn stehend zur Rechten des Altars des Räucheropfers. ¹²Und verwirrt wurde Zacharias, (ihn) sehend, und Furcht befiel ihn. ¹³(Es) sprach aber zu ihm der Engel: Fürchte dich nicht, Zacharias, da erhört wurde dein Gebet, und deine Frau Elisabet wird dir gebären einen Sohn, und du wirst rufen seinen Namen Johannes. ¹⁴Und (es) wird dir Freude sein und Jubel, und viele werden sich über seine Geburt freuen. ¹⁵Denn er wird groß sein vor [dem] Herrn, *und Wein und Rauschtrank wird er gewiß nicht trinken,* und mit heiligem Geist wird er erfüllt werden schon vom Leib seiner Mutter (an), ¹⁶und viele der Söhne Israels wird er

Num 6,3
Lev 10,9

hinwenden zum Herrn, ihrem Gott. [17] Und er wird vorangehen vor ihm in Geist und Kraft (des) Elias, hinzuwenden (die)
Herzen (der) Väter zu (den) Kindern und Ungehorsame zur
Einsicht von Gerechten, zu bereiten (dem) Herrn ein zugerü-
stetes Volk. [18] Und (es) sprach Zacharias zu dem Engel: An
was werde ich erkennen dies? Denn ich bin ein alter Mann,
und meine Frau ist vorgerückt in ihren Tagen. [19] Und antwortend sprach der Engel zu ihm: Ich bin Gabriel, der Stehende vor Gott, und ich wurde geschickt, zu reden zu dir und
zu verkünden dir dieses; [20] und siehe, du wirst sein schwei-
gend und nicht fähig zu reden bis zu dem Tag, (an dem) dieses geschieht, dafür, daß du nicht glaubtest meinen Worten,
welche sich erfüllen werden zu ihrer Zeit.

[21] Und (es) war das Volk erwartend den Zacharias, und sie
staunten über sein Sich-Zeit-Lassen im Tempel. [22] Herauskommend aber nicht konnte er reden zu ihnen, und sie erkannten, daß er eine Erscheinung gesehen hatte im Tempel;
und er war ihnen zuwinkend und verblieb stumm. [23] Und es
geschah, als sich erfüllten die Tage seines Dienstes, wegging
er in sein Haus. [24] Nach diesen Tagen aber empfing Elisabet,
seine Frau, und sie verbarg sich fünf Monate, sagend: [25] So
hat mir getan (der) Herr in (den) Tagen, in denen er darauf
sah, wegzunehmen meine Schmach bei (den) Menschen.

[26] Im sechsten Monat aber wurde geschickt der Engel Gabriel von Gott in eine Stadt der Galilaia, deren Name Nazareth, [27] zu einer Jungfrau, verlobt einem Mann, dessen Name
Joseph, aus (dem) Haus David, und der Name der Jungfrau
(war) Mariam. [28] Und hineingehend zu ihr sprach er: Gruß
(dir), Begnadete, der Herr (ist) mit dir. [29] Die aber wurde bei
dem Wort verwirrt und überlegte, was für eine Begrüßung
diese sei. [30] Und (es) sprach der Engel zu ihr: Fürchte dich
nicht, Mariam; denn du fandest Gnade bei Gott. [31] Und siehe,
du wirst empfangen im Leib und gebären einen Sohn und
wirst rufen seinen Namen Jesus. [32] Dieser wird groß sein und
Sohn (des) Höchsten gerufen werden, und geben wird ihm
Gott (der) Herr den Thron Davids, seines Vaters, [33] und er

wird als König herrschen über das Haus Jakob in die Aionen, und seines Königtums wird nicht sein ein Ende. [34] (Es) sprach aber Mariam zu dem Engel: Wie wird sein dies, da einen Mann ich nicht erkenne? [35] Und antwortend sprach der Engel zu ihr: Heiliger Geist wird kommen auf dich und Kraft (des) Höchsten wird dich überschatten; deshalb wird auch das Gezeugte heilig gerufen werden, Sohn Gottes. [36] Und siehe, Elisabet, deine Verwandte, hat auch selbst empfangen einen Sohn in ihrem Alter, und dieser ist (der) sechste Monat für sie, die unfruchtbar Gerufene; [37] weil nicht kraftlos sein wird von Gott her jedes Wort. [38] (Es) sprach aber Mariam: Siehe, die Magd (des) Herrn; es geschehe mir nach deinem Wort. Und wegging von ihr der Engel.

[39] Aufstehend aber ging Mariam in diesen Tagen ins Gebirge mit Eile in eine Stadt Judas, [40] und hineinging sie in das Haus (des) Zacharias und begrüßte Elisabet. [41] Und es geschah, als den Gruß der Maria die Elisabet hörte, hüpfte das Kind in ihrem Leib, und erfüllt wurde von heiligem Geist die Elisabet, [42] und ausrief sie mit großem Geschrei und sprach: Gesegnet du unter (den) Frauen und gesegnet die Frucht deines Leibes. [43] Und woher mir dies, daß die Mutter meines Herrn kommt zu mir? [44] Denn siehe, als kam die Stimme deines Grußes zu meinen Ohren, hüpfte in Jubel das Kind in meinem Leib. [45] Und selig, die glaubte, daß sein wird Vollendung dem ihr vom Herrn Gesagten.

[46] Und (es) sprach Mariam: Groß macht meine Seele den Herrn, [47] und (es) jubelte mein Geist über Gott, meinen Retter, [48] weil er schaute auf die Niedrigkeit seiner Magd. Denn siehe, von jetzt (an) werden mich seligpreisen alle Geschlechter, [49] weil mir Großes tat der Mächtige. Und heilig (ist) sein Name, [50] und sein Erbarmen zu Geschlechtern und Geschlechtern für die ihn Fürchtenden. [51] Er wirkte Macht mit seinem Arm, zerstreute Überhebliche in (der) Gesinnung ihres Herzens; [52] herunterholte er Machthaber von Thronen und erhöhte Niedrige, [53] Hungernde sättigte er mit Gütern, und Reiche wegschickte er leer. [54] Annahm er sich Israels, seines

Knechts, zu gedenken (des) Erbarmens, [55] gleichwie er redete zu unsern Vätern, dem Abraham und seiner Nachkommenschaft in den Aion. [56] (Es) blieb aber Mariam bei ihr etwa drei Monate, und zurückkehrte sie in ihr Haus.

[57] Der Elisabet aber erfüllte sich die Zeit, daß sie gebäre, und sie gebar einen Sohn. [58] Und (es) hörten die Nachbarn und ihre Verwandten, daß groß machte (der) Herr sein Erbarmen mit ihr, und sie freuten sich mit ihr. [59] Und es geschah, am achten Tag kamen sie, zu beschneiden das Kind, und sie riefen es auf den Namen seines Vaters Zacharias. [60] Und antwortend sprach seine Mutter: Nein, sondern es wird gerufen werden Johannes. [61] Und sie sprachen zu ihr: Keiner ist aus deiner Verwandtschaft, der gerufen wird mit diesem Namen. [62] Sie aber nickten seinem Vater zu, wie er wolle, daß es gerufen werde. [63] Und erbittend ein Täfelchen, schrieb er, sagend: Johannes ist sein Name. Und (es) staunten alle. [64] (Es) öffnete sich aber sein Mund auf der Stelle und seine Zunge, und er redete, preisend Gott. [65] Und (es) kam auf alle um sie Herumwohnenden Furcht, und im ganzen Gebirge der Judaia wurden alle diese Geschehnisse beredet, [66] und alle Hörenden legten (es) sich in ihr Herz, sagend: Was also wird dieses Kind werden? Denn auch (die) Hand (des) Herrn war mit ihm.

[67] Und Zacharias, sein Vater, wurde erfüllt mit heiligem Geist, und er prophezeite, sagend: [68] Gepriesen (der) Herr, der Gott Israels, daß er nachschaute und Erlösung wirkte seinem Volk, [69] und er erweckte uns ein Horn (der) Rettung im Haus Davids, seines Knechtes, [70] gleichwie er redete durch (den) Mund seiner heiligen Propheten von Ewigkeit, [71] Rettung aus unseren Feinden und aus (der) Hand aller uns Hassenden, [72] Erbarmen zu üben mit unseren Vätern und zu gedenken seines heiligen Bundes, [73] den Eid, den er schwor gegenüber Abraham, unserem Vater, zu geben uns, [74] daß wir furchtlos, aus (der) Hand von Feinden gerettet, ihm dienen [75] in Heiligkeit und Gerechtigkeit vor ihm an allen unseren Tagen. [76] Und du aber, Kind, wirst Prophet (des) Höchsten gerufen werden; denn du wirst voranziehen vor (dem) Herrn,

zu bereiten seine Wege, [77] zu geben Erkenntnis (der) Rettung seinem Volk im Erlaß ihrer Sünden, [78] durch inniges Erbarmen unseres Gottes, in dem nach uns schauen wird (der) Aufgang aus (der) Höhe, [79] zu erscheinen den in Finsternis und Schatten (des) Todes Sitzenden, auszurichten unsere Füße auf (den) Weg (des) Friedens.

[80] Das Kind aber wuchs und wurde stark im Geist, und es war in den Öden bis zum Tag seiner Einsetzung für Israel.

2 [1] Es geschah aber in jenen Tagen, ausging eine Anordnung vom Kaiser Augustos, daß aufgezeichnet werde der ganze Erdkreis. [2] Diese erste Aufzeichnung geschah, als Kyrenios regierte die Syria. [3] Und (es) gingen alle, sich aufzeichnen zu lassen, jeder in seine Stadt. [4] Hinaufging aber auch Joseph von der Galilaia aus (der) Stadt Nazareth in die Judaia, in (die) Stadt Davids, welche gerufen wird Bethlehem, weil er war aus (dem) Haus und Geschlecht Davids, [5] sich aufzeichnen zu lassen mit Mariam, der ihm verlobten, die schwanger war. [6] Es geschah aber, als sie dort waren, erfüllten sich die Tage, daß sie gebäre, [7] und sie gebar ihren Sohn, den erstgeborenen, und sie wickelte ihn und legte ihn nieder in einer Krippe, weil nicht war für sie ein Platz in der Unterkunft.

[8] Und Hirten waren in derselben Gegend im Freien und hielten Nachtwachen bei ihrer Herde. [9] Und ein Engel (des) Herrn trat zu ihnen, und (die) Herrlichkeit (des) Herrn umstrahlte sie, und sie fürchteten sich mit großer Furcht. [10] Und (es) sprach zu ihnen der Engel: Fürchtet euch nicht; denn siehe, ich verkünde euch große Freude, welche sein wird dem ganzen Volk: [11] Geboren wurde euch heute ein Retter, der ist (der) Christos, (der) Herr, in (der) Stadt Davids. [12] Und dies (ist) euch das Zeichen: Finden werdet ihr einen Säugling, gewickelt und liegend in einer Krippe. [13] Und plötzlich war mit dem Engel eine Menge (des) himmlischen Heeres, die Gott lobten und sagten: [14] Herrlichkeit in (den) Höhen für Gott und auf (der) Erde Friede bei (den) Menschen (des) Wohlgefallens.

[15] Und es geschah, als weggingen von ihnen in den Himmel

die Engel, redeten die Hirten zueinander: Laßt uns doch gehen bis Bethlehem und sehen dieses Geschehnis, das gewordene, das der Herr uns kundtat. [16] Und sie kamen eilend, und
sie fanden sowohl die Mariam und den Joseph und den Säugling liegend in der Krippe; [17] (es) sehend aber gaben sie Kunde über das Wort, das zu ihnen geredet wurde über dieses
Kind. [18] Und alle (es) Hörenden staunten über das von den
Hirten zu ihnen Geredete; [19] Mariam aber bewahrte alle diese
Worte, erwägend (sie) in ihrem Herzen. [20] Und zurückkehrten
die Hirten, verherrlichend und lobend Gott wegen allem, was
sie hörten und sahen, gleichwie geredet wurde zu ihnen.

[21] Und als sich erfüllten (die) acht Tage, ihn zu beschneiden, wurde auch gerufen sein Name Jesus, der gerufen wurde
von dem Engel, bevor er empfangen wurde im (Mutter)leib.

[22] Und als sich erfüllten die Tage ihrer Reinigung gemäß
dem Gesetz (des) Moyses, brachten sie ihn nach Hierosolyma
hinauf, darzustellen (ihn) dem Herrn, [23] gleichwie geschrieben
ist im Gesetz (des) Herrn: *Jedes Männliche, öffnend (den)*   Ex 13,2.12.15
Mutterschoß, wird dem Herrn heilig gerufen werden, [24] und
ein Opfer zu geben nach dem Gesagten im Gesetz (des)
Herrn: *Ein Paar Turteltauben oder zwei Junge von Tauben.*   Lev 5,11; 12,8

[25] Und siehe, ein Mensch war in Jerusalem, dessen Name
Symeon, und dieser Mensch (war) gerecht und fromm, erwartend (die) Ermutigung Israels, und heiliger Geist war auf
ihm; [26] und es war ihm Weisung gegeben vom heiligen Geist,
nicht zu sehen (den) Tod, ehe er sieht den Christos (des)
Herrn. [27] Und er kam im Geist ins Heiligtum; und als die Eltern das Kind Jesus hineinführten, um nach der Gewohnheit
des Gesetzes an ihm zu tun, [28] nahm auch er es in die Arme
und pries Gott und sprach: [29] Jetzt entläßt du deinen Sklaven,
Gebieter, nach deinem Wort in Frieden; [30] weil meine Augen
sahen dein Heil, [31] das du bereitetest vor (dem) Angesicht aller Völker, [32] ein Licht zur Offenbarung für Völker und zur
Herrlichkeit für dein Volk Israel. [33] Und (es) war(en) sein
Vater und die Mutter staunend über das Geredete über ihn.
[34] Und (es) segnete sie Symeon, und er sprach zu Mariam,

seiner Mutter: Siehe, dieser ist bestimmt zu Fall und Auferstehung vieler in Israel und zu einem Zeichen, dem widersprochen wird – [35] auch deine eigene Seele [aber] wird durch-
dringen ein Schwert –, auf daß offenbart werden aus vielen
Herzen (die) Gedanken.

[36] Und (es) war Hanna, eine Prophetin, eine Tochter Pha-
nuels, aus (dem) Stamm Aser; diese, vorgerückt in vielen Tagen, hatte gelebt mit einem Mann sieben Jahre nach ihrer
Jungfrauschaft, [37] und sie war Witwe von vierundachtzig Jahren, die nicht sich entfernte vom Heiligtum, mit Fasten und
Gebeten dienend Nacht und Tag. [38] Und zu eben dieser Stunde
hintretend, lobte sie Gott und redete über ihn zu allen Erwartenden (die) Erlösung Jerusalems.

[39] Und als sie alles erfüllt hatten gemäß dem Gesetz (des)
Herrn, kehrten sie zurück in die Galilaia, in ihre Stadt Naza-
reth. [40] Das Kind aber wuchs und wurde stark, erfüllt mit
Weisheit, und (die) Gnade Gottes war auf ihm.

[41] Und (es) zogen seine Eltern jährlich nach Jerusalem zum
Fest des Pascha. [42] Und als er zwölf Jahre war, als sie hinaufgingen nach der Sitte des Festes [43] und vollendeten die Tage,
blieb, während sie zurückkehrten, Jesus, das Kind, in Jerusalem zurück, und nicht bemerkten (es) seine Eltern. [44] Meinend aber, er sei bei der Weggemeinschaft, gingen sie einen
Tagesweg und suchten ihn bei den Verwandten und den Bekannten, [45] und nicht findend, zurückkehrten sie nach Jerusalem, suchend ihn. [46] Und es geschah, nach drei Tagen fanden
sie ihn im Heiligtum, sitzend inmitten der Lehrer und ihnen
zuhörend und sie befragend; [47] (es) gerieten aber außer sich
alle ihn Hörenden über sein Verstehen und seine Antworten.
[48] Und sehend ihn, wurden sie bestürzt, und (es) sprach zu
ihm seine Mutter: Kind, warum handeltest du an uns so?
Siehe, dein Vater und ich, mit Schmerzen suchten wir dich.
[49] Und er sprach zu ihnen: Weswegen suchtet ihr mich? Wuß-
tet ihr nicht, daß in dem, (was) meines Vaters (ist), ich sein
muß? [50] Und sie verstanden nicht das Wort, das er redete zu
ihnen. [51] Und hinabstieg er mit ihnen und kam nach Nazareth

und war sich unterordnend ihnen. Und seine Mutter bewahrte alle Worte in ihrem Herzen. [52] Und Jesus schritt fort [in der] Weisheit und im Alter und in Gnade bei Gott und Menschen.

3 [1] Im fünfzehnten Jahr der Regierung (des) Kaisers Tiberios aber, als Pontios Pilatos die Judaia regierte und Herodes Tetrarch der Galilaia war, Philippos aber, sein Bruder, Tetrarch der Ituraia und (des) trachonitischen Landes und Lysanias Tetrarch der Abilene war, [2] unter (dem) Hochpriester Hannas und Kajaphas geschah (das) Wort Gottes an Johannes, den Sohn (des) Zacharias, in der Öde. [3] Und er kam in [die] ganze Umgegend des Jordanes, verkündend eine Taufe (der) Umkehr zu(m) Erlaß von Sünden, [4] wie geschrieben ist im Buch (der) Worte (des) Isaias, des Propheten: *Stimme eines Rufenden in der Öde: Bereitet den Weg (des)*   Jes 40,3–5 (G) *Herrn, gerade macht seine Straßen;* [5] *jede Schlucht wird gefüllt werden, und jeder Berg und Hügel wird niedrig gemacht werden, und (es) wird werden das Krumme zu Geradem und die rauhen zu glatten Wegen;* [6] *und (es) wird sehen alles Fleisch das Heil Gottes.*

[7] Er sagte nun zu den hinausgehenden Volksmengen, um getauft zu werden von ihm: Brut von Nattern, wer zeigte euch, zu fliehen vor dem kommenden Zorn? [8] Bringt also Früchte, würdig der Umkehr; und beginnt nicht zu sagen bei euch: Als Vater haben wir den Abraham. Denn ich sage euch: (Es) kann Gott aus diesen Steinen erwecken Kinder dem Abraham. [9] Schon aber ist auch die Axt an die Wurzel der Bäume gelegt; jeder Baum nun, nicht bringend gute Frucht, wird ausgehauen und ins Feuer geworfen.

[10] Und (es) befragten ihn die Volksmengen, sagend: Was nun sollen wir tun? [11] Antwortend aber sagte er ihnen: Der Habende zwei Gewänder soll Anteil geben dem nicht Habenden, und der Habende Speisen soll gleicherweise tun. [12] (Es) kamen aber auch Zöllner, um getauft zu werden, und sprachen zu ihm: Lehrer, was sollen wir tun? [13] Der aber sprach zu ihnen: Nicht mehr als das euch Gestattete fordert! [14] (Es)

befragten ihn aber auch Soldaten, sagend: Und was sollen wir tun? Und er sprach zu ihnen: Mißhandelt und erpreßt keinen, und begnügt euch mit eurem Sold!

[15] Als aber das Volk in Erwartung war und alle überlegten in ihren Herzen über den Johannes, ob nicht er selbst sei der Christos, [16] antwortete, sagend allen der Johannes: Ich zwar taufe euch mit Wasser; es kommt aber der Stärkere als ich, dessen ich nicht wert bin, zu lösen den Riemen seiner Sandalen; er wird euch taufen mit heiligem Geist und Feuer; [17] dessen Worfschaufel (ist) in seiner Hand, durchzureinigen seine Tenne und zu sammeln das Getreide in seine Scheune, die Spreu aber wird er verbrennen mit unlöschbarem Feuer.

[18] Vieles nun auch anderes anmahnend, verkündete er dem Volk. [19] Herodes aber, der Tetrarch, überführt von ihm wegen Herodias, der Frau seines Bruders, und wegen allem Bösen, was getan hatte Herodes, [20] fügte auch dies zu allem hinzu, [und] einschloß er den Johannes im Gefängnis.

[21] Es geschah aber, als das ganze Volk getauft wurde und als Jesus getauft wurde und betete, öffnete sich der Himmel, [22] und herabstieg der heilige Geist in leiblicher Gestalt wie eine Taube auf ihn, und eine Stimme aus (dem) Himmel kam: Du bist mein geliebter Sohn, an dir fand ich Gefallen.

[23] Und er, Jesus, war, als er begann, etwa dreißig Jahre, Sohn, wie man meinte, Josephs, des Eli, [24] des Matthat, des Levi, des Melchi, des Jannai, des Joseph, [25] des Mattathias, des Amos, des Naum, des Hesli, des Naggai, [26] des Maath, des Mattathias, des Semein, des Josech, des Joda, [27] des Johanan, des Rhesa, des Zorobabel, des Salathiel, des Neri, [28] des Melchi, des Addi, des Kosam, des Elmadam, des Er, [29] des Jesus, des Eliezer, des Jorim, des Matthat, des Levi, [30] des Symeon, des Judas, des Joseph, des Jonam, des Eliakim, [31] des Melea, des Menna, des Mattatha, des Natham, des David, [32] des Jessai, des Jobed, des Boos, des Sala, des Naasson, [33] des Aminadab, des Admin, des Arni, des Hesrom, des Phares, des Judas, [34] des Jakob, des Isaak, des Abraham, des Thara, des Nachor, [35] des Seruch, des Rhagau, des Phalek,

des Eber, des Sala, ³⁶ des Kainam, des Arphaxad, des Sem, des Noe, des Lamech, ³⁷ des Mathusala, des Henoch, des Jaret, des Maleleel, des Kainam, ³⁸ des Enos, des Seth, des Adam, Gottes.

4 ¹ Jesus aber, voll heiligen Geistes, kehrte zurück vom Jordanes und wurde herumgeführt im Geist in der Öde, ² vierzig Tage versucht vom Teufel. Und er aß nichts in jenen Tagen, und als sie beendet waren, hungerte (ihn). ³ (Es) sprach aber zu ihm der Teufel: Wenn du Sohn Gottes bist, sprich zu diesem Stein, daß er werde Brot. ⁴ Und (es) antwortete zu ihm Jesus: Geschrieben ist: *Nicht vom Brot allein* Dtn 8,3 *wird leben der Mensch.* ⁵ Und ihn hinaufführend, zeigte er ihm alle Königreiche des Erdkreises in einem Punkt (der) Zeit, ⁶ und (es) sprach zu ihm der Teufel: Dir werde ich geben diese ganze Macht und ihre Herrlichkeit, weil sie mir übergeben ist, und wem immer ich will, gebe ich sie; ⁷ du nun, wenn du huldigst vor mir, wird sie ganz dein sein. ⁸ Und antwortend sprach Jesus zu ihm: Geschrieben ist: *(Dem)* Dtn 6,13; 10,20 *Herrn, deinem Gott, sollst du huldigen und ihm allein dienen.* ⁹ Er führte ihn aber nach Jerusalem und stellte (ihn) auf den Rand des Heiligtums und sprach zu ihm: Wenn du Sohn Gottes bist, wirf dich von hier hinunter; ¹⁰ denn es ist geschrieben: *Seinen Engeln wird er gebieten deinetwillen, dich zu be-* Ps 91,11 *wachen,* ¹¹ und: *Auf Händen werden sie dich tragen, damit du* Ps 91,12 *nicht anstoßest gegen einen Stein deinen Fuß.* ¹² Und antwortend sprach zu ihm Jesus: Es ist gesprochen worden: *Nicht* Dtn 6,16 (G) *sollst du versuchen (den) Herrn, deinen Gott.* ¹³ Und als er die ganze Versuchung beendet hatte, ließ der Teufel von ihm ab bis zur (bestimmten) Zeit.

¹⁴ Und zurückkehrte Jesus in der Kraft des Geistes in die Galilaia. Und Kunde ging aus über ihn in der ganzen Umgegend. ¹⁵ Und er lehrte in ihren Synagogen, verherrlicht von allen.

¹⁶ Und er kam nach Nazara, wo er aufgezogen worden war, und hineinging er nach seiner Gewohnheit am Tag des Sab-

bats in die Synagoge, und aufstand er zu lesen. [17] Und (es)
wurde ihm übergeben (das) Buch des Propheten Isaias, und
öffnend das Buch, fand er die Stelle, wo geschrieben war:

Jes 61,1f (G)   [18] *(Der) Geist (des) Herrn (ist) auf mir, deswegen, weil er*
mich salbte, (ein Evangelium) zu verkünden Armen, er hat
mich geschickt, Gefangenen Erlaß zu verkünden und Blinden
Sehvermögen, (aus)zuschicken Gebrochene in Freilassung,

Jes 58,6   [19] *zu verkünden ein genehmes Jahr (des) Herrn.* [20] Und als er
zusammengerollt hatte das Buch, zurückgebend (es) dem Die-
ner, setzte er sich; und aller Augen in der Synagoge waren
starrend auf ihn. [21] Er aber begann zu sagen zu ihnen: Heute
ist erfüllt worden diese Schrift in euren Ohren. [22] Und alle
zeugten für ihn und staunten über die Worte der Gnade, die
herauskommenden aus seinem Mund, und sagten: Ist nicht ein
Sohn Josephs dieser? [23] Und er sprach zu ihnen: Gewiß werdet ihr mir sagen dieses Gleichnis: Arzt, heile dich selbst; so-
vieles wir hörten als geschehen in Kapharnaum, tue auch hier
in deiner Vaterstadt! [24] Er aber sprach: Amen, ich sage euch:
Kein Prophet ist genehm in seiner Vaterstadt. [25] In Wahrheit
aber sage ich euch: Viele Witwen waren in den Tagen (des)
Elias in Israel, als verschlossen wurde der Himmel an die drei
Jahre und sechs Monate, als eine große Hungersnot über das
ganze Land kam, [26] und zu keiner von ihnen wurde Elias geschickt, außer nach Sarepta (in) der Sidonia zu einer verwit-
weten Frau. [27] Und viele Aussätzige waren in Israel zur (Zeit
des) Elisaios, des Propheten, und keiner von ihnen wurde gereinigt außer Naiman, der Syrer. [28] Und erfüllt wurden alle
mit Wut in der Synagoge, dieses hörend, [29] und aufstehend
warfen sie ihn hinaus aus der Stadt und führten ihn bis zum
Abhang des Berges, auf dem ihre Stadt gebaut war, um ihn
hinabzustoßen; [30] er aber, hindurchgehend durch ihre Mitte,
ging.

[31] Und hinabkam er nach Kapharnaum, einer Stadt der Galilaia. Und er war lehrend sie an den Sabbaten. [32] Und sie gerieten außer sich über seine Lehre, weil in Vollmacht war
sein Wort.

³³ Und in der Synagoge war ein Mensch, habend (den) Geist eines unreinen Dämons, und aufschrie er mit lauter Stimme: ³⁴ Ha, was (ist zwischen) uns und dir, Jesus, Nazarener? Kamst du, uns zu vernichten? Ich kenne dich, wer du bist, der Heilige Gottes. ³⁵ Und anfuhr ihn Jesus, sagend: Verstumme und komm heraus von ihm! Und der Dämon, werfend ihn in die Mitte, kam heraus von ihm, (in) nichts ihm schadend. ³⁶ Und (es) kam Schrecken über alle, und sie unterredeten sich untereinander, sagend: Was (ist) dieses Wort, daß es in Vollmacht und Kraft befiehlt den unreinen Geistern und sie herauskommen? ³⁷ Und hinausging Kunde über ihn in jeden Ort der Umgegend.

³⁸ Aufstehend aber von der Synagoge, hineinkam er in das Haus von Simon. (Die) Schwiegermutter des Simon aber war bedrängt von einem starken Fieber, und sie baten ihn für sie. ³⁹ Und hintretend oberhalb von ihr, anfuhr er das Fieber, und es verließ sie; auf der Stelle aber aufstehend, diente sie ihnen.

⁴⁰ Als aber die Sonne unterging, alle, die Kranke hatten mit mancherlei Krankheiten, führten sie zu ihm; der aber, jedem einzelnen von ihnen die Hände auflegend, heilte sie. ⁴¹ Herauskamen aber auch Dämonen von vielen, schreiend und sagend: Du bist der Sohn Gottes. Und, anfahrend (sie), nicht ließ er sie reden, weil sie wußten, daß er der Christos sei.

⁴² Als aber Tag wurde, hinausgehend ging er zu einem einsamen Ort; und die Volksmengen suchten ihn und kamen bis zu ihm und hielten ihn fest, damit er nicht gehe weg von ihnen. ⁴³ Der aber sprach zu ihnen: Auch den anderen Städten muß ich verkünden das Königtum Gottes, weil ich dazu geschickt wurde. ⁴⁴ Und er war verkündend in den Synagogen der Judaia.

5 ¹ Es geschah aber, als die Volksmenge ihn bedrängte und hörte das Wort Gottes, und er selbst war stehend am See Gennesaret, ² und er sah zwei Boote stehend am See; die Fischer aber, von ihnen ausgestiegen, wuschen die Netze. ³ Eingestiegen aber in eines der Boote, das Simon gehörte, bat er ihn, vom Land hinauszufahren ein wenig; sitzend aber, vom Boot aus lehrte er die Volksmengen.

[4] Als er aber aufhörte zu reden, sprach er zu Simon: Fahr hinaus in die Tiefe, und laßt hinab eure Netze zum Fang. [5] Und antwortend sprach Simon: Meister, durch (die) ganze Nacht uns mühend, nichts fingen wir; auf dein Wort (hin) aber werde ich hinablassen die Netze. [6] Und dieses tuend, einschlossen sie eine große Menge von Fischen; (es) zerrissen aber ihre Netze. [7] Und zuwinkten sie den Genossen im anderen Boot, um kommend mitzufangen mit ihnen; und sie kamen, und sie füllten die beiden Boote, so daß sie einsanken. [8] (Es) sehend aber, niederfiel Simon Petros zu den Knien von Jesus, sagend: Geh weg von mir, weil ein sündiger Mann ich bin, Herr! [9] Denn Schrecken umfaßte ihn und alle mit ihm über den Fang der Fische, die sie mitfingen, [10] gleicherweise aber auch Jakobos und Johannes, (die) Söhne (des) Zebedaios, die Teilhaber waren dem Simon. Und (es) sprach zu Simon Jesus: Fürchte dich nicht! Von jetzt (an) wirst du ein Menschen Fangender sein. [11] Und führend die Boote ans Land, lassend alles, folgten sie ihm.

[12] Und es geschah, als er in einer der Städte war, und siehe: ein Mann voll Aussatz; sehend aber den Jesus, fallend aufs Gesicht, bat er ihn, sagend: Herr, wenn du willst, kannst du mich reinigen. [13] Und ausstreckend die Hand, berührte er ihn, sagend: Ich will, werde gereinigt! Und sogleich ging der Aussatz weg von ihm. [14] Und er gebot ihm, zu keinem zu sprechen, sondern, weggehend, zeig dich dem Priester und bring dar für deine Reinigung, gleichwie verordnete Moyses, zum Zeugnis ihnen! [15] (Es) verbreitete sich aber (noch) mehr das Wort über ihn, und zusammenkamen viele Volksmengen, zu hören und geheilt zu werden von ihren Krankheiten; [16] er aber war zurückgezogen in den Einöden und betend.

[17] Und es geschah an einem der Tage, und er war lehrend, und (es) waren dasitzend Pharisaier und Gesetzeslehrer, die gekommen waren aus jedem Dorf der Galilaia und Judaia und (aus) Jerusalem. Und (die) Kraft (des) Herrn war (ihm gege-

ben), daß er heile. [18] Und siehe, Männer, bringend auf einem
Bett einen Menschen, der gelähmt war, und sie suchten, ihn
hineinzubringen und hinzulegen [ihn] vor ihm. [19] Und nicht
findend, wie sie hineinbrächten ihn wegen der Volksmenge,
hinaufsteigend auf das Dach, durch die Ziegel herabließen sie
ihn mit dem Bett in die Mitte vor Jesus. [20] Und sehend ihren
Glauben, sprach er: Mensch, erlassen sind dir deine Sünden.
[21] Und (es) begannen zu überlegen die Schriftkundigen und
die Pharisaier, sagend: Wer ist dieser, der Lästerungen redet?
Wer kann Sünden erlassen, außer allein Gott? [22] Erkennend
aber Jesus ihre Überlegungen, antwortend sprach er zu ihnen:
Was überlegt ihr in euren Herzen? [23] Was ist müheloser, zu
sprechen: Erlassen sind dir deine Sünden, oder zu sprechen:
Steh auf und geh umher? [24] Damit ihr aber wißt, daß der Sohn
des Menschen Vollmacht hat, auf der Erde zu erlassen Sünden – sprach er zum Gelähmten: Dir sage ich, steh auf und,
tragend dein Bett, geh in dein Haus! [25] Und auf der Stelle aufstehend vor ihnen, tragend, worauf er daniederlag, wegging
er in sein Haus, verherrlichend Gott. [26] Und Entsetzen erfaßte
alle, und sie verherrlichten Gott und wurden erfüllt von
Furcht, sagend: Wir sahen Ungeheuerliches heute.

[27] Und danach hinausging er und sah einen Zöllner mit Namen Levi sitzend bei der Zollstelle, und er sprach zu ihm:
Folge mir! [28] Und zurücklassend alles, aufstehend, folgte er
ihm. [29] Und (es) bereitete einen großen Empfang für ihn Levi
in seinem Haus, und (es) war eine große Menge von Zöllnern
und anderen, die waren mit ihnen (zu Tisch) liegend. [30] Und
(es) murrten die Pharisaier und ihre Schriftkundigen, zu seinen Schülern sagend: Weshalb eßt und trinkt ihr mit den
Zöllnern und Sündern? [31] Und antwortend sprach Jesus zu ihnen: Nicht nötig haben die Gesunden einen Arzt, sondern die,
denen es schlecht geht; [32] ich bin nicht gekommen, zu rufen
Gerechte, sondern Sünder zur Umkehr.

[33] Die aber sprachen zu ihm: Die Schüler von Johannes fasten häufig und verrichten Gebete, gleicherweise auch die der
Pharisaier, die deinen aber essen und trinken. [34] Jesus aber

sprach zu ihnen: Könnt ihr etwa die Söhne des Brautgemachs, während der Bräutigam bei ihnen ist, fasten lassen? [35] Kommen werden aber Tage, und wann weggenommen wurde von ihnen der Bräutigam, dann werden sie fasten an jenen Tagen.

[36] Er sagte aber auch ein Gleichnis zu ihnen: Keiner, einen Flicken von einem neuen Gewand reißend, setzt (ihn) auf ein altes Gewand; wenn aber nun doch, wird er auch das neue zerreißen, und mit dem alten wird nicht zusammenstimmen der Flicken, der vom neuen. [37] Und keiner schüttet jungen Wein in alte Häute; wenn aber nun doch, zerreißen wird der junge Wein die Häute, und er selbst wird verschüttet werden, und die Häute werden vernichtet werden; [38] sondern jungen Wein muß man in neue Häute schütten. [39] [Und] keiner, trinkend alten, will jungen; denn er sagt: Der alte ist gut.

6 [1] Es geschah aber am Sabbat, daß er hindurchging durch Saaten, und (es) rupften seine Schüler und aßen die Ähren, (sie) mit den Händen zerreibend. [2] Einige aber der Pharisaier sprachen: Was tut ihr, was nicht erlaubt ist an den Sabbaten? [3] Und antwortend zu ihnen sprach Jesus: Und nicht last ihr dies, was David tat, als er hungerte, er und die mit ihm [waren], [4] [wie] er hineinging in das Haus Gottes und die Brote der Ausstellung nehmend aß und denen mit ihm gab, die nicht erlaubt ist zu essen, außer allein den Priestern? [5] Und er sagte ihnen: Herr ist des Sabbats der Sohn des Menschen.

[6] Es geschah aber an einem anderen Sabbat, daß er hineinkam in die Synagoge und lehrte. Und (es) war ein Mensch dort, und seine rechte Hand war vertrocknet. [7] (Es) belauerten ihn aber die Schriftkundigen und die Pharisaier, ob er am Sabbat heilt, damit sie (etwas) fänden, anzuklagen ihn. [8] Er aber wußte ihre Überlegungen, sprach aber zu dem Mann, dem die vertrocknete Hand habenden: Steh auf und stell dich in die Mitte! Und aufstehend stellte er sich (hin). [9] (Es) sprach aber Jesus zu ihnen: Ich befrage euch, ob es erlaubt ist, am Sabbat Gutes zu tun oder Schlechtes zu tun, ein Leben zu retten oder zu vernichten? [10] Und rings anschauend sie alle,

sprach er zu ihm: Strecke aus deine Hand! Der aber tat (es), und wiederhergestellt wurde seine Hand. [11] Sie aber wurden erfüllt von Unverstand und beredeten untereinander, was sie täten mit Jesus.

[12] Es geschah aber in diesen Tagen, daß er hinausging auf den Berg, um zu beten, und er war zubringend die Nacht im Gebet zu Gott. [13] Und als es Tag wurde, herbeirief er seine Schüler, und auswählend aus ihnen zwölf, die er auch Apostel nannte, [14] Simon, den er auch nannte Petros, und Andreas, seinen Bruder, und Jakobos und Johannes und Philippos und Bartholomaios, [15] und Matthaios und Thomas, und Jakobos, (den des) Alphaios, und Simon, den Zelot gerufenen, [16] und Judas, (den des) Jakobos, und Judas Iskarioth, der zum Verräter wurde.

[17] Und hinabsteigend mit ihnen, stellte er sich auf einen ebenen Platz, und eine große Menge seiner Schüler, und eine große Menge des Volkes von der ganzen Judaia und Jerusalem und der Meeresküste von Tyros und Sidon, [18] die kamen, ihn zu hören und geheilt zu werden von ihren Krankheiten; und die von unreinen Geistern Geplagten wurden geheilt, [19] und die ganze Volksmenge suchte ihn zu berühren, weil Kraft von ihm ausging und alle heilte.

[20] Und er, erhebend seine Augen zu seinen Schülern, sagte: Selig die Armen, denn euer ist das Königtum Gottes. [21] Selig die Hungernden jetzt, denn ihr werdet gesättigt werden. Selig die Weinenden jetzt, denn ihr werdet lachen. [22] Selig seid ihr, wann euch hassen die Menschen und wann sie euch ausschließen und schmähen und hinauswerfen euren Namen als schlecht wegen des Sohnes des Menschen; [23] freut euch an jenem Tag und hüpft, denn siehe, euer Lohn (ist) groß im Himmel; denn genauso taten den Propheten ihre Väter. [24] Jedoch wehe euch, den Reichen, denn weghabt ihr euren Trost. [25] Wehe euch, ihr Gesättigten jetzt, denn ihr werdet hungern. Wehe, ihr Lachenden jetzt, denn ihr werdet trauern und weinen. [26] Wehe, wann euch schön reden alle Menschen; denn genauso taten den Lügenpropheten ihre Väter. [27] Aber euch

sage ich, den Hörenden: Liebt eure Feinde, recht tut den euch Hassenden, [28] segnet die euch Verfluchenden, betet für die euch Schmähenden! [29] Dem dich Schlagenden auf die Wange, biete auch die andere, und dem dir Wegnehmenden das Obergewand, auch das Untergewand verweigere nicht! [30] Jedem dich Bittenden gib, und vom Wegnehmenden das Deine, fordere (es) nicht zurück!

[31] Und gleichwie ihr wollt, daß euch die Menschen tun, tut ihnen gleicherweise! [32] Und wenn ihr liebt die euch Liebenden, welcher Dank ist euch? Denn auch die Sünder lieben die sie Liebenden. [33] Und wenn ihr [nämlich] Gutes tut den euch Gutes Tuenden, welcher Dank ist euch? Auch die Sünder tun dasselbe. [34] Und wenn ihr leiht, von denen ihr hofft zu erhalten, welcher Dank [ist] euch? Auch Sünder leihen Sündern, damit sie zurückempfangen das gleiche. [35] Jedoch liebt eure Feinde und tut Gutes und leiht, nichts zurückerhoffend; und sein wird euer Lohn groß, und sein werdet ihr Söhne (des) Höchsten, weil er gütig ist zu den Undankbaren und Bösen.

[36] Werdet barmherzig, gleichwie [auch] euer Vater barmherzig ist. [37] Und richtet nicht, und nicht werdet ihr gerichtet; und verurteilt nicht, und nicht werdet ihr verurteilt. Befreit, und ihr werdet befreit werden; [38] gebt, und gegeben werden wird euch; ein rechtes Maß, ein gedrücktes, geschütteltes, überfließendes, wird man geben in euren Schoß: Denn mit welchem Maß ihr meßt, wiedergemessen werden wird euch.

[39] Er sprach aber auch ein Gleichnis zu ihnen: Kann etwa ein Blinder einen Blinden führen? Werden nicht beide in eine Grube hineinfallen? [40] Nicht ist ein Schüler über dem Lehrer; ausgebildet aber, jeder wird sein wie sein Lehrer.

[41] Was aber siehst du den Span im Auge deines Bruders, den Balken aber im eigenen Auge beachtest du nicht? [42] Wie kannst du sagen deinem Bruder: Bruder, laß, ich möchte herausziehen den Span in deinem Auge, selbst (aber) den Balken in deinem Auge nicht sehend? Heuchler, zieh heraus zuerst den Balken aus deinem Auge, und dann wirst du zusehen, den Span im Auge deines Bruders herauszuziehen.

[43] Denn nicht ist ein Baum gut, bringend faule Frucht, noch wieder ein Baum faul, bringend gute Frucht. [44] Denn jeder Baum wird aus seiner eigenen Frucht erkannt; denn nicht sammelt man aus Dornen Feigen, noch erntet man vom Dornbusch eine Weintraube. [45] Der gute Mensch bringt aus dem guten Schatz(behälter) des Herzens hervor das Gute, und der böse bringt aus dem bösen hervor das Böse; denn aus Überfluß (des) Herzens redet sein Mund.

[46] Was aber ruft ihr mich: Herr, Herr, und tut nicht, was ich sage? [47] Jeder zu mir Kommende und meine Worte Hörende und sie Tuende, ich werde euch zeigen, wem er gleich ist. [48] Gleich ist er einem Menschen, bauend ein Haus, der grub und in die Tiefe ging und ein Fundament auf den Felsen setzte; als aber eine Überschwemmung entstand, anstieß der Fluß an jenes Haus, aber nicht vermochte er, es zu erschüttern, weil es recht gebaut war. [49] Der Hörende aber und nicht Tuende, gleich ist er einem Menschen, bauend ein Haus auf die Erde ohne Fundament, an dem anstieß der Fluß, und sofort fiel es zusammen, und (es) war der Zusammenbruch jenes Hauses groß.

7 [1] Nachdem er erfüllt hatte alle seine Worte in die Ohren des Volkes, hineinkam er nach Kapharnaum. [2] Eines Hauptmanns Sklave aber, dem es schlecht ging, war im Begriff zu sterben; der war ihm teuer. [3] Hörend aber über Jesus, schickte er zu ihm Älteste der Judaier, bittend ihn, daß er, kommend, rette seinen Sklaven. [4] Die aber, herankommend zu Jesus, baten ihn eifrig, sagend: Würdig ist er, daß du ihm dies gewährst; [5] denn er liebt unser Volk, und die Synagoge baute selbst er uns. [6] Jesus aber ging mit ihnen. Als er aber schon nicht (mehr) weit entfernt war vom Haus, schickte der Hauptmann Freunde, sagend ihm: Herr, bemühe dich nicht, denn nicht bin ich wert, daß unter mein Dach du hineinkommst; [7] deshalb auch hielt ich mich nicht für würdig, zu dir zu kommen; aber sprich mit einem Wort, und geheilt werden soll mein Knecht. [8] Denn auch ich bin ein Mensch, unter Vollmacht gestellt, habend unter mir Soldaten, und sage ich diesem: Geh! Und er geht, und einem anderen: Komm! Und er kommt, und meinem Sklaven: Tue dies! Und er tut (es). [9] Hörend aber dieses, staunte Jesus über ihn, und sich umwendend sprach er zu der ihm folgenden Volksmenge: Ich sage euch: Auch nicht in Israel fand ich so großen Glauben. [10] Und zurückkehrend ins Haus, fanden die Geschickten den Sklaven gesundend.

[11] Und es geschah in der folgenden (Zeit): Er ging in eine Stadt, gerufen Nain, und mitgingen mit ihm seine Schüler und eine große Volksmenge. [12] Wie er aber nahekam dem Tor der Stadt, und siehe, herausgetragen wurde ein gestorbener, einziggeborener Sohn seiner Mutter, und sie selbst war Witwe, und eine beträchtliche Volksmenge der Stadt war mit ihr. [13] Und sehend sie, erbarmte sich der Herr über sie und sprach zu ihr: Weine nicht! [14] Und hinzutretend berührte er den Sarg, die Träger aber (blieben) stehen, und er sprach: Junger Mann, dir sage ich: Steh auf! [15] Und aufsetzte sich der Tote, und er begann zu reden, und er gab ihn seiner Mutter. [16] (Es) ergriff aber Furcht alle, und sie verherrlichten Gott, sagend: Ein großer Prophet stand auf unter uns; und: Geschaut hat Gott nach seinem Volk. [17] Und hinausging dieses Wort über ihn in die ganze Judaia und (in) die ganze Umgegend.

[18] Und (es) meldeten (dem) Johannes seine Schüler über alles dieses. Und herbeirufend zwei seiner Schüler, [19] schickte Johannes zum Herrn, sagend: Bist du der Kommende, oder sollen einen anderen wir erwarten? [20] Herankommend aber zu ihm, sprachen die Männer: Johannes der Täufer schickte uns zu dir, sagend: Bist du der Kommende, oder sollen einen anderen wir erwarten? [21] In jener Stunde heilte er viele von Krankheiten und Geißeln und bösen Geistern, und vielen Blinden schenkte er zu sehen. [22] Und antwortend sprach er zu ihnen: Hingehend meldet Johannes, was ihr saht und hörtet: *Blinde sehen wieder,* Lahme gehen umher, Aussätzige werden gereinigt und *Taube hören, Tote werden erweckt,* Armen wird (ein Evangelium) verkündet; [23] und selig ist, wer immer nicht Anstoß nimmt an mir.

Jes 29,18; 35,5f; 42,18; 26,19; 61,1

²⁴ Als aber weggingen die Boten (des) Johannes, begann er zu reden zu den Volksmengen über Johannes: Was kamt ihr heraus in die Öde zu sehen? Ein Rohr, vom Wind geschüttelt? ²⁵ Doch, was kamt ihr heraus zu sehen? Einen Menschen, in weiche Gewänder gekleidet? Siehe, die in glanzvoller Kleidung und Schwelgerei Lebenden sind in den Königspalästen. ²⁶ Doch, was kamt ihr heraus zu sehen? Einen Propheten? Ja, ich sage euch, und mehr als einen Propheten. ²⁷ Dieser ist (es), über den geschrieben ist: *Siehe, ich schicke meinen Bo-* *ten vor* deinem *Angesicht (her), der herrichten wird deinen* *Weg vor* dir. ²⁸ Ich sage euch: Ein Größerer unter (den) Geborenen von Frauen als Johannes ist keiner. Der Kleinere aber im Königtum Gottes ist größer als er.

Ex 23,20
Mal 3,1

²⁹ Und das ganze (es) hörende Volk und die Zöllner gaben Gott recht, sich taufen lassend mit der Taufe (des) Johannes; ³⁰ die Pharisaier aber und die Gesetzeskundigen wiesen den Ratschluß Gottes für sich selbst ab, nicht sich taufen lassend von ihm.

³¹ Wem nun werde ich vergleichen die Menschen dieses Geschlechts, und wem sind sie gleich? ³² Gleich sind sie Kindern, auf dem Markt sitzend und zurufend einander, die sagen: Auf der Flöte spielten wir euch, und nicht tanztet ihr, Klagelieder sangen wir, und nicht weintet ihr. ³³ Denn gekommen ist Johannes der Täufer, nicht essend Brot noch trinkend Wein, und ihr sagt: Einen Dämon hat er. ³⁴ Gekommen ist der Sohn des Menschen, essend und trinkend, und ihr sagt: Siehe, ein Mensch, ein Fresser und Weinsäufer, ein Freund von Zöllnern und Sündern. ³⁵ Und gerechtgesprochen wurde die Weisheit von allen ihren Kindern.

³⁶ (Es) bat ihn aber einer von den Pharisaiern, daß er esse mit ihm, und hineinkommend in das Haus des Pharisaiers, legte er sich (zu Tisch). ³⁷ Und siehe, eine Frau, welche war in der Stadt eine Sünderin, und erfahrend, daß er (zu Tisch) liegt im Haus des Pharisaiers, bringend eine Alabasterflasche mit Öl ³⁸ und tretend hinten zu seinen Füßen, begann weinend mit Tränen zu benetzen seine Füße, und mit den Haaren ihres

Kopfes wischte sie (sie) ab, und abküßte sie seine Füße und salbte (sie) mit dem Öl. [39] Sehend (es) aber der Pharisaier, der ihn gerufen hatte, sprach er, bei sich selbst sagend: Dieser, wenn er wäre ein Prophet, erkennen würde er, wer und was für eine die Frau (ist), welche ihn berührt, daß eine Sünderin sie ist. [40] Und antwortend sprach Jesus zu ihm: Simon, ich habe mit dir etwas zu sprechen. Der aber: Lehrer, sprich, sagt er. [41] Zwei Schuldner hatte ein Geldverleiher; der eine schuldete fünfhundert Denare, der andere aber fünfzig. [42] Da sie nicht(s) hatten zurückzugeben, schenkte er (es) beiden. Wer nun von ihnen wird mehr ihn lieben? [43] Antwortend sprach Simon: Ich nehme an: (der,) dem er das Mehrere schenkte. Der aber sprach zu ihm: Richtig urteiltest du. [44] Und sich umwendend zu der Frau, sagte er dem Simon: Siehst du diese Frau? Hereinkam ich in dein Haus, Wasser gabst du mir nicht auf (die) Füße; sie aber, mit den Tränen benetzte sie meine Füße, und mit ihren Haaren abwischte sie (sie). [45] Einen Kuß gabst du mir nicht; sie aber, seit ich hereinkam, nicht ließ sie ab, abzuküssen meine Füße. [46] Mit Öl salbtest du nicht meinen Kopf; sie aber, mit Öl salbe sie meine Füße. [47] Deswegen sage ich dir: Erlassen sind ihre vielen Sünden, weil sie viel liebte; wem aber wenig erlassen wird, liebt wenig. [48] Er sprach aber zu ihr: Erlassen sind deine Sünden. [49] Und (es) begannen die mit (zu Tisch) Liegenden zu sagen bei sich: Wer ist dieser, der auch Sünden erläßt? [50] Er sprach aber zu der Frau: Dein Glaube hat dich gerettet; gehe in Frieden!

8 [1] Und es geschah in der folgenden (Zeit), daß er selbst durchreiste Stadt und Dorf, verkündigend und (als Evangelium) verkündend das Königtum Gottes, und die Zwölf mit ihm; [2] und einige Frauen, die geheilt worden waren von bösen Geistern und Krankheiten, Maria, die Magdalenerin gerufene, von der sieben Dämonen herausgekommen waren, [3] und Johanna, (die) Frau (des) Chuza, eines Verwalters (des) Herodes, und Susanna und andere viele, welche ihnen dienten aus ihrem Besitz.

[4] Als aber zusammenwar eine große Volksmenge und die aus jeder Stadt Hinausziehenden zu ihm, sprach er durch ein Gleichnis: [5] Hinausging der Säende, um zu säen seinen Samen. Und bei seinem Säen – das eine fiel entlang des Weges, und zertreten wurde es, und die Vögel des Himmels fraßen es auf. [6] Und anderes fiel nieder auf den Felsen, und gewachsen vertrocknete es wegen des Nicht-Feuchtigkeit-Habens. [7] Und anderes fiel mitten unter die Dornen, und die mitgewachsenen Dornen erstickten es. [8] Und anderes fiel in die gute Erde und gewachsen brachte es Frucht hundertfach. Dies sagend, rief er: Der Ohren Habende zu hören soll hören!

[9] (Es) befragten ihn aber seine Schüler, was dieses Gleichnis besage. [10] Der aber sprach: Euch ist es gegeben, zu erkennen die Geheimnisse des Königtums Gottes, den übrigen aber in Gleichnissen, damit als Sehende sie nicht sehen und als Hörende sie nicht verstehen.

[11] Das aber besagt dieses Gleichnis: Der Same ist das Wort Gottes. [12] Die aber entlang des Weges sind die Hörenden, dann kommt der Teufel und trägt weg das Wort von ihrem Herzen, damit sie nicht, glaubend, gerettet werden. [13] Die aber auf dem Felsen (sind jene), die, wann sie hören, mit Freude annehmen das Wort, aber diese haben keine Wurzel, (sie), die für einen Augenblick glauben und im Augenblick einer Versuchung abfallen. [14] Das aber in die Dornen Gefallene, diese sind die Hörenden, aber von Sorgen und Reichtum und Vergnügungen des Lebens werden sie, wenn sie gehen, erstickt und kommen nicht zur Reife. [15] Das aber in der guten Erde, diese sind, welche mit rechtem und gutem Herzen hörend das Wort, (es) festhalten und Frucht bringen in Geduld.

[16] Keiner aber, eine Leuchte anzündend, bedeckt sie mit einem Gefäß oder stellt (sie) unter ein Bett, sondern auf einen Leuchter stellt er (sie), damit die Hereinkommenden sehen das Licht. [17] Denn nicht ist Verborgenes, das nicht offenbar werden wird, und nicht Geheimes, das nicht erkannt wird und ins Offenbare kommt.

[18] Seht nun (zu), wie ihr hört! Denn wer immer hat, gege-

ben werden wird ihm; und wer immer nicht hat, auch was er meint zu haben, wird weggenommen werden von ihm.

[19] Herbeikam aber zu ihm die Mutter und seine Brüder, und nicht konnten sie zusammentreffen mit ihm wegen der Volksmenge. [20] Gemeldet aber wurde ihm: Deine Mutter und deine Brüder stehen draußen, sehen wollend dich. [21] Der aber antwortend sprach zu ihnen: Meine Mutter und meine Brüder sind diese: die das Wort Gottes Hörenden und Tuenden.

[22] Es geschah aber an einem der Tage, daß er selbst einstieg in ein Boot und seine Schüler, und er sprach zu ihnen: Laßt uns hinüberfahren zum Gegenüber des Sees! Und abfuhren sie. [23] Als sie aber segelten, schlief er ein. Und herabstieg ein Sturmwind auf den See und überflutet wurden sie und waren in Gefahr. [24] Hinzukommend aber, aufweckten sie ihn, sagend: Meister, Meister, wir werden vernichtet. Der aber, aufgeweckt, anfuhr den Wind und das Wogen des Wassers; und aufhörten sie, und (es) wurde Stille. [25] Er sprach aber zu ihnen: Wo (ist) euer Glaube? Sich fürchtend aber staunten sie, sagend zueinander: Wer also ist dieser, daß auch den Winden er befiehlt und dem Wasser, und sie gehorchen ihm?

[26] Und hinabsegelten sie ins Land der Gerasener, welches ist gegenüber der Galilaia. [27] Als er aber herauskam auf das Land, begegnete ihm ein Mann aus der Stadt, habend Dämonen, und geraume Zeit zog er nicht an ein Gewand und in einem Haus blieb er nicht, sondern in den Grabstätten. [28] Sehend aber den Jesus, aufschreiend fiel er nieder vor ihm, und mit lauter Stimme sprach er: Was (ist zwischen) mir und dir, Jesus, Sohn Gottes, des Höchsten? Ich bitte dich, quäle mich nicht! [29] Denn er gebot dem unreinen Geist, herauszukommen von dem Menschen. Denn lange Zeiten hatte er ihn gepackt, und gefesselt wurde er mit Ketten und mit Fußfesseln gehalten, und zerbrechend die Fesseln, wurde er getrieben von dem Dämon in die Einöden. [30] (Es) befragte ihn aber Jesus: Was ist dein Name? Der aber sprach: Legion, weil hineingekommen waren viele Dämonen in ihn. [31] Und sie baten ihn, daß er nicht befehle ihnen, in den Abgrund fortzugehen.

³² (Es) war aber dort eine Herde von beträchtlich (vielen) Schweinen, weidend am Berg; und sie baten ihn, daß er ihnen erlaube, in jene hineinzugehen; und er erlaubte (es) ihnen. ³³ Herauskommend aber von dem Menschen, hineingingen die Dämonen in die Schweine, und (es) raste die Herde hinunter den Abhang in den See, und sie ersoff.

³⁴ Sehend aber die (sie) Weidenden das Geschehene, flohen sie und meldeten (es) in die Stadt und in die Höfe. ³⁵ Herauskamen sie aber, zu sehen das Geschehene, und sie kamen zu Jesus und fanden dasitzend den Menschen, von dem die Dämonen herausgekommen waren, bekleidet und bei Sinnen zu den Füßen von Jesus, und sie fürchteten sich. ³⁶ (Es) meldeten ihnen aber, die gesehen hatten, wie der Besessene gerettet wurde. ³⁷ Und (es) bat ihn die ganze Menge der Umgegend der Gerasener, wegzugehen von ihnen, weil sie von großer Furcht bedrängt wurden; er aber, einsteigend in ein Boot, kehrte zurück. ³⁸ (Es) bat ihn aber der Mann, von dem herausgekommen waren die Dämonen, zu sein mit ihm; er entließ ihn aber, sagend: ³⁹ Kehre zurück in dein Haus und erzähle, wieviel dir Gott getan! Und wegging er, durch die ganze Stadt verkündend, wieviel ihm Jesus getan.

⁴⁰ Als aber zurückkehrte Jesus, aufnahm ihn die Volksmenge; denn (es) waren alle ihn erwartend. ⁴¹ Und siehe, (es) kam ein Mann, dessen Name Jairos, und dieser war ein Vorsteher der Synagoge, und fallend zu den Füßen [des] Jesus, bat er ihn, hineinzukommen in sein Haus, ⁴² weil er eine einziggeborene Tochter hatte von etwa zwölf Jahren und diese im Sterben war. Als er aber fortging, erstickten ihn (förmlich) die Volksmengen. ⁴³ Und eine Frau, welche war im Blutfluß seit zwölf Jahren, welche [für Ärzte verbraucht hatte ihren ganzen Besitz], (aber) nicht konnte von irgendjemandem geheilt werden, ⁴⁴ hinkommend von hinten, berührte die Quaste seines Gewandes, und auf der Stelle stillstand der Fluß ihres Blutes. ⁴⁵ Und (es) sprach Jesus: Wer (ist), der mich berührte? Als aber alle leugneten, sprach Petros: Meister, die Volksmengen bedrängen dich und pressen (dich). ⁴⁶ Jesus aber sprach: (Es)

berührte mich jemand, denn ich erkannte eine von mir ausgegangene Kraft. [47] Sehend aber die Frau, daß sie nicht verborgen blieb, zitternd kam sie, und niederfallend vor ihm, meldete sie vor allem Volk, aus welchem Grund sie ihn berührte,
und wie sie geheilt wurde auf der Stelle. [48] Der aber sprach zu
ihr: Tochter, dein Glaube hat dich gerettet; gehe in Frieden!
[49] Noch als er redet, kommt einer vom Synagogenvorsteher
her, sagend: Gestorben ist deine Tochter; bemühe nicht mehr
den Lehrer! [50] Jesus aber, hörend (es), antwortete ihm: Fürchte dich nicht, glaube nur, und gerettet werden wird sie!
[51] Kommend aber in das Haus, nicht ließ er hineingehen einen
mit ihm, außer Petros und Johannes und Jakobos und den
Vater des Kindes und die Mutter. [52] (Es) weinten aber alle und
betrauerten sie. Der aber sprach: Weint nicht, denn sie starb
nicht, sondern schläft! [53] Und sie verlachten ihn, wissend, daß
sie starb. [54] Er aber, ergreifend ihre Hand, rief, sagend: Kind,
steh auf! [55] Und zurückkehrte ihr Geist, und aufstand sie auf
der Stelle, und er ordnete an, daß ihr gegeben werde zu essen. [56] Und (es) entsetzten sich ihre Eltern; der aber gebot ihnen, zu keinem zu sprechen über das Geschehene.

9 [1] Zusammenrufend aber die Zwölf, gab er ihnen Kraft
und Vollmacht über alle Dämonen und Krankheiten zu
heilen; [2] und er schickte sie (aus), zu verkünden das Königtum
Gottes und zu heilen [die Kranken], [3] und er sprach zu ihnen:
Nichts tragt auf dem Weg, weder Stock, noch Tasche, noch
Brot, noch Silber(geld), noch [je] zwei Gewänder (sollten sie)
haben. [4] Und in welches Haus immer ihr hineingeht, dort
bleibt und von dort geht hinaus! [5] Und welche immer euch
nicht aufnehmen, herausgehend von jener Stadt, schüttelt ab
den Staub von euren Füßen, zum Zeugnis gegen sie! [6] Hinausgehend aber durchzogen sie die Dörfer, (das Evangelium)
verkündend und heilend überall.

[7] (Es) hörte aber Herodes, der Tetrarch, all das Geschehene, und er war ratlos, weil gesagt wurde von einigen: Johannes wurde erweckt aus Toten, [8] von einigen aber: Elias er-

schien, von anderen aber: Ein Prophet, einer der alten, stand auf. [9] (Es) sprach aber Herodes: Ich ließ enthaupten Johannes; wer aber ist dieser, über den ich höre solches? Und er suchte, ihn zu sehen.

[10] Und zurückkehrend erzählten ihm die Apostel, wieviel sie taten. Und sie mitnehmend, zog er sich zurück für sich in eine Stadt, gerufen Bethsaida. [11] Die Volksmengen aber, (es) erkennend, folgten ihm; und aufnehmend sie, redete er zu ihnen über das Königtum Gottes, und die Heilung nötig hatten, heilte er.

[12] Der Tag aber begann sich zu neigen; hinzukommend aber die Zwölf, sprachen sie zu ihm: Entlasse die Volksmenge, damit, gehend in die Dörfer und Höfe im Umkreis, sie (sich) auflösen und Verpflegung finden, weil hier an einem einsamen Platz wir sind. [13] Er sprach aber zu ihnen: Gebt ihnen ihr zu essen! Die aber sprachen: Nicht haben wir mehr als fünf Brote und zwei Fische, wenn wir nicht, gehend, kaufen sollen für dieses ganze Volk Speisen. [14] Denn (es) waren etwa fünftausend Männer. Er sprach aber zu seinen Schülern: Laßt sie sich hinlegen in Abteilungen zu [etwa] fünfzig! [15] Und sie taten so und ließen alle sich hinlegen. [16] Nehmend aber die fünf Brote und die zwei Fische, aufschauend zum Himmel, segnete er sie und brach und gab (sie) den Schülern, vorzulegen (sie) der Volksmenge. [17] Und (es) aßen und wurden gesättigt alle, und weggetragen wurde das ihnen Übriggebliebene an Stücken, zwölf Körbe.

[18] Und es geschah, als er war betend allein, zusammen waren mit ihm die Schüler, und er befragte sie, sagend: Wer, sagen die Volksmengen, daß ich sei? [19] Die aber, antwortend, sprachen: Johannes der Täufer, andere aber: Elias, andere aber: Ein Prophet, einer der alten, stand auf. [20] Er sprach aber zu ihnen: Ihr aber, wer, sagt ihr, daß ich sei? Petros aber, antwortend, sprach: der Christos Gottes. [21] Der aber, anfahrend sie, gebot, keinem dies zu sagen. [22] Er sprach: (Es) muß der Sohn des Menschen vieles leiden und verworfen werden von den Ältesten und Hochpriestern und Schriftkundigen und

getötet werden und am dritten Tag erweckt werden.

²³ Er sagte aber zu allen: Wenn einer will hinter mir (her-) gehen, soll er sich selbst (ver)leugnen und tragen sein Kreuz täglich und mir folgen! ²⁴ Denn wer immer will sein Leben retten, verlieren wird er es; wer aber immer verliert sein Leben wegen meiner, dieser wird es retten. ²⁵ Denn was nützt es einem Menschen, der gewinnt die ganze Welt, sich selbst aber verliert oder bestraft wird? ²⁶ Denn wer immer sich schämt meiner und meiner Worte, dessen wird der Sohn des Menschen sich schämen, wann er kommt in seiner Herrlichkeit und (der) des Vaters und der heiligen Engel. ²⁷ Ich sage euch aber wahrhaft: (Es) sind einige der hier Stehenden, die nicht kosten werden (den) Tod, bis sie sehen das Königtum Gottes.

²⁸ Es geschah aber etwa acht Tage nach diesen Worten, [daß] mitnehmend Petros und Johannes und Jakobos er hinaufstieg auf den Berg, um zu beten. ²⁹ Und es wurde bei seinem Beten die Gestalt seines Gesichtes andersartig und seine Kleidung weiß aufblitzend. ³⁰ Und siehe, zwei Männer unterredeten sich mit ihm, welche waren Moyses und Elias, ³¹ die, erschienen in Herrlichkeit, redeten über seinen Ausgang, den er im Begriff war zu erfüllen in Jerusalem. ³² Petros aber und die mit ihm waren beschwert vom Schlaf; aufwachend aber sahen sie seine Herrlichkeit und die zwei Männer, die bei ihm stehenden. ³³ Und es geschah, als sie sich trennten von ihm, sprach Petros zu Jesus: Meister, recht ist es, daß wir hier sind, und wir wollen machen drei Zelte, eines dir und eines Moyses und eines Elias, nicht wissend, was er sagt. ³⁴ Als er aber dieses sagte, entstand eine Wolke und überschattete sie; sie fürchteten sich aber bei ihrem Hineingehen in die Wolke. ³⁵ Und eine Stimme kam aus der Wolke, sagend: Dieser ist mein erwählter Sohn, ihn hört! ³⁶ Und beim Kommen der Stimme wurde gefunden Jesus allein. Und sie schwiegen, und keinem meldeten sie in jenen Tagen etwas (von dem), was sie gesehen hatten.

³⁷ Es geschah aber am folgenden Tag, als sie herabkamen

vom Berg, entgegenkam ihm eine große Volksmenge. [38] Und siehe, ein Mann von der Volksmenge schrie, sagend: Lehrer, ich bitte dich, zu schauen auf meinen Sohn, weil einziggeboren er mir ist, [39] und siehe, ein Geist nimmt ihn, und plötzlich schreit er und zerrt ihn mit Schaum, und kaum geht er weg von ihm, ihn schindend; [40] und ich bat deine Schüler, daß sie hinauswerfen ihn, aber nicht konnten sie (es). [41] Antwortend aber sprach Jesus: O ungläubiges und verkehrtes Geschlecht, bis wann werde ich sein bei euch und ertragen euch? Führe her hierher deinen Sohn! [42] Noch als er herbeikam aber, niederriß ihn der Dämon, und er riß ihn hin und her; anfuhr aber Jesus den unreinen Geist, und er heilte den Knaben, und zurückgab er ihn seinem Vater. [43] Außer sich gerieten aber alle über die Hoheit Gottes.

Als aber alle staunten über alles, was er tat, sprach er zu seinen Schülern: [44] Legt euch in eure Ohren diese Worte; denn der Sohn des Menschen ist im Begriff, übergeben zu werden in (die) Hände von Menschen. [45] Die aber verstanden nicht dieses Wort, und es war verborgen vor ihnen, (so) daß sie es nicht wahrnahmen, und sie fürchteten sich, zu fragen ihn über dieses Wort.

[46] Aufkam aber (die) Überlegung unter ihnen, wer (der) Größere sei von ihnen. [47] Jesus aber kennend die Überlegung ihres Herzens, herbeinehmend ein Kind, stellte es neben sich [48] und sprach zu ihnen: Wer immer aufnimmt dieses Kind in meinem Namen, mich nimmt er auf; und wer immer mich aufnimmt, aufnimmt den mich Schickenden; denn (wer) der Kleinere unter euch allen ist, dieser ist groß.

[49] Antwortend aber sprach Johannes: Meister, wir sahen einen in deinem Namen hinauswerfend Dämonen, und wir hinderten ihn, weil er nicht (nach)folgt mit uns. [50] (Es) sprach aber zu ihm Jesus: Hindert (ihn) nicht! Denn wer nicht ist gegen euch, für euch ist er.

[51] Es geschah aber, als sich erfüllten die Tage seiner Hinaufnahme, daß er richtete das Gesicht (darauf), zu gehen nach

Jerusalem. [52] Und er schickte Boten vor seinem Angesicht (her). Und gehend, hineinkamen sie in ein Dorf (der) Samariter, um zu bereiten ihm (eine Herberge); [53] aber nicht nahmen sie ihn auf, weil sein Gesicht war gehend nach Jerusalem. [54] Sehend aber (es), sprachen die Schüler Jakobos und Johannes: Herr, willst du, daß wir sprechen, daß *Feuer herabsteigt vom Himmel und sie vertilgt?* [55] Sich umwendend aber, anfuhr er sie. [56] Und sie gingen in ein anderes Dorf.

2 Kön 1,10.12

[57] Und als sie gingen auf dem Weg, sprach einer zu ihm: Ich werde dir folgen, wo immer du hingehst. [58] Und (es) sprach zu ihm Jesus: Die Füchse haben Höhlen und die Vögel des Himmels Nester, der Sohn des Menschen aber hat nicht(s), wohin er den Kopf lege. [59] Er sprach aber zu einem anderen: Folge mir! Der aber sprach: [Herr], erlaube mir, fortgehend zuerst, zu begraben meinen Vater. [60] Er sprach aber zu ihm: Laß die Toten begraben ihre Toten, du aber, weggehend, zeig an das Königtum Gottes. [61] (Es) sprach aber auch ein anderer: Folgen werde ich dir, Herr; zuerst aber erlaube mir, mich zu verabschieden von denen in meinem Haus. [62] (Es) sprach aber [zu ihm] Jesus: Kein die Hand an (den) Pflug Legender und nach hinten Sehender ist tauglich für das Königtum Gottes.

10 [1] Danach aber aufzeigte der Herr andere [zweiund]siebzig und schickte sie zu zwei (und) [zwei] (her) vor seinem Angesicht in jede Stadt und (jeden) Ort, wohin er selbst kommen wollte. [2] Er sagte aber zu ihnen: Die Ernte (ist) zwar viel, die Arbeiter aber (sind) wenige; bittet nun den Herrn der Ernte, auf daß er Arbeiter ausschicke in seine Ernte. [3] Geht fort! Siehe, ich schicke euch wie Lämmer inmitten von Wölfen. [4] Tragt nicht einen Geldbeutel, nicht eine Tasche, nicht Sandalen und keinen entlang des Weges grüßt! [5] In welches Haus immer aber ihr hineingeht, zuerst sagt: Friede diesem Haus! [6] Und wenn dort ist ein Sohn (des) Friedens, wird ruhen auf ihm euer Friede; wenn aber nicht, wird er auf euch zurückkehren. [7] In dem Haus selbst aber bleibt, essend und trinkend das von ihnen; denn wert ist der

Arbeiter seines Lohnes. Wechselt nicht von Haus zu Haus!
[8] Und in welche Stadt immer ihr hineingeht und sie euch aufnehmen, eßt das euch Vorgesetzte [9] und heilt die Kranken in
ihr und sagt ihnen: Nahegekommen ist zu euch das Königtum
Gottes. [10] In welche Stadt aber immer ihr hineingeht und sie
euch nicht aufnehmen, herausgehend auf ihre Straßen,
sprecht: [11] Auch den Staub, den uns anhängenden aus eurer
Stadt an den Füßen, wischen wir euch ab; jedoch dies erkennt, daß nahegekommen ist das Königtum Gottes! [12] Ich
sage euch: Sodoma wird es an jenem Tag erträglicher ergehen
als jener Stadt.

[13] Wehe dir, Chorazin, wehe dir, Bethsaida! Denn wenn in
Tyros und Sidon geschehen wären die Kraft(taten), die geschehenen bei euch, längst in Sack und Asche sitzend, wären
sie umgekehrt. [14] Jedoch Tyros und Sidon wird es erträglicher
ergehen im Gericht als euch. [15] Und du, Kapharnaum, wirst
du nicht bis zum Himmel erhoben werden? Bis in den Hades
wirst du hinabsteigen.

[16] Der Hörende euch, mich hört er, und der Abweisende
euch, mich weist er ab; der aber mich Abweisende weist ab
den mich Schickenden.

[17] Zurückkehrten aber die [zweiund]siebzig mit Freude, sagend: Herr, auch die Dämonen sind uns untertan in deinem
Namen. [18] Er sprach aber zu ihnen: Ich schaute den Satan wie
einen Blitz aus dem Himmel fallend. [19] Siehe, ich habe euch
gegeben die Vollmacht, zu treten auf Schlangen und Skorpione, und auf all die Kraft des Feindes, und gewiß wird euch
nichts schädigen. [20] Jedoch darüber freut euch nicht, daß die
Geister euch untertan sind, freut euch aber, daß eure Namen
eingeschrieben sind in den Himmeln.

[21] In eben der Stunde jubelte er [in] dem heiligen Geist und
sprach: Ich preise dich, Vater, Herr des Himmels und der
Erde, daß du verbargst dieses vor Weisen und Verständigen
und es offenbarest Unmündigen; ja, Vater, weil so es Gefallen fand vor dir. [22] Alles wurde mir übergeben von meinem
Vater, und keiner erkennt, wer der Sohn ist, außer der Vater,

und wer der Vater ist, außer der Sohn und wem immer der Sohn (es) offenbaren will.

²³ Und sich umwendend zu den Schülern für sich, sprach er: Selig die Augen, die sehenden, was ihr seht. ²⁴ Denn ich sage euch: Viele Propheten und Könige wollten schauen, was ihr seht, und nicht schauten sie, und hören, was ihr hört, und nicht hörten sie.

²⁵ Und siehe, ein Gesetzeskundiger stand auf, ihn versuchend, sagend: Lehrer, was tuend werde ich ewiges Leben erben? ²⁶ Der aber sprach zu ihm: Im Gesetz, was ist geschrieben? Wie liest du? ²⁷ Der aber, antwortend, sprach: *Du sollst lieben (den) Herrn, deinen Gott, aus deinem ganzen Herzen und mit deiner ganzen Seele und mit deiner ganzen Kraft und mit deiner ganzen Einsicht, und deinen Nächsten wie dich selbst.* ²⁸ Er sprach aber zu ihm: Richtig antwortetest du; dies tue, und du wirst leben. ²⁹ Der aber, wollend sich rechtfertigen, sprach zu Jesus: Und wer ist mein Nächster?

³⁰ Aufnehmend (dies) sprach Jesus: Ein Mensch stieg hinab von Jerusalem nach Jericho und fiel unter Räuber, die ausziehend ihn und (ihm) Schläge versetzend, weggingen, lassend (ihn) halbtot. ³¹ Durch Zufall aber stieg ein Priester hinab auf jenem Weg, und sehend ihn, ging er vorbei; ³² gleicherweise aber [war] auch ein Levit an den Ort kommend, und sehend (ihn), ging er vorbei. ³³ Ein Samariter aber, der unterwegs war, kam zu ihm, und sehend (ihn), erbarmte er sich, ³⁴ und hingehend verband er seine Wunden, daraufgießend Öl und Wein; ihn daraufsetzend aber auf das eigene Maultier, führte er ihn in eine Herberge und sorgte für ihn. ³⁵ Und am Tag darauf, herausnehmend, gab er zwei Denare dem Herbergswirt und sprach: Sorge für ihn, und was immer du dazu aufwendest, ich werde (es) bei meinem Zurückkommen dir zurückgeben. ³⁶ Wer von diesen dreien dünkt dir, Nächster geworden zu sein des unter die Räuber Gefallenen? ³⁷ Der aber sprach: Der getan hat das Erbarmen mit ihm. (Es) sprach aber zu ihm Jesus: Geh, und du tue gleicherweise!

³⁸ Bei ihrem Gehen aber hineinging er selbst in ein Dorf;

Marginal references:
Dtn 6,5
Jos 22,5 (G)
Lev 19,18

eine Frau aber mit Namen Martha nahm ihn auf. [39] Und diese hatte eine Schwester, gerufen Mariam, und [die], dasitzend zu den Füßen des Herrn, hörte sein Wort. [40] Martha aber war überbeschäftigt mit viel Dienst; hintretend aber sprach sie: Herr, nicht kümmert dich, daß meine Schwester allein mich zurückließ zu dienen? Sprich nun zu ihr, damit sie mir beisteht. [41] Antwortend aber sprach zu ihr der Herr: Martha, Martha, du sorgst und beunruhigst dich um vieles, [42] eines aber ist nötig; denn Mariam wählte aus den guten Teil, welcher nicht wird weggenommen werden von ihr.

11 [1] Und es geschah, als er war an einem Ort betend, wie er aufhörte, sprach einer seiner Schüler zu ihm: Herr, lehre uns beten, gleichwie auch Johannes lehrte seine Schüler. [2] Er sprach aber zu ihnen: Wann ihr betet, sagt: Vater, geheiligt werden soll dein Name; kommen soll dein Königtum; [3] unser nötiges Brot gib uns täglich; [4] und erlaß uns unsere Sünden, denn auch wir selbst erlassen jedem uns Schuldenden; und nicht führe uns hinein in Versuchung.

[5] Und er sprach zu ihnen: Wer von euch wird haben einen Freund und wird gehen zu ihm mitternachts und spräche zu ihm: Freund, leih mir drei Brote, [6] da ein Freund von mir ankam vom Weg zu mir und ich nicht(s) habe, was ich ihm vorsetzen werde; [7] und jener von innen antwortend, spräche: Bereite mir nicht Mühen; schon ist die Tür verschlossen, und meine Kinder sind mit mir ins Bett; nicht kann ich, aufstehend, dir geben. [8] Ich sage euch, wenn er auch nicht ihm geben wird, aufstehend, weil er sein Freund ist, doch wegen seiner Unverschämtheit wird er, aufgestanden, ihm geben, wieviel er bedarf. [9] Und ich sage euch: Bittet, und gegeben werden wird euch; sucht, und finden werdet ihr; klopft an, und geöffnet werden wird euch; [10] denn jeder Bittende empfängt, und der Suchende findet, und dem Anklopfenden wird geöffnet [werden]. [11] Welchen Vater aber von euch wird bitten der Sohn um einen Fisch, und er wird anstelle eines Fisches eine Schlange ihm übergeben? [12] Oder auch bitten wird er um ein Ei, wird er übergeben ihm einen Skorpion? [13] Wenn

nun ihr, die ihr böse seid, wißt, gute Gaben zu geben euren Kindern, um wieviel mehr wird der Vater, [der] aus (dem) Himmel, geben heiligen Geist den ihn Bittenden.

[14] Und er war hinauswerfend einen Dämon [und der war] stumm; es geschah aber, als der Dämon herausging, redete der Stumme, und (es) staunten die Volksmengen. [15] Einige aber von ihnen sprachen: Mit Beelzebul, dem Herrscher der Dämonen, hinauswirft er die Dämonen; [16] andere aber, (ihn) versuchend, verlangten ein Zeichen aus (dem) Himmel von ihm. [17] Er aber, kennend ihre Gedanken, sprach zu ihnen: Jedes Königtum, in sich selbst zerteilt, wird verwüstet, und Haus fällt auf Haus. [18] Wenn aber auch der Satan in sich zerteilt wurde, wie wird bestehen sein Königtum? Denn ihr sagt, daß mit Beelzebul ich hinauswerfe die Dämonen. [19] Wenn aber ich mit Beelzebul hinauswerfe die Dämonen, eure Söhne, mit wem werfen sie hinaus? Deswegen werden sie eure Richter sein. [20] Wenn aber mit (dem) Finger Gottes [ich] hinauswerfe die Dämonen, also kam zu euch das Königtum Gottes. [21] Wann der Starke bewaffnet bewacht seinen Hof, in Frieden ist sein Besitz; [22] wenn aber ein Stärkerer als er, herbeikommend, ihn besiegt, nimmt er seine Rüstung, auf die er vertraute, und seine Beute verteilt er. [23] Der nicht mit mir ist, gegen mich ist er, und der nicht sammelt mit mir, zerstreut.

[24] Wann der unreine Geist herauskommt von dem Menschen, hindurchgeht er durch wasserlose Gegenden, suchend einen Ruheplatz und nicht findend; [da] sagt er: Zurückkehren werde ich in mein Haus, von wo ich herauskam; [25] und kommend findet er (es) gefegt und geschmückt. [26] Da geht er, und mitnimmt er andere Geister, böser als er selbst, sieben, und hineinkommend wohnen sie dort; und es wird das Letzte jenes Menschen schlimmer als das Erste.

[27] Es geschah aber, als er dieses sagte, sprach eine Frau aus der Volksmenge, erhebend (ihre) Stimme, zu ihm: Selig der Leib, der dich trug und (die) Brüste, an denen du sogst. [28] Er aber sprach: Vielmehr selig die Hörenden das Wort Gottes und (es) Bewahrenden.

[29] Als aber die Volksmengen herzudrängten, begann er zu sagen: Dieses Geschlecht ist ein böses Geschlecht; ein Zeichen verlangt es, aber ein Zeichen wird ihm nicht gegeben werden, wenn nicht das Zeichen (des) Jonas. [30] Denn gleichwie Jonas den Niniviten ein Zeichen wurde, so wird (es) sein auch der Sohn des Menschen für dieses Geschlecht. [31] (Die) Königin vom Südreich wird aufstehen im Gericht mit den Männern dieses Geschlechts, und sie wird sie verurteilen, weil sie kam von den Enden der Erde, zu hören die Weisheit Solomons, und siehe, mehr als Solomon (ist) hier. [32] (Die) ninevitischen Männer werden aufstehen im Gericht mit diesem Geschlecht, und sie werden es verurteilen, weil sie umkehrten zur Verkündigung (des) Jonas, und siehe, mehr als Jonas (ist) hier.

[33] Keiner, eine Leuchte anzündend, stellt (sie) ins Verborgene, [auch nicht unter den Scheffel,] sondern auf den Leuchter, damit die Hereinkommenden das Licht sehen.

[34] Die Leuchte des Leibes ist dein Auge. Wann dein Auge lauter ist, ist auch dein ganzer Leib licht; wenn es aber böse ist, (ist) auch dein Leib finster. [35] Achte nun, daß nicht das Licht in dir Finsternis ist. [36] Wenn nun dein ganzer Leib licht (ist), nicht habend einen finsteren Teil, wird er sein ganz licht, wie wann die Leuchte mit (ihrem) Strahl dich erleuchtet.

[37] Bei seinem Reden aber bittet ihn ein Pharisäier, daß er frühstücke bei ihm; hineingehend aber, ließ er sich nieder. [38] Der Pharisäier aber, sehend (es), staunte, weil er nicht zuerst sich wusch vor dem Frühstück. [39] (Es) sprach aber der Herr zu ihm: Jetzt, ihr Pharisäier, das Äußere des Bechers und des Tellers reinigt ihr, euer Inneres aber ist voll von Raub und Bosheit. [40] Unvernünftige, machte nicht der Machende das Äußere auch das Innere? [41] Jedoch das Inwendige gebt als Almosen, und siehe, alles ist euch rein. [42] Aber wehe euch, den Pharisäiern, weil ihr bezehntet die Minze und die Raute und alles Gemüse und vorbeigeht am Recht und an der Liebe zu Gott; dieses aber müßte man tun und jenes nicht lassen. [43] Wehe euch, den Pharisäiern, weil ihr liebt den Erstsitz

in den Synagogen und die Begrüßungen auf den Märkten. [44] Wehe euch, weil ihr seid wie die unerkennbaren Gräber, und die Menschen, [die] umhergehen darauf, wissen (es) nicht.

[45] Antwortend aber, sagt einer der Gesetzeskundigen zu ihm: Lehrer, dieses sagend beschimpfst du auch uns. [46] Der aber sprach: Auch euch, den Gesetzeskundigen, wehe, weil ihr belastet die Menschen mit unerträglichen Lasten, und selbst, nicht mit einem eurer Finger rührt ihr an die Lasten. [47] Wehe euch, weil ihr baut die Gräber der Propheten, eure Väter aber töteten sie. [48] Also seid ihr Zeugen, und zustimmt ihr den Werken eurer Väter, weil sie zwar sie töteten, ihr aber baut. [49] Deswegen auch sprach die Weisheit Gottes: Ich werde schicken zu ihnen Propheten und Apostel, und (etliche) von ihnen werden sie töten und verfolgen, [50] damit gefordert wird von diesem Geschlecht das Blut aller Propheten, das ausgegossene von Grundlegung (der) Welt (an), [51] vom Blut Abels bis zum Blut (des) Zacharias, des zugrundegegangenen zwischen dem Altar und dem Haus; ja, ich sage euch, gefordert werden wird es von diesem Geschlecht. [52] Wehe euch, den Gesetzeskundigen, weil ihr wegnahmt den Schlüssel der Erkenntnis; ihr selbst kamt nicht hinein, und die Hineingehenden hindertet ihr.

[53] Und als er von dort herauskam, begannen die Schriftkundigen und die Pharisaier arg zu grollen und auf den Mund zu schauen ihm wegen mehrerem, [54] nachstellend ihm, zu erjagen etwas aus seinem Mund.

12 [1] Als sich unterdessen versammelten Zehntausende der Volksmenge, so daß sie traten einander, begann er zu sagen zu seinen Schülern zuerst: Nehmt euch selbst in acht vor dem Sauerteig der Pharisaier, welcher ist Heuchelei!

[2] Nichts aber ist ganz und gar verhüllt, was nicht offenbart werden wird, und verborgen, was nicht erkannt werden wird. [3] Dagegen, wieviel ihr in der Finsternis spracht, im Licht wird es gehört werden, und was zum Ohr ihr redetet in den Kammern, wird verkündet werden auf den Dächern.

[4] Ich sage aber euch, meinen Freunden: Fürchtet euch nicht vor denen, die töten den Leib, aber danach nicht (die Möglichkeit) haben, darüber hinaus etwas zu tun! [5] Zeigen aber werde ich euch, wen ihr fürchten sollt: Fürchtet den, der nach dem Töten Vollmacht hat, hineinzuwerfen in die Gehenna! Ja, ich sage euch: Diesen fürchtet! [6] Werden nicht fünf Sperlinge verkauft für zwei Assaria? Und nicht einer von ihnen ist vergessen vor Gott. [7] Aber auch die Haare eures Kopfes sind alle gezählt. Fürchtet euch nicht! Von (den) vielen Sperlingen unterscheidet ihr euch.

[8] Ich sage euch aber: Jeder, der immer sich bekennt zu mir vor den Menschen, auch der Sohn des Menschen wird sich bekennen zu ihm vor den Engeln Gottes; [9] der aber mich (Ver)leugnende vor den Menschen, wird verleugnet werden vor den Engeln Gottes.

[10] Und jeder, der sagen wird ein Wort gegen den Sohn des Menschen, erlassen werden wird ihm; dem aber gegen den heiligen Geist Lästernden, nicht erlassen werden wird (ihm).

[11] Wann sie aber hinführen euch zu den Synagogen und den Hoheiten und den Mächten, sorgt nicht, wie oder was ihr verteidigen sollt oder was ihr sprechen sollt! [12] Denn der heilige Geist wird euch lehren in der Stunde selbst, was nötig ist, zu sprechen.

[13] (Es) sprach aber einer aus der Volksmenge zu ihm: Lehrer, sprich zu meinem Bruder, teilen soll er mit mir das Erbe. [14] Der aber sprach zu ihm: Mensch, wer stellte mich auf als Richter oder Teiler über euch? [15] Er sprach aber zu ihnen: Seht (zu) und hütet euch vor aller Habgier, denn wenn einer Überfluß hat, nicht ist sein Leben aus seinem Besitz.

[16] Er sprach aber ein Gleichnis zu ihnen, sagend: Eines reichen Menschen Land trug gut. [17] Und er überlegte bei sich, sagend: Was werde ich tun, weil nicht(s) ich habe, wo ich sammeln werde meine Früchte? [18] Und er sprach: Dies werde ich tun: Niederreißen werde ich meine Scheunen, und größere werde ich bauen, und sammeln werde ich dort den ganzen Weizen und meine Güter; [19] und sagen werde ich meiner

Seele: Seele, du hast viele Güter liegend für viele Jahre; ruhe aus, iß, trink, freu dich! ²⁰ (Es) sprach aber zu ihm Gott: Unvernünftiger, in dieser Nacht fordert man ein deine Seele von dir; was du aber bereitetest, für wen wird es sein? ²¹ So (steht da) der Schätze Sammelnde für sich, aber nicht auf Gott (hin) Reiche.

²² Er sprach aber zu [seinen] Schülern: Deswegen sage ich euch: Sorgt euch nicht um das Leben, was ihr essen sollt, und nicht um den Leib, was ihr anziehen sollt! ²³ Denn das Leben ist mehr als die Nahrung und der Leib (mehr) als das Gewand. ²⁴ Beachtet die Raben, daß sie nicht säen noch ernten, die nicht haben eine Kammer noch eine Scheune, und Gott nährt sie; um wieviel mehr unterscheidet ihr euch von den Vögeln. ²⁵ Wer aber von euch kann, sorgend, zu seinem Alter hinzulegen eine Elle? ²⁶ Wenn nun nicht (das) Geringste ihr könnt, was sorgt ihr euch um die übrigen (Dinge)? ²⁷ Beachtet die Lilien, wie sie wachsen; nicht mühen sie sich noch spinnen sie; ich sage euch aber: Auch nicht Solomon in seiner ganzen Herrlichkeit war umkleidet wie eine von diesen. ²⁸ Wenn aber Gott im Acker das Gras, das heute ist und morgen in (den) Ofen geworfen wird, so kleidet, um wieviel mehr euch, Kleingläubige. ²⁹ Und ihr, sucht nicht, was ihr essen sollt und was ihr trinken sollt und beunruhigt euch nicht! ³⁰ Denn dieses alles erstreben die Völker der Welt, euer Vater aber weiß, daß ihr dessen bedürft. ³¹ Jedoch sucht sein Königtum, und dieses wird euch hinzugelegt werden. ³² Fürchte dich nicht, kleine Herde, denn es gefiel eurem Vater, euch zu geben das Königtum.

³³ Verkauft euren Besitz und gebt ein Almosen! Macht euch nicht veraltende Geldbeutel, einen unerschöpflichen Schatz in den Himmeln, wo ein Dieb nicht nahekommt, noch eine Motte (etwas) vernichtet; ³⁴ Denn wo euer Schatz ist, dort wird auch euer Herz sein.

Ex 12,11   ³⁵ Es sollen sein *eure Hüften umgürtet* und die Leuchten brennend; ³⁶ und ihr (sollt sein) gleich Menschen, erwartend ihren Herrn, wann er aufbricht von der Hochzeit, damit sie, wenn er kommt und klopft, sogleich ihm öffnen. [37] Selig jene Sklaven, die, kommend, der Herr finden wird wachend; amen, ich sage euch: Umgürten wird er sich und sie hinlegen (lassen) und entlanggehend ihnen dienen. [38] Und wenn er in der zweiten und wenn er in der dritten (Nacht)wache kommt und findet (sie) so, selig sind jene! [39] Dies aber erkennt: Wenn der Hausherr wüßte, zu welcher Stunde der Dieb kommt, nicht ließe er zu, daß eingebrochen wird (in) sein Haus. [40] Werdet auch ihr bereit, denn zu welcher Stunde ihr (es) nicht meint, kommt der Sohn des Menschen.

[41] (Es) sprach aber Petros: Herr, sagst du zu uns dieses Gleichnis, oder auch zu allen? [42] Und (es) sprach der Herr: Wer also ist der treue Verwalter, der verständige, den aufstellen wird der Herr über seine Dienerschaft, zu geben zur (bestimmten) Zeit [die] Verpflegungsration? [43] Selig jener Sklave, den, kommend, sein Herr finden wird, tuend so. [44] Wahrhaft, ich sage euch: Über all seinen Besitz wird er ihn aufstellen. [45] Wenn aber spricht jener Sklave in seinem Herzen: Zeit läßt sich mein Herr zu kommen, und er beginnt zu schlagen die Knechte und die Mägde und zu essen und zu trinken und betrunken zu werden, [46] kommen wird der Herr jenes Sklaven an einem Tag, an dem er (es) nicht erwartet, und in einer Stunde, in der er (es) nicht erkennt, und zweiteilen wird er ihn und seinen Teil wird er mit den Ungläubigen festsetzen.

[47] Jener Sklave aber, der kennt den Willen seines Herrn, aber nicht bereitete oder tat nach seinem Willen, wird geschunden werden mit vielen (Schlägen); [48] der (ihn) aber nicht kennt, aber tat, was Schläge wert ist, wird geschunden werden mit wenigen (Schlägen). Jedem aber, dem gegeben wurde viel, viel wird verlangt werden von ihm, und wem sie anvertrauten viel, mehr werden sie fordern von ihm.

[49] Feuer kam ich zu werfen auf die Erde, und was will ich, wenn (nicht), (daß) es schon angezündet wäre. [50] Eine Taufe aber habe ich getauft zu werden, und wie bin ich bedrängt, bis daß sie vollendet wird. [51] Meint ihr, daß ich kam, Frieden

zu geben auf der Erde? Nein, ich sage euch: sondern (eher) Zerteilung. [52] Denn es werden sein von jetzt (an) fünf in einem Haus Zerteilte, drei gegen zwei und zwei gegen drei, [53] zerteilt werden Vater gegen Sohn und *Sohn* gegen *Vater,* Mutter gegen die Tochter, und *Tochter gegen die Mutter,* Schwiegermutter gegen ihre Schwiegertochter und *Schwiegertochter gegen die Schwiegermutter.*

Mi 7,6

[54] Er sagte aber auch den Volksmengen: Wann ihr seht [die] Wolke aufgehend im Westen, sogleich sagt ihr, daß Regen kommt, und es wird so; [55] und wann (ihr seht den) Südwind wehend, sagt ihr, daß Hitze sein wird, und es wird. [56] Heuchler, das Angesicht der Erde und des Himmels wißt ihr zu prüfen, diese Zeit aber, wie(so) wißt ihr (sie) nicht zu prüfen?

[57] Warum aber urteilt ihr nicht auch von euch selbst aus das Rechte? [58] Denn wenn du fortgehst mit deinem Widersacher zu einem Vorsteher, auf dem Weg gib (dir) Mühe, loszukommen von ihm, damit er dich nicht fortschleppt zum Richter, und der Richter dich übergeben wird dem Schergen, und der Scherge dich werfen wird ins Gefängnis. [59] Ich sage dir: Nicht wirst du herausgehen von dort, bis auch das letzte Lepta du zurückgibst.

13 [1] Anwesend aber waren irgendwelche eben zu der Zeit, meldend ihm über die Galiläer, deren Blut Pilatos mischte mit ihren Opfern. [2] Und antwortend sprach er zu ihnen: Meint ihr, daß diese Galiläer Sünder waren, mehr als alle Galiläer, weil dieses sie erlitten haben? [3] Nein, ich sage euch: Sondern wenn ihr nicht umkehrt, alle werdet ihr gleicherweise zugrundegehen. [4] Oder jene achtzehn, auf die der Turm fiel am Siloam und sie tötete, meint ihr, daß sie Schuldner waren, mehr als alle Menschen, die Jerusalem bewohnen? [5] Nein, ich sage euch: Sondern wenn ihr nicht umkehrt, alle werdet ihr ebenso zugrundegehen.

[6] Er sagte aber dieses Gleichnis: Einen Feigenbaum hatte einer gepflanzt in seinem Weinberg, und er kam, suchend Frucht an ihm, und nicht fand er. [7] Er sprach aber zu dem Winzer: Siehe, drei Jahre, seitdem ich komme, suchend

Frucht an diesem Feigenbaum, und nicht finde ich; hau ihn
[nun] aus, weshalb auch saugt er die Erde aus? [8] Der aber
antwortend sagt ihm: Herr, laß ihn auch dieses Jahr, bis daß
ich grabe (herum) um ihn und werfe Mist, [9] vielleicht auch
trägt er Frucht in der Zukunft; wenn aber nicht, aushauen
wirst du ihn.

[10] Er war aber lehrend in einer der Synagogen an den Sabbaten. [11] Und siehe, eine Frau, habend einen Krankheitsgeist
achtzehn Jahre, und sie war gekrümmt und konnte sich nicht
aufrichten zur Gänze. [12] Sehend aber sie, herbeirief sie Jesus
und sprach zu ihr: Frau, sei befreit von deiner Krankheit,
[13] und auflegte er ihr die Hände; und auf der Stelle wurde sie
wieder aufgerichtet und verherrlichte Gott. [14] Antwortend aber
der Synagogenvorsteher, unwillig, weil Jesus am Sabbat
heilte, sagte der Volksmenge: Sechs Tage sind, an denen man
arbeiten muß; an ihnen nun, kommend, laßt euch heilen, aber
nicht am Tag des Sabbats. [15] (Es) antwortete ihm aber der
Herr und sprach: Heuchler, löst nicht jeder von euch am Sabbat sein Rind oder den Esel von der Krippe und wegführend
tränkt er (ihn)? [16] Diese aber, die eine Tochter Abrahams ist,
die der Satan band, siehe, achtzehn Jahre, sollte sie nicht gelöst werden von dieser Fessel am Tag des Sabbats? [17] Und als
er dieses sagte, schämten sich alle seine Gegner, und die
ganze Volksmenge freute sich über alle glanzvollen (Taten),
die geschahen von ihm.

[18] Er sagte nun: Wem ist gleich das Königtum Gottes, und
wem soll ich es vergleichen? [19] Gleich ist es einem Senfkorn,
das nehmend ein Mensch warf in seinen Garten, und es
wuchs und wurde zu einem Baum, und *die Vögel des Him-*   Ps 103,12 (G)
mels nisteten in seinen Zweigen.

[20] Und wieder sprach er: Mit wem soll ich vergleichen das
Königtum Gottes? [21] Gleich ist es einem Sauerteig, den nehmend eine Frau [hinein]verbarg in drei Saton Mehl, bis daß
es durchsäuert wurde ganz.

[22] Und er durchwanderte (die Gegend) nach Städten und
Dörfern, lehrend und eine Reise machend nach Hierosolyma.

²³ (Es) sprach aber einer zu ihm: Herr, ob (es) wenige (sind), die gerettet werden? Der aber sprach zu ihnen: ²⁴ Kämpft, hineinzugehen durch die enge Tür, denn viele, sage ich euch, werden suchen hineinzugehen und (es) nicht vermögen. ²⁵ Von (der Zeit) an, da aufsteht der Hausherr und verschließt die Tür und ihr beginnt, draußen zu stehen und zu klopfen an die Tür, sagend: Herr, öffne uns, und antwortend wird er euch sagen: Nicht kenne ich euch, woher ihr seid. ²⁶ Da werdet ihr beginnen zu sagen: Wir aßen vor dir und tranken, und auf unseren Straßen lehrtest du; ²⁷ und sprechen wird er, sagend euch: Nicht kenne ich [euch], woher ihr seid;

Ps 6,9
1 Makk 3,6
entfernt euch von mir, alle Wirker von Unrecht! ²⁸ Dort wird sein das Weinen und das Klappern der Zähne, wann ihr seht Abraham und Isaak und Jakob und alle Propheten im Königtum Gottes, euch aber als Hinausgeworfene draußen. ²⁹ Und kommen werden sie von Osten und Westen und von Norden und Süden, und sie werden sich (zu Tisch) legen im Königtum Gottes. ³⁰ Und siehe, es sind Letzte, die sein werden Erste, und es sind Erste, die sein werden Letzte.

³¹ In eben der Stunde hinzukamen einige Pharisaier, sagend ihm: Geh hinaus und geh fort von hier, denn Herodes will dich töten. ³² Und er sprach zu ihnen: Geht, und sprecht zu diesem Fuchs: Siehe, hinauswerfe ich Dämonen, und Heilungen vollbringe ich heute und morgen, und am dritten (Tag) werde ich vollendet. ³³ Jedoch muß ich heute und morgen und am kommenden (Tag) gehen, weil es nicht angeht, daß ein Prophet zugrundegeht außerhalb Jerusalems.

³⁴ Jerusalem, Jerusalem, die tötet die Propheten und steinigt die zu ihr Geschickten, wie oft wollte ich zusammenführen deine Kinder, auf welche Weise ein Vogel (zusammenführt) seine Brut unter die Flügel, und nicht wolltet ihr. ³⁵ Siehe, gelassen wird euch euer Haus (öde). Ich sage euch [aber]: Nicht sollt ihr sehen mich, bis [kommen wird, wann] ihr
Ps 118,26
sprecht: *Gesegnet der Kommende im Namen (des) Herrn.*

14 ¹ Und es geschah, als er ging in (das) Haus eines der Vorsteher [der] Pharisaier am Sabbat, Brot zu essen, daß sie waren ihn belauernd.

[2] Und siehe, ein wassersüchtiger Mensch war vor ihm. [3] Und antwortend sprach Jesus zu den Gesetzeskundigen und Pharisaiern, sagend: Ist es erlaubt am Sabbat zu heilen oder nicht? [4] Die aber blieben ruhig. Und anfassend heilte er ihn und entließ (ihn). [5] Und zu ihnen sprach er: Wem von euch wird ein Sohn oder Rind in einen Brunnen fallen, und nicht sogleich wird er ihn heraufziehen am Tag des Sabbats? [6] Und nicht vermochten sie entgegenzureden auf dieses.

[7] Er sagte aber zu den Gerufenen ein Gleichnis, achtend darauf, wie die Erstlager sie auswählten, sagend zu ihnen: [8] Wann du gerufen wirst von einem zu einer Hochzeit, leg dich nicht (zu Tisch) auf das Erstlager, damit nicht ein Angesehenerer als du gerufen ist von ihm, [9] und (es) kommt, der dich und ihn gerufen hat, (und) er wird dir sagen: Gib diesem Platz! Und dann wirst du beginnen, mit Schande den letzten Platz einzunehmen. [10] Sondern, wann du gerufen wirst, geh, laß dich nieder auf den letzten Platz, damit, wann kommt, der dich gerufen hat, er dir sagen wird: Freund, rücke höher hinauf! Dann wird dir Ehre (zuteil) vor allen mit (zu Tisch) Liegenden mit dir. [11] Denn jeder Erhöhende sich selbst wird erniedrigt werden, und der Erniedrigende sich selbst wird erhöht werden.

[12] Er sagte aber auch dem, der ihn gerufen hatte: Wann du machst ein Frühstück oder Mahl, rufe nicht deine Freunde und nicht deine Brüder und nicht deine Verwandten und nicht reiche Nachbarn, damit nicht auch sie dich gegenrufen und dir Vergeltung geschieht. [13] Sondern, wann einen Empfang du machst, rufe Arme, Krüppel, Lahme, Blinde! [14] Und selig wirst du sein, weil nicht(s) sie haben, dir zu vergelten, denn vergolten werden wird dir bei der Auferstehung der Gerechten.

[15] Hörend aber dieses sprach einer der mit (zu Tisch) Liegenden zu ihm: Selig, welcher ißt Brot im Königtum Gottes.

[16] Der aber sprach zu ihm: Ein Mensch machte ein großes Mahl und rief viele, [17] und er schickte seinen Sklaven zur

Stunde des Mahls, zu sprechen zu den Gerufenen: Kommt, weil es schon bereit ist! [18] Aber sie begannen auf einmal alle, sich zu entschuldigen. Der erste sprach zu ihm: Einen Acker kaufte ich, und ich bin gezwungen, hinausgehend, ihn zu sehen; ich bitte dich, halte mich für entschuldigt. [19] Und ein anderer sprach: Fünf Joch Rinder kaufte ich, und ich gehe, sie zu prüfen; ich bitte dich, halte mich für entschuldigt. [20] Und ein anderer sprach: Eine Frau heiratete ich, und deswegen kann ich nicht kommen. [21] Und ankommend meldete der Sklave seinem Herrn dieses. Da, zornig geworden, sprach der Hausherr zu seinem Sklaven: Geh schnell hinaus auf die Straßen und Gassen der Stadt, und die Armen und Krüppel und Blinden und Lahmen führe herein, hierher! [22] Und (es) sprach der Sklave: Herr, es ist geschehen, was du befahlst, und noch ist Platz. [23] Und (es) sprach der Herr zu dem Sklaven: Geh hinaus an die Wege und Zäune und zwinge (sie) hereinzukommen, damit gefüllt wird mein Haus! [24] Denn ich sage euch: Keiner jener Männer, die gerufen waren, wird kosten mein Mahl.

[25] Mitgingen aber mit ihm viele Volksmengen, und sich umwendend sprach er zu ihnen: [26] Wenn einer kommt zu mir und nicht haßt seinen Vater und die Mutter und die Frau und die Kinder und die Brüder und die Schwestern und auch noch sein eigenes Leben, nicht kann er sein mein Schüler. [27] Welcher nicht trägt sein Kreuz und geht hinter mir (her), nicht kann er sein mein Schüler.

[28] Denn wer von euch, der einen Turm bauen will, nicht zuerst, sich setzend, berechnet den Aufwand, ob er hat (genug) zur Vollendung? [29] Damit nicht etwa, wenn er setzte ein Fundament und nicht vermag zu vollenden, alle Schauenden beginnen, ihn zu verspotten, [30] sagend: Dieser Mensch begann zu bauen und nicht vermochte er zu vollenden. [31] Oder welcher König, (daran) gehend mit einem anderen König zusammenzutreffen zum Krieg, wird nicht, sich setzend, zuerst beraten, ob er fähig ist, mit zehntausend entgegenzutreten dem mit zwanzigtausend Kommenden gegen ihn? [32] Wenn

aber nicht, schickt er, wenn der noch weit ist, eine Gesandtschaft (und) bittet um die (Bedingungen) für Frieden. ^{33} So
also kann jeder von euch, der nicht sich trennt von all seinem
Besitz, nicht sein mein Schüler.

^{34} Gut also (ist) das Salz; wenn aber auch das Salz schal
wird, mit was wird es gewürzt werden? ^{35} Weder für (die)
Erde noch für (den) Mist ist es tauglich, hinauswirft man es.
Der Habende Ohren zu hören soll hören!

15 ^{1} Es waren aber ihm sich nähernd alle Zöllner und
Sünder, ihn zu hören. ^{2} Und (es) murrten sowohl die
Pharisaier und die Schriftkundigen, sagend: Dieser nimmt
Sünder an und ißt mit ihnen.

^{3} Er sprach aber zu ihnen dieses Gleichnis, sagend: ^{4} Welcher Mensch von euch, habend hundert Schafe und verlierend
von ihnen eines, läßt nicht zurück die neunundneunzig in der
Öde, und geht zu dem verlorenen, bis er es findet? ^{5} Und
wenn er (es) gefunden hat, auflegt er (es) auf seine Schultern,
sich freuend, ^{6} und wenn er gekommen ist ins Haus, zusammenruft er die Freunde und die Nachbarn, sagend ihnen:
Freut euch mit mir, weil ich fand mein Schaf, das verlorene.
^{7} Ich sage euch: So wird (mehr) Freude im Himmel sein über
einen umkehrenden Sünder als über neunundneunzig Gerechte, welche nicht nötig haben eine Umkehr.

^{8} Oder welche Frau, habend zehn Drachmen, wenn sie verliert eine Drachme, zündet nicht an eine Leuchte und fegt das
Haus und sucht sorgfältig, bis daß sie findet? ^{9} Und wenn sie
gefunden hat, zusammenruft sie die Freundinnen und Nachba-
rinnen, sagend: Freut euch mit mir, weil ich fand die Drachme, die ich verlor. ^{10} So, sage ich euch, entsteht Freude vor
den Engeln Gottes über einen umkehrenden Sünder.

^{11} Er sprach aber: Ein Mensch hatte zwei Söhne. ^{12} Und (es)
sprach der jüngere von ihnen zum Vater: Vater, gib mir den
(mir) zufallenden Teil des Vermögens! Der aber zuteilte ihnen den Besitz. ^{13} Und nach nicht vielen Tagen sammelte alles
der jüngere Sohn, verreiste in ein fernes Land, und dort ver-
praßte er sein Vermögen, liederlich lebend. ^{14} Als er aber ver-

ausgabt hatte alles, entstand eine starke Hungersnot über jenes Land, und er begann Mangel zu leiden. [15] Und gehend, anschloß er sich einem der Bürger jenes Landes, und er schickte ihn auf seine Äcker, zu weiden Schweine, [16] und er begehrte, sich zu sättigen von den Schoten, die die Schweine fraßen, und keiner gab (sie) ihm. [17] In sich gehend aber, sagte er: Wieviele Lohnarbeiter meines Vaters haben Überfluß an Broten, ich aber gehe an (der) Hungersnot hier zugrunde. [18] Aufgestanden, gehen werde ich zu meinem Vater und sagen werde ich ihm: Vater, ich sündigte gegen den Himmel und vor dir, [19] nicht mehr bin ich wert, gerufen zu werden dein Sohn; mache mich wie einen deiner Lohnarbeiter! [20] Und aufgestanden ging er zu seinem Vater. Noch als er aber weit entfernt war, sah ihn sein Vater und erbarmte sich, und laufend fiel er um seinen Hals, und abküßte er ihn. [21] (Es) sprach aber der Sohn zu ihm: Vater, ich sündigte gegen den Himmel und vor dir, nicht mehr bin ich wert, gerufen zu werden dein Sohn. [22] (Es) sprach aber der Vater zu seinen Sklaven: Schnell bringt heraus das erste Gewand und bekleidet ihn, und gebt einen Ring an seine Hand und Sandalen an die Füße, [23] und bringt das gemästete Kalb, schlachtet, und essend wollen wir feiern, [24] weil dieser mein Sohn tot war und auflebte, verloren war und gefunden wurde. Und sie begannen zu feiern. [25] (Es) war aber sein älterer Sohn auf (dem) Acker; und wie er, kommend, nahekam dem Haus, hörte er Musik und Reigen, [26] und herbeirufend einen der Knechte, erkundigte er sich, was dieses sei. [27] Der aber sprach zu ihm: Dein Bruder ist gekommen, und (es) schlachtete dein Vater das gemästete Kalb, weil gesund er ihn zurückempfing. [28] Zornig aber wurde er, und nicht wollte er hineingehen, sein Vater aber, herauskommend, bat ihn. [29] Der aber antwortend sprach zu seinem Vater: Siehe, soviele Jahre diene ich dir und niemals überging ich dein Gebot, und mir gabst du niemals einen Bock, damit mit meinen Freunden ich feiere; [30] als aber dieser dein Sohn, der auffressende deinen Besitz mit Dirnen, kam, schlachtetest du ihm das gemästete Kalb. [31] Der aber sprach zu ihm: Kind, du bist allzeit bei mir, und alles Meine ist dein; [32] feiern aber und sich freuen mußte man, weil dieser dein Bruder tot war und auflebte, und verloren (war) und gefunden wurde.

16 [1] Er sagte aber auch zu den Schülern: Ein Mensch war reich; der hatte einen Verwalter, und dieser wurde ihm verklagt als zerstreuend seinen Besitz. [2] Und rufend ihn, sprach er zu ihm: Was höre ich dies über dich? Gib die Rechenschaft ab über deine Verwaltung, denn nicht kannst du noch (länger) verwalten. [3] (Es) sprach aber bei sich der Verwalter: Was werde ich tun, weil mein Herr wegnimmt die Verwaltung von mir? Graben kann ich nicht, zu betteln schäme ich mich. [4] Ich erkannte, was ich tun werde, damit, wann ich entfernt werde aus der Verwaltung, sie mich aufnehmen in ihre Häuser. [5] Und herbeirufend einzeln jeden der Schuldner seines Herrn, sagte er dem ersten: Wieviel schuldest du meinem Herrn? [6] Der aber sprach: Hundert Bat Öl. Der aber sprach zu ihm: Nimm deine Schriften und, dich setzend, schnell schreibe fünfzig! [7] Danach zu einem anderen sprach er: Du aber, wieviel schuldest du? Der aber sprach: Hundert Kor Weizen. Er sagt ihm: Nimm deine Schriften und schreibe achtzig. [8] Und es lobte der Herr den Verwalter der Ungerechtigkeit, weil klug er handelte; denn die Söhne dieses Aions sind klüger als die Söhne des Lichts in ihrer eigenen Art. [9] Und ich sage euch, macht euch Freunde aus dem Mammon der Ungerechtigkeit, damit, wann es aufhört, sie euch aufnehmen in die ewigen Zelte.

[10] Der Treue im Geringsten, auch im Vielen ist er treu, und der im Geringsten Ungerechte, auch im Vielen ist er ungerecht. [11] Wenn ihr nun im ungerechten Mammon nicht treu wart, wer wird das Wahre euch anvertrauen? [12] Und wenn ihr im Fremden nicht treu wart, wer wird das Eure euch geben?

[13] Kein Hausdiener kann zwei Herren dienen; denn entweder den einen wird er hassen, und den anderen wird er lieben, oder er wird an den einen sich halten, und den anderen wird er verachten. Nicht könnt ihr Gott dienen und (dem) Mammon.

¹⁴ (Es) hörten aber dieses alles die Pharisaier, die geldgierig sind, und sie verhöhnten ihn. ¹⁵ Und er sprach zu ihnen: Ihr seid die sich selbst Gerechtsprechenden vor den Menschen, Gott aber erkennt eure Herzen; denn das bei Menschen Hohe, ein Greuel (ist es) vor Gott.

¹⁶ Das Gesetz und die Propheten (galten) bis Johannes; von da (an) wird das Königtum Gottes (als Evangelium) verkündet, und jeder dringt gewalttätig ein in es. ¹⁷ Leichter aber ist, daß der Himmel und die Erde vergehen, als daß vom Gesetz ein einziges Häkchen (weg)fällt.

¹⁸ Jeder Entlassende seine Frau und Heiratende eine andere bricht die Ehe, und der eine vom Mann Entlassene Heiratende bricht die Ehe.

¹⁹ Ein Mensch aber war reich, und er zog sich an Purpurgewand und Feinleinen, feiernd täglich glänzend. ²⁰ Ein Armer aber mit Namen Lazaros war hingeworfen vor sein Tor, geschwürig ²¹ und begehrend, sich zu sättigen vom Fallenden vom Tisch des Reichen; aber auch die Hunde, kommend, beleckten seine Geschwüre. ²² Es geschah aber, daß der Arme starb und daß er fortgetragen wurde von den Engeln in den Schoß Abrahams; (es) starb aber auch der Reiche, und er wurde begraben. ²³ Und im Hades erhebend seine Augen, (denn) er war in Qualen, sieht er Abraham von weitem und Lazaros in seinem Schoß. ²⁴ Und rufend sprach er: Vater Abraham, erbarme dich meiner und schick Lazaros, damit er tauche die Spitze seines Fingers in Wasser und abkühle meine Zunge, weil ich leide in dieser Flamme. ²⁵ (Es) sprach aber Abraham: Kind, gedenke, daß du empfingst deine Güter in deinem Leben, und Lazaros gleicherweise die Übel; jetzt aber wird er hier getröstet, du aber leidest. ²⁶ Und zu allem diesem ist zwischen uns und euch eine große Kluft aufgerichtet, auf daß die hinübergehen Wollenden von hier zu euch, (es) nicht können, noch von dort zu uns sie durchgelangen. ²⁷ Er sprach aber: Ich bitte dich nun, Vater, daß du ihn schickst ins Haus meines Vaters, ²⁸ denn ich habe fünf Brüder, auf daß er ihnen bezeuge, damit nicht auch sie kommen in diesen Ort der

Qual. [29] (Es) sagt aber Abraham: Sie haben Moyses und die Propheten; hören sollen sie sie. [30] Der aber sprach: Nein, Vater Abraham, doch wenn einer von den Toten kommt zu ihnen, umkehren werden sie. [31] Er aber sprach zu ihm: Wenn Moyses und die Propheten sie nicht hören, auch nicht, wenn einer aus Toten aufsteht, werden sie überzeugt werden.

17 [1] Er sprach aber zu seinen Schülern: Unmöglich ist, daß die Ärgernisse nicht kommen, jedoch wehe, durch den sie kommen; [2] besser wäre für ihn, wenn ein Mühlstein herumgelegt wäre um seinen Nacken und er geworfen wäre ins Meer, als daß er Anstoß gibt einem einzigen dieser Kleinen. [3] Nehmt euch in acht!

Wenn sündigt dein Bruder, fahre ihn an, und wenn er umkehrt, erlasse ihm! [4] Und wenn siebenmal des Tags er sündigt gegen dich und siebenmal sich hinwendet zu dir, sagend: Ich kehre um, erlassen sollst du ihm!

[5] Und (es) sprachen die Apostel zum Herrn: Verleihe uns Glauben! [6] (Es) sprach aber der Herr: Wenn ihr habt Glauben wie ein Senfkorn, sagen würdet ihr [diesem] Maulbeerfeigenbaum: Werde entwurzelt und gepflanzt im Meer! Und gehorchen würde er euch.

[7] Wer aber von euch, habend einen Sklaven pflügend oder weidend, wird, wenn er hereinkommt vom Acker, ihm sagen: Sogleich herkommend, leg dich (zu Tisch)! [8] Sondern wird er nicht ihm sagen: Bereite, was ich speisen werde, und dich umgürtend bediene mich, solange ich esse und trinke, und danach wirst du essen und trinken? [9] Hat er etwa Dank dem Sklaven, weil er tat das Angeordnete? [10] So auch ihr, wann ihr tatet alles euch Angeordnete, sagt: Unnütze Sklaven sind wir; was wir schuldeten zu tun, haben wir getan.

[11] Und es geschah beim Gehen nach Jerusalem, daß er durchzog mitten durch Samareia und Galilaia.

[12] Und als er hineinkam in ein Dorf, begegneten [ihm] zehn aussätzige Männer, die stehenblieben von weitem, [13] und sie erhoben (die) Stimme, sagend: Jesus, Meister, erbarme dich unser! [14] Und sehend (sie), sprach er zu ihnen: Geht, zeigt

euch den Priestern! Und es geschah, bei ihrem Fortgehen wurden sie rein. [15] Einer aber von ihnen, sehend, daß er geheilt wurde, kehrte zurück, mit lauter Stimme verherrlichend Gott, [16] und er fiel aufs Gesicht vor seinen Füßen, dankend ihm; und er war ein Samariter. [17] Antwortend aber sprach Jesus: Wurden nicht die zehn rein? Wo aber (sind) die neun? [18] Nicht fanden sich (welche), zurückkehrend, Gott die Ehre zu geben, außer dieser Fremdstämmige? [19] Und er sprach zu ihm: Aufstehend geh! Dein Glaube hat dich gerettet.

[20] Befragt aber von den Pharisaiern, wann das Königtum Gottes kommt, antwortete er ihnen und sprach: Nicht kommt das Königtum Gottes unter Beobachtung, [21] auch werden sie nicht sagen: Siehe, hier! oder: Dort! Denn siehe, das Königtum Gottes ist unter euch.

[22] Er sprach aber zu den Schülern: Kommen werden Tage, da ihr begehren werdet, einen der Tage des Sohnes des Menschen zu sehen, und nicht werdet ihr sehen. [23] Und sagen werden sie euch: Siehe dort! [oder:] Siehe hier! Geht nicht hin und folgt nicht! [24] Denn wie der Blitz, blitzend, vom (einen Ende) unter dem Himmel bis zum (anderen Ende) unterm Himmel leuchtet, so wird sein der Sohn des Menschen [an seinem Tag]. [25] Zuerst aber muß er vieles leiden und verworfen werden von diesem Geschlecht. [26] Und gleichwie es geschah in den Tagen Noes, so wird es auch sein in den Tagen des Sohnes des Menschen: [27] Sie aßen, sie tranken, sie heirateten, sie wurden verheiratet, bis zu (dem) Tag, an dem hineinging Noe in die Arche und die Sintflut kam und alle vernichtete. [28] Gleicherweise gleichwie es geschah in den Tagen Lots: Sie aßen, sie tranken, sie kauften, sie verkauften, sie pflanzten, sie bauten; [29] an (dem) Tag aber, an dem Lot herausging von Sodoma, regnete Feuer und Schwefel vom Himmel und vernichtete alle. [30] Genauso wird es sein am Tag, an dem der Sohn des Menschen offenbart wird. [31] An jenem Tag, wer sein wird auf dem Dach und seine Sachen im Haus (hat), nicht soll er herabsteigen, sie wegzutragen, und der im Acker gleicherweise, nicht soll er zurückkehren nach hinten. [32] Er-

innert euch der Frau Lots! ³³ Wer immer sucht sein Leben sich zu erhalten, verlieren wird er es, wer aber immer (es) verliert, lebendigerhalten wird er es. ³⁴ Ich sage euch, in dieser Nacht werden sein zwei auf einem Bett, der eine wird mitgenommen werden, und der andere wird (zurück)gelassen werden; ³⁵ (es) werden sein zwei Mahlende an demselben (Ort), die eine wird mitgenommen werden, die andere aber wird (zurück)gelassen werden.* ³⁷ Und antwortend sagen sie ihm: Wo, Herr? Der aber sprach zu ihnen: Wo die Leiche (ist), dort auch werden die Geier sich versammeln.

18 ¹ Er sagte aber ein Gleichnis ihnen bezüglich der Notwendigkeit, daß sie allzeit beten und nicht ermüden, ² sagend: Ein Richter war in einer Stadt, Gott nicht fürchtend und sich vor einem Menschen nicht scheuend. ³ Eine Witwe aber war in jener Stadt und kam zu ihm, sagend: Recht verschaffe mir vor meinem Widersacher! ⁴ Und nicht wollte er für (einige) Zeit. Danach aber sprach er bei sich: Wenn auch Gott ich nicht fürchte noch vor einem Menschen ich mich scheue, ⁵ weil jedoch mir Mühe bereitet diese Witwe, werde ich Recht verschaffen ihr, damit nicht am Ende sie, kommend, mir ins Gesicht schlägt. ⁶ (Es) sprach aber der Herr: Hört, was der Richter der Ungerechtigkeit sagt! ⁷ Gott aber, wird er nicht schaffen das Recht seiner Auserwählten, der rufenden zu ihm tags und nachts, und großmütig sein gegen sie? ⁸ Ich sage euch: Schaffen wird er ihr Recht in Kürze. Jedoch der Sohn des Menschen, wird er wohl kommend finden den Glauben auf der Erde?

⁹ Er sprach aber zu einigen Vertrauenden auf sich selbst, daß sie sind Gerechte, und Verachtenden die übrigen, dieses Gleichnis: ¹⁰ Zwei Menschen hinaufstiegen zum Heiligtum zu beten, der eine ein Pharisaier und der andere ein Zöllner. ¹¹ Der Pharisaier, sich hinstellend, betete bei sich dieses: Gott, ich danke dir, daß nicht ich bin wie die übrigen der Menschen, Räuber, Ungerechte, Ehebrecher, oder auch wie dieser Zöllner; ¹² ich faste zweimal die Woche, ich verzehnte

* V 36 ist aus Mt 24,40 eingedrungen.

alles, wieviel ich erwerbe. [13] Der Zöllner aber, von weitem stehend, nicht wollte die Augen erheben zum Himmel, sondern er schlug seine Brust, sagend: Gott, sei gnädig mir, dem Sünder! [14] Ich sage euch, hinabstieg dieser gerechtfertigt in sein Haus im Vergleich zu jenem; denn jeder Erhöhende sich selbst wird erniedrigt werden, der aber Erniedrigende sich selbst wird erhöht werden.

[15] Hinbrachten sie aber zu ihm auch die Säuglinge, damit er sie berühre; sehend aber (das) die Schüler, fuhren sie sie an. [16] Jesus aber herbeirief sie, sagend: Laßt die Kinder kommen zu mir und hindert sie nicht, denn solcher ist das Königtum Gottes! [17] Amen, ich sage euch: Wer immer nicht aufnimmt das Königtum Gottes wie ein Kind, nicht kommt er hinein in es.

[18] Und (es) befragte ihn ein Vorsteher, sagend: Guter Lehrer, was tuend werde ich ewiges Leben erben? [19] (Es) sprach aber zu ihm Jesus: Was nennst du mich gut? Keiner (ist) gut, wenn nicht einer, Gott. [20] Die Gebote kennst du: *Nicht sollst du ehebrechen, nicht sollst du morden, nicht sollst du stehlen, nicht sollst du falschzeugen, ehre deinen Vater und die Mutter.* [21] Der aber sprach: Dieses alles hielt ich seit (meiner) Jugend. [22] (Es) hörend aber sprach Jesus zu ihm: Noch eines fehlt dir: Alles, wieviel du hast, verkaufe und verteile (es den) Armen, und du wirst haben einen Schatz in [den] Himmeln, und auf, folge mir! [23] Der aber, hörend dieses, wurde ganz betrübt; denn er war sehr reich.

[24] Sehend aber ihn [ganz betrübt geworden], sprach Jesus: Wie schwer gehen die die Güter Habenden ins Königtum Gottes hinein; [25] denn müheloser ist es, daß ein Kamel durch (die) Öffnung einer Nadel hineingeht, als daß ein Reicher ins Königtum Gottes hineingeht. [26] (Es) sprachen aber die (es) Hörenden: Und wer kann gerettet werden? [27] Der aber sprach: Das Unmögliche bei Menschen, möglich ist es bei Gott.

[28] (Es) sprach aber Petros: Siehe, wir, verlassend das Eigene, folgten dir! [29] Der aber sprach zu ihnen: Amen, ich sage euch: Keiner ist, der verließ Haus oder Frau oder Brüder

Ex 20,12–16
Dtn 5,16–20 (G)

oder Eltern oder Kinder wegen des Königtums Gottes, [30] der nicht [zurück]empfängt ein Vielfaches in dieser Zeit und im kommenden Aion ewiges Leben.

[31] Mitnehmend aber die Zwölf, sprach er zu ihnen: Siehe, hinaufsteigen wir nach Jerusalem, und vollendet werden wird alles Geschriebene durch die Propheten über den Sohn des Menschen; [32] denn übergeben werden wird er den Heiden, und verspottet und mißhandelt und angespuckt werden wird er, [33] und nachdem sie ihn gegeißelt haben, werden sie töten ihn, und am dritten Tag wird er aufstehen. [34] Und sie verstanden davon nichts, und (es) war diese Rede verborgen vor ihnen, und nicht erkannten sie das Gesagte.

[35] Es geschah aber bei seinem Nahekommen nach Jericho: Ein Blinder saß am Weg, bettelnd. [36] Hörend aber (die) durchziehende Volksmenge, erkundigte er sich, was dies sei. [37] Sie aber meldeten ihm: Jesus, der Nazoraier, geht vorbei. [38] Und er rief, sagend: Jesus, Sohn Davids, erbarme dich meiner! [39] Und die Vorangehenden anfuhren ihn, daß er schweige, er aber schrie um vieles mehr: Sohn Davids, erbarme dich meiner! [40] Stehengeblieben aber befahl Jesus, daß er geführt werde zu ihm. Als er aber nahekam, befragte er ihn: [41] Was willst du, soll ich dir tun? Der aber sprach: Herr, daß ich wieder sehe! [42] Und Jesus sprach zu ihm: Sieh wieder! Dein Glaube hat dich gerettet. [43] Und auf der Stelle sah er wieder, und er folgte ihm, verherrlichend Gott. Und das ganze Volk, sehend (es), gab Gott Lob.

19 [1] Und hineinkommend durchzog er Jericho. [2] Und siehe, ein Mann, mit Namen gerufen Zakchaios, und er war Oberzöllner, und er (war) reich; [3] und er suchte Jesus zu sehen, wer er ist, und konnte (es) nicht wegen der Volksmenge, weil von Gestalt klein er war. [4] Und vorauslaufend nach vorn, hinaufstieg er auf einen Maulbeerfeigenbaum, damit er sehe ihn, weil jenes (Wegs) er im Begriff war durchzuziehen. [5] Und als er kam an den Ort, aufschauend sprach Jesus zu ihm: Zakchaios, eilend steig herab, denn heute muß in deinem Haus ich bleiben! [6] Und eilend herabstieg er, und aufnahm er ihn, sich freuend. [7] Und alle (es) Sehenden murrten, sagend: Bei einem sündigen Mann hineinging er, einzukehren. [8] Stehengeblieben aber sprach Zakchaios zum Herrn: Siehe, die Hälfte meines Besitzes, Herr, gebe ich den Armen, und wenn von einem etwas ich erpreßte, zurückgebe ich vierfaches. [9] (Es) sprach aber zu ihm Jesus: Heute geschah Heil diesem Haus, weil auch er ein Sohn Abrahams ist; [10] denn (es) kam der Sohn des Menschen, zu suchen und zu retten das Verlorene.

[11] Da sie aber hörten dieses, hinzufügend sprach er ein Gleichnis, weil er nahe war Jerusalem und sie meinten, daß auf der Stelle im Begriff sei das Königtum Gottes zu erscheinen. [12] Er sprach nun: Ein hochgeborener Mensch zog in ein fernes Land, zu empfangen für sich ein Königtum und zurückzukehren. [13] Rufend aber seine zehn Sklaven, gab er ihnen zehn Mna und sprach zu ihnen: Handelt (damit), bis ich komme! [14] Seine Bürger aber haßten ihn und schickten eine Gesandtschaft hinter ihm (her), sagend: Nicht wollen wir, daß dieser als König herrsche über uns! [15] Und es geschah bei seinem Zurückkommen, nachdem er empfangen hatte das Königtum, daß er sprach, daß ihm gerufen werden diese Sklaven, denen er gegeben hatte das Silber(geld), damit er erkenne, was sie erhandelten. [16] Herankam aber der Erste, sagend: Herr, dein Mna arbeitete zehn Mna hinzu. [17] Und er sprach zu ihm: Wohlan, guter Sklave, weil im Geringsten treu du warst, habe Vollmacht über zehn Städte! [18] Und (es) kam der Zweite, sagend: Dein Mna, Herr, machte fünf Mna. [19] Er sprach aber auch zu diesem: Und du, über fünf Städte werde (bevollmächtigt)! [20] Und der andere kam, sagend: Herr, siehe, dein Mna, das ich niedergelegt hatte in einem Schweißtuch; [21] denn ich fürchtete dich, weil ein strenger Mensch du bist! Du nimmst, was du nicht hinlegtest, und du erntest, was du nicht sätest. [22] Er sagt ihm: Aus deinem Mund werde ich dich richten, böser Sklave. Du wußtest, daß ich ein strenger Mensch bin, nehmend, was ich nicht hinlege, und erntend, was ich nicht säte? [23] Und weshalb gabst du nicht mein Silber(geld)

auf einen (Wechsel)tisch? Und ich, kommend, mit Zins hätte ich es eingefordert. ²⁴ Und zu den Dabeistehenden sprach er: Nehmt weg von ihm das Mna und gebt (es) dem die zehn Mna Habenden! – ²⁵ Und sie sprachen zu ihm: Herr, er hat zehn Mna! – ²⁶ Ich sage euch: Jedem Habenden wird gegeben werden, von dem Nicht-Habenden aber, auch was er hat, wird weggenommen werden. ²⁷ Jedoch diese meine Feinde, die nicht wollten, daß ich als König herrsche über sie, führt sie hierher und schlachtet sie ab vor mir!

²⁸ Und dieses sprechend ging er vor(aus), hinaufsteigend nach Hierosolyma.

²⁹ Und es geschah, als er nahekam nach Bethphage und Bethania zu dem Berg, dem Ölberg gerufenen, schickte er zwei der Schüler, ³⁰ sagend: Geht fort in das Dorf gegenüber, in dem ihr hineingehend finden werdet ein Füllen angebunden, auf das keiner (der) Menschen jemals sich setzte, und lösend es, führt (es her)! ³¹ Und wenn einer euch fragt: Weshalb löst ihr (es)?, werdet ihr so sagen: Der Herr hat es nötig. ³² Weggehend aber, fanden (es) die Geschickten, gleichwie er gesprochen hatte zu ihnen. ³³ Als sie aber lösten das Füllen, sprachen seine Herren zu ihnen: Was löst ihr das Füllen? ³⁴ Die aber sprachen: Der Herr hat es nötig. ³⁵ Und sie führten es zu Jesus, und darauflegend ihre Gewänder auf das Füllen, daraufsetzten sie Jesus. ³⁶ Als er aber ging, unter (ihm) breiteten sie aus ihre Gewänder auf dem Weg. ³⁷ Als er aber schon nahekam an den Abstieg des Berges der Ölbäume, begann die ganze Menge der Schüler, sich freuend zu loben Gott mit lauter Stimme, wegen all der Kraft(taten), die sie sahen, ³⁸ sagend: *Gesegnet der Kommende,* der König, *im Namen (des) Herrn;* im Himmel Friede und Herrlichkeit in (den) Höhen! ³⁹ Und einige der Pharisaier von der Volksmenge sprachen zu ihm: Lehrer, fahre deine Schüler an! ⁴⁰ Und antwortend sprach er: Ich sage euch, wenn diese schweigen werden, die Steine werden schreien.

⁴¹ Und als er nahekam, sehend die Stadt, weinte er über sie, ⁴² sagend: Wenn (doch) erkannt (hättest) an diesem Tag auch

Ps 118,26

du die (Bedingungen) für Frieden! Jetzt aber wurde es verborgen vor deinen Augen. ⁴³ Denn (es) werden kommen Tage
über dich, und aufwerfen werden deine Feinde einen Wall vor
dir, und rings umzingeln werden sie dich, und bedrängen
werden sie dich (von) überallher, ⁴⁴ und dem Erdboden gleich-
machen werden sie dich und deine Kinder in dir, und nicht
werden sie lassen Stein auf Stein in dir, dafür daß du nicht er-
kanntest die Zeit deiner Heimsuchung.

⁴⁵ Und hineingehend ins Heiligtum, begann er hinauszuwerfen die Verkaufenden, ⁴⁶ sagend ihnen: Geschrieben ist: *Und
(es) wird sein mein Haus ein Haus (des) Gebets,* ihr aber
machtet es *zu einer Höhle von Räubern.*

Jes 56,7

Jer 7,11

⁴⁷ Und er war lehrend täglich im Heiligtum. Die Hochpriester aber und die Schriftkundigen suchten ihn zu vernichten,
und die Ersten des Volks, ⁴⁸ und nicht fanden sie, was sie tun
(könnten), denn das ganze Volk klammerte sich (an ihn), ihn
hörend.

20 ¹ Und es geschah an einem der Tage, als er lehrte
das Volk im Heiligtum und (das Evangelium) verkündete, hinzutraten die Hochpriester und die Schriftkundigen
mit den Ältesten, ² und sie sprachen, sagend zu ihm: Sprich
zu uns, in welcher Vollmacht du dieses tust, oder wer ist der
Gebende dir diese Vollmacht? ³ Antwortend aber sprach er zu
ihnen: Fragen werde euch auch ich ein Wort, und sprecht zu
mir: ⁴ Die Taufe (des) Johannes, vom Himmel war sie oder
von Menschen? ⁵ Die aber überlegten bei sich, sagend: Wenn
wir sprechen: Vom Himmel, wird er sagen: Weshalb glaubtet
ihr ihm nicht? ⁶ Wenn wir aber sprechen: Von Menschen,
wird das ganze Volk uns steinigen, denn überzeugt ist es, daß
Johannes ein Prophet ist. ⁷ Und sie antworteten, nicht zu wissen woher. ⁸ Und Jesus sprach zu ihnen: Auch ich sage euch
nicht, in welcher Vollmacht ich dieses tue.

⁹ Er begann aber zum Volk zu sagen dieses Gleichnis: [Ein]
Mensch pflanzte einen Weinberg, und er vergab ihn an Bauern, und er verreiste geraume Zeit. ¹⁰ Und zur (rechten) Zeit
schickte er zu den Bauern einen Sklaven, damit von der

Frucht des Weinbergs sie ihm geben werden; die Bauern aber, nachdem sie (ihn) geschunden hatten, wegschickten ihn leer. [11] Und fortfuhr er, einen anderen Sklaven zu schicken; die aber, nachdem sie auch jenen geschunden und entehrt hatten, wegschickten (ihn) leer. [12] Und fortfuhr er, einen dritten zu schicken; die aber, nachdem sie auch diesen verwundet hatten, hinauswarfen (ihn). [13] (Es) sprach aber der Herr des Weinbergs: Was werde ich tun? Schicken werde ich meinen Sohn, den geliebten; vielleicht werden sie sich vor diesem scheuen. [14] Sehend aber ihn, überlegten die Bauern untereinander, sagend: Dieser ist der Erbe; töten wir ihn, damit unser wird das Erbe! [15] Und hinauswerfend ihn außerhalb des Weinbergs, töteten sie (ihn). Was nun wird ihnen tun der Herr des Weinbergs? [16] Kommen wird er, und zugrunderichten wird er diese Bauern, und geben wird er den Weinberg anderen.

(Es) hörend aber sprachen sie: Niemals! [17] Der aber, anschauend sie, sprach: Was nun ist dieses Geschriebene: *(Der)* *Stein, den verwarfen die Bauenden, dieser wurde zum Hauptstein?* [18] Jeder Fallende auf jenen Stein wird zerschellen; auf wen aber immer er fällt, zermalmen wird er ihn. [19] Und (es) suchten die Schriftkundigen und die Hochpriester Hand zu legen an ihn in eben der Stunde, aber sie fürchteten das Volk, denn sie erkannten, daß er gegen sie sprach dieses Gleichnis. Ps 118,22

[20] Und belauernd (ihn) schickten sie Aufpasser, heuchelnd, daß sie selbst gerecht seien, damit sie faßten ihn beim Wort, so daß sie übergäben ihn der Hoheit und der Vollmacht des Statthalters. [21] Und sie befragten ihn, sagend: Lehrer, wir wissen, daß richtig du redest und lehrst und nicht (Rücksicht) nimmst (auf) ein Gesicht, sondern in Wahrheit den Weg Gottes lehrst: [22] Ist es uns erlaubt, (dem) Kaiser Steuer zu geben oder nicht? [23] Durchschauend aber ihre Verschlagenheit, sprach er zu ihnen: [24] Zeigt mir einen Denar! Von wem hat er Bild und Aufschrift? Die aber sprachen: (Vom) Kaiser. [25] Der aber sprach zu ihnen: Daher gebt das (des) Kaisers (dem) Kaiser und das Gottes Gott! [26] Und nicht vermochten sie, ihn

zu fassen bei einer Rede vor dem Volk, und staunend über seine Antwort schwiegen sie.

²⁷ Hinzukommend aber einige der Saddukaier – die [Wider]sprechenden, Auferstehung gebe es nicht –, befragten ihn, ²⁸ sagend: Lehrer, Moyses schrieb uns: *Wenn jemandes Bruder stirbt,* habend eine Frau, und dieser *kinderlos* ist, daß *nehme sein Bruder die Frau und erstehen lasse er Nachkommenschaft seinem Bruder.* ²⁹ Nun waren sieben Brüder; und der erste, nehmend eine Frau, starb kinderlos; ³⁰ und der zweite ³¹ und der dritte nahm sie, ebenso aber auch die sieben, nicht zurückließen sie Kinder und starben. ³² Zuletzt starb auch die Frau. ³³ Die Frau nun, bei der Auferstehung, wessen von ihnen Frau wird sie? Denn die sieben hatten sie als Frau.

³⁴ Und (es) sprach zu ihnen Jesus: Die Söhne dieses Aions heiraten und werden verheiratet, ³⁵ die aber gewürdigt wurden, jenes Aions teilhaftig zu werden und der Auferstehung aus Toten, weder heiraten sie, noch werden sie verheiratet; ³⁶ denn auch sterben können sie nicht mehr, denn Engelgleiche sind sie und Söhne Gottes sind sie, als der Auferstehung Söhne. ³⁷ Daß aber erweckt werden die Toten, zeigte auch Moyses beim Dornbusch, wie er nennt *(den) Herrn den Gott Abrahams und Gott Isaaks und Gott Jakobs.* ³⁸ Gott aber ist nicht (ein Gott) Toter, sondern Lebender, denn alle leben ihm.

³⁹ Antwortend aber sprachen einige der Schriftkundigen: Lehrer, recht sprachst du. ⁴⁰ Denn nicht mehr wagten sie, ihn zu fragen irgendetwas.

⁴¹ Er sprach aber zu ihnen: Wieso sagen sie, der Christos sei Davids Sohn? ⁴² Denn David selbst sagt im Buch (der) Psalmen: *(Es) sprach (der) Herr zu meinem Herrn: Sitze zu meiner Rechten,* ⁴³ *bis ich hinlege deine Feinde als Fußbank deiner Füße!* ⁴⁴ David also ruft ihn Herr, und wie ist er sein Sohn?

⁴⁵ Während aber das ganze Volk hörte, sprach er zu [seinen] Schülern: ⁴⁶ Nehmt euch in acht vor den Schriftkundigen, die umhergehen wollen in Talaren und lieben Begrüßungen

Dtn 25,5

Gen 38,8

Ex 3,6

Ps 110,1

auf den Märkten und Erstsitze in den Synagogen und Erstlager bei den Mählern, ⁴⁷ die auffressen die Häuser der Witwen
und zum Schein lang beten: Diese werden empfangen überreichliches Gericht.

21 ¹ Aufschauend aber sah er die in den Schatzkasten
ihre Gaben werfenden Reichen. ² Er sah aber eine
arme Witwe, werfend dort(hin) zwei Lepta, ³ und er sprach:
Wahrhaft, ich sage euch: Diese arme Witwe warf mehr als
alle; ⁴ denn alle diese warfen aus ihrem Überfluß zu den Gaben, diese aber warf aus ihrem Mangel den ganzen Besitz,
den sie hatte.

⁵ Und als einige sagten über das Heiligtum, daß mit schönen Steinen und Weihegeschenken es geschmückt ist, sprach
er: ⁶ Dieses, was ihr schaut, kommen werden Tage, an denen
nicht wird gelassen werden Stein auf Stein, der nicht zerstört
werden wird.

⁷ Sie befragten ihn aber, sagend: Lehrer, wann nun wird
dieses sein, und was (ist) das Zeichen, wann dieses im Begriff
ist zu geschehen? ⁸ Der aber sprach: Seht (zu), daß ihr nicht
irregeführt werdet! Denn viele werden kommen in meinem
Namen, sagend: Ich bin (es), und: Die Zeit ist nahegekommen! Nicht geht hinter ihnen (her)! ⁹ Wann ihr aber hört von
Kriegen und Aufständen, ängstigt euch nicht! Denn dieses
muß geschehen zuerst, doch nicht sogleich (ist es) das Ende.

¹⁰ Dann sagte er ihnen: Aufstehen wird Volk gegen Volk
und Königtum gegen Königtum, ¹¹ und große Erdbeben und
an (manchen) Orten Hungersnöte und Seuchen werden sein,
Schrecknisse und vom Himmel große Zeichen werden sein.

¹² Vor diesem allem aber werden sie ihre Hand legen an
euch, und sie werden (euch) verfolgen, übergebend in die
Synagogen und Gefängnisse (euch), abgeführt vor Könige und
Statthalter wegen meines Namens; ¹³ ablaufen wird es euch
zum Zeugnis. ¹⁴ Legt nun in eure Herzen, nicht vorher zu
überlegen, euch zu verteidigen! ¹⁵ Denn ich werde geben euch
Mund und Weisheit, der nicht werden widerstehen oder wi-
dersprechen können alle eure Gegner. ¹⁶ Übergeben aber wer-

det ihr werden auch von Eltern und Brüdern und Verwandten und Freunden, und sie werden töten (einige) von euch, [17] und ihr werdet sein Gehaßte von allen wegen meines Namens. [18] Aber nicht ein Haar von eurem Kopf wird zugrundegehen. [19] In eurem Durchhalten erwerbt ihr euer Leben.

[20] Wann aber ihr seht umringt von Heeren Jerusalem, dann erkennt, daß nahegekommen ist seine Verwüstung. [21] Dann sollen die in der Judaia fliehen in die Berge, und die in seiner Mitte sollen hinausziehen, und die in den Landschaften sollen nicht hineingehen in es, [22] weil dies Tage (der) Rache sind, daß erfüllt wird alles Geschriebene. [23] Wehe den Schwangeren und den Säugenden in jenen Tagen! Denn große Not wird sein auf der Erde und Zorn für dieses Volk; [24] und fallen werden sie durch (die) Schärfe (des) Schwertes, und gefangengenommen werden sie werden zu den Völkern allen, und Jerusalem wird sein getreten von Völkern, bis daß erfüllt werden (die) Zeiten (der) Völker.

[25] Und sein werden Zeichen an Sonne und Mond und Sternen, und auf der Erde Beklemmung (der) Völker in Ratlosigkeit vor (dem) Tosen und Wogen (des) Meeres, [26] da ohnmächtig werden (die) Menschen vor Furcht und Erwartung Jes 34,4 der herankommenden (Ereignisse) für den Erdkreis, denn *die Kräfte der Himmel* werden erschüttert werden. [27] Und dann Dan 7,13f werden sie sehen *den Sohn des Menschen, kommend in einer Wolke* mit Kraft und viel Herrlichkeit. [28] Wenn aber dieses beginnt zu geschehen, aufrichtet und erhebt eure Köpfe, weil nahekommt eure Erlösung!

[29] Und er sprach ein Gleichnis zu ihnen: Seht den Feigenbaum und alle Bäume! [30] Wann sie schon ausschlagen, sehend von selbst erkennt ihr, daß schon nahe ist der Sommer; [31] so auch ihr, wann ihr seht dieses geschehend, erkennt, daß nahe ist das Königtum Gottes! [32] Amen, ich sage euch: Nicht geht vorüber dieses Geschlecht, bis alles geschieht. [33] Der Himmel und die Erde werden vorübergehen, meine Worte aber werden gewiß nicht vorübergehen.

[34] Nehmt euch aber in acht für euch selbst, damit nicht etwa

beschwert werden eure Herzen in Rausch und Trinkerei und Lebenssorgen und herantrete zu euch plötzlich jener Tag [35] wie eine Schlinge; denn hereinbrechen wird er über alle Sitzenden auf (der) Oberfläche der ganzen Erde. [36] Wacht aber zu jeder Zeit, bittend, damit ihr vermögt zu entfliehen diesem allen, das im Begriff (ist) zu geschehen, und zu bestehen vor dem Sohn des Menschen.

[37] Er war aber die Tage im Heiligtum lehrend, die Nächte aber, hinausgehend, übernachtete er an dem Berg, dem Ölberg gerufenen; [38] und das ganze Volk brach früh auf zu ihm, im Heiligtum ihn zu hören.

22 [1] Nahekam aber das Fest der Ungesäuerten, das Pascha genannte. [2] Und (es) suchten die Hochpriester und die Schriftkundigen, wie sie ihn beseitigen könnten, denn sie fürchteten das Volk.

[3] Hineinging aber Satan in Judas, den Iskariotes gerufenen, der war aus der Zahl der Zwölf; [4] und weggehend unterredete er sich mit den Hochpriestern und Befehlshabern, wie er ihnen übergebe ihn. [5] Und sie freuten sich und vereinbarten, ihm Silber(geld) zu geben. [6] Und er willigte ein, und er suchte Gelegenheit, ihn ohne Volksmenge zu übergeben ihnen.

[7] (Es) kam aber der Tag (des Festes) der Ungesäuerten, [an] dem geschlachtet werden mußte das Pascha; [8] und er schickte Petros und Johannes, sprechend: Hingehend bereitet uns das Pascha, damit wir essen. [9] Die aber sprachen zu ihm: Wo, willst du, sollen wir bereiten? [10] Der aber sprach zu ihnen: Siehe, wenn ihr hineingeht in die Stadt, entgegenkommen wird euch ein Mensch, einen Tonkrug Wassers tragend; folgt ihm in das Haus, in das er hineingeht, [11] und sagen werdet ihr dem Hausherrn des Hauses: (Es) sagt dir der Lehrer: Wo ist die Unterkunft, wo ich das Pascha mit meinen Schülern esse? [12] Und jener wird euch zeigen ein großes Oberzimmer, ausgelegt; dort bereitet (es)! [13] Weggehend aber fanden sie (es), gleichwie er gesagt hatte zu ihnen, und sie bereiteten das Pascha.

[14] Und als kam die Stunde, niederließ er sich und die Apo-

stel mit ihm. [15] Und er sprach zu ihnen: Mit Begierde begehrte ich, dieses Pascha zu essen mit euch, bevor daß ich leide; [16] denn ich sage euch: Nicht (mehr) esse ich es, bis daß es erfüllt ist im Königtum Gottes. [17] Und nehmend einen Becher, dankend, sprach er: Nehmt diesen und teilt (ihn) untereinander! [18] Denn ich sage euch: Nicht trinke ich von jetzt (an) vom Ertrag des Weinstocks, bis daß das Königtum Gottes kommt. [19] Und nehmend Brot, dankend, brach er (es) und gab (es) ihnen, sagend: Dies ist mein Leib, der für euch gegebene; dies tut zu meiner Erinnerung! [20] Und den Becher ebenso nach dem Essen, sagend: Dieser Becher (ist) der neue Bund in meinem Blut, das für euch ausgegossene.

[21] Jedoch siehe, die Hand des mich Übergebenden (ist) mit mir auf dem Tisch. [22] Denn der Sohn des Menschen geht zwar fort gemäß dem Bestimmten, jedoch wehe jenem Menschen, durch den er übergeben wird! [23] Und sie begannen zu streiten untereinander, wer es also sei von ihnen, der dies im Begriff sei zu tun.

[24] (Es) entstand aber auch Streit bei ihnen, wer von ihnen gilt, größer zu sein. [25] Der aber sprach zu ihnen: Die Könige der Völker herrschen über sie, und ihre Gewalthaber werden Wohltäter gerufen. [26] Ihr aber nicht so, sondern der Größere unter euch soll werden wie der Jüngere und der Führende wie der Dienende. [27] Denn wer (ist) größer: Der (zu Tisch) Liegende oder der Dienende? Nicht der (zu Tisch) Liegende? Ich aber bin in eurer Mitte wie der Dienende.

[28] Ihr aber seid die, die verblieben sind bei mir in meinen Versuchungen; [29] und ich vermache euch, gleichwie mir vermachte mein Vater ein Königtum, [30] damit ihr eßt und trinkt an meinem Tisch in meinem Königtum, und sitzen werdet ihr auf Thronen, die zwölf Stämme Israels richtend.

[31] Simon, Simon, siehe, der Satan ausbat sich, euch zu sieben wie den Weizen; [32] ich aber bat für dich, damit nicht aufhöre dein Glaube; und du, einst bekehrt, richte auf deine Brüder! [33] Der aber sprach zu ihm: Herr, mit dir bin ich bereit, auch ins Gefängnis und in (den) Tod zu gehen! [34] Der

aber sprach: Ich sage dir, Petros, nicht wird schreien heute ein Hahn, bis du dreimal verleugnen wirst, mich zu kennen.

[35] Und er sprach zu ihnen: Als ich euch schickte ohne Geldbeutel und Tasche und Sandalen, ermangeltet ihr etwas? Die aber sprachen: Nichts. [36] Er sprach aber zu ihnen: Aber jetzt, der Habende einen Geldbeutel, soll tragen (ihn), gleicherweise auch eine Tasche, und der Nichthabende soll verkaufen sein Gewand und kaufen ein Schwert. [37] Denn ich sage euch: Dieses Geschriebene muß vollendet werden an mir, das: *Und unter Gesetzlose wurde er gerechnet;* und das nämlich über mich hat ein Ende. [38] Die aber sprachen: Herr, siehe, hier zwei Schwerter! Der aber sprach zu ihnen: Genug ist es. — Jes 53,12

[39] Und hinausgehend, ging er nach der Gewohnheit zum Berg der Ölbäume, (es) folgten ihm aber auch die Schüler. [40] Gekommen aber an den Ort, sprach er zu ihnen: Betet, nicht hineinzukommen in Versuchung! [41] Und er entfernte sich von ihnen etwa einen Steinwurf, und beugend die Knie, betete er, [42] sagend: Vater, wenn du willst, nimm fort diesen Kelch weg von mir; jedoch nicht mein Wille, sondern der deine soll geschehen! [43] [[(Es) erschien ihm aber ein Engel vom Himmel, stärkend ihn. [44] Und geratend in Beklemmung, anhaltender betete er; und (es) wurde sein Schweiß wie Tropfen von Blut, hinabfallend auf die Erde.]] [45] Und aufstehend vom Gebet, kommend zu den Schülern, fand schlafend er sie vor Betrübnis, [46] und er sprach zu ihnen: Was schlaft ihr? Aufstehend, betet, damit ihr nicht hineinkommt in Versuchung!

[47] Noch während er redet, siehe, eine Volksmenge, und der Judas Genannte, einer der Zwölf, voranging er ihnen, und nahekam er Jesus, ihn zu küssen. [48] Jesus aber sprach zu ihm: Judas, mit einem Kuß übergibst du den Sohn des Menschen? [49] Sehend aber die um ihn das, was sein wird, sprachen: Herr, ob wir zuschlagen sollen mit (dem) Schwert? [50] Und (es) schlug einer von ihnen den Sklaven des Hochpriesters, und abhieb er sein rechtes Ohr. [51] Antwortend aber sprach Jesus: Laßt, bis (zu) diesem! Und berührend das Ohr, heilte er ihn.

[52] (Es) sprach aber Jesus zu den an ihn herangekommenen

Hochpriestern und Befehlshabern des Heiligtums und Ältesten: Wie gegen einen Räuber herauskamt ihr mit Schwertern und Hölzern? [53] Als ich täglich war mit euch im Heiligtum, nicht ausstrecktet ihr die Hände gegen mich, doch diese ist eure Stunde und die Vollmacht der Finsternis.

[54] Ihn ergreifend aber, führten und hineinführten sie (ihn) in das Haus des Hochpriesters; Petros aber folgte von weitem. [55] Als sie aber anzündeten ein Feuer inmitten des Hofes und sich zusammensetzten, setzte sich Petros mitten unter sie. [56] Als aber eine Magd ihn sah, sitzend beim Licht, und (auf) ihn starrte, sprach sie: Auch dieser war mit ihm! [57] Der aber leugnete, sagend: Ich kenne ihn nicht, Frau. [58] Und nach kurzem ein anderer, sehend ihn, sagte: Auch du bist von ihnen. Petros aber sagte: Mensch, ich bin (es) nicht. [59] Und als vergangen war etwa eine Stunde, versicherte ein anderer, sagend: In Wahrheit, auch dieser war mit ihm, denn auch ein Galilaier ist er. [60] (Es) sprach aber Petros: Mensch, ich weiß nicht, was du sagst. Und auf der Stelle, als er noch redete, schrie ein Hahn. [61] Und sich umwendend der Herr, anschaute er Petros, und (es) erinnerte sich Petros des Wortes des Herrn, wie er zu ihm sprach: Ehe ein Hahn schreit, wirst du heute verleugnen mich dreimal. [62] Und hinausgehend nach draußen, weinte er bitter.

[63] Und die Männer, die ihn haltenden, verspotteten ihn, (ihn) schindend, [64] und umhüllend ihn, fragten sie, sagend: Prophezeie, wer ist, der dich schlug? [65] Und anderes vieles lästernd sagten sie gegen ihn.

[66] Und als es Tag wurde, versammelte sich der Ältestenrat des Volkes, Hochpriester und Schriftkundige, und abführten sie ihn in ihr Synhedrion, [67] sagend: Wenn du bist der Christos, sprich zu uns. Er aber sprach zu ihnen: Wenn ich zu euch spreche, nicht werdet ihr glauben; [68] wenn ich aber frage, nicht werdet ihr antworten. [69] Von jetzt (an) aber wird sein der Sohn des Menschen sitzend zur Rechten der Kraft Gottes. [70] (Es) sprachen aber alle: Du also bist der Sohn Gottes? Der aber sagte zu ihnen: Ihr sagt, daß ich (es) bin. [71] Die aber sprachen: Was noch haben wir ein Zeugnis nötig? Denn

selbst hörten wir (es) von seinem Mund.

23 ¹ Und als aufgestanden war ihre ganze Menge, führten sie ihn zu Pilatos.

² Sie begannen aber, ihn anzuklagen, sagend: Diesen fanden wir verdrehend unser Volk und hindernd, (dem) Kaiser Steuern zu geben, und sagend, er selbst sei Christos, ein König. ³ Pilatos aber fragte ihn, sagend: Du bist der König der Judaier? Der aber, antwortend ihm, sagte: Du sagst (es). ⁴ Pilatos aber sprach zu den Hochpriestern und den Volksmengen: Keine Schuld finde ich an diesem Menschen. ⁵ Die aber bestanden darauf, sagend, daß er aufhetzt das Volk, lehrend in der ganzen Judaia und beginnend von der Galilaia bis hierher.

⁶ Pilatos aber, (es) hörend, fragte, ob der Mensch ein Galilaier sei, ⁷ und erkennend, daß er aus dem Vollmacht(sgebiet) (des) Herodes ist, hinschickte er ihn zu Herodes, der auch selbst war in Hierosolyma in diesen Tagen.

⁸ Herodes aber, sehend Jesus, freute sich sehr, denn seit geraumer Zeit wollte er sehen ihn, weil er hörte über ihn, und er hoffte, irgendein Zeichen zu sehen, von ihm geschehend. ⁹ Er befragte ihn aber mit vielen Worten, er aber antwortete ihm nichts. ¹⁰ (Es) standen aber die Hochpriester und die Schriftkundigen (da), heftig ihn anklagend. ¹¹ (Es) verachtete ihn aber [auch] Herodes mit seinen Soldaten und verspottete (ihn), umwerfend (ihm) ein prächtiges Kleid, hinschickte er ihn dem Pilatos. ¹² (Es) wurden aber Freunde Herodes und Pilatos an eben dem Tag miteinander; denn vorher waren sie in Feindschaft gegeneinander.

¹³ Pilatos aber, zusammenrufend die Hochpriester und die Vorsteher und das Volk, ¹⁴ sprach zu ihnen: Herbrachtet ihr mir diesen Menschen als abwendig machend das Volk, und siehe, als ich verhörte ihn vor euch, nichts fand ich an diesem Menschen an Schuld, die ihr anklagt gegen ihn. ¹⁵ Aber auch Herodes nicht; denn hinschickte er ihn zu uns, und siehe, nichts würdig (des) Todes ist getan worden von ihm; ¹⁶ wenn ich (ihn) nun gezüchtigt habe, werde ich ihn freilassen.*

* V 17 fehlt in der Mehrzahl der Handschriften.

[18] Aufschrien aber alle zusammen, sagend: Hinweg diesen, lasse aber frei uns den Barabbas! [19] Der war wegen eines in der Stadt geschehenen Aufruhrs und Mordes geworfen ins Gefängnis. [20] Wieder aber zurief Pilatos ihnen, willens, freizulassen Jesus. [21] Die aber schrien entgegen, sagend: Kreuzige, kreuzige ihn! [22] Der aber sprach ein drittes (Mal) zu ihnen: Was denn Schlechtes tat dieser? Nichts schuldig (des) Todes fand ich an ihm; wenn ich (ihn) nun gezüchtigt habe, werde ich ihn freilassen. [23] Die aber drängten mit lauten Schreien, fordernd, daß er gekreuzigt werde, und durchdrangen ihre Schreie.

[24] Und Pilatos entschied, geschehen solle ihre Forderung; [25] freiließ er aber den wegen Aufstand und Mord ins Gefängnis Geworfenen, den sie forderten, Jesus aber übergab er ihrem Willen.

[26] Und wie sie ihn abführten, ergreifend Simon, einen Kyrenaier, kommend vom Acker, auflegten sie ihm das Kreuz, (es) zu tragen hinter Jesus (her).

[27] (Es) folgte ihm aber eine zahlreiche Menge des Volks und von Frauen, die ihn betrauerten und beklagten. [28] Sich umwendend aber zu ihnen sprach Jesus: Töchter Jerusalems, weint nicht über mich; jedoch über euch selbst weint und über eure Kinder! [29] Denn siehe, (es) kommen Tage, an denen sie sagen werden: Selig die Unfruchtbaren und die Leiber, die nicht gebaren, und Brüste, die nicht nährten. [30] Dann werden sie beginnen zu *sagen den Bergen: Fallt auf uns, und den Hügeln: Bedeckt uns!* [31] Denn wenn am feuchten Holz sie dieses tun, was soll geschehen am trockenen?

Hos 10,8

[32] Mitgeführt wurden aber auch zwei andere Übeltäter, um mit ihm getötet zu werden.

[33] Und als sie kamen zu dem Ort, den Kranion (= Schädel) gerufenen, kreuzigten sie dort ihn und die Übeltäter, den einen zur Rechten, den anderen zur Linken. [34] [[Jesus aber sagte: Vater, erlasse ihnen, denn nicht wissen sie, was sie tun.]] *Sich aufteilend aber seine Gewänder, warfen sie Lose.*

Ps 22,19

[35] Und dastand das Volk, schauend. (Es) verhöhnten (ihn)

aber auch die Vorsteher, sagend: Andere rettete er, er soll sich selbst retten, wenn dieser ist der Christos Gottes, der Auserwählte. [36] (Es) verspotteten ihn aber auch die Soldaten, hingehend, Essig hinbringend ihm [37] und sagend: Wenn du bist der König der Judaier, rette dich selbst! [38] (Es) war aber auch eine Aufschrift über ihm: Der König der Judaier (ist) dieser.

[39] Einer aber der gehängten Übeltäter lästerte ihn, sagend: Bist du nicht der Christos? Rette dich selbst und uns! [40] Antwortend aber sagte der andere, ihn anfahrend: Und nicht fürchtest du Gott, weil in demselben Gericht du bist? [41] Und wir zwar gerechterweise, denn Würdiges (für das), was wir taten, empfangen wir zurück; dieser aber tat nichts Unstatthaftes. [42] Und er sagte: Jesus, gedenke meiner, wann du kommst in dein Königtum. [43] Und er sprach zu ihm: Amen, ich sage dir: Heute wirst du mit mir sein im Paradies.

[44] Und (es) war schon etwa (die) sechste Stunde, und Finsternis wurde über die ganze Erde bis zur neunten Stunde, [45] als die Sonne aufhörte (zu scheinen); gespalten aber wurde der Vorhang des Tempels mittendurch. [46] Und schreiend mit lautem Schrei sprach Jesus: Vater, *in deine Hände empfehle* Ps 31,6 *ich meinen Geist.* Dies aber sprechend, hauchte er aus.

[47] Sehend aber der Hauptmann das Geschehene, verherrlichte er Gott, sagend: Wirklich, dieser Mensch war ein Gerechter! [48] Und alle Volksmengen, mitdabeistehend bei diesem Schauspiel, erblickend das Geschehene, schlagend die Brüste, kehrten zurück.

[49] Dastanden aber alle ihm Bekannten von weitem und Frauen, die ihm mitgefolgt waren von der Galilaia, dieses zu sehen.

[50] Und siehe, ein Mann mit Namen Joseph, der ein Ratsherr war [und] ein guter Mann und ein gerechter [51] – dieser hatte nicht mitzugestimmt (ihrem) Ratschluß und ihrem Tun – von Arimathaia, einer Stadt der Judaier, der das Königtum Gottes erwartete, [52] dieser, gehend zu Pilatos, erbat den Leib des Jesus, [53] und herunterholend, einhüllte er ihn mit Leinen und legte ihn in eine steingehauene Grabstätte, wo noch keiner

war gelegen. ⁵⁴ Und Tag (des) Rüsttags war, und (der) Sabbat leuchtete auf.

⁵⁵ Die nachfolgenden Frauen aber, welche mitgekommen waren aus der Galilaia mit ihm, sahen das Grab und wie hineingelegt wurde sein Leib, ⁵⁶ zurückkehrend aber bereiteten sie Essenzen und Öle. Und den Sabbat aber ruhten sie gemäß dem Gebot.

24 ¹ Am Ersten der Woche aber ganz frühmorgens kamen sie zur Grabstätte, bringend Essenzen, die sie bereitet hatten. ² Sie fanden aber den Stein weggewälzt vom Grab; ³ hineingehend aber, nicht fanden sie den Leib des Herrn Jesus. ⁴ Und es geschah, als sie ratlos waren über dieses, und siehe, zwei Männer traten zu ihnen in blitzendem Kleid. ⁵ Als sie aber in Furcht gerieten und die Gesichter zur Erde neigten, sprachen sie zu ihnen: Was sucht ihr den Lebenden unter den Toten? ⁶ Nicht ist er hier, sondern erweckt wurde er. Erinnert euch, wie er zu euch redete, als er noch war in der Galilaia, ⁷ sagend über den Sohn des Menschen, daß er müsse übergeben werden in Hände sündiger Menschen und gekreuzigt werden und am dritten Tag aufstehen. ⁸ Und sie erinnerten sich seiner Worte.

⁹ Und zurückkehrend vom Grab, meldeten sie dieses alles den Elf und allen übrigen. ¹⁰ (Es) waren aber die Magdalenerin Maria und Johanna und Maria, die (des) Jakobos, und die übrigen mit ihnen. Sie sagten zu den Aposteln dieses, ¹¹ und (es) erschienen vor ihnen wie Geschwätz diese Worte, und nicht glaubten sie ihnen. ¹² Petros aber, aufstehend, lief zum Grab, und sich vorbeugend sieht er die Leinenbinden allein, und fortging er, bei sich staunend über das Geschehene.

¹³ Und siehe, zwei von ihnen waren an eben dem Tag gehend in ein Dorf, entfernt sechzig Stadien von Jerusalem, mit Namen Emmaus, ¹⁴ und sie unterhielten sich untereinander über all dieses Widerfahrene. ¹⁵ Und es geschah bei ihrem Unterhalten und Streiten, daß Jesus selbst, nahegekommen, mitging mit ihnen; ¹⁶ ihre Augen aber waren festgehalten, daß

sie nicht ihn erkannten. ¹⁷ Er sprach aber zu ihnen: Welche
Worte (sind) dies, die ihr einander zuwerft, umhergehend?
Und stehenblieben sie mürrisch. ¹⁸ Antwortend aber einer mit
Namen Kleopas, sprach zu ihm: Du allein bewohnst Jerusalem und nicht kennst du das Geschehene in ihm in diesen Tagen? ¹⁹ Und er sprach zu ihnen: Welches? Die aber sprachen
zu ihm: Das über Jesus, den Nazarener, der auftrat als pro-
phetischer Mann, mächtig in Werk und Wort vor Gott und
allem Volk, ²⁰ und wie ihn übergaben die Hochpriester und
unsere Vorsteher zum Todesurteil und ihn kreuzigten. ²¹ Wir
aber hofften, daß er (es) ist, der Israel erlösen wird; aber mit
allem diesem verbringt er nun auch diesen dritten Tag (im
Grab), seit dieses geschah. ²² Aber auch einige Frauen von
uns entsetzten uns, als sie waren frühmorgens beim Grab,
²³ und nicht findend seinen Leib, kamen sie, sagend, auch eine
Erscheinung von Engeln hätten sie gesehen, die sagen, daß er
lebe. ²⁴ Und weggingen einige der mit uns zum Grab und fanden (es) so, gleichwie auch die Frauen gesprochen hatten, ihn
aber sahen sie nicht. ²⁵ Und er sprach zu ihnen: O ihr Unverständigen und Trägen im Herzen, zu glauben an alles, von
dem die Propheten redeten! ²⁶ Mußte nicht dieses leiden der
Christos und hineingehen in seine Herrlichkeit? ²⁷ Und beginnend von Moyses und von allen Propheten, auslegte er ihnen
in allen Schriften das über sich.

²⁸ Und nahekamen sie an das Dorf, wo sie hingingen, und
er machte Miene, (noch) weiter zu gehen. ²⁹ Und sie nötigten
ihn, sagend: Bleib bei uns, weil es gegen Abend ist und sich
geneigt hat schon der Tag! Und hineinging er, zu bleiben bei
ihnen. ³⁰ Und es geschah, als er sich (zu Tisch) legte mit ihnen, nehmend das Brot, segnete er, und brechend übergab er
(es) ihnen; ³¹ ihre Augen aber wurden geöffnet, und sie erkannten ihn; und er wurde unsichtbar, (weg) von ihnen.
³² Und sie sprachen zueinander: War nicht unser Herz brennend [in uns], wie er redete mit uns auf dem Weg, wie er
öffnete uns die Schriften?
³³ Und aufstehend in eben der Stunde, zurückkehrten sie

nach Jerusalem und fanden versammelt die Elf und die mit ihnen, [34] sagend: Wirklich wurde erweckt der Herr, und er erschien Simon. [35] Und sie legten dar die auf dem Weg (geschehenen Ereignisse), und wie er erkannt wurde von ihnen beim Brechen des Brotes.

[36] Als sie aber dieses redeten, stellte er sich selbst in ihre Mitte, und er sagt ihnen: Friede euch! [37] Geängstigt aber und in Furcht geraten, meinten sie, einen Geist zu erblicken. [38] Und er sprach zu ihnen: Was seid ihr verwirrt, und weshalb steigen Bedenken in eurem Herzen auf? [39] Seht meine Hände und meine Füße, daß ich (es) selbst bin; berührt mich und seht, daß ein Geist Fleisch und Knochen nicht hat, gleichwie ihr mich (es) haben seht. [40] Und dies sprechend, zeigte er ihnen die Hände und die Füße. [41] Als sie aber noch ungläubig waren vor Freude und staunend, sprach er zu ihnen: Habt ihr etwas Eßbares hier? [42] Die aber übergaben ihm ein Stück gebratenen Fisches; [43] und nehmend, vor ihnen aß er.

[44] Er sprach aber zu ihnen: Diese (sind) meine Worte, die ich redete zu euch, als ich noch war mit euch: Es muß erfüllt werden alles Geschriebene im Gesetz (des) Moyses und (in) den Propheten und Psalmen über mich. [45] Dann öffnete er ihren Verstand, zu verstehen die Schriften; [46] und er sprach zu ihnen: So ist geschrieben, daß leidet der Christos und aufsteht aus Toten am dritten Tag, [47] und daß verkündet wird in seinem Namen Umkehr zu(m) Erlaß von Sünden zu allen Völkern. Beginnend von Jerusalem, [48] (seid) ihr Zeugen für dieses. [49] Und [siehe], ich schicke die Zusage meines Vaters auf euch; ihr aber, setzt euch in der Stadt, bis daß ihr anzieht aus (der) Höhe Kraft.

[50] Hinausführte er sie aber [nach draußen] bis gegen Bethania, und aufhebend seine Hände, segnete er sie. [51] Und es geschah, als er sie segnete, entfernte er sich von ihnen und wurde hinaufgetragen in den Himmel.

[52] Und sie, huldigend ihm, kehrten zurück nach Jerusalem mit großer Freude [53] und waren unablässig im Heiligtum, preisend Gott.

NACH JOHANNES

1 [1] Im Anfang war der Logos, und der Logos war bei Gott, und Gott war der Logos. [2] Dieser war im Anfang bei Gott. [3] Alles wurde durch ihn, und ohne ihn wurde auch nicht eines, was geworden ist. [4] In ihm war Leben, und das Leben war das Licht der Menschen; [5] und das Licht scheint in der Finsternis, aber die Finsternis hat es nicht ergriffen.

[6] Auftrat ein Mensch, geschickt von Gott, Name war ihm Johannes; [7] dieser kam zum Zeugnis, damit er zeuge über das Licht, damit alle glaubten durch ihn. [8] Nicht war jener das Licht, sondern damit er zeuge über das Licht.

[9] Er war das wahre Licht, das erleuchtet jeden Menschen, kommend in die Welt. [10] In der Welt war er, und die Welt wurde durch ihn, aber die Welt erkannte ihn nicht. [11] In das Eigene kam er, und die Eigenen nahmen ihn nicht an. [12] Wieviele aber ihn aufnahmen, ihnen gab er Vollmacht, Kinder Gottes zu werden, den Glaubenden an seinen Namen, [13] die nicht aus Blut und nicht aus Fleischeswillen und nicht aus Manneswillen, sondern aus Gott gezeugt wurden.

[14] Und der Logos wurde Fleisch, und er zeltete unter uns, und wir sahen seine Herrlichkeit, Herrlichkeit wie (des) Einzigzeugten vom Vater, voll Gnade und Wahrheit. [15] Johannes zeugt über ihn und hat gerufen, sagend: Dieser war (es), von dem ich sprach: Der nach mir Kommende, vor mir ist er gewesen, weil eher als ich er war. [16] Denn aus seiner Fülle wir alle empfingen, und (zwar) Gnade für Gnade; [17] denn das Gesetz ist durch Moyses gegeben worden, die Gnade und die Wahrheit wurde durch Jesus Christos. [18] Gott hat keiner gesehen jemals; (der) einziggezeugte Gott, der ist im Schoß des Vaters, jener legte (ihn) aus.

[19] Und dies ist das Zeugnis des Johannes, als [zu ihm] schickten die Judaier aus Hierosolyma Priester und Leviten,

damit sie fragten ihn: Du, wer bist du? [20] Und er bekannte, und nicht leugnete er, und er bekannte: Ich bin nicht der Christos. [21] Und sie fragten ihn: Was nun? Du, bist du Elias? Und er sagt: Ich bin (es) nicht. Bist du der Prophet? Und er antwortete: Nein. [22] Sie sprachen nun zu ihm: Wer bist du? Damit wir Antwort geben den uns Schickenden; was sagst du über dich selbst? [23] Er sagte: Ich (bin) *Stimme eines Rufenden in der Öde: Begradigt den Weg (des) Herrn,* gleichwie sprach Isaias, der Prophet.

Jes 40,3 (G)

[24] Und geschickt waren sie von den Pharisaiern. [25] Und sie fragten ihn und sprachen zu ihm: Was also taufst du, wenn du nicht bist der Christos und nicht Elias und nicht der Prophet? [26] (Es) antwortete ihnen Johannes, sagend: Ich taufe mit Wasser, mitten unter euch steht er, den ihr nicht kennt, [27] der nach mir Kommende, dessen [ich] nicht würdig bin, daß ich löse den Riemen seiner Sandale. [28] Dieses geschah in Bethania, jenseits des Jordanes, wo Johannes war taufend.

[29] Am folgenden (Tag) sieht er Jesus kommend zu ihm und sagt: Sieh das Lamm Gottes, das tragende die Sünde der Welt. [30] Dieser ist (es), über den ich sprach: Nach mir kommt ein Mann, der vor mir gewesen ist, weil eher als ich er war. [31] Und ich kannte ihn nicht, aber damit er offenbar werde für Israel, deswegen kam ich, mit Wasser taufend. [32] Und (es) bezeugte Johannes, sagend: Ich habe gesehen den Geist herabsteigend wie eine Taube vom Himmel, und er blieb auf ihm. [33] Und ich kannte ihn nicht, aber der mich Schickende, zu taufen mit Wasser, jener sprach zu mir: Auf wen immer du siehst den Geist herabsteigend und bleibend auf ihm, dieser ist der Taufende mit heiligem Geist. [34] Und ich habe gesehen und ich habe bezeugt: Dieser ist der Sohn Gottes.

[35] Am folgenden (Tag) wieder dastand Johannes und von seinen Schülern zwei, [36] und hinschauend auf den umhergehenden Jesus, sagt er: Sieh, das Lamm Gottes! [37] Und (es) hörten die zwei Schüler ihn redend, und sie folgten Jesus. [38] Sich umwendend aber Jesus und sehend sie folgend, sagt er ihnen: Was sucht ihr? Die aber sprachen zu ihm: Rabbi, das

heißt übersetzt: Lehrer, wo bleibst du? [39] Er sagt ihnen:
Kommt, und ihr werdet sehen. Sie kamen nun und sahen, wo
er bleibt, und bei ihm blieben sie jenen Tag; Stunde war etwa
(die) zehnte. [40] (Es) war Andreas, der Bruder von Simon Petros, einer von den zweien, den Hörenden von Johannes und
ihm Folgenden; [41] (es) findet dieser zuerst den eigenen Bruder
Simon und sagt ihm: Wir haben gefunden den Messias, das
ist übersetzt: Christos. [42] Er führte ihn zu Jesus. Anschauend
ihn, sprach Jesus: Du bist Simon, der Sohn von Johannes, du
wirst gerufen werden Kephas, das übersetzt wird: Petros.

[43] Am folgenden (Tag) wollte er hinausgehen in die Gali-
laia, und er findet Philippos. Und (es) sagt ihm Jesus: Folge
mir! [44] (Es) war aber der Philippos von Bethsaida, aus der
Stadt von Andreas und Petros. [45] (Es) findet Philippos den
Nathanael und sagt ihm: Welchen beschrieb Moyses im Gesetz und die Propheten, haben wir gefunden, Jesus, einen
Sohn des Joseph, den von Nazaret. [46] Und (es) sprach zu ihm
Nathanael: Kann aus Nazaret etwas Gutes sein? (Es) sagt ihm
Philippos: Komm und sieh! [47] (Es) sah Jesus den Nathanael
kommend zu ihm und sagt über ihn: Sieh, wahrhaft ein Israelit, in dem List nicht ist. [48] (Es) sagt ihm Nathanael: Woher
kennst du mich? (Es) antwortete Jesus und sprach zu ihm:
Bevor daß dich Philippos rief, als du warst unter dem Feigenbaum, sah ich dich. [49] (Es) antwortete ihm Nathanael: Rabbi,
du bist der Sohn Gottes, du bist König Israels. [50] (Es) antwortete Jesus und sprach zu ihm: Weil ich sprach zu dir, daß
ich dich sah unter dem Feigenbaum, glaubst du? Größeres als
dieses wirst du sehen. [51] Und er sagt ihm: Amen, amen, ich
sage euch, sehen werdet ihr *den Himmel* geöffnet *und die En-*   Gen 28,12
gel Gottes aufsteigend und herabsteigend auf den Sohn des
Menschen.

2 [1] Und am dritten Tag, Hochzeit war im Kana der Galilaia, und (es) war die Mutter von Jesus dort; [2] gerufen
wurde aber auch Jesus und seine Schüler zu der Hochzeit.
[3] Und als Mangel war an Wein, sagt die Mutter von Jesus

zu ihm: Wein haben sie nicht. [4] [Und] (es) sagt ihr Jesus: Was
(ist zwischen) mir und dir, Frau? Noch ist nicht gekommen
meine Stunde. [5] (Es) sagt seine Mutter den Dienern: Was immer er euch sagt, tut! [6] (Es) waren aber dort sechs steinerne
Wasserkrüge gemäß der Reinigung der Judaier dastehend,
fassend je zwei oder drei Metreten. [7] (Es) sagt ihnen Jesus:
Füllt die Wasserkrüge mit Wasser! Und sie füllten sie bis
oben. [8] Und er sagt ihnen: Schöpft jetzt und bringt dem Tafelmeister; die aber brachten. [9] Als aber kostete der Tafelmeister das Wasser, (das) Wein gewordene, und nicht wußte,
woher es ist – die Diener aber wußten (es), die geschöpft haben das Wasser –, ruft den Bräutigam der Tafelmeister, [10] und
er sagt ihm: Jeder Mensch setzt zuerst den guten Wein vor,
und wann sie trunken sind den geringeren; du hast bewahrt
den guten Wein bis jetzt.

[11] Diesen Anfang der Zeichen machte Jesus im Kana der
Galilaia, und er offenbarte seine Herrlichkeit, und (es) glaubten an ihn seine Schüler.

[12] Danach hinabstieg er nach Kapharnaum, er und seine
Mutter und [seine] Brüder und seine Schüler, und dort blieben sie nicht viele Tage.

[13] Und nahe war das Pascha der Judaier, und hinaufstieg Jesus nach Hierosolyma.

[14] Und er fand im Heiligtum die Rinder und Schafe und
Tauben Verkaufenden und die Wechsler dasitzend, [15] und,
machend eine Peitsche aus Stricken, alle warf er hinaus aus
dem Heiligtum, sowohl die Schafe als auch die Rinder, und
von den Geldwechslern goß er aus das Münzgeld, und die Tische warf er um, [16] und zu den die Tauben Verkaufenden
sprach er: Hinweg dieses von hier, macht nicht das Haus
meines Vaters zu einem Handelshaus. [17] (Es) erinnerten sich
seine Schüler, daß geschrieben ist: *Der Eifer um dein Haus*
wird mich auffressen.

Ps 69,10

[18] (Es) antworteten nun die Judaier und sprachen zu ihm:
Welches Zeichen zeigst du uns, daß du dieses tust? [19] (Es)
antwortete Jesus und sprach zu ihnen: Löst diesen Tempel

auf, und in drei Tagen werde ich ihn aufrichten. [20] (Es) sprachen nun die Judaier: Sechsundvierzig Jahre wurde gebaut
dieser Tempel, und du wirst in drei Tagen ihn aufrichten?
[21] Jener aber redete über den Tempel seines Leibes. [22] Als er
nun auferweckt wurde aus Toten, erinnerten sich seine Schüler, daß er dies redete, und sie glaubten der Schrift und dem
Wort, das Jesus sprach.

[23] Als er aber war in Hierosolyma am Pascha, am Fest,
viele glaubten an seinen Namen, sehend seine Zeichen, die er
tat; [24] selbst aber vertraute Jesus sich ihnen nicht an, weil er
alle kannte [25] und weil er nicht nötig hatte, daß einer zeuge
über den Menschen; denn selbst erkannte er, was im Menschen war.

3 [1] (Es) war aber ein Mensch aus den Pharisaiern, Nikodemos sein Name, ein Vorsteher der Judaier; [2] dieser
kam zu ihm nachts und sprach zu ihm: Rabbi, wir wissen,
daß du von Gott gekommen bist als Lehrer; denn keiner kann
diese Zeichen tun, die du tust, wenn nicht Gott ist mit ihm.
[3] (Es) antwortete Jesus und sprach zu ihm: Amen, amen, ich
sage dir, wenn nicht einer geboren wird von oben, nicht kann
er sehen das Königtum Gottes. [4] (Es) sagt zu ihm Nikodemos:
Wie kann ein Mensch geboren werden, der ein Greis ist?
Kann er etwa in den Leib seiner Mutter zum zweiten (Mal)
hineinkommen und geboren werden? [5] (Es) antwortete Jesus:
Amen, amen, ich sage dir, wenn nicht einer geboren wird aus
Wasser und Geist, nicht kann er hineinkommen ins Königtum
Gottes. [6] Das Geborene aus dem Fleisch ist Fleisch, und das
Geborene aus dem Geist ist Geist. [7] Staune nicht, daß ich
sprach zu dir: Ihr müßt geboren werden von oben. [8] Der
Wind weht, wo er will, und seine Stimme hörst du, aber nicht
weißt du, woher er kommt und wohin er fortgeht; so ist jeder
Geborene aus dem Geist. [9] (Es) antwortete Nikodemos und
sprach zu ihm: Wie kann dieses geschehen? [10] (Es) antwortete
Jesus und sprach zu ihm: Du bist der Lehrer Israels, und
nicht erkennst du dieses? [11] Amen, amen, ich sage dir: Was
wir wissen, reden wir, und was wir gesehen haben, bezeugen

wir, aber unser Zeugnis nehmt ihr nicht an. ¹²Wenn über das Irdische ich sprach zu euch und ihr nicht glaubt, wie werdet ihr glauben, wenn ich spreche zu euch über das Himmlische? ¹³Aber keiner ist hinaufgestiegen in den Himmel, wenn nicht der aus dem Himmel Herabgestiegene, der Sohn des Menschen. ¹⁴Und gleichwie Moyses erhöhte die Schlange in der Wüste, so muß erhöht werden der Sohn des Menschen, ¹⁵damit jeder Glaubende in ihm habe ewiges Leben. ¹⁶Denn so liebte Gott die Welt, daß er den Sohn, den einziggezeugten, gab, damit jeder Glaubende an ihn nicht verlorengehe, sondern habe ewiges Leben. ¹⁷Denn nicht schickte Gott den Sohn in die Welt, damit er richte die Welt, sondern damit gerettet werde die Welt durch ihn. ¹⁸Der Glaubende an ihn wird nicht gerichtet; der Nichtglaubende aber ist schon gerichtet, weil er nicht geglaubt hat an den Namen des einziggezeugten Sohnes Gottes. ¹⁹Dies aber ist das Gericht, daß das Licht gekommen ist in die Welt, und (es) liebten die Menschen mehr die Finsternis als das Licht; denn (es) waren böse ihre Werke. ²⁰Denn jeder Schlechtes Tuende haßt das Licht, und nicht kommt er zum Licht, damit nicht überführt werden seine Werke; ²¹der Tuende aber die Wahrheit kommt zum Licht, damit offenbar werden seine Werke, daß sie in Gott gewirkt sind.

²²Danach kam Jesus und seine Schüler in das judaische Land, und dort verweilte er mit ihnen und taufte.

²³(Es) war aber auch Johannes taufend in Ainon nahe Saleim, weil viel Wasser war dort, und sie kamen herzu und ließen sich taufen; ²⁴denn noch nicht war geworfen ins Gefängnis Johannes.

²⁵(Es) entstand nun eine Auseinandersetzung von den Schülern (des) Johannes mit einem Judaier über Reinigung. ²⁶Und sie kamen zu Johannes und sprachen zu ihm: Rabbi, welcher war mit dir jenseits des Jordanes, für den du Zeugnis gegeben hast, sieh, dieser tauft, und alle kommen zu ihm. ²⁷(Es) antwortete Johannes und sprach: Nicht kann ein Mensch empfangen, auch nicht eines, wenn (es) nicht ihm gegeben wor-

den ist aus dem Himmel. [28] Ihr selbst bezeugt mir, daß ich sprach, [daß] nicht ich bin der Christos, sondern daß geschickt ich bin vor jenem. [29] Der Habende die Braut ist der Bräutigam; der Freund aber des Bräutigams, der Dastehende und ihn Hörende, mit Freude freut sich über die Stimme des Bräutigams. Diese meine Freude nun ist erfüllt worden. [30] Jener muß wachsen, ich aber niedriger werden.

[31] Der von oben Kommende, über allen ist er; der von der Erde ist, von der Erde ist er, und von der Erde (her) redet er. Der vom Himmel Kommende, [über allen ist er]; [32] was er gesehen hat und hörte, dies bezeugt er, aber sein Zeugnis nimmt keiner an. [33] Der Annehmende sein Zeugnis besiegelte, daß Gott wahrhaftig ist. [34] Denn, den Gott schickte, die Worte Gottes redet er, denn nicht nach Maß gibt er den Geist. [35] Der Vater liebt den Sohn, und alles hat er gegeben in seine Hand. [36] Der Glaubende an den Sohn hat ewiges Leben; der Ungehorsame aber dem Sohn, nicht wird sehen (das) Leben, sondern der Zorn Gottes bleibt auf ihm.

4 [1] Wie nun Jesus erfuhr, daß gehört hatten die Pharisaier, daß Jesus mehr Schüler macht und tauft als Johannes [2] – wiewohl freilich Jesus selbst nicht taufte, sondern seine Schüler –, [3] verließ er die Judaia, und wegging er wieder in die Galilaia.

[4] Er mußte aber durchziehen durch die Samareia. [5] Er kommt nun in eine Stadt der Samareia, genannt Sychar, nahe dem Land, das Jakob gab [dem] Joseph, seinem Sohn; [6] (es) war aber dort eine Quelle des Jakob. Jesus nun, ermüdet von der Wanderung, setzte sich so an die Quelle; Stunde war etwa (die) sechste. [7] (Es) kommt eine Frau aus der Samareia, zu schöpfen Wasser. (Es) sagt ihr Jesus: Gib mir zu trinken! [8] Denn seine Schüler waren weggegangen in die Stadt, damit sie Nahrungsmittel kauften. [9] (Es) sagt ihm nun die Frau, die Samaritin: Wieso erbittest du, der du ein Judaier bist, von mir zu trinken, die ich eine samaritische Frau bin? Denn nicht verkehren (die) Judaier mit (den) Samaritern. [10] (Es) antwor-

tete Jesus und sprach zu ihr: Wenn du kenntest die Gabe
Gottes und wer er ist, der Sagende zu dir: Gib mir zu trinken,
du hättest gebeten ihn, und er hätte gegeben dir lebendiges
Wasser. [11](Es) sagt ihm [die Frau]: Herr, kein Schöpfgefäß
hast du, und der Brunnen ist tief; woher nun hast du das lebendige Wasser? [12]Du bist doch nicht größer als unser Vater
Jakob, der uns gab den Brunnen, und er selbst trank aus ihm
und seine Söhne und seine Tiere? [13](Es) antwortete Jesus und
sprach zu ihr: Jeder Trinkende von diesem Wasser wird wieder dürsten; [14]wer aber immer trinkt von dem Wasser, von
dem ich ihm geben werde, nicht wird dürsten in den Aion,
sondern das Wasser, das ich ihm geben werde, wird werden
in ihm eine Quelle von Wasser, sprudelnd ins ewige Leben.
[15](Es) sagt zu ihm die Frau: Herr, gib mir dieses Wasser,
damit ich nicht dürste und nicht kommen muß hierher zu
schöpfen. [16]Er sagt ihr: Geh fort, ruf deinen Mann und komm
hierher! [17](Es) antwortete die Frau und sprach zu ihm: Nicht
habe ich einen Mann. (Es) sagt ihr Jesus: Recht sprachst du:
Einen Mann habe ich nicht; [18]denn fünf Männer hattest du,
und den jetzt du hast, ist nicht dein Mann; dies hast du wahr
gesprochen. [19](Es) sagt ihm die Frau: Herr, ich sehe, daß ein
Prophet du bist. [20]Unsere Väter beteten an auf diesem Berg;
und ihr sagt: In Hierosolyma ist der Ort, wo man anbeten
muß. [21](Es) sagt ihr Jesus: Glaube mir, Frau: (Es) kommt
eine Stunde, da ihr weder auf diesem Berg noch in Hierosolyma anbeten werdet den Vater. [22]Ihr betet an, was ihr nicht
kennt; wir beten an, was wir kennen, denn das Heil ist aus
den Judaiern. [23]Aber (es) kommt eine Stunde, und jetzt ist
sie, da die wahren Anbeter anbeten werden den Vater in Geist
und Wahrheit; und der Vater sucht nämlich solche ihn Anbe-
tende. [24]Geist (ist) Gott, und die ihn Anbetenden müssen in
Geist und Wahrheit anbeten. [25](Es) sagt ihm die Frau: Ich
weiß, daß (der) Messias kommt, der Christos Genannte; wann
jener kommt, verkünden wird er uns alles. [26](Es) sagt ihr Jesus: Ich bin (es), der Redende zu dir.

[27]Und währenddessen kamen seine Schüler und staunten,

daß mit einer Frau er redete; keiner freilich sprach: Was suchst du oder was redest du mit ihr? [28] (Es) ließ nun ihren Wasserkrug die Frau und ging weg in die Stadt und sagt den Menschen: [29] Auf, seht einen Menschen, der mir alles sagte, wieviel ich tat; ob nicht dieser ist der Christos? [30] Hinausgingen sie aus der Stadt und kamen zu ihm.

[31] In der Zwischenzeit baten ihn die Schüler, sagend: Rabbi, iß! [32] Der aber sprach zu ihnen: Ich habe eine Speise zu essen, die ihr nicht kennt. [33] (Es) sagten nun die Schüler zueinander: Ob nicht einer brachte ihm zu essen? [34] (Es) sagt ihnen Jesus: Meine Speise ist, daß ich tue den Willen des mich Schickenden und vollende sein Werk. [35] Sagt ihr nicht: Noch vier Monate sind, und die Ernte kommt? Siehe, ich sage euch: Erhebt eure Augen und seht die Felder, daß weiß sie sind zur Ernte. Schon [36] empfängt der Erntende Lohn und sammelt Frucht zu ewigem Leben, damit der Säende gemeinsam sich freut und der Erntende. [37] Denn darin ist das Wort wahr, daß ein anderer ist der Säende und ein anderer der Erntende. [38] Ich schickte euch zu ernten, worum ihr euch nicht gemüht habt; andere haben sich gemüht, und ihr seid in ihre Mühe eingetreten.

[39] Aus jener Stadt aber glaubten an ihn viele von den Samaritern wegen des Wortes der Frau, die bezeugte: Er sagte mir alles, was ich tat. [40] Wie nun zu ihm kamen die Samariter, baten sie ihn, zu bleiben bei ihnen; und er blieb dort zwei Tage. [41] Und (um) vieles mehr glaubten sie wegen seines Wortes, [42] und zu der Frau sagten sie: Nicht mehr wegen deiner Rede glauben wir; denn selbst haben wir gehört und wissen: Dieser ist wahrhaft der Retter der Welt.

[43] Nach den zwei Tagen aber wegging er von dort in die Galilaia; [44] denn selbst bezeugte Jesus, daß ein Prophet in seinem eigenen Vaterland Ehre nicht hat. [45] Als er nun kam in die Galilaia, aufnahmen ihn die Galilaier, die alles gesehen hatten, wieviel er getan in Hierosolyma am Fest, denn auch sie waren gekommen zum Fest.

[46] Er kam nun wieder ins Kana der Galilaia, wo er machte

das Wasser zu Wein.

Und (es) war ein Königlicher, dessen Sohn krank war in Kapharnaum. [47] Dieser, hörend, daß Jesus gekommen sei aus der Judaia in die Galilaia, wegging zu ihm und bat, daß er hinabsteige und heile seinen Sohn, denn er war im Begriff zu sterben. [48] (Es) sprach nun Jesus zu ihm: Wenn nicht Zeichen und Wunder ihr seht, nicht glaubt ihr. [49] (Es) sagt zu ihm der Königliche: Herr, steig hinab, ehe mein Kind stirbt! [50] (Es) sagt ihm Jesus: Geh, dein Sohn lebt! (Es) glaubte der Mensch dem Wort, das zu ihm sprach Jesus, und er ging. [51] Schon während er hinabstieg aber, begegneten ihm seine Sklaven, sagend, daß sein Knabe lebe. [52] Er erforschte nun die Stunde von ihnen, in der es besser ihm ging; sie sprachen nun zu ihm: Gestern, zur siebten Stunde verließ ihn das Fieber. [53] (Es) erkannte nun der Vater, daß (es) [zu] jener Stunde (war), in der zu ihm sprach Jesus: Dein Sohn lebt; und (es) glaubte er und sein ganzes Haus. [54] Dieses zweite Zeichen [aber] wieder tat Jesus kommend aus der Judaia in die Galilaia.

5 [1] Danach war ein Fest der Judaier, und hinaufstieg Jesus nach Hierosolyma.

[2] (Es) ist aber in Hierosolyma beim Schaf(tor) ein Teich, welcher zubenannt ist auf Hebraisch Bethzatha, der fünf Hallen hat. [3] In diesen daniederlag eine Menge der Kranken, Blinden, Lahmen, Ausgezehrten.* [5] (Es) war aber ein gewisser Mensch dort, acht[und]dreißig Jahre tragend an seiner Krankheit; [6] diesen sehend Jesus daniederliegend, und erkennend, daß viel Zeit schon er trägt, sagt ihm: Willst du gesund werden? [7] (Es) antwortete ihm der Kranke: Herr, einen Menschen habe ich nicht, daß, wann aufgewühlt wird das Wasser, er mich werfe in den Teich; bis aber ich komme, ein anderer vor mir steigt hinab. [8] (Es) sagt ihm Jesus: Steh auf, trag deine Bahre und geh umher! [9] Und sogleich wurde gesund der Mensch und trug seine Bahre und ging umher.

(Es) war aber Sabbat an jenem Tag. [10] (Es) sagten nun die

* V 3b–4 ist spätere Texterweiterung.

Judaier dem Geheilten: Sabbat ist, und nicht ist dir erlaubt, zu tragen deine Bahre. [11] Der aber antwortete ihnen: Der mich gesund Machende, jener sprach zu mir: Trag deine Bahre und geh umher! [12] Sie fragten ihn: Wer ist der Mensch, der Sprechende zu dir: Trag und geh umher? [13] Der Geheilte aber wußte nicht, wer es ist, denn Jesus verschwand, während eine Volksmenge an dem Ort war. [14] Danach findet ihn Jesus im Heiligtum und sprach zu ihm: Sieh, gesund bist du geworden, sündige nicht mehr, damit nicht etwas Schlimmeres dir geschehe. [15] Wegging der Mensch und meldete den Judaiern, daß Jesus (es) ist, der ihn gesund gemacht hatte. [16] Und deswegen verfolgten die Judaier Jesus, weil er dieses tat an einem Sabbat.

[17] Der [Jesus] aber antwortete ihnen: Mein Vater wirkt bis jetzt, auch ich wirke; [18] deswegen nun (umso) mehr suchten ihn die Judaier zu töten, weil er nicht allein auflöste den Sabbat, sondern auch Gott (den) eigenen Vater nannte, gleich sich machend Gott.

[19] (Es) antwortete nun Jesus und sagte ihnen: Amen, amen, ich sage euch, nicht kann der Sohn von sich aus etwas tun, wenn nicht, was er sieht den Vater tuend; denn was immer jener tut, dieses tut auch der Sohn gleicherweise. [20] Denn der Vater liebt den Sohn und alles zeigt er ihm, was er selbst tut, und größere Werke als diese wird er ihm zeigen, damit ihr staunt. [21] Denn wie der Vater die Toten erweckt und lebendigmacht, so macht auch der Sohn, die er will, lebendig. [22] Denn der Vater richtet auch nicht jemanden, sondern das ganze Gericht hat er gegeben dem Sohn, [23] damit alle ehren den Sohn, wie sie ehren den Vater. Der nicht Ehrende den Sohn, nicht ehrt den Vater, den ihn Schickenden.

[24] Amen, amen, ich sage euch: Der mein Wort Hörende und Glaubende dem mich Schickenden hat ewiges Leben und ins Gericht kommt er nicht, sondern hinübergegangen ist er aus dem Tod ins Leben. [25] Amen, amen, ich sage euch: (Es) kommt eine Stunde, und jetzt ist sie, da die Toten hören werden die Stimme des Sohnes Gottes, und die Hörenden werden

leben. [26] Denn wie der Vater in sich hat Leben, so gab er auch dem Sohn, Leben in sich zu haben. [27] Und Vollmacht gab er ihm, Gericht zu halten, weil er Menschensohn ist. [28] Bestaunt dies nicht, daß eine Stunde kommt, in der alle in den Gräbern hören werden seine Stimme, [29] und herauskommen werden, die das Gute taten, zur Auferstehung zum Leben, die aber das Schlechte taten, zur Auferstehung zum Gericht.

[30] Nicht kann ich von mir aus etwas tun; gleichwie ich höre, richte ich, und mein Gericht ist gerecht, weil ich nicht suche meinen Willen, sondern den Willen des mich Schickenden.

[31] Wenn ich zeuge über mich selbst, ist mein Zeugnis nicht wahr; [32] ein anderer ist der Zeugende über mich, und ich weiß, daß wahr ist das Zeugnis, das er zeugt über mich. [33] Ihr habt geschickt zu Johannes, und er hat gezeugt für die Wahrheit; [34] ich aber nehme nicht von einem Menschen das Zeugnis an, sondern dieses sage ich, damit ihr gerettet werdet. [35] Jener war die Leuchte, die brennende und scheinende, ihr aber wolltet jubeln für eine Stunde in ihrem Licht.

[36] Ich aber habe das Zeugnis, größer als (das) des Johannes; denn die Werke, die mir gegeben hat der Vater, damit ich sie vollende, eben die Werke, die ich tue, zeugen über mich, daß der Vater mich geschickt hat. [37] Und der mich schickende Vater, jener hat gezeugt über mich. Weder seine Stimme habt ihr jemals gehört noch seine Gestalt habt ihr gesehen, [38] und sein Wort habt ihr nicht bleibend in euch, weil, den jener schickte, diesem ihr nicht glaubt. [39] Ihr erforscht die Schriften, weil ihr meint, in ihnen ewiges Leben zu haben; aber jene sind die Zeugenden über mich; [40] aber ihr wollt nicht kommen zu mir, damit ihr Leben habt.

[41] Ehre von Menschen nehme ich nicht an, [42] sondern ich habe euch erkannt, daß die Liebe Gottes ihr nicht habt in euch. [43] Ich bin gekommen im Namen meines Vaters, und nicht nehmt ihr mich an; wenn ein anderer kommt im eigenen Namen, jenen werdet ihr annehmen. [44] Wie könnt ihr glauben, als Ehre voneinander Annehmende, und die Ehre, die vom einzigen Gott, sucht ihr nicht?

⁴⁵ Meint nicht, daß ich euch anklagen werde beim Vater; der euch Anklagende ist Moyses, auf den ihr gehofft habt. ⁴⁶ Denn wenn ihr glaubtet Moyses, glaubtet ihr mir; denn über mich schrieb jener. ⁴⁷ Wenn aber den Schriften jenes ihr nicht glaubt, wie werdet ihr meinen Worten glauben?

6 ¹ Danach wegging Jesus jenseits des Meeres der Galilaia, des von Tiberias. ² (Es) folgte ihm aber eine große Volksmenge, weil sie sahen die Zeichen, die er tat an den Kranken. ³ Hinaufstieg aber Jesus auf den Berg, und dort setzte er sich mit seinen Schülern. ⁴ (Es) war aber nahe das Pascha, das Fest der Judaier.

⁵ Erhebend nun die Augen Jesus und sehend, daß eine große Volksmenge kommt zu ihm, sagt er zu Philippos: Woher sollen wir kaufen Brote, damit diese essen? ⁶ Dies aber sagte er, ihn versuchend; denn er selbst wußte, was er tun wollte. ⁷ (Es) antwortete ihm Philippos: Für zweihundert Denare Brote genügen nicht für sie, damit jeder [ein] weniges empfange. ⁸ (Es) sagt ihm einer von seinen Schülern, Andreas, der Bruder von Simon Petros: ⁹ (Es) ist ein Knabe hier, der hat fünf gerstene Brote und zwei Fische; aber was ist dieses für soviele? ¹⁰ (Es) sprach Jesus: Macht, daß die Menschen sich lagern! (Es) war aber viel Gras an dem Ort. (Es) lagerten sich nun die Männer, an der Zahl etwa fünftausend. ¹¹ (Es) nahm nun Jesus die Brote, und dankend verteilte er den Liegenden, gleicherweise auch von den Fischen, wieviel sie wollten. ¹² Wie sie aber sich gesättigt hatten, sagt er seinen Schülern: Sammelt die übriggebliebenen Stücke, damit nicht etwas zugrundegeht. ¹³ Sie sammelten nun und füllten zwölf Körbe mit Stücken von den fünf gerstenen Broten, die übriggeblieben waren denen, die gegessen hatten. ¹⁴ Die Menschen nun, sehend, welches Zeichen er tat, sagten: Dieser ist wahrhaft der Prophet, der in die Welt kommende. ¹⁵ Jesus nun erkennend, daß sie im Begriff sind, zu kommen und ihn zu entführen, damit sie (ihn) machten zum König, entwich wieder auf den Berg, er allein.

¹⁶ Als (es) aber Abend wurde, hinabstiegen seine Schüler

zum Meer, [17] und einsteigend in ein Boot, kamen sie jenseits des Meeres nach Kapharnaum. Und Finsternis war schon geworden, und noch nicht war gekommen zu ihnen Jesus, [18] und das Meer, weil ein starker Wind wehte, wurde aufgewühlt. [19] Als sie nun gerudert waren etwa fünfundzwanzig Stadien oder dreißig, sehen sie Jesus, umhergehend auf dem Meer und nahe gekommen dem Boot, und sie fürchteten sich. [20] Der aber sagt ihnen: Ich bin (es), fürchtet euch nicht! [21] Sie wollten nun nehmen ihn ins Boot, und sogleich kam das Boot auf das Land, zu dem sie hinfuhren.

[22] Am folgenden (Tag) sah die Volksmenge, die jenseits des Meeres stand, daß ein anderes Boot nicht dort war außer einem und daß nicht miteingestiegen war mit seinen Schülern Jesus ins Boot, sondern allein seine Schüler wegfuhren; [23] andere Boote kamen aus Tiberias nahe an den Ort, wo sie gegessen hatten das Brot, als gedankt hatte der Herr. [24] Als nun die Volksmenge sah, daß Jesus nicht dort ist und nicht seine Schüler, einstiegen sie selbst in die Boote, und sie kamen nach Kapharnaum, suchend Jesus. [25] Und findend ihn jenseits des Meeres, sprachen sie zu ihm: Rabbi, wann bist du hierher gekommen?

[26] (Es) antwortete ihnen Jesus und sprach: Amen, amen, ich sage euch, ihr sucht mich, nicht weil ihr saht Zeichen, sondern weil ihr aßt von den Broten und satt wurdet. [27] Müht euch nicht um die vergehende Speise, sondern um die zu ewigem Leben bleibende Speise, die der Sohn des Menschen euch geben wird; denn diesen besiegelte der Vater, Gott. [28] Sie sprachen nun zu ihm: Was sollen wir tun, damit wir wirken die Werke Gottes? [29] (Es) antwortete Jesus und sprach zu ihnen: Das ist das Werk Gottes, daß ihr glaubt an (den), den jener schickte.

[30] Sie sprachen nun zu ihm: Was nun tust du für ein Zeichen, damit wir sehen und dir glauben? Was wirkst du? [31] Unsere Väter aßen das Manna in der Wüste, gleichwie geschrieben ist: *Brot aus dem Himmel gab er ihnen zu essen.* [32] (Es) sprach nun zu ihnen Jesus: Amen, amen, ich sage euch, nicht

Ps 78,24

Moyses hat euch gegeben das Brot aus dem Himmel, sondern mein Vater gibt euch das Brot aus dem Himmel, das wahre; [33] denn das Brot Gottes ist der Herabsteigende aus dem Himmel und Leben Gebende der Welt. [34] Sie sprachen nun zu ihm: Herr, allzeit gib uns dieses Brot! [35] (Es) sprach zu ihnen Jesus: Ich bin das Brot des Lebens; der Kommende zu mir wird gewiß nicht hungern, und der Glaubende an mich wird gewiß nicht wieder dürsten.

[36] Aber ich sprach zu euch, daß ihr zwar [mich] gesehen habt, aber nicht glaubt. [37] Alles, was mir gibt der Vater, wird zu mir kommen, und den Kommenden zu mir werde ich gewiß nicht hinauswerfen nach draußen, [38] denn ich bin herabgestiegen vom Himmel, nicht damit ich tue meinen Willen, sondern den Willen des mich Schickenden. [39] Dies aber ist der Wille des mich Schickenden, daß ich von allem, was er mir gegeben hat, nichts davon verliere, sondern es aufstehen lasse [am] letzten Tag. [40] Denn dies ist der Wille meines Vaters, daß jeder Sehende den Sohn und Glaubende an ihn habe ewiges Leben, und ich werde ihn aufstehen lassen [am] letzten Tag.

[41] (Es) murrten nun die Judaier über ihn, weil er sprach: Ich bin das Brot, das herabgestiegene aus dem Himmel, [42] und sie sagten: Ist dieser nicht Jesus, der Sohn Josephs, von dem wir kennen den Vater und die Mutter? Wie sagt er jetzt: Aus dem Himmel bin ich herabgestiegen? [43] (Es) antwortete Jesus und sprach zu ihnen: Murrt nicht untereinander! [44] Keiner kann kommen zu mir, wenn nicht der Vater, der mich schickende, ihn zieht, und ich werde ihn aufstehen lassen am letzten Tag. [45] (Es) ist geschrieben in den Propheten: Und sie werden *alle* Jes 54,13 *Belehrte Gottes* sein; jeder Hörende vom Vater und Lernende kommt zu mir. [46] Nicht daß den Vater gesehen hätte einer, wenn nicht (der), der ist von Gott, dieser hat gesehen den Vater. [47] Amen, amen, ich sage euch, der Glaubende hat ewiges Leben. [48] Ich bin das Brot des Lebens. [49] Eure Väter aßen in der Wüste das Manna und starben; [50] dies ist das Brot, das aus dem Himmel herabsteigende, damit einer von ihm esse

und nicht sterbe. [51] Ich bin das Brot, das lebendige, das aus dem Himmel herabgestiegene; wenn einer ißt von diesem Brot, leben wird er in den Aion, und das Brot, das ich geben werde, ist mein Fleisch für der Welt Leben.

[52] (Es) stritten nun untereinander die Judaier, sagend: Wie kann dieser uns geben [sein] Fleisch zu essen? [53] (Es) sprach nun zu ihnen Jesus: Amen, amen, ich sage euch, wenn ihr nicht eßt das Fleisch des Sohnes des Menschen und trinkt sein Blut, nicht habt ihr Leben in euch. [54] Der Verzehrende mein Fleisch und Trinkende mein Blut hat ewiges Leben, und ich werde ihn aufstehen lassen am letzten Tag. [55] Denn mein Fleisch ist eine wahre Speise, und mein Blut ist ein wahrer Trank. [56] Der Verzehrende mein Fleisch und Trinkende mein Blut bleibt in mir und ich in ihm. [57] Gleichwie mich schickte der lebendige Vater und ich lebe durch den Vater, auch der mich Verzehrende, auch jener wird leben durch mich. [58] Dies ist das Brot, das aus dem Himmel herabgestiegene, nicht gleichwie (es) aßen die Väter und starben; der Verzehrende dieses Brot wird leben in den Aion.

[59] Dieses sprach er in (der) Synagoge lehrend in Kapharnaum.

[60] Viele Hörende nun von seinen Schülern sprachen: Hart ist dieses Wort; wer kann es hören? [61] Wissend aber Jesus bei sich, daß murren über dieses seine Schüler, sprach zu ihnen: Dies bereitet euch Anstoß? [62] Wenn ihr nun seht den Sohn des Menschen hinaufsteigend, wo er war vorher? [63] Der Geist ist der Lebendigmachende, das Fleisch nützt gar nichts; die Worte, die ich geredet habe zu euch, Geist sind sie und Leben sind sie. [64] Aber (es) sind von euch einige, die nicht glauben. Denn (es) wußte Jesus von Anfang (an), welches sind die nicht Glaubenden und welcher ist, der ihn übergeben wird. [65] Und er sagte: Deswegen habe ich euch gesagt: Keiner kann kommen zu mir, wenn es ihm nicht gegeben ist vom Vater.

[66] Von da (an) gingen viele [von] seinen Schülern weg, zurück, und nicht mehr gingen sie mit ihm umher. [67] (Es) sprach nun Jesus zu den Zwölf: Wollt nicht auch ihr fortgehen?

[68] (Es) antwortete ihm Simon Petros: Herr, zu wem sollen wir weggehen? Worte ewigen Lebens hast du, [69] und wir haben geglaubt und wir haben erkannt, daß du bist der Heilige Gottes. [70] (Es) antwortete ihnen Jesus: Habe ich nicht euch, die Zwölf, erwählt? Aber von euch ist einer ein Teufel. [71] Er redete aber vom Judas (des) Simon Iskariotes; denn dieser sollte ihn übergeben, einer von den Zwölfen.

7 [1] Und danach umherging Jesus in der Galilaia; denn nicht wollte er in der Judaia umhergehen, weil die Judaier suchten, ihn zu töten.

[2] (Es) war aber nahe das Fest der Judaier, das Laubhüttenfest. [3] (Es) sprachen nun zu ihm seine Brüder: Geh hinüber von hier und geh fort in die Judaia, damit auch deine Schüler sehen deine Werke, die du tust; [4] denn keiner tut irgendetwas im Verborgenen und sucht selbst in Öffentlichkeit zu sein. Wenn du dieses tust, offenbare dich der Welt! [5] Denn auch seine Brüder glaubten nicht an ihn. [6] (Es) sagt nun zu ihnen Jesus: Meine Zeit ist noch nicht da, eure Zeit aber ist allzeit bereit. [7] Nicht kann die Welt euch hassen, mich aber haßt sie, weil ich zeuge über sie, daß ihre Werke böse sind. [8] Geht ihr hinauf zum Fest; ich gehe nicht hinauf zu diesem Fest, weil meine Zeit noch nicht erfüllt ist. [9] Dieses aber sprechend, blieb er selbst in der Galilaia.

[10] Als aber hinaufgingen seine Brüder zum Fest, da ging auch er hinauf, nicht offen, sondern [wie] im Verborgenen. [11] Die Judaier nun suchten ihn beim Fest und sagten: Wo ist jener? [12] Und Gemurmel über ihn war viel bei den Volksmengen; die einen sagten: Gut ist er, andere [aber] sagten: Nein, sondern er führt irre die Volksmenge. [13] Keiner freilich redete in Offenheit über ihn wegen der Furcht vor den Judaiern.

[14] Schon mitten während des Festes aber hinaufging Jesus zum Heiligtum und lehrte. [15] (Es) staunten nun die Judaier, sagend: Wie kennt dieser Schriften als Ungelehrter? [16] (Es) antwortete ihnen nun Jesus und sprach: Meine Lehre ist nicht meine, sondern (die) des mich Schickenden; [17] wenn einer seinen Willen tun will, wird er erkennen von der Lehre, ob

aus Gott sie ist oder ob ich von mir (aus) rede. [18] Der von sich (aus) Redende sucht die eigene Herrlichkeit; der Suchende aber die Herrlichkeit des ihn Schickenden, dieser ist wahrhaftig, und Ungerechtigkeit ist in ihm nicht.

[19] Hat nicht Moyses euch gegeben das Gesetz? Und keiner von euch tut das Gesetz. Was sucht ihr mich zu töten? [20] (Es) antwortete die Volksmenge: Einen Dämon hast du; wer sucht dich zu töten? [21] Es antwortete Jesus und sprach zu ihnen: Ein einziges Werk tat ich, und alle staunt ihr. [22] Deswegen hat Moyses gegeben euch die Beschneidung – nicht daß sie von Moyses ist, sondern von den Vätern –, und am Sabbat beschneidet ihr einen Menschen. [23] Wenn (die) Beschneidung empfängt ein Mensch am Sabbat, ohne daß aufgelöst wird das Gesetz (des) Moyses, mir zürnt ihr, weil ich einen ganzen Menschen gesund machte am Sabbat? [24] Richtet nicht nach Augenschein, sondern das gerechte Gericht richtet!

[25] (Es) sagten nun einige von den Hierosolymiten: Ist (es) nicht dieser, den sie suchen zu töten? [26] Und sieh, in Offenheit redet er, und nichts sagen sie ihm. Erkannten etwa wahrhaft die Vorsteher, daß dieser ist der Christos? [27] Aber diesen kennen wir, woher er ist; der Christos aber, wann er kommt, keiner erkennt, woher er ist. [28] (Es) rief nun Jesus, im Heiligtum lehrend und sagend: Und mich kennt ihr und wißt, woher ich bin; aber von mir (aus) bin ich nicht gekommen, sondern wahr ist der mich Schickende, den ihr nicht kennt; [29] ich kenne ihn, weil ich von ihm (her) bin und jener mich schickte.

[30] Sie suchten nun, ihn zu ergreifen, aber keiner legte Hand an ihn, weil noch nicht gekommen war seine Stunde.

[31] Von der Volksmenge aber glaubten viele an ihn, und sie sagten: Der Christos, wann er kommt, wird er mehr Zeichen tun (im Vergleich zu) denen, (die) dieser tat? [32] (Es) hörten die Pharisaier die Volksmenge murrend über ihn dieses, und (es) schickten die Hochpriester und die Pharisaier Diener, damit sie ergriffen ihn. [33] (Es) sprach nun Jesus: Noch eine kurze Zeit bin ich mit euch und gehe (dann) fort zu dem mich

Schickenden. ³⁴ Suchen werdet ihr mich, und nicht werdet ihr [mich] finden, und wo ich bin, könnt ihr nicht (hin)kommen. ³⁵ (Es) sprachen nun die Judaier zu sich selbst: Wohin will dieser gehen, daß wir ihn nicht finden werden? Will er etwa in die Diaspora der Hellenen gehen und lehren die Hellenen? ³⁶ Was bedeutet dieses Wort, das er sprach: Suchen werdet ihr mich, und nicht werdet ihr [mich] finden, und wo ich bin, könnt ihr nicht (hin)kommen?

³⁷ Am letzten Tag aber, dem großen des Festes, dastand Jesus und rief, sagend: Wenn einer dürstet, kommen soll er zu mir und trinken! ³⁸ Der Glaubende an mich, gleichwie die Schrift sprach: Flüsse werden aus seinem Leib fließen von lebendigem Wasser. ³⁹ Dies aber sprach er über den Geist, den empfangen sollten die Glaubenden an ihn; denn noch nicht war (der) Geist, weil Jesus noch nicht verherrlicht war.

⁴⁰ Von der Volksmenge nun Hörende diese Worte sagten: Dieser ist wahrhaft der Prophet; ⁴¹ andere sagten: Dieser ist der Christos, andere aber sagten: Kommt denn etwa aus der Galilaia der Christos? ⁴² Sprach nicht die Schrift: Aus der Nachkommenschaft Davids und von Bethlehem, dem Dorf, wo David war, kommt der Christos? ⁴³ Eine Spaltung nun entstand in der Volksmenge wegen ihm; ⁴⁴ einige aber von ihnen wollten ihn ergreifen, aber keiner legte Hand an ihn.

⁴⁵ (Es) kamen nun die Diener zu den Hochpriestern und Pharisaiern, und (es) sprachen zu ihnen jene: Weshalb führtet ihr ihn nicht her? ⁴⁶ (Es) antworteten die Diener: Noch nie redete so ein Mensch. ⁴⁷ (Es) antworteten ihnen nun die Pharisaier: Seid auch ihr irregeführt worden? ⁴⁸ Glaubte etwa irgendeiner von den Vorstehern an ihn, oder von den Pharisaiern? ⁴⁹ Aber diese Volksmenge, die nicht kennende das Gesetz, verflucht sind sie. ⁵⁰ (Es) sagt Nikodemos zu ihnen, der Gekommene zu ihm [das] frühere (Mal), der einer war von ihnen: ⁵¹ Richtet etwa unser Gesetz den Menschen, wenn es nicht hört zuerst von ihm und erkennt, was er tut? ⁵² Sie antworteten und sprachen zu ihm: Bist etwa auch du aus der Galilaia? Forsche und sieh, daß aus der Galilaia ein Prophet

nicht erweckt wird.

[[⁵³ Und sie gingen, ein jeder in sein Haus,

8 ¹ Jesus aber ging auf den Berg der Ölbäume. ² Frühmorgens aber wieder kam er zum Heiligtum, und das ganze Volk kam zu ihm, und sich setzend lehrte er sie. ³ Vorführten aber die Schriftkundigen und die Pharisaier eine Frau, beim Ehebruch ertappt, und stellend sie in (die) Mitte, ⁴ sagen sie ihm: Lehrer, diese Frau ist ertappt worden auf frischer Tat, ehebrechend; ⁵ im Gesetz aber gebot uns Moyses, solche zu steinigen. Du nun, was sagst du? ⁶ Dies aber sagten sie, ihn versuchend, damit sie (etwas) hätten, ihn anzuklagen. Jesus aber, hinunter sich bückend, mit dem Finger hinschrieb auf die Erde. ⁷ Wie sie aber beharrten, ihn fragend, aufrichtete er sich und sprach zu ihnen: Der Sündlose von euch soll werfen als erster auf sie einen Stein. ⁸ Und wieder sich niederbückend schrieb er auf die Erde. ⁹ Die Hörenden aber gingen hinaus, einer nach dem anderen, angefangen von den Ältesten, und er wurde zurückgelassen allein, und die Frau, die in (der) Mitte war. ¹⁰ Sich aufrichtend aber sprach Jesus zu ihr: Frau, wo sind sie? Keiner verurteilte dich? ¹¹ Die aber sprach: Keiner, Herr. (Es) sprach aber Jesus: Auch ich verurteile dich nicht; geh [und] von jetzt (an) sündige nicht mehr!]]

¹² Wieder nun redete zu ihnen Jesus, sagend: Ich bin das Licht der Welt; der mir Folgende geht gewiß nicht umher in der Finsternis, sondern er wird haben das Licht des Lebens. ¹³ (Es) sprachen nun zu ihm die Pharisaier: Du, über dich selbst zeugst du; dein Zeugnis ist nicht wahr. ¹⁴ (Es) antwortete Jesus und sprach zu ihnen: Auch wenn ich zeuge über mich selbst, wahr ist mein Zeugnis, weil ich weiß, woher ich kam und wohin ich fortgehe; ihr aber, nicht wißt ihr, woher ich komme oder wohin ich fortgehe. ¹⁵ Ihr richtet nach dem Fleisch, ich richte keinen. ¹⁶ Und wenn ich richte, ist mein Gericht wahrhaftig, weil ich nicht allein bin, sondern ich und der mich schickende Vater. ¹⁷ Und in eurem Gesetz ist ge-

schrieben, daß zweier Menschen Zeugnis wahr ist. [18] Ich bin
der Zeugende über mich selbst, und (es) zeugt über mich der
mich schickende Vater. [19] Sie sagten nun zu ihm: Wo ist dein
Vater? (Es) antwortete Jesus: Weder kennt ihr mich noch
meinen Vater; wenn ihr mich kenntet, auch meinen Vater
kenntet ihr. [20] Diese Worte redete er beim Schatzkasten, lehrend im Heiligtum; und keiner ergriff ihn, weil noch nicht
gekommen war seine Stunde.

[21] Er sprach nun wieder zu ihnen: Ich gehe fort, und ihr
werdet mich suchen, und in eurer Sünde werdet ihr sterben;
wohin ich fortgehe, könnt ihr nicht (hin)kommen. [22] (Es) sagten nun die Judaier: Doch nicht etwa töten wird er sich, weil
er sagt: Wohin ich fortgehe, könnt ihr nicht (hin)kommen?
[23] Und er sagte zu ihnen: Ihr seid aus dem Unten, ich bin aus
dem Oben; ihr seid aus dieser Welt, ich bin nicht aus dieser
Welt. [24] Ich sprach nun zu euch, daß ihr sterben werdet in euren Sünden; denn wenn ihr nicht glaubt, daß ich (es) bin,
werdet ihr sterben in euren Sünden. [25] Sie sagten nun zu ihm:
Du, wer bist du? (Es) sprach zu ihnen Jesus: Überhaupt, was
rede ich auch zu euch? [26] Vieles habe ich über euch zu reden
und zu richten, aber der mich Schickende ist wahrhaftig, und
was ich hörte von ihm, dieses rede ich zur Welt. [27] Nicht erkannten sie, daß er vom Vater zu ihnen redete. [28] (Es) sprach
nun [zu ihnen] Jesus: Wann ihr erhöht habt den Sohn des
Menschen, dann werdet ihr erkennen, daß ich (es) bin, und
von mir (aus) tue ich nichts, sondern gleichwie mich lehrte
der Vater, dieses rede ich. [29] Und der mich Schickende ist mit
mir; nicht ließ er mich allein, weil ich das ihm Wohlgefällige
allzeit tue.

[30] Als er dieses redete, glaubten viele an ihn. [31] (Es) sagte
nun Jesus zu den Judaiern, die zum Glauben an ihn gekommen waren: Wenn ihr bleibt in meinem Wort, wahrhaft meine
Schüler seid ihr, [32] und erkennen werdet ihr die Wahrheit, und
die Wahrheit wird euch befreien. [33] Sie antworteten zu ihm:
Nachkommenschaft Abrahams sind wir, und keinem haben
wir jemals als Sklaven gedient; wie sagst du: Freie werdet ihr

werden? [34] (Es) antwortete ihnen Jesus: Amen, amen, ich sage euch: Jeder Tuende die Sünde ist Sklave der Sünde. [35] Der Sklave aber bleibt nicht im Haus in den Aion, der Sohn bleibt in den Aion. [36] Wenn nun der Sohn euch befreit, wirklich Freie werdet ihr sein.

[37] Ich weiß, daß Nachkommenschaft Abrahams ihr seid; aber ihr sucht mich zu töten, weil mein Wort nicht Raum hat in euch. [38] Was ich gesehen habe beim Vater, rede ich; und ihr nun, was ihr hörtet vom Vater, tut ihr. [39] Sie antworteten und sprachen zu ihm: Unser Vater ist Abraham. (Es) sagt zu ihnen Jesus: Wenn Kinder Abrahams ihr wärt, die Werke Abrahams tätet ihr; [40] jetzt aber sucht ihr mich zu töten, einen Menschen, der ich die Wahrheit zu euch geredet habe, die ich hörte von Gott; dies tat Abraham nicht. [41] Ihr tut die Werke eures Vaters. Sie sprachen [nun] zu ihm: Wir sind nicht aus Unzucht gezeugt, als einzigen Vater haben wir Gott. [42] (Es) sprach zu ihnen Jesus: Wenn Gott euer Vater wäre, liebtet ihr mich, denn von Gott ging ich aus und bin gekommen; denn auch nicht von mir (aus) bin ich gekommen, sondern jener schickte mich. [43] Weshalb versteht ihr meine Rede nicht? Weil ihr nicht hören könnt mein Wort. [44] Ihr seid aus dem Vater, dem Teufel, und die Begierden eures Vaters wollt ihr tun. Jener war ein Menschenmörder von Anfang (an), und in der Wahrheit steht er nicht, weil nicht ist Wahrheit in ihm. Wann er redet die Lüge, aus dem Eigenen redet er, weil ein Lügner er ist und der Vater von ihr. [45] Weil ich aber die Wahrheit sage, nicht glaubt ihr mir. [46] Wer von euch überführt mich wegen einer Sünde? Wenn ich Wahrheit sage, weshalb glaubt ihr mir nicht? [47] Wer aus Gott ist, hört die Worte Gottes; deswegen hört ihr nicht, weil ihr nicht aus Gott seid.

[48] (Es) antworteten die Judaier und sprachen zu ihm: Sagen wir nicht recht, daß ein Samariter du bist und einen Dämon hast? [49] (Es) antwortete Jesus: Einen Dämon habe ich nicht, sondern ich ehre meinen Vater, und ihr entehrt mich. [50] Ich aber suche nicht meine Herrlichkeit; er ist der Suchende und Richtende. [51] Amen, amen, ich sage euch, wenn einer mein

Wort bewahrt, (den) Tod nicht schaut er in den Aion. [52] (Es) sprachen [nun] zu ihm die Judaier: Jetzt haben wir erkannt, daß einen Dämon du hast. Abraham starb und die Propheten, und du sagst: Wenn einer mein Wort bewahrt, nicht wird er kosten (den) Tod in den Aion. [53] Bist etwa du größer als unser Vater Abraham, welcher starb? Auch die Propheten starben. Zu wem machst du dich selbst? [54] (Es) antwortete Jesus: Wenn ich mich selbst verherrliche, meine Herrlichkeit ist nichts; (es) ist mein Vater der mich Verherrlichende, von dem ihr sagt, daß unser Gott er ist, [55] und nicht habt ihr ihn erkannt, ich aber kenne ihn. Und wenn ich sagte: Ich kenne ihn nicht, werde ich sein gleich euch ein Lügner; aber ich kenne ihn, und sein Wort bewahre ich. [56] Abraham, euer Vater, jubelte, daß er sehe meinen Tag, und er sah (ihn) und freute sich. [57] (Es) sprachen nun die Judaier zu ihm: Fünfzig Jahre hast du noch nicht und hast Abraham gesehen? [58] (Es) sprach zu ihnen Jesus: Amen, amen, ich sage euch, ehe Abraham wurde, bin ich. [59] Aufhoben sie nun Steine, damit sie würfen auf ihn; Jesus aber verbarg sich, und hinausging er aus dem Heiligtum.

9 [1] Und vorbeigehend sah er einen Menschen, blind von Geburt. [2] Und (es) fragten ihn seine Schüler, sagend: Rabbi, wer sündigte, dieser oder seine Eltern, daß er blind geboren wurde? [3] (Es) antwortete Jesus: Weder sündigte dieser noch seine Eltern, sondern damit offenbar werden die Werke Gottes an ihm. [4] Wir müssen wirken die Werke des mich Schickenden, solange Tag ist; (es) kommt eine Nacht, da keiner kann wirken. [5] Wann in der Welt ich bin, Licht der Welt bin ich. [6] Dieses sprechend spuckte er zur Erde und machte einen Teig aus dem Speichel, und aufstrich er ihm den Teig auf die Augen, [7] und er sprach zu ihm: Geh fort, wasch dich im Teich des Siloam – was übersetzt wird: Gesandter! Wegging er nun und wusch sich und kam sehend.

[8] Die Nachbarn nun und die ihn gesehen hatten vorher, daß ein Bettler er war, sagten: Ist nicht dieser der Sitzende und Bettelnde? [9] Andere sagten: Dieser ist (es), andere sagten:

Nein, sondern ähnlich ist er ihm. Jener sagte: Ich bin (es).
[10] Sie sagten nun zu ihm: Wie [nun] wurden geöffnet deine
Augen? [11] (Es) antwortete jener: Der Mensch, der Jesus Genannte, machte einen Teig und bestrich meine Augen und
sprach zu mir: Geh fort zum Siloam und wasch dich! Weggehend nun und mich waschend, wurde ich wieder sehend.
[12] Und sie sprachen zu ihm: Wo ist jener? Er sagt: Ich weiß
nicht.

[13] Sie führen ihn zu den Pharisaiern, den einst Blinden.
[14] (Es) war aber Sabbat an dem Tag, (an dem) den Teig machte Jesus und öffnete seine Augen. [15] Wieder nun fragten ihn
auch die Pharisaier, wie er wieder sehend wurde. Der aber
sprach zu ihnen: Einen Teig auflegte er mir auf die Augen,
und ich wusch mich und sehe. [16] (Es) sagten nun von den
Pharisaiern einige: Nicht ist dieser Mensch von Gott, weil er
den Sabbat nicht wahrt. Andere [aber] sagten: Wie kann ein
sündiger Mensch solche Zeichen tun? Und Spaltung war unter
ihnen. [17] Sie sagen nun zu dem Blinden wieder: Was sagst du
über ihn, daß er öffnete deine Augen? Der aber sprach: Ein
Prophet ist er.

[18] Nicht glaubten nun die Judaier von ihm, daß er blind war
und wieder sehend wurde, bis daß sie riefen seine, des wieder
Sehendgewordenen, Eltern, [19] und sie fragten sie, sagend: Ist
dieser euer Sohn, von dem ihr sagt, daß er blind geboren
wurde? Wie nun sieht er jetzt? [20] (Es) antworteten nun seine
Eltern und sprachen: Wir wissen, daß dieser ist unser Sohn
und daß er blind geboren wurde; [21] wie er aber jetzt sieht,
wissen wir nicht, oder wer öffnete seine Augen, wir wissen
(es) nicht; fragt ihn selbst, ein Erwachsener ist er, selbst wird
er über sich reden. [22] Dieses sprachen seine Eltern, weil sie
fürchteten die Judaier; denn schon hatten vereinbart die Judaier, daß, wenn einer ihn bekenne als Christos, er aus der
Synagoge ausgestoßen werde. [23] Deswegen sprachen seine
Eltern: Ein Erwachsener ist er, befragt ihn selbst!

[24] Sie riefen nun den Menschen zum zweiten (Mal), der
blind war, und sprachen zu ihm: Gib Gott Ehre! Wir wissen,

daß dieser Mensch ein Sünder ist. [25] (Es) antwortete nun jener: Ob ein Sünder er ist, weiß ich nicht; eines weiß ich, daß ich, blind gewesen, jetzt sehe. [26] Sie sprachen nun zu ihm: Was tat er dir? Wie öffnete er deine Augen? [27] Er antwortete ihnen: Ich sprach schon zu euch, und nicht hörtet ihr; was wieder wollt ihr hören? Wollt etwa auch ihr seine Schüler werden? [28] Und sie schmähten ihn und sprachen: Du bist ein Schüler von jenem, wir aber sind des Moyses Schüler; [29] wir wissen, daß zu Moyses geredet hat Gott, von diesem aber wissen wir nicht, woher er ist. [30] (Es) antwortete der Mensch und sprach zu ihnen: Darin liegt nämlich das Staunenswerte, daß ihr nicht wißt, woher er ist, aber er öffnete meine Augen. [31] Wir wissen, daß auf Sünder Gott nicht hört, sondern wenn einer gottesfürchtig ist und seinen Willen tut, auf diesen hört er. [32] Aus dem Aion (her) nicht wurde gehört, daß einer öffnete (die) Augen eines Blindgeborenen; [33] wenn dieser nicht wäre von Gott, gar nichts könnte er tun. [34] Sie antworteten und sprachen zu ihm: In Sünden bist du geboren ganz, und du belehrst uns? Und hinauswarfen sie ihn nach draußen.

[35] (Es) hörte Jesus, daß sie hinauswarfen ihn nach draußen, und findend ihn, sprach er: Du, glaubst du an den Sohn des Menschen? [36] (Es) antwortete jener und sprach: Und wer ist (es), Herr, damit ich glaube an ihn? [37] (Es) sprach zu ihm Jesus: Du hast ihn doch gesehen, und der Redende mit dir, jener ist (es). [38] Der aber sagte: Ich glaube, Herr; und niederfiel er vor ihm.

[39] Und (es) sprach Jesus: Zum Gericht kam ich in diese Welt, damit die Nichtsehenden sehen und die Sehenden blind werden. [40] (Es) hörten dieses (welche) von den Pharisaiern, die mit ihm waren, und sie sprachen zu ihm: Sind etwa auch wir Blinde? [41] (Es) sprach zu ihnen Jesus: Wenn ihr Blinde wäret, nicht hättet ihr eine Sünde; jetzt aber sagt ihr: Wir sehen; eure Sünde bleibt.

10

[1] Amen, amen, ich sage euch, der nicht Hineingehende durch die Tür in den Hof der Schafe, sondern Hinaufsteigende anderswoher, jener ist ein Dieb und Räuber;

[2] der aber Hineingehende durch die Tür, Hirt ist er der Schafe. [3] Diesem öffnet der Türhüter, und die Schafe hören auf seine Stimme, und die eigenen Schafe ruft er nach Namen, und hinausführt er sie. [4] Wann er die eigenen alle hinaustrieb, vor ihnen geht er, und die Schafe folgen ihm, weil sie kennen seine Stimme; [5] einem Fremden aber werden sie gewiß nicht folgen, sondern fliehen werden sie (weg) von ihm, weil nicht sie kennen der Fremden Stimme. [6] Diese Rätselrede sprach zu ihnen Jesus, jene aber wußten nicht, was es war, was er redete zu ihnen.

[7] (Es) sprach nun wieder Jesus: Amen, amen, ich sage euch: Ich bin die Tür der Schafe. [8] Alle, wieviele kamen [vor mir], sind Diebe und Räuber, aber nicht hörten auf sie die Schafe. [9] Ich bin die Tür; wenn einer durch mich hineingeht, wird er gerettet werden, und er wird hinein- und hinausgehen, und Weide wird er finden. [10] Der Dieb kommt nicht, außer damit er stehle und schlachte und zugrunderichte; ich kam, damit sie Leben haben und reichlich haben.

[11] Ich bin der gute Hirt. Der gute Hirt gibt sein Leben für die Schafe; [12] wer Lohnhirt und nicht Hirt ist, dem nicht sind die Schafe eigen, sieht den Wolf kommend und verläßt die Schafe und flieht – und der Wolf raubt sie und zerstreut (sie) –, [13] weil Lohnhirt er ist und ihm nicht liegt an den Schafen.

[14] Ich bin der gute Hirt, und ich kenne die Meinigen, und (es) kennen mich die Meinigen, [15] gleichwie mich kennt der Vater und ich kenne den Vater, und mein Leben gebe ich für die Schafe. [16] Auch andere Schafe habe ich, die nicht sind aus diesem Hof; auch jene muß ich führen, und auf meine Stimme werden sie hören, und sie werden werden eine Herde, ein Hirt.

[17] Deswegen liebt mich der Vater, weil ich gebe mein Leben, damit ich wieder es empfange. [18] Keiner nimmt es von mir, sondern ich gebe es von mir selbst. Vollmacht habe ich, es zu geben, und Vollmacht habe ich, es wieder zu empfangen; diesen Auftrag empfing ich von meinem Vater.

[19] Spaltung entstand wieder unter den Judaiern wegen dieser

Worte. [20] (Es) sagten aber viele von ihnen: Einen Dämon hat
er, und verrückt ist er; was hört ihr auf ihn? [21] Andere sagten:
Diese Worte sind nicht (die) eines Besessenen; kann etwa ein
Dämon Blinder Augen öffnen?

[22] (Es) war damals das Tempelweihfest in Hierosolyma,
Winter war, [23] und umherging Jesus im Heiligtum in der Halle
des Solomon. [24] (Es) umringten ihn nun die Judaier, und sie
sagten zu ihm: Wie lange hältst du hin unsere Seele? Wenn
du bist der Christos, sag (es) uns in Offenheit. [25] (Es) antwortete ihnen Jesus: Ich sprach zu euch, und nicht glaubt ihr;
die Werke, die ich tue im Namen meines Vaters, diese zeugen über mich; [26] aber ihr glaubt nicht, weil ihr nicht seid aus
meinen Schafen. [27] Meine Schafe hören auf meine Stimme,
und ich kenne sie, und sie folgen mir, [28] und ich gebe ihnen
ewiges Leben, und nicht gehen sie verloren in den Aion, und
nicht wird rauben einer sie aus meiner Hand. [29] Mein Vater,
was er mir gegeben hat, ist größer als alles, und keiner kann
(es) rauben aus der Hand des Vaters. [30] Ich und der Vater,
eins sind wir.

[31] (Herbei)trugen wieder Steine die Judaier, damit sie ihn
steinigten. [32] (Es) antwortete ihnen Jesus: Viele rechte Werke
zeigte ich euch vom Vater; wegen welchen Werkes von ihnen
steinigt ihr mich? [33] (Es) antworteten ihm die Judaier: Wegen
eines rechten Werkes steinigen wir dich nicht, sondern wegen
Lästerung, und weil du, der du ein Mensch bist, dich selbst
machst zu Gott. [34] (Es) antwortete ihnen Jesus: Ist nicht geschrieben in eurem Gesetz: *Ich sprach: Götter seid ihr?*   Ps 82,6
[35] Wenn jene er ansprach als Götter, zu denen das Wort Gottes geschah – und nicht kann aufgelöst werden die Schrift –,
[36] (von dem,) den der Vater heiligte und in die Welt schickte,
sagt ihr: Du lästerst, weil ich sprach: Sohn Gottes bin ich?
[37] Wenn ich nicht tue die Werke meines Vaters, glaubt mir
nicht! [38] Wenn aber ich (sie) tue, und wenn ihr mir nicht
glaubt, glaubt den Werken, damit ihr erkennt und wißt, daß
in mir der Vater (ist) und ich im Vater. [39] Sie suchten [nun],
ihn wieder zu ergreifen, und er entkam aus ihrer Hand.

⁴⁰ Und wegging er wieder jenseits des Jordanes an den Ort, wo Johannes zuerst war taufend, und er blieb dort. ⁴¹ Und viele kamen zu ihm und sagten: Johannes tat zwar kein Zeichen, alles aber, was Johannes sprach über diesen, war wahr. ⁴² Und viele glaubten an ihn dort.

11 ¹ (Es) war aber einer krankend, Lazaros von Bethania, aus dem Dorf Marias und Marthas, ihrer Schwester. ² Es war aber Mariam, die gesalbt hatte den Herrn mit Öl und abgewischt hatte seine Füße mit ihren Haaren, deren Bruder Lazaros krank war. ³ (Es) schickten nun die Schwestern zu ihm, sagend: Herr, sieh, (der,) den du liebst, ist krank. ⁴ (Es) hörend aber sprach Jesus: Diese Krankheit nicht ist zum Tod, sondern für die Herrlichkeit Gottes, damit verherrlicht werde der Sohn Gottes durch sie. ⁵ (Es) liebte aber Jesus die Martha und ihre Schwester und den Lazaros. ⁶ Wie er nun hörte, daß er krank sei, da blieb er (noch) an (dem) Ort, wo er war, zwei Tage, ⁷ dann, danach sagt er den Schülern: Gehen wir wieder in die Judaia! ⁸ (Es) sagen ihm die Schüler: Rabbi, eben suchten dich zu steinigen die Judaier, und wieder fortgehst du dorthin? ⁹ (Es) antwortete Jesus: Hat nicht zwölf Stunden der Tag? Wenn einer umhergeht am Tag, nicht stößt er an, weil das Licht dieser Welt er sieht; ¹⁰ wenn aber einer umhergeht in der Nacht, stößt er an, weil das Licht nicht ist in ihm.

¹¹ Dieses sprach er, und danach sagt er ihnen: Lazaros, unser Freund, ist entschlafen; aber ich gehe, damit ich aus dem Schlaf ihn hole. ¹² (Es) sprachen nun die Schüler zu ihm: Herr, wenn er entschlafen ist, wird er gerettet werden. ¹³ Gesprochen hatte aber Jesus über seinen Tod, jene aber meinten, daß er vom Entschlafen des Schlafes rede. ¹⁴ Da nun sprach zu ihnen Jesus in Offenheit: Lazaros starb, ¹⁵ und ich freue mich wegen euch, damit ihr glaubt, weil ich nicht dort war; aber gehen wir zu ihm! ¹⁶ (Es) sprach nun Thomas, der Didymos (= Zwilling) genannte, zu den Mitschülern: Gehen auch wir, damit wir sterben mit ihm!

¹⁷ Kommend nun Jesus, fand er ihn vier Tage schon liegend

im Grab. [18] (Es) war aber Bethania nahe bei Hierosolyma, etwa fünfzehn Stadien (davon). [19] Viele aber von den Judaiern waren gekommen zu Martha und Mariam, damit sie sie trösteten wegen des Bruders. [20] Die Martha nun, wie sie hörte, daß Jesus kommt, ging ihm entgegen; Mariam aber saß im Haus. [21] (Es) sprach nun die Martha zu Jesus: Herr, wenn du wärest hier (gewesen), nicht wäre gestorben mein Bruder; [22] [doch] auch jetzt weiß ich, daß, wieviel immer du bittest Gott, geben wird dir Gott. [23] (Es) sagt ihr Jesus: Aufstehen wird dein Bruder. [24] (Es) sagt ihm Martha: Ich weiß, daß er aufstehen wird bei der Auferstehung am letzten Tag. [25] (Es) sprach zu ihr Jesus: Ich bin die Auferstehung und das Leben; der Glaubende an mich – auch wenn er stirbt – wird leben, [26] und jeder Lebende und Glaubende an mich stirbt gewiß nicht in den Aion. Glaubst du dies? [27] Sie sagt ihm: Ja, Herr, ich bin zum Glauben gekommen, daß du bist der Christos, der Sohn Gottes, der in die Welt Kommende.

[28] Und dies sprechend, wegging sie und rief Mariam, ihre Schwester, heimlich, sprechend: Der Lehrer ist da, und er ruft dich. [29] Jene aber, wie sie (das) hörte, stand schnell auf und ging zu ihm. [30] Noch nicht aber war gekommen Jesus ins Dorf, sondern er war noch an dem Ort, wo ihm begegnete Martha. [31] Die Judaier nun, die mit ihr waren im Haus und die sie trösteten, sehend die Mariam, daß schnell sie aufstand und hinausging, folgten ihr, meinend, daß sie fortgeht zum Grab, damit sie weine dort.

[32] Mariam nun, wie sie (hin)kam, wo Jesus war, sehend ihn, fiel ihm zu den Füßen, sagend ihm: Herr, wenn du wärest hier (gewesen), nicht wäre gestorben mein Bruder. [33] Jesus nun, wie er sah sie weinend und die mit ihr gekommenen Judaier weinend, schnaubte im Geist und erregte sich [34] und sprach: Wohin habt ihr ihn gelegt? Sie sagen ihm: Herr, komm und sieh! [35] (Es) weinte Jesus. [36] (Es) sagten nun die Judaier: Sieh, wie er ihn liebte. [37] Einige aber von ihnen sprachen: Konnte dieser, der Öffnende die Augen des Blinden, nicht machen, daß auch dieser nicht stürbe?

[38] Jesus nun, wieder schnaubend bei sich, kommt zum Grab; (es) war aber eine Höhle, und ein Stein auflag auf ihr. [39] (Es) sagt Jesus: Tragt weg den Stein! (Es) sagt ihm die Schwester des Gestorbenen, Martha: Herr, schon riecht er, denn er ist (den) vierten (Tag tot). [40] (Es) sagt ihr Jesus: Sprach ich nicht zu dir, daß, wenn du glaubst, du sehen wirst die Herrlichkeit Gottes? [41] Wegtrugen sie nun den Stein. Jesus aber erhob die Augen nach oben und sprach: Vater, ich danke dir, daß du mich hörtest. [42] Ich zwar wußte, daß allzeit du mich hörst, aber wegen der herumstehenden Volksmenge sprach ich, damit sie glauben, daß du mich schicktest. [43] Und dieses sprechend, mit lauter Stimme schrie er: Lazaros, auf, heraus! [44] Herauskam der Verstorbene, umbunden die Füße und die Hände mit Binden, und sein Gesicht war mit einem Schweißtuch umbunden. (Es) sagt ihnen Jesus: Löst ihn und laßt ihn fortgehen!

[45] Viele nun von den Judaiern, die gekommen waren zu Mariam und gesehen hatten, was er tat, glaubten an ihn; [46] einige aber von ihnen weggingen zu den Pharisaiern, und sie sprachen zu ihnen, was Jesus tat.

[47] (Es) versammelten nun die Hochpriester und die Pharisaier (das) Synhedrion, und sie sagten: Was tun wir, weil dieser Mensch viele Zeichen tut? [48] Wenn wir lassen ihn so, alle werden glauben an ihn, und kommen werden die Romaier, und sie werden nehmen uns sowohl den Ort als auch das Volk. [49] Einer aber von ihnen, Kajaphas, als Hochpriester jenes Jahres, sprach zu ihnen: Ihr wißt nichts, [50] und nicht bedenkt ihr, daß (es) euch nützt, daß ein einziger Mensch stirbt für das Volk und nicht das ganze Volk zugrundegeht. [51] Dies aber nicht von sich (aus) sprach er, sondern als Hochpriester jenes Jahres prophezeite er, daß Jesus werde sterben für das Volk, [52] und nicht für das Volk allein, sondern damit er auch die zerstreuten Kinder Gottes versammle in eins. [53] Von jenem Tag (an) nun beschlossen sie, daß sie ihn töteten.

[54] Jesus nun nicht mehr in Offenheit umherging unter den Judaiern, sondern wegging er von dort in das Land nahe der

Öde, in (die) Ephraim genannte Stadt, und dort blieb er mit
den Schülern.

[55] (Es) war aber nahe das Pascha der Judaier, und hinaufstiegen viele nach Hierosolyma aus dem Land, vor dem Pascha, damit sie sich heiligten. [56] Sie suchten nun Jesus und redeten miteinander, im Heiligtum stehend: Was dünkt euch?
Kommt er nicht doch zum Fest? [57] Gegeben hatten aber die
Hochpriester und die Pharisaier Weisungen, daß, wenn einer
wisse, wo er ist, (es) anzeige, auf daß sie ihn ergriffen.

12 [1] Jesus nun kam sechs Tage vor dem Pascha nach
Bethania, wo Lazaros war, den Jesus aus Toten erweckte. [2] Sie machten ihm nun ein Mahl dort, und Martha
diente, Lazaros aber war einer von den (zu Tisch) Liegenden
mit ihm.

[3] Mariam nun, nehmend eine Litra echten, wertvollen Nardenöls, salbte die Füße von Jesus, und abwischte sie mit ihren
Haaren seine Füße; das Haus aber wurde erfüllt vom Duft des
Öls. [4] (Es) sagt aber Judas, der Iskariotes, einer [von] seinen
Schülern, der ihn übergeben sollte: [5] Weshalb wurde dieses Öl
nicht verkauft um dreihundert Denare und gegeben Armen?
[6] Er sprach aber dies nicht, weil an den Armen ihm lag, sondern weil ein Dieb er war und, den Beutel habend, das Ein-
geworfene er entwendete. [7] (Es) sprach nun Jesus: Laß sie,
damit auf den Tag meines Begräbnisses sie es bewahre; [8] denn
die Armen allzeit habt ihr bei euch, mich aber habt ihr nicht
allzeit.

[9] (Es) erkannte nun [die] große Volksmenge von den Judaiern, daß er dort ist, und sie kamen, nicht wegen Jesus allein, sondern damit sie auch den Lazaros sähen, den er erweckte aus Toten. [10] (Es) beschlossen aber die Hochpriester,
daß sie auch den Lazaros töten, [11] weil viele der Judaier wegen ihm hingingen und glaubten an Jesus.

[12] Am folgenden (Tag) die große Volksmenge, die gekommen war zum Fest, als sie hörten, daß Jesus kommt nach
Hierosolyma, [13] nahmen die Zweige der Palmen, und hinaus-

Ps 118,25f   gingen sie zur Begegnung mit ihm, und sie schrien: *Hosanna; gesegnet der Kommende im Namen (des) Herrn,* [und] *der*

Zef 3,15 (G)   *König Israels!* ¹⁴ Als aber gefunden hatte Jesus einen Esel,

Sach 9,9   setzte er sich auf ihn, gleichwie geschrieben ist: ¹⁵ *Fürchte*

Jes 35,4; 40,9   *dich nicht, Tochter Sion; siehe, dein König kommt, sitzend auf einem Eselsfüllen.* ¹⁶ Dieses nicht erkannten seine Schüler zuerst, aber als verherrlicht wurde Jesus, da erinnerten sie sich, daß dieses war über ihn geschrieben und dieses sie getan hatten für ihn. ¹⁷ (Es) bezeugte nun die Volksmenge, die mit ihm war, als er den Lazaros rief aus dem Grab und ihn erweckte aus Toten. ¹⁸ Deswegen [auch] ging ihm entgegen die Volksmenge, weil sie hörten, daß er getan hatte dieses Zeichen. ¹⁹ Die Pharisaier nun sprachen zueinander: Ihr seht, daß es (euch) nichts nützt; sieh, die Welt ging hinter ihm her.

²⁰ (Es) waren aber einige Hellenen unter den Hinaufsteigenden, damit sie anbeteten am Fest; ²¹ diese nun kamen zu Philippos, dem vom Bethsaida der Galilaia, und sie baten ihn, sagend: Herr, wir wollen Jesus sehen. ²² (Es) kommt Philippos, und er sagt (es) dem Andreas; (es) kommt Andreas und Philippos, und sie sagen (es) Jesus. ²³ Jesus aber antwortet ihnen, sagend: Gekommen ist die Stunde, daß verherrlicht wird der Sohn des Menschen. ²⁴ Amen, amen, ich sage euch, wenn nicht das Korn des Weizens, fallend in die Erde, stirbt, bleibt es allein; wenn es aber stirbt, viel Frucht trägt es. ²⁵ Der Liebende sein Leben verliert es, und der Hassende sein Leben in dieser Welt, zum ewigen Leben wird er es bewahren. ²⁶ Wenn mir einer dient, soll er mir folgen, und wo ich bin, dort wird auch mein Diener sein; wenn einer mir dient, wird ehren ihn der Vater.

Ps 6,4f   ²⁷ *Jetzt ist meine Seele erregt,* und was soll ich sagen? Vater, *rette mich* aus dieser Stunde? Aber deswegen kam ich in diese Stunde. ²⁸ Vater, verherrliche deinen Namen! (Es) kam nun eine Stimme aus dem Himmel: Und ich habe verherrlicht, und wieder werde ich verherrlichen. ²⁹ Die Volksmenge nun, die dastehende und (es) hörende, sagte: Donner geschah, andere sagten: Ein Engel hat mit ihm geredet. ³⁰ (Es) antwor-

tete Jesus und sprach: Nicht wegen mir ist geschehen diese
Stimme, sondern wegen euch. [31] Jetzt ist Gericht dieser Welt,
jetzt wird der Herrschende dieser Welt hinausgeworfen werden nach draußen; [32] und ich, wenn ich erhöht werde von der
Erde, alle werde ich ziehen zu mir. [33] Dies aber sagte er, bezeichnend, durch welchen Tod er sterben sollte.

[34] (Es) antwortete ihm nun die Volksmenge: Wir hörten aus
dem Gesetz, daß der Christos bleibt in den Aion, und wie(so)
sagst du: (Es) muß erhöht werden der Sohn des Menschen?
Wer ist dieser, der Sohn des Menschen? [35] (Es) sprach nun zu
ihnen Jesus: Noch kurze Zeit ist das Licht unter euch. Wandelt, solange das Licht ihr habt, damit nicht Finsternis euch
ergreife; und der Wandelnde in der Finsternis weiß nicht,
wohin er fortgeht. [36] Solange das Licht ihr habt, glaubt an das
Licht, damit ihr Söhne (des) Lichts werdet! Dieses redete Jesus, und weggehend verbarg er sich vor ihnen.

[37] Soviele seiner Zeichen er aber gemacht hatte vor ihnen,
nicht glaubten sie an ihn, [38] damit das Wort Isaias, des Propheten, erfüllt würde, das er sprach: *Herr, wer glaubte unse-*   Jes 53,1 (G)
rer Rede? Und der Arm (des) Herrn, wem wurde er offen-
bart? [39] Deswegen konnten sie nicht glauben, weil wieder
sprach Isaias: [40] Blind gemacht hat er *ihre Augen,* und er ver-   Jes 6,10
stockte ihr *Herz, damit sie nicht sehen mit den Augen und be-*
greifen mit dem Herzen und umkehren, und ich sie heilen
werde. [41] Dieses sprach Isaias, weil er sah seine Herrlichkeit,
und er redete über ihn. [42] Dennoch freilich auch von den Vorstehern viele glaubten an ihn, aber wegen der Pharisaier nicht
bekannten sie (es), damit sie nicht aus der Synagoge ausgestoßen würden; [43] denn sie liebten die Herrlichkeit der Menschen mehr als die Herrlichkeit Gottes.

[44] Jesus aber rief und sprach: Der an mich Glaubende glaubt
nicht an mich, sondern an den mich Schickenden, [45] und der
mich Sehende sieht den mich Schickenden. [46] Ich bin als Licht
in die Welt gekommen, damit jeder an mich Glaubende nicht
in der Finsternis bleibe. [47] Und wenn einer hört auf meine
Worte und (sie) nicht bewahrt, richte nicht ich ihn; denn nicht

kam ich, damit ich richte die Welt, sondern damit ich rette die Welt. [48] Der Verwerfende mich und nicht Annehmende meine Worte hat den ihn Richtenden: Das Wort, das ich redete, jenes richtet ihn am letzten Tag. [49] Denn ich redete nicht aus mir selbst, sondern der mich schickende Vater, er hat mir Auftrag gegeben, was ich sagen und was ich reden soll. [50] Und ich weiß, daß sein Auftrag ewiges Leben ist. Was also ich rede, gleichwie gesprochen hat zu mir der Vater, so rede ich.

13 [1] Vor dem Fest aber des Pascha, wissend Jesus, daß kam seine Stunde, daß er hinübergehe aus dieser Welt zum Vater, liebend die Seinen, die in der Welt, bis zum Ende liebte er sie. [2] Und bei einem Mahl, als der Teufel schon geworfen hatte ins Herz, daß übergebe ihn Judas (der des) Simon Iskariotes, [3] wissend, daß alles ihm gab der Vater in die Hände und daß er von Gott ausging und zu Gott fortgeht, [4] aufsteht er vom Mahl und legt die Obergewänder ab, und nehmend ein Leinen, umgürtete er sich; [5] dann schüttet er Wasser ins Becken und begann zu waschen die Füße der Schüler und abzuwischen mit dem Leinen, mit dem er war umgürtet. [6] Er kommt nun zu Simon Petros; er sagt ihm: Herr, du wäschst meine Füße? [7] (Es) antwortete Jesus und sprach zu ihm: Was ich tue, weißt du jetzt nicht, erkennen wirst du (es) aber danach. [8] (Es) sagt ihm Petros: Nicht sollst du waschen meine Füße in den Aion. (Es) antwortete ihm Jesus: Wenn ich nicht dich wasche, hast du nicht Teil mit mir. [9] (Es) sagt ihm Simon Petros: Herr, nicht meine Füße allein, sondern auch die Hände und den Kopf. [10] (Es) sagt ihm Jesus: Der Gebadete hat nicht(s) nötig, außer die Füße sich zu waschen, sondern er ist ganz rein; und ihr seid rein, aber nicht alle. [11] Denn er kannte den ihn Übergebenden; deswegen sprach er: Nicht alle seid ihr rein.

[12] Als er nun gewaschen hatte ihre Füße [und] genommen hatte seine Obergewänder und sich wieder lagerte, sprach er zu ihnen: Erkennt ihr, was ich euch getan habe? [13] Ihr ruft mich: Der Lehrer, und: Der Herr, und recht redet ihr; denn ich bin (es). [14] Wenn nun ich wusch eure Füße, der Herr und

der Lehrer, schuldet auch ihr, einander zu waschen die Füße;
[15] denn ein Beispiel gab ich euch, damit, gleichwie ich euch
tat, auch ihr tut. [16] Amen, amen, ich sage euch: Nicht ist ein
Sklave größer als sein Herr, noch ein Gesandter größer als
der ihn Schickende. [17] Wenn dieses ihr wißt, selig seid ihr,
wenn ihr es tut.

[18] Nicht über euch alle sage ich: Ich weiß, welche ich auswählte; sondern damit die Schrift erfüllt würde: *Der Verzeh-*   Ps 41,10
rende mein Brot erhob *gegen mich* seine *Ferse.* [19] Von jetzt
(an) sage ich euch, bevor es geschieht, damit ihr glaubt, wann
es geschieht, daß ich (es) bin. [20] Amen, amen, ich sage euch:
Wer immer aufnimmt, wen ich schicken werde, mich nimmt
er auf, der aber mich Aufnehmende aufnimmt den mich
Schickenden.

[21] Als er dieses gesprochen hatte, wurde Jesus erregt im
Geist, und er bezeugte und sprach: Amen, amen, ich sage
euch: Einer von euch wird mich übergeben. [22] (Es) sahen einander an die Schüler, ratlos, über wen er rede. [23] (Es) war (zu
Tisch) liegend einer von seinen Schülern im Schoß von Jesus,
den Jesus liebte. [24] Zunickt nun diesem Simon Petros, zu erforschen, wer (es) sei, über den er redet. [25] Sich legend nun
jener so an die Brust von Jesus, sagt er ihm: Herr, wer ist
(es)? [26] (Es) antwortet Jesus: Jener ist (es), dem ich eintauchen
werde den Bissen und geben werde ihm. Eintauchend nun den
Bissen, [nimmt und] gibt er (ihn dem) Judas (dem des) Simon
Iskariotes. [27] Und nach dem Bissen, da ging hinein in jenen
der Satan. (Es) sagt nun zu ihm Jesus: Was du tust, tu
schnell! [28] Dies [aber] erkannte keiner von den (zu Tisch)
Liegenden, wozu er sprach zu ihm; [29] denn einige meinten, da
den Beutel hatte Judas, daß ihm Jesus sagt: Kaufe, was wir
nötig haben zum Fest, oder den Armen daß er etwas gebe.
[30] Nehmend nun den Bissen, hinausging jener sofort. (Es) war
aber Nacht.

[31] Als er nun hinausging, sagt Jesus: Jetzt wurde verherrlicht der Sohn des Menschen, und Gott wurde verherrlicht in
ihm; [32] [wenn Gott verherrlicht wurde in ihm], wird Gott auch

verherrlichen ihn in ihm, und sofort wird er ihn verherrlichen. [33] Kinder, noch kurz bin ich mit euch; suchen werdet ihr mich, und gleichwie ich sprach zu den Judaiern: Wohin ich fortgehe, könnt ihr nicht (hin)kommen, auch euch sage ich (es) jetzt. [34] Ein neues Gebot gebe ich euch, daß ihr liebt einander, gleichwie ich liebte euch, damit auch ihr liebt einander. [35] Daran werden erkennen alle, daß ihr mir Schüler seid, wenn ihr Liebe habt untereinander.

[36] (Es) sagt ihm Simon Petros: Herr, wohin gehst du fort? (Es) antwortete [ihm] Jesus: Wohin ich fortgehe, kannst du mir jetzt nicht folgen, folgen aber wirst du später. [37] (Es) sagt ihm Petros: Herr, weshalb kann ich dir nicht folgen jetzt? Mein Leben werde ich für dich geben. [38] (Es) antwortet Jesus: Dein Leben wirst du für mich geben? Amen, amen, ich sage dir: Nicht wird ein Hahn schreien, bis daß du (ver)leugnest mich dreimal.

14 [1] Nicht soll erregt werden euer Herz; glaubt an Gott und glaubt an mich! [2] Im Haus meines Vaters sind viele Bleiben; wenn aber nicht, spräche ich zu euch: Ich gehe, zu bereiten einen Ort für euch? [3] Und wenn ich gehe und bereite einen Ort für euch, wieder komme ich, und ich werde euch mitnehmen zu mir, damit, wo ich bin, auch ihr seid. [4] Und, wohin [ich] fortgehe, wißt ihr den Weg.

[5] (Es) sagt ihm Thomas: Herr, nicht wissen wir, wohin du fortgehst; wie können wir den Weg kennen? [6] (Es) sagt ihm Jesus: Ich bin der Weg und die Wahrheit und das Leben; keiner kommt zum Vater, außer durch mich. [7] Wenn ihr erkannt habt mich, auch meinen Vater werdet ihr erkennen. Und von jetzt (an) kennt ihr ihn und habt ihn gesehen.

[8] (Es) sagt ihm Philippos: Herr, zeig uns den Vater, und es genügt uns! [9] (Es) sagt ihm Jesus: So lange Zeit bin ich mit euch, und nicht hast du mich erkannt, Philippos? Wer mich gesehen hat, hat gesehen den Vater; wie(so) sagst du: Zeig uns den Vater? [10] Glaubst du nicht, daß ich im Vater und der Vater in mir ist? Die Worte, die ich euch sage, nicht von mir selbst rede ich, der Vater aber, in mir bleibend, tut seine

Werke. [11] Glaubt mir, daß ich im Vater und der Vater in mir; wenn aber nicht, wegen der Werke selbst glaubt!

[12] Amen, amen, ich sage euch, der an mich Glaubende, die Werke, die ich tue, auch jener wird (sie) tun, und größere als diese wird er tun, weil ich zum Vater gehe; [13] und, was immer ihr bittet in meinem Namen, dieses werde ich tun, damit verherrlicht wird der Vater im Sohn. [14] Wenn etwas ihr mich bittet in meinem Namen, ich werde (es) tun.

[15] Wenn ihr mich liebt, meine Gebote werdet ihr bewahren; [16] und ich werde bitten den Vater, und einen anderen Fürsprecher wird er euch geben, damit er mit euch sei in den Aion, [17] den Geist der Wahrheit, den die Welt nicht aufnehmen kann, weil sie ihn nicht sieht und nicht erkennt; ihr erkennt ihn, weil er bei euch bleibt und in euch sein wird. [18] Nicht werde ich lassen euch als Waisen, ich komme zu euch. [19] Noch kurz, und die Welt sieht mich nicht mehr, ihr aber seht mich, weil ich lebe und ihr leben werdet. [20] An jenem Tage werdet erkennen ihr, daß ich in meinem Vater und ihr in mir und ich in euch. [21] Der meine Gebote Habende und sie Bewahrende, jener ist der mich Liebende; der aber mich Liebende wird geliebt werden von meinem Vater, und ich werde ihn lieben und sichtbar machen ihm mich selbst.

[22] (Es) sagt ihm Judas, nicht der Iskariotes: Herr, [und] was ist geschehen, daß du uns willst sichtbar machen dich selbst und nicht der Welt? [23] (Es) antwortete Jesus und sprach zu ihm: Wenn einer mich liebt, mein Wort wird er bewahren, und mein Vater wird ihn lieben, und zu ihm werden wir kommen und eine Bleibe bei ihm machen. [24] Der nicht mich Liebende, meine Worte nicht bewahrt er; und das Wort, das ihr hört, nicht ist meines, sondern (das) des mich schickenden Vaters.

[25] Dieses habe ich geredet zu euch, bei euch bleibend; [26] der Fürsprecher aber, der heilige Geist, den schicken wird der Vater in meinem Namen, jener wird euch lehren alles und erinnern euch an alles, was [ich] sprach zu euch.

[27] Frieden lasse ich euch, meinen Frieden gebe ich euch;

nicht gleichwie die Welt gibt, gebe ich euch. Nicht soll erregt werden euer Herz und nicht zagen! [28] Ihr hörtet, daß ich sprach zu euch: Ich gehe fort und komme zu euch. Wenn ihr liebtet mich, freutet ihr euch, daß ich gehe zum Vater, weil der Vater größer als ich ist. [29] Und jetzt habe ich (es) gesagt zu euch, ehe es geschieht, damit, wann es geschieht, ihr glaubt. [30] Nicht mehr vieles werde ich reden mit euch, denn es kommt der die Welt Beherrschende; zwar an mir hat er gar nichts, [31] aber damit erkenne die Welt, daß ich liebe den Vater, und gleichwie mir gebot der Vater, so tue ich. Steht auf, gehen wir fort von hier!

15 [1] Ich bin der wahre Weinstock, und mein Vater ist der Weinbauer. [2] Jede Rebe an mir, nicht tragend Frucht, sie nimmt er weg, und jede Frucht tragende, sie reinigt er, damit mehr Frucht sie trage. [3] Schon seid ihr rein durch das Wort, das ich geredet habe zu euch; [4] bleibt in mir, und ich in euch. Gleichwie die Rebe nicht Frucht tragen kann von sich (aus), wenn sie nicht bleibt am Weinstock, so auch nicht ihr, wenn ihr nicht in mir bleibt. [5] Ich bin der Weinstock, ihr die Reben. Der Bleibende in mir und ich in ihm, dieser trägt viel Frucht, denn getrennt von mir könnt ihr gar nichts tun. [6] Wenn einer nicht bleibt in mir, hinausgeworfen wird er wie die Rebe und verdorrt, und sie sammeln sie und ins Feuer werfen sie (sie), und sie brennen. [7] Wenn ihr bleibt in mir und meine Worte in euch bleiben, was immer ihr wollt, bittet, und es wird euch geschehen. [8] Darin wird verherrlicht mein Vater, daß viel Frucht ihr tragt und mir Schüler werdet.

[9] Gleichwie mich liebte der Vater, auch ich liebte euch; bleibt in meiner Liebe! [10] Wenn ihr meine Gebote bewahrt, werdet ihr bleiben in meiner Liebe, gleichwie ich die Gebote meines Vaters bewahrt habe und bleibe in seiner Liebe. [11] Dieses habe ich geredet zu euch, damit meine Freude in euch sei und eure Freude erfüllt würde. [12] Dieses ist mein Gebot, daß ihr liebt einander, gleichwie ich liebte euch. [13] Eine größere Liebe als diese hat keiner, daß einer sein Leben gibt

für seine Freunde. ¹⁴Ihr seid meine Freunde, wenn ihr tut, was ich euch gebiete. ¹⁵Nicht mehr nenne ich euch Sklaven, weil der Sklave nicht weiß, was sein Herr tut; euch aber habe ich genannt Freunde, weil alles, was ich hörte von meinem Vater, ich euch kundtat. ¹⁶Nicht ihr erwähltet mich, sondern ich erwählte euch und bestimmte euch, daß ihr fortgeht und Frucht tragt und eure Frucht bleibt, damit, was immer ihr bittet den Vater in meinem Namen, er euch gibt. ¹⁷Dieses gebiete ich euch, daß ihr liebt einander.

¹⁸Wenn die Welt euch haßt, erkennt, daß sie mich zuerst vor euch gehaßt hat. ¹⁹Wenn aus der Welt ihr wärt, liebte die Welt das Eigene; weil aber nicht aus der Welt ihr seid, sondern ich euch erwählte aus der Welt, deswegen haßt euch die Welt. ²⁰Gedenkt des Wortes, das ich sprach zu euch: Nicht ist ein Sklave größer als sein Herr. Wenn mich sie verfolgten, werden auch euch sie verfolgen; wenn mein Wort sie bewahrten, werden auch das eurige sie bewahren. ²¹Aber dieses alles werden sie tun an euch wegen meines Namens, weil nicht sie kennen den mich Schickenden. ²²Wenn nicht ich gekommen wäre und geredet hätte zu ihnen, eine Sünde hätten sie nicht; jetzt aber einen Vorwand haben sie nicht für ihre Sünde. ²³Der mich Hassende, auch meinen Vater haßt er. ²⁴Wenn die Werke nicht ich getan hätte unter ihnen, die kein anderer tat, eine Sünde hätten sie nicht; jetzt aber gesehen und gehaßt haben sie sowohl mich als auch meinen Vater. ²⁵Aber damit erfüllt wird das Wort, das in ihrem Gesetz geschriebene: *Sie haßten mich grundlos.*   Ps 35,19; 69,5

²⁶Wann der Fürsprecher kommt, den ich euch schicken werde vom Vater, der Geist der Wahrheit, der vom Vater ausgeht, jener wird zeugen über mich; ²⁷auch ihr aber zeugt, weil von Anfang (an) bei mir ihr seid.

16 ¹Dieses habe ich geredet zu euch, damit ihr nicht Anstoß nehmt. ²Zu aus der Synagoge Ausgestoßenen werden sie euch machen; doch (es) kommt eine Stunde, daß jeder euch Tötende meint, einen Dienst zu erbringen für Gott. ³Und dieses werden sie tun, weil nicht sie erkannten den Vater und nicht mich. [4] Doch dieses habe ich geredet zu euch, damit, wann ihre Stunde kommt, ihr euch erinnert ihrer, daß ich sprach zu euch. Dieses aber nicht von Anfang (an) sprach ich zu euch, weil ich mit euch war. [5] Jetzt aber gehe ich fort zu dem mich Schickenden, und keiner von euch fragt mich: Wohin gehst du fort? [6] Aber weil dieses ich geredet habe zu euch, hat die Betrübnis erfüllt euer Herz. [7] Aber ich sage euch die Wahrheit: Es nützt euch, daß ich weggehe. Denn wenn ich nicht weggehe, wird der Fürsprecher nicht kommen zu euch; wenn aber ich gehe, schicken werde ich ihn zu euch. [8] Und kommend wird jener überführen die Welt über Sünde und über Gerechtigkeit und über Gericht; [9] über Sünde nämlich, weil nicht sie glauben an mich; [10] über Gerechtigkeit aber, weil zum Vater ich fortgehe und nicht mehr ihr mich seht; [11] über Gericht aber, weil der Herrschende dieser Welt gerichtet ist.

[12] Noch vieles habe ich euch zu sagen, aber nicht könnt ihr (es) (er)tragen jetzt; [13] wann aber jener kommt, der Geist der Wahrheit, einweisen wird er euch in die ganze Wahrheit; denn nicht wird er reden von sich (aus), sondern wieviel er hören wird, wird er reden, und das Kommende wird er euch verkünden. [14] Jener wird mich verherrlichen, weil aus dem Meinen er nehmen und euch verkünden wird. [15] Alles, wieviel der Vater hat, ist mein; deswegen sprach ich: Aus dem Meinen nimmt er und wird er euch verkünden.

[16] Ein Kurzes, und nicht mehr schaut ihr mich, und wieder ein Kurzes, und ihr werdet mich sehen. [17] (Es) sprachen nun (einige) von seinen Schülern zueinander: Was ist dies, was er uns sagt: Ein Kurzes, und nicht schaut ihr mich, und wieder ein Kurzes, und ihr werdet mich sehen? Und: Weil ich fortgehe zum Vater? [18] Sie sagten nun: Was ist dies, [was er sagt]: Das Kurze? Nicht wissen wir, was er redet.

[19] (Es) erkannte Jesus, daß sie ihn fragen wollten, und er sprach zu ihnen: Über dieses erwägt ihr miteinander, daß ich sprach: Ein Kurzes, und nicht schaut ihr mich, und wieder ein Kurzes, und ihr werdet mich sehen? [20] Amen, amen, ich

sage euch: Weinen und wehklagen werdet ihr, die Welt aber wird sich freuen; ihr werdet betrübt werden, aber eure Betrübnis wird zu Freude werden. [21] Die Frau, wann sie gebiert, hat Betrübnis, weil ihre Stunde kam; wann aber sie geboren hat das Kind, nicht mehr gedenkt sie der Bedrängnis wegen der Freude, daß geboren wurde ein Mensch in die Welt. [22] Auch ihr habt also jetzt zwar Betrübnis; wieder aber werde ich euch sehen, und freuen wird sich euer Herz, und eure Freude nimmt keiner von euch.

[23] Und an jenem Tag werdet ihr mich gar nichts fragen. Amen, amen, ich sage euch: Wenn um etwas ihr bittet den Vater in meinem Namen, geben wird er euch. [24] Bis jetzt batet ihr gar nichts in meinem Namen; bittet, und ihr werdet empfangen, damit eure Freude sei eine erfüllte.

[25] Dieses habe ich in Rätselreden geredet zu euch; (es) kommt eine Stunde, da ich nicht mehr in Rätselreden reden werde zu euch, sondern in Offenheit über den Vater werde ich euch verkünden. [26] An jenem Tag werdet ihr in meinem Namen bitten, und nicht sage ich euch: Ich werde bitten den Vater für euch; [27] denn der Vater selbst liebt euch, weil ihr mich geliebt und geglaubt habt, daß ich von Gott ausging. [28] Ausging ich vom Vater und gekommen bin ich in die Welt; ich verlasse wieder die Welt und gehe zum Vater.

[29] (Es) sagen seine Schüler: Sieh, jetzt redest du in Offenheit, und keine Rätselrede sagst du. [30] Jetzt wissen wir, daß du alles weißt und nicht nötig hast, daß irgendeiner dich fragt; daher glauben wir, daß von Gott du ausgingst. [31] (Es) antwortete ihnen Jesus: Jetzt glaubt ihr? [32] Siehe, (es) kommt eine Stunde, und sie ist gekommen, daß ihr zerstreut werdet, jeder zu dem Eigenen, und mich allein laßt; aber nicht bin ich allein, weil der Vater bei mir ist. [33] Dieses habe ich geredet zu euch, damit in mir Frieden ihr habt; in der Welt habt ihr Bedrängnis; doch habt Mut, ich habe besiegt die Welt.

17 [1] Dieses redete Jesus, und aufhebend seine Augen zum Himmel sprach er: Vater, gekommen ist die Stunde; verherrliche deinen Sohn, damit der Sohn verherrliche dich, [2] gleichwie du ihm gabst Vollmacht über alles Fleisch, damit alles, was du ihm gegeben hast, er ihnen gebe: ewiges Leben. [3] Dieses aber ist das ewige Leben, daß sie erkennen dich, den einzigen wahren Gott, und den du schicktest, Jesus Christos. [4] Ich verherrlichte dich auf der Erde, das Werk vollendend, das du mir gegeben hast, damit ich (es) tue; [5] und jetzt verherrliche mich du, Vater, bei dir selbst mit der Herrlichkeit, die ich hatte vor dem Sein der Welt bei dir. [6] Ich offenbarte deinen Namen den Menschen, die du mir gabst aus der Welt. Dein waren sie, und mir gabst du sie, und dein Wort haben sie bewahrt. [7] Jetzt haben sie erkannt, daß alles, was du mir gegeben hast, von dir ist; [8] daß die Worte, die du mir gabst, ich gegeben habe ihnen, und sie nahmen auf und erkannten wahrhaft, daß ich von dir ausging, und sie glaubten, daß du mich schicktest.

[9] Ich bitte für sie, nicht für die Welt bitte ich, sondern für (sie,) die du mir gegeben hast, weil dein sie sind, [10] und das Meine alles dein ist und das Deine mein, und ich verherrlicht bin in ihnen. [11] Und nicht mehr bin ich in der Welt, aber sie sind in der Welt, und ich komme zu dir. Heiliger Vater, bewahre sie in deinem Namen, den du mir gegeben hast, damit sie eins sind, gleichwie wir. [12] Als ich war bei ihnen, bewahrte ich sie in deinem Namen, den du mir gegeben hast, und ich bewachte (sie), und keiner von ihnen verdarb, wenn nicht der Sohn des Verderbens, damit die Schrift erfüllt würde. [13] Jetzt aber komme ich zu dir, und dieses rede ich in der Welt, damit sie haben meine Freude gefüllt in sich. [14] Ich habe ihnen gegeben dein Wort, und die Welt haßte sie, weil nicht sie sind aus der Welt, gleichwie ich nicht bin aus der Welt. [15] Nicht bitte ich, daß du sie wegträgst aus der Welt, sondern, daß du sie bewahrst vor dem Bösen. [16] Aus der Welt sind sie nicht, gleichwie ich nicht bin aus der Welt. [17] Heilige sie in der Wahrheit; dein Wort ist Wahrheit. [18] Gleichwie mich du schicktest in die Welt, schickte ich auch sie in die Welt; [19] und für sie heilige ich mich, damit auch sie sind geheiligt in Wahrheit.

[20] Nicht für diese aber bitte ich allein, sondern auch für die an mich Glaubenden durch ihr Wort, [21] damit alle eins sind, gleichwie du, Vater, in mir und ich in dir, damit auch sie in uns sind, damit die Welt glaubt, daß du mich schicktest. [22] Und ich habe die Herrlichkeit, die du mir gegeben hast, ihnen gegeben, damit sie eins sind, gleichwie wir eins (sind); [23] ich in ihnen und du in mir, damit sie sind vollendet in eins, damit die Welt erkennt, daß du mich schicktest und sie liebtest, gleichwie du mich liebtest.

[24] Vater, (von dem,) was du mir gegeben hast, will ich, daß, wo ich bin, auch jene sind bei mir, damit sie sehen meine Herrlichkeit, die du mir gegeben hast, weil du mich liebtest vor Grundlegung (der) Welt. [25] Gerechter Vater, (wenn) auch die Welt dich nicht erkannte, ich aber erkannte dich, und diese erkannten, daß du mich schicktest; [26] und kundtat ich ihnen deinen Namen und werde (ihn) kundtun, damit die Liebe, mit der du mich liebtest, in ihnen ist und ich in ihnen.

18 [1] Dieses sprechend, hinausging Jesus mit seinen Schülern jenseits des Baches Kedron, wo ein Garten war, in den hineinging er selbst und seine Schüler.

[2] (Es) wußte aber auch Judas, der ihn Übergebende, den Ort, weil oft sich versammelte Jesus dort mit seinen Schülern. [3] Judas nun, nehmend die Kohorte und von den Hochpriestern und von den Pharisaiern Diener, kommt dort(hin) mit Fackeln und Lampen und Waffen. [4] Jesus nun, wissend alles über ihn Kommende, ging hinaus und sagt ihnen: Wen sucht ihr? [5] Sie antworteten ihm: Jesus, den Nazoraier. Er sagt ihnen: Ich bin (es). (Es) stand aber auch Judas, der ihn Übergebende, bei ihnen. [6] Wie er nun sprach zu ihnen: Ich bin (es), weggingen sie nach hinten und fielen zur Erde. [7] Wieder nun fragte er sie: Wen sucht ihr? Die aber sprachen: Jesus, den Nazoraier. [8] (Es) antwortete Jesus: Ich sprach zu euch: Ich bin (es). Wenn ihr also mich sucht, laßt diese fortgehen! [9] Damit erfüllt wird das Wort, das er sprach: (Von denen,) die du mir gegeben hast, nicht verlor ich von ihnen einen. [10] Simon Petros

nun, habend ein Schwert, zog es und schlug den Sklaven des Hochpriesters, und abschlug er sein rechtes Ohr; (es) war aber (der) Name des Sklaven Malchos. [11] (Es) sprach nun Jesus zu Petros: Stecke das Schwert in die Scheide! Den Kelch, den mir gegeben hat der Vater, nicht soll ich ihn trinken?

[12] Die Kohorte nun und der Chiliarch und die Diener der Judaier ergriffen Jesus, und sie banden ihn, [13] und sie führten (ihn) zu Hannas zuerst; denn er war Schwiegervater des Kajaphas, der Hochpriester war jenes Jahres; [14] (es) war aber Kajaphas, der geraten hatte den Judaiern: Es nützt, daß ein einziger Mensch stirbt für das Volk.

[15] (Es) folgte aber dem Jesus Simon Petros und ein anderer Schüler. Jener Schüler aber war bekannt dem Hochpriester, und hineinging er mit Jesus in den Hof des Hochpriesters, [16] Petros aber stand an der Tür draußen. Herausging nun der andere Schüler, der Bekannte des Hochpriesters, und er sprach zur Türhüterin, und hineinführte er den Petros. [17] (Es) sagt nun dem Petros die Magd, die Türhüterin: Bist nicht auch du von den Schülern dieses Menschen? (Es) sagt jener: Ich bin (es) nicht. [18] (Es) standen aber die Sklaven und die Diener, die ein Kohlenfeuer gemacht hatten, weil Kälte war, und wärmten sich; (es) war aber auch Petros bei ihnen stehend und sich wärmend.

[19] Der Hochpriester nun fragte Jesus über seine Schüler und über seine Lehre. [20] (Es) antwortete ihm Jesus: Ich habe in Offenheit geredet zur Welt, ich lehrte allzeit in einer Synagoge und im Heiligtum, wohin alle Judaier zusammenkommen, und im Verborgenen redete ich nichts. [21] Was fragst du mich? Frag (die), die gehört haben, was ich redete zu ihnen; sieh, diese wissen, was ich sprach. [22] Als er aber dieses sprach, einer, ein Dabeistehender der Diener, gab Jesus einen Schlag, sprechend: So antwortest du dem Hochpriester? [23] (Es) antwortete ihm Jesus: Wenn schlecht ich redete, bezeuge das Schlechte; wenn aber recht, was schindest du mich? [24] (Es) schickte ihn nun Hannas gebunden zu Kajaphas, dem Hochpriester.

²⁵ (Es) war aber Simon Petros stehend und sich wärmend. Sie sprachen nun zu ihm: Bist nicht auch du von seinen Schülern? (Es) leugnete jener und sprach: Ich bin (es) nicht. ²⁶ (Es) sagt einer von den Sklaven des Hochpriesters, verwandt (dem, von) dem abschlug Petros das Ohr: Sah ich dich nicht im Garten mit ihm? ²⁷ Wieder nun leugnete Petros, und sogleich schrie ein Hahn.

²⁸ Sie führen nun Jesus von Kajaphas ins Praitorion; (es) war aber (in der) Frühe; und selbst nicht hineingingen sie ins Praitorion, damit sie nicht befleckt würden, sondern essen (könnten) das Pascha.

²⁹ Hinausging nun Pilatos nach draußen zu ihnen und sagt: Welche Beschuldigung bringt ihr [gegen] diesen Menschen? ³⁰ Sie antworteten und sprachen zu ihm: Wenn nicht wäre dieser ein Schlechtes Tuender, nicht hätten wir ihn dir übergeben. ³¹ (Es) sprach nun zu ihnen Pilatos: Nehmt ihn ihr und nach eurem Gesetz richtet ihn! (Es) sprachen zu ihm die Judaier: Uns ist es nicht erlaubt, einen zu töten; ³² damit das Wort von Jesus erfüllt würde, das er sprach, bezeichnend, welchen Todes er sollte sterben.

³³ Hineinging nun wieder ins Praitorion Pilatos, und er rief Jesus und sprach zu ihm: Bist du der König der Judaier? ³⁴ (Es) antwortete Jesus: Von dir (aus) sagst du dies, oder sprachen andere zu dir über mich? ³⁵ (Es) antwortete Pilatos: Bin ich etwa ein Judaier? Dein Volk und die Hochpriester übergaben dich mir; was tatest du? ³⁶ (Es) antwortete Jesus: Mein Königtum nicht ist aus dieser Welt; wenn aus dieser Welt wäre mein Königtum, meine Diener kämpften [wohl], damit ich nicht übergeben würde den Judaiern; jetzt aber ist mein Königtum nicht von hier. ³⁷ (Es) sprach nun zu ihm Pilatos: Also doch bist du ein König? (Es) antwortete Jesus: Du sagst, daß ein König ich bin. Ich bin dazu geboren und dazu gekommen in die Welt, damit ich zeuge für die Wahrheit; jeder, der ist aus der Wahrheit, hört auf meine Stimme. ³⁸ (Es) sagt ihm Pilatos: Was ist Wahrheit?

Und dies sprechend, wieder hinausging er zu den Judaiern

und sagt ihnen: Ich finde an ihm keine Schuld. [39] (Es) ist aber Gewohnheit bei euch, daß einen ich euch freilasse am Pascha; wollt ihr nun, (daß) ich euch freilasse den König der Judaier? [40] Sie schrien nun wieder, sagend: Nicht diesen, sondern den Barabbas! (Es) war aber Barabbas ein Räuber.

19 [1] Da nun nahm Pilatos Jesus und geißelte (ihn). [2] Und die Soldaten, flechtend einen Kranz aus Dornen, auflegten ihn seinem Kopf, und ein purpurfarbenes Obergewand umwarfen sie ihm, [3] und sie kamen zu ihm und sagten: Gruß (dir), König der Judaier! Und sie gaben ihm Schläge. [4] Und hinausging wieder nach draußen Pilatos, und er sagt ihnen: Sieh, ich führe ihn euch heraus, damit ihr erkennt, daß keine Schuld ich finde an ihm. [5] Herauskam nun Jesus nach draußen, tragend den dornigen Kranz und das purpurfarbene Obergewand. Und er sagt ihnen: Siehe, der Mensch.

[6] Als nun ihn sahen die Hochpriester und die Diener, schrien sie, sagend: Kreuzige, kreuzige! (Es) sagt ihnen Pilatos: Nehmt ihn ihr und kreuzigt (ihn); denn nicht finde ich an ihm eine Schuld. [7] (Es) antworteten ihm die Judaier: Wir haben ein Gesetz, und nach dem Gesetz muß er sterben, weil zum Sohn Gottes er sich machte. [8] Als nun hörte Pilatos dieses Wort, (noch) mehr fürchtete er sich, [9] und hineinging er ins Praitorion wieder und sagt zu Jesus: Woher bist du? Jesus aber, eine Antwort gab er ihm nicht. [10] (Es) sagt nun zu ihm Pilatos: Zu mir redest du nicht? Weißt du nicht, daß Vollmacht ich habe, dich freizulassen, und Vollmacht ich habe, dich zu kreuzigen? [11] (Es) antwortete [ihm] Jesus: Nicht hättest du irgendeine Vollmacht gegen mich, wenn nicht es gegeben wäre dir von oben; deswegen hat der Übergebende mich dir eine größere Sünde. [12] Von da (an) suchte Pilatos, ihn freizulassen; die Judaier aber schrien, sagend: Wenn diesen du freiläßt, nicht bist du ein Freund des Kaisers; jeder sich selbst zum König Machende widerspricht dem Kaiser. [13] Pilatos nun, hörend diese Worte, führte nach draußen Jesus, und er setzte sich auf (den) Richterstuhl an einem Ort, ge-

nannt Lithostrotos (= Marmorpflaster), hebraisch aber Gabbatha. [14](Es) war aber Rüsttag des Pascha, Stunde war (es)
um (die) sechste. Und er sagt den Judaiern: Sieh, euer König!
[15](Es) schrien nun jene: Hinweg, hinweg, kreuzige ihn! (Es)
sagt zu ihnen Pilatos: Euren König soll ich kreuzigen? (Es)
antworteten die Hochpriester: Nicht haben wir einen König,
außer (dem) Kaiser. [16]Da nun übergab er ihn ihnen, damit er
gekreuzigt werde.

Sie übernahmen nun Jesus, [17]und, tragend sich selbst das
Kreuz, hinausging er an den sogenannten Kraniou-Topos (=
Schädel-Ort), der genannt wird hebraisch Golgotha, [18]wo sie
ihn kreuzigten, und mit ihm andere zwei, hüben und drüben,
als mittleren aber Jesus. [19](Es) schrieb aber auch eine Aufschrift der Pilatos, und er heftete (sie) auf das Kreuz; es war
aber geschrieben: Jesus, der Nazoraier, der König der Judaier. [20]Diese Aufschrift nun lasen viele von den Judaiern, denn
nahe war der Ort der Stadt, wo gekreuzigt wurde Jesus; und
sie war geschrieben hebraisch, romaisch, hellenisch. [21](Es)
sagten nun zu Pilatos die Hochpriester der Judaier: Schreibe
nicht: Der König der Judaier, sondern daß jener sprach: König bin ich der Judaier. [22](Es) antwortete Pilatos: Was ich geschrieben habe, habe ich geschrieben.

[23]Die Soldaten nun, als sie gekreuzigt hatten Jesus, nahmen
seine Obergewänder und machten vier Teile, jedem Soldaten
ein Teil, und das Untergewand. (Es) war aber das Untergewand nahtlos, von oben an durchgewebt zur Gänze. [24]Sie
sprachen nun zueinander: Nicht wollen wir es zerreißen, sondern losen wollen wir um es, wessen es sein soll; damit die
Schrift erfüllt würde, [die sagende]: *Aufteilten sie sich meine* Ps 22,19
Gewänder untereinander, und über meine Kleidung warfen sie
ein Los. Die Soldaten nun machten dieses.

[25]Dastanden aber beim Kreuz von Jesus seine Mutter und
die Schwester seiner Mutter, Maria, die des Klopas, und Maria, die Magdalenerin. [26]Jesus nun sehend die Mutter und den
Schüler dabeistehend, den er liebte, sagt der Mutter: Frau,
sieh, dein Sohn! [27]Dann sagt er zu dem Schüler: Sieh, deine

Mutter! Und von jener Stunde (an) nahm der Schüler sie zu dem Eigenen.

[28] Danach, wissend Jesus, daß schon alles vollendet war, damit vollendet wird die Schrift, sagt er: Ich dürste. [29] Ein Gefäß stand da, von Essig voll; einen Schwamm nun voll des Essigs auf ein Ysoprohr steckend, heranbrachten sie an seinen Mund. [30] Als er nun den Essig nahm, sprach Jesus: Es ist vollendet, und neigend den Kopf, übergab er den Geist.

[31] Die Judaier nun, da Rüsttag war, damit nicht blieben am Kreuz die Leiber am Sabbat, es war nämlich groß der Tag jenes Sabbats, baten den Pilatos, daß zerschlagen würden ihre Knochen und (sie) abgenommen würden. [32] (Es) kamen nun die Soldaten und zerschlugen zwar des ersten Knochen und des anderen Mitgekreuzigten mit ihm; [33] zu Jesus aber kommend, als sie sahen, daß er schon gestorben war, nicht zerschlugen sie seine Knochen, [34] sondern einer der Soldaten stieß mit einer Lanze in seine Seite, und herauskam sofort Blut und Wasser. [35] Und der (es) gesehen hat, hat (es) bezeugt, und wahr ist sein Zeugnis, und jener weiß, daß er wahr redet, damit auch ihr glaubt. [36] (Es) geschah nämlich dieses, damit die Schrift erfüllt würde: *Sein Gebein soll nicht zerbrochen werden.* [37] Und wieder eine andere Schrift sagt: *Sie werden sehen auf (den), den sie durchbohrten.*

[38] Danach aber bat den Pilatos Joseph, [der] von Arimathaia, der ein Schüler von Jesus war, ein verborgener aber wegen der Furcht vor den Judaiern, daß er abnehmen lasse den Leib des Jesus; und (es) erlaubte Pilatos. Er kam nun, und abnahm er seinen Leib. [39] (Es) kam aber auch Nikodemos, der gekommen war zu ihm nachts das erste (Mal), bringend eine Mischung von Myrrhe und Aloe, um hundert Litra. [40] Sie nahmen nun den Leib von Jesus und banden ihn mit Leinenbinden mitsamt den Essenzen, gleichwie es Sitte ist bei den Judaiern zu begraben. [41] (Es) war aber an dem Ort, wo er gekreuzigt wurde, ein Garten, und im Garten ein neues Grab, in das noch keiner gelegt worden war; [42] dort(hin) nun wegen des Rüsttags der Judaier, weil nahe war das Grab, legten sie Jesus.

Ex 12,10.46 (G)
Ps 34,21
Sach 12,10

20 ¹ Am Ersten der Woche aber kommt Maria, die Magdalenerin, (in der) Frühe, als noch Finsternis war, zum Grab, und sie sieht den Stein weggenommen vom Grab. ² Sie läuft nun, und sie kommt zu Simon Petros und zu dem anderen Schüler, den Jesus liebte, und sagt ihnen: Wegnahmen sie den Herrn aus dem Grab, und nicht wissen wir, wohin sie ihn legten. ³ Hinausging nun Petros und der andere Schüler, und sie kamen zum Grab. ⁴ (Es) liefen aber die zwei gemeinsam, und der andere Schüler lief voraus, schneller als Petros, und er kam als erster zum Grab, ⁵ und sich vorbeugend, sieht er liegend die Leinenbinden, nicht freilich ging er hinein. ⁶ (Es) kommt nun auch Simon Petros, folgend ihm, und hineinging er ins Grab, und er sieht die Leinenbinden liegend ⁷ und das Schweißtuch, das auf seinem Kopf war, nicht mit den Leinenbinden liegend, sondern getrennt zusammengewickelt an einem (eigenen) Ort. ⁸ Da nun ging hinein auch der andere Schüler, der gekommen war als erster zum Grab, und er sah und glaubte; ⁹ denn noch nicht kannten sie die Schrift, daß er muß aus Toten aufstehen. ¹⁰ Weggingen nun wieder zu ihnen die Schüler.

¹¹ Maria aber stand beim Grab draußen weinend. Wie sie nun weinte, vorbeugte sie sich ins Grab, ¹² und sie sieht zwei Engel in Weiß (da)sitzend, einen beim Kopf und einen bei den Füßen, wo gelegen war der Leib von Jesus. ¹³ Und (es) sagen ihr jene: Frau, was weinst du? Sie sagt ihnen: Weil sie wegnahmen meinen Herrn, und nicht weiß ich, wohin sie ihn gelegt haben. ¹⁴ Dieses sagend, umwandte sie sich nach hinten und sieht Jesus stehend, aber nicht wußte sie, daß (es) Jesus ist. ¹⁵ (Es) sagt ihr Jesus: Frau, was weinst du? Wen suchst du? Jene, meinend, daß (es) der Gärtner ist, sagt ihm: Herr, wenn du ihn (weg)trugst, sprich zu mir, wohin du ihn legtest, und ich werde ihn holen. ¹⁶ (Es) sagt ihr Jesus: Mariam! Sich umwendend sagt jene ihm hebraisch: Rabbuni (das heißt: Lehrer). ¹⁷ (Es) sagt ihr Jesus: Berühre mich nicht! Denn noch nicht bin ich hinaufgestiegen zum Vater; geh aber zu meinen Brüdern und sprich zu ihnen: Ich steige hinauf zu meinem

Vater und eurem Vater und meinem Gott und eurem Gott.
[18] (Es) kommt Mariam, die Magdalenerin, meldend den Schülern: Gesehen habe ich den Herrn, und dieses sprach er zu ihr.

[19] Als es nun Abend war an jenem Tag, dem ersten (der)
Woche, und als die Türen verschlossen waren, wo die Schüler waren, wegen der Furcht vor den Judaiern, kam Jesus und
stellte sich in die Mitte, und er sagt ihnen: Friede euch!
[20] Und dies sprechend, zeigte er die Hände und die Seite ihnen. (Es) freuten sich nun die Schüler, sehend den Herrn.
[21] (Es) sprach nun zu ihnen [Jesus] wieder: Friede euch;
gleichwie mich geschickt hat der Vater, schicke auch ich
euch. [22] Und dies sprechend, anhauchte er (sie) und sagt ihnen: Empfangt heiligen Geist; [23] von welchen immer ihr erlaßt
die Sünden, erlassen werden sie ihnen, von welchen ihr (sie)
behaltet, behalten sind sie.

[24] Thomas aber, einer von den Zwölf, der Didymos (=
Zwilling) genannte, war nicht bei ihnen, als Jesus kam. [25] (Es)
sagten nun ihm die anderen Schüler: Wir haben gesehen den
Herrn. Der aber sprach zu ihnen: Wenn nicht ich sehe an seinen Händen das Mal der Nägel und lege meinen Finger in das
Mal der Nägel und lege meine Hand in seine Seite, nicht
werde ich glauben. [26] Und nach acht Tagen wieder waren
drinnen seine Schüler und Thomas bei ihnen. (Es) kommt Jesus, während die Türen verschlossen waren, und er stellte
sich in die Mitte und sprach: Friede euch! [27] Dann sagt er zu
Thomas: Bring deinen Finger hierher und sieh meine Hände
und bring deine Hand und lege (sie) in meine Seite, und nicht
werde ungläubig, sondern gläubig. [28] (Es) antwortete Thomas
und sprach zu ihm: Mein Herr und mein Gott! [29] (Es) sagt ihm
Jesus: Weil du mich gesehen hast, hast du geglaubt? Selig die
nicht Sehenden und Glaubenden!

[30] Viele nun auch andere Zeichen tat Jesus vor [seinen]
Schülern, die nicht geschrieben sind in diesem Buch. [31] Diese
aber sind geschrieben, damit ihr glaubt, daß Jesus ist der
Christos, der Sohn Gottes, und damit ihr als Glaubende Leben habt in seinem Namen.

21 ¹ Danach offenbarte sich Jesus wieder den Schülern am Meer von Tiberias; er offenbarte (sich) aber so. ² (Es) waren zusammen Simon Petros und Thomas, der Didymos (= Zwilling) Genannte, und Nathanael, der vom Kana der Galilaia, und die des Zebedaios und andere von seinen Schülern zwei. ³ (Es) sagt ihnen Simon Petros: Fortgehe ich fischen. Sie sagen ihm: (Es) kommen auch wir mit dir. Hinausgingen und einstiegen sie ins Boot, aber in jener Nacht fingen sie nichts. ⁴ Als aber schon Morgenfrühe geworden war, stellte sich Jesus an den Strand, nicht freilich wußten die Schüler, daß (es) Jesus ist. ⁵ (Es) sagt ihnen nun Jesus: Kinder, nicht habt ihr irgendeine Zuspeise? Sie antworteten ihm: Nein. ⁶ Der aber sprach zu ihnen: Werft auf die rechte Seite des Bootes das Netz, und finden werdet ihr. Sie warfen nun, und nicht mehr zu ziehen vermochten sie es wegen der Menge der Fische. ⁷ (Es) sagt nun jener Schüler, den Jesus liebte, zu Petros: Der Herr ist (es). Simon Petros nun, hörend, daß der Herr (es) ist, gürtete das Obergewand, denn er war nackt, und er warf sich ins Meer, ⁸ die anderen Schüler aber kamen mit dem Boot, denn nicht waren sie weit vom Land, sondern etwa an (die) zweihundert Ellen, schleppend das Netz mit den Fischen. ⁹ Wie sie nun ausstiegen ans Land, sehen sie ein Kohlenfeuer liegend und einen Fisch daraufliegend und Brot. ¹⁰ (Es) sagt ihnen Jesus: Bringt von den Fischen, die ihr jetzt fingt! ¹¹ Hinaufstieg nun Simon Petros, und er zog das Netz ans Land, voll mit einhundertdreiundfünfzig großen Fischen; und soviele es waren, nicht riß das Netz. ¹² (Es) sagt ihnen Jesus: Auf, frühstückt! Keiner aber wagte von den Schülern, ihn auszuforschen: Du, wer bist du? Wissend, daß (es) der Herr ist. ¹³ (Es) kommt Jesus und nimmt das Brot und gibt (es) ihnen, und den Fisch gleicherweise. ¹⁴ Dieses dritte (Mal) schon offenbarte sich Jesus den Schülern, erweckt aus Toten.

¹⁵ Als sie nun frühstückten, sagt dem Simon Petros Jesus: Simon (des) Johannes, liebst du mich mehr als diese? Er sagt ihm: Ja, Herr, du weißt, daß ich dich liebe. Er sagt ihm: Weide meine Lämmer! ¹⁶ Er sagt ihm wieder ein zweites

(Mal): Simon (des) Johannes, liebst du mich? Er sagt ihm: Ja, Herr, du weißt, daß ich dich liebe. Er sagt ihm: Weide meine Schafe! [17] Er sagt ihm das dritte (Mal): Simon (des) Johannes, liebst du mich? Betrübt wurde Petros, weil er sprach zu ihm das dritte (Mal): Liebst du mich? Und er sagt ihm: Herr, alles weißt du, du erkennst, daß ich dich liebe. (Es) sagt ihm [Jesus]: Weide meine Schafe! [18] Amen, amen, ich sage dir: Als du ein Jüngerer warst, gürtetest du dich selbst und umhergingst du, wohin du wolltest; wann aber alt du wirst, ausstrecken wirst du deine Hände, und ein anderer wird dich gürten und führen, wohin du nicht willst. [19] Dies aber sprach er, bezeichnend, durch welchen Tod er verherrlichen werde Gott. Und dies sprechend, sagt er ihm: Folge mir!

[20] Sich umwendend sieht Petros den Schüler, den Jesus liebte, folgend, der auch beim Mahl an seiner Brust lag und sprach: Herr, wer ist der dich Übergebende? [21] Diesen nun sehend, sagt Petros zu Jesus: Herr, dieser aber – was (mit ihm)? [22] (Es) sagt ihm Jesus: Wenn ich will, daß er bleibt, bis ich komme, was (geht es) dich an? Du, folge mir! [23] Ausging nun dieses Wort zu den Brüdern, daß jener Schüler nicht stirbt; nicht sprach aber zu ihm Jesus, daß er nicht stirbt, sondern: Wenn ich will, daß er bleibt, bis ich komme, [was (geht es) dich an]?

[24] Dieser ist der Schüler, der Zeugende über dieses und der Schreibende dieses, und wir wissen, daß wahr ist sein Zeugnis. [25] Es ist aber auch anderes vieles, was Jesus tat, welches, wenn es geschrieben würde nacheinander, auch nicht, meine ich, die Welt fassen könnte die zu schreibenden Bücher.

TATEN DER APOSTEL

1 [1] Den ersten Bericht machte ich über alles, o Theophilos, was Jesus anfing zu tun und zu lehren, [2] bis zu (dem) Tag, an dem er aufgenommen wurde, nachdem er Weisung gegeben hatte den Aposteln, die er erwählt hatte, durch heiligen Geist. [3] Denen stellte er sich auch hin als lebend nach seinem Leiden in vielen Bezeugungen, durch vierzig Tage (hindurch) sichtbar werdend ihnen und sagend das über das Königtum Gottes; [4] und beim Zusammensein gebot er ihnen, von Hierosolyma nicht sich zu trennen, sondern zu erwarten die Zusage des Vaters, die ihr hörtet von mir, [5] daß Johannes zwar taufte mit Wasser, ihr aber in heiligem Geist getauft werden werdet nach diesen nicht vielen Tagen. [6] Die aber nun Zusammengekommenen fragten ihn, sagend: Herr, ob in dieser Zeit du wiedererrichtest das Königtum für Israel? [7] Er sprach aber zu ihnen: Nicht euer ist es, zu kennen Zeiten oder Fristen, die der Vater setzte in der eigenen Vollmacht, [8] sondern ihr werdet empfangen Kraft, wenn herabkommt der heilige Geist auf euch, und ihr werdet sein meine Zeugen in Jerusalem und [in] der ganzen Judaia und Samareia und bis zum Ende der Erde.

[9] Und als er dieses gesprochen hatte, wurde er, während sie schauten, hinaufgehoben, und eine Wolke nahm weg ihn von ihren Augen. [10] Und wie sie starrend waren in den Himmel, während er wegging, und siehe, zwei Männer standen neben ihnen in weißen Kleidern, [11] die auch sprachen: Männer, Galilaier, was steht ihr [auf]schauend in den Himmel? Dieser Jesus, der Aufgenommene (weg) von euch in den Himmel, wird so kommen, auf welche Weise ihr ihn saht weggehend in den Himmel.

[12] Dann kehrten sie zurück nach Jerusalem vom Berg, dem Ölberg gerufenen, der nahe ist Jerusalem, einen Sabbatweg entfernt. [13] Und als sie hineinkamen, ins Obergemach stiegen

sie hinauf, wo sie waren verbleibend, Petros und Johannes
und Jakobos und Andreas, Philippos und Thomas, Bartholomaios und Matthaios, Jakobos (des) Alphaios und Simon der
Zelot und Judas (des) Jakobos. [14] Diese alle waren ausharrend
einmütig im Gebet mit Frauen und Mariam, der Mutter von
Jesus, und seinen Brüdern.

[15] Und in diesen Tagen, aufstehend inmitten der Brüder,
sprach Petros; (es) war aber eine Menge von Namen an demselben (Ort), etwa hundertzwanzig: [16] Männer, Brüder, es
mußte erfüllt werden die Schrift, die vorhersagte der heilige
Geist durch (den) Mund Davids über Judas, der Wegführer
wurde den Jesus Ergreifenden, [17] weil er zugezählt worden
war bei uns und erlangt hatte das Los dieses Dienstes.
[18] Dieser aber nun erwarb ein Grundstück von (dem) Lohn der
Ungerechtigkeit, und vornüber gefallen, platzte er mitten
(entzwei), und ausgeschüttet wurden alle seine Eingeweide;
[19] und bekannt wurde es allen Jerusalem Bewohnenden, so daß
gerufen wurde jenes Grundstück in ihrer eigenen Sprache
Hakeldamach, das ist Blutacker. [20] Denn geschrieben ist im

Ps 69,26 Buch (der) Psalmen: *Werden soll sein Gehöft öde, und nicht*
Ps 109,8 *soll sein der Bewohnende in ihm*, und: *Sein Aufseheramt soll
übernehmen ein anderer.* [21] Es muß also von den Männern,
die mit uns zusammengekommen waren zu der ganzen Zeit,
in der einging und ausging bei uns der Herr Jesus, [22] angefangen von der Taufe (des) Johannes bis zu dem Tag, an dem er
aufgenommen wurde von uns (weg), Zeuge seiner Auferstehung mit uns werden einer von diesen. [23] Und aufstellten sie
zwei, Joseph, den Barsabbas Gerufenen, der zudem gerufen
wurde Justos, und Matthias. [24] Und betend sprachen sie: Du,
Herr, Herzenskenner aller, zeige auf, wen du auswähltest aus
diesen zweien einen, [25] einzunehmen den Ort dieses Dienstes
und Apostelamts, von dem Judas abtrat, zu gehen an den
eigenen Ort. [26] Und sie gaben Lose ihnen, und (es) fiel das
Los auf Matthias, und er wurde mithinzugezählt unter die elf
Apostel.

2 ¹ Und als erfüllt wurde der Pfingsttag, waren alle gemeinsam an demselben (Ort). ² Und (es) entstand plötzlich aus dem Himmel Tosen, wie (das) eines daherfahrenden gewaltigen Wehens, und es erfüllte das ganze Haus, wo sie waren dasitzend, ³ und (es) erschienen ihnen sich zerteilende Zungen wie von Feuer, und es setzte sich auf einen jeden von ihnen, ⁴ und erfüllt wurden alle von heiligem Geist, und sie begannen zu reden mit anderen Zungen, gleichwie der Geist ihnen gab kundzutun.

⁵ (Es) waren aber zu Jerusalem (dort) wohnende Judaier, fromme Männer, von jedem Volk derer unter dem Himmel. ⁶ Als aber entstand diese Stimme, zusammenkam die Menge, und sie wurde verwirrt, weil sie hörten ein jeder in der eigenen Sprache sie redend. ⁷ Sie gerieten aber außer sich und staunten, sagend: Siehe, sind nicht alle diese Redenden Galilaier? ⁸ Und wie hören wir, jeder in unserer eigenen Sprache, in der wir geboren wurden? ⁹ Parther und Meder und Elamiter, und die Bewohnenden die Mesopotamia, Judaia und Kappadokia, Pontos und die Asia, ¹⁰ Phrygia und Pamphylia, Aigyptos und die (Landes)teile der Libya hinter Kyrene, und die sich hier aufhaltenden Romaier, ¹¹ Judaier und Proselyten, Kreter und Araber, wir hören sie redend in unseren Zungen die Großtaten Gottes. ¹² Außer sich gerieten aber alle, und sie waren ratlos, einer zum anderen sagend: Was will dies sein? ¹³ Andere aber spottend sagten: Mit Most angefüllt sind sie.

¹⁴ Sich hinstellend aber Petros mit den Elf, erhob er seine Stimme und tat ihnen kund: Männer, Judaier und ihr Jerusalem Bewohnenden alle, dies soll euch bekannt sein, und zu Ohren nehmt meine Worte! ¹⁵ Denn nicht, wie ihr annehmt, sind diese betrunken, denn es ist (die) dritte Stunde des Tages, ¹⁶ sondern dies ist das Gesagte durch den Propheten Joel:

¹⁷ *Und es wird sein* in den letzten Tagen, sagt Gott, *ausgießen*   Joël 3,1–5 (G)
werde ich von meinem Geist auf alles Fleisch, und prophezeien werden eure Söhne und eure Töchter, und eure jungen Leute werden Gesichte sehen, und eure Älteren werden Träume träumen; ¹⁸ *und auch auf meine Knechte und auf meine*

Mägde werde ich in jenen Tagen ausgießen von meinem Geist, und sie werden prophezeien. [19] *Und geben werde ich Wunder im Himmel oben und Zeichen auf der Erde unten, Blut und Feuer und Rauchqualm.* [20] *Die Sonne wird umgewendet werden zu Finsternis und der Mond zu Blut, vor (dem) Kommen (des) großen und aufleuchtenden Tages (des) Herrn.* [21] *Und es wird sein: Jeder, der immer anruft den Namen (des) Herrn, wird gerettet werden.* [22] Männer, Israeliten, hört diese Worte: Jesus, den Nazoraier, einen Mann, ausgewiesen von Gott unter euch durch Kraft(taten) und Wunder und Zeichen, welche tat durch ihn Gott in eurer Mitte, gleichwie ihr selbst wißt, [23] diesen durch den festgesetzten Ratschluß und (das) Vorwissen Gottes Ausgelieferten, durch (die) Hand Gesetzloser annagelnd beseitigtet ihr, [24] den Gott aufstehen ließ, lösend die Wehen des Todes, weil es ja nicht möglich war, daß er festgehalten wurde von ihm. [25] Denn David sagt über ihn:

Ps 16,8–11 (G) *Ich sah den Herrn vor mir immerzu, weil zu meiner Rechten er ist, damit ich nicht erschüttert werde.* [26] *Deswegen freute sich mein Herz und jubelte meine Zunge, dazu aber auch mein Fleisch wird zelten in Hoffnung,* [27] *weil du nicht zurücklassen wirst meine Seele im Hades und nicht zulassen wirst, daß dein Heiliger sieht Verderbnis.* [28] *Kundtatest du mir Wege (des) Lebens, erfüllen wirst du mich mit Freude vor deinem Angesicht.* [29] Männer, Brüder, (es ist) erlaubt, zu sprechen mit Freimut zu euch über den Urvater David, daß er starb und begraben wurde, und seine Grabstätte ist unter uns bis zu diesem Tag. [30] Da er Prophet nun war und wußte, daß mit einem Eid Gott ihm schwur, aus der Frucht seiner Lende (einen) zu setzen auf seinen Thron, [31] redete er voraussehend über die Auferstehung des Christos, daß weder er zurückgelassen wurde im Hades, noch sein Fleisch Verderbnis sah. [32] Diesen Jesus ließ Gott aufstehen, wovon wir alle Zeugen sind; [33] zur Rechten Gottes nun erhöht und die Zusage des heiligen Geistes empfangend vom Vater, ausgoß er dies, was ihr [sowohl] seht und hört. [34] Denn nicht David stieg hinauf in die Him-

Ps 110,1 (G) mel, er sagt ja selbst: *(Es) sprach [der] Herr zu meinem*

Herrn: Sitze zu meiner Rechten, [35] *bis ich lege deine Feinde als Fußbank unter deine Füße.* [36] Untrüglich nun soll erkennen (das) ganze Haus Israel, daß zum Herrn und Gesalbten Gott ihn machte, diesen Jesus, den ihr kreuzigtet.

[37] (Es) hörend aber wurden sie durchbohrt im Herzen und sprachen zu Petros und den übrigen Aposteln: Was sollen wir tun, Männer, Brüder? [38] Petros aber zu ihnen: Kehrt um, [sagt er], und getauft werden soll jeder von euch auf den Namen (des) Jesus Christos zu(m) Erlaß eurer Sünden, und ihr werdet empfangen das Geschenk des heiligen Geistes. [39] Denn euch ist die Zusage und euren Kindern und allen in (der) Ferne, wieviele immer herbeiruft der Herr, unser Gott. [40] Und mit mehr anderen Worten bezeugte er und ermutigte er sie, sagend: Laßt euch retten aus diesem verkehrten Geschlecht! [41] Die aber nun Aufnehmenden sein Wort wurden getauft, und hinzugefügt wurden an jenem Tag etwa dreitausend Seelen.

[42] Sie waren aber ausharrend in der Lehre der Apostel und der Gemeinschaft, beim Brechen des Brotes und in den Gebeten. [43] (Es) wurde aber jeder Seele Angst, viele Wunder und Zeichen geschahen durch die Apostel. [44] Alle Glaubenden aber waren an demselben (Ort), und sie hatten alles gemeinsam, [45] und die Güter und die Besitzungen verkauften sie und verteilten sie an alle, inwieweit einer Bedarf hatte; [46] und täglich ausharrend einmütig im Heiligtum, brechend nach Häusern Brot, nahmen sie Nahrung in Jubel und Einfachheit des Herzens, [47] lobend Gott und habend Gunst beim ganzen Volk. Der Herr aber fügte hinzu, die gerettet werden, täglich an demselben (Ort).

3 [1] Petros aber und Johannes stiegen hinauf ins Heiligtum, zur Stunde des Gebets, der neunten. [2] Und ein Mann, der lahm war von seiner Mutter Leib (an), wurde getragen, welchen sie setzten täglich an die Tür des Heiligtums, die (so)genannte Schöne, zu erbitten ein Almosen von den Hineingehenden ins Heiligtum; [3] der, sehend Petros und Johannes im Begriff hineinzugehen ins Heiligtum, bat, ein Almosen zu empfangen. [4] Petros aber starrend auf ihn mit Johannes sprach: Sieh auf uns! [5] Der aber gab acht auf sie, erwartend, etwas von ihnen zu empfangen. [6] (Es) sprach aber Petros: Silber und Gold gehört mir nicht, was aber ich habe, dies gebe ich dir: Im Namen (des) Jesus Christos, des Nazoraiers, [steh auf und] geh umher! [7] Und fassend ihn an der rechten Hand, richtete er ihn auf; auf der Stelle aber wurden gefestigt seine Füße und die Knöchel, [8] und aufspringend stellte er sich hin und ging umher und ging hinein mit ihnen ins Heiligtum, umhergehend und springend und lobend Gott. [9] Und (es) sah das ganze Volk ihn umhergehend und Gott lobend; [10] sie erkannten ihn aber, daß er war der wegen des Almosens Dasitzende beim Schönen Tor des Heiligtums, und erfüllt wurden sie mit Staunen und Entsetzen über das ihm Widerfahrene.

[11] Als er aber festhielt Petros und Johannes, zusammenlief das ganze Volk zu ihnen bei der Halle, der (Halle) Solomons gerufenen, aufgeschreckt. [12] (Es) sehend aber antwortete Petros zum Volk: Männer, Israeliten, was staunt ihr über diesen, oder was starrt ihr uns an, als ob mit eigener Kraft oder *Ex 3,6* Frömmigkeit wir gemacht hätten, daß er umhergeht? [13] *Der Gott Abrahams und [der Gott] Isaaks und [der Gott] Jakobs, der Gott unserer Väter,* verherrlichte seinen Knecht Jesus, den ihr übergabt und (ver)leugnet vor (dem) Angesicht (des) Pilatos, der geurteilt hatte, jenen freizulassen; [14] ihr aber (ver)leugnet den Heiligen und Gerechten und verlangtet, daß ein Mörder euch geschenkt wurde, [15] den Anführer des Lebens aber tötetet ihr, den Gott auferweckte aus Toten, wovon wir Zeugen sind. [16] Und aufgrund des Glaubens an seinen Namen festigte diesen, den ihr seht und kennt, sein Name, und der Glaube, der durch ihn, gab ihm diese volle Gesundheit vor euch allen. [17] Aber jetzt, Brüder, weiß ich, daß nach Unwissenheit ihr handeltet, wie auch eure Führer; [18] Gott aber, was er vorausverkündete durch (den) Mund aller Propheten, daß leide sein Gesalbter, erfüllte er so. [19] Kehrt also um und bekehrt euch, auf daß ausgelöscht werden eure Sünden, [20] auf daß kommen mögen Zeiten (des) Aufatmens von

(dem) Angesicht des Herrn (her), und er schicken möge den euch vorherbestimmten Gesalbten, Jesus, [21] den der Himmel aufnehmen muß bis zu (den) Zeiten (der) Wiedererrichtung von allem, wovon Gott redete durch (den) Mund seiner heiligen Propheten von Ewigkeit. [22] Moyses aber sprach: *Einen Propheten wird euch aufstehen lassen (der) Herr, euer Gott, aus euren Brüdern wie mich; ihn sollt ihr hören in allem, was immer er redet* zu euch. [23] *Es wird aber sein: Jede Seele, welche auch immer, wenn sie nicht hört auf jenen Propheten, wird ausgerottet werden aus dem Volk.* [24] Aber auch alle Propheten von Samuel und den folgenden (an), wieviele redeten, verkündeten auch diese Tage. [25] Ihr seid die Söhne der Propheten und des Bundes, den Gott verfügte für eure Väter, sagend zu Abraham: *Und in deiner Nachkommenschaft werden gesegnet werden alle Geschlechter der Erde.* [26] Euch zuerst, nachdem Gott aufstehen ließ seinen Knecht, schickte er ihn, der euch segnet, indem er wegwendet einen jeden von euren Bosheiten.

Dtn 18,15-20

Lev 23,29

Gen 22,18; 26,4

4 [1] Während sie aber redeten zum Volk, hintraten zu ihnen die Priester und der Befehlshaber des Heiligtums und die Saddukaier, [2] aufgebracht, weil sie das Volk lehren und verkünden in Jesus die Auferstehung aus Toten, [3] und sie legten Hand an sie, und sie setzten (sie) in Haft bis zum Tag darauf; denn es war Abend schon. [4] Viele aber der Hörenden das Wort glaubten, und (es) wurde [die] Zahl der Männer [etwa] fünftausend.

[5] Es geschah aber am Tag darauf, daß sich versammelten ihre Vorsteher und die Ältesten und die Schriftkundigen in Jerusalem, [6] und Hannas, der Hochpriester, und Kajaphas und Johannes und Alexandros und wieviele aus hochpriesterlichem Geschlecht waren, [7] und stellend sie in die Mitte, erkundigten sie sich: In welcher Kraft oder in welchem Namen tatet ihr dies? [8] Da sprach Petros, erfüllt mit heiligem Geist, zu ihnen: Vorsteher des Volkes und Älteste, [9] wenn wir heute verhört werden wegen einer Wohltätigkeit an einem schwachen Menschen, durch wen dieser gerettet worden ist, [10] be-

kannt soll sein euch allen und dem ganzen Volk Israel, daß im Namen (des) Jesus Christos, des Nazoraiers, den ihr kreuzigtet, den Gott auferweckte aus Toten, durch diesen dieser dasteht vor euch gesund. [11] Dieser ist der Stein, der verachtete von euch, den Bauleuten, der zum Hauptstein wurde. [12] Und (es) ist in keinem anderen das Heil, denn nicht ist ein anderer Name unter dem Himmel, der gegeben ist unter (den) Menschen, durch den wir gerettet werden müssen.

[13] Sehend aber den Freimut des Petros und (des) Johannes und begreifend, daß ungebildete Menschen sie sind und Laien, staunten sie, und sie erkannten sie, daß mit Jesus sie waren, [14] und den Menschen sehend bei ihnen stehend, den geheilten, nichts hatten sie zu erwidern. [15] Befehlend aber ihnen, aus dem Synhedrion hinauszugehen, beratschlagten sie untereinander, [16] sagend: Was sollen wir tun diesen Menschen? Denn daß ein bekanntes Zeichen geschehen ist durch sie, (ist) allen Jerusalem Bewohnenden offenbar, und nicht können wir (es) leugnen; [17] aber damit nicht noch mehr verbreitet wird ins Volk, wollen wir ihnen drohen, nicht mehr zu reden in diesem Namen zu irgendeinem (der) Menschen. [18] Und rufend sie, geboten sie, überhaupt nichts verlauten zu lassen und nicht zu lehren im Namen von Jesus. [19] Petros aber und Johannes antwortend sprachen zu ihnen: Ob gerecht es ist vor Gott, auf euch mehr zu hören als auf Gott, urteilt! [20] Denn nicht können wir (über das), was wir sahen und hörten, nicht reden. [21] Die aber, weiterdrohend, entließen sie, nichts findend, wie sie sie bestrafen könnten, wegen des Volkes, weil alle verherrlichten Gott wegen des Geschehenen; [22] denn an Jahren mehr als vierzig war der Mensch, an dem geschehen war dieses Zeichen der Heilung.

[23] Entlassen aber kamen sie zu den Ihrigen und meldeten, was alles zu ihnen die Hochpriester und die Ältesten sprachen. [24] Die aber, (es) hörend, einmütig erhoben (die) Stimme zu Gott und sprachen: Gebieter, *du, der machte den Himmel und die Erde und das Meer und alles in ihnen,* [25] der du durch heiligen Geist, (durch den) Mund unseres Vaters David, dei-

2 Kön 19,15
Jes 37,16
Neh 9,6
Ex 20,11
Ps 146,6

nes Knechtes, sprachst: *Weshalb tobten (die) Heiden und (die)* Ps 2,1f (G)
Völker sinnen Vergebliches? [26] *Hinstellten sich die Könige der*
Erde, und die Vorsteher versammelten sich an demselben
(Ort) gegen den Herrn und gegen seinen Gesalbten. [27] Denn
(es) versammelten sich in Wahrheit in dieser Stadt gegen deinen heiligen Knecht Jesus, den du salbtest, Herodes und Pontios Pilatos mit (den) Heiden und (den) Volksscharen Israels,
[28] zu tun, was deine Hand und [dein] Ratschluß zu geschehen
vorherbestimmte. [29] Und in bezug auf das Jetzt, Herr, schau
hin auf ihre Drohungen und gib deinen Knechten, mit allem
Freimut zu reden dein Wort, [30] indem du ausstreckst [deine]
Hand, damit Heilung und Zeichen und Wunder geschehen
durch den Namen deines heiligen Knechtes Jesus. [31] Und als
sie gebetet hatten, wurde erschüttert der Ort, an dem sie versammelt waren, und erfüllt wurden alle vom heiligen Geist,
und sie redeten das Wort Gottes mit Freimut.

[32] Der Menge der Glaubenden aber war Herz und Seele
eins, und auch nicht einer sagte, daß etwas von dem Besitz
ihm eigen sei, sondern (es) war ihnen alles gemeinsam. [33] Und
mit großer Kraft gaben das Zeugnis die Apostel von der Auferstehung des Herrn Jesus, und große Gnade war auf ihnen
allen. [34] Denn auch nicht ein Bedürftiger war unter ihnen;
denn wieviele Besitzer von Grundstücken oder Häusern vorhanden waren, verkaufend brachten sie die Erlöse des Veräu-
ßerten [35] und legten (sie) vor die Füße der Apostel; verteilt
wurde aber jedem, inwieweit einer Bedarf hatte. [36] Joseph
aber, der von den Aposteln zudem Barnabas Gerufene, das ist
übersetzt Sohn (der) Ermutigung, ein Levit, Kyprier der Abstammung (nach), [37] dem ein Acker gehörte, verkaufend (ihn),
brachte das Geld und legte (es) zu den Füßen der Apostel.

5 [1] Ein Mann aber, Hananias mit Namen, mit Sapphira,
seiner Frau, verkaufte Besitz, [2] und beiseite schaffte er
für sich vom Erlös, mit Wissen auch der Frau, und bringend
einen Teil, vor die Füße der Apostel legte er (ihn). [3] (Es)
sprach aber Petros: Hananias, weshalb erfüllte der Satan dein
Herz, daß du belogst den heiligen Geist und für dich beiseite

schafftest vom Erlös des Grundstücks? ⁴ Nicht bleibend blieb
es dir, und verkauft stand es (nicht) in deiner Vollmacht?
Weswegen setztest du in deinem Herzen diese Tat? Nicht belogst du Menschen, sondern Gott. ⁵ Hörend aber Hananias
diese Worte, fallend hauchte er (sein Leben) aus, und (es)
entstand große Furcht bei allen (es) Hörenden. ⁶ Aufstehend
aber verhüllten ihn die Jüngeren, und hinaustragend begruben
sie (ihn).

⁷ (Es) war aber etwa drei Stunden Zwischenraum, und seine
Frau, nicht wissend das Geschehene, kam herein. ⁸ (Es) antwortete aber zu ihr Petros: Sag mir, ob für soviel ihr das
Grundstück abgabt? Die aber sprach: Ja, für soviel. ⁹ Petros
aber zu ihr: Weswegen wurde vereinbart unter euch, zu versuchen den Geist (des) Herrn? Siehe, die Füße derer, die begruben deinen Mann, (stehen) bei der Tür, und sie werden
dich hinaustragen. ¹⁰ Sie aber fiel auf der Stelle zu seinen Füßen und hauchte (ihr Leben) aus; hereinkommend aber fanden
die jungen Männer sie tot, und hinaustragend begruben sie
(sie) bei ihrem Mann, ¹¹ und (es) entstand große Furcht bei
der ganzen Gemeinde und bei allen dieses Hörenden.

¹² Durch die Hände der Apostel aber geschahen Zeichen
und viele Wunder im Volk. Und alle waren einmütig in der
Halle Solomons, ¹³ von den übrigen aber wagte keiner, sich
ihnen anzuschließen, doch (es) pries sie das Volk. ¹⁴ Mehr
Glaubende aber wurden hinzugefügt dem Herrn, Mengen von
Männern und Frauen, ¹⁵ so daß sie auch auf die Straßen hin-
austrugen die Kranken und (sie) legten auf Liegen und Bah-
ren, damit, wenn Petros käme, der Schatten beschatte einen
von ihnen. ¹⁶ Zusammenkam aber auch die Menge der Städte
rings um Jerusalem, bringend Kranke und Geplagte von unreinen Geistern, welche alle geheilt wurden.

¹⁷ Aufstehend aber wurden der Hochpriester und alle mit
ihm, (nämlich) die Richtung der Saddukaier, erfüllt mit Eifersucht, ¹⁸ und sie legten Hand an die Apostel und setzten sie in
öffentliche Haft. ¹⁹ Ein Engel (des) Herrn aber, (des) Nachts
öffnend die Türen des Gefängnisses und herausführend sie,

sprach: [20] Geht und euch hinstellend, redet im Heiligtum zum Volk alle Worte dieses Lebens. [21] (Es) hörend aber, hineingingen sie frühmorgens ins Heiligtum und lehrten. Herbeikommend aber der Hochpriester und die mit ihm, zusammenriefen sie das Synhedrion und den ganzen Ältestenrat der Söhne Israels, und sie schickten ins Gefängnis, sie vorführen zu lassen. [22] Die hinkommenden Diener aber fanden sie nicht im Gefängnis; nachdem sie aber umgekehrt waren, meldeten sie, [23] sagend: Das Gefängnis fanden wir verschlossen in aller Sicherheit und die Wächter stehend an den Türen, als wir aber öffneten, fanden wir drinnen keinen. [24] Als sie aber hörten diese Worte, sowohl der Befehlshaber des Heiligtums als auch die Hochpriester, waren sie ratlos ihretwegen, was dies werden möchte. [25] Herbeigekommen aber meldete ihnen einer: Siehe, die Männer, die ihr setztet ins Gefängnis, sind im Heiligtum stehend und lehrend das Volk. [26] Dann weggehend, vorführte sie der Befehlshaber mit den Dienern, nicht mit Gewalt, denn sie fürchteten das Volk, daß sie gesteinigt würden.

[27] Vorführend aber stellten sie sie ins Synhedrion. Und (es) befragte sie der Hochpriester, [28] sagend: Geboten wir euch [nicht] durch ein Gebot, nicht zu lehren in diesem Namen? Und siehe, ihr habt erfüllt Jerusalem mit eurer Lehre, und ihr wollt bringen auf uns das Blut dieses Menschen. [29] Antwortend aber sprachen Petros und die Apostel: Gehorchen muß man Gott mehr als Menschen. [30] Der Gott unserer Väter erweckte Jesus, an den ihr Hand legtet, hängend (ihn) ans Holz; [31] diesen erhöhte Gott zum Anführer und Retter zu seiner Rechten, Israel [zu] geben Umkehr und Erlaß von Sünden. [32] Und wir sind Zeugen dieser Geschehnisse und der heilige Geist, den Gott gab den ihm Gehorchenden.

[33] Die (es) Hörenden aber ergrimmten und wollten sie beseitigen. [34] Aufstehend aber im Synhedrion ein Pharisaier mit Namen Gamaliel, ein Gesetzeslehrer, geehrt beim ganzen Volk, befahl, kurz die Männer hinauszuschaffen, [35] und er sprach zu ihnen: Männer, Israeliten, nehmt euch in acht bei diesen Menschen, was ihr tun wollt. [36] Denn vor diesen Tagen

stand auf Theudas, sagend, daß er jemand sei, dem sich anschloß eine Zahl von vierhundert Männern; der wurde beseitigt, und alle, wieviele ihm gehorchten, lösten sich auf und wurden zu nichts. [37] Nach diesem stand auf Judas der Galilaier in den Tagen der Aufzeichnung, und er brachte (zum Abfall) Volk hinter sich; auch jener ging zugrunde, und alle, wieviele ihm gehorchten, wurden zerstreut. [38] Und in bezug auf das Jetzt sage ich euch, laßt ab von diesen Menschen und laßt sie! Denn wenn von Menschen ist dieses Vorhaben oder dieses Werk, wird es zerstört werden, [39] wenn aber von Gott es ist, nicht werdet ihr sie zerstören können, damit ihr nicht etwa gar als Kämpfer gegen Gott erfunden werdet. Sie aber gehorchten ihm, [40] und herbeirufend die Apostel, geboten sie, nachdem sie (sie) geschunden hatten, nicht zu reden im Namen von Jesus, und entließen (sie). [41] Die aber nun gingen, sich freuend, (weg) vom Angesicht des Synhedrions, weil sie gewürdigt worden waren, für den Namen verachtet zu werden, [42] und jeden Tag im Heiligtum und nach Häusern nicht hörten sie auf, zu lehren und (als Evangelium) zu verkünden den Gesalbten, Jesus.

6 [1] In diesen Tagen aber, als sich mehrten die Schüler, entstand ein Murren der Hellenisten gegen die Hebraier, weil übersehen wurden beim täglichen Dienst ihre Witwen. [2] Die Zwölf aber, herbeirufend die Menge der Schüler, sprachen: Es ist nicht richtig, daß wir, verlassend das Wort Gottes, bedienen (die) Tische. [3] Seht euch aber um, Brüder, nach sieben Männern aus euch, mit gutem Zeugnis, voll Geist und Weisheit, die wir einsetzen werden für diesen Bedarf, [4] wir aber werden beim Gebet und beim Dienst des Wortes ausharren. [5] Und (es) gefiel das Wort vor der ganzen Menge, und auswählten sie Stephanos, einen Mann voll Glauben und heiligem Geist, und Philippos und Prochoros und Nikanor und Timon und Parmenas und Nikolaos, einen antiochenischen Proselyten; [6] diese stellten sie vor die Apostel, und betend legten (diese) ihnen die Hände auf. [7] Und das Wort Got-

tes wuchs, und (es) mehrte sich die Zahl der Schüler in Jerusalem sehr, und eine große Menge der Priester gehorchten
dem Glauben.

[8] Stephanos aber voll Gnade und Kraft tat Wunder und
große Zeichen im Volk. [9] Aufstanden aber einige derer von
der sogenannten Synagoge (der) Libertiner und Kyrenaier und
Alexandriner und derer von Kilikia und Asia, streitend mit
Stephanos, [10] und nicht vermochten sie zu widerstehen der
Weisheit und dem Geist, mit dem er redete. [11] Dann stifteten
sie Männer an, die sagten: Wir haben ihn reden hören läster-
liche Worte gegen Moyses und Gott. [12] Und sie brachten in
Bewegung das Volk und die Ältesten und die Schriftkundigen,
und hinzutretend packten sie ihn und führten (ihn) ins Synhedrion, [13] und sie stellten falsche Zeugen auf, die sagten:
Dieser Mensch hört nicht auf, zu reden Worte gegen [diesen]
heiligen Ort und das Gesetz; [14] denn wir haben ihn sagen hören: Jesus, der Nazoraier, dieser wird zerstören diesen Ort,
und er wird verändern die Sitten, die uns übergab Moyses.
[15] Und starrend auf ihn alle Sitzenden im Synhedrion, sahen
sie sein Gesicht wie (das) Gesicht eines Engels.

7 [1] (Es) sprach aber der Hochpriester: Ob dieses sich so
verhält? [2] Der aber sagte: Männer, Brüder und Väter,
hört! Der Gott der Herrlichkeit erschien unserem Vater Abraham, als er war in der Mesopotamia, ehe er wohnte in Charran, [3] und er sprach zu ihm: *Geh hinaus aus deinem Land und*   Gen 12,1
[aus] deiner Verwandtschaft, und auf in das Land, welches
immer ich dir zeigen werde. [4] Dann, herausgehend aus (dem)
Land (der) Chaldaier, wohnte er in Charran. Und von dort,
nach dem Sterben seines Vaters, siedelte er ihn um in dieses
Land, in dem ihr jetzt wohnt, [5] und nicht gab er ihm Erb(besitz) in ihm, auch nicht eine Fußbreite, und er sagte zu, *es*   Gen 48,4
ihm zur Besitzergreifung zu übergeben und seiner Nachkom-
menschaft nach ihm, obwohl er kein Kind hatte. [6] (Es) redete
aber Gott so: *(Es) wird sein seine Nachkommenschaft ein Zu-*   Gen 15,13f
gezogener in fremdem Land, und sie werden sie versklaven   Ex 2,22
und mißhandeln vierhundert Jahre; [7] *und das Volk, dem im-*

mer sie Sklave sein werden, werde ich richten, sprach Gott,
und danach werden sie herausgehen und mir dienen an diesem Ort. [8] Und er gab ihm einen Bund (der) Beschneidung;
und so zeugte er den Isaak und beschnitt ihn am achten Tag,
und Isaak den Jakob, und Jakob die zwölf Urväter.

[9] Und die Urväter, eifersüchtig auf Joseph, gaben (ihn) ab
nach Aigyptos. Und (es) war Gott mit ihm, [10] und er nahm ihn
heraus aus all seinen Bedrängnissen, und er gab ihm Gnade
und Weisheit gegenüber Pharao, (dem) König von Aigyptos,
und er setzte ihn ein zum Führer über Aigyptos und [über]
sein ganzes Haus. [11] (Es) kam aber eine Hungersnot über das
ganze Aigyptos und Chanaan und große Bedrängnis, und
nicht fanden Nahrung unsere Väter. [12] Hörend aber Jakob,
daß Getreide in Aigyptos ist, ausschickte er unsere Väter ein
erstes (Mal). [13] Und beim zweiten (Mal) gab sich zu erkennen
Joseph seinen Brüdern, und offenbar wurde dem Pharao das
Geschlecht [des] Joseph. [14] (Aus)schickend aber ließ Joseph
herbeirufen Jakob, seinen Vater, und die ganze Verwandtschaft, an Seelen fünfundsiebzig. [15] Und hinabstieg Jakob
nach Aigyptos, und er starb, er und unsere Väter, [16] und sie
wurden überführt nach Sychem, und sie wurden gelegt in die
Grabstätte, die gekauft hatte Abraham für Silber(geld) von
den Söhnen Emmors in Sychem. [17] Wie aber nahekam die Zeit
der Zusage, die zugesichert hatte Gott dem Abraham, wuchs
das Volk und mehrte sich in Aigyptos, [18] bis daß *aufstand ein
anderer König [über Aigyptos], der nicht kannte den Joseph.*
[19] Dieser, überlistend unser Geschlecht, mißhandelte [unsere]
Väter, indem er ihre Säuglinge aussetzen ließ, auf daß sie
nicht lebendigerhalten blieben. [20] Zu der Zeit wurde geboren
Moyses, und er war wohlgefällig Gott; er wurde aufgezogen
drei Monate im Haus des Vaters, [21] als er aber ausgesetzt war,
beiseite brachte ihn die Tochter (des) Pharao, und sie zog ihn
auf, sich zum Sohn. [22] Und ausgebildet wurde Moyses [in]
aller Weisheit (der) Aigyptier; er war aber stark in seinen
Worten und Werken. [23] Als aber sich erfüllte ihm (die) Zeit
von vierzig Jahren, aufstieg in seinem Herzen, sich umzuse-

Ex 1,8 (G)

hen nach seinen Brüdern, den Söhnen Israels. [24] Und sehend einen Unrecht Erleidenden, stand er bei, und er verschaffte Rache dem Mißhandelten, erschlagend den Aigyptier. [25] Er meinte aber, daß [seine] Brüder verstehen, daß Gott durch seine Hand ihnen Rettung gibt; die aber verstanden nicht. [26] Und am folgenden Tag erschien er ihnen, während sie stritten, und er wollte sie versöhnen zu Frieden, sprechend: Männer, Brüder seid ihr; weshalb tut ihr Unrecht einander? [27] Der aber dem Nächsten Unrecht Tuende stieß ihn weg, sprechend: *Wer setzte dich ein als Vorsteher und Richter über* Ex 2,14 *uns?* [28] *Willst du etwa mich beseitigen, auf welche Weise du beseitigtest gestern den Aigyptier?* [29] (Es) floh aber Moyses bei diesem Wort, und er wurde ein Zugezogener im Land Madiam, wo er zeugte zwei Söhne. [30] Und als sich erfüllten vierzig Jahre, erschien ihm in der Wüste des Berges Sina ein Engel in (der) Feuerflamme eines Dornbuschs. [31] Moyses aber, sehend (es), bestaunte das Gesicht, als er aber hinging nachzusehen, kam eine Stimme (des) Herrn: [32] *Ich, der Gott* Ex 3,6 *deiner Väter, der Gott Abrahams und Isaaks und Jakobs.* Zitternd aber geworden, wagte Moyses nicht nachzusehen. [33] (Es) sprach aber zu ihm der Herr: *Löse die Sandale deiner* Ex 3,5 *Füße, denn der Ort, auf dem du stehst, ist heilige Erde.* [34] *Se-* Ex 3,7f *hend sah ich die Mißhandlung meines Volkes in Aigyptos, und ihr Stöhnen hörte ich, und ich stieg hinab, sie herauszunehmen; und jetzt, auf, ich will dich schicken nach Aigyptos.* [35] Diesen Moyses, den sie (ver)leugneten, sprechend: *Wer* Ex 2,14 *setzte dich ein als Vorsteher und Richter?,* diesen hat Gott [sowohl] als Vorsteher und auch als Erlöser geschickt mit (der) Hand eines Engels, der ihm erschien im Dornbusch. [36] Dieser führte sie heraus, tuend Wunder und Zeichen im Land Aigyptos und im Roten Meer und in der Wüste vierzig Jahre. [37] Dieser ist der Moyses, der Sprechende zu den Söhnen Israels: *Einen Propheten wird euch aufstehen lassen Gott* Dtn 18,15 *aus euren Brüdern wie mich.* [38] Dieser ist (es), der war in der Versammlung in der Wüste mit dem Engel, der zu ihm redete auf dem Berg Sina, und (mit) unseren Vätern, der empfing, lebendige Worte uns zu geben; [39] dem wollten nicht gehorsam werden unsere Väter, sondern wegstießen sie (ihn), und sie wandten sich in ihren Herzen nach Aigyptos, [40] sprechend zu

Ex 32,1.23 Aaron: *Mach uns Götter, die uns voranziehen werden; denn dieser Moyses, der uns herausführte aus (dem) Land Aigyptos, nicht wissen wir, was ihm geschah.* [41] Und sie machten ein Kalb in jenen Tagen, und sie brachten ein Opfer dem Götzenbild, und sie erfreuten sich an den Werken ihrer Hände. [42] Abwandte sich aber Gott, und er übergab sie, zu dienen dem Heer des Himmels, gleichwie geschrieben ist im Buch

Am 5,25–27 (G) der Propheten: *Brachtet ihr etwa Geschlachtetes und Opfer mir dar vierzig Jahre in der Wüste, Haus Israel?* [43] *Und mitnahmt ihr das Zelt des Moloch und den Stern [eures] Gottes Raipha, die Bilder, die ihr machtet,* ihnen zu huldigen, *und ich werde euch umsiedeln über* Babylon *hinaus.* [44] Das Zelt des Zeugnisses besaßen unsere Väter in der Wüste, gleichwie anordnete der Redende mit Moyses, es zu machen nach dem Bild, das er gesehen hatte; [45] dieses auch, empfangend, hineinbrachten unsere Väter, mit Jesus (= Josua) bei der Besitzergreifung (des Landes) der Heiden, die Gott verstieß vom Angesicht unserer Väter bis zu den Tagen Davids, [46] der Gnade fand vor Gott und bat, zu finden eine Zeltwohnung für das Haus Jakob. [47] Solomon aber baute ihm ein Haus. [48] Doch nicht wohnt der Höchste in Handgemachtem, gleichwie der

Jes 66,1f Prophet sagt: [49] *Der Himmel (ist) mir Thron, die Erde aber Fußbank meiner Füße; was für ein Haus werdet ihr mir bauen, sagt (der) Herr, oder welches (ist der) Ort meiner Ruhe?* [50] *Machte* nicht *meine Hand dieses alles?* [51] (Ihr) Hartnäckigen und Unbeschnittenen an (den) Herzen und den Ohren, ihr widerstrebt immer dem heiligen Geist, wie eure Väter auch ihr. [52] Welchen der Propheten verfolgten eure Väter nicht? Und sie töteten die Vorausverkündenden über das Kommen des Gerechten, dessen Verräter und Mörder ihr jetzt wurdet, [53] welche ihr empfingt das Gesetz auf Anordnungen von Engeln und (es) nicht hieltet.

[54] Hörend aber dieses, ergrimmten sie in ihren Herzen und

knirschten die Zähne gegen ihn. [55] Seiend aber voll heiligen Geistes, starrend in den Himmel, sah er Gottes Herrlichkeit und Jesus stehend zur Rechten Gottes, [56] und er sprach: Siehe, ich sehe die Himmel geöffnet und den Sohn des Menschen zur Rechten Gottes stehend. [57] Schreiend aber mit lauter Stimme hielten sie zu ihre Ohren, und sie stürmten einmütig gegen ihn, [58] und hinauswerfend aus der Stadt steinigten sie (ihn). Und die Zeugen legten ab ihre Gewänder vor die Füße eines jungen Mannes, gerufen Saulos, [59] und sie steinigten den Stephanos, den Anrufenden und Sagenden: Herr Jesus, nimm meinen Geist! [60] Beugend aber die Knie, schrie er mit lauter Stimme: Herr, nicht laß bestehen ihnen diese Sünde! Und dies sprechend, entschlief er.

8 [1] Saulos aber war einverstanden mit seiner Hinrichtung. (Es) entstand aber an jenem Tag eine große Verfolgung gegen die Gemeinde, die in Hierosolyma, alle aber wurden zerstreut über die Länder der Judaia und Samareia, außer den Aposteln. [2] (Es) bestatteten aber den Stephanos fromme Männer, und sie machten ein großes Klagen um ihn. [3] Saulos aber suchte zu vernichten die Gemeinde, in die (einzelnen) Häuser hineingehend, fortschleppend Männer und Frauen, übergab er (sie) ins Gefängnis.

[4] Die Zerstreuten aber nun zogen umher, (als Evangelium) verkündend das Wort. [5] Philippos aber, hinabkommend in [die] Stadt der Samareia, verkündete ihnen den Christos. [6] (Es) achteten aber die Volksmengen auf das von Philippos Gesagte einmütig, indem sie darauf hörten und die Zeichen sahen, die er tat. [7] Denn viele derer, die unreine Geister hatten, – schreiend mit lauter Stimme fuhren sie aus, viele Gelähmte aber und Lahme wurden geheilt; [8] (es) entstand aber viel Freude in jener Stadt.

[9] Ein Mann aber mit Namen Simon war vorher in der Stadt, zaubernd und außer sich bringend das Volk der Samareia, sagend, er selbst sei ein Großer, [10] auf den alle achteten von klein bis groß, sagend: Dieser ist die Kraft Gottes, die

„große" gerufene. [11] Sie achteten aber auf ihn, weil er geraume Zeit durch die Zaubereien sie außer sich gebracht hatte. [12] Als sie aber glaubten dem Philippos, der (das Evangelium) verkündete über das Königtum Gottes und den Namen (des) Jesus Christos, ließen sich taufen Männer und Frauen. [13] Simon aber auch selbst glaubte, und als Getaufter war er ausharrend bei Philippos, und sehend Zeichen und große Kraft (-taten) geschehend, geriet er außer sich.

[14] Hörend aber die Apostel in Hierosolyma, daß aufgenommen hat die Samareia das Wort Gottes, schickten sie zu ihnen Petros und Johannes, [15] welche, als sie hinabgestiegen waren, für sie beteten, auf daß sie empfingen heiligen Geist; [16] denn noch nicht war er auf einen von ihnen herabgefallen, nur getauft aber waren sie auf den Namen des Herrn Jesus. [17] Dann auflegten sie die Hände auf sie, und sie empfingen heiligen Geist. [18] Sehend aber Simon, daß durch die Auflegung der Hände der Apostel gegeben wird der Geist, hinbrachte er ihnen Geld, [19] sagend: Gebt auch mir diese Vollmacht, damit, wem immer ich auflege die Hände, er empfange heiligen Geist! [20] Petros aber sprach zu ihm: Dein Silber(geld) gehe mit dir ins Verderben, weil du die Gabe Gottes meintest durch Geld zu erwerben; [21] nicht ist dir Teil noch Los an dieser Sache, denn dein Herz ist nicht aufrichtig vor Gott. [22] Kehre also um von dieser deiner Schlechtigkeit und bitte den Herrn, ob dir wohl weggenommen werden wird das Sinnen deines Herzens, [23] denn in Galle von Bitterkeit und in Fessel von Ungerechtigkeit sehe ich, daß du bist. [24] Antwortend aber sprach Simon: Bittet ihr für mich zum Herrn, auf daß nichts herabkomme auf mich (von dem), was ihr gesagt habt. [25] Die aber nun, nachdem sie bezeugt und geredet hatten das Wort des Herrn, kehrten zurück nach Hierosolyma, und vielen Dörfern der Samariter verkündeten sie (das Evangelium).

[26] Ein Engel (des) Herrn aber redete zu Philippos, sagend: Steh auf und geh gegen Mittag auf den Weg, den hinabführenden von Jerusalem nach Gaza; dieser ist öde. [27] Und auf-

stehend ging er. Und siehe, ein aithiopischer Mann, ein Eunuch, ein Beamter Kandakes, (der) Königin (der) Aithioper,
der (Aufseher) war über ihren ganzen Schatz, der gekommen
war anzubeten nach Jerusalem, [28] war zurückkehrend und sitzend auf seinem Wagen, und er las den Propheten Isaias.
[29] (Es) sprach aber der Geist zu Philippos: Geh hin und
schließ dich an diesem Wagen! [30] Hinlaufend aber hörte Philippos, wie er las Isaias, den Propheten, und er sprach: Verstehst du denn auch, was du liest? [31] Der aber sprach: Wie
denn könnte ich, wenn nicht einer mich weisen wird? Und er
bat den Philippos, hinaufsteigend sich zu setzen bei ihm.
[32] Der Inhalt aber der Schrift, die er las, war dieser: *Wie ein*   Jes 53,7f
Schaf zum Schlachten geführt wurde, und wie ein Lamm vor
dem es Scherenden stumm (ist), so öffnet er nicht seinen
Mund. [33] *In [seiner] Erniedrigung wurde sein Gericht aufge-*
hoben; sein Geschlecht, wer wird (es) beschreiben? Denn
weggenommen wird von der Erde sein Leben. [34] Antwortend
aber der Eunuch dem Philippos sprach: Ich bitte dich, über
wen sagt der Prophet dies? Über sich oder über einen anderen? [35] Philippos aber, öffnend seinen Mund und beginnend
mit dieser Schrift, verkündete ihm (als Evangelium) Jesus.
[36] Als sie aber fuhren auf dem Weg, kamen sie an ein Wasser,
und (es) sagt der Eunuch: Siehe, Wasser; was hindert, daß
ich getauft werde?* [38] Und er befahl, daß stehenbleibe der
Wagen, und hinabstiegen beide ins Wasser, Philippos und der
Eunuch, und er taufte ihn. [39] Als sie aber heraufstiegen aus
dem Wasser, riß (der) Geist (des) Herrn den Philippos fort,
und nicht sah ihn mehr der Eunuch, denn er ging seinen Weg,
sich freuend. [40] Philippos aber wurde gefunden in Azotos; und
umherziehend verkündete er (das Evangelium) allen Städten,
bis er kam nach Kaisareia.

9 [1] Saulos aber, noch schnaubend Drohung und Mord gegen die Schüler des Herrn, gehend zum Hochpriester,
[2] verlangte von ihm Briefe nach Damaskos an die Synagogen,

* V 37 ist spätere Texterweiterung.

auf daß, wenn einige er fände, die von dem „Weg" sind,
Männer und Frauen, gebunden er (sie) führe nach Jerusalem.
[3] Beim Reisen aber geschah es, daß er nahekam Damaskos,
und plötzlich umstrahlte ihn Licht aus dem Himmel, [4] und
fallend auf die Erde, hörte er eine Stimme, ihm sagend: Saul,
Saul, was verfolgst du mich? [5] Er sprach aber: Wer bist du,
Herr? Der aber: Ich bin Jesus, den du verfolgst; [6] doch steh
auf und geh hinein in die Stadt, und gesagt werden wird dir
das, was du tun mußt! [7] Die Männer aber, die mit ihm des
Weges ziehenden, standen sprachlos, hörend zwar die Stimme, keinen aber sehend. [8] Aufstand aber Saulos von der Erde,
als aber geöffnet waren seine Augen, nichts sah er; an der
Hand führend aber, führten sie ihn hinein nach Damaskos.
[9] Und er war drei Tage nicht sehend, und er aß nicht, und er
trank nicht.

[10] (Es) war aber ein Schüler in Damaskos mit Namen Hananias, und (es) sprach zu ihm in einem Gesicht der Herr: Hananias! Der aber sprach: Siehe, (da bin) ich, Herr. [11] Der
Herr aber zu ihm: Aufstehend geh zu der Gasse, der Gerade
gerufenen, und suche im Haus (des) Judas einen mit Namen
Saulos, einen Tarser! Denn siehe, er betet, [12] und er sah einen
Mann [in einem Gesicht], Hananias mit Namen, hereinkommend und auflegend ihm [die] Hände, auf daß er wieder sähe.
[13] (Es) antwortete aber Hananias: Herr, ich hörte von vielen
über diesen Mann, wieviel Schlechtes er deinen Heiligen tat
in Jerusalem; [14] und hier hat er Vollmacht von den Hochpriestern, zu binden alle Anrufenden deinen Namen. [15] (Es)
sprach aber zu ihm der Herr: Geh, weil mir dieser ein Werk-
zeug (der) Erwählung ist, zu tragen meinen Namen vor Völker und Könige und (die) Söhne Israels; [16] denn ich werde ihm
zeigen, wieviel er für meinen Namen leiden muß. [17] Wegging
aber Hananias, und hineinging er ins Haus, und auflegend auf
ihn die Hände, sprach er: Bruder Saul, der Herr hat mich geschickt, Jesus, der dir erschien auf dem Weg, auf dem du
kamst, auf daß du wieder siehst und erfüllt wirst mit heiligem
Geist. [18] Und sogleich fielen ab von seinen Augen wie Schup-

pen, und er sah wieder, und aufstehend wurde er getauft, [19] und Nahrung nehmend, erstarkte er.

Er war aber bei den Schülern in Damaskos einige Tage, [20] und sogleich verkündete er in den Synagogen Jesus, daß dieser ist der Sohn Gottes. [21] (Es) gerieten aber außer sich alle Hörenden, und sie sagten: Ist nicht dieser der, der verfolgte in Jerusalem die Anrufenden diesen Namen, und war er (nicht) dazu hierher gekommen, damit gebunden er sie führe zu den Hochpriestern? [22] Saulos aber erstarkte mehr, und er verwirrte [die] Judaier, die wohnenden in Damaskos, beweisend, daß dieser ist der Gesalbte.

[23] Als aber sich erfüllten etliche Tage, beschlossen die Judaier, ihn zu beseitigen; [24] (es) wurde aber bekannt dem Saulos ihr Anschlag. Sie bewachten aber auch die Tore tags und nachts, auf daß sie ihn beseitigten; [25] seine Schüler aber, (ihn) nehmend, ließen (ihn) nachts durch die Mauer herab, ihn hinablassend in einem Korb.

[26] Angekommen aber in Jerusalem, versuchte er sich anzuschließen den Schülern; und alle fürchteten ihn, nicht glaubend, daß er ein Schüler sei. [27] Barnabas aber, sich (seiner) annehmend, führte ihn zu den Aposteln, und er beschrieb ihnen, wie auf dem Weg er den Herrn sah und daß er redete mit ihm, und wie in Damaskos er freimütig sprach im Namen von Jesus. [28] Und er war bei ihnen eingehend und ausgehend in Jerusalem, freimütig sprechend im Namen des Herrn, [29] und er redete und stritt gegen die Hellenisten, die aber versuchten, ihn zu beseitigen. [30] (Es) erkennend aber, führten ihn die Brüder hinab nach Kaisareia, und wegschickten sie ihn nach Tarsos.

[31] Die Gemeinde aber nun in der ganzen Judaia und Galilaia und Samareia hatte Frieden, erbaut werdend und gehend in der Furcht des Herrn, und sie wurde durch die Ermutigung des heiligen Geistes vermehrt.

[32] Es geschah aber, daß Petros alles durchziehend hinabkam auch zu den Heiligen, den Lydda bewohnenden. [33] Er fand

aber dort einen Menschen mit Namen Aineas, der seit acht Jahren daniederlag auf einer Bahre, der gelähmt war. [34] Und (es) sprach zu ihm Petros: Aineas, (es) heilt dich Jesus Christos; steh auf und richte dir selbst das Bett! Und sogleich stand er auf. [35] Und (es) sahen ihn alle Lydda und den Saron Bewohnenden, welche sich bekehrten zum Herrn.

[36] In Joppe aber war eine Schülerin mit Namen Tabitha, die übersetzt heißt Dorkas (= Gazelle); diese war voll guter Werke und Almosen, die sie tat. [37] Es geschah aber in jenen Tagen, daß sie, krank geworden, starb; nachdem man (sie) aber gewaschen hatte, legte man [sie] ins Obergemach. [38] Da aber Lydda nahe bei Joppe ist, schickten die Schüler, hörend, daß Petros in ihr ist, zwei Männer zu ihm, bittend: Zögere nicht, zu kommen bis zu uns! [39] Aufstehend aber ging Petros mit ihnen; ihn, den Angekommenen, führten sie hinauf ins Obergemach, und (es) traten zu ihm alle Witwen, weinend und zeigend die Untergewänder und Obergewänder, wieviele machte, als sie bei ihnen war, die Dorkas. [40] Hinauswerfend aber alle nach draußen und beugend die Knie, betete Petros, und hingewandt zur Leiche sprach er: Tabitha, steh auf! Die aber öffnete ihre Augen, und sehend den Petros, setzte sie sich auf. [41] Gebend aber ihr (die) Hand, ließ er sie aufstehen; rufend aber die Heiligen und die Witwen, stellte er sie vor als Lebende. [42] Bekannt aber wurde es in der ganzen (Stadt) Joppe, und (es) glaubten viele an den Herrn. [43] Es geschah aber, daß er etliche Tage blieb in Joppe bei einem Gerber Simon.

10 [1] Ein Mann aber in Kaisareia mit Namen Kornelios, Hauptmann von der Italika gerufenen Kohorte, [2] fromm und Gott fürchtend mit seinem ganzen Haus, viele Almosen gebend dem Volk und Gott bittend allzeit, [3] sah in einem Gesicht deutlich, etwa um die neunte Stunde des Tages, einen Engel Gottes hereinkommend zu ihm und sprechend zu ihm: Kornelios! [4] Der aber, anstarrend ihn und in Furcht geratend, sprach: Was ist, Herr? Er sprach aber zu ihm: Deine Gebete und deine Almosen stiegen auf zum Gedenken vor Gott. [5] Und jetzt schicke Männer nach Joppe und laß holen einen Simon, der zudem gerufen wird Petros; [6] dieser ist zu Gast bei einem Gerber Simon, dem ein Haus gehört am Meer. [7] Als aber wegging der Engel, der redende zu ihm, rief er zwei der Hausdiener und einen frommen Soldaten von denen, die ständig bei ihm waren, [8] und darlegend ihnen alles, schickte er sie nach Joppe. [9] Am folgenden (Tag) aber, als jene unterwegs waren und der Stadt nahekamen, stieg Petros hinauf auf das Dach, um zu beten, um die sechste Stunde. [10] Er wurde aber hungrig und wollte essen. Als sie aber (etwas) zurüsteten, kam über ihn eine Verzückung, [11] und er sieht den Himmel geöffnet und herabsteigend einen Behälter wie ein großes Leintuch, an vier Ecken herabgelassen werdend auf die Erde, [12] in dem alle Vierfüßler und Kriechtiere der Erde und Vögel des Himmels waren. [13] Und (es) kam eine Stimme zu ihm: Aufstehend, Petros, schlachte und iß! [14] Petros aber sprach: Keinesfalls, Herr, weil niemals ich aß irgendetwas Gemeines und Unreines. [15] Und (die) Stimme (kam) wieder zum zweiten (Mal) zu ihm: Was Gott rein machte, mache du nicht gemein! [16] Dies aber geschah dreimal, und sofort wurde aufgenommen der Behälter in den Himmel. [17] Als aber bei sich ratlos war Petros, was das Gesicht sei, das er sah, siehe, die Männer, die (aus)geschickten von dem Kornelios, die erfragt hatten das Haus des Simon, traten hin ans Tor, [18] und rufend erkundigten sie sich, ob Simon, der zudem Petros gerufene, hier zu Gast sei. [19] Als aber Petros nachsann über das Gesicht, sprach [zu ihm] der Geist: Siehe, drei Männer, dich suchend! [20] Wohlan, aufstehend steige hinab und geh mit ihnen, nicht zweifelnd, weil ich sie geschickt habe! [21] Hinabgestiegen aber sprach Petros zu den Männern: Siehe, ich bin (der), den ihr sucht; welcher (ist) der Grund, dessentwegen ihr da seid? [22] Die aber sprachen: Kornelios, ein Hauptmann, ein Mann, gerecht und Gott fürchtend, bezeugt auch vom ganzen Volk der Judaier, wurde unterwiesen von einem heiligen Engel, dich holen zu lassen in sein Haus und zu hören Worte von dir. [23] Sie herbeirufend nun, nahm er (sie) als Gäste auf. Am folgenden (Tag) aber, aufstehend, ging er weg mit ihnen, und einige der Brüder von Joppe gingen mit ihm. [24] Am folgenden (Tag) aber kam er hinein nach Kaisareia. Kornelios aber war sie erwartend, nachdem er zusammengerufen hatte seine Verwandten und die nächsten Freunde. [25] Als aber geschah, daß hereinkam Petros, entgegengehend ihm der Kornelios, fallend (ihm) zu Füßen, huldigte er (ihm). [26] Petros aber richtete ihn auf, sagend: Steh auf! Auch ich selbst bin ein Mensch. [27] Und sich unterhaltend mit ihm, kam er hinein, und er findet viele Zusammengekommene, [28] und er sagte zu ihnen: Ihr wißt, wie gesetzwidrig es ist für einen judaischen Mann, sich anzuschließen oder zu gehen zu einem Fremdstämmigen; doch mir zeigte Gott, keinen Menschen gemein oder unrein zu nennen; [29] deshalb auch kam ich widerspruchslos, als ich geholt wurde. Ich erkundige mich nun: Aus welchem Grund ließt ihr mich holen? [30] Und Kornelios sagte: Vor vier Tagen um diese Stunde war ich zur neunten (Stunde) betend in meinem Haus, und siehe, ein Mann trat vor mich in strahlendem Kleid, [31] und er sagt: Kornelios, erhört wurde dein Gebet und deiner Almosen wurde gedacht vor Gott. [32] Schicke nun nach Joppe und laß herbeirufen Simon, der zudem gerufen wird Petros; dieser ist zu Gast im Haus (des) Gerbers Simon am Meer. [33] Sogleich nun schickte ich zu dir, und du handeltest recht, herbeikommend. Jetzt nun sind wir alle vor Gott da, zu hören alles dir Aufgetragene vom Herrn.

[34] Petros aber, öffnend den Mund, sprach: In Wahrheit begreife ich, daß Gott nicht einer ist, der auf die Person sieht, [35] sondern in jedem Volk ist der ihn Fürchtende und Gerechtigkeit Wirkende ihm genehm. [36] Das Wort, [das] er schickte den Söhnen Israels, (als Evangelium) verkündend Frieden durch Jesus Christos; dieser ist Herr aller. [37] Ihr kennt das gewordene Geschehen in der ganzen Judaia, angefangen von der Galilaia nach der Taufe, die Johannes verkündete: [38] Jesus, der von Nazareth, wie ihn salbte Gott mit heiligem Geist und Kraft, der umherzog, wohltuend und heilend alle vom Teufel Unterdrückten, weil Gott war mit ihm. [39] Und wir

(sind) Zeugen von allem, was er tat im Land der Judaier und [in] Jerusalem. Und ihn beseitigten sie, hängend (ihn) ans Holz, [40] diesen erweckte Gott [am] dritten Tag, und er gab, daß er sichtbar werde, [41] nicht dem ganzen Volk, sondern den von Gott vorherbestimmten Zeugen, uns, welche wir aßen und tranken mit ihm nach seinem Aufstehen aus Toten; [42] und er gebot uns, zu verkünden dem Volk und zu bezeugen, daß dieser ist der von Gott bestimmte Richter Lebender und To-ter. [43] (Von) diesem bezeugen alle Propheten, daß Erlaß (der) Sünden empfängt durch seinen Namen jeder Glaubende an ihn.

[44] Als noch Petros diese Worte redete, fiel der heilige Geist auf alle Hörenden das Wort. [45] Und (es) gerieten außer sich die Gläubigen aus der Beschneidung, wieviele gekommen wa-ren mit Petros, daß auch auf die Heiden das Geschenk des heiligen Geistes ausgegossen worden ist; [46] denn sie hörten sie redend mit Zungen und preisend Gott. Da antwortete Petros: [47] Kann etwa einer das Wasser verweigern, daß nicht getauft werden diese, welche den heiligen Geist empfingen wie auch wir? [48] Auftrug er aber, daß sie im Namen (des) Jesus Chri-stos getauft würden. Da baten sie ihn, dazubleiben einige Tage.

11 [1] (Es) hörten aber die Apostel und die Brüder, die in der Judaia waren, daß auch die Heiden angenom-men hatten das Wort Gottes. [2] Als aber hinaufstieg Petros nach Jerusalem, stritten gegen ihn die aus (der) Beschnei-dung, [3] sagend: Du gingst hinein zu den Männern, die eine Vorhaut haben und aßest mit ihnen. [4] Anfangend aber setzte Petros ihnen nacheinander auseinander, sagend: [5] Ich war in (der) Stadt Joppe betend und sah in Verzückung ein Gesicht, herabsteigend einen Behälter wie ein großes Leintuch, an vier Ecken herabgelassen werdend aus dem Himmel, und er kam bis zu mir. [6] In den (Behälter) hineinstarrend, sah ich nach, und ich sah die Vierfüßler der Erde und die wilden Tiere und die Kriechtiere und die Vögel des Himmels. [7] Ich hörte aber auch eine Stimme, sagend mir: Aufstehend, Petros, schlachte

und iß! [8] Ich aber sprach: Keinesfalls, Herr, weil Gemeines
oder Unreines niemals hineinkam in meinen Mund. [9] (Es)
antwortete aber (die) Stimme zum zweiten (Mal) aus dem
Himmel: Was Gott rein machte, mache du nicht gemein!
[10] Dies aber geschah dreimal, und es wurde hinaufgezogen
wieder alles in den Himmel. [11] Und siehe, sogleich hinzutraten drei Männer zu dem Haus, in dem wir waren, geschickt
von Kaisareia zu mir. [12] (Es) sprach aber der Geist zu mir,
mitzugehen mit ihnen, nicht zweifelnd. (Es) kamen aber mit
mir auch diese sechs Brüder, und hineingingen wir in das
Haus des Mannes. [13] Er meldete uns aber, wie er sah [den]
Engel in seinem Haus stehend und sprechend: Schicke nach
Joppe und laß holen Simon, den zudem Petros gerufenen,
[14] der reden wird Worte zu dir, durch die du gerettet werden
wirst, du und dein ganzes Haus. [15] Indem ich aber anfing zu
reden, fiel herab der heilige Geist auf sie, wie auch auf uns
am Anfang. [16] Ich gedachte aber des Wortes des Herrn, wie er
sagte: Johannes zwar taufte mit Wasser, ihr aber werdet getauft werden in heiligem Geist. [17] Wenn nun das gleiche Geschenk Gott ihnen gab, wie auch uns, als sie zum Glauben
kamen an den Herrn Jesus Christos, ich, wer war ich, mächtig, Gott zu hindern? [18] Hörend aber dieses, wurden sie ruhig,
und sie verherrlichten Gott, sagend: Folglich gab auch den
Heiden Gott die Umkehr zum Leben.

[19] Die Zerstreuten nun infolge der Bedrängnis, der wegen
Stephanos entstandenen, zogen umher bis Phoinike und Kypros und Antiocheia, zu keinem redend das Wort außer allein
zu Judaiern. [20] (Es) waren aber einige von ihnen kyprische
und kyrenaische Männer, welche, gekommen nach Antiocheia, redeten auch zu den Hellenisten, (als Evangelium) verkündend den Herrn Jesus. [21] Und (es) war (die) Hand (des)
Herrn mit ihnen, und eine große Zahl, die gläubig geworden
war, bekehrte sich zum Herrn. [22] Gehört wurde aber das Wort
über sie in den Ohren der Gemeinde, die in Jerusalem ist, und
ausschickten sie Barnabas, [zu ziehen] bis Antiocheia. [23] Der,
angekommen und sehend die Gnade Gottes, freute sich und

ermutigte alle, nach dem Vorsatz des Herzens zu bleiben
beim Herrn, [24] weil er ein guter Mann war und voll heiligen
Geistes und Glaubens. Und hinzugefügt wurde eine ziemliche
Menge für den Herrn. [25] Wegging er aber nach Tarsos, aufzu-
suchen Saulos, [26] und nachdem er (ihn) gefunden hatte, führte
er (ihn) nach Antiocheia. Es geschah ihnen aber auch, daß ein
ganzes Jahr sie zusammenkamen in der Gemeinde und lehrten
eine ziemliche Volksmenge und daß zuerst in Antiocheia die
Schüler Christianer hießen.

[27] In diesen Tagen aber kamen herab von Hierosolyma Propheten nach Antiocheia. [28] Aufstehend aber einer von ihnen
mit Namen Hagabos zeigte an durch den Geist, daß eine
große Hungersnot sein werde über den ganzen Erdkreis, welche geschah unter Klaudios. [29] Von den Schülern aber, gleichwie einer vermögend war, bestimmten sie, jeder von ihnen
solle (etwas) zur Unterstützung schicken den in der Judaia
wohnenden Brüdern; [30] das auch taten sie, (es) schickend zu
den Ältesten durch (die) Hand von Barnabas und Saulos.

12

[1] Zu jener Zeit aber legte Hand an der König Herodes, zu mißhandeln einige derer von der Gemeinde.
[2] Er beseitigte aber Jakobos, den Bruder (des) Johannes, mit
(dem) Schwert. [3] Sehend aber, daß es gefällig ist den Judaiern, fügte er hinzu, zu ergreifen auch Petros – (es) waren
aber [die] Tage (des Festes) der Ungesäuerten –, [4] den auch
fassend setzte er ins Gefängnis, übergebend (ihn) vier Vier-
schaften von Soldaten, ihn zu bewachen, willens, nach dem
Pascha ihn vorzuführen dem Volk. [5] Petros aber nun wurde
bewacht im Gefängnis; Fürbitte aber geschah anhaltend von
der Gemeinde zu Gott für ihn.

[6] Als aber ihn vorführen wollte Herodes, war in jener
Nacht Petros schlafend zwischen zwei Soldaten, gebunden mit
zwei Ketten, und Wächter vor der Tür bewachten das Gefängnis. [7] Und siehe, ein Engel (des) Herrn trat hin, und Licht
erstrahlte im Raum; schlagend aber an die Seite des Petros,
weckte er ihn, sagend: Steh auf in Eile! Und (es) fielen seine

Ketten von den Händen. [8](Es) sprach aber der Engel zu ihm:
Gürte dich und binde unter deine Sandalen! Er tat aber so.
Und er sagt ihm: Wirf um dein Gewand und folge mir! [9]Und
hinausgehend folgte er, und nicht wußte er, daß wahr ist das
durch den Engel Geschehende; er meinte aber, ein Gesicht zu
sehen. [10]Hindurchgehend aber durch (die) erste Wache und
(die) zweite, kamen sie an das eiserne Tor, das in die Stadt
führende, welches selbsttätig sich ihnen öffnete, und hinausgehend gingen sie eine Gasse (weit) vor, und sogleich entfernte sich der Engel von ihm. [11]Und Petros, zu sich gekommen, sprach: Jetzt weiß ich wahrhaft, daß ausschickte [der]
Herr seinen Engel und mich herausnahm aus (der) Hand des
Herodes und der ganzen Erwartung des Volkes der Judaier.
[12]Und sich klar geworden, kam er zum Haus der Maria, der
Mutter (des) Johannes, des zudem Markos gerufenen, wo etliche waren versammelt und betend. [13]Als er aber klopfte an
die Tür des Tores, kam herbei eine Magd mit Namen Rhode,
um zu horchen, [14]und erkennend die Stimme des Petros, öffnete sie vor Freude nicht das Tor, hineinlaufend aber meldete
sie, Petros stehe vor dem Tor. [15]Die aber sprachen zu ihr: Du
bist verrückt. Die aber versicherte, es verhalte sich so. Die
aber sagten: Sein Engel ist es. [16]Petros aber verharrte klop-
fend; öffnend aber sahen sie ihn und gerieten außer sich.
[17]Winkend aber ihnen mit der Hand zu schweigen, beschrieb
er [ihnen], wie der Herr ihn herausführte aus dem Gefängnis,
und er sprach: Meldet (dem) Jakobos und den Brüdern dieses!
Und hinausgehend zog er an einen anderen Ort.

[18]Als aber Tag wurde, war eine nicht geringe Erregung bei
den Soldaten, was wohl (mit) Petros geschah. [19]Herodes
aber, suchend nach ihm und nicht (ihn) findend, verhörte die
Wächter, (und) er befahl, (sie) abzuführen, und hinabkommend von der Judaia nach Kaisareia verweilte er (dort).

[20]Er war aber wutentbrennend über (die) Tyrier und Sido-
nier; einmütig aber kamen sie zu ihm und überredend Blastos,
den Kammerdiener des Königs, erbaten sie Frieden, weil er-
nährt wurde ihr Land von dem königlichen. [21]Am festgesetz-

ten Tag aber hielt Herodes, nachdem er ein königliches Kleid angezogen [und] sich gesetzt hatte auf den Richterstuhl, eine Ansprache an sie, [22] das Volk aber schrie entgegen: Eines Gottes Stimme und nicht eines Menschen! [23] Auf der Stelle aber schlug ihn ein Engel (des) Herrn dafür, daß er nicht gab die Ehre Gott, und von Würmern zerfressen hauchte er (sein Leben) aus.

[24] Das Wort Gottes aber wuchs und mehrte sich. [25] Barnabas aber und Saulos kehrten zurück nach Jerusalem, erfüllt habend den Dienst, mitnehmend Johannes, den zudem Markos gerufenen.

13 [1] (Es) waren aber in Antiocheia in der bestehenden Gemeinde Propheten und Lehrer, Barnabas und Symeon, der Niger gerufene, und Lukios, der Kyrenaier, und Manaen, des Tetrarchen Herodes Jugendgenosse, und Saulos. [2] Als sie aber dienten dem Herrn und fasteten, sprach der heilige Geist: Sondert mir doch aus Barnabas und Saulos zu dem Werk, zu dem ich sie berufen habe. [3] Dann fastend und betend und auflegend ihnen die Hände, entließen sie (sie).

[4] Sie nun aber, ausgeschickt vom heiligen Geist, kamen hinab nach Seleukeia, und von dort segelten sie ab nach Kypros, [5] und angekommen in Salamis verkündeten sie das Wort Gottes in den Synagogen der Judaier. Sie hatten aber auch Johannes als Diener. [6] Durchziehend aber die ganze Insel bis Paphos, fanden sie einen Mann, einen Magier, einen judaischen Lügenpropheten mit Namen Barjesus, [7] der beim Statthalter Sergios Paulos war, einem verständigen Mann. Dieser, herbeirufend Barnabas und Saulos, verlangte zu hören das Wort Gottes. [8] (Es) widersetzte sich ihnen aber Elymas, der Magier, denn so wird übersetzt sein Name, suchend, abzuwenden den Statthalter vom Glauben. [9] Saulos aber, der auch Paulos (heißt), erfüllt von heiligem Geist, starrend auf ihn, [10] sprach: O Sohn (des) Teufels, voll von aller List und aller Bosheit, Feind aller Gerechtigkeit, wirst du nicht aufhören, zu verkehren die geraden Wege [des] Herrn? [11] Und jetzt,

siehe, (die) Hand (des) Herrn (kommt) über dich, und du wirst blind sein, nicht sehend die Sonne bis zur (bestimmten) Zeit. Auf der Stelle aber fiel auf ihn Dunkel und Finsternis, und umhergehend suchte er Führer. [12] Dann, sehend der Statthalter das Geschehene, glaubte er, außer sich geratend über die Lehre des Herrn.

[13] Abgefahren aber von Paphos, kamen die um Paulos ins Perge der Pamphylia, Johannes aber, weggegangen von ihnen, kehrte zurück nach Hierosolyma. [14] Sie aber, weggezogen von Perge, kamen ins pisidische Antiocheia, und [hinein]gehend in die Synagoge am Tag des Sabbats, setzten sie sich. [15] Nach der Verlesung des Gesetzes und der Propheten aber schickten die Synagogenvorsteher zu ihnen, sagend: Männer, Brüder, wenn es bei euch gibt ein Wort (der) Ermutigung an das Volk, redet! [16] Paulos aber, aufstehend und winkend mit der Hand, sprach: Männer, Israeliten, und ihr Gott Fürchtenden, hört! [17] Der Gott dieses Volkes Israel erwählte unsere Väter, und er erhöhte das Volk in der Fremde, im Land Aigyptos, und mit erhobenem Arm führte er sie hinaus aus ihm, [18] und eine etwa vierzigjährige Zeit ertrug er sie in der Wüste, [19] und vernichtend sieben Völker im Land Chanaan, gab er (ihnen) zum Erbe ihr Land [20] etwa vierhundertundfünfzig Jahre. Und danach gab er Richter bis zu Samuel, [dem] Propheten. [21] Und von da (an) forderten sie einen König, und (es) gab ihnen Gott den Saul, einen Sohn (des) Kis, einen Mann aus (dem) Stamm Benjamin, vierzig Jahre, [22] und ihn absetzend, erweckte er den David ihnen zum König, zu dem er auch sprach, bezeugend: Ich fand David, den des Jessai, einen Mann nach meinem Herzen, der tun wird all meinen Willen. [23] Von dessen Nachkommenschaft führte Gott gemäß Zusage für Israel als Retter Jesus (herauf), [24] nachdem Johannes vorherverkündet hatte vor dessen Auftreten eine Taufe (der) Umkehr für das ganze Volk Israel. [25] Als aber Johannes den Lauf erfüllte, sagte er: Was vermutet ihr, daß ich sei? Nicht bin ich (es); doch siehe, (es) kommt nach mir (einer), dessen nicht ich wert bin, die Sandalen der Füße zu lö-

sen. [26] Männer, Brüder, Söhne (des) Geschlechts Abrahams, und die bei euch Gott Fürchtenden, uns wurde das Wort dieses Heils geschickt. [27] Denn die Wohnenden in Jerusalem und ihre Vorsteher, diesen verkennend und die Stimmen der Propheten, die an jedem Sabbat gelesen werden, (ihn) verurteilend erfüllten sie (diese), [28] und keine Todesschuld findend, forderten sie von Pilatos, daß er getötet werde. [29] Als sie aber vollendet hatten alles über ihn Geschriebene, herunterholend (ihn) vom Holz, legten sie (ihn) in ein Grab. [30] Gott aber erweckte ihn aus Toten, [31] der erschien über mehrere Tage den mit ihm Hinaufsteigenden von der Galilaia nach Jerusalem, welche [jetzt] seine Zeugen sind gegenüber dem Volk. [32] Und wir verkünden euch (als Evangelium) die an die Väter geschehene Zusage, [33] daß diese Gott erfüllt hat [ihren] Kindern, uns, indem er aufstehen ließ Jesus, wie auch im zweiten Psalm geschrieben ist: *Mein Sohn bist du, ich habe dich heute gezeugt.* [34] Daß er ihn aber aufstehen ließ aus Toten als einen, der nicht mehr zurückkehren sollte in (die) Verderbnis, hat er so gesagt: Geben werde ich *euch das Heilige Davids, das treue.* [35] Deshalb sagt er auch in einem anderen: *Nicht wirst du zulassen, daß dein Heiliger sieht Verderbnis.* [36] Denn David, nachdem er (dem) eigenen Geschlecht gedient hatte, entschlief durch den Ratschluß Gottes, und er wurde hinzugelegt zu seinen Vätern, und er sah (die) Verderbnis; [37] den aber erweckte Gott, er sah nicht (die) Verderbnis. [38] Bekannt sei euch nun, Männer, Brüder, daß durch diesen euch Erlaß von Sünden verkündet wird, [und] von allem, von dem ihr nicht durch (das) Gesetz (des) Moyses gerechtgesprochen werden konntet, [39] in diesem wird jeder Glaubende gerechtgesprochen. [40] Seht nun, daß nicht herabkomme das bei den Propheten Gesagte: [41] *Seht, ihr Verächter, und staunt und werdet vernichtet, weil ein Werk ich wirke in euren Tagen,* ein Werk, *das ihr gewiß nicht glaubet, wenn einer (es) euch erzählte.*

[42] Als sie aber hinausgingen, baten sie, daß am folgenden Sabbat ihnen gesagt würden diese Worte. [43] Als sich aber aufgelöst hatte die Synagoge, folgten viele der Judaier und der

Ps 2,7

Jes 55,3 (G)

Ps 16,10

Hab 1,5 (G)

frommen Proselyten dem Paulos und dem Barnabas, welche ihnen zuredend sie überredeten, zu bleiben bei der Gnade Gottes. [44] Am kommenden Sabbat aber versammelte sich beinahe die ganze Stadt, zu hören das Wort des Herrn. [45] Die Judaier aber, sehend die Volksmengen, wurden erfüllt von Eifersucht, und sie widersprachen dem von Paulos Geredeten, lästernd. [46] Und freimütig sprechend sprachen Paulos und Barnabas: Es war notwendig, daß zu euch zuerst geredet wurde das Wort Gottes; da ihr es wegstoßt und euch selbst nicht für wert erachtet des ewigen Lebens, siehe, wenden wir uns zu den Heiden. [47] Denn so hat uns geboten der Herr: *Ich habe dich gesetzt zum Licht (der) Heiden, daß du seiest zum Heil bis zum Ende der Erde.*

Jes 49,6

[48] (Es) hörend aber, freuten sich die Heiden, und sie priesen das Wort des Herrn, und (es) glaubten, wieviele bestimmt waren zu ewigem Leben; [49] hindurchgetragen aber wurde das Wort des Herrn durch das ganze Land. [50] Die Judaier aber hetzten die frommen Frauen auf, die vornehmen, und die Ersten der Stadt, und erregten eine Verfolgung gegen Paulos und Barnabas, und sie warfen sie hinaus aus ihren Gebieten. [51] Die aber, abschüttelnd den Staub von den Füßen gegen sie, kamen nach Ikonion, [52] und die Schüler wurden erfüllt von Freude und heiligem Geist.

14 [1] Es geschah aber, daß sie in Ikonion genauso hineingingen in die Synagoge der Judaier und so redeten, so daß gläubig wurde von (den) Judaiern und Hellenen eine große Menge. [2] Die nicht gehorsam gewordenen Judaier aber erregten und machten böse die Seelen der Heiden gegen die Brüder. [3] Geraume Zeit aber nun verweilten sie, freimütig sprechend über den Herrn, der Zeugnis gab [über] das Wort seiner Gnade, indem er Zeichen gab und Wunder geschehen ließ durch ihre Hände. [4] (Es) spaltete sich aber die Menge der Stadt, und die einen waren mit den Judaiern, die anderen mit den Aposteln. [5] Als aber (der) Drang der Heiden und Judaier mit ihren Vorstehern entstand, sie zu mißhandeln und zu steinigen, [6] flüchteten sie, als es (ihnen) klar geworden war, in die Städte der Lykaonia, Lystra und Derbe und die Umgegend, [7] und dort waren sie (das Evangelium) verkündend.

[8] Und ein Mann, kraftlos in den Füßen, saß da in Lystra, lahm von seiner Mutter Leib (an), der niemals umherging. [9] Dieser hörte den Paulos redend; der, starrend auf ihn und sehend, daß er Glauben hat, gerettet zu werden, [10] sprach mit lauter Stimme: Steh auf auf deine Füße, aufrecht! Und er sprang auf und ging umher. [11] Und die Volksmengen, sehend, was Paulos tat, erhoben ihre Stimme, auf Lykaonisch sagend: Die Götter, Menschen gleich geworden, stiegen herab zu uns, [12] und sie riefen den Barnabas Zeus, den Paulos aber Hermes, da er war der das Wort Führende. [13] Und der Priester des Zeus, der vor der Stadt war, Stiere und Kränze zu den Toren bringend, wollte mit den Volksmengen opfern. [14] (Es) hörend aber die Apostel Barnabas und Paulos, zerreißend ihre Gewänder, sprangen sie in die Volksmenge, schreiend [15] und sagend: Männer, was tut ihr dieses? Auch wir sind euch gleichgeartete Menschen, verkündend, daß ihr von diesem Nichtigen euch bekehrt zu (dem) lebendigen Gott, *der den Himmel machte und die Erde und das Meer und alles in ihnen;* [16] der in den vergangenen Geschlechtern alle Völker gehen ließ auf ihren Wegen; [17] und doch ließ er sich nicht unbezeugt, Gutes tuend, vom Himmel her euch Regen gebend und fruchtbringende Zeiten, sättigend mit Nahrung und Freude eure Herzen. [18] Und dieses sagend, hielten sie kaum die Volksmengen ab, ihnen zu opfern.

Ex 20,11
Ps 146,6

[19] Ankamen aber von Antiocheia und Ikonion Judaier, und überredend die Volksmengen und steinigend den Paulos, schleppten sie (ihn) außerhalb der Stadt, meinend, er sei gestorben. [20] Als aber die Schüler ihn umringten, aufstehend hineinging er in die Stadt. Und am folgenden (Tag) ging er weg mit Barnabas nach Derbe. [21] Und (das Evangelium) verkündend jener Stadt und etliche zu Schülern machend, kehrten sie zurück nach Lystra und nach Ikonion und nach Antiocheia, [22] stärkend die Seelen der Schüler, (sie) ermutigend, zu verbleiben im Glauben, und daß durch viele Bedrängnisse wir

eingehen müssen ins Königtum Gottes. [23] Wählend aber ihnen je Gemeinde Älteste, empfahlen sie sie betend mit Fasten dem Herrn, an den sie zum Glauben gekommen waren. [24] Und durchziehend die Pisidia, kamen sie in die Pamphylia, [25] und redend in Perge das Wort, stiegen sie hinab nach Attaleia, [26] und von dort segelten sie ab nach Antiocheia, von wo sie übergeben worden waren der Gnade Gottes für das Werk, das sie erfüllten. [27] Angekommen aber und versammelnd die Gemeinde, berichteten sie, wieviel Gott tat mit ihnen und daß er öffnete den Heiden eine Tür (des) Glaubens. [28] Sie verweilten aber eine nicht geringe Zeit mit den Schülern.

15 [1] Und einige Herabgekommene von der Judaia lehrten die Brüder: Wenn ihr euch nicht beschneiden laßt gemäß der Sitte (des) Moyses, nicht könnt ihr gerettet werden. [2] Als aber nicht geringer Aufruhr und Auseinandersetzung entstand für Paulos und Barnabas gegen sie, bestimmten sie, daß hinaufsteigen Paulos und Barnabas und einige andere von ihnen zu den Aposteln und Ältesten nach Jerusalem wegen dieser Streitfrage. [3] Die aber nun von der Gemeinde Fortgeleiteten durchzogen die Phoinike und Samareia, erzählend die Bekehrung der Heiden, und sie machten große Freude allen Brüdern. [4] Angekommen aber in Jerusalem, wurden sie empfangen von der Gemeinde und den Aposteln und den Ältesten, und sie berichteten, wieviel Gott getan hatte mit ihnen. [5] Aufstanden aber einige derer von der Partei der Pharisaier, die gläubig geworden waren, sagend: Man muß sie beschneiden und (ihnen) gebieten, daß sie bewahren das Gesetz (des) Moyses.

[6] Und (es) versammelten sich die Apostel und die Ältesten, zuzusehen wegen dieses Wortes. [7] Als aber viel Auseinandersetzung entstanden war, aufstehend sprach Petros zu ihnen: Männer, Brüder, ihr versteht, daß von alten Tagen (her) Gott unter euch aussah, daß durch meinen Mund die Heiden hören das Wort des Evangeliums und glauben. [8] Und der Herzenskenner, Gott, gab Zeugnis, ihnen gebend den heiligen

Geist gleichwie auch uns, [9] und in nichts unterschied er zwischen uns und ihnen, durch den Glauben reinigend ihre Herzen. [10] Jetzt also, was versucht ihr Gott, aufzulegen ein Joch auf den Nacken der Schüler, das weder unsere Väter noch wir zu tragen vermochten? [11] Doch durch die Gnade des Herrn Jesus glauben wir, gerettet zu werden in gleicher Weise wie auch jene. [12] (Es) verstummte aber die ganze Menge, und sie hörten Barnabas und Paulos erzählen, wieviele Zeichen und Wunder Gott tat unter den Heiden durch sie. [13] Nach ihrem Verstummen aber antwortete Jakobos, sagend: Männer, Brüder, hört mich! [14] Symeon erzählte, wie zuerst Gott darauf sah, zu nehmen aus (den) Heiden ein Volk für seinen Namen. [15] Und damit stimmen zusammen die Worte der Propheten, gleichwie geschrieben ist: [16] *Danach werde ich umkehren, und wiedererbauen werde ich das zerfallene Zelt Davids, und das Niedergerissene an ihm werde ich wiedererbauen und es wiederaufrichten,* [17] *auf daß die übrigen der Menschen suchen den Herrn und alle Heiden, für die (gilt, daß) angerufen worden ist mein Name über sie, sagt der Herr, dieses wirkend,* [18] *(was) bekannt (ist) von Ewigkeit.* [19] Deshalb urteile ich, nicht zu belasten die von den Heiden sich Hinwendenden zu Gott, [20] sondern ihnen aufzutragen, sich zu enthalten der Befleckungen mit den Götzen und der Unzucht und des Erstickten und des Blutes. [21] Denn Moyses hat seit alten Zeiten in jeder Stadt die ihn Verkündenden, indem er in den Synagogen an jedem Sabbat vorgelesen wird.

[22] Dann schien es den Aposteln und den Ältesten mit der ganzen Gemeinde gut, auswählend Männer aus ihnen, (sie) zu schicken nach Antiocheia mit Paulos und Barnabas: Judas, den Barsabbas gerufenen, und Silas, führende Männer unter den Brüdern, [23] schreibend durch ihre Hand: Die Apostel und die Ältesten (als) Brüder den Brüdern in der Antiocheia und (der) Syria und Kilikia, den aus (den) Heiden, Gruß! [24] Da wir hörten, daß einige von uns [Ausgehende] euch verwirrten mit Worten, beunruhigend eure Seelen, denen wir nicht Auftrag gaben, [25] schien es uns gut, einmütig geworden, auswäh-

Jer 12,15
Am 9,11f (G)

Jes 45,21

lend Männer, zu schicken (sie) zu euch mit unseren geliebten Barnabas und Paulos, [26] Menschen, die eingesetzt haben ihr Leben für den Namen unseres Herrn Jesus Christos. [27] Wir haben nun (aus)geschickt Judas und Silas, die auch selbst durch (ihr) Wort dasselbe melden (werden). [28] Denn es schien gut dem heiligen Geist und uns, nichts mehr euch aufzulegen als Last, außer diesen Notwendigkeiten, [29] sich zu enthalten von Götzenopferfleisch und Blut und Ersticktem und Unzucht, wovor euch bewahrend, ihr gut handelt. Lebt wohl!

[30] Die aber nun Entlassenen kamen hinab nach Antiocheia, und versammelnd die Menge, übergaben sie den Brief. [31] Lesend aber, freuten sie sich über die Ermutigung. [32] Judas und Silas, die auch selbst Propheten waren, ermutigten durch viel(e) Wort(e) die Brüder, und sie stärkten (sie); [33] als sie aber eine Zeit gewirkt hatten, wurden sie entlassen mit Frieden von den Brüdern zu denen, die sie geschickt hatten.*
[35] Paulos aber und Barnabas verweilten in Antiocheia, lehrend und (als Evangelium) verkündend mit auch vielen anderen das Wort des Herrn.

[36] Nach einigen Tagen aber sprach zu Barnabas Paulos: Laßt uns doch zurückkehrend uns umsehen nach den Brüdern in jeder Stadt, in denen wir verkündeten das Wort des Herrn, wie es (mit ihnen) steht. [37] Barnabas aber wollte mitnehmen auch den Johannes, den Markos gerufenen; [38] Paulos aber hielt (es) für richtig, den von ihnen von Pamphylia (an) Abgewichenen und nicht mit ihnen Mitgekommenen zu dem Werk, diesen nicht mitzunehmen. [39] (Es) entstand aber Aufregung, so daß sie sich trennten voneinander, und Barnabas, mitnehmend den Markos, absegelte nach Kypros, [40] Paulos aber, sich auswählend Silas, ging weg, übergeben der Gnade des Herrn von den Brüdern. [41] Er durchzog aber die Syria und [die] Kilikia, stärkend die Gemeinden.

16 [1] Er kam aber [auch] hin nach Derbe und nach Lystra. Und siehe, ein Schüler war dort, mit Namen Timotheos, Sohn einer gläubigen judaischen Frau, aber eines

* V 34 fehlt in den wichtigsten Handschriften.

Hellenen (als) Vater, [2] der ein gutes Zeugnis hatte von den
Brüdern in Lystra und Ikonion. [3] (Es) wollte Paulos, daß dieser mit ihm auszöge, und nehmend beschnitt er ihn wegen der
Judaier, die in jenen Orten waren; denn (es) wußten alle, daß
ein Hellene war sein Vater. [4] Als sie aber durchwanderten die
Städte, übergaben sie ihnen, zu halten die Anordnungen, die
beschlossenen von den Aposteln und Ältesten in Hierosolyma.
[5] Die Gemeinden aber nun wurden gefestigt im Glauben und
nahmen zu an der Zahl, täglich.

[6] Sie durchzogen aber die Phrygia und galatisches Land,
gehindert vom heiligen Geist, zu reden das Wort in der Asia;
[7] kommend aber nach der Mysia, versuchten sie, in die Bithynia zu gehen, und nicht ließ sie der Geist von Jesus; [8] hindurchgehend aber durch die Mysia, hinabstiegen sie nach
Troas. [9] Und ein Gesicht erschien während [der] Nacht dem
Paulos, ein makedonischer Mann war stehend und bittend ihn
und sagend: Übersetzend nach Makedonia, hilf uns! [10] Als er
aber das Gesicht sah, suchten wir sogleich, wegzukommen
nach Makedonia, folgernd, daß uns Gott herbeigerufen hat,
zu verkünden ihnen (das Evangelium).

[11] Abfahrend aber von Troas, liefen wir direkt Samothrake
an, am folgenden (Tag) aber Neapolis, [12] und von dort Philippoi, welches ist eine Stadt (des) erste[n] Bezirks der Makedonia, eine Kolonie. Wir waren aber in dieser Stadt verweilend
einige Tage. [13] Und am Tag des Sabbats gingen wir hinaus
außerhalb des Tores (den) Fluß entlang, wo wir meinten, daß
eine Gebetsstätte sei, und uns niedersetzend, redeten wir zu
den zusammengekommenen Frauen. [14] Und eine Frau mit
Namen Lydia, eine Purpurhändlerin (der) Stadt Thyateira,
eine Gott verehrende, hörte zu, deren Herz der Herr öffnete,
zu achten auf das von Paulos Geredete. [15] Als sie aber getauft
war und ihr Haus, bat sie, sagend: Wenn ihr geurteilt habt,
daß ich gläubig bin dem Herrn, hereinkommend in mein
Haus, bleibt! Und sie nötigte uns.

[16] Es geschah aber, als wir gingen zur Gebetsstätte, daß
eine Magd, die einen Wahrsagegeist hatte, uns begegnete,

welche viel Erwerb bereitete ihren Herren, weissagend.
[17] Diese, nachfolgend dem Paulos und uns, schrie, sagend:
Diese Menschen sind Knechte des höchsten Gottes, welche
euch verkünden (den) Weg (des) Heils. [18] Dies aber tat sie
über viele Tage. Paulos aber, aufgebracht und sich umwendend, sprach zu dem Geist: Ich gebiete dir im Namen (des)
Jesus Christos, auszufahren aus ihr; und ausfuhr er eben zu
der Stunde. [19] Ihre Herren aber, sehend, daß ausging die
Hoffnung auf ihren Erwerb, ergreifend den Paulos und den
Silas, schleppten sie (sie) auf den Marktplatz zu den Vorstehern, [20] und hinführend sie zu den Befehlshabern, sprachen
sie: Diese Menschen verwirren unsere Stadt, Judaier, die sie
sind, [21] und verkünden Sitten, die anzunehmen und zu tun uns
nicht erlaubt ist, die wir Romaier sind. [22] Und (es) trat mit auf
die Volksmenge gegen sie, und die Befehlshaber, zerreißend
ihre Gewänder, befahlen, (sie) auszupeitschen, [23] und als viele
Schläge sie ihnen auferlegt hatten, warfen sie (sie) ins Gefängnis, gebietend dem Gefängniswächter, sicher sie zu bewachen. [24] Der, solchen Auftrag empfangend, warf sie ins innere Gefängnis, und er sicherte ihre Füße im Holz. [25] Um die
Mitternacht aber priesen Paulos und Silas betend Gott, zu-
hörten ihnen aber die Gefangenen. [26] Plötzlich aber entstand
ein großes Erdbeben, so daß erschüttert wurden die Fundamente des Gefängnisses; (es) öffneten sich aber auf der Stelle
alle Türen, und die Fesseln aller wurden gelöst. [27] Der Gefängniswächter aber, wach geworden und sehend die Türen
des Gefängnisses geöffnet, ziehend [das] Schwert, wollte sich
töten, meinend, daß entflohen seien die Gefangenen. [28] (Es)
schrie aber mit lauter Stimme [der] Paulos, sagend: Tue dir
nichts Schlechtes, denn alle sind wir hier! [29] Fordernd aber
Licht, sprang er hinein, und zitternd geworden fiel er nieder
vor Paulos und Silas, [30] und hinausführend sie nach draußen,
sagte er: Herren, was muß ich tun, damit ich gerettet werde?
[31] Die aber sprachen: Glaube an den Herrn Jesus, und gerettet
werden wirst du und dein Haus! [32] Und sie redeten zu ihm das
Wort des Herrn mit allen in seinem Haus. [33] Und mitnehmend

sie in jener Stunde der Nacht wusch er (sie) von den Schlägen, und getauft wurde er und alle die Seinen auf der Stelle,
[34] und hinaufführend sie ins Haus, bereitete er einen Tisch,
und er jubelte mit dem ganzen Haus, gläubig geworden an
Gott. [35] Als es aber Tag wurde, schickten die Befehlshaber die
Gerichtsdiener, sagend: Entlasse jene Menschen! [36] (Es) meldete aber der Gefängniswächter [diese] Worte an Paulos: (Es)
haben geschickt die Befehlshaber, daß ihr entlassen werdet.
Jetzt also hinausgehend, geht in Frieden! [37] Paulos aber sagte
zu ihnen: Nachdem sie uns öffentlich unverurteilt schinden
ließen, die wir romaische Menschen sind, warfen sie (uns) in
(das) Gefängnis, und jetzt werfen sie uns heimlich hinaus?
Nicht doch, sondern selbst kommend, sollen sie uns hinausführen. [38] (Es) meldeten aber den Befehlshabern die Gerichtsdiener diese Worte. Sie gerieten aber in Furcht, hörend, daß
Romaier sie sind, [39] und kommend ermutigten sie sie, und
hinausführend baten sie (sie), wegzugehen von der Stadt.
[40] Hinausgehend aber aus dem Gefängnis gingen sie hinein zu
der Lydia, und (sie) sehend, ermutigten sie die Brüder und
gingen weg.

17 [1] Durchreisend aber Amphipolis und Apollonia kamen sie nach Thessalonike, wo eine Synagoge der
Judaier war. [2] Nach der Gewohnheit aber ging Paulos hinein
zu ihnen, und an drei Sabbaten setzte er sich (mit) ihnen auseinander von den Schriften (her), [3] eröffnend und darlegend:
Der Gesalbte mußte leiden und aufstehen aus Toten, und:
Dieser ist der Gesalbte, Jesus, den ich euch verkünde. [4] Und
einige von ihnen wurden überzeugt und hingen Paulos und
Silas an, und von den frommen Hellenen eine große Menge,
und von (den) Frauen der Ersten nicht wenige. [5] Die Judaier
aber, eifersüchtig geworden und herbeinehmend vom Markt-
gesindel einige üble Männer und einen Auflauf erregend,
brachten in Aufruhr die Stadt, und hintretend vor das Haus
(des) Jason, suchten sie, sie herauszuführen zum Volk; [6] sie
aber nicht findend, schleppten sie Jason und einige Brüder zu
den Stadtpräfekten, schreiend: Die den Erdkreis Aufwiegeln-

den, diese sind auch hierher gekommen, [7] die hat Jason aufgenommen; und diese alle handeln entgegen den Anordnungen (des) Kaisers, sagend: König sei ein anderer, Jesus. [8] Sie
verwirrten aber die Volksmenge und die dieses hörenden
Stadtpräfekten, [9] und nehmend Bürgschaft von Jason und den
übrigen, entließen sie sie.

[10] Die Brüder aber schickten sogleich während (der) Nacht
Paulos und Silas weg nach Beroia, welche, angekommen, in
die Synagoge der Judaier gingen. [11] Diese aber waren anstän-
diger als die in Thessalonike, (sie), welche aufnahmen das
Wort mit aller Bereitschaft, täglich befragend die Schriften,
ob sich dieses so verhalte. [12] Viele aber nun von ihnen glaubten, und von den vornehmen hellenischen Frauen und Männern nicht wenige. [13] Als aber die Judaier von Thessalonike
erfuhren, daß auch in Beroia verkündet wurde von Paulos das
Wort Gottes, kamen sie, auch dort erschütternd und verwir-
rend die Volksmengen. [14] Sogleich aber dann ausschickten die
Brüder den Paulos, zu gehen bis ans Meer; und zurückblieben
Silas und Timotheos dort. [15] Die aber den Paulos Geleitenden
führten (ihn) bis Athenai und, empfangend einen Auftrag an
Silas und Timotheos, daß möglichst schnell sie kämen zu
ihm, gingen weg.

[16] Als aber in Athenai Paulos sie erwartete, ergrimmte sein
Geist in ihm, als er sah, daß die Stadt voller Götterbilder
war. [17] Er setzte sich nun auseinander in der Synagoge mit
den Judaiern und den Frommen und auf dem Marktplatz an
jedem Tag mit den gerade Anwesenden. [18] Einige aber sowohl
von den epikureischen als auch stoischen Philosophen gerieten zusammen mit ihm, und einige sagten: Was will dieser
Körnerpicker sagen? Andere aber: Fremder Gottheiten Verkünder scheint er zu sein, weil er Jesus und die Auferstehung
(als Evangelium) verkündete. [19] Und nehmend ihn, führten sie
(ihn) auf den Areopag, sagend: Können wir erfahren, was
diese neue, die von dir geredete Lehre (ist)? [20] Denn einiges
Befremdende bringst du zu unseren Ohren; wir wollen nun
erfahren, was dieses sein will. [21] Alle Athenaier aber und die

sich dort aufhaltenden Fremden hatten für nichts anderes Zeit, als zu sagen oder zu hören etwas Neueres.

[22] Paulos aber, sich hinstellend inmitten des Areopags, sagte: Männer, Athenaier, daß ihr in jeder Hinsicht recht religiös seid, sehe ich; [23] denn hindurchgehend und besichtigend eure Heiligtümer, fand ich auch einen Altar, auf dem aufgeschrieben war: Einem unbekannten Gott. Was nun unwissend ihr verehrt, dies verkünde ich euch. [24] Gott, der die Welt und alles in ihr schuf, dieser, (der) Herr von Himmel und Erde ist, wohnt nicht in handgemachten Tempeln, [25] auch läßt er sich nicht von menschlichen Händen bedienen, irgendetwas bedürfend, selbst gebend allen Leben und Atem und alles; [26] und er schuf aus einem (das) ganze Geschlecht (der) Menschen, daß es wohne auf (der) ganzen Oberfläche der Erde, bestimmend geordnete Zeiten und die Grenzen ihres Wohnraumes, [27] daß sie suchten Gott, ob sie denn ihn ertasteten und fänden, und nicht ist er ja fern von einem jeden von uns.

[28] Denn in ihm leben wir und bewegen wir uns und sind wir, wie auch einige der Dichter bei euch gesagt haben: Denn auch seines Geschlechtes sind wir. [29] Die wir nun Gottes Geschlecht sind, dürfen nicht meinen, das Göttliche sei gleich Gold oder Silber oder Stein, (gleich) einem Gebilde (der) Kunst und (der) Überlegung (des) Menschen. [30] Die Zeiten nun der Unwissenheit übersehend, gebietet Gott im bezug auf das Jetzt den Menschen, daß alle überall umkehren, [31] weil er einen Tag festsetzte, an dem er richten will den Erdkreis in Gerechtigkeit, durch einen Mann, den er bestimmte, eine Beglaubigung erbringend für alle, indem er ihn aufstehen ließ aus Toten. [32] Hörend aber von Auferstehung Toter spotteten die einen, die anderen sprachen: Wir wollen dich darüber noch ein anderes Mal hören. [33] So ging Paulos hinaus aus ihrer Mitte. [34] Einige Männer aber, sich ihm anschließend, glaubten, unter denen auch Dionysios, der Areopagit, und eine Frau mit Namen Damaris und andere mit ihnen.

18 [1] Danach sich entfernend von Athenai, kam er nach Korinthos. [2] Und findend einen Judaier mit Namen

Akylas, einen Pontier der Abstammung (nach), der kürzlich gekommen war von der Italia, und Priskilla, seine Frau, weil Klaudios angeordnet hatte, daß sich alle Judaier von Rom entfernten, kam er zu ihnen, ³ und weil er den gleichen Beruf ausübte, blieb er bei ihnen, und er arbeitete; denn sie waren Zeltmacher von Beruf. ⁴ Er setzte sich aber auseinander in der Synagoge an jedem Sabbat, und er suchte zu überzeugen Judaier und Hellenen. ⁵ Als aber herabkamen von der Makedonia Silas und Timotheos, widmete sich Paulos (ganz) dem Wort, bezeugend den Judaiern, daß Jesus der Gesalbte sei. ⁶ Als die sich aber entgegenstellten und lästerten, sprach er, seine Gewänder abschüttelnd, zu ihnen: Euer Blut über euren Kopf! Rein (bin) ich; von jetzt (an) werde ich zu den Heiden gehen. ⁷ Und fortgehend von dort, hineinging er in das Haus eines Gott Verehrenden mit Namen Titios Justos, dessen Haus angrenzend war an die Synagoge. ⁸ Krispos aber, der Synagogenvorsteher, glaubte dem Herrn mit seinem ganzen Haus, und viele der Korinthier, (es) hörend, glaubten und ließen sich taufen. ⁹ (Es) sprach aber der Herr bei Nacht durch ein Gesicht zu Paulos: Fürchte dich nicht, sondern rede und schweige nicht, ¹⁰ weil ich mit dir bin, und keiner wird dir zusetzen, dich zu mißhandeln, weil mir viel Volk gehört in dieser Stadt. ¹¹ Er ließ sich aber nieder ein Jahr und sechs Monate, lehrend bei ihnen das Wort Gottes.

¹² Als Gallio aber Statthalter der Achaia war, erhoben sich einmütig die Judaier gegen Paulos und führten ihn zum Richterstuhl, ¹³ sagend: Wider das Gesetz verführt dieser die Menschen, Gott zu verehren. ¹⁴ Als aber Paulos den Mund öffnen wollte, sprach Gallio zu den Judaiern: Wenn es irgendein Unrecht oder ein böser Streich wäre, ihr Judaier, hätte ich selbstverständlich euch angenommen, ¹⁵ wenn (es) aber Streitfragen sind über Lehre und Namen und das Gesetz bei euch, mögt ihr selbst (zu)sehen; Richter über dieses will ich nicht sein. ¹⁶ Und forttrieb er sie vom Richterstuhl. ¹⁷ (Es) ergriffen aber alle Sosthenes, den Synagogenvorsteher, (und) sie schlugen (ihn) vor dem Richterstuhl; und um nichts von

diesem kümmerte sich Gallio.

[18] Paulos aber, noch etliche Tage dableibend, segelte ab, von den Brüdern sich verabschiedend, in die Syria, und mit ihm Priskilla und Akylas, nachdem er sich hatte scheren lassen den Kopf in Kenchreai; denn er hatte ein Gelübde. [19] Sie kamen aber hin nach Ephesos, und jene ließ er dort zurück, er selbst aber, hineingehend in die Synagoge, setzte sich auseinander mit den Judaiern. [20] Als sie aber baten, über längere Zeit zu bleiben, willigte er nicht ein, [21] sondern sich verabschiedend und sprechend: Wieder werde ich zurückkehren zu euch, (so) Gott will, fuhr er ab von Ephesos, [22] und hinabkommend nach Kaisareia, hinaufsteigend und begrüßend die Gemeinde, stieg er hinab nach Antiocheia.

[23] Und zubringend einige Zeit, zog er aus, durchziehend nacheinander das galatische Land und Phrygia, stärkend alle Schüler.

[24] Ein Judaier aber, Apollos mit Namen, ein Alexandriner der Abstammung (nach), ein beredter Mann, kam hin nach Ephesos, ein Starker in den Schriften. [25] Dieser war unterrichtet im Weg des Herrn, und glühend im Geist redete er und lehrte er genau das über Jesus, kennend allein die Taufe (des) Johannes; [26] und dieser begann freimütig zu reden in der Synagoge. Hörend ihn aber nahmen Priskilla und Akylas ihn zu sich und genauer setzten sie ihm auseinander den Weg [Gottes]. [27] Als er aber hinüberziehen wollte in die Achaia, schrieben ermunternd die Brüder den Schülern, ihn aufzunehmen; der, angekommen, half viel den Gläubiggewordenen durch die Gnade; [28] denn heftig widerlegte er die Judaier, öffentlich aufzeigend durch die Schriften, daß Jesus der Gesalbte sei.

19 [1] Es geschah aber, während Apollos in Korinthos war, daß Paulos, durchziehend die oberen (Landes)teile, [hinab]kam nach Ephesos und einige Schüler fand; [2] und er sprach zu ihnen: Empfingt ihr heiligen Geist, als ihr zum Glauben kamt? Die aber zu ihm: Aber wir hörten nicht

einmal, ob es einen heiligen Geist gibt. [3] Und er sprach: Auf
was also wurdet ihr getauft? Die aber sprachen: Auf die Jo-
hannestaufe. [4] (Es) sprach aber Paulos: Johannes taufte eine
Taufe zur Umkehr, dem Volk sagend, daß sie an den nach
ihm Kommenden glauben sollten, das ist an Jesus. [5] (Es) hörend aber, wurden sie getauft auf den Namen des Herrn Jesus, [6] und als ihnen Paulos [die] Hände auflegte, kam der heilige Geist auf sie, und sie redeten in Zungen, und sie prophezeiten. [7] Es waren aber insgesamt etwa zwölf Männer.

[8] Hineingehend aber in die Synagoge, redete er freimütig
drei Monate lang, sich auseinandersetzend und zu überzeugen
suchend in bezug auf [das] über das Königtum Gottes. [9] Als
aber einige sich verhärteten und nicht gehorchten, beschimp-
fend den „Weg" vor der Menge, sonderte er, ablassend von
ihnen, die Schüler ab, täglich sich auseinandersetzend in der
Schule (des) Tyrannos. [10] Dies aber geschah an die zwei
Jahre, so daß alle die Asia Bewohnenden hörten das Wort des
Herrn, Judaier und Hellenen. [11] Und nicht gewöhnliche Kraft
(-taten) tat Gott durch die Hände von Paulos, [12] so daß auch
zu den Kranken gebracht wurden von seiner Haut Schweiß-
tücher oder Binden und die Krankheiten von ihnen wichen
und die bösen Geister herauskamen.

[13] (Es) versuchten aber auch einige der umherziehenden judaischen Beschwörer, zu nennen über die die bösen Geister
Habenden den Namen des Herrn Jesus, sagend: Ich beschwöre euch bei Jesus, den Paulos verkündet. [14] (Es) waren aber
sieben Söhne eines gewissen Skeuas, eines judaischen Hochpriesters, die dies taten. [15] Antwortend aber sprach der böse
Geist zu ihnen: Den Jesus [zwar] kenne ich, und von Paulos
weiß ich, ihr aber, wer seid ihr? [16] Und auf sie springend der
Mensch, in dem der böse Geist war, bekam er, ihrer beider
Herr werdend, Übermacht über sie, so daß nackt und verwundet sie entflohen aus jenem Haus. [17] Dies aber wurde bekannt allen Ephesos bewohnenden Judaiern und Hellenen,
und (es) fiel Furcht auf sie alle, und (es) wurde gepriesen der
Name des Herrn Jesus. [18] Und viele der Gläubiggewordenen

kamen, bekennend und berichtend ihre Taten. [19] Etliche aber
derer, die die Zauberei betrieben hatten, verbrannten – (sie)
zusammentragend – die Bücher vor allen, und man rechnete
zusammen ihre Preise und fand heraus: Fünfzigtausend Silber
(-geldstücke). [20] So wuchs und erstarkte mit Macht das Wort
des Herrn.

[21] Als aber dieses erfüllt war, nahm sich Paulos im Geist
vor, durchziehend die Makedonia und Achaia, zu gehen nach
Hierosolyma, sprechend: Nachdem ich dort gewesen bin,
muß ich auch Rom sehen. [22] Schickend aber in die Makedonia
zwei der ihm Dienenden, Timotheos und Erastos, hielt er
selbst sich eine Zeit (lang) auf in der Asia.

[23] (Es) entstand aber um jene Zeit eine nicht geringe Erregung über den „Weg". [24] Denn einer, Demetrios mit Namen,
ein Silberschmied, der silberne Artemistempel machte, bereitete den Handwerkern einen nicht geringen Erwerb; [25] die
versammelnd und die an solchem Arbeitenden, sprach er:
Männer, ihr wißt, daß uns aus diesem Gewerbe der Wohl-
stand kommt, [26] und ihr seht und hört, daß nicht nur von
Ephesos, sondern fast von der ganzen Asia dieser Paulos,
überredend, eine ziemliche Volksmenge verführte, sagend,
daß nicht Götter sind, die durch Hände gemacht werden.
[27] Nicht nur aber ist für uns dieses Gebiet in Gefahr, in Verruf
zu kommen, sondern auch das Heiligtum der großen Göttin
Artemis, für nichts erachtet zu werden, und sie ist auch zukünftig (in Gefahr), ihrer Hoheit verlustig zu gehen, die die
ganze Asia und der Erdkreis verehrt. [28] (Es) hörend aber und
voll Wut werdend, schrien sie, sagend: Groß (ist) die Artemis
(der) Ephesier! [29] Und (es) wurde erfüllt die Stadt von der
Verwirrung, und sie stürmten einmütig ins Theater, packend
(die) Makedoner Gajos und Aristarchos, Reisebegleiter von
Paulos. [30] Als Paulos aber hineingehen wollte vor das Volk,
ließen ihn die Schüler nicht; [31] einige aber auch der Asiar-
chen, die ihm Freunde waren, schickend zu ihm, ermahnten
(ihn), sich nicht zu begeben ins Theater. [32] (Die einen) aber
nun (schrien dies), andere schrien etwas anderes; denn es war

die Versammlung in Verwirrung geraten, und die meisten wußten nicht, weswegen sie zusammengekommen waren. [33] Aus der Volksmenge aber ließen sie vortreten Alexandros, als ihn die Judaier vorschickten; Alexandros aber, winkend mit der Hand, wollte sich verteidigen vor dem Volk. [34] Erkennend aber, daß ein Judaier er ist, war ein einziges Geschrei von allen etwa zwei Stunden lang Schreienden: Groß (ist) die Artemis (der) Ephesier! [35] Beruhigend aber die Volksmenge, sagt der (Stadt)schreiber: Männer, Ephesier, wer denn ist unter (den) Menschen, der nicht weiß, daß die Stadt (der) Ephesier Tempelhüterin ist der großen Artemis und des vom Himmel gefallenen (Bildes)? [36] Da dieses nun unwidersprechlich ist, ist es nötig, daß ihr euch ruhig verhaltet und nichts Überstürztes tut. [37] Denn ihr führtet vor diese Männer, die weder Tempelräuber noch unsere Göttin Lästernde (sind). [38] Wenn nun aber Demetrios und die mit ihm (arbeitenden) Handwerker gegen jemanden eine Sache haben, werden Gerichtstage durchgeführt und gibt es Statthalter; anklagen sollen sie einander. [39] Wenn ihr aber etwas darüber hinaus verlangt, wird es in der gesetzmäßigen Versammlung gelöst werden. [40] Denn auch wir sind in Gefahr, (des) Aufruhrs angeklagt zu werden wegen des heutigen (Tages), da kein Grund ist, bezüglich dessen wir Rechenschaft werden geben können wegen dieser Zusammenrottung. Und dieses sprechend, löste er auf die Versammlung.

20 [1] Nachdem aber der Tumult aufgehört hatte, ließ Paulos die Schüler holen und ermutigte (sie), (und) grüßend ging er weg, zu ziehen nach Makedonia. [2] Durchziehend aber jene (Landes)teile und ermutigend sie mit viel(en) Wort(en), kam er nach der Hellas, [3] und zubrachte er (dort) drei Monate; als aber ein Anschlag entstand auf ihn von den Judaiern, als er abfahren wollte in die Syria, faßte er den Entschluß, zurückzukehren durch Makedonia. [4] (Es) zogen aber mit ihm Sopatros, (der des) Pyrros, ein Beroiaier, von Thessalonikern aber Aristarchos und Sekundos und Gajos, ein Derbaier, und Timotheos, als Asier aber Tychikos und Trophimos. [5] Diese aber, vorausgehend, erwarteten uns in Troas, [6] wir aber segelten ab nach den Tagen (des Festes) der Ungesäuerten von Philippoi, und wir kamen zu ihnen nach Troas in fünf Tagen, wo wir verweilten sieben Tage.

[7] Am ersten (Tag) der Woche aber, als wir versammelt waren, zu brechen (das) Brot, redete Paulos zu ihnen, weil er fortgehen wollte am folgenden (Tag), und er dehnte aus das Wort bis Mitternacht. [8] (Es) waren aber etliche Lampen im Obergemach, wo wir versammelt waren. [9] Ein junger Mann aber mit Namen Eutychos, sitzend auf dem Fenster(brett), überwältigt von tiefem Schlaf, als Paulos immer länger redete, fiel, überwältigt vom Schlaf, vom dritten Stockwerk hinunter, und er wurde aufgehoben tot. [10] Hinabsteigend aber, warf sich Paulos auf ihn, und (ihn) umarmend, sprach er: Lärmt nicht, denn seine Seele ist in ihm! [11] Hinaufsteigend aber und brechend das Brot und essend und noch lange sich unterhaltend bis zum Tagesanbruch, so ging er weg. [12] Vorführten sie aber den Knaben lebend, und sie wurden getröstet nicht wenig.

[13] Wir aber, vorausgehend auf das Schiff, fuhren ab nach Assos, um von dort aufzunehmen den Paulos; denn so hatte er angeordnet, während er selbst zu Fuß gehen wollte. [14] Als er aber zusammentraf mit uns in Assos, aufnehmend ihn, kamen wir nach Mitylene, [15] und von dort absegelnd am folgenden (Tag), kamen wir hin gegenüber von Chios, am anderen (Tag) aber fuhren wir hinüber nach Samos, am nächsten aber kamen wir nach Miletos. [16] Denn beschlossen hatte Paulos, vorbeizusegeln an Ephesos, damit ihm nicht geschieht, Zeit zu verbringen in der Asia; denn er beeilte sich, wenn es ihm möglich wäre, am Tag des Pfingstfestes zu sein in Hierosolyma.

[17] Von Miletos (aus) aber schickend nach Ephesos, ließ er herbeirufen die Ältesten der Gemeinde. [18] Als sie aber angekommen waren bei ihm, sprach er zu ihnen: Ihr wißt, von (dem) ersten Tag (an), an dem ich kam in die Asia, wie mit euch die ganze Zeit ich war, [19] dienend dem Herrn mit aller

Demut und Tränen und Versuchungen, die mir widerfuhren in den Anschlägen der Judaier, [20] wie nichts ich zurückhielt von dem Nützlichen, es (etwa) nicht euch zu berichten und euch zu lehren öffentlich und nach Häusern, [21] bezeugend Judaiern und Hellenen die Umkehr zu Gott und (den) Glauben an unseren Herrn Jesus. [22] Und jetzt, siehe, gebunden durch den Geist, gehe ich nach Jerusalem, nicht kennend, was in ihr mir entgegenkommen wird, [23] außer daß der heilige Geist in jeder Stadt mir bezeugt, sagend, daß Fesseln und Bedrängnisse mich erwarten. [24] Aber keines Wortes wert halte ich das Leben für mich, (nur) wie ich vollenden werde meinen Lauf und den Dienst, den ich empfing vom Herrn Jesus, zu bezeugen das Evangelium der Gnade Gottes. [25] Und jetzt, siehe, ich weiß, daß ihr nicht mehr sehen werdet mein Gesicht, ihr alle, bei denen ich durchzog, verkündend das Königtum. [26] Deshalb bezeuge ich euch am heutigen Tag, daß rein ich bin vom Blut aller; [27] denn nicht hielt ich zurück, (etwa) nicht euch zu berichten den ganzen Ratschluß Gottes. [28] Achtet auf euch selbst und die ganze Herde, in der euch der heilige Geist bestellte als Aufseher, zu weiden die Kirche Gottes, die er sich erwarb durch das Blut des eigenen (Sohnes)! [29] Ich weiß, daß hereinkommen werden nach meiner Abreise starke Wölfe zu euch, nicht schonend die Herde, [30] und von euch selbst werden aufstehen Männer, redend Verdrehtes, um wegzuziehen die Schüler hinter sich. [31] Deshalb wacht, gedenkend, daß drei Jahre Nacht und Tag ich nicht aufhörte, mit Tränen zurechtzuweisen einen jeden! [32] Und in bezug auf das Jetzt empfehle ich euch Gott und dem Wort seiner Gnade, das Kraft hat, zu erbauen und zu geben das Erbe unter den Geheiligten allen. [33] An Silber oder Gold oder Kleidung begehrte ich nichts; [34] selbst wißt ihr, daß meinen Bedürfnissen und denen, die mit mir waren, dienten diese Hände. [35] In allem zeigte ich euch, daß es nötig ist, daß die so sich Mühenden sich annehmen der Schwachen, und zu gedenken der Worte des Herrn Jesus, weil selbst er sprach: Selig ist es mehr, zu geben als zu nehmen. [36] Und dieses sprechend, beugend seine Knie mit ihnen allen, betete er. [37] Großes Weinen aller aber entstand, und sich werfend an den Hals des Paulos, küßten sie ihn ab, [38] klagend am meisten über das Wort, womit er gesagt hatte, daß sie nicht mehr sein Gesicht sehen sollten. Sie geleiteten ihn aber zum Schiff.

21 [1] Als es aber geschah, daß wir abfuhren, nachdem wir uns getrennt hatten von ihnen, kamen wir in direkter Fahrt nach Kos, (tags) darauf nach Rhodos und von dort nach Patara, [2] und findend ein Schiff, das hinüberfuhr nach Phoinike, einsteigend fuhren wir ab. [3] Sichtend aber Kypros und zurücklassend sie links, segelten wir nach Syria, und kamen wir hinab nach Tyros; denn dort war das Schiff, löschend die Ladung. [4] Findend aber die Schüler, blieben wir dort sieben Tage; diese sagten dem Paulos durch den Geist, nicht hinaufzusteigen nach Hierosolyma. [5] Als es aber geschah, daß wir erfüllten die Tage, hinausgehend zogen wir fort, indem uns geleiteten alle mit Frauen und Kindern bis außerhalb der Stadt, und beugend die Knie am Strand, betend, [6] verabschiedeten wir einander, und einstiegen wir ins Schiff, jene aber kehrten zurück in das Ihrige.

[7] Wir aber, die Schiffahrt beendend, kamen von Tyros hin nach Ptolemais, und begrüßend die Brüder, blieben wir einen Tag bei ihnen. [8] Am folgenden (Tag) aber hinausgehend, kamen wir nach Kaisareia, und hineingehend in das Haus des Evangelisten Philippos, der (einer) von den Sieben war, blieben wir bei ihm. [9] Dieser aber hatte vier Töchter, prophezeiende Jungfrauen. [10] Während wir aber dablieben mehrere Tage, kam herab einer aus der Judaia, ein Prophet mit Namen Hagabos, [11] und kommend zu uns und nehmend den Gürtel des Paulos, bindend sich selbst die Füße und die Hände, sprach er: Dies sagt der heilige Geist: Den Mann, dem dieser Gürtel gehört, werden so binden in Jerusalem die Judaier und übergeben in (die) Hände (der) Heiden. [12] Als wir aber dieses hörten, baten wir und die Ortsansässigen, daß er nicht hinaufsteige nach Jerusalem. [13] Da antwortete Paulos: Was macht ihr, weinend und brechend mir das Herz? Denn ich bin be-

reit, nicht nur gebunden zu werden, sondern auch zu sterben in Jerusalem für den Namen des Herrn Jesus. [14] Als er sich aber nicht überreden ließ, wurden wir ruhig, sprechend: Des Herrn Wille soll geschehen.

[15] Nach diesen Tagen aber, ausgerüstet, hinaufstiegen wir nach Hierosolyma; [16] mitgingen aber auch (einige) von den Schülern von Kaisareia mit uns, führend (uns) zu einem gewissen Mnason, einem Kyprier, einem alten Schüler, bei dem wir zu Gast sein sollten. [17] Als wir aber gekommen waren nach Hierosolyma, freudig nahmen uns auf die Brüder.

[18] Am folgenden (Tag) aber ging hinein Paulos mit uns zu Jakobos, und alle Ältesten kamen hinzu. [19] Und begrüßend sie, legte er dar bis ins einzelne, was Gott tat unter den Heiden durch seinen Dienst. [20] Die (es) Hörenden aber priesen Gott, und sie sprachen zu ihm: Du siehst, Bruder, wieviele Zehntausende von gläubig Gewordenen unter den Judaiern sind, und alle sind Eiferer des Gesetzes; [21] sie wurden aber unterrichtet über dich, daß du Abfall lehrst von Moyses alle Judaier, die unter den Heiden, sagend, sie sollten nicht beschneiden die Kinder und nicht nach den Sitten wandeln. [22] Was ist nun? Gewiß werden sie hören, daß du gekommen bist. [23] Dies nun tue, was wir dir sagen: (Es) sind bei uns vier Männer, die ein Gelübde auf sich (genommen) haben. [24] Diese mitnehmend, heilige dich mit ihnen und übernimm die Ausgaben für sie, damit sie sich scheren lassen den Kopf, und erkennen werden alle, daß, worin sie unterrichtet sind über dich, nichts ist, sondern daß du wandelst auch selbst haltend das Gesetz. [25] Was aber die gläubiggewordenen Heiden betrifft, trugen wir auf, urteilend, daß sie sich hüten vor Götzenopferfleisch und Blut und Ersticktem und Unzucht. [26] Da nahm Paulos mit die Männer, heiligte sich am nächsten Tag mit ihnen (und) ging hinein ins Heiligtum, anzeigend die Erfüllung der Tage der Heiligung, bis daß dargebracht wurde für einen jeden von ihnen die Opfergabe.

[27] Als aber die sieben Tage im Begriff waren vollendet zu

werden, brachten die Judaier von der Asia, sehend ihn im
Heiligtum, in Verwirrung die ganze Volksmenge, und sie
legten Hand an ihn, [28] schreiend: Männer, Israeliten, helft!
Dieser ist der Mensch, der gegen das Volk und das Gesetz
und diesen Ort alle überall lehrt und auch noch Hellenen hineinführte ins Heiligtum und gemein gemacht hat diesen heiligen Ort. [29] Denn sie hatten vorher gesehen Trophimos, den
Ephesier, in der Stadt mit ihm, den, meinten sie, daß ins
Heiligtum hineinführte Paulos. [30] Und (es) wurde bewegt die
ganze Stadt, und (es) entstand ein Zusammenlauf des Volks,
und ergreifend den Paulos, schleppten sie ihn außerhalb des
Heiligtums, und sogleich wurden verschlossen die Türen.
[31] Und während sie ihn zu töten suchten, hinaufgebracht wurde Meldung zum Chiliarchen der Kohorte, daß ganz Jerusalem in Aufruhr sei. [32] Der, sogleich mitnehmend Soldaten und
Hauptleute, lief hinab zu ihnen; die aber, sehend den Chiliarchen und die Soldaten, hörten auf, Paulos zu schlagen. [33] Da,
nahekommend, ergriff ihn der Chiliarch, und er befahl, daß
er gebunden werde mit zwei Ketten, und er erkundigte sich,
wer er sei und was er getan habe. [34] (Die einen schrien dies,)
andere aber schrien etwas anderes in der Volksmenge. Da er
aber Sicheres nicht erkennen konnte wegen des Tumults, befahl er, daß er geführt werde in die Kaserne. [35] Als er aber
kam zu den Stufen, geschah es, daß er getragen werden
mußte von den Soldaten wegen der Gewalt der Volksmenge,
[36] denn (es) folgte die Menge des Volks, schreiend: Hinweg
mit ihm!
[37] Und als er in die Kaserne hineingeführt werden sollte,
sagt Paulos dem Chiliarchen: Ist es mir erlaubt, etwas zu dir
zu sprechen? Der aber sagte: Verstehst du Hellenisch?
[38] Nicht also bist du der Aigyptier, der vor diesen Tagen einen
Aufstand machte und hinausführte in die Wüste die viertausend Mann der Sikarier? [39] (Es) sprach aber Paulos: Ich bin
ein judaischer Mensch, ein Tarser aus der Kilikia, Bürger einer nicht unberühmten Stadt; ich bitte dich aber, erlaube mir,
zu reden zum Volk. [40] Als er (es) aber erlaubte, winkte Pau-

los, stehend auf den Stufen, mit der Hand dem Volk. Als aber eine große Stille entstand, sprach er sie an in der hebräischen Sprache, sagend:

22 [1] Männer, Brüder und Väter, hört meine Verteidigung gegen euch jetzt! [2] Hörend aber, daß in der hebräischen Sprache er sie ansprach, hielten sie (noch) mehr Ruhe. Und er sagt: [3] Ich bin ein judäischer Mann, geboren in Tarsos in der Kilikia, aufgezogen aber in dieser Stadt, zu den Füßen Gamaliels, ausgebildet gemäß (der) Strenge des väterlichen Gesetzes, ein Eiferer Gottes, gleichwie ihr alle (es) heute seid; [4] der ich diesen „Weg" verfolgte bis zum Tod, fesselnd und übergebend in Gefängnisse Männer und Frauen, [5] wie auch der Hochpriester mir bezeugt und der ganze Ältestenrat, von denen auch Briefe empfangend, ich zu den Brüdern nach Damaskos ging, um auch die dort Befindlichen gebunden nach Jerusalem zu führen, damit sie bestraft werden. [6] Es geschah mir aber, als ich ging und Damaskos nahekam, daß um Mittag plötzlich aus dem Himmel ein gewaltiges Licht um mich strahlte, [7] und ich fiel zu Boden, und ich hörte eine Stimme, mir sagend: Saul, Saul, was verfolgst du mich? [8] Ich aber antwortete: Wer bist du, Herr? Und er sprach zu mir: Ich bin Jesus, der Nazoraier, den du verfolgst. [9] Die aber mit mir waren, sahen zwar das Licht, die Stimme aber des zu mir Redenden hörten sie nicht. [10] Ich sprach aber: Was soll ich tun, Herr? Der Herr aber sprach zu mir: Aufstehend geh nach Damaskos, und dort wird zu dir geredet werden über alles, was dir bestimmt ist zu tun. [11] Als ich aber nicht schauen (konnte) wegen des Glanzes jenes Lichts, kam ich, an der Hand geführt von denen, die mit mir zusammen waren, nach Damaskos. [12] Ein Hananias aber, ein frommer Mann nach dem Gesetz, bezeugt von allen (dort) wohnenden Judaiern, [13] kommend zu mir und hintretend, sprach er zu mir: Bruder Saul, schau auf! Und zu eben der Stunde schaute ich auf zu ihm. [14] Der aber sprach: Der Gott unserer Väter bestimmte dich vorher, zu erkennen seinen Willen und zu sehen den Gerechten und zu hören (die) Stimme aus seinem Mund, [15] daß du Zeuge ihm sein wirst gegenüber allen Menschen (von dem), was du gesehen hast und hörtest. [16] Und jetzt, was zauderst du? Aufstehend laß dich taufen und abwaschen deine Sünden, anrufend seinen Namen! [17] Es geschah mir aber, als ich zurückkehrte nach Jerusalem und während ich betete im Heiligtum, daß ich in Verzückung geriet [18] und ihn sah redend zu mir: Eile und geh hinaus in Kürze aus Jerusalem, weil sie nicht annehmen werden dein Zeugnis über mich! [19] Und ich sprach: Herr, sie wissen, daß ich war ein Gefangennehmender und Schindender in den Synagogen die an dich Glaubenden; [20] und als ausgegossen wurde das Blut von Stephanos, deines Zeugen, war ich auch selbst dabeistehend und einverstanden und bewachend die Gewänder der ihn Tötenden. [21] Und er sprach zu mir: Geh, weil ich dich zu (den) Heiden weit ausschicken werde!

[22] Sie hörten ihn aber (an) bis zu diesem Wort, und sie erhoben ihre Stimme, sagend: Hinweg von der Erde mit einem solchen, denn es wäre nicht recht, daß er lebt. [23] Und als sie schrien und abwarfen die Gewänder und Staub warfen in die Luft, [24] befahl der Chiliarch, daß er hineingeführt werde in die Kaserne, sagend, daß er mit Geißelhieben verhört werden (solle), damit er erkenne, aus welchem Grund sie so gegen ihn schrien. [25] Als aber sie ihn ausstreckten für die Riemen, sprach Paulos zum dastehenden Hauptmann: Ist es euch erlaubt, einen romaischen Menschen und (dazu) einen unverurteilten zu geißeln? [26] (Es) hörend aber, meldete der Hauptmann, kommend zum Chiliarchen, sagend: Was willst du tun? Denn dieser Mensch ist ein Romaier. [27] Hinzukommend aber, sprach der Chiliarch zu ihm: Sag mir, bist du ein Romaier? Der aber sagte: Ja. [28] (Es) antwortete aber der Chiliarch: Ich erwarb für viel Kapital dieses Bürgerrecht. Paulos aber sagte: Ich aber bin sogar (darin) geboren worden. [29] Sogleich nun ließen ab von ihm, die ihn verhören sollten, der Chiliarch aber fürchtete sich, erkennend, daß ein Romaier er ist und daß er ihn gebunden hatte.

[30] Am folgenden (Tag) aber, erfahren wollend (etwas) Si-

cheres, wessen er angeklagt werde von den Judaiern, löste er
ihn (von den Fesseln) und befahl, daß zusammenkämen die
Hochpriester und das ganze Synhedrion, und hinabführend
den Paulos, stellte er (ihn) vor sie.

23 [1] Hinstarrend aber zum Synhedrion sprach Paulos:
Männer, Brüder, mit allem guten Gewissen habe ich
mich verhalten vor Gott bis zu diesem Tag. [2] Der Hochpriester Hananias aber befahl den Dabeistehenden, ihm zu schlagen auf seinen Mund. [3] Da sprach Paulos zu ihm: Schlagen
wird dich Gott, (du) geweißte Wand; und du sitzt da, richtend
mich nach dem Gesetz, und gesetzwidrig befiehlst du, daß ich
geschlagen werde? [4] Die Dabeistehenden aber sprachen: Den
Hochpriester Gottes schmähst du? [5] Und (es) sagte Paulos:
Nicht wußte ich, Brüder, daß er Hochpriester ist; denn es ist
Ex 22,27 geschrieben: *Gegen einen Vorsteher deines Volkes sollst du
nicht schlecht reden.* [6] Paulos aber, erkennend, daß der eine
Teil von (den) Saddukaiern, der andere aber von (den) Pharisaiern ist, schrie im Synhedrion: Männer, Brüder, ich bin ein
Pharisaier, Sohn von Pharisaiern, wegen (der) Hoffnung und
Auferstehung (der) Toten werde [ich] gerichtet. [7] Als er aber
dies sprach, entstand ein Aufruhr der Pharisaier und Saddukaier, und (es) spaltete sich die Menge. [8] Denn Saddukaier
sagen, nicht gebe es Auferstehung, auch nicht einen Engel,
auch nicht (den) Geist, Pharisaier aber bekennen beides.
[9] (Es) entstand aber großes Geschrei, und aufstehend einige
der Schriftkundigen von dem Teil der Pharisaier stritten, sagend: Nichts Schlechtes finden wir an diesem Menschen;
wenn aber ein Geist redete durch ihn oder ein Engel? [10] Da
aber ein großer Aufruhr entstand, fürchtete der Chiliarch, daß
zerrissen werde Paulos von ihnen, (und) befahl, das Heer
solle herabkommend ihn reißen aus ihrer Mitte und führen in
die Kaserne. [11] In der folgenden Nacht aber hintretend zu ihm
sprach der Herr: Hab Mut! Denn wie du bezeugtest das über
mich in Jerusalem, so mußt du auch in Rom Zeugnis geben.

[12] Als aber Tag wurde, machten die Judaier eine Zusammenrottung, (und) sie verpflichteten sich unter Fluch, sagend,

sie würden weder essen noch trinken, bis daß sie getötet hätten den Paulos. [13] (Es) waren aber mehr als vierzig, die diesen gemeinsamen Schwur ablegten, [14] welche, gehend zu den Hochpriestern und den Ältesten, sprachen: Unter Fluch verpflichteten wir uns selbst, nichts zu kosten, bis daß wir getötet haben den Paulos. [15] Jetzt also erstattet Anzeige beim Chiliarchen mit dem Synhedrion, auf daß er ihn hinabführe zu euch, als ob ihr genauer erforschen wolltet das über ihn (Vorgebrachte); wir aber sind bereit, vor seinem Nahekommen ihn zu töten. [16] Hörend aber der Sohn der Schwester (des) Paulos von dem Hinterhalt, herbeikommend und hineingehend in die Kaserne, meldete er (es) Paulos. [17] Herbeirufen lassend aber einen der Hauptleute, sagte Paulos: Diesen jungen Mann führe ab zum Chiliarchen, denn er hat etwas ihm zu melden! [18] Der aber nun, mitnehmend ihn, führte (ihn) zum Chiliarchen und sagt: Der Gefangene Paulos, mich herbeirufen lassend, bat, diesen jungen Mann zu führen zu dir, weil er etwas zu reden hat mit dir. [19] Der Chiliarch aber, ergreifend seine Hand und sich entfernend, für sich erkundigte sich: Was ist (es), das du mir zu melden hast? [20] Er aber sprach: Die Judaier vereinbarten, dich zu bitten, daß du morgen den Paulos hinabführst ins Synhedrion, als ob es etwas genauer sich erkundigen wollte über ihn. [21] Du nun gehorche ihnen nicht! Denn (es) stellen ihm nach mehr als vierzig Männer von ihnen, welche sich unter Fluch verpflichteten, weder zu essen noch zu trinken, bis daß sie ihn getötet haben, und jetzt sind sie bereit, erwartend die Zusage von dir. [22] Der Chiliarch nun entließ den jungen Mann, gebietend: Plaudere keinem aus, daß du dieses anzeigtest bei mir.

[23] Und herbeirufen lassend [irgendwelche] zwei der Hauptleute, sprach er: Macht bereit zweihundert Soldaten, auf daß sie gehen bis Kaisareia, und siebzig Reiter und zweihundert Schleuderer, von (der) dritten Stunde der Nacht (an), [24] und stellt Maultiere bereit, damit sie, daraufsetzend den Paulos, (ihn) durchretten zu Felix, dem Statthalter! [25] (Und) er schrieb einen Brief, der diesen Inhalt hatte: [26] Klaudios Lysias dem

besten Statthalter Felix, Gruß! [27] Diesen Mann, der von den Judaiern festgenommen wurde und getötet werden sollte von ihnen, nahm ich, hinzutretend mit dem Heer, heraus, erfahrend, daß ein Romaier er ist. [28] Und erkennen wollend den Grund, dessentwegen sie ihn anklagten, führte ich (ihn) hinab in ihr Synhedrion, [29] den ich angeklagt fand wegen Streitfragen ihres Gesetzes, aber keine Anklage habend würdig (des) Todes oder (der) Fesseln. [30] Als mir aber angezeigt wurde, daß ein Anschlag gegen den Mann sein werde, schickte ich (ihn) sogleich zu dir, gebietend auch den Anklägern, auszusagen [das] gegen ihn (Vorzubringende) vor dir.

[31] Die Soldaten aber nun, gemäß dem ihnen Angeordneten den Paulos mitnehmend, führten (ihn) während (der) Nacht nach Antipatris, [32] am folgenden (Tag) aber kehrten sie, die Reiter weitergehen lassend mit ihm, zurück in die Kaserne; [33] diese, hineinkommend nach Kaisareia und übergebend den Brief dem Statthalter, stellten ihm vor auch den Paulos. [34] Lesend aber und (ihn) befragend, aus welcher Provinz er sei, und erfahrend, daß er von (der) Kilikia (sei), [35] sagte er: Ich werde dich verhören, wann auch deine Ankläger angekommen sind; (und) er befahl, daß er im Praitorion des Herodes bewacht werde.

24 [1] Nach fünf Tagen aber stieg hinab der Hochpriester Hananias mit einigen Ältesten und einem gewissen Redner Tertullos, welche Anzeige erstatteten beim Statthalter gegen Paulos. [2] Nachdem er aber gerufen worden war, begann Tertullos anzuklagen, sagend: Viel Frieden erlangten wir durch dich, und Verbesserungen geschahen für dieses Volk durch deine Vorsorge, [3] allzeit und überall anerkennen wir (es), bester Felix, mit aller Dankbarkeit. [4] Damit aber nicht weiter ich dich ermüde, bitte ich, daß du uns kurz anhörst in deiner Milde. [5] Denn wir fanden diesen Mann als eine Pest und als Aufstände erregend bei allen Judaiern auf dem Erdkreis, und als Anführer der Sekte der Nazoraier, [6] der auch das Heiligtum zu entweihen versuchte, den wir aber ergriffen,* [8] von dem du selbst, (ihn) verhörend über alles dieses, wirst erfahren können, wessen wir ihn anklagen. [9] (Es) griffen aber mit an auch die Judaier, behauptend, dieses verhalte sich so.

[10] Und (es) antwortete Paulos, als ihm zunickte der Statthalter zu reden: Wissend, daß du seit vielen Jahren Richter bist über dieses Volk, verteidige ich guten Muts das über mich, [11] da du erkennen kannst, daß (es) nicht mehr als zwölf Tage für mich sind, seitdem ich hinaufstieg anzubeten nach Jerusalem. [12] Und weder im Heiligtum fanden sie mich gegen jemanden redend oder einen Volksauflauf machend, noch in den Synagogen, noch in der Stadt, [13] auch können sie dir nicht beweisen, weswegen sie jetzt mich anklagen. [14] Ich bekenne dir aber dies, daß ich gemäß dem „Weg", den sie nennen eine Sekte, (eben)so diene dem väterlichen Gott, glaubend allem gemäß dem Gesetz und dem in den Propheten Geschriebenen, [15] Hoffnung habend auf Gott, die auch diese selbst erwarten, daß zukünftig eine Auferstehung sein wird von Gerechten und Ungerechten. [16] Darin übe ich mich auch selbst, ein unverletztes Gewissen zu haben gegenüber Gott und den Menschen in allem. [17] Nach mehreren Jahren aber kam ich her, um Almosen zu bringen für mein Volk und Opfergaben; [18] dabei fanden mich, als ich mich geheiligt habe im Heiligtum – nicht bei einer Volksmenge und nicht bei einem Tumult – [19] einige Judaier, nämlich von der Asia, die vor dir anwesend sein und anklagen müßten, wenn sie etwas gegen mich hätten. [20] Oder diese selbst sollen sprechen, was sie fanden als Unrecht, als ich stand vor dem Synhedrion, [21] außer diesem einen Ruf, den ich schrie, unter ihnen stehend: Wegen (der) Auferstehung (der) Toten werde ich heute gerichtet vor euch.

[22] (Es) vertagte sie aber Felix, genauer das über den „Weg" wissen (wollend), sprechend: Wann Lysias, der Chiliarch, herabsteigt, werde ich eure (Sache) entscheiden; [23] Anordnung gab er dem Hauptmann, daß er bewacht werde und daß er

* VV 6b–8a fehlen in den wichtigsten Handschriften.

Ruhe habe, und daß keiner von seinen Eigenen gehindert werde, ihm zu dienen.

[24] Nach einigen Tagen aber ließ Felix, ankommend mit Drusilla, seiner eigenen Frau, einer Judaierin, Paulos holen, und er hörte ihn über den Glauben an Christos Jesus. [25] Als er aber redete über Gerechtigkeit und Enthaltsamkeit und das kommende Gericht, antwortete, ängstlich geworden, Felix: Für jetzt gehe, Zeit aber findend, werde ich dich herbeirufen lassen; [26] zugleich auch hoffend, daß Geld ihm gegeben werde von Paulos; deshalb auch, häufiger ihn holen lassend, unterhielt er sich mit ihm. [27] Als zwei Jahre erfüllt waren, erhielt Felix als Nachfolger Porkios Festos; und wollend eine Gunst gewähren den Judaiern, ließ Felix den Paulos gebunden zurück.

25 [1] Festos nun, betretend die Provinz, stieg nach drei Tagen hinauf von Kaisareia nach Hierosolyma, [2] und (es) erstatteten bei ihm Anzeige die Hochpriester und die Ersten der Judaier gegen Paulos, und baten ihn, [3] eine Gunst sich erbittend gegen ihn, daß er ihn holen lasse nach Jerusalem, einen Hinterhalt planend, ihn zu töten auf dem Weg. [4] Festos nun antwortete, daß Paulos in Kaisareia bewacht werde, er selbst aber wolle in Kürze hinausgehen. [5] Die Mächtigen nun unter euch, sagt er, sollen mit hinabkommen und, wenn etwas an diesem Mann unstatthaft ist, ihn anklagen.

[6] Verweilend aber bei ihnen nicht mehr als acht oder zehn Tage, hinabsteigend nach Kaisareia, am folgenden (Tag) sich setzend auf den Richterstuhl, befahl er, daß Paulos vorgeführt werde. [7] Als er aber ankam, umringten ihn die von Hierosolyma hinabgestiegenen Judaier, viele und schwere Beschuldigungen vorbringend, die sie nicht zu beweisen vermochten, [8] während Paulos sich verteidigte: Weder gegen das Gesetz der Judaier noch gegen das Heiligtum noch gegen (den) Kaiser sündigte ich etwas. [9] Festos aber, wollend den Judaiern eine Gunst gewähren, sprach, antwortend dem Paulos: Willst du, nach Hierosolyma hinaufsteigend, dort über dieses vor

mir gerichtet werden? [10] (Es) sprach aber Paulos: Vor dem Richterstuhl des Kaisers stehe ich, wo ich gerichtet werden muß. Judaiern tat ich kein Unrecht, wie auch du recht gut weißt. [11] Wenn ich nun Unrecht tue und etwas Todeswürdiges getan habe, nicht weise ich ab das Sterben; wenn es aber nichts ist, dessen diese mich anklagen, kann keiner mich ihnen preisgeben; (den) Kaiser rufe ich an. [12] Da antwortete Festos, nachdem er sich unterredet hatte mit dem Rat: (Den) Kaiser hast du angerufen, zum Kaiser sollst du gehen.

[13] Als aber einige Tage vorüber waren, kamen Agrippas, der König, und Bernike hin nach Kaisareia, begrüßend den Festos. [14] Als sie aber mehrere Tage dort verweilten, trug Festos dem König das hinsichtlich des Paulos vor, sagend: Ein Mann ist zurückgelassen von Felix als Gefangener, [15] gegen den, als ich nach Hierosolyma kam, Anzeige erstatteten die Hochpriester und die Ältesten der Judaier, fordernd gegen ihn eine Verurteilung. [16] Ihnen antwortete ich: Nicht ist es Sitte bei (den) Romaiern, preiszugeben einen Menschen, ehe der Angeklagte vor Angesicht hat die Ankläger und Raum zur Verteidigung erhält gegenüber der Anklage. [17] Als [sie] nun hierher zusammenkamen, keinen Aufschub machend, (tags) darauf mich setzend auf den Richterstuhl, befahl ich, daß der Mann vorgeführt werde; [18] um ihn sich stellend, brachten die Ankläger keine Schuld vor von Schandtaten, die ich vermutete, [19] einige Streitfragen aber wegen der eigenen Religion hatten sie gegen ihn und wegen eines gewissen verstorbenen Jesus, von dem Paulos behauptete, er lebe. [20] Ratlos aber über die Auseinandersetzung wegen dieser (Dinge), sagte ich, ob er nach Hierosolyma gehen und dort gerichtet werden wolle wegen dieser (Dinge). [21] Als aber Paulos Berufung einlegte, daß er bewacht werde für die Entscheidung der Majestät, befahl ich, daß er bewacht werde, bis daß ich ihn hinschicke zum Kaiser. [22] Agrippas aber (sprach) zu Festos: Ich wollte auch selbst den Menschen hören. Morgen, sagt er, wirst du ihn hören.

[23] Am folgenden (Tag) nun, als Agrippas kam und Bernike

mit viel Pomp und sie hineingingen in den Audienzsaal mit Chiliarchen und den hervorragendsten Männern der Stadt, und als Festos (es) befahl, wurde Paulos vorgeführt. [24] Und (es) sagt Festos: König Agrippas und alle mit uns anwesenden Männer, seht diesen, dessentwegen die ganze Menge der Judaier mich anging in Hierosolyma und hier, rufend, er dürfe nicht mehr leben. [25] Ich aber begriff, daß er nichts Todeswürdiges getan hat, als dieser selbst aber die Majestät anrief, beschloß ich, (ihn) zu schicken. [26] Wegen diesem habe ich nicht etwas Sicheres dem Herrn zu schreiben, deshalb führte ich ihn vor vor euch und besonders vor dich, König Agrippas, auf daß ich nach geschehenem Verhör (etwas) habe, was ich schreiben werde; [27] denn unvernünftig scheint es mir, zu schicken einen Gefangenen und nicht die Beschuldigungen gegen ihn anzuzeigen.

26 [1] Agrippas aber sagte zu Paulos: Es wird dir erlaubt, für dich zu reden. Da, die Hand ausstreckend, verteidigte sich Paulos: [2] Wegen allem, wessen ich angeklagt werde von Judaiern, König Agrippas, habe ich mich für glücklich befunden, vor dir mich heute verteidigen zu sollen, [3] besonders da du Kenner bist aller Sitten bei (den) Judaiern und auch Streitfragen, deshalb bitte ich, großmütig mich anzuhören. [4] Meine Lebensweise aber nun von Jugend (an), die ich von Anfang (an) in meinem Volk und in Hierosolyma hatte, kennen alle Judaier, [5] kennend mich von früher her, wenn sie Zeugnis geben wollen, daß ich nach der genauesten Richtung unserer Frömmigkeit lebte als Pharisaier. [6] Und jetzt stehe ich da, gerichtet werdend wegen (der) Hoffnung auf die an unsere Väter geschehene Zusage von Gott, [7] zu der unser Zwölfstämmevolk, in Beharrlichkeit Nacht und Tag dienend, hinzugelangen hofft; wegen dieser Hoffnung werde ich angeklagt von Judaiern, König. [8] Warum wird es als unglaubhaft beurteilt bei euch, wenn Gott Tote erweckt? [9] Ich nun meinte für mich, gegen den Namen von Jesus, dem Nazoraier, viel Feindliches tun zu müssen, [10] was ich auch tat in Hierosolyma, und viele der Heiligen schloß ich in Gefängnissen ein, die Vollmacht von den Hochpriestern habend, und wurden sie getötet, gab ich (meine) Stimme (dafür). [11] Und in allen Synagogen zwang ich sie oft, Strafe androhend, zu lästern, und übermäßig wütend gegen sie, verfolgte ich (sie) auch bis in die Städte außerhalb. [12] Dabei, gehend nach Damaskos mit Vollmacht und Erlaubnis der Hochpriester, [13] sah ich mitten am Tag auf dem Weg, König, vom Himmel her über den Glanz der Sonne hinaus ein Licht, umstrahlend mich und die mit mir Gehenden. [14] Und als wir alle niederfielen auf die Erde, hörte ich eine Stimme, sagend zu mir in der hebraischen Sprache: Saul, Saul, was verfolgst du mich? Schwer (ist es) für dich, gegen (den) Stachel auszuschlagen. [15] Ich aber sprach: Wer bist du, Herr? Der Herr aber sprach: Ich bin Jesus, den du verfolgst. [16] Doch steh auf und stelle dich auf deine Füße! Denn dazu erschien ich dir, dich vorherzubestimmen zum Diener und Zeugen (dessen), was du [von mir] sahst und was ich dir (von mir) zeigen werde, [17] herausnehmend dich aus dem Volk und aus den Heiden, zu denen ich dich schicke, [18] zu öffnen ihre Augen, auf daß sie sich hinwenden von (der) Finsternis zum Licht und von der Macht des Satans zu Gott, auf daß sie empfangen Erlaß von Sünden und ein Los unter den Geheiligten durch den Glauben an mich. [19] Daher, König Agrippas, wurde ich nicht ungehorsam der himmlischen Erscheinung, [20] sondern denen in Damaskos zuerst und in Hierosolyma und über das ganze Land der Judaia (hin) und den Heiden verkündete ich, sie sollten umkehren und sich hinwenden zu Gott, der Umkehr würdige Werke tuend. [21] Deswegen nahmen mich die Judaier fest, als ich im Heiligtum [war], (und) versuchten, Hand (an mich) zu legen. [22] Da ich nun Hilfe erlangt habe von Gott bis zu diesem Tag, stehe ich da, bezeugend für klein und groß, nichts außer (dem) sagend, was auch die Propheten redeten, daß geschehen solle, und Moyses, [23] daß ein Leidender (sein werde) der Gesalbte, daß er als erster aus (der) Auferstehung (der) Toten Licht verkünden werde dem Volk und den Heiden.

[24] Als er aber dieses zur Verteidigung gesagt hatte, sagt

Festos mit lauter Stimme: Du bist verrückt, Paulos; das viele Studieren versetzt dich in Wahnsinn. [25] Paulos aber sagt: Ich bin nicht verrückt, bester Festos, sondern Worte (der) Wahrheit und Besonnenheit tue ich kund. [26] Denn (es) weiß von diesen (Dingen) der König, zu dem ich auch freimütig sprechend rede; denn daß ihm verborgen ist [etwas] von diesen (Dingen), glaube ich nicht; denn nicht ist in einer Ecke dies geschehen. [27] Glaubst du, König Agrippas, den Propheten? Ich weiß, daß du glaubst. [28] Agrippas aber zu Paulos: In Kürze überredest du mich, (mich) zu einem Christianer zu machen. [29] Paulos aber: Ich möchte beten zu Gott, daß in Kürze und auch auf lange (Zeit) nicht nur du, sondern auch alle, die mich heute hören, solche werden, wie auch ich einer bin, ausgenommen diese Fesseln. [30] Und (es) stand auf der König und der Statthalter und Bernike und die Sitzenden mit ihnen, [31] und sich entfernend, redeten sie zueinander, sagend: Nichts (des) Todes oder (der) Fesseln Würdiges tut dieser Mensch. [32] Agrippas aber sagte dem Festos: Entlassen sein könnte dieser Mensch, wenn er nicht angerufen hätte (den) Kaiser.

27 [1] Als aber beschlossen war unser Absegeln nach der Italia, übergaben sie den Paulos und einige andere Gefangene einem Hauptmann mit Namen Julios (von der) kaiserlichen Kohorte. [2] Besteigend aber ein adramyttänisches Schiff, das segeln sollte nach den Orten entlang der Asia, fuhren wir ab, wobei mit uns war Aristarchos, ein Makedoner aus Thessalonike. [3] Und am anderen (Tag) landeten wir in Sidon, und Julios, menschenfreundlich den Paulos behandelnd, erlaubte (ihm), zu den Freunden gehend, Pflege zu erlangen. [4] Und von dort abfahrend, segelten wir unter Kypros (hin), weil die Winde entgegen waren, [5] und das Meer entlang der Kilikia und Pamphylia durchsegelnd, kamen wir hinab nach Myra in der Lykia. [6] Und als dort der Hauptmann gefunden hatte ein alexandrinisches Schiff, segelnd nach der Italia, brachte er uns hinein in es. [7] Während etlicher Tage aber langsam segelnd und kaum kommend entlang Knidos, weil

uns nicht heranließ der Wind, segelten wir unter Kreta (hin)
entlang Salmone, [8] und kaum vorbeifahrend daran, kamen wir
an einen Ort, gerufen Schöne Häfen, dem nahe war (die)
Stadt Lasaia.

[9] Als aber geraume Zeit vorüber war und schon gefährlich
war die Schiffahrt, weil auch das Fasten schon vorübergegangen war, mahnte Paulos, [10] sagend ihnen: Männer, ich sehe,
daß mit Schaden und viel Verlust nicht nur für die Ladung
und das Schiff, sondern auch für unser Leben sich vollziehen
wird die Schiffahrt. [11] Der Hauptmann aber gehorchte mehr
dem Steuermann und dem Kapitän als dem von Paulos Gesagten. [12] Da aber der Hafen ungeeignet war zur Überwinte-
rung, faßten die Mehreren (den) Entschluß, abzufahren von
dort, ob sie vielleicht überwintern könnten, hinkommend nach
Phoinix, einem Hafen von Kreta, schauend nach Südwesten
und nach Nordwesten.

[13] Da aber leicht zu wehen anfing (der) Südwind, meinten
sie, den Vorsatz festhalten zu können, (und) lichtend (den
Anker) fuhren sie nahe vorbei an Kreta. [14] Nicht lange danach
aber wirbelte von ihr ein Sturmwind herab, der Eurakylon gerufene; [15] da aber mitgerissen wurde das Schiff und nicht widerstehen konnte dem Wind, gaben wir (es) preis und ließen
uns treiben. [16] Unter einem Inselchen aber entlangfahrend,
Kauda gerufen, vermochten wir kaum uns zu bemächtigen des
Rettungsbootes, [17] es hochziehend gebrauchten sie Hilfsmittel,
zu umgürten das Schiff, und fürchtend, daß sie in die Syrtis
verschlagen würden, hinablassend das Gerät, trieben sie so
(dahin). [18] Da wir aber sehr vom Sturm bedrängt wurden,
machten sie (tags) darauf einen Hinauswurf (von Ladung),
[19] und am dritten (Tag) warfen sie eigenhändig das Schiffsge-
rät fort. [20] Da aber weder Sonne noch Sterne erschienen während mehrerer Tage und ein nicht geringer Sturm andrängte,
schwand schließlich alle Hoffnung, daß wir gerettet würden.

[21] Und als große Appetitlosigkeit herrschte, da stellte sich
Paulos in ihre Mitte (und) sprach: Es wäre zwar nötig (gewesen), Männer, mir gehorchend nicht abzufahren von Kreta

und zu vermeiden diesen Schaden und Verlust. ²²Und in bezug auf das Jetzt mahne ich euch, guten Muts zu sein; denn es wird keinen Verlust eines Lebens von euch geben, außer (den) des Schiffes. ²³Denn (es) trat zu mir in dieser Nacht ein Engel des Gottes, dem [ich] gehöre, dem ich auch diene, ²⁴sagend: Fürchte dich nicht, Paulos! Du mußt vor den Kaiser treten, und siehe, geschenkt hat dir Gott alle Segelnden mit dir. ²⁵Deshalb seid guten Muts, Männer! Denn ich vertraue Gott, daß es so sein wird, wie zu mir geredet worden ist. ²⁶Auf eine Insel aber müssen wir verschlagen werden.

²⁷Als aber (die) vierzehnte Nacht kam, seit wir umhertrieben in der Adria, vermuteten um Mitternacht die Seeleute, daß sich ihnen ein Land nähere. ²⁸Und lotend fanden sie zwanzig Orgyia, wenig aber sich entfernend und wieder lotend, fanden sie fünfzehn Orgyia; ²⁹und fürchtend, daß irgendwo auf felsige Orte wir verschlagen würden, warfen sie vom Heck vier Anker aus, (und) sie wünschten, daß es Tag werde. ³⁰Als aber die Seeleute zu fliehen suchten aus dem Schiff und hinabließen das Rettungsboot ins Meer unter (dem) Vorwand, als wollten sie vom Bug aus Anker hinausziehen, ³¹sprach Paulos zu dem Hauptmann und den Soldaten: Wenn diese nicht bleiben im Schiff, könnt ihr nicht gerettet werden. ³²Da schlugen ab die Soldaten die Taue des Rettungsbootes, und sie ließen es hinabfallen.

³³Bis aber Tag werden wollte, ermutigte Paulos alle, Nahrung zu sich zu nehmen, sagend: Heute, (den) vierzehnten Tag zuwartend, verharrt ihr appetitlos, nichts zu euch nehmend. ³⁴Deshalb ermutige ich euch, Nahrung (zu euch) zu nehmen; denn dies ist zu eurer Rettung; denn von keinem von euch wird ein Haar vom Kopf zugrundegehen. ³⁵Dieses aber sprechend und Brot nehmend, dankte er Gott vor allen, und (es) brechend, fing er an zu essen. ³⁶Es wurden aber guten Muts alle, und sie nahmen selbst Nahrung zu sich. ³⁷Wir waren aber alle Seelen auf dem Schiff zweihundertsechsundsiebzig. ³⁸Gesättigt aber mit Nahrung, erleichterten sie das Schiff, hinauswerfend den Weizen ins Meer.

³⁹ Als aber Tag wurde, erkannten sie das Land nicht, sie bemerkten aber eine Bucht, die einen Strand hatte, auf den sie beschlossen, wenn sie könnten, auflaufen zu lassen das Schiff. ⁴⁰ Und die Anker wegnehmend, (und sie) ins Meer lassend, zugleich lösend die Bande der Steuerruder und hinaufhebend das Vorsegel in den Wind, hielten sie zu auf den Strand. ⁴¹ Geratend aber auf eine Untiefe im Meer, ließen sie auflaufen das Schiff, und der Bug zwar, sich hineinbohrend, blieb unbeweglich, das Heck aber löste sich auf unter der Gewalt [der Wellen]. ⁴² (Es) kam aber ein Entschluß der Soldaten zustande, daß sie die Gefangenen töteten, damit nicht einer wegschwimmend entfliehe; ⁴³ der Hauptmann aber, der Paulos retten wollte, hinderte sie an ihrem Wollen und befahl, daß die, die schwimmen konnten, als erste hinunterspringend ans Land gehen sollten, ⁴⁴ und die übrigen, die einen auf Brettern, die anderen auf einigem von dem Schiff. Und so geschah es, daß alle gerettet wurden ans Land.

28 ¹ Und als wir gerettet waren, da erfuhren wir, daß die Insel Melite gerufen wird. ² Und die Barbaren bereiteten uns nicht die gewöhnliche Menschenfreundlichkeit, denn anzündend einen Holzstoß, holten sie uns alle heran wegen des einsetzenden Regens und wegen der Kälte. ³ Als aber Paulos zusammenraffte eine Menge Reisig und auflegte auf den Holzstoß, kam eine Natter wegen der Wärme heraus, und sie biß sich fest an seiner Hand. ⁴ Wie aber die Barbaren sahen das Tier, herabhängend von seiner Hand, sagten sie zueinander: Gewiß ein Mörder ist dieser Mensch, den, obwohl gerettet aus dem Meer, die Dike nicht leben lassen wollte. ⁵ Der aber nun, abschüttelnd das Tier ins Feuer, erlitt nichts Übles; ⁶ die aber erwarteten, er werde anschwellen oder plötzlich tot niederfallen. Als sie aber lange zuwarteten und sahen, daß nichts Ungewöhnliches an ihm geschah, schlug ihre Meinung um, (und) sie sagten, daß er ein Gott sei.

⁷ In den (Gebieten) um jenen Ort gehörten Grundstücke dem Ersten der Insel mit Namen Poplios, der, uns aufnehmend, drei Tage (uns) freundlich bewirtete. ⁸ Es geschah

aber, daß der Vater des Poplios von Fieber und Durchfall bedrängt daniederlag; zu dem hineingehend der Paulos, und betend, auflegend ihm die Hände, heilte er ihn. [9] Als dies aber geschah, kamen auch die übrigen, die auf der Insel Krankheiten hatten, hinzu, und sie wurden geheilt, [10] die auch mit vielen Ehren uns ehrten und (uns), als wir abfuhren, hinzulegten das für die Bedürfnisse.

[11] Nach drei Monaten aber fuhren wir ab in einem Schiff, das überwintert hatte auf der Insel, einem alexandrinischen mit dem Kennzeichen der Dioskuren. [12] Und gelandet in Syrakusai blieben wir da drei Tage, [13] von wo wir, in einem Bogen fahrend, hinkamen nach Rhegion. Und da nach einem Tag Südwind aufkam, kamen wir am zweiten Tag nach Potioloi, [14] wo wir, Brüder findend, gebeten wurden, bei ihnen zu bleiben sieben Tage; und so kamen wir nach Rom. [15] Und von dort kamen die Brüder, hörend das über uns, uns entgegen bis Forum Appii und Tres Tabernae; als Paulos sie sah, dankend Gott, faßte er Mut. [16] Als wir aber hineinkamen nach Rom, wurde dem Paulos gestattet, für sich zu bleiben mit dem ihn bewachenden Soldaten.

[17] Es geschah aber nach drei Tagen, daß er zusammenrief, die die Ersten der Judaier waren; als sie aber zusammengekommen waren, sagte er zu ihnen: Ich, Männer, Brüder, der ich nichts tat gegen das Volk und die väterlichen Sitten, wurde als Gefangener aus Hierosolyma übergeben in die Hände der Romaier, [18] welche mich, nachdem sie (mich) verhört hatten, entlassen wollten, weil keine Todesschuld vorhanden war bei mir. [19] Da aber die Judaier widersprachen, wurde ich gezwungen, anzurufen (den) Kaiser, nicht als hätte ich etwas, mein Volk anzuklagen. [20] Aus diesem Grund nun bat ich, euch zu sehen und zu (euch) zu reden; denn wegen der Hoffnung Israels bin ich umlegt mit dieser Kette. [21] Die aber sprachen zu ihm: Wir haben weder Schriften über dich empfangen von der Judaia, noch ist herbeigekommen einer der Brüder und meldete oder redete etwas Schlechtes über dich. [22] Wir fordern aber, von dir zu hören, was du denkst, denn über diese

Sekte ist uns bekannt, daß (ihr) überall widersprochen wird.

[23] Bestimmend aber mit ihm einen Tag, kamen zu ihm in die Herberge (noch) mehrere, mit denen er sich auseinandersetzte, bezeugend das Königtum Gottes und suchend, sie zu überzeugen von Jesus, vom Gesetz (des) Moyses (her) und den Propheten, von (der) Frühe bis zum Abend. [24] Und die einen wurden durch das Gesagte überzeugt, die anderen glaubten nicht; [25] uneins aber untereinander, lösten sie sich auf, als Paulos sprach (noch) ein einziges Wort: Recht redete der heilige Geist durch Isaias, den Propheten, zu euren Vätern, [26] sagend: *Geh zu diesem Volk und sprich: Mit (dem)* Jes 6,9f (G) *Gehör werdet ihr hören, und nicht sollt ihr verstehen, und sehend werdet ihr sehen, und nicht sollt ihr schauen;* [27] *denn verstockt ist das Herz dieses Volkes, und mit den Ohren schwer hörten sie, und ihre Augen verschlossen sie; damit sie nicht schauen mit den Augen und mit den Ohren hören und mit dem Herzen verstehen und umkehren und ich sie heilen werde.* [28] Bekannt nun soll euch sein, daß den Heiden geschickt wurde dieses Heil Gottes; sie werden auch hören. *

[30] Er verweilte aber ganze zwei Jahre in eigener Mietwohnung, und aufnahm er alle, die hineinkamen zu ihm, [31] verkündend das Königtum Gottes und lehrend das über den Herrn Jesus Christos mit allem Freimut, ungehindert.

---

* V 29 fehlt in den wichtigsten Handschriften.

AN (DIE) ROMAIER

1 [1] Paulos, Sklave (des) Christos Jesus, berufener Apostel, ausgesondert zum Evangelium Gottes, [2] das er vorher zusagte durch seine Propheten in heiligen Schriften [3] über seinen Sohn, den gewordenen aus (der) Nachkommenschaft Davids nach (dem) Fleisch, [4] den bestimmten zu Gottes Sohn in Kraft nach (dem) Geist (der) Heiligkeit aus (der) Auferstehung von Toten, Jesus Christos, unseren Herrn, [5] durch den wir empfingen Gnade und Apostelamt zu Gehorsam (des) Glaubens unter allen Heiden für seinen Namen, [6] unter denen auch ihr seid, Berufene (des) Jesus Christos, [7] allen, die sind in Rom, Geliebten Gottes, berufenen Heiligen; Gnade euch und Friede von Gott, unserem Vater, und (dem) Herrn Jesus Christos.

[8] Zuerst aber danke ich meinem Gott durch Jesus Christos für euch alle, daß euer Glaube verkündet wird in der ganzen Welt. [9] Denn mein Zeuge ist Gott, dem ich diene in meinem Geist im Evangelium seines Sohnes, wie ich unablässig euer Gedenken mache, [10] allzeit bei meinen Gebeten bittend, ob ich vielleicht endlich einmal den rechten Weg finden werde im Willen Gottes, zu kommen zu euch. [11] Denn ich verlange, zu sehen euch, damit etwas ich mitgebe euch an geistiger Gnadengabe, auf daß ihr gestärkt werdet, [12] dies aber ist, damit ich mitermutigt werde bei euch durch den gegenseitigen Glauben, von euch und von mir. [13] Nicht will ich aber, daß ihr nicht wißt, Brüder, daß oft ich mir vornahm, zu kommen zu euch, aber ich wurde gehindert bisher, damit irgendeine Frucht ich habe auch bei euch gleichwie auch bei den übrigen Heiden. [14] Hellenen und Barbaren, Weisen und Unverständigen bin ich Schuldner; [15] so (bin ich), was mich betrifft, bereit, auch euch, denen in Rom, (das Evangelium) zu verkünden.

[16] Denn nicht schäme ich mich des Evangeliums, denn Kraft

Gottes ist es zum Heil jedem Glaubenden, (dem) Judaier zuerst wie auch (dem) Hellenen. [17] Denn Gerechtigkeit Gottes wird in ihm offenbart aus Glauben zu Glauben, gleichwie geschrieben ist: *Der Gerechte aber aus Glauben wird leben.*   Hab 2,4

[18] Denn offenbart wird (der) Zorn Gottes vom Himmel gegen jede Gottlosigkeit und Ungerechtigkeit von Menschen, die die Wahrheit in Ungerechtigkeit niederhalten, [19] da ja das Erkennbare Gottes offenbar ist unter ihnen; denn Gott offenbarte (es) ihnen. [20] Denn das Unsichtbare an ihm wird seit Schöpfung (der) Welt durch das Gemachte als Erkennbares angeschaut, seine ewige Kraft und Göttlichkeit, auf daß sie ohne Entschuldigung sind, [21] da sie ja, kennend Gott, nicht wie Gott (ihn) verherrlichten oder dankten, sondern sie wurden zunichte gemacht in ihren Überlegungen, und verfinstert wurde ihr unverständiges Herz. [22] Behauptend, weise zu sein, wurden sie töricht [23] und vertauschten die Herrlichkeit des unvergänglichen Gottes mit (der) Gleichheit (der) Gestalt eines vergänglichen Menschen und von Vögeln und Vierfüßlern und Kriechtieren. [24] Deshalb übergab sie Gott in den Begierden ihrer Herzen zur Unreinheit des Entehrtwerdens ihrer Leiber untereinander; [25] diese vertauschten die Wahrheit Gottes in der Lüge, und sie erwiesen Ehre und dienten der Schöpfung gegen den Schöpfer, der gelobt ist in die Aionen; Amen. [26] Deshalb übergab sie Gott zu Leidenschaften von Unehre; denn ihre Weiber vertauschten den natürlichen Verkehr in den gegen (die) Natur, [27] gleicherweise auch die Männer, lassend den natürlichen Verkehr mit dem Weib, entbrannten in ihrer Begierde gegeneinander, Männer unter Männern die Schandtat bewirkend und den Gegenlohn zurückempfangend, der gebührte ihrer Verirrung unter ihnen. [28] Und gleichwie sie nicht für wert hielten, Gott zu haben in Erkenntnis, übergab sie Gott an einen unbrauchbaren Verstand, zu tun das nicht sich Ziemende, [29] (die da waren) angefüllt mit jeder Ungerechtigkeit, Bosheit, Habgier, Schlechtigkeit, voll Neid, Mord, Streit, List, Verschlagenheit, Ohren-

bläser, [30] Verleumder, Gotthasser, Frevler, Überhebliche,
Prahler, Erfinder von Schlechtem, (den) Eltern Ungehorsame, [31] Unverständige, Unbeständige, Lieblose, Mitleidlose;
[32] diese, den Rechtspruch Gottes kennend, daß die solches
Tuenden würdig (des) Todes sind, machen nicht nur das,
sondern haben auch Gefallen an den Tuenden.

2 [1] Deshalb ohne Entschuldigung bist du, o Mensch, (und
zwar) jeder Richtende; denn worin du richtest den anderen, dich selbst verurteilst du, denn dasselbe tust du, der
Richtende. [2] Wir wissen aber, daß das Gericht Gottes ist (der)
Wahrheit gemäß gegen die solches Tuenden. [3] Rechnest du
aber damit, o Mensch, der du richtest die solches Tuenden, es
aber (selbst) tuend, daß du entfliehen wirst dem Gericht Gottes? [4] Oder verachtest du den Reichtum seiner Güte und (seiner) Geduld und (seines) Großmuts, nicht wissend, daß das
Gütige Gottes zur Umkehr dich führt? [5] Gemäß deiner Ver-
härtung aber und (deinem) unbekehrbaren Herzen sammelst
du dir selbst Zorn am Tag (des) Zorns und (der) Offenbarung

Spr 24,12 (des) Gerechtgerichts Gottes, [6] *der geben wird jedem gemäß*
Ps 62,13 *seinen Werken:* [7] den in Geduld guten Werkes Herrlichkeit
und Ehre und Unvergänglichkeit Suchenden: ewiges Leben,
[8] denen aber aus Streitsucht und der Wahrheit Ungehorsamen,
Gehorsamen aber der Ungerechtigkeit: Zorn und Wut. [9] Bedrängnis und Beengung gegen jede Seele eines Menschen, der
das Schlechte bewirkt, eines Judaiers zuerst wie auch eines
Hellenen; [10] Herrlichkeit aber und Ehre und Friede jedem, der
wirkt das Gute, einem Judaier zuerst wie auch einem Hellenen; [11] denn nicht gibt es ein Ansehen der Person bei Gott.

[12] Denn wieviele gesetzlos sündigten, gesetzlos werden sie
auch vernichtet werden, und wieviele im Gesetz sündigten,
durch (das) Gesetz werden sie gerichtet werden; [13] denn nicht
die Hörer (des) Gesetzes (sind) gerecht bei Gott, sondern die
Täter (des) Gesetzes werden gerechtgesprochen werden.
[14] Denn wann (die) Heiden, die (das) Gesetz nicht haben, von
Natur das des Gesetzes tun, sind diese, (das) Gesetz nicht habend, sich selbst Gesetz; [15] diese weisen auf das Werk des

Gesetzes, geschrieben in ihren Herzen, (was) mitbezeugt ihr Gewissen und (ihre) sich untereinander anklagenden oder auch sich verteidigenden Gedanken, [16] an (dem) Tag, da Gott richtet das Verborgene der Menschen gemäß meinem Evangelium durch Christos Jesus.

[17] Wenn du aber Judaier dich nennst und dich ausruhst auf (dem) Gesetz und dich rühmst in Gott [18] und kennst den Willen und prüfst das Unterscheidende, unterrichtet aus dem Gesetz, [19] und überzeugt, selbst Wegführer zu sein von Blinden, Licht derer in Finsternis, [20] Erzieher Unvernünftiger, Lehrer Unmündiger, habend die Verkörperung der Erkenntnis und der Wahrheit im Gesetz: [21] Der Belehrende also einen anderen, dich selbst belehrst du nicht? Der Verkündende, nicht zu stehlen, du stiehlst? [22] Der Fordernde, nicht ehezubrechen, du brichst die Ehe? Der Verabscheuende die Götzenbilder, du begehst Tempelraub? [23] Der du im Gesetz dich rühmst, durch die Übertretung des Gesetzes entehrst du Gott; [24] denn *der Name Gottes wird wegen euch gelästert unter den Heiden,* gleichwie geschrieben ist.   Jes 52,5

[25] Denn Beschneidung nützt zwar, wenn (das) Gesetz du tust; wenn aber ein Übertreter (des) Gesetzes du bist, ist deine Beschneidung Vorhaut geworden. [26] Wenn nun die Vorhaut die Rechtsprüche des Gesetzes bewahrt, wird nicht seine Vorhaut zu Beschneidung gerechnet werden? [27] Und richten wird die Vorhaut aus Natur, das Gesetz erfüllend, dich, der du trotz Buchstabe und Beschneidung ein Übertreter (des) Gesetzes bist. [28] Denn nicht ist ein Judaier, der (es) im Offenkundigen (ist), und auch nicht ist Beschneidung, die (es) im Offenkundigen, im Fleisch (ist), [29] sondern ein Judaier (ist), der (es) im Verborgenen (ist), und Beschneidung (ist die des) Herzens, im Geist, nicht (im) Buchstaben; dessen (ist) das Lob, nicht von Menschen, sondern von Gott.

3 [1] Was nun (ist) das Besondere des Judaiers, oder was der Vorteil der Beschneidung? [2] Viel in jeder Weise. Erstens [nämlich], daß sie betraut wurden mit den Worten Gottes. [3] Was denn? Wenn einige untreu wurden, wird etwa deren Untreue die Treue Gottes aufheben? [4] Niemals! Erweisen soll aber Gott sich als wahrhaftig, jeder Mensch als Lügner, gleichwie geschrieben ist: *Auf daß du gerechtgesprochen wirst in deinen Worten und siegen wirst, wenn du gerichtet wirst.* [5] Wenn aber unsere Ungerechtigkeit Gottes Gerechtigkeit erweist, was werden wir sagen? Daß Gott ungerecht, der Hervorbringende den Zorn? Nach Menschen(art) rede ich. [6] Niemals! Wie wird sonst richten Gott die Welt? [7] Wenn aber die Wahrheit Gottes in meiner Lügenhaftigkeit überfloß zu seiner Herrlichkeit, was noch werde ich auch wie ein Sünder gerichtet? [8] Und nicht, gleichwie wir gelästert werden und gleichwie einige sagen, wir würden sagen: Laßt uns tun das Schlechte, damit komme das Gute? Deren Aburteilung ist rechtens.

[9] Was nun? Haben wir (etwas) voraus? Gewiß nicht; denn wir klagten vorher an Judaier und Hellenen, daß alle unter (der) Sünde sind, [10] gleichwie geschrieben ist: *Nicht ist gerecht, auch nicht einer, [11] nicht ist (einer), der verständig ist, nicht ist (einer), der Gott sucht. [12] Alle wendeten sich weg, zugleich wurden sie nutzlos gemacht; nicht ist (einer), der Güte tut, [nicht ist] auch nur einer. [13] Ein geöffnetes Grab (ist) ihr Schlund, mit ihren Zungen betrogen sie, Gift von Schlangen (ist) unter ihren Lippen; [14] deren Mund ist voll Fluch und Bitterkeit, [15] flink (sind) ihre Füße, zu vergießen Blut, [16] Vernichtung und Elend (ist) auf ihren Wegen, [17] und einen Weg (des) Friedens kannten sie nicht. [18] Nicht ist Furcht Gottes vor ihren Augen.* [19] Wir wissen aber, daß wieviel das Gesetz sagt, es zu denen unter dem Gesetz redet, damit jeder Mund gestopft wird und schuldig wird die ganze Welt vor Gott; [20] weil aus Werken (des) Gesetzes kein Fleisch gerechtgesprochen werden wird vor ihm, denn durch (das) Gesetz (gibt es) Erkenntnis von Sünde.

[21] Jetzt aber ist ohne (das) Gesetz (die) Gerechtigkeit Gottes offenbart worden, bezeugt vom Gesetz und den Propheten, [22] Gerechtigkeit Gottes aber durch Glauben an Jesus Christos für alle Glaubenden. Denn nicht ist ein Unterschied; [23] denn

Ps 51,6 (G)

Koh 7,20
Ps 14,1–3
(= 53,2–4)

Ps 5,10 (G)
Ps 140,4 (G)

Ps 10,7
Jes 59,7f
Spr 1,16
Ps 36,2 (G)

alle sündigten und ermangeln der Herrlichkeit Gottes, [24] gerechtgesprochen geschenkweise durch seine Gnade, durch den Loskauf, den in Christos Jesus; [25] ihn stellte Gott hin als Sühnopfer durch [den] Glauben in seinem Blut zu Aufweis seiner Gerechtigkeit wegen des Hingehenlassens der vorher geschehenen Versündigungen [26] in der Geduld Gottes, zum Aufweis seiner Gerechtigkeit in der jetzigen Zeit, auf daß er gerecht sei und gerechtspreche den aus Glauben an Jesus.

[27] Wo (ist) nun das Rühmen? Es wurde ausgeschlossen. Durch welches Gesetz? Der Werke? Nein, sondern durch (das) Gesetz (des) Glaubens. [28] Denn wir urteilen, daß gerechtgesprochen wird durch Glauben ein Mensch ohne Werke (des) Gesetzes. [29] Oder (ist er der) Judaier Gott allein? Nicht auch (der) Heiden? Ja, auch (der) Heiden, [30] da doch einer (ist) Gott, der gerechtsprechen wird (die) Beschneidung aus Glauben und (die) Vorhaut durch den Glauben. [31] Heben wir nun (das) Gesetz auf durch den Glauben? Niemals! Sondern (das) Gesetz richten wir auf.

4 [1] Was werden wir nun sagen, daß gefunden hat Abraham, unser Vorvater nach (dem) Fleisch? [2] Denn wenn Abraham aus Werken gerechtgesprochen wurde, hat er Ruhm, doch nicht bei Gott. [3] Denn was sagt die Schrift? *(Es) glaubte aber Abraham Gott, und es wurde ihm gerechnet zu Gerechtigkeit.* [4] Dem (Werke) Wirkenden aber wird der Lohn nicht gerechnet nach Gnade, sondern nach Schuldigkeit, [5] dem nicht (Werke) Wirkenden aber, (dem) Glaubenden aber an den, der gerechtspricht den Gottlosen, wird gerechnet sein Glaube zu Gerechtigkeit; [6] gleichwie auch David redet von der Seligpreisung des Menschen, dem Gott zurechnet Gerechtigkeit ohne Werke: [7] *Selig, deren Gesetzlosigkeiten erlassen und deren Sünden zugedeckt wurden;* [8] *selig ein Mann, dem nicht zurechnet (der) Herr (die) Sünde.*

Gen 15,6

Ps 32,1f (G)

[9] (Ist) diese Seligpreisung nun für die Beschneidung oder auch für die Vorhaut? Denn wir sagen: (Es) wurde gerechnet dem Abraham der Glaube zu Gerechtigkeit. [10] Wie nun wurde gerechnet? Als er in Beschneidung war oder in Vorhaut?

Nicht in Beschneidung, sondern in Vorhaut; [11] und (das) Zeichen (der) Beschneidung empfing er als Siegel der Gerechtigkeit des Glaubens, des in der Vorhaut, auf daß er sei Vater aller Glaubenden aus (der) Vorhaut, auf daß zugerechnet wird [auch] ihnen [die] Gerechtigkeit, [12] und Vater (der) Beschneidung denen aus Beschneidung nicht allein, sondern auch den Wandelnden in den Spuren des Glaubens unseres Vaters Abraham in (der) Vorhaut.

[13] Denn nicht durch (das) Gesetz (erging) die Zusage dem Abraham oder seiner Nachkommenschaft, er sei der Erbe (der) Welt, sondern durch Gerechtigkeit (des) Glaubens. [14] Denn wenn die aus (dem) Gesetz Erben (sind), leer gemacht ist der Glaube und aufgehoben die Zusage; [15] denn das Gesetz bewirkt Zorn; wo aber nicht ist ein Gesetz, (da) auch nicht Übertretung. [16] Deshalb: Aus Glauben, damit nach Gnade, auf daß fest sei die Zusage der ganzen Nachkommenschaft, nicht der aus dem Gesetz allein, sondern auch der aus Glauben Abrahams, der ist unser aller Vater, [17] gleichwie geschrieben

Gen 17,5 (G) ist: *Als Vater vieler Völker habe ich dich gesetzt,* gegenüber Gott, dem er glaubte, dem Lebendigmachenden die Toten und (dem) Rufenden das Nichtseiende als Seiendes; [18] der wider Hoffnung an Hoffnung glaubte, auf daß er werde Vater vieler

Gen 15,5 (G) Völker gemäß dem Gesagten: *So wird sein deine Nachkommenschaft,* [19] und, nicht schwach geworden im Glauben, betrachtete er seinen [schon] abgestorbenen Leib, etwa hundertjährig geworden, und die Abgestorbenheit des Mutterschoßes Sarras; [20] an der Zusage Gottes aber nicht zweifelte er durch Unglauben, sondern er wurde gekräftigt im Glauben, Gott Ehre gebend [21] und ganz überzeugt, daß, was er zugesagt hat, er fähig ist, auch zu tun. [22] Deshalb [auch] wurde es zugerechnet ihm zu Gerechtigkeit. [23] Nicht aber wurde geschrie-

Gen 15,6 (G) ben wegen ihm allein: *Es wurde ihm zugerechnet,* [24] sondern auch wegen uns, denen zugerechnet werden soll, den Glaubenden an den, der erweckte Jesus, unseren Herrn, aus Toten, [25] der übergeben wurde wegen unserer Übertretungen und erweckt wurde wegen unserer Gerechtsprechung.

5 [1] Gerechtgesprochen nun aus Glauben, Frieden haben wir zu Gott durch unseren Herrn Jesus Christos, [2] durch den wir auch den Zugang bekommen haben [im Glauben] zu dieser Gnade, in der wir stehen, und wir rühmen uns über (die) Hoffnung der Herrlichkeit Gottes. [3] Nicht nur aber (dies), sondern wir wollen uns auch rühmen in den Bedrängnissen, wissend, daß die Bedrängnis Geduld bewirkt, [4] die Geduld aber Erprobtheit, die Erprobtheit aber Hoffnung. [5] Die Hoffnung aber beschämt nicht, weil die Liebe Gottes ausgegossen ist in unseren Herzen durch (den) heiligen Geist, den uns gegebenen. [6] Denn Christos, als wir noch schwach waren, starb noch zu (dieser) Zeit für Gottlose. [7] Denn kaum für einen Gerechten wird einer sterben; denn für den Guten wagt vielleicht auch einer zu sterben; [8] (es) beweist aber seine Liebe zu uns Gott, weil, als wir noch Sünder waren, Christos für uns starb. [9] Um vieles mehr nun als Gerechtgesprochene jetzt in seinem Blut werden wir gerettet werden durch ihn vom Zorn. [10] Denn wenn, als wir Feinde waren, wir versöhnt wurden mit Gott durch den Tod seines Sohnes, um vieles mehr als Versöhnte werden wir gerettet werden in seinem Leben; [11] nicht nur aber (dies), sondern auch uns rühmend in Gott durch unsern Herrn Jesus Christos, durch den jetzt die Versöhnung wir empfingen.

[12] Deshalb, wie durch einen Menschen die Sünde in die Welt hineinkam und durch die Sünde der Tod und so zu allen Menschen der Tod gelangte, daraufhin, daß alle sündigten; [13] denn bis zum Gesetz war Sünde in (der) Welt, Sünde aber wird nicht angerechnet, wenn kein Gesetz ist, [14] doch (es) herrschte der Tod von Adam bis Moyses auch gegen die, die nicht sündigten aufgrund der Gleichheit der Übertretung Adams, der ist Vorbild des Kommenden. [15] Doch nicht wie die Übertretung, so auch die Gnadengabe; denn wenn durch die Übertretung des einen die Vielen starben, um vieles mehr floß die Gnade Gottes und das Geschenk in (der) Gnade, der des einen Menschen Jesus Christos, auf die Vielen über. [16] Und nicht wie durch (den) einen Sündigenden (ist) das Ge-

schenk; denn die Aburteilung (führte) von (dem) einen zur Verurteilung, die Gnadengabe aber von vielen Übertretungen zur Gerechtsprechung. [17] Denn wenn durch des einen Übertretung der Tod herrschte durch den einen, um vieles mehr werden die die Überfülle der Gnade und des Geschenks der Gerechtigkeit Empfangenden im Leben herrschen durch den einen Jesus Christos. [18] Folglich nun (kam es) wie durch (des) einen Übertretung für alle Menschen zur Verurteilung, so auch durch (des) einen Gerechtsprechung für alle Menschen zur Rechtfertigung (des) Lebens; [19] denn wie durch den Ungehorsam des einen Menschen als Sünder hingestellt wurden die Vielen, so werden auch durch den Gehorsam des einen als Gerechte hingestellt werden die Vielen. [20] (Das) Gesetz aber kam daneben herein, damit sich mehre die Übertretung; wo aber sich mehrte die Sünde, überfloß die Gnade, [21] damit, wie die Sünde herrschte im Tod, so auch die Gnade herrsche durch Gerechtigkeit zu ewigem Leben durch Jesus Christos, unseren Herrn.

6 [1] Was nun werden wir sagen? Laßt uns bleiben bei der Sünde, damit die Gnade sich mehre? [2] Niemals! Die wir starben der Sünde, wie noch werden wir leben in ihr? [3] Oder wißt ihr nicht, daß, wieviele wir getauft wurden auf Christos Jesus, wir auf seinen Tod getauft wurden? [4] Begraben wurden wir also mit ihm durch die Taufe in den Tod, damit, wie Christos erweckt wurde aus Toten durch die Herrlichkeit des Vaters, so auch wir in Neuheit (des) Lebens wandeln. [5] Denn wenn Zusammengewachsene wir geworden sind mit der Gleichheit seines Todes, doch auch (mit der) der Auferstehung werden wir (es) sein; [6] dies erkennend, daß unser alter Mensch mitgekreuzigt wurde, damit aufgehoben wird der Leib der Sünde, damit wir nicht mehr versklavt sind der Sünde; [7] denn der Gestorbene ist gerechtgesprochen (weg) von der Sünde. [8] Wenn wir aber starben mit Christos, glauben wir, daß wir auch leben werden mit ihm, [9] wissend, daß Christos, erweckt aus Toten, nicht mehr stirbt, (der) Tod ist über ihn nicht mehr Herr. [10] Denn, was starb, der Sünde starb es

ein für allemal; was aber lebt, lebt für Gott. [11]So urteilt auch
ihr, daß ihr [seid] Tote zwar für die Sünde, Lebende aber für
Gott in Christos Jesus.

[12]Nicht also soll herrschen die Sünde in eurem sterblichen
Leib, um zu gehorchen seinen Begierden, [13]und nicht stellt
bereit eure Glieder als Waffen (der) Ungerechtigkeit für die
Sünde, sondern stellt bereit euch für Gott, wie aus Toten Lebende, und eure Glieder als Waffen (der) Gerechtigkeit für
Gott. [14]Denn Sünde wird über euch nicht Herr sein; denn
nicht seid ihr unter (dem) Gesetz, sondern unter (der) Gnade.
[15]Was nun? Wollen wir sündigen, weil wir nicht sind unter
(dem) Gesetz, sondern unter (der) Gnade? Niemals! [16]Wißt
ihr nicht, daß, wem ihr bereitstellt euch als Sklaven zu Gehorsam, Sklaven seid ihr, wem ihr gehorcht, entweder (der)
Sünde zu Tod oder (des) Gehorsams zu Gerechtigkeit?
[17]Dank aber (sei) Gott, weil ihr wart Sklaven der Sünde, gehorsam aber wurdet von Herzen (der) Form (der) Lehre, welcher ihr übergeben wurdet, [18]befreit aber von der Sünde,
wurdet ihr versklavt der Gerechtigkeit. [19]Menschliches rede
ich wegen der Schwachheit eures Fleisches. Denn wie ihr be-
reitstelltet eure Glieder als Sklaven für die Unreinheit und die
Gesetzlosigkeit zur Gesetzlosigkeit, so stellt jetzt bereit eure
Glieder als Sklaven für die Gerechtigkeit zu Heiligung.
[20]Denn als Sklaven ihr wart der Sünde, Freie wart ihr gegenüber der Gerechtigkeit. [21]Welche Frucht nun hattet ihr damals? Darüber schämt ihr euch jetzt, denn das Ende jener
(ist) Tod. [22]Jetzt aber, befreit worden von der Sünde, versklavt aber Gott, habt ihr eure Frucht zu Heiligung, am Ende
aber ewiges Leben. [23]Denn der Sold der Sünde (ist) Tod, die
Gnadengabe Gottes aber ewiges Leben in Christos Jesus, unserem Herrn.

7 [1]Oder wißt ihr nicht, Brüder, denn zu Kennenden (das)
Gesetz rede ich, daß das Gesetz Herr ist über den Menschen, auf wie lange Zeit er lebt? [2]Denn die einem Mann an-
gehörige Frau ist dem lebenden Mann gebunden durch Gesetz; wenn aber der Mann stirbt, gelöst ist sie vom Gesetz des

Mannes. ³Folglich nun, solange der Mann lebt, Ehebrecherin heißt sie, wenn sie (eigen) wird einem anderen Mann; wenn aber stirbt der Mann, frei ist sie vom Gesetz, so daß sie nicht mehr Ehebrecherin ist, wenn sie (eigen) wird einem anderen Mann. ⁴Daher, meine Brüder, wurdet auch ihr getötet dem Gesetz durch den Leib des Christos, auf daß ihr wurdet einem anderen (eigen), dem aus Toten Erweckten, damit wir Frucht tragen für Gott. ⁵Denn, als wir waren im Fleisch, die Leidenschaften der Sünden, die durch das Gesetz, wirkten in unseren Gliedern, auf daß wir Frucht trugen für den Tod; ⁶jetzt aber wurden wir gelöst vom Gesetz, gestorben (dem), worin wir festgehalten wurden, so daß wir Sklaven sind in Neuheit (des) Geistes und nicht in Altheit (des) Buchstabens.

⁷Was nun werden wir sagen? (Ist) das Gesetz Sünde? Niemals! Doch die Sünde würde ich nicht kennen, außer durch (das) Gesetz; denn auch um die Begierde wüßte ich nicht, wenn nicht das Gesetz sagte: *Nicht sollst du begehren!*

Ex 20,17
Dtn 5,21 (G)

⁸Anlaß aber nehmend durch das Gebot bewirkte die Sünde in mir jede Begierde; denn ohne Gesetz (ist die) Sünde tot. ⁹Ich aber lebte einst ohne Gesetz, als aber das Gebot kam, lebte die Sünde auf, ¹⁰ich aber starb, und (es) fand sich mir das Gebot, das zum Leben, dasselbe (aber) zum Tod; ¹¹denn die Sünde, Anlaß nehmend durch das Gebot, täuschte mich und tötete (mich) durch es. ¹²Daher (ist) das Gesetz heilig und das Gebot heilig und gerecht und gut. ¹³Das Gute also wurde mir zum Tod? Niemals! Doch die Sünde, damit sie erscheine als Sünde, durch das Gute bewirkte sie mir (den) Tod, damit nach Übermaß sündig werde die Sünde durch das Gebot.

¹⁴Denn wir wissen, daß das Gesetz geistig ist, ich aber bin fleischlich, verkauft unter die Sünde. ¹⁵Denn was ich bewirke, kenne ich nicht; denn nicht, was ich will, dies tue ich, sondern was ich hasse, dies mache ich. ¹⁶Wenn aber, was nicht ich will, dies ich mache, stimme ich dem Gesetz zu, daß (es) recht (ist). ¹⁷Jetzt aber bewirke nicht mehr ich es, sondern die in mir wohnende Sünde. ¹⁸Denn ich weiß, daß nicht

wohnt in mir, dies ist in meinem Fleisch, Gutes; denn das
Wollen liegt bei mir, das Bewirken des Rechten aber nicht;
[19] denn nicht, was ich will, mache ich: Gutes, sondern, was
ich nicht will: Schlechtes, dies tue ich. [20] Wenn aber, was ich
nicht will, [ich] dies mache, nicht mehr ich bewirke es, sondern die in mir wohnende Sünde. [21] Ich finde folglich in bezug
auf das Gesetz, daß bei mir, dem das Rechte machen Wollenden, das Schlechte liegt; [22] denn ich freue mich am Gesetz
Gottes dem inneren Menschen nach, [23] aber ich sehe ein anderes Gesetz in meinen Gliedern, widerstreitend dem Gesetz
meines Verstandes und mich gefangennehmend im Gesetz der
Sünde, das in meinen Gliedern ist. [24] Ich elender Mensch; wer
wird mich retten aus diesem Leib des Todes? [25] Dank aber
(sei) Gott durch Jesus Christos, unseren Herrn. Folglich nun
bin ich selbst einerseits mit dem Verstand Sklave (dem) Gesetz Gottes, andererseits im Fleisch (dem) Gesetz (der) Sünde.

8 [1] Keine Verurteilung folglich jetzt denen in Christos Jesus. [2] Denn das Gesetz des Geistes des Lebens in Christos Jesus befreite dich vom Gesetz der Sünde und des Todes.
[3] Denn im Hinblick auf das Kraftlose des Gesetzes, worin es
schwach war durch das Fleisch – Gott, den eigenen Sohn
schickend in Gleichheit (des) Fleisches (der) Sünde und wegen (der) Sünde, verurteilte die Sünde im Fleisch, [4] damit der
Rechtspruch des Gesetzes erfüllt würde in uns, den nicht nach
(dem) Fleisch Wandelnden, sondern nach (dem) Geist. [5] Denn
die, die nach (dem) Fleisch sind, sinnen das des Fleisches,
die aber nach (dem) Geist, das des Geistes. [6] Denn das Sinnen
des Fleisches (bedeutet) Tod, das Sinnen des Geistes aber Leben und Frieden; [7] deshalb (ist) das Sinnen des Fleisches in
Feindschaft zu Gott, denn dem Gesetz Gottes ordnet es sich
nicht unter, denn es kann (es) auch nicht; [8] die aber im
Fleisch sind, Gott gefallen können sie nicht. [9] Ihr aber seid
nicht im Fleisch, sondern im Geist, wenn doch (der) Geist
Gottes wohnt in euch. Wenn aber einer (den) Geist (des)
Christos nicht hat, ist dieser nicht von ihm. [10] Wenn aber
Christos in euch, (ist) zwar der Leib tot wegen (der) Sünde,

der Geist aber Leben wegen (der) Gerechtigkeit. [11] Wenn aber der Geist des Erweckenden den Jesus aus Toten in euch wohnt, der Erweckende (den) Christos aus Toten wird lebendig machen auch eure sterblichen Leiber wegen seines einwohnenden Geistes in euch.

[12] Folglich nun, Brüder, sind wir Schuldner, nicht dem Fleisch, um nach (dem) Fleisch zu leben, [13] denn wenn nach (dem) Fleisch ihr lebt, werdet ihr sterben; wenn aber im Geist die Taten des Leibes ihr tötet, werdet ihr leben. [14] Denn wieviele durch (den) Geist Gottes geführt werden, diese sind Söhne Gottes. [15] Denn nicht empfingt ihr (den) Geist (der) Sklaverei wieder zu Furcht, sondern ihr empfingt (den) Geist (der) Sohnschaft, in dem wir schreien: Abba, der Vater. [16] Der Geist selbst mitbezeugt unserem Geist, daß wir sind Kinder Gottes. [17] Wenn aber Kinder, auch Erben; Erben Gottes, Miterben aber (des) Christos, da wir doch mitleiden, damit wir auch mitverherrlicht werden.

[18] Denn ich urteile, daß nicht würdig (sind) die Leiden der jetzigen Zeit gegenüber der kommenden Herrlichkeit, die an uns offenbart werden wird. [19] Denn die Sehnsucht der Schöpfung erwartet die Offenbarung der Söhne Gottes. [20] Denn der Nichtigkeit wurde die Schöpfung untergeordnet, nicht freiwillig, sondern durch den Unterordnenden, auf Hoffnung (hin), [21] daß auch die Schöpfung selbst befreit werden wird von der Sklaverei der Vernichtung zur Freiheit der Herrlichkeit der Kinder Gottes. [22] Denn wir wissen, daß die ganze Schöpfung mitjammert und mitklagt bis zum Jetzt; [23] nicht nur aber (sie), sondern auch wir selbst, die das Unterpfand des Geistes haben, auch wir selbst stöhnen bei uns, (die) Sohnschaft erwartend, den Loskauf unseres Leibes. [24] Denn auf Hoffnung (hin) wurden wir gerettet; geschaute Hoffnung aber ist nicht Hoffnung; denn was einer schaut, wer erhofft (es noch)? [25] Wenn wir aber, was wir nicht schauen, hoffen, durch Geduld empfangen wir (es). [26] Ebenso aber beisteht auch der Geist unserer Schwachheit; denn, was wir beten sollen, wie man muß, wissen wir nicht, sondern der Geist

selbst tritt ein durch unsagbare Seufzer; [27] der Durchforschende aber die Herzen weiß, was das Sinnen des Geistes, weil gemäß Gott er eintritt für (die) Heiligen. [28] Wir wissen aber, daß den Gott Liebenden alles zusammenwirkt zum Guten, denen, die nach Vorsatz berufen sind. [29] Denn die er vorhererkannte, auch vorherbestimmte er als Mitgestaltete der Gestalt seines Sohnes, auf daß er sei Erstgeborener unter vielen Brüdern; [30] die er aber vorherbestimmte, diese rief er auch; und die er rief, diese sprach er auch gerecht; die er aber gerechtsprach, diese verherrlichte er auch.

[31] Was nun werden wir sagen zu diesem? Wenn Gott für uns, wer (ist) gegen uns? [32] Der sogar den eigenen Sohn nicht schonte, sondern für uns alle hingab ihn, wie sollte er nicht auch mit ihm alles uns schenken? [33] Wer wird klagen gegen (die) Auserwählten Gottes? Gott (ist) der Gerechtsprechende; [34] wer (ist) der Verurteilende? Christos [Jesus], der Gestorbene, mehr aber (der) Erweckte, der auch ist zur Rechten Gottes, der auch eintritt für uns. [35] Wer wird uns trennen von der Liebe des Christos? Bedrängnis oder Beengung oder Verfolgung oder Hunger oder Nacktheit oder Gefahr oder Schwert? [36] Gleichwie geschrieben ist: *Deinetwegen werden wir getötet* Ps 44,23 (G) *den ganzen Tag, wir wurden beurteilt wie Schlachtschafe.* [37] Doch in diesen allen siegen wir wegen des uns Liebenden. [38] Denn ich bin überzeugt, daß weder Tod noch Leben noch Engel noch Hoheiten noch Gegenwärtiges noch Kommendes noch Kräfte [39] noch Höhe noch Tiefe noch irgendeine andere Schöpfung uns wird trennen können von der Liebe Gottes, der in Christos Jesus, unserem Herrn.

9 [1] Wahrheit sage ich in Christos, nicht lüge ich, was mir mitbezeugt mein Gewissen in heiligem Geist, [2] daß große Betrübnis in mir ist und unaufhörlicher Schmerz in meinem Herzen. [3] Denn ich wünschte, ein Fluch zu sein, ich selbst, (weg) von Christos, für meine Brüder, meine Volksgenossen nach (dem) Fleisch, [4] welche Israeliten sind, deren die Sohnschaft und die Herrlichkeit und die Bünde und die

Gesetzgebung und der Gottesdienst und die Zusagen, [5] deren die Väter und aus denen der Christos hinsichtlich (des) Fleisches, der über allem Seiende, Gott, (sei) gelobt in die Aionen, Amen.

[6] Nicht so aber, daß ausgefallen ist das Wort Gottes. Denn nicht alle aus Israel, diese (sind) Israel; [7] auch nicht, weil sie Nachkommenschaft Abrahams sind, (sind) alle Kinder, sondern: *In Isaak wird dir gerufen werden eine Nachkommenschaft.* [8] Dies ist: Nicht die Kinder des Fleisches, diese (sind) Kinder Gottes, sondern die Kinder der Zusage werden gerechnet zur Nachkommenschaft. [9] Denn das Wort (der) Zusage (ist) dieses: *Nach dieser Zeit werde ich kommen, und (es) wird sein der Sarra ein Sohn.*

[10] Aber nicht nur (sie), sondern auch Rebekka, von einem (einzigen) eine Leibesfrucht habend, von Isaak, unserem Vater; [11] denn noch nicht waren sie geboren und nicht taten sie etwas Gutes oder Schlechtes – damit der Vorsatz Gottes gemäß Erwählung bleibe, [12] nicht durch Werke, sondern durch den Rufenden – (da) wurde ihr gesagt: *Der Größere wird dienen dem Geringeren,* [13] gleichwie geschrieben ist: *Den Jakob liebte ich, den Esau aber haßte ich.*

[14] Was nun werden wir sagen? Daß Ungerechtigkeit bei Gott? Niemals! [15] Denn dem Moyses sagt er: *Ich werde mich erbarmen, wessen immer ich mich erbarme, und ich werde Mitleid haben, mit wem immer ich Mitleid habe.* [16] Folglich nun (ist es) nicht (Sache) des Wollenden und nicht des Laufenden, sondern des sich erbarmenden Gottes. [17] Denn (es) sagt die Schrift dem Pharao: *Gerade dazu erweckte ich dich, auf daß ich aufweise an dir meine Kraft und auf daß bekannt gemacht wird mein Name auf der ganzen Erde.* [18] Folglich nun, wen er will, (dessen) erbarmt er sich, wen er aber will, verhärtet er. [19] Du wirst mir nun sagen: Was [nun] tadelt er noch? Denn wer hat sich seinem Wollen entgegengestellt? [20] O Mensch, wer nun eigentlich bist du, der du entgegenredest Gott? *Wird etwa sagen das Gebilde zum Bildenden: Was machtest du mich so?* [21] Oder hat nicht Vollmacht der Töpfer

Gen 21,12 (G)

Gen 18,10.14

Gen 25,23 (G)
Mal 1,2f (G)

Ex 33,19 (G)

Ex 9,16

Jes 29,16 (G)

über den Lehm, aus dem gleichen Teig zu machen das eine Gefäß zur Ehre, das andere aber zur Unehre? [22] Wenn aber Gott, aufweisen wollend den Zorn und kundtun (wollend) seine Mächtigkeit, in vielem Großmut (die) Gefäße (des) Zorns ertragen hat, bereitet zum Verderben, [23] und damit er kundtue den Reichtum seiner Herrlichkeit an (den) Gefäßen (des) Erbarmens, die er vorbereitete zu Herrlichkeit? [24] Die auch rief er, uns, nicht nur aus Judaiern, sondern auch aus Heiden, [25] wie auch in dem Hosee er sagt: *Ich werde rufen* *mein Nicht-Volk mein Volk und die Nicht-Geliebte Geliebte;* Hos 2,25
[26] *und es wird sein an dem Ort, wo ihnen gesagt wurde: Nicht* Hos 2,1 (G) *mein Volk (seid) ihr, dort werden sie gerufen werden Söhne* *(des) lebendigen Gottes.* [27] Isaias aber schreit über Israel: *Wenn die Zahl der Söhne Israels (ist) wie der Sand des Mee-* Jes 10,22f *res, wird der Überrest gerettet werden;* [28] *denn, ein Wort voll-* Hos 2,1 (G) *endend und beschneidend, wird handeln (der) Herr auf der* *Erde.* [29] Und gleichwie vorhergesagt hat Isaias: *Wenn nicht* Jes 1,9 (G) *(der) Herr Sabaoth uns übriggelassen hätte einen Samen, wie* *Sodoma wären wir geworden und wie Gomorra wären wir* *gleich geworden.*

[30] Was nun werden wir sagen? Daß Heiden, die nicht Verfolgenden Gerechtigkeit, empfingen Gerechtigkeit, Gerechtigkeit aber die aus Glauben, [31] Israel aber, verfolgend (das) Gesetz (der) Gerechtigkeit, nicht zum Gesetz kam. [32] Weshalb? Weil nicht aus Glauben, sondern wie aus Werken; sie stießen an den Stein des Anstoßes, [33] gleichwie geschrieben ist: *Siehe, ich setze in Sion einen Stein (des) Anstoßes und* Jes 8,14; 28,16 *einen Felsen (des) Ärgernisses, und der Glaubende an ihn* *wird nicht beschämt werden.*

10 [1] Brüder, das Gefallen meines Herzens und das Gebet zu Gott (zielt) für sie auf Heil. [2] Denn ich bezeuge ihnen, daß Eifer für Gott sie haben, doch nicht nach Erkenntnis; [3] denn, nicht kennend die Gerechtigkeit Gottes und die eigene [Gerechtigkeit] aufzurichten suchen, ordneten sie sich der Gerechtigkeit Gottes nicht unter. [4] Denn Ende (des) Gesetzes (ist) Christos zur Gerechtigkeit jedem Glau-

benden. [5] Denn Moyses schreibt hinsichtlich der Gerechtigkeit, der aus [dem] Gesetz: *Der sie tuende Mensch wird leben*
in ihnen. [6] Die Gerechtigkeit aus Glauben aber sagt so: *Sprich*
nicht in deinem Herzen: Wer wird hinaufsteigen in den Him-
mel? Das ist: Christos herabzuführen; [7] oder: *Wer wird hinab-*
steigen in den Abgrund? Das ist: Christos aus Toten heraufzu-
führen. [8] Doch, was sagt sie? *Nahe ist dir das Wort in deinem*
Mund und in deinem Herzen, dies ist das Wort des Glaubens,
das wir verkünden. [9] Denn wenn du bekennst in deinem Mund
als Herrn Jesus und glaubst in deinem Herzen, daß Gott ihn
erweckte aus Toten, wirst du gerettet werden; [10] denn mit
(dem) Herzen wird geglaubt zur Gerechtigkeit, mit (dem)
Mund aber wird bekannt zum Heil. [11] Denn (es) sagt die
Schrift: *Jeder Glaubende an ihn wird nicht beschämt werden.*
[12] Denn nicht ist ein Unterschied von Judaier und Hellene,
denn derselbe (ist) Herr aller, reich für alle ihn Anrufenden.
[13] Denn *jeder, der immer anrufen wird den Namen (des)*
Herrn, wird gerettet werden.

[14] Wie nun sollten sie anrufen, an den sie nicht glaubten?
Wie aber sollten sie glauben (an den), von dem sie nicht hörten? Wie aber sollten sie hören ohne einen Verkündenden?
[15] Wie aber sollten sie verkünden, wenn sie nicht geschickt
wurden? Gleichwie geschrieben ist: *Wie zeitig die Füße der*
Verkündenden [das] Gute. [16] Doch nicht alle gehorchten dem
Evangelium. Denn Isaias sagt: *Herr, wer glaubte unserer*
Rede? [17] Folglich (kommt) der Glaube aus (der) Rede, die
Rede aber durch (das) Wort (des) Christos. [18] Doch sage ich,
daß sie nicht hörten? Mehr noch: *Über die ganze Erde aus-*
ging ihr Schall und an die Enden des Erdkreises ihre Worte.
[19] Doch sage ich, daß Israel nicht erkannte? Als erster sagt
Moyses: *Ich werde eifersüchtig machen* euch *gegen ein Nicht-*
Volk, gegen ein unverständiges Volk werde ich erzürnen euch.
[20] Isaias aber vorwagt sich und sagt: *Ich wurde gefunden [un-*
ter] den mich nicht Suchenden, offenbar wurde ich den mich
nicht Erfragenden. [21] Zu Israel aber sagt er: *Den ganzen Tag*
breitete ich aus meine Hände zu einem Volk, nicht gehor-

Lev 18,5
Dtn 9,4; 30,12

Ps 107,26

Dtn 30,14

Jes 28,16

Joël 3,5 (G)

Jes 52,7
Nah 2,1

Jes 53,1 (G)

Ps 19,5 (G)

Dtn 32,21 (G)

Jes 65,1 (G)

Jes 65,2 (G)

chend und widersprechend.

11 ¹ Sage ich nun, daß Gott verstieß sein Volk? Niemals! Denn auch ich bin ein Israelit, aus (der) Nachkommenschaft Abrahams, vom Stamme Benjamin. ² *Nicht verstieß Gott sein Volk,* das er vorhererkannte. Oder wißt ihr nicht, was bei Elias sagt die Schrift, wie er eintritt bei Gott gegen Israel? ³ Herr, *deine Propheten töteten sie, deine Altäre rissen sie nieder, und ich wurde zurückgelassen allein, und sie suchen mein Leben.* ⁴ Doch was sagt ihm der Gottesspruch? *Ich ließ mir übrig siebentausend Männer, welche nicht beugten (das) Knie der Baal.* ⁵ So (ist) nun auch in der jetzigen Zeit ein Rest gemäß Erwählung durch Gnade entstanden; ⁶ wenn aber durch Gnade, nicht mehr aus Werken, da (sonst) die Gnade nicht mehr Gnade wird. ⁷ Was nun? Was Israel erstrebt, dies erlangte es nicht, die Erwählung aber erlangte es; die übrigen aber wurden verstockt, ⁸ gleichwie geschrieben ist: *(Es) gab ihnen Gott (den) Geist (der) Betäubung, Augen, auf daß sie nicht sehen, und Ohren, auf daß sie nicht hören, bis zum heutigen Tag.* ⁹ Und David sagt: *(Es) soll werden ihr Tisch zur Schlinge* und zur Falle *und zum Ärgernis und zur Vergeltung ihnen,* ¹⁰ *verfinstert sollen werden ihre Augen, auf daß sie nicht sehen, und ihren Rücken beuge unablässig.*

¹¹ Sage ich nun, daß sie strauchelten, damit sie fallen? Niemals! Sondern durch ihre Übertretung (kam) das Heil für die Heiden, auf daß er sie eifersüchtig mache. ¹² Wenn aber ihre Übertretung Reichtum (der) Welt (ist) und ihre Niederlage Reichtum (der) Heiden, um wieviel mehr ihre Fülle. ¹³ Euch aber sage ich, den Heiden: Soweit nun (der) Heiden Apostel ich bin, verherrliche ich meinen Dienst, ¹⁴ ob vielleicht ich eifersüchtig machen werde mein Fleisch und retten werde einige von ihnen. ¹⁵ Denn wenn ihre Verwerfung Versöhnung (der) Welt, was (bedeutet ihre) Annahme, wenn nicht Leben aus Toten? ¹⁶ Wenn aber das Erstling(sbrot) heilig, (dann) auch der Teig; und wenn die Wurzel heilig, (dann) auch die Zweige. ¹⁷ Wenn aber einige der Zweige ausgebrochen wur-

Marginalien:
1 Sam 12,22
Ps 94,14
1 Kön 19,10.14
1 Kön 19,18
Dtn 29,3
Jes 29,10
Ps 69,23f (G)

den, du aber als wilder Ölbaumzweig aufgepropft wurdest auf
sie und Mitteilhaber der Wurzel des fetten Ölbaums wurdest,
[18] rühme dich nicht der Zweige; wenn du dich aber rühmst:
Nicht du trägst die Wurzel, sondern die Wurzel dich. [19] Du
wirst nun sagen: Ausgebrochen wurden Zweige, damit ich
aufgepfropft werde. [20] Recht; durch (den) Unglauben wurden
sie ausgebrochen, du aber stehst im Glauben. Sinne nicht Hohes, sondern fürchte dich; [21] denn wenn Gott die natürlichen
Zweige nicht schonte, wird er [wohl] auch dich nicht schonen. [22] Sieh nun (die) Güte und Strenge Gottes: Gegen die Gefallenen Strenge, gegen dich aber Güte Gottes, wenn du
bleibst in der Güte, sonst wirst auch du ausgehauen. [23] Aber
auch jene, wenn nicht sie bleiben im Unglauben, werden aufgepfropft werden; denn mächtig ist Gott, sie wieder aufzu-
pfropfen. [24] Denn wenn du aus dem natürlichen wilden Ölbaum ausgehauen wurdest und wider (die) Natur aufgepfropft
wurdest auf einen schönen Ölbaum, um wieviel mehr werden
diese gemäß (der) Natur aufgepfropft werden auf den eigenen
Ölbaum.

[25] Denn nicht will ich, daß ihr nicht wißt, Brüder, dieses
Geheimnis, damit ihr nicht eingebildet seid [bei] euch: Ver-
stockung ist zum Teil dem Israel geworden, bis daß die Fülle
der Heiden eingeht, [26] und so wird ganz Israel gerettet werden, gleichwie geschrieben ist: *Kommen wird aus Sion der
Rettende, abwenden wird er Gottlosigkeiten von Jakob.* [27] *Und
dies (ist) mein Bund mit ihnen, wann ich wegnehmen werde
ihre Sünden.* [28] Nach dem Evangelium zwar (sind sie) Feinde
wegen euch, nach der Erwählung aber Geliebte wegen der
Väter; [29] denn unbereubar (sind) die Gnadengaben und die Berufung Gottes. [30] Denn wie ihr einst ungehorsam wart Gott,
jetzt aber Erbarmen fandet durch deren Ungehorsam, [31] so
auch sind diese jetzt ungehorsam geworden wegen eures Erbarmens, damit auch sie [jetzt] Erbarmen finden. [32] Denn zusammenschloß Gott alle in Ungehorsam, damit aller er sich
erbarme. [33] O Tiefe (des) Reichtums und (der) Weisheit und
(der) Erkenntnis Gottes; wie unerforschlich (sind) seine Ge-

Jes 59,20f

Jes 27,9

richte und unausspürbar seine Wege. [34] Denn *wer erkannte*   Jes 40,13 (G)
(den) Sinn (des) Herrn? Oder wer wurde sein Ratgeber?
[35] *Oder wer gab ihm vorher und es wird ihm zurückgegeben*   Ijob 41,3
werden? [36] Weil aus ihm und durch ihn und auf ihn (hin) alles; ihm die Herrlichkeit in die Aionen, Amen.

12 [1] Ich ermahne euch nun, Brüder, durch die Erbarmungen Gottes, bereitzustellen eure Leiber als lebendiges heiliges Opfer, Gott wohlgefällig, als euren vernünftigen Gottesdienst; [2] und gestaltet euch nicht gleich diesem Aion, sondern gestaltet euch um durch die Erneuerung des Verstandes, auf daß ihr prüft, was der Wille Gottes, das Gute und Wohlgefällige und Vollkommene.

[3] Denn ich sage durch die Gnade, die mir gegebene, jedem, der unter euch ist, nicht darüber hinaus zu sinnen, vorbei (an dem), was man sinnen muß, sondern zu sinnen, um besonnen zu sein, wie jedem Gott zuteilte ein Maß an Glauben. [4] Denn gleichwie an (dem) einen Leib viele Glieder wir haben, die Glieder aber nicht alle dieselbe Tätigkeit haben, [5] so sind wir, die Vielen, ein Leib in Christos, im einzelnen aber einander Glieder. [6] Wir haben aber verschiedene Gnadengaben nach der Gnade, der uns gegebenen, sei es eine Prophetengabe: nach der Entsprechung des Glaubens, [7] sei es ein Dienst: im Dienst, sei es der Lehrende: in der Lehre, [8] sei es der Ermahnende: in der Ermahnung; der Gebende: in Einfalt, der Fürsorgende: in Eifer, der sich Erbarmende: in Heiterkeit.

[9] Die Liebe (sei) ungeheuchelt. (Seid) Verabscheuende das Böse, Anhängende dem Guten, [10] durch die Bruderliebe zueinander Liebevolle, in der Ehre einander Zuvorkommende, [11] im Eifer nicht Träge, im Geist Glühende, dem Herrn Dienende, [12] in der Hoffnung euch Freuende, in der Bedrängnis Duldende, im Gebet Ausharrende, [13] an den Bedürfnissen der Heiligen Teilhabende, der Gastfreundschaft Nachjagende! [14] Segnet die [euch] Verfolgenden, segnet und verflucht nicht! [15] Freut euch mit sich Freuenden, weint mit Weinenden! [16] (Seid) dasselbe füreinander Sinnende, nicht das Hohe Sin-

nende, sondern durch das Niedrige euch mitfortreißen Lassende! Seid nicht Verständige bei euch selbst! [17] (Seid) keinem Schlechtes für Schlechtes Zurückgebende, Besorgende Rechtes vor allen Menschen; [18] (seid) wenn möglich, was an euch (liegt), mit allen Menschen Frieden Haltende; [19] (seid) nicht euch selbst Rächende, Geliebte, sondern gebt Raum dem Zorn, denn geschrieben ist: *Mir (die) Rache, ich werde zurückgeben,* sagt (der) Herr. [20] Doch *wenn hungert dein Feind, sättige ihn; wenn er dürstet, tränke ihn; denn dies tuend, Kohlen von Feuer wirst du häufen auf seinen Kopf.* [21] Werde nicht besiegt vom Schlechten, sondern besiege im Guten das Schlechte.

13 [1] Jedermann soll (den) übergeordneten Mächten sich unterordnen. Denn nicht ist eine Macht, außer von Gott, die bestehenden aber sind von Gott gesetzt. [2] Daher stellt der sich der Macht Entgegenstellende der Anordnung Gottes sich entgegen; die sich aber entgegengestellt haben, werden für sich ein Urteil empfangen. [3] Denn die Vorsteher sind nicht (Anlaß zur) Furcht dem guten Werk, sondern dem schlechten. Willst du aber nicht fürchten die Macht: Tue das Gute, und du wirst Lob haben von ihr; [4] denn Gottes Dienerin ist sie dir zum Guten. Wenn aber das Schlechte du tust, fürchte dich; denn nicht vergeblich trägt sie das Schwert; denn Gottes Dienerin ist sie, Rächerin zu Zorn dem das Schlechte Tuenden. [5] Deshalb (die) Notwendigkeit, sich unterzuordnen, nicht nur wegen des Zorns, sondern auch wegen des Gewissens. [6] Denn deshalb zahlt ihr auch Steuern; denn Diener Gottes sind sie, als in eben diesem Ausharrende. [7] Gebt allen das Geschuldete: Wem die Steuer die Steuer, wem den Zoll den Zoll, wem die Furcht die Furcht, wem die Ehre die Ehre.

[8] Keinem schuldet etwas, außer das Einander-Lieben; denn der Liebende den andern hat (das) Gesetz erfüllt. [9] Denn das: *Nicht sollst du ehebrechen, nicht sollst du morden, nicht sollst du stehlen, nicht sollst du begehren* und wenn irgendein anderes Gebot, in diesem Wort gipfelt es auf [, in dem]: *Du sollst*

Dtn 32,35
Spr 25,21f (G)

Ex 20,13–17 (G)
Dtn 5,17–21 (G)
Lev 19,18

lieben deinen Nächsten wie dich selbst. [10] Die Liebe zum Nächsten tut nicht Schlechtes; (die) Fülle nun (des) Gesetzes (ist) die Liebe. [11] Und dies, wissend um die Zeit, daß (die) Stunde schon (da ist), daß ihr vom Schlaf aufsteht, denn jetzt (ist) näher unser Heil, als da wir gläubig wurden. [12] Die Nacht schritt fort, der Tag aber ist nahegekommen. Legen wir ab nun die Werke der Finsternis, ziehen wir an [aber] die Waffen des Lichts. [13] Wie bei Tag anständig laßt uns wandeln, nicht in Gelagen und Trinkereien, nicht in Beischläfereien und Zügellosigkeiten, nicht in Streit und Eifersucht, [14] sondern zieht an den Herrn Jesus Christos, und des Fleisches Sorge macht nicht zu Begierden.

14 [1] Den Schwachen aber im Glauben nehmt an, damit (es) nicht (kommt) zu Scheidungen von Gedanken. [2] Der eine glaubt, essen (zu dürfen) alles, der Schwache aber ißt Gemüse. [3] Der Essende soll den nicht Essenden nicht geringachten, der nicht Essende aber den Essenden nicht richten, denn Gott nahm ihn an. [4] Du, wer bist du, der Richtende einen fremden Hausdiener? Dem eigenen Herrn steht er oder fällt er; er wird aber aufgestellt werden, denn mächtig ist der Herr, ihn aufzurichten. [5] [Denn] der eine beurteilt Tag gegen Tag, der andere beurteilt jeden Tag; jeder soll in seinem eigenen Sinn erfüllt sein. [6] Der Bedenkende den Tag, für (den) Herrn bedenkt er; und der Essende, für (den) Herrn ißt er, denn er dankt Gott; und der nicht Essende, für (den) Herrn ißt er nicht, und er dankt Gott. [7] Denn keiner von uns lebt sich selbst, und keiner stirbt sich selbst; [8] denn wenn wir leben, dem Herrn leben wir, wenn wir sterben, dem Herrn sterben wir. Wenn wir nun leben und wenn wir sterben, des Herrn sind wir. [9] Denn dazu starb und lebte Christos, damit sowohl über Tote als auch Lebende er Herr sei. [10] Du aber, was richtest du deinen Bruder? Oder auch du, was achtest du gering deinen Bruder? Denn alle werden wir hintreten zum Richterstuhl Gottes, [11] denn geschrieben ist: *Ich lebe, sagt (der) Herr, daß mir sich beugen wird jedes Knie und jede Zunge sich bekennen wird zu Gott.* [12] Folglich [nun] wird je-

Jes 49,18
Jer 22,24
Ez 5,11
Jes 45,23 (G)

der von uns für sich selbst Antwort geben [Gott].

[13] Nicht mehr nun wollen wir einander richten; sondern dies beurteilt (viel)mehr, daß ihr nicht setzt einen Anstoß dem Bruder oder ein Ärgernis. [14] Ich weiß und ich bin überzeugt im Herrn Jesus, daß nichts gemein (ist) durch sich selbst, außer für den Urteilenden, daß etwas gemein sei; jenem (ist es) gemein. [15] Denn wenn durch Speise dein Bruder betrübt wird, nicht mehr nach (der) Liebe wandelst du; vernichte nicht jenen mit deiner Speise, für den Christos starb. [16] Nicht werde also gelästert euer Gutes. [17] Denn nicht ist das Königtum Gottes Speise und Trank, sondern Gerechtigkeit und Friede und Freude in heiligem Geist; [18] denn der darin Dienende dem Christos, (ist) wohlgefällig vor Gott und erprobt vor den Menschen. [19] Folglich nun laßt uns das des Friedens verfolgen und das der Erbauung, der für einander. [20] Nicht wegen Speise zerstöre das Werk Gottes! Alles (ist) zwar rein, doch schlecht für den Menschen, den unter Anstoß Essenden. [21] Recht (ist), nicht zu essen Fleisch und nicht zu trinken Wein und nicht (das), an dem dein Bruder sich stößt. [22] Du, (den) Glauben, [den] du hast, habe bei dir selbst vor Gott. Selig der nicht Richtende sich selbst, in (dem), was er für wert hält; [23] der Zweifelnde aber, wenn er ißt, ist verurteilt, weil nicht aus Glauben (er ißt); alles aber, was nicht aus Glauben (geschieht), ist Sünde.

15 [1] Wir schulden aber, wir, die Starken, die Schwächen der Kraftlosen zu tragen, und nicht uns selbst zu gefallen. [2] Jeder von uns soll dem Nächsten gefallen im Guten zur Erbauung; [3] denn auch der Christos gefiel nicht sich selbst, sondern gleichwie geschrieben ist: *Die Schmähungen der dich Schmähenden fielen auf mich.* [4] Denn wieviel vorher geschrieben wurde, zu unsrer Belehrung wurde es geschrieben, damit durch die Geduld und durch die Ermutigung der Schriften die Hoffnung wir haben. [5] Der Gott aber der Geduld und der Ermutigung gebe euch, dasselbe zu denken untereinander gemäß Christos Jesus, [6] damit einmütig in einem Mund ihr verherrlicht den Gott und Vater unseres Herrn

Ps 69,10 (G)

Jesus Christos.

⁷ Deshalb nehmt einander an, gleichwie auch der Christos annahm euch zur Herrlichkeit Gottes. ⁸ Denn ich sage, daß Christos Diener geworden ist (der) Beschneidung für (die) Wahrheit Gottes, auf daß er festige die Zusagen der Väter, ⁹ die Heiden aber sollen für (das) Erbarmen verherrlichen Gott, gleichwie geschrieben ist: *Deshalb werde ich mich bekennen zu dir unter Heiden und deinen Namen preisen.* ¹⁰ Und wieder sagt er: *Freut euch, Heiden, mit seinem Volk.* ¹¹ Und wieder: *Lobt, alle Heiden, den Herrn, und loben sollen ihn alle Völker.* ¹² Und wieder sagt Isaias: *(Es) wird sein die Wurzel des Jessai, und der Aufstehende, zu beherrschen (die) Heiden, auf ihn werden (die) Heiden hoffen.* ¹³ Der Gott der Hoffnung aber erfülle euch mit aller Freude und (allem) Frieden im Glauben, auf daß ihr überfließt in der Hoffnung in (der) Kraft heiligen Geistes.

Ps 18,50 (G)
2 Sam 22,50
Dtn 32,43 (G)
Ps 117,1
Jes 11,10 (G)

¹⁴ Ich aber bin überzeugt, meine Brüder, auch ich selbst von euch, daß auch selbst ihr voll seid von Güte, erfüllt von aller Erkenntnis, fähig, auch einander zurechtzuweisen. ¹⁵ Gewagter aber schrieb ich euch zum Teil, wie um euch zu erinnern durch die Gnade, die mir von Gott gegebene, ¹⁶ auf daß ich sei Diener (des) Christos Jesus für die Heiden, priesterlich verwaltend das Evangelium Gottes, damit die Opfergabe der Heiden werde wohlannehmbar, geheiligt in heiligem Geist. ¹⁷ Ich habe nun [das] Rühmen in Christos Jesus in bezug auf das zu Gott: ¹⁸ Denn nicht werde ich wagen, etwas zu reden, was nicht bewirkte Christos durch mich zu Gehorsam (der) Heiden, durch Wort und Werk, ¹⁹ in Kraft von Zeichen und Wundern, in Kraft (des) Geistes [Gottes]; so daß ich von Jerusalem (an) und im Umkreis bis Illyrikon erfüllt habe das Evangelium des Christos, ²⁰ so aber: Mir eine Ehre daraus machend, (das Evangelium) zu verkünden, nicht wo (schon) genannt wurde Christos, damit nicht auf fremdem Fundament ich baue, ²¹ sondern gleichwie geschrieben ist: *Denen nicht verkündet wurde über ihn, sie werden sehen, und die nicht*

Jes 52,15 (G)

gehört haben, sie werden verstehen.

²² Deshalb auch wurde ich vielfach gehindert, zu kommen zu euch; ²³ jetzt aber nicht mehr Raum habend in diesen Gegenden, Verlangen aber habend, zu kommen zu euch seit vielen Jahren, ²⁴ ob etwa ich reise in die Spania; denn ich hoffe, durchreisend zu sehen euch und von euch geleitet zu werden dort(hin), wenn an euch zuerst zum Teil ich gesättigt sein werde. ²⁵ Jetzt aber reise ich nach Jerusalem, dienend den Heiligen. ²⁶ Denn (es) hielten für gut Makedonia und Achaia, ein gewisses Gemeinschaftswerk zu machen für die Armen der Heiligen, der in Jerusalem. ²⁷ Denn sie hielten (es) für gut und sie sind ihre Schuldner; denn wenn an ihrem Geistigen Anteil bekamen die Heiden, schulden sie auch, im Fleischlichen ihnen zu dienen. ²⁸ Dies nun vollendend und versiegelnd ihnen diese Frucht, werde ich weggehen, (bei) euch durch, in (die) Spania; ²⁹ ich weiß aber, daß ich, kommend zu euch, in (der) Fülle (des) Segens (des) Christos kommen werde.

³⁰ Ich ermahne euch aber, [Brüder], durch unseren Herrn Jesus Christos und durch die Liebe des Geistes, mitzukämpfen mit mir in den Gebeten für mich zu Gott, ³¹ damit ich gerettet werde vor den nicht Gehorchenden in der Judaia und mein Dienst, der für Jerusalem, wohlannehmbar werde den Heiligen, ³² damit in Freude kommend zu euch durch (den) Willen Gottes ich ausruhe mit euch. ³³ Der Gott des Friedens aber (sei) mit euch allen, Amen.

16 ¹ Ich empfehle euch aber Phoibe, unsere Schwester, die [auch] ist Dienerin der Gemeinde, der in Kenchreai, ² damit ihr sie aufnehmt im Herrn würdig der Heiligen und ihr beisteht, in welcher Sache immer sie euer bedarf; denn auch sie wurde Beistand vieler, auch meiner selbst.

³ Grüßt Priska und Akylas, meine Mitarbeiter in Christos Jesus, ⁴ welche für mein Leben ihren Nacken hinlegten, denen nicht nur ich allein danke, sondern auch alle Gemeinden der Heiden, ⁵ und (grüßt) die Gemeinde in ihrem Haus. Grüßt meinen geliebten Epainetos, der Erstling ist der Asia für

Christos. [6] Grüßt Maria, welche viel sich mühte um euch. [7] Grüßt Andronikos und Junia, meine Volksgenossen und meine Mitgefangenen, welche ausgezeichnet sind unter den Aposteln, die auch vor mir gewesen sind in Christos. [8] Grüßt Ampliatos, meinen im Herrn Geliebten. [9] Grüßt Urbanos, unseren Mitarbeiter in Christos, und meinen geliebten Stachys. [10] Grüßt Apelles, den Erprobten in Christos. Grüßt die von denen (des) Aristobulos. [11] Grüßt Herodion, meinen Volksgenossen. Grüßt die von denen (des) Narkissos, die im Herrn sind. [12] Grüßt Tryphaina und Tryphosa, die sich Mühenden im Herrn. Grüßt die geliebte Persis, welche viel sich mühte im Herrn. [13] Grüßt Ruphos, den Auserwählten im Herrn, und seine und meine Mutter. [14] Grüßt Asynkritos, Phlegon, Hermes, Patrobas, Hermas und die Brüder mit ihnen. [15] Grüßt Philologos und Julia, Nereus und seine Schwester, und Olympas, und alle Heiligen bei ihnen. [16] Grüßt einander mit heiligem Kuß! (Es) grüßen euch alle Gemeinden des Christos.

[17] Ich ermahne euch aber, Brüder, zu achten auf die, welche die Entzweiungen und die Ärgernisse machen entgegen der Lehre, die ihr lerntet, und wendet euch weg von ihnen; [18] denn solche dienen nicht unserem Herrn Christos, sondern ihrem eigenen Bauch, und durch die Schönrede und (durch) Segen täuschen sie die Herzen der Arglosen. [19] Denn euer Gehorsam gelangte zu allen; über euch nun freue ich mich, ich will aber, daß ihr weise seid hinsichtlich des Guten, unverdorben aber hinsichtlich des Schlechten. [20] Der Gott des Friedens aber wird zerreiben den Satan unter euren Füßen in Kürze. Die Gnade unseres Herrn Jesus (sei) mit euch. [21] (Es) grüßt euch Timotheos, mein Mitarbeiter, und Lukios und Jason und Sosipatros, meine Volksgenossen. [22] Ich grüße euch, ich, Tertios, der Schreibende den Brief, im Herrn. [23] (Es) grüßt euch Gajos, der Gastgeber von mir und der ganzen Gemeinde. (Es) grüßt euch Erastos, der Verwalter der Stadt, und Kuartos, der Bruder.*

---

* V 24 ist ein sekundärer Zusatz (vgl. V 20b).

[25 Dem aber, der euch stärken kann gemäß meinem Evangelium und der Verkündigung von Jesus Christos, gemäß (der) Offenbarung (des) Geheimnisses, (des) ewigen Zeiten verschwiegenen, 26 jetzt aber offenbarten durch prophetische Schriften gemäß Auftrag des ewigen Gottes, zu Gehorsam (des) Glaubens (hin) zu allen Völkern kundgetan, 27 (dem) einzigen weisen Gott, durch Jesus Christos, ihm (sei) die Herrlichkeit in die Aionen, Amen.]

AN (DIE) KORINTHIER A

1 [1] Paulos, berufener Apostel (des) Christos Jesus durch (den) Willen Gottes, und Sosthenes, der Bruder, [2] der Gemeinde Gottes, die ist in Korinthos, (den) Geheiligten in Christos Jesus, berufenen Heiligen, mit allen Anrufenden den Namen unseres Herrn Jesus Christos an jedem Ort, (dem) ihrigen und (dem) unseren; [3] Gnade euch und Friede von Gott, unserem Vater, und (dem) Herrn Jesus Christos.

[4] Ich danke meinem Gott allzeit für euch wegen der Gnade Gottes, der euch gegebenen in Christos Jesus, [5] daß in allem ihr reich wurdet in ihm, in jedem Wort und jeder Erkenntnis, [6] gleichwie das Zeugnis des Christos gefestigt wurde in euch, [7] so daß ihr nicht zurücksteht in irgendeiner Gnadengabe, die ihr erwartet die Offenbarung unseres Herrn Jesus Christos; [8] der euch auch festigen wird bis (ans) Ende, als Unbescholtene am Tag unseres Herrn Jesus [Christos]. [9] Treu (ist) Gott, durch den ihr gerufen wurdet in (die) Gemeinschaft seines Sohnes Jesus Christos, unseres Herrn.

[10] Ich ermahne euch aber, Brüder, durch den Namen unseres Herrn Jesus Christos, daß dasselbe ihr alle sagt und (daß) nicht seien unter euch Spaltungen, sondern (daß) ihr seiet vollendet in demselben Sinn und in derselben Meinung. [11] Denn aufgedeckt wurde mir über euch, meine Brüder, von denen (der) Chloe, daß Streitereien unter euch sind. [12] Ich sage aber dies, daß jeder von euch sagt: Ich bin (des) Paulos, ich aber (des) Apollos, ich aber (des) Kephas, ich aber (des) Christos. [13] Ist geteilt der Christos? Wurde etwa Paulos gekreuzigt für euch, oder wurdet ihr auf den Namen (des) Paulos getauft? [14] Ich danke [Gott], daß keinen von euch ich taufte, außer Krispos und Gajos, [15] damit nicht einer sage, daß auf meinen Namen ihr getauft wurdet. [16] Ich taufte aber auch (des) Stephanas Haus, im übrigen weiß ich nicht, ob irgend-

einen anderen ich taufte. [17] Denn nicht schickte mich Christos zu taufen, sondern (das Evangelium) zu verkünden, nicht in Weisheit (des) Wortes, damit nicht leer gemacht werde das Kreuz des Christos.

[18] Denn das Wort des Kreuzes ist denen, die zugrundegehen, Torheit, denen aber, die gerettet werden, uns, Kraft Gottes. [19] Denn geschrieben ist: *Zugrunderichten werde ich die Weisheit der Weisen, und das Verstehen der Verständigen werde ich verwerfen.* [20] Wo (ist) ein Weiser? Wo ein Schriftkundiger? Wo ein Forscher dieses Aions? Machte nicht töricht Gott die Weisheit der Welt? [21] Denn da in der Weisheit Gottes nicht erkannte die Welt durch die Weisheit Gott, gefiel es Gott, durch die Torheit der Verkündigung zu retten die Glaubenden; [22] und während Judaier Zeichen fordern und Hellenen Weisheit suchen, [23] verkünden wir aber Christos als Gekreuzigten, (den) Judaiern als Ärgernis, (den) Heiden aber als Torheit, [24] ihnen aber, den Berufenen, Judaiern und Hellenen, Christos als Gottes Kraft und Gottes Weisheit; [25] denn das Törichte Gottes ist weiser als die Menschen, und das Schwache Gottes stärker als die Menschen.

[26] Denn seht eure Berufung, Brüder, daß (es) nicht (gibt) viele Weise nach (dem) Fleisch, nicht viele Mächtige, nicht viele Hochgeborene; [27] sondern das Törichte der Welt erwählte Gott, damit er beschäme die Weisen, und das Schwache der Welt erwählte Gott, damit er beschäme das Starke, [28] und das Niedriggeborene der Welt und das Geringgeachtete erwählte Gott, das nicht Seiende, damit er das Seiende vernichte, [29] auf daß nicht sich rühme alles Fleisch vor Gott. [30] Aus ihm aber seid ihr in Christos Jesus, der uns Weisheit wurde von Gott, Gerechtigkeit und Heiligung und Erlösung, [31] damit, gleichwie geschrieben ist: *Der sich Rühmende, im Herrn soll er sich rühmen.*

2 [1] Und ich, kommend zu euch, Brüder, kam nicht mit Übermaß an Rede oder Weisheit, verkündend euch das Geheimnis Gottes. [2] Denn ich beschloß, nicht etwas zu wissen bei euch, außer Jesus Christos, und diesen als Gekreuzigten.

Jes 29,14

Jer 9,22f

³ Und ich kam in Schwachheit und in Furcht und in vielem Zittern zu euch, ⁴ und meine Rede und meine Verkündigung (bestand) nicht in überredenden [Worten] von Weisheit, sondern in Erweis von Geist und Kraft, ⁵ damit euer Glaube nicht sei in Weisheit von Menschen, sondern in Kraft Gottes.

⁶ Weisheit aber reden wir unter den Vollkommenen, Weisheit aber nicht dieses Aions, auch nicht der Herrscher dieses Aions, die vernichtet werden; ⁷ sondern wir reden Gottes Weisheit im Geheimnis, die verborgene, die Gott vorherbestimmte vor den Aionen zu unserer Herrlichkeit, ⁸ die keiner der Herrscher dieses Aions erkannt hat; denn wenn sie (sie) erkannt hätten, nicht hätten sie den Herrn der Herrlichkeit gekreuzigt. ⁹ Doch gleichwie geschrieben ist: *Was ein Auge* *nicht sah und ein Ohr nicht hörte und zum Herzen eines Menschen nicht aufstieg, was bereitete Gott den ihn Liebenden.* ¹⁰ Uns aber offenbarte (es) Gott durch den Geist; denn der Geist erforscht alles, auch die Tiefen Gottes. ¹¹ Denn wer von (den) Menschen weiß das des Menschen, wenn nicht der Geist des Menschen, der in ihm? (Eben)so erkannte auch das Gottes keiner, wenn nicht der Geist Gottes. ¹² Wir aber, nicht den Geist der Welt empfingen wir, sondern den Geist aus Gott, damit wir erkennen das von Gott uns Geschenkte; ¹³ das auch reden wir nicht in gelehrten Worten menschlicher Weisheit, sondern in gelehrten (Worten des) Geistes, mit Geistigem Geistiges beurteilend. ¹⁴ Ein Sinnenmensch aber nimmt nicht an das des Geistes Gottes; denn Torheit ist es ihm, und nicht kann er erkennen, weil es geistig beurteilt wird. ¹⁵ Der geistige Mensch aber beurteilt alles, er selbst aber wird von keinem beurteilt. ¹⁶ Denn *wer erkannte (den) Sinn (des)* *Herrn, der ihn belehren könnte?* Wir haben (den) Sinn (des) Christos.

3 ¹ Auch ich, Brüder, nicht konnte ich reden zu euch wie zu Geistigen, sondern wie zu Fleischlichen, wie zu Unmündigen in Christos. ² Milch gab ich euch zu trinken, nicht Speise; denn ihr konntet noch nicht. Doch auch noch jetzt könnt ihr nicht, ³ denn noch seid ihr Fleischliche. Denn wo

Jes 64,3;
52,15; 65,16
Jer 3,16

Jes 40,13 (G)

bei euch Eifersucht und Streit (sind), seid ihr (da) nicht Fleischliche und wandelt nach Menschen(art)? [4] Denn wann einer sagt: Ich bin (des) Paulos, ein anderer aber: Ich (des) Apollos, seid ihr (da) nicht Menschen? [5] Was nun ist Apollos? Was aber ist Paulos? Diener, durch die ihr gläubig wurdet, und (zwar) wie der Herr einem jeden gab. [6] Ich pflanzte, Apollos goß, aber Gott ließ wachsen; [7] daher ist weder der Pflanzende etwas, noch der Gießende, sondern der wachsen lassende Gott. [8] Der Pflanzende aber und der Gießende sind eins, jeder aber wird den eigenen Lohn empfangen nach der eigenen Mühe; [9] denn Gottes Mitarbeiter sind wir, Gottes Ackerfeld, Gottes Bau seid ihr. [10] Nach der Gnade Gottes, der mir gegebenen, legte ich wie ein weiser Baumeister ein Fundament, ein anderer aber baut (darauf) auf. Jeder aber soll sehen, wie er (darauf) aufbaut. [11] Denn ein anderes Fundament kann keiner legen als das gelegte, das ist Jesus Christos. [12] Wenn aber einer daraufbaut auf das Fundament Gold, Silber, wertvolle Steine, Hölzer, Heu, Stroh, [13] eines jeden Werk wird offenbar werden, denn der Tag wird (es) aufdecken, weil in Feuer offenbart wird; und eines jeden Werk, wie es ist, das Feuer wird [es] prüfen. [14] Wenn jemandes Werk bleiben wird, das er daraufbaute, Lohn wird er empfangen; [15] wenn jemandes Werk verbrennen wird, wird er bestraft werden, selbst aber wird er gerettet werden, so aber wie durch Feuer. [16] Wißt ihr nicht, daß ein Tempel Gottes ihr seid und (daß) der Geist Gottes in euch wohnt? [17] Wenn einer den Tempel Gottes vernichtet, vernichten wird diesen Gott; denn der Tempel Gottes ist heilig, welche ihr seid.

[18] Keiner soll sich täuschen; wenn einer meint, weise zu sein bei euch in diesem Aion, töricht soll er werden, damit er weise werde. [19] Denn die Weisheit dieser Welt, Torheit ist sie bei Gott. Denn geschrieben ist: *Der Fangende die Weisen in ihrer Verschlagenheit;* [20] und wieder: *(Der) Herr kennt die Gedanken der Weisen, daß sie sind nichtig.* [21] Daher soll keiner sich rühmen bei Menschen; denn alles ist euer, [22] sei es Paulos, sei es Apollos, sei es Kephas, sei es Welt, sei es Le-

Ijob 5,12f

Ps 94,11 (G)

ben, sei es Tod, sei es Gegenwärtiges, sei es Kommendes; alles (ist) euer, ²³ihr aber (seid des) Christos, Christos aber (ist) Gottes.

4 ¹So soll uns erachten ein Mensch als Diener (des) Christos und Verwalter (der) Geheimnisse Gottes. ²Dabei wird im übrigen verlangt bei den Verwaltern, daß treu einer gefunden wird. ³Mir aber ist es ein Geringstes, daß von euch ich beurteilt werde oder von einem menschlichen (Gerichts-) tag; aber auch nicht mich selbst beurteile ich. ⁴Denn nichts bin ich mir bewußt, aber nicht bin ich darin gerechtgesprochen, der aber mich Beurteilende ist (der) Herr. ⁵Daher richtet nicht vor (der) Zeit über etwas, bis der Herr kommt, der auch ausleuchten wird das Verborgene der Finsternis und offenbar machen wird die Entschlüsse der Herzen; und dann wird das Lob einem jeden werden von Gott.

⁶Dieses aber, Brüder, wandte ich an auf mich und Apollos wegen euch, damit an uns ihr lernt das Nicht-darüber-Hinaus, was geschrieben ist, damit ihr nicht einer für den einen euch aufbläht gegen den anderen. ⁷Denn wer beurteilt dich? Was aber hast du, das du nicht empfingst? Wenn du (es) aber auch empfingst, was rühmst du dich, als hättest du (es) nicht empfangen? ⁸Schon seid ihr gesättigt, schon wurdet ihr reich, ohne uns gelangtet ihr zur Herrschaft; und wäret ihr doch zur Herrschaft gelangt, damit auch wir mit euch mitherrschen könnten. ⁹Denn ich meine, Gott stellte uns, die Apostel, als Letzte hin, wie Todgeweihte, weil ein Schauspiel wir wurden der Welt und Engeln und Menschen. ¹⁰Wir (sind) töricht wegen Christos, ihr aber verständig in Christos; wir schwach, ihr aber stark; ihr glanzvoll, wir aber ungeehrt. ¹¹Bis zur Stunde jetzt hungern wir und dürsten wir und sind wir nackt und werden wir geschlagen und sind wir unstet ¹²und mühen wir uns, arbeitend mit den eigenen Händen; geschmäht segnen wir, verfolgt ertragen wir, ¹³verrufen ermahnen wir; wie Abfälle der Welt wurden wir, aller Abschaum bis jetzt.

¹⁴Nicht euch beschämend schreibe ich dieses, sondern als meine geliebten Kinder zurechtweisen[d]. ¹⁵Denn, wenn

zehntausend Lehrmeister ihr hättet in Christos, (so) doch nicht viele Väter; denn in Christos Jesus durch das Evangelium zeugte ich euch. [16] Ich ermahne euch nun, werdet meine Nachahmer! [17] Deswegen schickte ich euch Timotheos, der ist mein geliebtes und treues Kind im Herrn, der euch erinnern wird an meine Wege, die in Christos [Jesus], gleichwie überall in jeder Gemeinde ich lehre. [18] Wie wenn ich aber nicht zu euch käme, blähten sich einige auf; [19] kommen aber werde ich schnell zu euch, wenn der Herr will, und ich werde kennenlernen nicht die Rede der Aufgeblähten, sondern die Kraft; [20] denn nicht in Rede (besteht) das Königtum Gottes, sondern in Kraft. [21] Was wollt ihr? Mit einem Stock soll ich kommen zu euch oder in Liebe und im Geist (der) Sanftmut?

5 [1] Überhaupt hört man bei euch von Unzucht, und von einer solchen Unzucht, welche nicht einmal unter den Heiden, daß einer (die) Frau des Vaters hat. [2] Und ihr, aufgebläht seid ihr und nicht (viel)mehr trauertet ihr, damit weggenommen werde aus eurer Mitte, der dieses Werk tat? [3] Denn ich, abwesend dem Leibe (nach), anwesend aber dem Geist (nach), habe schon, wie anwesend, verurteilt den, der so dies vollbrachte: [4] Nachdem im Namen [unseres] Herrn Jesus euer und mein Geist sich versammelten mit der Kraft unseres Herrn Jesus, [5] zu übergeben den solchen dem Satan zum Verderben des Fleisches, damit der Geist gerettet wird am Tag des Herrn. [6] Nicht recht (ist) euer Rühmen. Wißt ihr nicht, daß ein wenig Sauerteig den ganzen Teig säuert? [7] Räumt aus den alten Sauerteig, damit ihr seid ein neuer Teig, gleichwie ihr ungesäuert seid; denn unser Pascha wurde geschlachtet, Christos. [8] Daher laßt uns feiern nicht in altem Sauerteig und nicht in Sauerteig von Schlechtigkeit und Bosheit, sondern in Ungesäuertem von Lauterkeit und Wahrheit. [9] Ich schrieb euch in dem Brief, nicht euch zu mischen unter Unzüchtige, [10] nicht überhaupt unter die Unzüchtigen dieser Welt oder die Habgierigen und Räuber oder Götzendiener, da ihr sonst müßtet aus der Welt herausgehen. [11] Jetzt aber schrieb ich

euch, nicht euch darunterzumischen, wenn ein Bruder Ge-
nannter ein Unzüchtiger ist oder ein Habgieriger oder Götzendiener oder Lästerer oder Trunksüchtiger oder Räuber,
mit einem solchen auch nicht zusammen zu essen. [12] Denn
was (habe) ich die draußen zu richten? Nicht (einmal) die
drinnen richtet ihr? [13] Die draußen aber wird Gott richten.
Schafft hinaus den Bösen aus eurer (Mitte)!   Dtn 17,7 (G)

6 [1] Wagt (es) einer von euch, der eine (Streit)sache hat
gegen den anderen, sein Recht zu suchen bei den Ungerechten und nicht bei den Heiligen? [2] Oder wißt ihr nicht, daß
die Heiligen die Welt richten werden? Und wenn durch euch
gerichtet wird die Welt, unzuständig seid ihr für (die) geringsten Rechtssachen? [3] Wißt ihr nicht, daß Engel wir richten
werden, dann nicht etwa Alltägliches? [4] Wenn ihr nun alltägli-
che Rechtssachen habt, die Geringgeachteten in der Gemeinde, diese setzt ihr ein? [5] Zur Beschämung sage ich euch
(dies). So ist unter euch kein Weiser, der urteilen könnte zwischen seinem Bruder (und seinem Bruder)? [6] Sondern Bruder
rechtet mit Bruder, und dies vor Ungläubigen? [7] Schon aber
[nun] ist (es) überhaupt eine Niederlage für euch, daß Rechtssachen ihr habt miteinander. Weshalb leidet ihr nicht (viel-)
mehr Unrecht? Weshalb laßt ihr euch nicht (viel)mehr berau-
ben? [8] Doch ihr tut Unrecht und beraubt, und dies (tut ihr)
Brüdern. [9] Oder wißt ihr nicht, daß Ungerechte Gottes Königtum nicht erben werden? Irrt euch nicht: Weder Unzüchtige
noch Götzendiener noch Ehebrecher noch Weichlinge noch
Mannesschänder [10] noch Diebe noch Habgierige, nicht Trunk-
süchtige, nicht Lästerer, nicht Räuber werden Gottes Königtum erben. [11] Und dieses wart ihr (zu) etlichen. Doch ihr wurdet abgewaschen, doch ihr wurdet geheiligt, doch ihr wurdet
gerechtgesprochen im Namen des Herrn Jesus Christos und
im Geist unseres Gottes.

[12] Alles ist mir erlaubt, doch nicht alles nützt; alles ist mir
erlaubt, doch ich werde mich nicht beherrschen lassen von
etwas. [13] Die Speisen (sind) für den Bauch, und der Bauch
(ist) für die Speisen, Gott aber wird diesen und diese ver-

nichten. Der Leib (ist) aber nicht für die Unzucht, sondern für den Herrn, und der Herr für den Leib; [14] Gott aber erweckte den Herrn, und auch uns wird er auferwecken durch seine Kraft. [15] Wißt ihr nicht, daß eure Leiber Glieder (des) Christos sind? Soll ich nun die Glieder des Christos, nehmend (sie), zu einer Dirne Glieder machen? Niemals! [16] [Oder] wißt ihr nicht, daß der sich an die Dirne Anhängende ein Leib (mit ihr) ist? Denn *(es) werden,* sagt man, *die zwei zu einem Fleisch.* [17] Der sich an den Herrn Anhängende ist ein Geist (mit ihm). [18] Flieht die Unzucht! Jede Sünde, die immer ein Mensch tut, außerhalb des Leibes ist sie; der Unzucht Treibende aber, gegen den eigenen Leib sündigt er. [19] Oder wißt ihr nicht, daß euer Leib ein Tempel des heiligen Geistes in euch ist, den ihr habt von Gott, und (daß) ihr nicht euch selbst gehört? [20] Denn ihr wurdet gekauft um einen Preis; verherrlicht also Gott in eurem Leib!

Gen 2,24 (G)

7 [1] Über das aber, was ihr schriebt, recht (sei es) für einen Menschen, eine Frau nicht zu berühren: [2] Wegen der (Gefahr von) Unzucht aber soll jeder seine Frau haben, und jede soll den eigenen Mann haben. [3] Der Frau soll der Mann die Pflicht leisten, gleicherweise aber auch die Frau dem Mann. [4] Die Frau verfügt nicht über den eigenen Leib, sondern der Mann, gleicherweise verfügt aber auch der Mann nicht über den eigenen Leib, sondern die Frau. [5] Entzieht euch einander nicht, es sei denn etwa im Einvernehmen auf Zeit, damit ihr euch widmet dem Gebet und wieder zusammen seid, damit nicht euch versuche der Satan wegen eurer Unbeherrschtheit. [6] Dies aber sage ich als Zugeständnis, nicht als Befehl. [7] Ich will aber, daß alle Menschen sind wie auch ich; doch jeder hat eine eigene Gnadengabe von Gott, der eine so, der andere so.

[8] Ich sage aber den Unverheirateten und den Witwen: Recht (ist es) für sie, wenn sie bleiben wie auch ich; [9] wenn sie aber nicht sich beherrschen, sollen sie heiraten, denn besser ist es zu heiraten als zu brennen. [10] Den Verheirateten aber gebiete

ich, nicht ich, sondern der Herr, daß eine Frau vom Mann sich nicht trennt, [11] – wenn sie sich aber doch trennt, soll sie unverheiratet bleiben oder mit dem Mann sich versöhnen, – und daß ein Mann eine Frau nicht entläßt. [12] Den übrigen aber sage ich, nicht der Herr: Wenn ein Bruder eine ungläubige Frau hat und diese zustimmt, zu wohnen mit ihm, nicht soll er sie entlassen; [13] und eine Frau, wenn eine hat einen ungläubigen Mann und dieser zustimmt, zu wohnen mit ihr, nicht soll sie entlassen den Mann. [14] Denn geheiligt ist der ungläubige Mann durch die Frau, und geheiligt ist die ungläubige Frau durch den Bruder; denn sonst sind eure Kinder unrein, jetzt aber sind sie heilig. [15] Wenn aber der Ungläubige sich trennt, soll er sich trennen; nicht versklavt ist der Bruder oder die Schwester in solchen (Fällen); in Frieden aber hat euch gerufen Gott. [16] Denn was weißt du, Frau, ob du den Mann retten wirst? Oder was weißt du, Mann, ob du die Frau retten wirst?

[17] Sondern wie jedem zuteilte der Herr, wie jeden gerufen hat Gott, so soll er wandeln. Und so ordne ich an in allen Gemeinden. [18] Wurde einer als Beschnittener gerufen, nicht soll er sich (die Vorhaut) überziehen; ist einer in Vorhaut gerufen, nicht soll er sich beschneiden lassen. [19] Die Beschneidung ist nichts, und die Vorhaut ist nichts, sondern (das) Halten (der) Gebote Gottes. [20] Jeder in der Berufung, in der er gerufen wurde, in dieser soll er bleiben. [21] Wurdest du als Sklave gerufen, nicht soll es dich kümmern; sondern wenn du auch freiwerden kannst, nutze (es) (viel)mehr. [22] Denn der im Herrn gerufene Sklave ist ein Freigelassener (des) Herrn, gleicherweise ist der gerufene Freie ein Sklave (des) Christos. [23] Für einen Preis wurdet ihr gekauft; werdet nicht Sklaven von Menschen! [24] Jeder, worin er gerufen wurde, Brüder, darin soll er bleiben vor Gott.

[25] Über die Jungfrauen aber habe ich kein Gebot (des) Herrn, eine Meinung aber gebe ich kund als Begnadeter vom Herrn, glaubwürdig zu sein. [26] Ich meine nun, daß dies recht ist wegen der bevorstehenden Not, daß recht (ist) für (den)

Menschen das so Sein. [27] Bist du gebunden an eine Frau, suche nicht eine Lösung; bist du gelöst von einer Frau, suche nicht eine Frau! [28] Wenn aber doch du heiratest, nicht sündigtest du, und wenn heiratet die Jungfrau, nicht sündigte sie; Bedrängnis aber für das Fleisch werden solche haben, ich aber möchte euch verschont (wissen). [29] Dies aber sage ich, Brüder: Die Zeit ist zusammengedrängt; im übrigen, daß auch die Frauen Habenden wie nicht Habende seien [30] und die Weinenden wie nicht Weinende und die sich Freuenden wie nicht sich Freuende und die Kaufenden wie nicht Besitzende [31] und die Gebrauchenden die Welt wie nicht Verbrauchende; denn es vergeht die Gestalt dieser Welt. [32] Ich will aber, daß ihr sorglos seid. Der Unverheiratete besorgt das des Herrn, wie er gefalle dem Herrn; [33] der Verheiratete aber besorgt das der Welt, wie er gefalle der Frau, [34] und er ist geteilt. Und die unverheiratete Frau und die Jungfrau besorgt das des Herrn, damit sie sei heilig sowohl am Leib als auch im Geist; die Verheiratete aber besorgt das der Welt, wie sie gefalle dem Mann. [35] Dies aber sage ich zu eurem eigenen Nutzen, nicht damit ich eine Schlinge euch überwerfe, sondern zum Anstand und (zu) Beharrlichkeit für den Herrn, unabgelenkt. [36] Wenn aber einer wider Anstand gegen seine Jungfrau zu handeln meint, wenn sie ist überreif und es so geschehen muß, was er will, soll er tun, nicht sündigt er, sie sollen heiraten. [37] Wer aber fest steht in seinem Herzen, nicht habend Not, Macht aber hat über den eigenen Willen, und dies beschlossen hat im eigenen Herzen, zu bewahren seine Jungfrau, recht wird er handeln. [38] Daher auch der Verheiratende seine Jungfrau, recht handelt er, und der nicht Verheiratende, besser wird er handeln. [39] Eine Frau ist gebunden, für wie lange Zeit ihr Mann lebt; wenn aber der Mann entschlief, frei ist sie, wem sie will, sich zu verheiraten, nur (geschehe es) im Herrn. [40] Seliger aber ist sie, wenn sie so bleibt, nach meiner Meinung; ich meine aber, daß auch ich Geist Gottes habe.

8 [1] Über das Götzenopferfleisch aber: Wir wissen, daß wir alle Erkenntnis haben. Die Erkenntnis bläht auf, die Liebe aber baut auf; [2] wenn einer meint, etwas erkannt zu haben, noch nicht erkannte er, wie man erkennen muß; [3] wenn aber einer Gott liebt, dieser ist erkannt von ihm. [4] Über das Essen nun des Götzenopferfleisches: Wir wissen, daß kein Götze in (der) Welt (ist) und daß kein Gott (ist), außer einem. [5] Denn wenn auch sogenannte Götter sind, sei es im Himmel, sei es auf Erden, wie ja viele Götter sind und viele Herren, [6] doch für uns (ist) ein Gott, der Vater, von dem alles, und wir auf ihn (hin), und ein Herr Jesus Christos, durch den alles, und wir durch ihn.

[7] Doch nicht in allen (ist) die Erkenntnis; einige aber, aus Gewöhnung an den Götzen bis jetzt, essen (es) wie Götzenopferfleisch, und ihr Gewissen, weil es schwach ist, wird befleckt. [8] Eine Speise aber wird uns nicht beistehen vor Gott; weder, wenn wir nicht essen, stehen wir zurück, noch, wenn wir essen, haben wir mehr. [9] Seht aber (zu), daß nicht etwa diese eure Vollmacht Anstoß werde den Schwachen! [10] Denn wenn einer sieht dich, den Erkenntnis Habenden, im Götzenhaus (zu Tisch) liegend, wird nicht das Gewissen von ihm, der schwach ist, erbaut werden zum Essen (von) Götzenopferfleisch? [11] Denn zugrundegeht der Schwache an deiner Erkenntnis, der Bruder, um dessentwegen Christos starb. [12] So aber sündigend gegen die Brüder und schlagend ihr Gewissen, das schwach ist, gegen Christos sündigt ihr. [13] Deswegen, wenn eine Speise Anstoß gibt meinem Bruder, nicht esse ich Fleisch (bis) in den Aion, damit nicht meinem Bruder ich Anstoß gebe.

9 [1] Bin ich nicht frei? Bin ich nicht Apostel? Habe ich nicht Jesus, unseren Herrn, gesehen? Seid ihr nicht mein Werk im Herrn? [2] Wenn ich anderen nicht Apostel bin, aber doch euch bin ich (es); denn das Siegel meines Apostelamtes seid ihr im Herrn. [3] Meine Verteidigung gegen die mich Beurteilenden ist diese: [4] Haben wir etwa nicht Vollmacht zu essen und zu trinken? [5] Haben wir etwa nicht Voll-

macht, eine Schwester als Frau mitzuführen wie auch die übrigen Apostel und die Brüder des Herrn und Kephas? ⁶oder
haben allein ich und Barnabas nicht Vollmacht, nicht zu arbeiten? ⁷Wer zieht zu Feld für eigenen Sold jemals? Wer
pflanzt einen Weinberg und ißt nicht seine Frucht? Oder wer
weidet eine Herde und ißt nicht von der Milch der Herde?
⁸Etwa nach Menschen(art) rede ich dieses, oder sagt nicht
auch das Gesetz dieses? ⁹Denn im Gesetz (des) Moyses ist
geschrieben: *Nicht sollst du mit Maulkorb binden (den) dreschenden Ochsen.* Ist etwa an den Ochsen Gott gelegen,
¹⁰oder redet er wegen uns allenthalben? Denn wegen uns
wurde geschrieben: *(Es) muß auf Hoffnung (hin) der Pflügen-
de pflügen und der Dreschende auf Hoffnung, Anteil zu erhalten.* ¹¹Wenn wir euch das Geistige säten, (ist es) groß,
wenn wir von euch das Fleischliche ernten werden? ¹²Wenn
andere an eurer Vollmacht teilhaben, (warum) nicht (viel-)
mehr wir? Doch nicht gebrauchten wir diese Vollmacht, sondern alles halten wir aus, damit nicht ein Hindernis wir bereiten dem Evangelium des Christos. ¹³Wißt ihr nicht, daß die
das Heilige Verrichtenden [das] aus dem Heiligtum essen, die
beim Altar Beschäftigten am Altar Anteil gewinnen? ¹⁴So
auch ordnete der Herr an für die das Evangelium Verkündenden, vom Evangelium zu leben. ¹⁵Ich aber habe nicht gebraucht etwas von diesem. Nicht schrieb ich aber dieses, damit so geschehe an mir; denn recht (ist) für mich, eher zu
sterben als – meinen Ruhm wird keiner entleeren. ¹⁶Denn
wenn ich (das Evangelium) verkünde, nicht ist es mir Ruhm;
denn Zwang liegt auf mir; denn ein Wehe ist mir, wenn ich
nicht verkünde (das Evangelium). ¹⁷Denn wenn freiwillig ich
dies tue, Lohn habe ich; wenn aber unfreiwillig, mit einer
Verwaltung bin ich betraut; ¹⁸was nun ist mein Lohn? Daß
ich, (das Evangelium) verkündend, unentgeltlich bringen werde das Evangelium, auf daß ich nicht gebrauche meine Vollmacht am Evangelium.

¹⁹Denn, obwohl frei von allen, allen versklavte ich mich,
damit die meisten ich gewinne; ²⁰und ich wurde den Judaiern

Dtn 25,4

unde?

wie ein Judaier, damit Judaier ich gewinne; denen unter (dem) Gesetz wie unter (dem) Gesetz, obwohl (ich) nicht selbst unter (dem) Gesetz bin, damit die unter (dem) Gesetz ich gewinne; [21] den Gesetzlosen wie ein Gesetzloser, obwohl nicht selbst Gesetzloser Gottes, sondern im Gesetz (des) Christos, damit ich gewinne die Gesetzlosen; [22] ich wurde den Schwachen ein Schwacher, damit die Schwachen ich gewinne; allen bin ich geworden alles, damit allenthalben einige ich rette. [23] Alles aber tue ich wegen des Evangeliums, damit ich Mitteilhaber an ihm werde.

[24] Wißt ihr nicht, daß die im Stadion Laufenden alle zwar laufen, einer aber den Kampfpreis empfängt? Lauft so, daß ihr (ihn) empfangt! [25] Jeder Wettkämpfende aber enthält sich in allem, jene aber nun, damit einen vergänglichen Kranz sie empfangen, wir aber einen unvergänglichen. [26] Ich laufe daher nicht so wie ins Ungewisse, so kämpfe ich mit der Faust nicht wie ein (in die) Luft Schlagender; [27] sondern ich schinde meinen Leib und versklave (ihn), damit ich nicht etwa, nachdem ich anderen verkündigt habe, selbst unbewährt werde.

10 [1] Denn nicht will ich, daß ihr nicht wißt, Brüder, daß unsere Väter alle unter der Wolke waren und alle durch das Meer hindurchgingen [2] und alle auf Moyses getauft wurden in der Wolke und im Meer [3] und alle dieselbe geistige Speise aßen [4] und alle denselben geistigen Trank tranken; denn sie tranken aus einem geistigen, (ihnen) folgenden Felsen; der Fels aber war der Christos. [5] Doch an den meisten von ihnen hatte Gott kein Gefallen, denn hingestreckt wurden sie in der Wüste. [6] Diese (Dinge) aber wurden unsere Vorbilder, auf daß wir nicht begierig nach Schlechtem seien, gleichwie auch jene begehrten. [7] Und werdet nicht Götzendiener gleichwie einige von ihnen, wie geschrieben ist: *(Es) setzte sich das Volk zu essen und zu trinken, und aufstanden sie zu tanzen.* [8] Und nicht wollen wir Unzucht treiben, gleichwie einige von ihnen Unzucht trieben, und (es) fielen an einem (einzigen) Tag dreiundzwanzigtausend. [9] Und nicht wollen wir versuchen den Christos, gleichwie einige von ihnen versuch-

Ex 32,6 (G)

ten und durch die Schlangen zugrundegingen. [10] Und murrt nicht, gleichwie einige von ihnen murrten und zugrundegingen durch den Verderber. [11] Dieses aber widerfuhr jenen vorbildlich, geschrieben wurde es aber zu unserer Zurechtweisung, auf die die Enden der Aionen gekommen sind. [12] Daher, wer meint zu stehen, soll sehen, (daß) er nicht falle. [13] Versuchung hat euch nicht erfaßt, wenn nicht menschliche; treu aber (ist) Gott, der nicht zulassen wird, daß ihr versucht werdet über (das), was ihr könnt, sondern er wird schaffen mit der Versuchung auch den Ausgang, bestehen zu können.

[14] Deswegen, meine Geliebten, flieht vor dem Götzendienst! [15] Wie zu Verständigen rede ich; beurteilt ihr, was ich sage! [16] Der Becher des Segens, den wir segnen, ist er nicht Gemeinschaft des Blutes des Christos? Das Brot, das wir brechen, ist es nicht Gemeinschaft des Leibes des Christos? [17] Weil ein Brot, sind wir, die Vielen, ein Leib, denn alle haben wir teil an dem einen Brot. [18] Seht das Israel nach (dem) Fleisch; sind nicht die, welche die Opfer essen, Teilhaber des Altars? [19] Was nun sage ich? Daß Götzenopferfleisch etwas ist oder daß ein Götze etwas ist? [20] (Nein!) Sondern daß, was sie opfern, Dämonen und nicht Gott [sie opfern]; nicht will ich aber, daß ihr Teilhaber der Dämonen werdet. [21] Nicht könnt ihr (den) Becher (des) Herrn trinken und (den) Becher von Dämonen, nicht könnt ihr am Tisch (des) Herrn teilhaben und am Tisch von Dämonen. [22] Oder machen wir eifersüchtig den Herrn? Sind wir etwa stärker als er?

[23] Alles ist erlaubt, doch nicht alles nützt; alles ist erlaubt, doch nicht alles baut auf. [24] Keiner soll das Seinige suchen, sondern das des anderen. [25] Alles auf (dem) Fleischmarkt Verkaufte eßt, nichts nachforschend wegen des Gewissens; [26] denn *des Herrn (ist) die Erde und ihre Fülle.* [27] Wenn einer euch ruft von den Ungläubigen, und ihr wollt hingehen, alles euch Vorgesetzte eßt, nichts nachforschend wegen des Gewissens. [28] Wenn aber einer zu euch spricht: Dies ist Geopfertes, eßt nicht wegen jenes Hinweisenden und (wegen) des Gewissens; [29] Gewissen aber meine ich nicht das eigene, sondern

Ps 24,1

das des anderen. Denn weshalb wird meine Freiheit gerichtet von einem anderen Gewissen? [30] Wenn ich mit Dank teilhabe, was werde ich gelästert (für das), wofür ich danke? [31] Ob ihr nun eßt, ob ihr trinkt, ob ihr (sonst) etwas tut, alles tut zur Herrlichkeit Gottes! [32] Unanstößig werdet Judaiern und Hellenen und der Gemeinde Gottes, [33] gleichwie auch ich in allem allen gefällig bin, nicht suchend meinen Nutzen, sondern den der Vielen, damit sie gerettet werden.

11 [1] Meine Nachahmer werdet, gleichwie auch ich (des) Christos!

[2] Ich lobe euch aber, daß in allem meiner ihr gedenkt, und, gleichwie ich überlieferte euch, die Überlieferungen festhaltet. [3] Ich will aber, daß ihr wißt, daß von einem jeden Mann das Haupt der Christos ist, Haupt aber (der) Frau der Mann, Haupt aber des Christos Gott. [4] Jeder Mann, der betend oder prophezeiend (etwas) auf (dem) Haupt hat, schändet sein Haupt. [5] Jede Frau aber, betend oder prophezeiend mit unverhülltem Haupt, schändet ihr Haupt; denn ein und dasselbe ist sie mit der Geschorenen. [6] Denn wenn sich nicht verhüllt eine Frau, soll sie sich auch die Haare schneiden lassen; wenn aber schändlich (ist) für eine Frau das Haarabschneiden oder Scherenlassen, soll sie sich verhüllen. [7] Denn ein Mann muß nicht verhüllen das Haupt, da er Bild und Abglanz Gottes ist; die Frau aber ist Abglanz (des) Mannes. [8] Denn nicht ist (der) Mann aus (der) Frau, sondern (die) Frau aus (dem) Mann; [9] denn auch nicht wurde geschaffen (der) Mann wegen der Frau, sondern (die) Frau wegen des Mannes. [10] Deswegen muß die Frau eine Macht haben auf dem Haupt wegen der Engel. [11] Jedoch (ist) weder (die) Frau ohne (den) Mann, noch (der) Mann ohne (die) Frau im Herrn; [12] denn wie die Frau aus dem Mann, so auch der Mann durch die Frau; alles aber aus Gott. [13] Bei euch selbst urteilt: Ist es schicklich, daß eine Frau unverhüllt zu Gott betet? [14] Und lehrt nicht die Natur selbst euch, daß ein Mann, wenn er langes Haar trägt, (es) eine Unehre für ihn ist, [15] eine Frau aber, wenn sie langes

Haar trägt, (es) eine Ehre für sie ist? Weil das Haar anstatt einer Umhüllung [ihr] gegeben ist. [16] Wenn aber einer meint, streitsüchtig sein (zu müssen), wir haben solche Gewohnheit nicht, auch nicht die Gemeinden Gottes.

[17] Dies aber gebietend, nicht lobe ich, daß ihr nicht zum Besseren, sondern zum Schlechteren zusammenkommt. [18] Denn erstens höre ich, daß, wenn ihr zusammenkommt in Gemeinde, Spaltungen unter euch bestehen, und zum Teil glaube ich (es). [19] Denn es müssen auch Parteiungen unter euch sein, damit [auch] die Bewährten offenbar werden unter euch. [20] Wenn ihr nun zusammenkommt zu eben diesem, nicht ist es ein Herren-Mahl-Essen; [21] denn jeder nimmt das eigene Mahl vorweg beim Essen, und der eine hungert, der andere ist betrunken. [22] Habt ihr denn etwa nicht Häuser zum Essen und Trinken? Oder verachtet ihr die Gemeinde Gottes und beschämt die nichts Habenden? Was soll ich euch sagen? Soll ich euch loben? Darin lobe ich nicht.

[23] Denn ich übernahm vom Herrn, was ich auch überlieferte euch, daß der Herr Jesus in der Nacht, in der er überliefert wurde, Brot nahm [24] und dankend brach und sprach: Dies ist mein Leib für euch; dies tut zu meiner Erinnerung! [25] Ebenso auch den Becher nach dem Essen, sagend: Dieser Becher ist der neue Bund in meinem Blut; dies tut, jedesmal wenn ihr trinkt, zu meiner Erinnerung! [26] Denn jedesmal, wenn ihr eßt dieses Brot und den Becher trinkt, den Tod des Herrn verkündet ihr, bis daß er kommt.

[27] Daher, wer immer ißt das Brot oder trinkt den Becher des Herrn unwürdig, schuldig wird er sein am Leib und am Blut des Herrn. [28] Prüfen aber soll sich ein Mensch, und so von dem Brot soll er essen und aus dem Becher trinken; [29] denn der Essende und Trinkende, ein Gericht ißt und trinkt er sich, nicht unterscheidend den Leib. [30] Deswegen (sind) unter euch viele Schwache und Kranke und entschlafen etliche. [31] Wenn aber uns selbst wir beurteilten, nicht würden wir gerichtet; [32] gerichtet aber von [dem] Herrn werden wir gezüchtigt, damit nicht mit der Welt wir verurteilt werden. [33] Daher, meine

Brüder, wenn ihr zusammenkommt zum Essen, erwartet einander! [34] Wenn einer hungert, in (seinem) Haus soll er essen, damit nicht zum Gericht ihr zusammenkommt. Das Übrige aber werde ich, sobald ich komme, anordnen.

12 [1] Über die Geistesgaben aber, Brüder: Nicht will ich, daß ihr unwissend seid. [2] Ihr wißt, daß ihr, als Heiden ihr wart, zu den stummen Götzen – wie ihr immer getrieben wurdet – fortgetrieben (wurdet). [3] Deshalb tue ich euch kund, daß keiner im Geist Gottes redend sagt: Verflucht (ist) Jesus, und keiner kann sagen: Herr (ist) Jesus, außer in heiligem Geist.

[4] Unterschiede aber (der) Gnadengaben sind, aber derselbe Geist; [5] und Unterschiede (der) Dienste sind, doch derselbe Herr; [6] und Unterschiede (der) Wirkungen sind, aber derselbe Gott, der Wirkende alles in allen. [7] Jedem aber wird gegeben die Offenbarung des Geistes zum Nutzen. [8] Denn dem einen wird durch den Geist gegeben Rede (der) Weisheit, einem anderen aber Rede (der) Erkenntnis nach demselben Geist, [9] einem weiteren Glaube in demselben Geist, einem anderen aber Gnadengaben (der) Heilungen in dem einen Geist, [10] einem anderen Wirkmöglichkeiten zu Kraft(taten), einem anderen [aber] Prophetengabe, einem anderen [aber] Unterscheidungen (der) Geister, einem weiteren Arten von Zungen (-rede), einem anderen aber Auslegung von Zungen(rede); [11] alles dieses aber wirkt der eine und derselbe Geist, zuteilend eigens einem jeden, gleichwie er will.

[12] Denn gleichwie der Leib einer ist und viele Glieder hat, alle Glieder aber des Leibes, obwohl viele, ein Leib sind, so auch der Christos; [13] denn auch in einem Geist wurden wir alle in einen Leib getauft, seien es Judaier, seien es Hellenen, seien es Sklaven, seien es Freie, und alle wurden wir mit einem Geist getränkt. [14] Denn auch der Leib ist nicht ein Glied, sondern viele. [15] Wenn spräche der Fuß: Weil nicht Hand ich bin, nicht bin ich vom Leib, ist er nicht deswegen (doch) vom Leib? [16] Und wenn spräche das Ohr: Weil nicht Auge ich bin,

nicht bin ich vom Leib, ist es nicht deswegen (doch) vom Leib? [17] Wenn der ganze Leib Auge, wo das Gehör? Wenn ganz Gehör, wo der Geruch? [18] Jetzt aber setzte Gott die Glieder, ein jedes von ihnen im Leib, gleichwie er wollte. [19] Wenn aber alles wäre ein Glied, wo der Leib? [20] Jetzt aber zwar viele Glieder, aber ein Leib. [21] Nicht kann aber das Auge sprechen zur Hand: Ich habe dich nicht nötig, oder wieder der Kopf zu den Füßen: Ich habe euch nicht nötig; [22] doch um vieles mehr sind die schwächer zu sein scheinenden Glieder des Leibes notwendig, [23] und welche uns weniger ehrbar zu sein scheinen am Leib, diesen erteilen wir besondere Ehre, und die unanständigen an uns haben besondere Anständigkeit, [24] die anständigen aber an uns haben (sie) nicht nötig. Doch Gott fügte zusammen den Leib, dem Mangelhaften besondere Ehre gebend, [25] damit nicht Spaltung sei im Leib, sondern die Glieder um dasselbe für einander sorgen. [26] Und sei es, ein Glied leidet, mitleiden alle Glieder; sei es, geehrt wird [ein] Glied, mitfreuen sich alle Glieder. [27] Ihr aber seid Leib (des) Christos und Glieder als Teil. [28] Und die einen setzte Gott in der Gemeinde erstens zu Aposteln, zweitens zu Propheten, drittens zu Lehrern, dann (Wunder)kräfte, dann Gnadengaben zu Heilungen, Hilfeleistungen, Führungsgaben, Arten von Zungen(rede). [29] (Sind) etwa alle Apostel? Etwa alle Propheten? Etwa alle Lehrer? (Haben) etwa alle (Wunder)kräfte? [30] Haben etwa alle Gnadengaben zu Heilungen? Reden etwa alle in Zungen? Legen etwa alle aus? [31] Erstrebt aber die größeren Gnadengaben!

Und einen Weg noch darüber hinaus zeige ich euch.

13 [1] Wenn ich mit den Zungen der Menschen rede und der Engel, Liebe aber nicht habe, bin ich geworden ein hallendes Kupfer(becken) oder ein gellendes Kymbalon. [2] Und wenn ich habe eine Prophetengabe und weiß die Geheimnisse alle und alle Erkenntnis und wenn ich habe allen Glauben, so daß ich Berge versetze, Liebe aber nicht habe, nichts bin ich. [3] Und wenn ich verteile all meinen Besitz und wenn ich übergebe meinen Leib, damit ich gerühmt werde,

Liebe aber nicht habe, nichts nützt es mir.

[4] Die Liebe ist großmütig, freundlich ist die Liebe, nicht eifert sie, [die Liebe] prahlt nicht, nicht bläht sie sich auf, [5] nicht handelt sie unanständig, nicht sucht sie das Ihre, nicht läßt sie sich erzürnen, nicht rechnet sie an das Schlechte, [6] nicht freut sie sich über das Unrecht, aber sie freut sich mit an der Wahrheit; [7] alles deckt sie zu, alles glaubt sie, alles hofft sie, alles erträgt sie.

[8] Die Liebe fällt niemals; seien es aber Prophetengaben, sie werden vernichtet werden; seien es Zungen(reden), sie werden aufhören; sei es Erkenntnis, sie wird vernichtet werden. [9] Denn stückweise erkennen wir, und stückweise prophezeien wir. [10] Wann aber kommt das Vollkommene, wird das Stückweise vernichtet werden. [11] Als ich unmündig war, redete ich wie ein Unmündiger, dachte ich wie ein Unmündiger, urteilte ich wie ein Unmündiger; als ich ein Mann geworden, habe ich vernichtet das des Unmündigen. [12] Denn wir sehen jetzt durch einen Spiegel im Rätsel, dann aber Angesicht zu Angesicht; jetzt erkenne ich stückweise, dann aber werde ich ganz erkennen, gleichwie auch ich ganz erkannt wurde. [13] Jetzt aber bleibt Glaube, Hoffnung, Liebe, diese drei: (Das) Größte aber von diesen (ist) die Liebe.

14 [1] Jagt der Liebe nach, erstrebt aber die Geistesgaben, mehr aber, daß ihr prophezeit. [2] Denn der Zungenredende, nicht zu Menschen redet er, sondern zu Gott; denn keiner hört, im Geiste aber redet er Geheimnisse; [3] der Prophezeiende aber redet (den) Menschen Erbauung und Ermutigung und Tröstung. [4] Der Zungenredende erbaut sich selbst; der Prophezeiende aber erbaut Gemeinde. [5] Ich will aber, daß ihr alle redet mit Zungen, mehr aber, daß ihr prophezeit; größer aber (ist) der Prophezeiende als der mit Zungen Redende, außer wenn er auslegt, damit die Gemeinde Erbauung empfängt.

[6] Jetzt aber, Brüder, wenn ich komme zu euch mit Zungen redend, was werde ich euch nützen, wenn ich nicht zu euch rede entweder in Offenbarung oder in Erkenntnis oder in

Prophetie oder [in] Lehre? [7] Gleichfalls das Unbelebte, das
einen Laut gibt, sei es Flöte, sei es Kithara, wenn es eine
Unterscheidung für die Töne nicht gäbe, wie wird erkannt
werden das auf der Flöte oder das auf der Kithara Gespielte?
[8] Denn auch wenn eine Trompete einen undeutlichen Laut
gibt, wer wird sich rüsten zum Krieg? [9] So auch ihr, wenn ihr
nicht durch die Zunge verständliche Rede gebt, wie wird erkannt werden das Geredete? Denn ihr werdet in (die) Luft
Redende sein. [10] Soviele Arten von Sprachen etwa sind in
(der) Welt, und nichts (ist) sprachlos; [11] wenn ich nun nicht
kenne die Kraft der Sprache, werde ich sein dem Redenden
ein Fremder und der Redende für mich ein Fremder. [12] So
auch ihr, da ihr Eiferer seid um Geister, strebt nach der Erbauung der Gemeinde, damit ihr überfließt!

[13] Deshalb soll der Zungenredende beten, daß er (es) auslegen (könne). [14] [Denn] wenn ich bete mit Zunge, betet mein
Geist, mein Verstand aber ist unfruchtbar. [15] Was ist nun?
Beten werde ich mit dem Geist, beten werde ich aber auch
mit dem Verstand; preisen werde ich mit dem Geist, preisen
werde ich aber auch mit dem Verstand. [16] Daher, wenn du
preist [im] Geist, der den Platz des Nichteingeweihten Ein-
nehmende, wie soll er das Amen sprechen auf deine Danksagung? Da er, was du redest, nicht weiß; [17] denn du dankst
zwar recht, doch der andere wird nicht erbaut. [18] Ich danke
Gott, mehr als ihr alle rede ich mit Zungen; [19] doch in (der)
Gemeinde will ich (lieber) fünf Worte mit meinem Verstand
reden, damit auch andere ich unterrichte, als zehntausend
Worte in Zunge(nrede).

[20] Brüder, werdet nicht Kinder in den Einsichten, doch in
der Schlechtigkeit werdet unmündig, in den Einsichten aber
werdet vollkommen! [21] Im Gesetz ist geschrieben: *In anderen
Zungen und in Lippen von anderen werde ich reden zu diesem
Volk, und auch nicht so werden sie auf mich hören*, sagt (der)
Herr. [22] Daher sind die Zungen zum Zeichen nicht für die
Glaubenden, sondern für die Ungläubigen, die Prophetengabe
aber (ist) nicht für die Ungläubigen, sondern für die Glauben-

Jes 28,11f

den. [23] Wenn nun zusammenkommt die ganze Gemeinde zu eben diesem und alle reden mit Zungen, (es) kommen aber herein Nichteingeweihte oder Ungläubige, werden sie nicht sagen, daß ihr verrückt seid? [24] Wenn aber alle prophezeien, (es) kommt aber herein ein Ungläubiger oder Nichteingeweihter, überführt wird er von allen, beurteilt wird er von allen, [25] das Verborgene seines Herzens wird offenbar, und so, fallend auf (das) Gesicht, huldigen wird er Gott, verkündend, daß *wirklich Gott in euch ist.*　　　　　　　　　Jes 45,14

[26] Was ist nun, Brüder? Wann ihr zusammenkommt, hat jeder einen Psalm, hat eine Lehre, hat eine Offenbarung, hat eine Zunge(nrede), hat eine Auslegung; alles soll zur Erbauung geschehen. [27] Sei es, daß einer mit Zunge redet, zu zweien oder höchstens dreien und der Reihe nach, und einer soll auslegen; [28] wenn aber nicht (da) ist ein Ausleger, schweigen soll er in (der) Gemeinde, zu sich aber soll er reden und zu Gott. [29] Propheten aber sollen zwei oder drei reden, und die anderen sollen beurteilen; [30] wenn aber einem anderen Dasitzenden (etwas) offenbart wird, soll der erste schweigen. [31] Denn ihr könnt einzeln alle prophezeien, damit alle lernen und alle ermahnt werden. [32] Und (die) Geister von Propheten ordnen sich (den) Propheten unter, [33] denn nicht ist er (der) Unordnung Gott, sondern (des) Friedens.

Wie in allen Gemeinden der Heiligen [34] sollen die Frauen in den Gemeinde(versammlungen) schweigen; denn nicht ist ihnen erlaubt zu reden, sondern sie sollen sich unterordnen, gleichwie auch das Gesetz sagt. [35] Wenn sie aber etwas lernen wollen, zu Hause sollen sie die eigenen Männer befragen; denn schändlich ist es für eine Frau, zu reden in (einer) Gemeinde(versammlung). [36] Oder ging von euch das Wort Gottes aus, oder gelangte es zu euch allein?

[37] Wenn einer meint, ein Prophet zu sein oder ein Geistbegabter, soll er anerkennen, was ich euch schreibe, daß (des) Herrn Gebot (es) ist; [38] wenn aber einer (das) nicht anerkennt, wird er nicht anerkannt. [39] Daher, [meine] Brüder, eifert um das Prophezeien und das Reden mit Zungen hindert nicht;

[40] alles aber soll anständig und nach Ordnung geschehen!

15

[1] Ich tue euch aber kund, Brüder, das Evangelium, das ich euch verkündete, das ihr auch übernahmt, in dem ihr auch steht, [2] durch das ihr auch gerettet werdet, wenn ihr festhaltet, in welchem Sinn ich euch (das Evangelium) verkündete, außer wenn etwa grundlos ihr gläubig wurdet. [3] Denn ich überlieferte euch an erster (Stelle), was ich auch übernahm, daß Christos starb für unsere Sünden nach den Schriften [4] und daß er begraben wurde und daß er erweckt worden ist am dritten Tag nach den Schriften [5] und daß er erschien Kephas, dann den Zwölf; [6] danach erschien er über fünfhundert Brüdern auf einmal, von denen die meisten bleiben bis jetzt, einige aber entschliefen; [7] danach erschien er Jakobos, dann den Aposteln allen; [8] zuletzt aber von allen, gleichsam wie der Fehlgeburt, erschien er auch mir. [9] Denn ich bin der geringste der Apostel, der ich nicht geeignet bin, gerufen zu werden Apostel, weil ich verfolgte die Gemeinde Gottes; [10] durch Gnade Gottes aber bin ich, was ich bin, und seine Gnade, die für mich, nicht leer wurde sie, sondern reichlicher als sie alle mühte ich mich, nicht ich aber, sondern die Gnade Gottes, [die] mit mir. [11] Sei es nun ich, seien es jene, so verkünden wir, und so wurdet ihr gläubig.

[12] Wenn aber Christos verkündet wird, daß aus Toten er erweckt worden ist, wie sagen bei euch einige, daß es Auferstehung Toter nicht gibt? [13] Wenn es aber Auferstehung Toter nicht gibt, ist auch Christos nicht erweckt worden; [14] wenn aber Christos nicht erweckt worden ist, leer (ist) also [auch] unsere Verkündigung, leer auch euer Glaube; [15] erfunden werden wir aber auch als Falschzeugen Gottes, weil wir bezeugten gegen Gott, daß er erweckte den Christos, den er nicht erweckte, da doch also Tote nicht erweckt werden. [16] Denn wenn Tote nicht erweckt werden, ist auch Christos nicht erweckt worden; [17] wenn aber Christos nicht erweckt worden ist, nichtig (ist) euer Glaube, (und) noch seid ihr in euren Sünden; [18] also gingen auch die Entschlafenen in Chri-

stos verloren. [19] Wenn wir in diesem Leben auf Christos gehofft haben allein, bemitleidenswerter als alle Menschen sind
wir.

[20] Jetzt aber ist Christos erweckt worden aus Toten als
Erstling der Entschlafenen. [21] Denn da durch einen Menschen
(der) Tod, (kam) auch durch einen Menschen (die) Auferstehung Toter. [22] Denn wie in Adam alle sterben, so werden
auch in Christos alle lebendig gemacht werden. [23] Jeder aber
in der eigenen Ordnung: Als Erstling Christos, danach die des
Christos bei seiner Ankunft, [24] dann das Ende, wann er über-
gibt die Herrschaft dem Gott und Vater, wann er vernichtet
hat jede Hoheit und jede Macht und Kraft. [25] Denn er muß
herrschen, bis daß *er legt* alle *Feinde unter* seine *Füße*. [26] Als   Ps 110,1
letzter Feind wird vernichtet der Tod; [27] denn *alles unterwarf*   Ps 8,7
er unter seine Füße. Wann er aber spricht: Alles ist unterworfen, (ist) offenbar: außer dem Unterwerfenden ihm alles.
[28] Wann aber unterworfen wurde ihm alles, dann wird [auch]
der Sohn selbst sich unterwerfen dem Unterwerfenden ihm
alles, damit sei Gott alles in allem.

[29] Denn was werden (sonst) tun, die sich für die Toten taufen lassen? Wenn überhaupt Tote nicht erweckt werden, was
noch lassen sie sich taufen für sie? [30] Was auch sind wir in
Gefahr jede Stunde? [31] Täglich sterbe ich, wahrhaftig (bei
meinem) Rühmen (über) euch, [Brüder], das ich habe in
Christos Jesus, unserem Herrn. [32] Wenn ich nach Menschen
(-art) mit Bestien kämpfte in Ephesos, was (wäre) mir der
Nutzen? Wenn Tote nicht erweckt werden, *wollen wir essen*   Jes 22,13 (G)
und trinken, denn morgen sterben wir. [33] Irrt nicht: (Es) verderben schlechte Gesellschaften gute Sitten. [34] Werdet nüchtern in rechter Weise und sündigt nicht, denn Unkenntnis
Gottes haben einige; zur Beschämung rede ich zu euch.

[35] Doch sagen wird einer: Wie werden erweckt die Toten?
Mit welchem Leib aber kommen sie? [36] Unverständiger, du,
was du säst, wird nicht lebendig gemacht, wenn es nicht
stirbt; [37] und was du säst, nicht den Leib, der sein wird, säst
du, sondern ein nacktes Korn, etwa von Getreide oder einem

der übrigen; [38] Gott aber gibt ihm einen Leib, gleichwie er wollte, und jedem der Samen einen eigenen Leib. [39] Nicht jedes Fleisch (ist) dasselbe Fleisch, sondern ein anderes (der) Menschen, ein anderes Fleisch aber (des) Viehs, ein anderes Fleisch aber (der) Vögel, ein anderes aber (der) Fische. [40] Und himmlische Leiber, und irdische Leiber: Doch andersartig (ist) der Glanz der himmlischen, andersartig aber der der irdischen. [41] Ein anderer (der) Glanz (der) Sonne, und ein anderer (der) Glanz (des) Mondes, und ein anderer (der) Glanz (der) Sterne; denn Stern von Stern unterscheidet sich im Glanz. [42] So auch die Auferstehung der Toten. Gesät wird in Verweslichkeit, erweckt wird in Unverweslichkeit; [43] gesät wird in Unehre, erweckt wird in Ehre; gesät wird in Schwachheit, erweckt wird in Kraft; [44] gesät wird ein Sinnenleib, erweckt wird ein geistiger Leib. Wenn es einen Sinnenleib gibt, gibt es auch einen geistigen. [45] So ist auch geschrieben: *Es wurde der* erste *Mensch* Adam *zu lebender Seele,* der letzte Adam zu lebendig machendem Geist. [46] Doch nicht zuerst das Geistige, sondern das Sinnliche, danach das Geistige. [47] Der erste Mensch (ist) von (der) Erde, erdhaft, der zweite Mensch vom Himmel. [48] Wie der Erdhafte, so auch die Erdhaften, und wie der Himmlische, so auch die Himmlischen; [49] und gleichwie wir trugen das Bild des Erdhaften, werden wir tragen auch das Bild des Himmlischen.

Gen 2,7 (G)

[50] Dies aber sage ich, Brüder, daß Fleisch und Blut das Königtum Gottes nicht erben kann, auch nicht erbt die Verweslichkeit die Unverweslichkeit. [51] Siehe, ein Geheimnis sage ich euch: Nicht alle werden wir entschlafen, alle aber werden wir verwandelt werden, [52] im Nu, im Augenblick, bei der letzten Trompete; denn sie wird trompeten, und die Toten werden erweckt werden als Unverwesliche, und wir werden verwandelt werden. [53] Denn es muß dies Verwesliche anziehen Unverweslichkeit und dies Sterbliche anziehen Unsterblichkeit. [54] Wann aber dies Verwesliche anzog Unverweslichkeit und dies Sterbliche anzog Unsterblichkeit, dann wird geschehen das Wort, das geschriebene: *Verschlungen wurde der*

Jes 25,8

Tod in (den) Sieg. [55] *Wo (ist), Tod, dein Sieg? Wo, Tod, dein* Hos 13,14
Stachel? [56] Der Stachel aber des Todes (ist) die Sünde, die
Kraft aber der Sünde das Gesetz; [57] Gott aber Dank, dem Gebenden uns den Sieg durch unseren Herrn Jesus Christos.
[58] Daher, meine geliebten Brüder, werdet fest, unbewegbar,
überfließend im Werk des Herrn allzeit, wissend, daß eure
Mühe nicht leer ist im Herrn.

16 [1] Über die Sammlung aber, die für die Heiligen:
Wie ich anordnete den Gemeinden der Galatia, so
tut auch ihr! [2] Jeden ersten (der) Woche soll jeder von euch
bei sich zurücklegen, ansammelnd, was immer etwa (ihm)
gelingt, damit nicht, wann ich komme, dann Sammlungen
sind. [3] Wann aber ich ankomme, diese werde ich, wenn ihr
sie prüftet, mit Briefen schicken, wegzubringen eure Gabe
nach Jerusalem; [4] wenn es aber wert ist, daß auch ich reise,
werden sie mit mir reisen.

[5] Kommen aber werde ich zu euch, wann ich Makedonia
durchziehe; denn Makedonia durchziehe ich, [6] bei euch aber
womöglich werde ich bleiben oder auch überwintern, damit
ihr mich geleitet, wohin immer ich reise. [7] Denn nicht will ich
euch jetzt auf (der) Durchreise sehen, denn ich hoffe, einige
Zeit zu bleiben bei euch, wenn der Herr (es) erlaubt. [8] Bleiben aber werde ich in Ephesos bis zum Pfingstfest; [9] denn
eine Tür hat sich mir geöffnet, groß und wirksam, und viele
Gegner.

[10] Wenn aber Timotheos kommt, seht (zu), daß er furchtlos
sei bei euch; denn das Werk (des) Herrn wirkt er, wie auch
ich; [11] daß nicht einer nun ihn geringachte! Geleitet ihn aber
in Frieden, damit er kommt zu mir; denn ich erwarte ihn mit
den Brüdern. [12] Über Apollos aber, den Bruder: Vielfach bat
ich ihn, daß er komme zu euch mit den Brüdern; und durchaus nicht war es (sein) Wille, daß er jetzt kommt; er wird
aber kommen, wann er rechte Zeit findet.

[13] Wacht, steht im Glauben, ermannt euch, erstarkt! [14] Alles
(bei) euch soll in Liebe geschehen.

[15] Ich ermahne euch aber, Brüder: Ihr kennt das Haus von Stephanas, daß es ist Erstling der Achaia und sie sich selbst in (den) Dienst für die Heiligen einordneten; [16] damit auch ihr euch unterordnet solchen und jedem Mitarbeitenden und sich Mühenden. [17] Ich freue mich aber über die Ankunft von Stephanas und Fortunatos und Achaikos, weil euren Mangel diese ausfüllten; [18] denn sie beruhigten meinen Geist und den von euch. Anerkennt nun solche!

[19] (Es) grüßen euch die Gemeinden der Asia. (Es) grüßt euch im Herrn vielmals Akylas und Priska mit der Gemeinde in ihrem Haus. [20] (Es) grüßen euch die Brüder alle. Grüßt einander mit heiligem Kuß!

[21] Der Gruß durch meine, des Paulos Hand. [22] Wenn einer nicht liebt den Herrn, soll er verflucht sein. Maranatha. [23] Die Gnade des Herrn Jesus (sei) mit euch. [24] Meine Liebe (ist) mit euch allen in Christos Jesus.

AN (DIE) KORINTHIER B

1 [1] Paulos, Apostel (des) Christos Jesus durch (den) Willen Gottes, und Timotheos, der Bruder, der Gemeinde Gottes, die ist in Korinthos, mit den Heiligen allen, die sind in der ganzen Achaia; [2] Gnade euch und Friede von Gott, unserem Vater, und (dem) Herrn Jesus Christos.

[3] Gelobt der Gott und Vater unseres Herrn Jesus Christos, der Vater der Erbarmungen und Gott jeder Ermutigung, [4] der uns Ermutigende bei all unserer Bedrängnis, auf daß wir ermutigen können die in jeder Bedrängnis durch die Ermutigung, (mit) der wir selbst ermutigt werden von Gott. [5] Denn gleichwie überfließen die Leiden des Christos auf uns, so fließt durch den Christos über auch unsere Ermutigung. [6] Sei es aber, daß wir bedrängt werden, für eure Ermutigung und Rettung; sei es, daß wir ermutigt werden, für eure Ermutigung, die sich auswirkende im Erdulden derselben Leiden, die auch wir leiden. [7] Und unsere Hoffnung (ist) fest für euch, wissend, daß, wie Teilhaber ihr seid der Leiden, so auch der Ermutigung.

[8] Denn nicht wollen wir, daß ihr nicht (Bescheid) wißt, Brüder, über unsere Bedrängnis, die in der Asia geschehene, daß im Übermaß über Kraft wir beschwert wurden, so daß wir verzweifelten sogar am Leben; [9] sondern bei uns selbst haben wir das Urteil zum Tod erhalten, damit nicht Vertrauende wir seien auf uns selbst, sondern auf Gott, den Erweckenden die Toten; [10] der aus einem solchen Tod uns rettete und retten wird, auf den wir gehofft haben, [daß] er auch ferner retten wird, [11] wobei auch ihr mitwirkt für uns durch das Gebet, damit aus vielen Gesichtern die Gnadengabe an uns durch viele bedankt werde für uns.

[12] Denn unser Rühmen ist dies, das Zeugnis unseres Gewissens, daß wir in Einfalt und Lauterkeit Gottes, [und] nicht in

fleischlicher Weisheit, sondern daß wir in (der) Gnade Gottes uns verhielten in der Welt, über die Maßen aber gegen euch. [13] Denn nichts anderes schreiben wir euch, außer was ihr lest und versteht; ich hoffe aber, daß bis zum Ende ihr verstehen werdet, [14] gleichwie ihr auch verstandet uns zum Teil, daß euer Ruhm wir sind, gleichwie auch ihr unserer am Tag [unseres] Herrn Jesus.

[15] Und in diesem Vertrauen wollte ich früher zu euch kommen, damit eine zweite Gnade ihr hättet, [16] und bei euch durchziehen nach Makedonia und wieder von Makedonia zu euch kommen und von euch geleitet werden in die Judaia. [17] Dies nun wollend, verfuhr ich also mit Leichtsinn? Oder was ich beschließe, beschließe ich nach (dem) Fleisch, damit sei bei mir das Ja, Ja, auch das Nein, Nein? [18] Treu aber (ist) Gott, daß unser Wort, das an euch, nicht ist Ja und Nein. [19] Denn der Sohn Gottes, Jesus Christos, der bei euch durch uns Verkündete, durch mich und Siluanos und Timotheos, nicht wurde Ja und Nein, sondern Ja ist in ihm geworden. [20] Denn soviele Zusagen Gottes, in ihm (ist) das Ja; deshalb auch durch ihn das Amen für Gott zur Herrlichkeit durch uns. [21] Der aber Festigende uns mit euch auf Christos (hin) und Salbende uns (ist) Gott, [22] der auch versiegelt hat uns und gegeben hat die Anzahlung des Geistes in unsere Herzen.

[23] Ich aber anrufe als Zeugen Gott gegen meine Seele, daß, schonend euch, ich nicht mehr kam nach Korinthos. [24] Nicht daß wir herrschen über euren Glauben, sondern Mitarbeiter sind wir eurer Freude; denn im Glauben steht ihr.

2 [1] Denn ich beschloß bei mir dies, nicht wieder in Betrübnis zu euch zu kommen. [2] Denn wenn ich euch betrübe, und wer (ist) der mich Erfreuende, wenn nicht der von mir Betrübte? [3] Und ich schrieb eben dies, damit nicht, kommend, Betrübnis ich hätte von denen, über die ich mich freuen müßte, vertrauend auf euch alle, daß meine Freude euer aller ist. [4] Denn aus vieler Bedrängnis und Beklemmung (des) Herzens schrieb ich euch unter vielen Tränen, nicht damit ihr betrübt werdet, sondern damit ihr die Liebe erkennt, die ich

habe über die Maßen zu euch.

⁵ Wenn aber einer betrübt hat, nicht mich hat er betrübt, sondern zum Teil, damit ich nicht übertreibe, euch alle. ⁶ Genug für den so Beschaffenen diese Strafe, die von der Mehrzahl, ⁷ so daß im Gegenteil ihr mehr verzeiht und ermutigt, damit nicht etwa durch die übermäßigere Betrübnis verschlungen werde der so Beschaffene. ⁸ Deshalb ermahne ich euch, euch zu entscheiden zur Liebe zu ihm; ⁹ denn dazu schrieb ich auch, damit ich erkenne eure Bewährung, ob in allem Gehorsame ihr seid. ¹⁰ Wem ihr aber etwas verzeiht, (verzeihe) auch ich; denn auch ich, was ich verziehen habe, wenn ich etwas verziehen habe, wegen euch (habe ich verziehen) im Angesicht (des) Christos, ¹¹ damit wir nicht übervorteilt werden vom Satan; denn nicht verkennen wir seine Gedanken.

¹² Als ich aber kam nach Troas für das Evangelium des Christos und als eine Tür mir geöffnet worden ist im Herrn, ¹³ hatte ich nicht Ruhe für meinen Geist, weil ich nicht fand Titos, meinen Bruder, sondern, mich verabschiedend von ihnen, wegging ich nach Makedonia.

¹⁴ Gott aber Dank, dem allzeit uns im Triumph Mitführenden in Christos und den Duft seiner Erkenntnis Offenbarenden durch uns an jedem Ort; ¹⁵ denn (des) Christos Wohlgeruch sind wir für Gott bei den Rettung Findenden und bei den Verlorengehenden, ¹⁶ den einen Duft aus Tod zu Tod, den anderen aber Duft aus Leben zu Leben. Und wer (ist) zu diesem fähig? ¹⁷ Denn nicht sind wir wie die vielen Verfälschenden das Wort Gottes, sondern wie aus Lauterkeit, sondern wie aus Gott reden wir gegenüber Gott in Christos.

3 ¹ Beginnen wir wieder, uns selbst zu empfehlen? Oder bedürfen wir etwa, wie einige, empfehlender Briefe an euch oder von euch? ² Unser Brief seid ihr, eingeschrieben in unseren Herzen, erkannt und gelesen von allen Menschen, ³ offenbar gemacht, daß ihr seid ein Brief (des) Christos, besorgt von uns, eingeschrieben nicht mit Tinte, sondern mit (dem) Geist (des) lebendigen Gottes, nicht in steinernen Tafeln, sondern in Tafeln fleischerner Herzen.

⁴ Ein solches Vertrauen aber haben wir durch Christos zu Gott. ⁵ Nicht daß wir von uns selbst geeignet sind, etwas zu beurteilen wie aus uns selbst, sondern unsere Fähigkeit (ist) aus Gott, ⁶ der auch befähigte uns zu Dienern eines neuen Bundes, nicht (des) Buchstabens, sondern (des) Geistes; denn der Buchstabe tötet, der Geist aber macht lebendig. ⁷ Wenn aber der Dienst des Todes, in Buchstaben Steinen eingehauen, geschah in Glanz, so daß nicht hinsehen konnten die Söhne Israels in das Gesicht (des) Moyses, wegen des vergehenden Glanzes seines Gesichtes, ⁸ wie wird nicht (viel)mehr der Dienst des Geistes sein in Glanz? ⁹ Denn wenn dem Dienst der Verurteilung Glanz (zukommt), um wieviel mehr fließt über der Dienst der Gerechtigkeit an Glanz. ¹⁰ Denn auch nicht ist umglänzt das Umglänzte in diesem Teil wegen des überragenden Glanzes. ¹¹ Denn wenn das Vergehende (geprägt war) durch Glanz, um wieviel mehr das Bleibende in Glanz.

¹² Da wir nun eine solche Hoffnung haben, verfahren wir mit viel Freimut, ¹³ und nicht gleichwie Moyses legte eine Decke auf sein Gesicht, damit nicht hinsehen die Söhne Israels auf das Ende des Vergehenden. ¹⁴ Doch verstockt wurden ihre Gedanken. Denn bis zum heutigen Tag bleibt dieselbe Decke auf dem Lesen des alten Bundes, ohne daß enthüllt wird, daß in Christos sie vergeht; ¹⁵ sondern bis heute, so oft immer Moyses gelesen wird, liegt eine Decke auf ihren Herzen; Ex 34,34 ¹⁶ *so oft aber immer er sich hinwendet zum Herrn, wird weggenommen die Decke.* ¹⁷ Der Herr aber ist der Geist; wo aber der Geist (des) Herrn, (ist) Freiheit. ¹⁸ Wir alle aber, mit enthülltem Gesicht den Glanz (des) Herrn spiegelnd, werden in dasselbe Bild umgestaltet, von Glanz zu Glanz, gleichwie von (des) Herrn Geist.

4 ¹ Deswegen, da wir diesen Dienst haben, gleichwie wir Erbarmen fanden, nicht ermüden wir, ² sondern wir sagten uns los von dem Verborgenen der Schande, nicht umhergehend in Verschlagenheit und nicht verfälschend das Wort Gottes, sondern durch die Offenbarung der Wahrheit uns selbst empfehlend an jedes Gewissen (der) Menschen vor Gott. [3]Wenn aber auch verdeckt ist unser Evangelium, bei den Verlorengehenden ist es verdeckt, [4]bei denen der Gott dieses Aions blendete die Gedanken der Ungläubigen, auf daß sie nicht wahrnehmen das Leuchten des Evangeliums der Herrlichkeit des Christos, der ist Bild Gottes. [5]Denn nicht uns selbst verkünden wir, sondern Jesus Christos als Herrn, uns selbst aber als eure Sklaven wegen Jesus. [6]Denn Gott, der sprach: Aus Finsternis wird Licht erstrahlen, der erstrahlte in unseren Herzen zum Leuchten der Erkenntnis der Herrlichkeit Gottes im Angesicht von [Jesus] Christos.

[7]Wir haben aber diesen Schatz in tönernen Gefäßen, damit das Übermaß der Kraft sei Gottes und nicht von uns; [8]in allem Bedrängte, doch nicht Beengte, Ratlose, doch nicht ganz Ratlose, [9]Verfolgte, doch nicht Verlassene, Niedergeworfene, doch nicht Verlorengehende, [10]allzeit die Tötung des Jesus am Leib Umhertragende, damit auch das Leben des Jesus an unserem Leib offenbart werde. [11]Denn immer werden wir, die Lebenden, in (den) Tod übergeben wegen Jesus, damit auch das Leben des Jesus offenbart werde an unserem sterblichen Fleisch. [12]Daher ist der Tod in uns wirksam, das Leben aber in euch. [13]Da wir aber denselben Geist des Glaubens haben gemäß dem Geschriebenen: *Ich glaubte, deshalb redete ich,* glauben auch wir, deshalb auch reden wir, [14]wissend, daß der, der erweckt hat den Herrn Jesus, auch uns mit Jesus erwecken und hinstellen wird mit euch. [15]Denn das alles (geschieht) wegen euch, damit die Gnade, sich mehrend durch der Mehrzahl Danksagung, überfließe in die Herrlichkeit Gottes.

Ps 116,1 (G)

[16]Deshalb ermüden wir nicht, sondern wenn auch unser äußerer Mensch vernichtet wird, unser innerer aber wird erneuert Tag um Tag. [17]Denn das augenblicklich Geringe unserer Bedrängnis bewirkt uns von Übermaß zu Übermaß ewige Fülle an Herrlichkeit, [18]da wir nicht achten auf das Schaubare, sondern auf das nicht Schaubare; denn das Schaubare (ist) zeitweilig, das nicht Schaubare aber ewig.

5 ¹ Denn wir wissen, daß, wenn unser irdisches Zelthaus zerstört wird, wir einen Bau aus Gott haben, ein Haus, nicht handgemacht, ewig, in den Himmeln. ² Denn auch darin stöhnen wir, unsere Wohnung, die aus (dem) Himmel, darüber anzuziehen ersehnend, ³ wenn anders wir auch angezogen nicht werden nackt erfunden werden. ⁴ Denn auch wir, die im Zelt sind, stöhnen beschwert, weil wir nicht wollen entkleidet werden, sondern überkleidet werden, damit verschlungen werde das Sterbliche vom Leben. ⁵ Der aber uns bereitete zu eben diesem, (ist) Gott, der uns gab die Anzahlung des Geistes. ⁶ Da wir nun Mut haben allzeit und wissen, daß einwohnend im Leib, wir fern wohnen vom Herrn; ⁷ denn im Glauben wandeln wir, nicht im Schauen; ⁸ Mut aber haben wir, und gut erscheint (es) uns, lieber fern zu wohnen vom Leib und einzuwohnen beim Herrn. ⁹ Deshalb auch machen wir uns eine Ehre daraus, sei es einwohnend, sei es fern wohnend, wohlgefällig ihm zu sein. ¹⁰ Denn es ist nötig, daß wir alle offenbar werden vor dem Richterstuhl des Christos, damit jeder empfange das, auf was hin er durch den Leib handelte, sei es Gutes, sei es Schlechtes.

¹¹ Kennend nun die Furcht des Herrn überzeugen wir Menschen, Gott aber sind wir offenbar geworden; ich hoffe aber auch in eurem Gewissen offenbar zu sein. ¹² Nicht wieder empfehlen wir uns selbst euch, sondern eine Gelegenheit euch gebend (des) Rühmens für uns, damit ihr (etwas) habt gegen die mit (dem) Gesicht sich Rühmenden und nicht mit (dem) Herzen. ¹³ Denn sei es, wir gerieten außer uns, für Gott; sei es, wir sind vernünftig, für euch. ¹⁴ Denn die Liebe des Christos hält zusammen uns, dies Urteilende, daß einer für alle starb, folglich alle starben; ¹⁵ und für alle starb er, damit die Lebenden nicht mehr sich leben, sondern dem für sie Gestorbenen und Erweckten. ¹⁶ Daher kennen wir von jetzt (an) keinen nach (dem) Fleisch; wenn wir auch Christos gekannt haben nach (dem) Fleisch, doch jetzt kennen wir (ihn) nicht mehr (so). ¹⁷ Daher wenn einer in Christos (ist), (ist er) neue Schöpfung; das Alte ging vorüber, siehe, geworden ist Neues.

¹⁸ Alles aber (kommt) von Gott, dem Versöhnenden uns mit sich durch Christos und Gebenden uns den Dienst der Versöhnung, ¹⁹ weil Gott war in Christos (die) Welt (mit) sich versöhnend, nicht anrechnend ihnen ihre Übertretungen und legend in uns das Wort der Versöhnung. ²⁰ Anstelle (des) Christos nun sind wir Gesandte, indem Gott ermahnt durch uns; wir bitten anstelle (des) Christos, versöhnt euch mit Gott! ²¹ Den Sünde nicht Kennenden machte er für uns zur Sünde, damit wir werden Gerechtigkeit Gottes in ihm.

6 ¹ Als Mitarbeitende aber ermahnen wir auch, daß ihr nicht ins Leere die Gnade Gottes empfingt; ² denn er sagt: *Zu genehmer Zeit erhörte ich dich, und am Tag (der)* Jes 49,8 (G) *Rettung half ich dir.* Siehe, jetzt (ist) wohlangenehme Zeit, siehe, jetzt (ist) ein Tag (der) Rettung. ³ Keinen Anstoß in irgendetwas gebend, damit nicht beschimpft wird der Dienst, ⁴ sondern in allem uns empfehlend als Gottes Diener, in viel Geduld, in Bedrängnissen, in Zwängen, in Beengungen, ⁵ in Schlägen, in Gefängnissen, in Unordnungen, in Mühen, in Schlaflosigkeiten, in Fasten, ⁶ in Reinheit, in Erkenntnis, in Großmut, in Güte, in heiligem Geist, in ungeheuchelter Liebe, ⁷ im Wort (der) Wahrheit, in Kraft Gottes; mit den Waffen der Gerechtigkeit, den rechten und linken, ⁸ mit Ehre und Unehre, mit schlechtem Ruf und gutem Ruf; wie Betrüger und (doch) Wahrhaftige, ⁹ Nichtwissende und (doch) Verstehende, wie Sterbende und siehe, wir leben, wie Gezüchtigte, aber nicht Getötete, ¹⁰ wie Betrübte, immer aber sich Freuende, wie Arme, viele aber Reichmachende, wie nichts Habende und (doch) alles Besitzende.

¹¹ Unser Mund hat sich geöffnet zu euch, Korinthier, unser Herz ist weit geworden; ¹² nicht seid ihr beengt in uns, beengt seid ihr aber in eurem Innersten; ¹³ als denselben Gegenlohn aber, wie zu Kindern rede ich, werdet weit auch ihr!

¹⁴ Nicht zieht unter fremdem Joch mit Ungläubigen; denn welche Teilhabe (ist zwischen) Gerechtigkeit und Gesetzlosigkeit, oder welche Gemeinschaft (hat) Licht zu Finsternis? ¹⁵ Welche Übereinstimmung aber (hat) Christos zu Beliar,

oder welches ist (der) Anteil eines Gläubigen mit einem Ungläubigen? [16] Welche Übereinstimmung aber (besteht zwischen) einem Tempel Gottes mit Götzen? Denn wir sind ein Tempel (des) lebendigen Gottes, gleichwie Gott sprach: *Einwohnen werde ich unter ihnen und darin umhergehen, und ich werde sein ihr Gott, und sie werden sein mein Volk.* [17] Deshalb *geht heraus aus ihrer Mitte und sondert euch ab, sagt (der) Herr,* und *Unreines berührt nicht! Und ich werde euch aufnehmen,* [18] und *ich werde sein* euch *zum Vater, und* ihr werdet sein *mir zu Söhnen* und Töchtern, *sagt (der) Herr, (der) Allherrscher.*

Lev 26,11f

Ez 37,27

Jes 52,11.4

Ez 20,34

2 Sam 7,14

2 Sam 7,8 (G)

7 [1] Da wir nun diese Zusagen haben, Geliebte, wollen wir uns reinigen von jeder Befleckung von Fleisch und Geist, vollendend (die) Heiligkeit in Furcht Gottes.

[2] Gebt uns Raum! Keinem taten wir Unrecht, keinen richteten wir zugrunde, keinen übervorteilten wir. [3] Zur Verurteilung rede ich nicht; denn ich habe vorhergesagt, daß in unseren Herzen ihr seid, zum mit(einander) Sterben und mit (-einander) Leben. [4] Viel Freimut (habe) ich gegen euch, viel Rühmen (habe) ich über euch; erfüllt bin ich mit der Ermutigung, ich fließe über vor Freude bei all unserer Bedrängnis.

[5] Denn auch als wir kamen nach Makedonia, keine Ruhe hat gehabt unser Fleisch, sondern in allem (sind wir) Bedrängte; von außen Kämpfe, von innen Ängste. [6] Doch der Ermutigende die Demütigen ermutigte uns, Gott, durch die Ankunft (des) Titos, [7] nicht allein aber durch seine Ankunft, sondern auch durch die Ermutigung, mit der er ermutigt wurde bei euch, berichtend uns euer Sehnen, euer Klagen, euren Eifer für mich, so daß ich mich (noch) mehr freute. [8] Denn wenn ich auch betrübte euch in dem Brief, nicht bereue ich; wenn ich auch bereute, sehe ich [nämlich], daß jener Brief, wenn er auch auf Zeit euch betrübte, [9] jetzt freue ich mich, nicht weil ihr betrübt wurdet, sondern weil ihr betrübt wurdet zur Umkehr; denn ihr wurdet betrübt gemäß Gott, damit in nichts ihr geschädigt würdet von uns. [10] Denn die Betrübnis gemäß Gott wirkt unbereubare Umkehr zur

Rettung; die Betrübnis aber der Welt bewirkt Tod. [11] Denn
siehe, eben dies, das gemäß Gott Betrübtwerden, wie großen
Eifer bewirkte es bei euch, ja Verteidigung, ja Unwillen, ja
Furcht, ja Sehnen, ja Eifer, ja Bestrafung. In allem empfahlt
ihr euch, rein zu sein in der Sache. [12] Also, wenn ich euch
auch schrieb, (so) nicht wegen des Unrecht Tuenden, auch
nicht wegen des Unrecht Erleidenden, sondern wegen des Of-
fenbarwerdens eures Eifers, des für uns bei euch vor Gott.
[13] Deswegen sind wir ermutigt worden. Zu unserer Ermutigung hinzu aber über die Maßen mehr freuten wir uns über
die Freude (des) Titos, daß beruhigt worden ist sein Geist von
euch allen; [14] denn wenn ich etwas vor ihm für euch gerühmt
habe, nicht wurde ich beschämt, sondern wie wir alles in
Wahrheit zu euch redeten, so wurde auch unser Rühmen, das
bei Titos, Wahrheit. [15] Und sein Innerstes ist über die Maßen
für euch, sich erinnernd an den Gehorsam von euch allen,
wie mit Furcht und Zittern ihr ihn empfingt. [16] Ich freue
mich, daß ich in allem Mut haben (kann) unter euch.

8 [1] Wir tun euch aber kund, Brüder, die Gnade Gottes,
die gegebene in den Gemeinden der Makedonia, [2] daß
in vieler Bewährung in Bedrängnis die Überfülle ihrer Freude
und ihre abgrundtiefe Armut überfloß in den Reichtum ihrer
Einfalt; [3] denn nach Kraft, ich bezeuge (es), und über Kraft,
als Freiwillige, [4] mit viel Ermutigung erbittend von uns die
Gnade und die Gemeinschaft des Dienstes, des für die Heiligen, [5] und nicht (nur) gleichwie wir hofften, sondern sich
selbst gaben sie zuerst dem Herrn und (dann) uns durch (den)
Willen Gottes, [6] auf daß wir ermutigten Titos, damit er,
gleichwie er vorher begann, so auch vollende bei euch diese
Gnade. [7] Doch wie in allem ihr überfließt, an Glaube und
Wort und Erkenntnis und jedem Eifer und der Liebe von uns
zu euch, damit ihr auch in dieser Gnade überfließt. [8] Nicht als
Befehl sage ich (es), sondern durch den Eifer anderer auch
das Echte eurer Liebe prüfend; [9] denn ihr kennt die Gnade unseres Herrn Jesus Christos, daß wegen euch er arm wurde,

obwohl er reich war, damit ihr durch die Armut jenes reich werdet. [10] Aber eine Meinung gebe ich darin; denn dies nützt euch, welche ihr nicht allein das Tun, sondern auch das Wollen vorher begannt seit vorigem Jahr; [11] jetzt aber vollendet auch das Tun, auf daß, gleichwie die Bereitschaft des Wollens, so auch das Vollenden (erfolge) aus dem Haben. [12] Denn wenn die Bereitschaft vorliegt, nach dem, was sie etwa hat, wohlangenehm (ist sie), nicht nach dem, was sie nicht hat. [13] Denn nicht damit anderen Ruhe (zuteil wird), euch Bedrängnis, sondern aus Gleichheit; [14] in der jetzigen Zeit (werde hilfreich) euer Überfluß für den Mangel jener, damit auch der Überfluß jener (hilfreich) werde für euren Mangel, auf daß Gleichheit werde, [15] gleichwie geschrieben ist: *Der das Viele (hatte), hatte nicht reichlich, und der das Wenige (hatte), hatte nicht Mangel.*

Ex 16,18

[16] Dank aber (sei) Gott, dem Gebenden denselben Eifer für euch ins Herz (des) Titos, [17] daß die Ermutigung er annahm, bemühter aber, wie er war, freiwillig wegging zu euch. [18] Mitschickten wir aber mit ihm den Bruder, dessen Lob wegen des Evangeliums durch alle Gemeinden (geht), [19] aber nicht allein (das), sondern auch gewählt von den Gemeinden als unser Reisebegleiter mit dieser Gabe, der von uns besorgten zu des Herrn [selbst] Herrlichkeit und unserer Bereitschaft, [20] vermeidend dies, daß einer uns beschimpfe bei dieser reichen Spende, der von uns besorgten; [21] denn wir sorgen für Rechtes, nicht allein vor (dem) Herrn, sondern auch vor (den) Menschen. [22] Mitschickten wir aber mit ihnen unseren Bruder, den wir prüften in vielem vielmals als Bemühten, jetzt aber als viel Bemühteren mit viel Vertrauen zu euch. [23] Sei es bezüglich Titos: mein Teilhaber und für euch Mitarbeiter (ist er); seien es unsere Brüder: Apostel von Gemeinden, Abglanz (des) Christos (sind sie). [24] Den Aufweis eurer Liebe nun und unseres Rühmens über euch zu ihnen weist ihr auf im Angesicht der Gemeinden.

9 [1] Denn über den Dienst, den für die Heiligen, ist es überflüssig für mich, euch zu schreiben; [2] denn ich kenne eure Bereitschaft, die ich in bezug auf euch rühme (den) Makedonen, daß Achaia gerüstet ist seit vorigem Jahr, und euer Eifer reizte die Mehrzahl. [3]Ich schickte aber die Brüder, damit nicht unser Rühmen, das in bezug auf euch, leer werde in diesem Teil, damit ihr, gleichwie ich sagte, gerüstet seid, [4]daß nicht etwa, wenn mit mir kommen Makedonen und sie finden euch ungerüstet, wir beschämt werden, wir, damit ich nicht sage ihr, auf dieser Grundlage (des Rühmens). [5]Für notwendig nun hielt ich, zu ermuntern die Brüder, daß sie vorangehen zu euch und vorbereiten eure vorangekündigte Segen(sgabe), daß diese bereit sei so wie eine Segen(sgabe) und nicht wie Geiz.

[6]Dies aber, wer sparsam sät, sparsam wird er auch ernten, und wer sät auf Segen(sfülle) hin, auf Segen(sfülle) hin wird er auch ernten. [7]Jeder (gebe), gleichwie er sich vorgenommen hat im Herzen, nicht aus Betrübnis oder aus Zwang; denn *einen freudigen Geber* liebt *Gott.* [8]Gott aber ist mächtig, alle Gnade überfließen zu lassen auf euch, damit ihr in allem allzeit alle Genüge habend, überfließt zu jedem guten Werk, [9]gleichwie geschrieben ist: *Er teilte aus, er gab den Armen, seine Gerechtigkeit bleibt in den Äon.* [10]Der Gewährende aber *Same dem Säenden und Brot zur Speise,* gewähren wird er und mehren euren Samen und wachsen lassen die Erträge eurer Gerechtigkeit. [11]In allem reich werdend zu aller Einfalt, welche bewirkt durch uns Danksagung zu Gott; [12]denn der Dienst dieser Hilfeleistung ist nicht allein auffüllend die Mängel der Heiligen, sondern (ist) auch überfließend durch die Danksagungen vieler zu Gott. [13]Durch die Bewährung in diesem Dienst verherrlichen sie Gott wegen der Unterordnung eures Bekenntnisses zum Evangelium des Christos und (wegen der) Einfalt der Gemeinschaft zu ihnen und zu allen, [14]und sie ersehnen euch mit (dem) Gebet für euch wegen der überragenden Gnade Gottes zu euch. [15]Dank (sei) Gott für sein unaussagbares Geschenk.

Spr 22,8a (G)

Ps 112,9 (G)

Jes 55,10

10 ¹Ich selbst aber, Paulos, ermutige euch durch die Sanftmut und Milde des Christos, der ich ins Gesicht zwar demütig (bin) bei euch, abwesend aber Mut habe gegen euch; ²ich bitte aber darum, nicht anwesend Mut haben (zu müssen) mit dem Vertrauen, mit dem ich denke, (es) zu wagen gegen einige, die denken, daß wir wie nach (dem) Fleisch wandeln. ³Denn im Fleisch wandelnd, nicht nach (dem) Fleisch kämpfen wir, ⁴denn die Waffen unseres Kampfes (sind) nicht fleischlich, sondern mächtig für Gott zur Zerstörung von Befestigungen, Gedanken zerstörend ⁵und jede Höhe, sich erhebend gegen die Erkenntnis Gottes, und gefangennehmend jeden Gedanken in den Gehorsam des Christos, ⁶und in Bereitschaft, zu rächen jeden Ungehorsam, wann erfüllt wird euer Gehorsam.

⁷Das vor (dem) Gesicht seht! Wenn einer sich zutraut, (des) Christos zu sein, dies soll er wieder bei sich bedenken, daß gleichwie er selbst (des) Christos, so auch wir. ⁸Denn wenn ich mich [auch] etwas übermäßiger rühmte über unsere Vollmacht, die der Herr gab zu (eurer) Erbauung und nicht zu eurer Zerstörung, nicht werde ich beschämt werden. ⁹Damit ich nicht scheine gewissermaßen zu erschrecken euch durch die Briefe; ¹⁰denn die Briefe zwar, sagt man, (seien) schwer und stark, die Anwesenheit aber des Leibes schwach und das Wort geringgeachtet. ¹¹Dies soll derselbe bedenken: Wie wir sind im Wort durch Briefe als Abwesende, solche auch als Anwesende im Werk.

¹²Denn nicht wagen wir, zuzuzählen oder zu vergleichen uns einigen der sich selbst Empfehlenden, sondern selbst an sich selbst sich selbst messend und vergleichend sich selbst mit sich selbst, nicht verstehen sie. ¹³Wir aber werden nicht ins Maßlose uns rühmen, sondern nach dem Maß der Richtschnur, die zuteilte uns Gott als Maß, angelangt zu sein auch bis zu euch. ¹⁴Denn nicht wie nicht Anlangende zu euch strecken wir uns darüber hinaus aus, denn auch bis zu euch gelangten wir mit dem Evangelium des Christos, ¹⁵nicht ins Maßlose uns rühmend aufgrund fremder Mühen, Hoffnung

aber habend (wegen) eures wachsenden Glaubens, bei euch groß zu werden gemäß unserer Richtschnur ins Übermaß, [16] in die (noch) über euch hinaus (liegenden Gegenden) (das Evangelium) zu verkünden, nicht innerhalb fremder Richtschnur über das (schon) Bereitete uns zu rühmen. [17] *Der sich* *Rühmende aber, im Herrn soll er sich rühmen;* [18] denn nicht der sich selbst Empfehlende, jener ist erprobt, sondern wen der Herr empfiehlt. Jer 9,22f

11 [1] Daß ihr doch ertrüget ein wenig Unverstand von mir; doch ihr ertragt mich (ja) auch. [2] Denn ich eifere um euch mit Gottes Eifer, denn ich verlobte euch einem Manne, als reine Jungfrau hinzustellen (euch) dem Christos; [3] ich fürchte aber, daß etwa, wie die Schlange verführte Eva in ihrer Verschlagenheit, verdorben werden eure Gedanken, (weg) von der Einfalt [und der Reinheit], der gegenüber Christos. [4] Denn wenn der Kommende einen anderen Jesus verkündet, den wir nicht verkündeten, oder ihr einen anderen Geist empfangt, den ihr nicht empfingt, oder ein anderes Evangelium, das ihr nicht annahmt, schön ertragt ihr (es).

[5] Denn ich denke, in nichts Mangel zu leiden gegenüber den Überaposteln. [6] Wenn ich aber auch ein Ungebildeter in der Rede (bin), doch nicht in der Erkenntnis, sondern in jeder (Hinsicht) haben wir (sie) offenbart in allem für euch. [7] Oder tat ich eine Sünde, mich selbst demütigend, damit ihr erhöht werdet, weil umsonst das Evangelium Gottes ich euch verkündete? [8] Andere Gemeinden beraubte ich, Sold nehmend für den Dienst an euch, [9] und anwesend bei euch und Mangel leidend, fiel ich keinem zur Last; denn meinen Mangel füllten wieder auf die Brüder, kommend von Makedonia, und in jeder (Hinsicht) ohne Last bewahrte ich mich euch und werde ich (mich) bewahren. [10] Es ist (die) Wahrheit (des) Christos in mir, daß dieses Rühmen nicht versperrt werden wird für mich in den Gegenden der Achaia. [11] Weshalb? Weil ich euch nicht liebe? Gott weiß!

[12] Was ich aber tue, werde ich auch tun, damit ich abschneide die Gelegenheit der eine Gelegenheit Wollenden,

damit sie, worin sie sich rühmen, erfunden werden gleichwie auch wir. [13] Denn solche (sind) Lügenapostel, betrügerische Arbeiter, sich Umgestaltende in Apostel (des) Christos. [14] Und kein Wunder; denn selbst der Satan gestaltet sich um in einen Engel (des) Lichts. [15] Nichts Großes also, wenn auch seine Diener sich umgestalten als Diener (der) Gerechtigkeit; deren Ende wird sein gemäß ihren Werken.

[16] Wieder sage ich, daß nicht einer meine, ich sei unverständig; wenn aber doch, wenn auch nur wie einen Unverständigen nehmt mich auf, damit auch ich ein Weniges mich rühme. [17] Was ich rede, nicht gemäß (dem) Herrn rede ich, sondern wie in Unverstand, auf dieser Grundlage des Rühmens. [18] Da viele sich rühmen nach (dem) Fleisch, werde auch ich mich rühmen. [19] Denn gern ertragt ihr die Unverständigen, die ihr verständig seid; [20] denn ihr ertragt, wenn einer euch versklavt, wenn einer auffrißt, wenn einer nimmt, wenn einer sich erhebt, wenn einer ins Gesicht euch schlägt. [21] Zur Unehre sage ich (es), daß wir schwach gewesen sind.

Worin aber immer einer (es) wagt, in Unverstand rede ich, wage auch ich (es). [22] Hebraier sind sie? Auch ich. Israeliten sind sie? Auch ich. Nachkommenschaft Abrahams sind sie? Auch ich. [23] Diener (des) Christos sind sie? Unsinnig rede ich, mehr (noch) ich; in Mühen über die Maßen, in Gefängnissen über die Maßen, in Schlägen überragend, in Todesgefahren oft. [24] Von Judaiern empfing ich fünfmal vierzig weniger einen, [25] dreimal wurde ich ausgepeitscht, einmal wurde ich gesteinigt, dreimal erlitt ich Schiffbruch, eine Nacht und einen Tag habe ich über der Tiefe zugebracht; [26] auf Reisewegen oft, in Gefahren von Flüssen, Gefahren von Räubern, Gefahren aus (dem) Volk, Gefahren aus (den) Heiden, Gefahren in (der) Stadt, Gefahren in (der) Wüste, Gefahren auf (dem) Meer, Gefahren unter Falschbrüdern; [27] in Mühe und Anstrengung, in Schlaflosigkeiten oft, in Hunger und Durst, in Fasten oft, in Kälte und Nacktheit; [28] ohne die (Dinge) außerdem: den Andrang zu mir, den täglichen, die Sorge um alle Gemeinden. [29] Wer ist schwach, und ich bin nicht schwach? Wer nimmt Anstoß, und ich brenne nicht? [30] Wenn sich rühmen nötig ist, der (Erscheinungen) meiner Schwachheit werde ich mich rühmen. [31] Der Gott und Vater des Herrn Jesus weiß, der gelobt ist in die Aionen, daß ich nicht lüge. [32] In Damaskos bewachte der Ethnarch des Königs Aretas die Stadt (der) Damaskener, mich zu fassen, [33] und durch ein Fenster in einem Korb wurde ich hinabgelassen durch die Mauer, und ich entfloh seinen Händen.

12 [1] Sich rühmen ist nötig, nützlich ist es zwar nicht, kommen aber will ich zu Erscheinungen und Offenbarungen (des) Herrn. [2] Ich weiß einen Menschen in Christos, vor vierzehn Jahren, sei es im Leib, ich weiß nicht, sei es außerhalb des Leibes, ich weiß nicht, Gott weiß, daß fortgerissen wurde derselbe bis (in den) dritten Himmel. [3] Und ich weiß denselben Menschen, sei es im Leib, sei es ohne den Leib, ich weiß nicht, Gott weiß, [4] daß er fortgerissen wurde ins Paradies und hörte unsagbare Worte, die einem Menschen zu reden nicht erlaubt (sind). [5] Über denselben werde ich mich rühmen, über mich selbst aber nicht werde ich mich rühmen, außer in den Schwachheiten. [6] Denn wenn ich mich rühmen wollte, werde ich nicht unverständig sein, denn Wahrheit werde ich sagen; ich unterlasse (es) aber, damit nicht einer über mich denkt über (das hinaus), was er sieht an mir oder hört [etwas] von mir, [7] auch bei dem Übermaß der Offenbarungen. Deshalb, damit ich mich nicht überhebe, gegeben wurde mir ein Stachel ins Fleisch, ein Engel Satans, damit er mich schlage, damit ich mich nicht überhebe. [8] Wegen diesem bat ich dreimal den Herrn, damit (jener) sich entferne von mir. [9] Und gesagt hat er mir: Es genügt dir meine Gnade, denn die Kraft wird in Schwachheit vollendet. Am liebsten werde ich mich nun (noch) mehr rühmen in meinen Schwachheiten, damit einwohne in mir die Kraft des Christos. [10] Deshalb finde ich Gefallen an Schwachheiten, an Schmähungen, an Zwängen, an Verfolgungen und Beengungen: für (den) Christos; denn wann ich schwach bin, dann bin ich stark.

¹¹ Ich bin unverständig geworden, ihr zwangt mich. Denn ich hätte von euch empfohlen werden müssen; denn in nichts litt ich Mangel gegenüber den Überaposteln, wenn ich auch nichts bin. ¹² Die Zeichen des Apostels wurden zwar gewirkt bei euch in aller Geduld, durch Zeichen und Wunder und Kraft(taten). ¹³ Denn was ist es, worin ihr schlechter gestellt wurdet gegenüber den übrigen Gemeinden, außer daß ich selbst euch nicht zur Last fiel? Verzeiht mir dieses Unrecht!

¹⁴ Siehe, dieses dritte (Mal) halte ich (mich) bereit, zu kommen zu euch, und nicht werde ich zur Last fallen; denn nicht suche ich das Eure, sondern euch. Denn nicht schulden die Kinder den Eltern, Schätze zu sammeln, sondern die Eltern den Kindern. ¹⁵ Ich aber will am liebsten mich verausgaben und völlig verausgabt werden für euer Leben. Wenn ich euch über die Maßen liebe, weniger soll ich geliebt werden? ¹⁶ Es sei aber, ich habe euch nicht beschwert; doch als ein Verschlagener habe ich mit List euch gefaßt. ¹⁷ Habe ich etwa durch einen (von denen), die ich zu euch geschickt habe, durch ihn euch übervorteilt? ¹⁸ Ich ermunterte Titos, und mitschickte ich den Bruder; übervorteilte euch etwa Titos? Wandelten wir nicht in demselben Geist? Nicht in denselben Spuren?

¹⁹ Längst meint ihr, daß wir uns vor euch verteidigen. Vor Gott in Christos reden wir; alles aber, Geliebte, für eure Erbauung. ²⁰ Denn ich fürchte, daß ich etwa als Kommender nicht (als solche), wie ich will, euch finde, und ich erfunden werde bei euch (als solcher), wie ihr nicht wollt; daß etwa (entstehen) Streit, Eifersucht, Wutausbrüche, Streitereien, Verleumdungen, Ohrenbläsereien, Aufgeblasenheit, Unordnungen; ²¹ nicht möge, wenn ich wieder komme, demütigen mich mein Gott bei euch und nicht ich betrauern viele von denen, die vorher gesündigt haben und nicht umkehrten bei der Unreinheit und Unzucht und Ausschweifung, die sie taten.

Dtn 19,15   **13** ¹ Dieses dritte (Mal) komme ich zu euch; *im Mund zweier Zeugen und dreier wird festgestellt werden jedes Wort.* ² Ich habe vorhergesagt und sage vorher, wie anwesend das zweite (Mal) und abwesend jetzt, denen, die vorher gesündigt haben, und den übrigen allen, daß, wenn ich komme aufs neue, ich nicht schonen werde, [3] da ihr eine Bewährung sucht des in mir redenden Christos, der gegen euch nicht schwach ist, sondern mächtig ist unter euch. [4] Denn wurde er auch gekreuzigt aus Schwachheit, lebt er doch aus (der) Kraft Gottes. Denn auch wir sind schwach in ihm, doch wir werden leben mit ihm aus (der) Kraft Gottes gegen euch.

[5] Prüft euch selbst, ob ihr seid im Glauben, erprobt euch selbst; oder erkennt ihr euch nicht selbst, daß Jesus Christos in euch? Es sei denn, daß ihr etwa unerprobt seid. [6] Ich hoffe aber, daß ihr erkennen werdet, daß wir nicht unerprobt sind. [7] Wir beten aber zu Gott, nicht zu tun euch etwas Schlechtes, nicht damit wir erprobt erscheinen, sondern damit ihr das Rechte tut, wir aber wie Unerprobte sind. [8] Denn nicht können wir etwas gegen die Wahrheit, sondern für die Wahrheit. [9] Denn wir freuen uns, wann wir schwach sind, ihr aber stark seid; dies auch erbitten wir: eure Vervollkommnung. [10] Deswegen, abwesend schreibe ich dieses, damit anwesend nicht streng ich verfahren (muß) nach der Vollmacht, die der Herr mir gab zur Erbauung und nicht zur Zerstörung.

[11] Im übrigen, Brüder, freut euch, laßt euch vervollkommnen, laßt euch ermutigen, dasselbe sinnt, haltet Frieden, und der Gott der Liebe und (des) Friedens wird sein mit euch. [12] Grüßt einander mit heiligem Kuß! (Es) grüßen euch die Heiligen alle.

[13] Die Gnade des Herrn Jesus Christos und die Liebe Gottes und die Gemeinschaft des heiligen Geistes (sei) mit euch allen.

AN (DIE) GALATER

1 [1] Paulos, Apostel, nicht von Menschen, auch nicht durch einen Menschen, sondern durch Jesus Christos und Gott (den) Vater, den Erweckenden ihn aus Toten, [2] und alle Brüder mit mir den Gemeinden der Galatia; [3] Gnade euch und Friede von Gott, unserem Vater, und (dem) Herrn Jesus Christos, [4] dem Gebenden sich selbst für unsere Sünden, auf daß er herausreiße uns aus dem Aion, dem gegenwärtigen, bösen, nach dem Willen unseres Gottes und Vaters, [5] dem die Herrlichkeit in die Aionen der Aionen, Amen.

[6] Ich staune, daß so schnell ihr euch wegkehrt von dem euch Rufenden in (der) Gnade (des) [Christos] zu einem anderen Evangelium, [7] das nicht ist ein anderes; außer daß einige sind, die euch verwirren und verdrehen wollen das Evangelium des Christos. [8] Doch auch wenn wir oder ein Engel aus (dem) Himmel (das Evangelium) [euch] verkündete vorbei an (dem), das wir (als Evangelium) euch verkündeten, Fluch soll sein! [9] Wie wir vorhergesagt haben, auch jetzt wieder sage ich: Wenn einer euch (ein Evangelium) verkündet vorbei an (dem), das ihr übernahmt, Fluch soll sein!

[10] Denn überrede ich jetzt Menschen oder Gott? Oder suche ich Menschen zu gefallen? Wenn noch Menschen ich gefallen wollte, (des) Christos Sklave wäre ich nicht. [11] Denn kundtue ich euch, Brüder, daß das Evangelium, das von mir verkündete, nicht ist nach Menschen(art); [12] denn auch nicht von einem Menschen übernahm ich es, noch wurde ich belehrt, sondern durch Offenbarung von Jesus Christos. [13] Denn ihr hörtet (über) meinen Wandel einst im Judentum, daß nach Übermaß ich verfolgte die Gemeinde Gottes und sie verwüstete, [14] und ich fortschritt im Judentum hinaus über viele Gleichaltrige in meinem Volk, übermäßig (als) Eiferer für meine väterlichen Überlieferungen. [15] Als aber für gut hielt

[Gott], der Aussondernde mich von meiner Mutter Leib (an) und Rufende durch seine Gnade, [16] zu offenbaren seinen Sohn in mir, damit ich (als Evangelium) verkünde ihn unter den Heiden, nicht sogleich anvertraute ich mich Fleisch und Blut, [17] auch nicht hinaufging ich nach Hierosolyma zu denen, (die) vor mir Apostel (waren), sondern wegging ich in (die) Arabia, und wieder zurückkehrte ich nach Damaskos. [18] Darauf nach drei Jahren hinaufging ich nach Hierosolyma, kennenzulernen Kephas, und ich blieb bei ihm fünfzehn Tage; [19] einen anderen aber der Apostel sah ich nicht, außer Jakobos, den Bruder des Herrn. [20] Was ich aber schreibe euch, siehe, vor Gott: Nicht lüge ich. [21] Darauf ging ich in die Gegenden der Syria und der Kilikia; [22] ich war aber unbekannt dem Gesicht (nach) den Gemeinden der Judaia, denen in Christos. [23] Nur aber Hörende waren sie: Der uns einst Verfolgende verkündet jetzt (als Evangelium) den Glauben, den einst er verwüstete, [24] und sie priesen an mir Gott.

2 [1] Darauf nach vierzehn Jahren wieder hinaufging ich nach Hierosolyma mit Barnabas, mitnehmend auch Titos; [2] hinaufging ich aber gemäß Offenbarung; und vorlegte ich ihnen das Evangelium, das ich verkünde unter den Heiden, für sich aber den Geltenden, damit nicht etwa ins Leere ich laufe oder lief. [3] Doch auch nicht Titos, der mit mir, der Hellene ist, wurde gezwungen, sich beschneiden zu lassen; [4] wegen der danebeneingedrungenen Falschbrüder aber, welche danebenhereinkamen, zu belauern unsere Freiheit, die wir haben in Christos Jesus, damit sie uns versklaven, [5] denen auch nicht für eine Stunde nachgaben wir durch die Unterordnung, damit die Wahrheit des Evangeliums verbleibe bei euch. [6] Von den Etwas-zu-sein-Geltenden aber – was für welche einst sie waren, geht mich nichts an; (das) Gesicht eines Menschen nimmt Gott nicht – denn mir hinzuauferlegten die Geltenden nichts, [7] sondern im Gegenteil, sehend, daß ich betraut bin mit dem Evangelium der Vorhaut gleichwie Petros mit (dem) der Beschneidung, [8] denn der Wirkende in Petros in bezug auf (den) Apostolat der Beschneidung wirkte auch in

mir in bezug auf die Heiden, [9] und erkennend die mir gegebene Gnade, Jakobos und Kephas und Johannes, die Säulen-zu-sein-Geltenden, gaben (die) Rechte mir und Barnabas zur Gemeinschaft, damit wir zu den Heiden (gingen), sie aber zu der Beschneidung; [10] allein der Armen daß wir gedächten, was ich auch mich bemühte, eben dies zu tun.

[11] Als aber Kephas kam nach Antiocheia, ins Gesicht widerstand ich ihm, weil verurteilt er war. [12] Denn vor dem Kommen einiger von Jakobos (her), mit den Heiden zusammen aß er; als aber sie kamen, zurückwich er und absonderte er sich, fürchtend die aus (der) Beschneidung. [13] Und mitheuchelten mit ihm [auch] die übrigen Judaier, so daß auch Barnabas mitfortgerissen wurde durch ihre Heuchelei. [14] Doch als ich sah, daß sie nicht gerade zugehen auf die Wahrheit des Evangeliums, sprach ich zu Kephas vor allen: Wenn du als Judaier heidnisch und nicht judaisch lebst, wie nötigst du die Heiden, judaisch zu leben? [15] Wir (sind) von Natur Judaier und nicht aus Heiden Sünder; [16] wissend [aber], daß nicht gerechtgesprochen wird ein Mensch aus Werken (des) Gesetzes, wenn nicht durch Glauben an Jesus Christos, und wir glaubten an Christos Jesus, damit wir gerechtgesprochen würden aus Glauben an Christos und nicht aus Werken (des) Gesetzes, weil aus Werken (des) Gesetzes gerechtgesprochen werden wird kein Fleisch. [17] Wenn wir aber, suchend gerechtgesprochen zu werden in Christos, erfunden wurden auch selbst als Sünder, (ist) folglich Christos (der) Sünde Diener? Niemals! [18] Denn wenn, was ich zerstörte, dieses wieder ich erbaue, als Übertreter hinstelle ich mich selbst. [19] Denn durch (das) Gesetz (dem) Gesetz starb ich, damit für Gott ich lebe. Mit Christos bin ich mitgekreuzigt; [20] ich lebe, aber nicht mehr ich, (es) lebt aber in mir Christos; was aber jetzt ich lebe im Fleisch, im Glauben lebe ich an den Sohn Gottes, den Liebenden mich und sich Hingebenden für mich. [21] Nicht abweise ich aber die Gnade Gottes; denn wenn durch (das) Gesetz (die) Gerechtigkeit, starb folglich Christos umsonst.

3 ¹ O unverständige Galater, wer behexte euch, denen vor Augen Jesus Christos geschrieben wurde als Gekreuzigter? ² Dies allein will ich erfahren von euch: Aus Werken (des) Gesetzes empfingt ihr den Geist oder aus (dem) Hören (des) Glaubens? ³ So unverständig seid ihr, begonnen habend im Geist, jetzt im Fleisch endet ihr? ⁴ So Großes erfuhrt ihr vergeblich? Wenn denn wirklich vergeblich! ⁵ Der nun Gewährende euch den Geist und Wirkende Kräfte in euch, aus Werken (des) Gesetzes oder aus (dem) Hören (des) Glaubens?

⁶ Gleichwie Abraham *glaubte Gott, und gerechnet wurde es ihm zu Gerechtigkeit;* ⁷ ihr erkennt folglich, daß die aus Glauben, diese sind Söhne Abrahams. ⁸ Voraussehend aber die Schrift, daß aus Glauben gerechtspricht Gott die Völker, vorausverkündete sie (als Evangelium) dem Abraham: *(Es) werden gesegnet werden in dir alle Völker;* ⁹ daher die aus Glauben werden gesegnet zusammen mit dem gläubigen Abraham.

¹⁰ Denn wieviele aus Werken (des) Gesetzes sind, unter einem Fluch sind sie; denn geschrieben ist: *Verflucht jeder, der nicht verbleibt bei allem Geschriebenen im Buch des Gesetzes, es zu tun.* ¹¹ Daß aber durch (das) Gesetz keiner gerechtgesprochen wird bei Gott, (ist) offenbar, denn *der Gerechte aus Glauben wird leben;* ¹² das Gesetz aber ist nicht aus Glauben, sondern *der Tuende es wird leben darin.* ¹³ Christos erkaufte uns aus dem Fluch des Gesetzes, geworden für uns (zum) Fluch, denn geschrieben ist: *Verflucht jeder Hängende am Holz,* ¹⁴ damit auf die Völker der Segen des Abraham komme in Christos Jesus, damit die Zusage des Geistes wir empfingen durch den Glauben.

¹⁵ Brüder, nach Menschen(art) rede ich: Eines Menschen bestätigtes Testament verwirft doch keiner oder setzt (etwas) hinzu. ¹⁶ Dem Abraham aber wurden zugesprochen die Zusagen und seinem Nachkommen. Nicht sagt er: Und den Nachkommen, wie bei vielen, sondern wie bei einem: *Und deinem Nachkommen,* der ist Christos. ¹⁷ Dies aber sage ich: Ein Testament, vorherbestätigt von Gott, entkräftet nicht das nach vierhundertunddreißig Jahren gewordene Gesetz, auf daß es

Gen 15,6 (G)

Gen 12,3; 18,18

Dtn 27,26

Hab 2,4

Lev 18,5 (G)

Dtn 27,26; 21,23

Gen 13,15;
17,8; 24,7

aufhebt die Zusage. [18] Denn wenn aus (dem) Gesetz das Erbe (ist), nicht mehr (ist es) aus (der) Zusage; dem Abraham aber durch Zusage ist gnädig gewesen Gott.

[19] Was (soll) nun das Gesetz? Der Übertretung wegen wurde es hinzugefügt, bis daß käme der Nachkomme, dem zugesagt worden ist, angeordnet durch Engel durch (die) Hand eines Mittlers. [20] Der Mittler aber ist nicht (der) eines (einzelnen), Gott aber ist einer. [21] (Ist) nun das Gesetz gegen die Zusagen [Gottes]? Niemals! Denn wenn gegeben würde ein Gesetz, das fähig (ist), lebendig zu machen: Wirklich aus (dem) Gesetz wäre die Gerechtigkeit; [22] doch zusammenschloß die Schrift alles unter Sünde, damit die Zusage aus Glauben an Jesus Christos gegeben würde den Glaubenden.

[23] Vor dem Kommen aber des Glaubens unter (dem) Gesetz wurden wir verwahrt, zusammengeschlossen für den Glauben, der offenbart werden soll, [24] daher ist das Gesetz unser Zuchtmeister geworden auf Christos (hin), damit aus Glauben wir gerechtgesprochen werden; [25] nachdem aber gekommen ist der Glaube, nicht mehr unter einem Zuchtmeister sind wir. [26] Denn alle seid ihr Söhne Gottes durch den Glauben in Christos Jesus; [27] denn wieviele ihr auf Christos getauft wurdet, Christos zogt ihr an. [28] Nicht ist Judaier und nicht Hellene, nicht ist Sklave und nicht Freier, nicht ist männlich und weiblich; denn alle seid ihr einer in Christos Jesus. [29] Wenn ihr aber (des) Christos, folglich des Abraham Nachkommenschaft seid ihr, gemäß Zusage Erben.

4 [1] Ich sage aber, auf wie lange Zeit der Erbe unmündig ist, in nichts unterscheidet er sich von einem Sklaven, obwohl Herr von allem er ist, [2] sondern unter Aufsehern ist er und Verwaltern bis zur festgesetzten Zeit des Vaters. [3] So auch wir, als wir waren Unmündige, unter die Elemente der Welt waren wir Versklavte; [4] als aber kam die Fülle der Zeit, ausschickte Gott seinen Sohn, geworden aus einer Frau, geworden unter (dem) Gesetz, [5] damit die unter (dem) Gesetz er erkaufe, damit die Sohnschaft wir zurückempfingen. [6] Weil ihr aber seid Söhne, ausschickte Gott den Geist seines Sohnes

in unsere Herzen, der schreit: Abba, der Vater! [7] Daher nicht
mehr bist du Sklave, sondern Sohn; wenn aber Sohn, auch
Erbe durch Gott.

[8] Doch damals, nicht kennend Gott, Sklaven wart ihr denen, die von Natur nicht Götter sind; [9] jetzt aber, erkennend
Gott, mehr aber: als Erkannte von Gott, wie wendet ihr euch
wieder hin zu den schwachen und armen Elementen, denen
ihr wieder von neuem Sklaven sein wollt? [10] Tage beachtet ihr
und Monate und Zeiten und Jahre; [11] ich fürchte um euch, daß
nicht etwa vergeblich ich mich gemüht habe für euch.

[12] Werdet wie ich, weil auch ich (wurde) wie ihr, Brüder,
ich bitte euch. In nichts tatet ihr mir Unrecht; [13] ihr wißt aber,
daß mit einer Schwäche des Fleisches ich euch verkündete
(das Evangelium) das frühere (Mal), [14] und (trotz) eurer Versuchung an meinem Fleisch nicht verachtetet ihr (mich), und
nicht ausspucktet ihr, sondern wie einen Engel Gottes nahmt
ihr mich auf, wie Christos Jesus. [15] Wo (ist) nun eure Seligpreisung? Denn ich bezeuge euch, daß, wenn möglich, eure
Augen herausreißend, ihr (sie) mir gegeben hättet. [16] Bin ich
deshalb euer Feind geworden, Wahrheit sagend euch? [17] Sie
eifern um euch nicht recht, sondern ausschließen wollen sie
euch, damit um sie ihr eifert; [18] recht aber (ist es), umeifert zu
werden im Rechten allzeit, und nicht allein bei meinem Zuge-
gensein bei euch, [19] meine Kinder, um die wieder Geburtswehen ich leide, bis daß gestaltet werde Christos in euch; [20] ich
wollte aber zugegen sein bei euch jetzt und verändern meine
Stimme, weil ich ratlos bin um euch.

[21] Sagt mir, die unter (dem) Gesetz sein Wollenden, das
Gesetz nicht hört ihr? [22] Denn geschrieben ist, daß Abraham
zwei Söhne hatte, einen aus der Magd und einen aus der
Freien. [23] Doch der aus der Magd ist gemäß (dem) Fleisch
geboren, der aber aus der Freien durch Zusage. [24] Dieses ist
allegorisch gesprochen: Denn diese sind zwei Bünde, einer
vom Berg Sina, zu Sklaverei gebärend, welcher ist Hagar.
[25] Das (Wort) Hagar aber ist (der) Sina-Berg in der Arabia; es
entspricht aber dem jetzigen Jerusalem, denn Sklave ist es mit

seinen Kindern. ²⁶ Das obere Jerusalem aber ist frei, welches

Jes 54,1 (G) ist unsere Mutter; ²⁷ denn geschrieben ist: *Freue dich, Un-fruchtbare, die nicht Gebärende, brich aus und schreie, die nicht Geburtswehen Leidende; weil viele (sind) die Kinder der Einsamen, mehr als der Habenden den Mann.* ²⁸ Ihr aber, Brüder, gemäß Isaak Kinder (der) Zusage seid ihr. ²⁹ Doch wie damals der gemäß (dem) Fleisch Geborene verfolgte den gemäß (dem) Geist, so auch jetzt. ³⁰ Doch was sagt die

Gen 21,10 (G) Schrift? *Wirf hinaus die Magd und ihren Sohn; denn gewiß nicht wird erben der Sohn der Magd mit dem Sohn* der Frei-en. ³¹ Deshalb, Brüder, nicht sind wir einer Magd Kinder, sondern der Freien.

5 ¹ Zur Freiheit uns Christos befreite; steht nun und nicht wieder durch ein Joch von Sklaverei laßt euch festhal-ten! ² Sieh, ich, Paulos, sage euch, daß, wenn ihr euch be-schneiden laßt, Christos euch nichts nützen wird. ³ Ich bezeu-ge aber wieder jedem beschnittenen Menschen, daß er Schuldner ist, das ganze Gesetz zu tun. ⁴ Abgebracht werdet ihr von Christos, welche im Gesetz ihr gerechtgesprochen werdet, aus der Gnade fielt ihr. ⁵ Denn wir, im Geist aus Glauben (die) Hoffnung (der) Gerechtigkeit erwarten wir. ⁶ Denn in Christos Jesus weder Beschneidung vermag etwas noch Vorhaut, sondern Glaube durch Liebe wirkend.

⁷ Ihr lieft recht; wer hinderte euch, [der] Wahrheit nicht zu vertrauen? ⁸ Die Überredung (stammt) nicht von dem euch Rufenden. ⁹ Wenig Sauerteig säuert den ganzen Teig. ¹⁰ Ich vertraue auf euch im Herrn, daß nichts anderes ihr denken werdet; der euch Verwirrende wird tragen das Gericht, wer immer er sei. ¹¹ Ich aber, Brüder, wenn Beschneidung noch ich verkünde, was noch werde ich verfolgt? Folglich ist auf-gehoben das Ärgernis des Kreuzes. ¹² Sollen doch sich ka-strieren die euch Aufwiegelnden!

¹³ Denn ihr wurdet zur Freiheit gerufen, Brüder; nur (nehmt) nicht die Freiheit zum Anlaß für das Fleisch, sondern durch die Liebe seid Sklaven einander. ¹⁴ Denn das ganze Ge-

Lev 19,18 setz ist in einem einzigen Wort erfüllt, in dem: *Du sollst lie-*

ben deinen Nächsten wie dich selbst! [15] Wenn aber einander
ihr beißt und auffreßt, seht (zu), daß nicht von einander ihr
vertilgt werdet. [16] Ich sage aber, im Geist wandelt, und (die)
Begierde (des) Fleisches werdet ihr gewiß nicht vollbringen.
[17] Denn das Fleisch begehrt wider den Geist, der Geist aber
wider das Fleisch, denn diese stehen einander entgegen, damit nicht, was immer ihr wollt, dieses ihr tut. [18] Wenn aber
vom Geist ihr geführt werdet, nicht seid ihr unter (dem) Gesetz. [19] Offenbar aber sind die Werke des Fleisches, welche
sind: Unzucht, Unreinheit, Zügellosigkeit, [20] Götzendienst,
Zauberei, Feindschaften, Streit, Eifersucht, Wutausbrüche,
Streitereien, Entzweiungen, Parteiungen, [21] Neidereien, Trinkereien, Gelage und das diesen Ähnliche, wovon ich vorher-
sage euch, gleichwie ich vorhersagte, daß die solches Tuenden (das) Königtum Gottes nicht erben werden. [22] Die Frucht
aber des Geistes ist Liebe, Freude, Frieden, Großmut,
Freundlichkeit, Güte, Treue, [23] Sanftmut, Enthaltsamkeit; gegen solches ist nicht (das) Gesetz. [24] Die aber des Christos
[Jesus] kreuzigten das Fleisch mit den Leidenschaften und den
Begierden. [25] Wenn wir leben im Geist, (dem) Geist laßt uns
auch folgen. [26] Werden wir nicht Prahlerische, einander Her-
ausfordernde, einander Beneidende.

6 [1] Brüder, wenn auch aufgegriffen wird ein Mensch in
irgendeiner Übertretung, ihr, die Geistigen, bringt zurecht einen solchen im Geist (der) Sanftmut, achtend auf dich
selbst, daß nicht auch du versucht werdest. [2] Von einander die
Lasten tragt, und so werdet ihr erfüllen das Gesetz des Christos. [3] Denn wenn einer meint, etwas zu sein, obwohl er
nichts ist, betrügt er sich selbst. [4] Sein eigenes Werk soll prüfen ein jeder, und dann für sich allein den Ruhm wird er haben und nicht für den anderen; [5] denn jeder wird die eigene
Last tragen.

[6] Gemeinschaft aber soll haben der Unterrichtete im Wort
mit dem Unterrichtenden in allen Gütern. [7] Nicht irrt, Gott
wird nicht verspottet. Denn was immer sät ein Mensch, dies
auch wird er ernten; [8] denn der Säende auf sein Fleisch, aus

dem Fleisch wird er ernten Verderben, der Säende aber auf den Geist, aus dem Geist wird er ernten ewiges Leben. [9] Als das Rechte Tuende nicht laßt uns ermüden, denn zu eigener Zeit werden wir ernten als nicht Erschlaffende. [10] Folglich nun, wie wir Zeit haben, laßt uns wirken das Gute zu allen, am meisten aber zu den Hausgenossen des Glaubens.

[11] Seht, mit wie großen Buchstaben ich euch schrieb mit meiner Hand. [12] Soviele gefallen wollen im Fleisch, diese zwingen euch, euch beschneiden zu lassen, nur, damit durch das Kreuz des Christos sie nicht verfolgt werden. [13] Denn auch nicht die Beschnittenen selbst halten (das) Gesetz, sondern wollen, daß ihr euch beschneiden laßt, damit in eurem Fleisch sie sich rühmen. [14] Mir aber geschehe (es) nicht, mich zu rühmen, außer im Kreuz unseres Herrn Jesus Christos, durch den mir (die) Welt gekreuzigt ist und ich (der) Welt. [15] Denn weder Beschneidung ist etwas noch Vorhaut, sondern neue Schöpfung. [16] Und soviele dieser Richtschnur folgen werden, Friede über sie und Erbarmen, und über das Israel Gottes.

[17] Im übrigen soll mir keiner Mühen bereiten; denn die Male des Jesus trage ich an meinem Leib.

[18] Die Gnade unseres Herrn Jesus Christos (sei) mit eurem Geist, Brüder; Amen.

AN (DIE) EPHESIER

1 [1] Paulos, Apostel (des) Christos Jesus durch (den) Willen Gottes, den Heiligen, die sind [in Ephesos], und (den) Gläubigen in Christos Jesus; [2] Gnade euch und Friede von Gott, unserem Vater, und (dem) Herrn Jesus Christos.

[3] Gepriesen der Gott und Vater unseres Herrn Jesus Christos, der uns segnete in allem geistlichen Segen in den Himmeln in Christos, [4] gleichwie er uns erwählte in ihm vor Grundlegung (der) Welt, daß wir sind Heilige und Fehllose vor ihm in Liebe, [5] der uns vorherbestimmte zur Sohnschaft durch Jesus Christos auf ihn (hin), nach dem Gefallen seines Willens, [6] zum Lob (der) Herrlichkeit seiner Gnade, mit der er uns begnadete in dem Geliebten. [7] In ihm haben wir den Loskauf durch sein Blut, den Erlaß der Übertretungen, nach dem Reichtum seiner Gnade, [8] von der er überfließen ließ auf uns, in aller Weisheit und Einsicht, [9] der uns kundtat das Geheimnis seines Willens, nach seinem Gefallen, das er beschloß in ihm [10] zur Verwaltung der Fülle der Zeiten, aufzugipfeln alles in dem Christos, das in den Himmeln und das auf der Erde in ihm. [11] In ihm wurden wir auch ausgelost, vorherbestimmt nach (dem) Vorsatz des alles Wirkenden nach dem Ratschluß seines Willens, [12] auf daß wir seien zum Lob seiner Herrlichkeit, die wir zuvor gehofft hatten, in dem Christos. [13] In ihm wurdet ihr, die ihr hörtet das Wort der Wahrheit, das Evangelium eures Heils, an das ihr auch gläubig wurdet, auch versiegelt mit dem heiligen Geist der Zusage, [14] der ist Anzahlung unseres Erbes, zum Loskauf des Eigentums, zum Lob seiner Herrlichkeit.

[15] Deswegen auch ich, hörend vom Glauben bei euch im Herrn Jesus und von der Liebe, der zu allen Heiligen, [16] höre nicht auf zu danken für euch, ein Gedenken machend bei meinen Gebeten, [17] damit der Gott unseres Herrn Jesus Chri-

stos, der Vater der Herrlichkeit, euch gebe (den) Geist (der)
Weisheit und (der) Offenbarung in seiner Erkenntnis, [18] erleuchtete Augen [eures] Herzens, auf daß ihr wißt, welche ist
die Hoffnung seiner Berufung, welcher der Reichtum der
Herrlichkeit seines Erbes in den Heiligen, [19] und welche die
überragende Größe seiner Kraft auf uns, die Glaubenden,
nach der Wirksamkeit der Gewalt seiner Stärke. [20] Die wirkte
er in dem Christos, erweckend ihn aus Toten und setzend
(ihn) zu seiner Rechten in den Himmeln [21] über alle Hoheit
und Macht und Kraft und Herrschaft und jeden Namen, genannt nicht nur in diesem Aion, sondern auch in dem kom-
Ps 8,7   menden; [22] und *alles stellte er unter seine Füße,* und ihn gab
er als Haupt über alles der Kirche, [23] welche ist sein Leib, die
Fülle des alles in allem Erfüllenden.

2 [1] Und euch, die ihr Tote wart durch (eure) Übertretungen und eure Sünden, [2] in denen einst ihr wandeltet
nach dem Aion dieser Welt, nach dem Herrschenden der
Macht der Luft, des Geistes, des jetzt wirkenden in den Söhnen des Ungehorsams; [3] unter denen bewegten uns auch wir
alle einst in den Begierden unseres Fleisches, tuend die Wil-
len(sregungen) des Fleisches und der Sinne, und wir waren
von Natur Kinder (des) Zorns wie auch die übrigen; [4] Gott
aber, der reich ist an Erbarmen, wegen seiner vielen Liebe,
mit der er uns liebte, [5] machte uns, die wir waren Tote durch
die Übertretungen, mitlebendig mit dem Christos, – durch
Gnade seid ihr Gerettete – [6] und miterweckte er und mitnie-
dersetzte er (uns) in den Himmeln in Christos Jesus, [7] damit
er aufweise in den herankommenden Aionen den überragenden Reichtum seiner Gnade in Güte gegen uns in Christos Jesus. [8] Denn durch die Gnade seid ihr Gerettete durch Glauben; und dies nicht aus euch, von Gott (ist) das Geschenk;
[9] nicht aus Werken, damit nicht einer sich rühme. [10] Denn sein
Gebilde sind wir, geschaffen in Christos Jesus zu guten Werken, die Gott vorausbereitete, damit wir in ihnen wandeln.

[11] Deshalb gedenkt, daß einst ihr, die Heiden im Fleisch,
die ihr Vorhaut genannt wurdet von der sogenannten Be-

schneidung, (der) im Fleisch handgemachten, [12] daß ihr wart zu jener Zeit ohne Christos, Ausgeschlossene von der Bürgerschaft Israels und Fremde gegenüber den Bünden der Zusage, Hoffnung nicht Habende und Gottlose in der Welt. [13] Jetzt aber in Christos Jesus, ihr, die einst wart fern, wurdet nahe im Blut des Christos. [14] Denn er ist unser Friede, der beides machte eins und die Zwischenwand des Zaunes auflöste, die Feindschaft, in seinem Fleisch, [15] das Gesetz der Gebote in Satzungen vernichtend, damit er die zwei schaffe in ihm zu einem einzigen neuen Menschen, Frieden machend, [16] und versöhne die beiden in einem einzigen Leib für Gott, durch das Kreuz, tötend die Feindschaft in ihm; [17] und kommend verkündete er (als Evangelium) Frieden euch, die fern, und Frieden denen, (die) nahe; [18] denn durch ihn haben wir den Zugang beide in einem Geist zum Vater. [19] Folglich nun nicht mehr seid ihr Fremde und Zugezogene, sondern ihr seid Mitbürger der Heiligen und Hausgenossen Gottes, [20] auferbaut auf dem Fundament der Apostel und Propheten, wobei Eckstein ist Christos Jesus selbst, [21] in dem (der) ganze Bau zusammengefügt wächst zum heiligen Tempel im Herrn, [22] in dem ihr auch mitauferbaut werdet zur Wohnstätte Gottes im Geist.

3 [1] Dessentwegen ich, Paulos, der Gefangene des Christos [Jesus] für euch, die Heiden, [2] – wenn ihr denn hörtet von der Verwaltung der Gnade Gottes, der mir gegebenen für euch, [3] [daß] gemäß Offenbarung mir kundgetan wurde das Geheimnis, gleichwie ich vorher schrieb in Kürze, [4] woran ihr lesend begreifen könnt mein Verstehen für das Geheimnis des Christos, [5] das in andern Geschlechtern nicht kundgetan wurde den Söhnen der Menschen, wie jetzt es offenbart wurde seinen heiligen Aposteln und Propheten im Geist, [6] daß die Heiden sind Miterben und Miteingeleibte und Mitteilhaber der Zusage in Christos Jesus durch das Evangelium, [7] dessen Diener ich wurde nach dem Geschenk der Gnade Gottes, der mir gegebenen nach der Wirksamkeit seiner Kraft.

[8] Mir, dem Allergeringsten aller Heiligen, wurde gegeben

diese Gnade, den Heiden (als Evangelium) zu verkünden den unergründlichen Reichtum des Christos, [9] und zu erleuchten [alle], welches (ist) die Verwaltung des Geheimnisses, des verborgenen vor den Aionen in Gott, dem alles Schaffenden, [10] damit kundgetan werde jetzt den Hoheiten und den Mächten in den Himmeln durch die Kirche die vielfältige Weisheit Gottes, [11] nach (dem) Vorsatz der Aionen, den er machte in dem Christos Jesus, unserem Herrn, [12] in dem wir haben den Freimut und Zugang in Vertrauen durch den Glauben an ihn. [13] Deshalb bitte ich, nicht zu verzagen an meinen Bedrängnissen für euch, welches ist eure Herrlichkeit.

[14] Dessentwegen beuge ich meine Knie zum Vater, [15] von dem jedes Geschlecht in (den) Himmeln und auf Erden genannt wird, [16] damit er gebe euch nach dem Reichtum seiner Herrlichkeit in Kraft, gestärkt zu werden durch seinen Geist auf den inneren Menschen (hin), [17] daß wohne der Christos durch den Glauben in euren Herzen, die ihr in Liebe verwurzelt und gegründet seid, [18] damit ihr stark werdet zu begreifen mit allen Heiligen, was die Breite und Länge und Höhe und Tiefe, [19] zu erkennen auch die die Erkenntnis überragende Liebe des Christos, damit ihr erfüllt werdet zur ganzen Fülle Gottes.

[20] Dem aber, der fähig ist, über alles (hinaus) zu tun, über die Maßen (mehr), (als) was wir erbitten oder denken, nach der Kraft, der in uns wirkenden, [21] ihm die Herrlichkeit in der Kirche und in Christos Jesus für alle Geschlechter des Aions der Aionen, Amen.

4 [1] Ich ermahne euch nun, ich, der Gefangene im Herrn, würdig zu wandeln der Berufung, mit der ihr gerufen wurdet, [2] mit aller Demut und Milde, mit Großmut, ertragend einander in Liebe, [3] bemüht, zu bewahren die Einheit des Geistes im Band des Friedens; [4] ein Leib und ein Geist, gleichwie auch ihr gerufen wurdet in einer Hoffnung eurer Berufung; [5] ein Herr, ein Glaube, eine Taufe, [6] ein Gott und Vater aller, der über allem und durch alles und in allem. [7] Einem jeden aber von uns wurde gegeben die Gnade nach dem Maß des

Geschenks des Christos. ⁸Deshalb sagt er: *Hinaufgestiegen* Ps 68,19 *zur Höhe nahm er gefangen (die) Gefangenschaft, gab er Gaben den Menschen.* ⁹Das „*er stieg hinauf*" aber, was ist (das), wenn nicht, daß er auch herabstieg in die unteren [Teile] der Erde? ¹⁰Der Herabgestiegene selbst ist auch der *Hinaufgestiegene* über alle Himmel, damit er erfülle alles. ¹¹Und er selbst gab die einen als Apostel, die andern als Propheten, die andern als Evangelisten, die andern als Hirten und Lehrer, ¹²zur Zurüstung der Heiligen für (das) Werk (des) Dienstes, für (den) Bau des Leibes des Christos, ¹³bis wir hingelangen alle zur Einheit des Glaubens und der Erkenntnis des Sohnes Gottes, zum vollkommenen Mann, zum Maß (der) Reife der Fülle des Christos, ¹⁴damit wir nicht mehr seien Unmündige, Hin- und Hergeschaukelte und Umhergetriebene von jedem Wind der Lehre im Würfelspiel der Menschen, in Verschlagenheit zur Arglist des Betrugs, ¹⁵sondern Wahrheit lebend in Liebe, wachsen zu ihm in allem, der ist das Haupt, Christos, ¹⁶von dem der ganze Leib, zusammengefügt und zusammengehalten durch jedes unterstützende Gelenk, nach Wirksamkeit im Maß eines jeden Teils das Wachstum des Leibes wirkt zur Erbauung seiner selbst in Liebe.

¹⁷Dies nun sage ich und bezeuge ich im Herrn, daß ihr nicht mehr wandelt, gleichwie auch die Heiden wandeln in Nichtigkeit ihres Sinnes, ¹⁸verfinstert in der Gesinnung, ausgeschlossen vom Leben Gottes wegen der Unwissenheit, die in ihnen ist, wegen der Verstocktheit ihres Herzens, ¹⁹welche abgestumpft sich hingaben der Ausschweifung zum Vollbringen jeder Unreinheit in Habgier.

²⁰Ihr aber lerntet nicht so (kennen) den Christos, ²¹wenn ihr denn ihn hörtet und in ihm gelehrt wurdet, gleichwie es Wahrheit ist in Jesus, ²²daß ihr ablegt gegenüber dem früheren Wandel den alten Menschen, den zugrundegehenden an den Begierden des Trugs, ²³euch aber erneuert im Geist eures Sinnes ²⁴und anzieht den neuen Menschen, den nach Gott geschaffenen, in Gerechtigkeit und Heiligkeit der Wahrheit.

²⁵Deshalb, die ihr ablegtet die Lüge, *redet Wahrheit, jeder* Sach 8,16

mit seinem Nächsten, weil wir sind untereinander Glieder.

Ps 4,5 (G) [26] *Zürnt, aber nicht sündigt!* Die Sonne soll nicht untergehen über eurer Erzürnung, [27] und gebt nicht Platz dem Teufel! [28] Der Stehlende soll nicht mehr stehlen, (viel)mehr aber sich mühen, wirkend mit den [eigenen] Händen das Gute, damit er habe mitzugeben dem, der Bedarf hat. [29] Kein faules Wort soll aus eurem Mund herausgehen, sondern (nur) wenn eines gut (ist) zur Erbauung, (wo) Bedarf (ist), damit es gebe Gnade den Hörenden. [30] Und betrübt nicht den heiligen Geist Gottes, in dem ihr versiegelt wurdet für (den) Tag (des) Loskaufs. [31] Alle Bitterkeit und Wut und Zorn und Geschrei und Lästerung soll genommen werden von euch mit aller Schlechtigkeit. [32] Werdet [aber] zueinander gütig, mitleidig, verzeihend einander, gleichwie auch Gott in Christos euch verzieh.

5 [1] Werdet nun Nachahmer Gottes als geliebte Kinder [2] und wandelt in Liebe, gleichwie auch der Christos uns liebte und sich hingab für uns als Gabe und Opfer Gott zum Duft von Wohlgeruch.

[3] Unzucht aber und jede Unreinheit oder Habgier soll nicht einmal genannt werden unter euch, gleichwie es Heiligen ziemt, [4] und Schändlichkeit und Dummengeschwätz oder Witzelei, was sich nicht gebührt, sondern (viel)mehr Danksagung. [5] Denn dies wißt, erkennend, daß jeder Unzüchtige oder Unreine oder Habgierige, das ist: Götzendiener, nicht hat ein Erb(teil) am Königtum des Christos und Gottes. [6] Keiner soll täuschen euch mit leeren Worten; denn deswegen kommt der Zorn Gottes auf die Söhne des Ungehorsams. [7] Werdet nun nicht ihre Mitteilhaber; [8] denn ihr wart einst Finsternis, jetzt aber (seid ihr) Licht im Herrn; wie Kinder (des) Lichts wandelt [9] – denn die Frucht des Lichts (besteht) in aller Güte und Gerechtigkeit und Wahrheit –, [10] prüfend, was wohlgefällig ist dem Herrn, [11] und habt nicht Mitanteil an den fruchtlosen Werken der Finsternis, (viel)mehr aber auch überführt (sie); [12] denn das heimlich von ihnen Geschehende ist schändlich auch (nur) zu sagen, [13] alles aber, was überführt wird, wird vom Licht offenbart; [14] denn alles Offenbarte ist

Licht. Deshalb sagt er: Steh auf, Schlafender, und steh auf aus den Toten, und aufleuchten wird dir der Christos.

[15] Seht nun genau (zu), wie ihr wandelt, nicht wie Unweise, sondern wie Weise, [16] auskaufend die Zeit, weil die Tage böse sind. [17] Deswegen werdet nicht unvernünftig, sondern versteht, was der Wille des Herrn. [18] Und betrinkt euch nicht mit Wein, in welchem ist Liederlichkeit, sondern werdet erfüllt im Geist, [19] redend miteinander [in] Psalmen und Hymnen und geistlichen Liedern, singend und preisend in eurem Herzen den Herrn, [20] danksagend allzeit für alles im Namen unseres Herrn Jesus Christos dem Gott und Vater.

[21] Untergeordnete (seid) einander in (der) Furcht (des) Christos, [22] die Frauen den eigenen Männern wie dem Herrn, [23] weil (der) Mann ist (das) Haupt der Frau wie auch der Christos (das) Haupt der Kirche, er, (der) Retter des Leibes; [24] doch wie die Kirche sich unterordnet dem Christos, so auch die Frauen den Männern in allem.

[25] Ihr Männer, liebt die Frauen, gleichwie auch der Christos liebte die Kirche und sich hingab für sie, [26] damit er sie heilige, reinigend (sie) durch das Bad des Wassers im Wort, [27] damit er selbst sich hinstelle glanzvoll die Kirche, nicht habend einen Flecken oder eine Runzel oder etwas von solchem, sondern damit sie sei heilig und fehllos. [28] So schulden [auch] die Männer zu lieben ihre Frauen wie ihre Leiber. Der Liebende seine Frau liebt sich selbst. [29] Denn keiner haßte jemals sein Fleisch, sondern er nährt und wärmt es, gleichwie auch der Christos die Kirche, [30] weil Glieder wir sind seines Leibes. [31] *Statt dessen wird zurücklassen ein Mensch [den] Vater und [die] Mutter, und anschließen wird er sich an seine Frau, und (es) werden sein die zwei zu einem Fleisch.* [32] Dieses Geheimnis ist groß; ich aber sage (es) auf Christos und auf die Kirche (hin). [33] Jedoch auch ihr, einzeln, jeder soll seine Frau so lieben wie sich selbst, die Frau aber, daß sie fürchte den Mann.

Gen 2,24 (G)

6 [1] Ihr Kinder gehorcht euren Eltern [im Herrn]; denn dies ist gerecht. [2] *Ehre deinen Vater und die Mutter,*

Ex 20,12 (G)

Dtn 5,16 (G) welches ist (das) erste Gebot in (der) Zusage, [3] *damit gut es dir gehe und du sein wirst lange Zeit auf der Erde.* [4] Und ihr Väter, erzürnt nicht eure Kinder, sondern zieht sie auf in Zucht und Zurechtweisung (des) Herrn.

[5] Ihr Sklaven, gehorcht den Herren nach dem Fleisch mit Furcht und Zittern in Einfalt eures Herzens wie dem Christos, [6] nicht nach Augendienerei wie Menschengefällige, sondern wie Sklaven (des) Christos, tuend den Willen Gottes aus (ganzer) Seele, [7] mit Gutwilligkeit dienend wie dem Herrn und nicht Menschen, [8] wissend, daß jeder, wenn er etwas Gutes tut, dieses empfangen wird vom Herrn, sei er Sklave, sei er Freier. [9] Und ihr Herren, dasselbe tut ihnen gegenüber, aufgebend die Drohung, wissend, daß sowohl ihr wie euer Herr ist in (den) Himmeln und Ansehen der Person es nicht gibt bei ihm.

[10] Des übrigen, werdet kräftig im Herrn und in der Gewalt seiner Stärke. [11] Zieht an die Vollrüstung Gottes, auf daß ihr feststehen könnt gegen die Listen des Teufels; [12] denn nicht ist unter uns das Ringen gegen Blut und Fleisch, sondern gegen die Hoheiten, gegen die Mächte, gegen die Weltbeherrscher dieser Finsternis, gegen die Geistwesen der Bosheit in den Himmeln. [13] Deswegen nehmt auf die Vollrüstung Gottes, damit ihr widerstehen könnt am bösen Tag, und, alles vollbringend, feststehen (könnt). [14] Steht also (fest), umgürtend eure Hüften in Wahrheit und anziehend den Panzer der Gerechtigkeit [15] und beschuhend die Füße in Bereitschaft des Evangeliums des Friedens, [16] in allem aufnehmend den Schild des Glaubens, mit dem ihr werdet löschen können alle glühend gemachten Geschosse des Bösen; [17] und den Helm der Rettung nehmt und das Schwert des Geistes, das ist: (das) Wort Gottes. [18] Bei allem Gebet und Bitten (seid) betend zu jeder Zeit im Geist, und dazu wachend in aller Ausdauer und Bitte für alle Heiligen [19] und für mich, damit mir gegeben werde ein Wort im Auftun meines Mundes, in Freimut kundzutun das Geheimnis des Evangeliums, [20] für das ich Gesandter bin in Kette(n), damit ich in ihm freimütig rede, wie ich

reden muß.

²¹ Damit aber auch ihr wißt das um mich, was ich tue, alles wird euch kundtun Tychikos, der geliebte Bruder und treue Diener im Herrn, ²² den ich schickte zu euch zu eben diesem, damit ihr erfahrt das über uns und er ermutige eure Herzen.

²³ Friede den Brüdern und Liebe mit Glauben von Gott (dem) Vater und (dem) Herrn Jesus Christos. ²⁴ Die Gnade (sei) mit allen Liebenden unsern Herrn Jesus Christos in Unvergänglichkeit.

AN (DIE) PHILIPPESIER

1 ¹ Paulos und Timotheos, Sklaven (des) Christos Jesus, allen Heiligen in Christos Jesus, die sind in Philippoi, mit Aufsehern und Dienern; ² Gnade euch und Friede von Gott, unserem Vater, und (dem) Herrn Jesus Christos.

³ Ich danke meinem Gott bei allem Gedenken an euch, ⁴ allzeit in jedem Gebet von mir für euch alle, mit Freude das Gebet machend, ⁵ über eure Gemeinschaft (in Richtung) auf das Evangelium vom ersten Tag bis zum Jetzt, ⁶ vertrauend eben darauf, daß, der begonnen hat in euch ein gutes Werk, (es) vollenden wird bis zum Tag (des) Christos Jesus; ⁷ gleichwie es gerecht ist für mich, dies zu denken für euch alle, deswegen, weil ich im Herzen habe euch, die ihr alle sowohl in meinen Fesseln wie in der Verteidigung und Festigung des Evangeliums meine Mitteilhaber der Gnade seid. ⁸ Denn mein Zeuge (ist) Gott, wie ich ersehne euch alle im Erbarmen (des) Christos Jesus. ⁹ Und dies bete ich, damit eure Liebe noch mehr und mehr überfließe in Erkenntnis und jeder Wahrnehmung, ¹⁰ auf daß ihr prüft das sich Unterscheidende, damit ihr seid lauter und unanstößig zum Tag (des) Christos, ¹¹ erfüllt mit Frucht von Gerechtigkeit, der durch Jesus Christos, zu Herrlichkeit und Lob Gottes.

¹² Daß ihr aber erkennt, will ich, Brüder, daß das über mich mehr zur Förderung des Evangeliums gekommen ist, ¹³ so daß meine Fesseln offenbar wurden in Christos im ganzen Praitorion und den übrigen allen, ¹⁴ und die Mehrzahl der Brüder im Herrn, vertrauend durch meine Fesseln, mehr (es) wagt, furchtlos das Wort zu reden. ¹⁵ Einige zwar auch aus Neid und Streit, einige aber auch aus Wohlmeinen verkünden den Christos; ¹⁶ die einen aus Liebe, wissend, daß zur Verteidigung des Evangeliums ich bestimmt bin, ¹⁷ die anderen aus Streitsucht verkünden den Christos, nicht aufrichtig, mei-

nend, Bedrängnis aufzurichten meinen Fesseln. [18] Was denn? Außer, daß auf jede Weise, sei es mit Vorwand, sei es in Wahrheit, Christos verkündet wird, und darin freue ich mich.

Doch ich werde mich auch freuen, [19] denn ich weiß, daß dies mir ausgehen wird zur Rettung durch euer Gebet und durch Unterstützung des Geistes (des) Jesus Christos, [20] gemäß meiner Sehnsucht und Hoffnung, daß in nichts ich beschämt werden werde, sondern in allem Freimut wie allzeit auch jetzt großgemacht werden wird Christos an meinem Leib, sei es durch Leben, sei es durch Tod. [21] Denn mir (ist) das Leben Christos und das Sterben Gewinn. [22] Wenn aber das Leben im Fleisch, (ist) dies mir Frucht (des) Werkes, und was ich wählen soll, erkenne ich nicht. [23] Bedrängt aber werde ich aus den Zweien, das Verlangen habend zum Auflösen und mit Christos Sein, [denn] (das ist) um viel mehr besser; [24] das Bleiben aber [in] dem Fleisch (ist) notwendiger wegen euch. [25] Und darauf vertrauend weiß ich, daß ich bleiben werde und dableiben werde bei euch allen zu eurer Förderung und zur Freude des Glaubens, [26] damit euer Ruhm überfließe in Christos Jesus in mir durch meine Ankunft wieder zu euch.

[27] Allein verhaltet euch würdig des Evangeliums des Christos, damit, sei es kommend und euch sehend, sei es abwesend ich das über euch höre, daß ihr steht in einem (einzigen) Geist, mit einer (einzigen) Seele mitkämpfend für den Glauben des Evangeliums, [28] und nicht eingeschüchtert in nichts von den Gegnern, welches ist für sie Aufweis von Verderben, aber eurer Rettung, und dies von Gott; [29] weil euch geschenkt wurde das für Christos, nicht allein das an ihn Glauben, sondern auch das für ihn Leiden, [30] denselben Kampf habend, wie ihr saht an mir und jetzt hört an mir.

2 [1] Wenn nun irgendeine Ermutigung in Christos, wenn irgendein Zuspruch (der) Liebe, wenn irgendeine Gemeinschaft (des) Geistes, wenn irgendein Erbarmen und Mitgefühle, [2] füllt meine Freude, damit dasselbe ihr sinnt, dieselbe Liebe habend, einmütig, das Eine sinnend, [3] nichts nach Streitsucht, auch nicht nach Eitelkeit, sondern durch die De-

mut einander haltend für überragender als sich selbst, [4] nicht auf das Seine ein jeder achtend, sondern jegliche [auch] auf das (der) andern.

[5] Dies sinnt bei euch, was auch in Christos Jesus, [6] der, als er in Gestalt Gottes war, nicht für Raub hielt das Sein gleich Gott, [7] sondern sich selbst entäußerte, Gestalt eines Sklaven annehmend, in Gleichheit von Menschen geworden; und im Äußeren erfunden wie ein Mensch, [8] demütigte er sich selbst, geworden gehorsam bis zum Tod, zum Tod aber (des) Kreuzes. [9] Deshalb auch erhöhte ihn Gott und schenkte ihm den Namen, der über jedem Namen (ist), [10] damit im Namen von Jesus jedes Knie sich beuge, (der) Himmlischen und Irdischen und Unterirdischen, [11] und jede Zunge bekenne: Herr (ist) Jesus Christos zur Herrlichkeit Gottes (des) Vaters.

[12] Daher, meine Geliebten, gleichwie allzeit ihr gehorchtet, nicht wie in meiner Anwesenheit nur, sondern jetzt viel mehr in meiner Abwesenheit, mit Furcht und Zittern bewirkt eure eigene Rettung! [13] Denn Gott ist der Wirkende in euch sowohl das Wollen wie auch das Wirken für das Wohlgefallen. [14] Alles tut ohne Murren und Grübeleien, [15] damit ihr werdet untadelig und unverdorben, fehllose Kinder Gottes inmitten eines verkehrten und verdrehten Geschlechts, unter welchen ihr scheint wie Leuchten in (der) Welt, [16] (das) Wort (des) Lebens festhaltend, zum Ruhm mir am Tag (des) Christos, daß nicht ins Leere ich lief und nicht ins Leere ich mich mühte. [17] Doch wenn ich auch ausgegossen werde zum Opfer und Dienst eures Glaubens, freue ich mich und freue ich mich mit euch allen; [18] desgleichen aber freut auch ihr euch und freut euch mit mir!

[19] Ich hoffe aber im Herrn Jesus, Timotheos schnell euch zu schicken, damit auch ich gutgestimmt bin, kennend das über euch. [20] Denn keinen habe ich Gleichgestimmten, welcher lauter das für euch besorgen wird; [21] denn alle suchen das Eigene, nicht das (des) Jesus Christos. [22] Seine Bewährung aber kennt ihr, daß wie einem Vater ein Kind mit mir er diente für das Evangelium. [23] Diesen nun hoffe ich zu schicken sogleich,

sobald ich absehe das über mich; [24] ich vertraue aber im
Herrn, daß auch selbst schnell ich kommen werde.

[25] Notwendig aber hielt ich, Epaphroditos, den Bruder und
Mitarbeiter und Mitkämpfer von mir, von euch aber Gesandt-
ten und Diener meines Bedarfs, zu schicken zu euch, [26] da ersehnend er war euch alle und sich ängstigend, weil ihr hörtet,
daß er erkrankte. [27] Denn er erkrankte auch beinahe zu Tod;
doch Gott erbarmte sich seiner, nicht aber seiner nur, sondern
auch meiner, damit nicht Betrübnis auf Betrübnis ich habe.
[28] Eiliger nun schickte ich ihn, damit ihr, sehend ihn, wieder
euch freut und ich unbetrübter bin. [29] Nehmt ihn nun auf im
Herrn mit aller Freude, und solche habt in Ehren, [30] weil wegen des Werkes (des) Christos bis zum Tod er nahekam, aufs
Spiel setzend das Leben, damit er auffülle euren Mangel des
Dienstes für mich.

3 [1] Im übrigen, meine Brüder, freut euch im Herrn! Dasselbe euch zu schreiben, (ist) mir zwar nicht(s) Lästi-
ges, euch aber Sicheres.

[2] Seht die Hunde, seht die schlechten Arbeiter, seht die
Zerschneidung! [3] Denn wir sind die Beschneidung, die durch
(den) Geist Gottes Dienenden und sich Rühmenden in Christos Jesus und nicht auf Fleisch Vertrauenden, [4] wiewohl ich
haben (könnte) Vertrauen auch auf (das) Fleisch. Wenn ein
anderer meint, vertrauen (zu können) auf (das) Fleisch, ich
mehr; [5] an Beschneidung ein Achttägiger, aus (dem) Geschlecht Israels, (dem) Stamm Benjamin, Hebraier von He-
braiern, nach (dem) Gesetz Pharisaier, [6] nach Eifer verfolgend
die Gemeinde, nach (der) Gerechtigkeit, der im Gesetz, geworden untadelig. [7] [Doch] was immer mir waren Gewinne,
diese habe ich gehalten wegen des Christos für Verlust.
[8] Doch gewiß ja, und ich halte dafür, daß alles Verlust ist wegen des Überragens der Erkenntnis (des) Christos Jesus, meines Herrn, wegen dessen mir alles Verlust wurde, und ich
halte (es) für Dreck, damit Christos ich gewinne [9] und gefunden werde in ihm, nicht habend meine Gerechtigkeit, die aus

(dem) Gesetz, sondern die durch Glauben an Christos, die Gerechtigkeit aus Gott aufgrund des Glaubens, [10] zu erkennen ihn und die Kraft seiner Auferstehung und [die] Gemeinschaft seiner Leiden, gleichgestaltet werdend seinem Tod, [11] ob etwa ich hingelange zur Auferstehung, der aus Toten.

[12] Nicht, daß ich schon nahm oder schon vollendet bin, ich jage aber, ob ich auch annehme, daraufhin, daß ich auch angenommen wurde von Christos [Jesus]. [13] Brüder, ich rechne nicht, daß ich selbst angenommen habe; eines aber, das Hinten vergessend, dem Vorne zu aber mich ausstreckend, [14] entsprechend (dem) Ziel jage ich zum Kampfpreis der Berufung Gottes nach oben in Christos Jesus. [15] Wieviele nun Vollkommene (sind), dies wollen wir denken; und wenn etwas anders ihr denkt, auch dies wird Gott euch offenbaren; [16] jedoch, wozu wir gelangten, zu demselben (ist) zu stehen.

[17] Meine Mitnachahmer werdet, Brüder, und achtet auf die so Wandelnden, gleichwie ihr habt als Vorbild uns! [18] Denn viele wandeln, welche oft ich euch sagte, jetzt aber auch weinend sage, als die Feinde des Kreuzes des Christos, [19] von denen das Ende Verderben, von denen der Gott der Bauch und die Herrlichkeit in ihrer Schande, die das Irdische Sinnenden. [20] Denn unsere Bürgerschaft ist in (den) Himmeln, aus dem auch als Retter wir erwarten (den) Herrn Jesus Christos, [21] der umgestalten wird den Leib unserer Niedrigkeit, gleichförmig dem Leib seiner Herrlichkeit, nach der Kraft seines Könnens auch unterzuordnen sich alles.

4 [1] Daher, meine Brüder, geliebte und ersehnte, (meine) Freude und mein Kranz, so steht im Herrn, Geliebte! [2] Euodia ermuntere ich und Syntyche ermuntere ich, dasselbe zu sinnen im Herrn. [3] Ja, ich bitte auch dich, echter Jochgenosse, fasse mit an für sie, welche im Evangelium mit mir kämpften, mit sowohl Klemens als auch den übrigen meiner Mitarbeiter, von denen die Namen im Buch (des) Lebens.

[4] Freut euch im Herrn allzeit; wieder werde ich sagen, freut euch! [5] Das Gütige von euch soll bekannt werden allen Menschen. Der Herr (ist) nahe. [6] Nichts sorgt, sondern in allem

sollen durch das Gebet und die Bitte mit Danksagung eure
Forderungen kundgetan werden bei Gott. [7] Und der Friede
Gottes, der überragende jeden Verstand, wird bewachen eure
Herzen und eure Gedanken in Christos Jesus.

[8] Im übrigen, Brüder, wievieles wahr ist, wievieles anständig, wievieles gerecht, wievieles rein, wievieles beliebt, wievieles ansprechend, wenn irgendeine Ruhmestat und wenn irgendein Lob, dieses bedenkt! [9] Was auch ihr lerntet und übernahmt und hörtet und saht an mir, dieses tut! Und der Gott
des Friedens wird mit euch sein.

[10] Ich freute mich aber im Herrn sehr, daß schon einmal ihr
wiederaufblühen ließet das für mich Denken, woran ihr auch
dachtet, nicht aber Gelegenheit hattet. [11] Nicht daß aus Mangel ich rede, denn ich lernte, in welchen (Lagen) ich bin,
selbstgenügend zu sein. [12] Ich weiß auch mich zu demütigen,
ich weiß auch Überfluß zu haben; in allem und in allen bin
ich eingeweiht, sowohl satt zu werden als auch zu hungern,
sowohl überzufließen als auch Mangel zu leiden; [13] alles vermag ich in dem mich Ermächtigenden. [14] Jedoch, recht tatet
ihr, indem ihr mitteilhabt an meiner Bedrängnis. [15] (Es) wißt
aber auch ihr, Philippesier, daß am Anfang des Evangeliums,
als ich wegging von Makedonia, keine Gemeinde mit mir
Gemeinschaft hatte auf Rechnung von Geben und Nehmen,
außer ihr allein, [16] daß auch in Thessalonike sowohl das eine
wie das andere Mal für den Bedarf ihr mir schicktet. [17] Nicht
daß ich erstrebe die Gabe, sondern ich erstrebe die Frucht,
die sich mehrende auf eurem Konto. [18] Ich habe aber alles und
ich fließe über; ich bin erfüllt, nachdem ich angenommen
habe von Epaphroditos das von euch, einen Duft von Wohlgeruch, ein genehmes Opfer, wohlgefällig Gott. [19] Mein Gott
aber wird füllen all euren Bedarf nach seinem Reichtum in
Herrlichkeit in Christos Jesus. [20] Unserem Gott und Vater
aber (ist) die Herrlichkeit in die Aionen der Aionen, Amen.

[21] Grüßt jeden Heiligen in Christos Jesus! (Es) grüßen euch
die Brüder mit mir. [22] (Es) grüßen euch alle Heiligen, am

meisten aber die aus des Kaisers Haus.

[23] Die Gnade des Herrn Jesus Christos (sei) mit eurem Geist.

AN (DIE) KOLOSSER

1 [1] Paulos, Apostel (des) Christos Jesus durch (den) Willen Gottes, und Timotheos, der Bruder, [2] den in Kolossai heiligen und gläubigen Brüdern in Christos; Gnade euch und Friede von Gott, unserem Vater.

[3] Wir danken Gott, (dem) Vater unseres Herrn Jesus Christos, allzeit für euch betend, [4] hörend von eurem Glauben in Christos Jesus und von der Liebe, die ihr habt zu allen Heiligen, [5] wegen der Hoffnung, der daliegenden für euch in den Himmeln, von der ihr zuvor hörtet im Wort der Wahrheit des Evangeliums, [6] des gekommenen zu euch, gleichwie es auch in der ganzen Welt ist, fruchtbringend und wachsend, gleichwie auch unter euch, von dem Tage (an), (an dem) ihr hörtet und erkanntet die Gnade Gottes in Wahrheit; [7] gleichwie ihr lerntet von Epaphras, unserem geliebten Mitsklaven, der für euch ist ein treuer Diener des Christos, [8] der uns auch eröffnete eure Liebe im Geist.

[9] Deswegen auch wir, von dem Tage (an), (an dem) wir (es) hörten, hören nicht auf, für euch zu beten und zu bitten, damit ihr erfüllt werdet mit der Erkenntnis seines Willens in aller Weisheit und geistlichem Verstehen, [10] zu wandeln würdig des Herrn zu jedem Wohlgefallen, in jedem guten Werk fruchtbringend und wachsend in der Erkenntnis Gottes, [11] in aller Kraft gekräftigt nach der Gewalt seiner Herrlichkeit zu aller Geduld und Großmut.

Mit Freude [12] dankend dem Vater, der euch befähigte zum Anteil des Loses der Heiligen im Licht; [13] der uns rettete aus der Macht der Finsternis und versetzte ins Königtum des Sohnes seiner Liebe, [14] in dem wir haben den Loskauf, den Erlaß der Sünden; [15] der ist ein Bild Gottes, des unsichtbaren, Erstgeborener aller Schöpfung, [16] denn in ihm wurde erschaffen alles in den Himmeln und auf der Erde, das Sichtbare und das Unsichtbare, seien es Throne, seien es Herrschaften, seien es Hoheiten, seien es Mächte; alles ist durch ihn und auf ihn (hin) erschaffen; [17] und er ist vor allem, und alles hat in ihm Bestand; [18] und er ist das Haupt des Leibes, der Kirche; der ist Anfang, Erstgeborener aus den Toten, damit er werde in allem der Erste, [19] denn es gefiel (Gott), in ihm die ganze Fülle wohnen zu lassen [20] und durch ihn zu versöhnen alles auf ihn (hin), Frieden schaffend durch das Blut seines Kreuzes, [durch ihn] sei es das auf der Erde, sei es das in den Himmeln.

[21] Und euch, die ihr einst ausgeschlossen wart und Feinde der Gesinnung (nach) in den bösen Werken, [22] versöhnte er jetzt aber im Leib seines Fleisches durch den Tod, (um) hinzustellen euch als Heilige und Fehllose und Unbescholtene vor ihm, [23] wenn ihr denn dabeibleibt, im Glauben gegründet und fest, und nicht euch abbringen lassend von der Hoffnung des Evangeliums, das ihr hörtet, dem verkündeten in der ganzen Schöpfung, die unter dem Himmel ist, dessen Diener ich, Paulos, wurde.

[24] Jetzt freue ich mich in den Leiden für euch, und ich fülle auf das Fehlende an den Bedrängnissen des Christos in meinem Fleisch für seinen Leib, der ist die Kirche, [25] deren Diener ich wurde nach der Verwaltung Gottes, der mir gegebenen für euch, zu erfüllen das Wort Gottes, [26] das Geheimnis, das verborgene vor den Aionen und vor den Geschlechtern – jetzt aber wurde es offenbart seinen Heiligen, [27] denen Gott kundtun wollte, welches der Reichtum der Herrlichkeit dieses Geheimnisses unter den Heiden (ist), das ist Christos in euch, die Hoffnung der Herrlichkeit; [28] den wir verkünden, mahnend jeden Menschen und lehrend jeden Menschen in aller Weisheit, damit wir hinstellen jeden Menschen als Vollkommenen in Christos; [29] dazu auch mühe ich mich, kämpfend nach seiner Wirksamkeit, der wirkenden in mir in Kraft.

2 [1] Denn ich will, daß ihr wißt, welchen Kampf ich habe für euch und (für) die in Laodikeia und so viele, die nicht gesehen haben mein Gesicht dem Fleisch (nach), [2] damit

ermutigt werden ihre Herzen, zusammengehalten in Liebe
und zu allem Reichtum an Fülle des Verstehens, zur Erkenntnis des Geheimnisses Gottes, (des) Christos, ³in dem alle
Schätze der Weisheit und Erkenntnis verborgen sind. ⁴Dies
sage ich, damit keiner euch täusche in Vorspiegelung. ⁵Denn
wenn ich auch dem Fleisch (nach) abwesend bin, doch dem
Geist (nach) bin ich mit euch, mich freuend und sehend eure
Ordnung und die Festigkeit eures Glaubens an Christos.

⁶Wie ihr nun annahmt Christos Jesus, den Herrn, in ihm
wandelt, ⁷verwurzelt und auferbaut in ihm und gefestigt im
Glauben, gleichwie ihr gelehrt wurdet, überfließend in Danksagung. ⁸Seht (zu), daß nicht einer sein wird, der euch ein-
fängt durch die Philosophie und durch leeren Trug nach der
Überlieferung der Menschen, nach den Elementen der Welt
und nicht nach Christos; ⁹denn in ihm wohnt die ganze Fülle
der Gottheit leibhaftig, ¹⁰und ihr seid in ihm erfüllt, der ist
das Haupt jeder Hoheit und Macht. ¹¹In ihm wurdet ihr auch
beschnitten mit einer nicht handgemachten Beschneidung im
Ablegen des Leibes des Fleisches, in der Beschneidung des
Christos, ¹²mitbegraben mit ihm in der Taufe, in der ihr auch
miterweckt wurdet durch den Glauben an die Wirksamkeit
Gottes, der ihn erweckte aus Toten; ¹³auch euch, die ihr tot
wart, [durch] die Übertretungen und die Vorhaut eures Fleisches, mitlebendigmachte er euch mit ihm, verzeihend uns
alle Übertretungen. ¹⁴Auslöschend den Schuldschein gegen
uns, der aufgrund der Satzungen wider uns war, und ihn hat
er aus der Mitte genommen, annagelnd ihn ans Kreuz; ¹⁵ent-
kleidend die Hoheiten und die Mächte, stellte er sie in Öffentlichkeit bloß, triumphierend über sie in ihm.

¹⁶Nicht nun soll einer über euch urteilen in Speise und in
Trank oder in Anbetracht eines Festes oder Neumondes oder
von Sabbaten; ¹⁷die sind ein Schatten des Zukünftigen, der
Leib aber (ist) des Christos. ¹⁸Keiner soll euch um den Preis
bringen, sich gefallend in Demut und Verehrung der Engel,
(auf das), was er gesehen hat, sich (etwas) einbildend, grund-

los aufgebläht vom Sinn seines Fleisches, [19] und nicht festhaltend das Haupt, von dem (her) der ganze Leib, durch die Gelenke und Bänder unterstützt und zusammengehalten, wächst das Wachstum Gottes.

[20] Wenn ihr gestorben seid mit Christos (weg) von den Elementen der Welt, was laßt ihr euch wie in der Welt Lebende Satzungen auferlegen? [21] Du sollst nicht berühren, du sollst nicht kosten, du sollst nicht anfassen, [22] was alles zur Vernichtung durch Verbrauch (bestimmt) ist, (alles) nach den Geboten und Lehren der Menschen, [23] welches zwar hat (den) Ruf von Weisheit in selbstgefälliger Frömmigkeit und Demut [und] Kasteiung (des) Leibes, (aber) nicht zur Ehre jemandem, (sondern) zur Befriedigung des Fleisches.

3 [1] Wenn ihr nun miterweckt wurdet mit dem Christos, sucht das Oben, wo der Christos ist zur Rechten Gottes sitzend; [2] das Oben habt im Sinn, nicht das auf der Erde! [3] Denn ihr seid gestorben, und euer Leben ist verborgen mit dem Christos in Gott; [4] wann der Christos offenbart wird, euer Leben, dann werdet auch ihr mit ihm offenbart werden in Herrlichkeit.

[5] Tötet nun die Glieder, die auf der Erde: Unzucht, Unreinheit, Leidenschaft, schlechte Begierde, und die Habgier, welche ist Götzendienst, [6] wodurch der Zorn Gottes kommt [auf die Söhne des Ungehorsams]. [7] Darin wandeltet auch ihr einst, als ihr lebtet darin; [8] jetzt aber legt ab auch ihr das alles: Zorn, Wut, Schlechtigkeit, Lästerung, Schandrede aus eurem Mund; [9] nicht belügt einander, nachdem ihr ausgezogen habt den alten Menschen mit seinen Taten [10] und angezogen habt den neuen, der erneuert wird zur Erkenntnis nach (dem) Bild dessen, der ihn schuf, [11] wo nicht ist Hellene und Judaier, Beschneidung und Vorhaut, Barbar, Skythe, Sklave, Freier, sondern alles und in allem Christos.

[12] Zieht nun an als Auserwählte Gottes, Heilige und Geliebte: inniges Erbarmen, Güte, Demut, Milde, Großmut, [13] ertragend einander und verzeihend einander, wenn einer gegen einen eine Beschwerde hat; gleichwie auch der Herr

euch verziehen hat, so auch ihr; [14] Zu all diesem aber die Liebe, das ist (das) Band der Vollkommenheit. [15] Und der Friede des Christos soll bestimmen in euren Herzen, zu dem ihr auch gerufen wurdet in einem Leib; und werdet dankbar! [16] Das Wort des Christos soll reichlich wohnen in euch, in aller Weisheit lehrend und mahnend einander, mit Psalmen, Hymnen, geistlichen Liedern, in [der] Anmut singend in euren Herzen für Gott; [17] und alles, was immer ihr tut in Wort oder in Werk, alles im Namen (des) Herrn Jesus, dankend Gott (dem) Vater durch ihn.

[18] Ihr Frauen, ordnet euch unter den Männern, wie es sich gebührt im Herrn. [19] Ihr Männer, liebt die Frauen und seid nicht erbittert gegen sie. [20] Ihr Kinder, gehorcht den Eltern in allem, denn dies ist wohlgefällig im Herrn. [21] Ihr Väter, reizt nicht eure Kinder, damit sie nicht mutlos werden.

[22] Ihr Sklaven, gehorcht in allem den Herren nach (dem) Fleisch, nicht in Augendienerei wie Menschengefällige, sondern in Einfalt (des) Herzens, fürchtend den Herrn. [23] Was immer ihr tut, aus (ganzer) Seele tut (es), wie für den Herrn und nicht für Menschen, [24] wissend, daß vom Herrn ihr empfangen werdet den Lohn des Erbes. Dem Herrn Christos dient! [25] Denn der Unrecht Tuende wird empfangen, was unrecht er tat, und nicht ist Personenrücksicht.

4 [1] Ihr Herren, das Gerechte und die Gleichheit bereitet den Sklaven, wissend, daß auch ihr habt einen Herrn im Himmel!

[2] Im Gebet harrt aus, wachend darin in Danksagung, [3] betend zugleich auch für uns, damit Gott uns öffne eine Tür für das Wort, zu reden das Geheimnis des Christos, dessentwegen ich auch gebunden bin, [4] damit ich es offenbare, wie ich reden muß. [5] In Weisheit wandelt gegenüber denen draußen, die Zeit auskaufend! [6] Euer Wort allzeit in Anmut, mit Salz gewürzt, zu wissen, wie ihr einem jeden antworten müßt.

[7] Alles, was mich betrifft, wird euch kundtun Tychikos, der geliebte Bruder und treue Diener und Mitsklave im Herrn,

[8] den ich schickte zu euch eben dazu, damit ihr erfahrt das über uns und er ermutige eure Herzen, [9] mit Onesimos, dem treuen und geliebten Bruder, der von euch ist; alles werden sie euch kundtun, das Hiesige.

[10] (Es) grüßt euch Aristarchos, mein Mitgefangener, und Markos, der Vetter von Barnabas (über den ihr Aufträge empfingt; wenn er kommt zu euch, nehmt ihn auf), [11] und Jesus, der Justos Genannte, die aus der Beschneidung sind, diese allein (sind) Mitarbeiter für das Königtum Gottes, welche mir Trost wurden. [12] (Es) grüßt euch Epaphras, der von euch, Sklave (des) Christos [Jesus], allzeit kämpfend für euch in den Gebeten, damit ihr dasteht vollkommen und erfüllt mit dem ganzen Willen Gottes. [13] Denn ich bezeuge ihm, daß er viel Mühe hat für euch und die in Laodikeia und die in Hierapolis. [14] (Es) grüßt euch Lukas, der geliebte Arzt, und Demas.

[15] Grüßt die Brüder in Laodikeia und Nympha und die Gemeinde in ihrem Haus! [16] Und wann der Brief gelesen ist bei euch, macht, daß er auch in der Gemeinde (der) Laodikeier gelesen werde, auch den von Laodikeia, damit auch ihr (ihn) lest! [17] Und sprecht zu Archippos: Sieh auf den Dienst, den du übernahmst im Herrn, damit du ihn erfüllst!

[18] Der Gruß mit meiner, des Paulos, Hand. Gedenkt meiner Fesseln! Die Gnade (sei) mit euch.

AN (DIE) THESSALONIKER A

1 [1]Paulos und Siluanos und Timotheos der Gemeinde (der) Thessaloniker in Gott (dem) Vater und (dem) Herrn Jesus Christos; Gnade euch und Friede.

[2]Wir danken Gott allzeit für euch alle, ein Gedenken machend bei unseren Gebeten, unablässig [3]gedenkend eures Werkes des Glaubens und der Mühe der Liebe und der Geduld der Hoffnung auf unseren Herrn Jesus Christos, vor unserem Gott und Vater, [4]wissend, Brüder, geliebte von Gott, um eure Erwählung, [5]weil unser Evangelium nicht kam zu euch im Wort allein, sondern auch in Kraft und in heiligem Geist und [in] viel Fülle, gleichwie ihr wißt, wie wir uns erwiesen haben [bei] euch euretwegen. [6]Und ihr, Nachahmer von uns wurdet ihr und des Herrn, da ihr annahmt das Wort in viel Bedrängnis mit Freude heiligen Geistes, [7]so daß ihr wurdet ein Vorbild allen Glaubenden in der Makedonia und in der Achaia. [8]Denn von euch ist herauserschallt das Wort des Herrn nicht allein in der Makedonia und [in der] Achaia, sondern an jedem Ort ist euer Glaube, der an Gott, herausgekommen, so daß wir nicht nötig haben, etwas (darüber) zu reden. [9]Denn sie selbst meldeten über uns, welchen Eingang wir hatten bei euch und wie ihr euch bekehrtet hin zu Gott, (weg) von den Götzen, zu dienen dem lebendigen und wahren Gott [10]und zu erwarten seinen Sohn aus den Himmeln, den er erweckte aus [den] Toten, Jesus, den Rettenden uns aus dem kommenden Zorn.

2 [1]Denn ihr wißt selbst, Brüder, um unseren Eingang, den bei euch, daß nicht vergeblich er gewesen ist, [2]sondern daß wir, (obwohl) wir vorher litten und mißhandelt wurden, gleichwie ihr wißt, in Philippoi, freimütig waren in unserem Gott, zu reden zu euch das Evangelium Gottes in viel Kampf. [3]Denn unsere Ermutigung (geschieht) nicht aus

Betrug und nicht aus Unlauterkeit und nicht in List, [4] sondern
gleichwie wir geprüft worden sind von Gott, betraut zu werden mit dem Evangelium, so reden wir, nicht wie Menschen
Gefallende, sondern Gott, dem Prüfenden unsere Herzen.
[5] Denn weder traten wir irgendwann auf in einem Wort von
Schmeichelei, gleichwie ihr wißt, noch unter einem Vorwand
von Habgier, Gott (ist) Zeuge, [6] noch erstrebend von Menschen Glanz, weder von euch noch von anderen, [7] obwohl wir
mit Gewicht auftreten könnten als (des) Christos Apostel.
Vielmehr erwiesen wir uns als Unmündige in eurer Mitte,
wie wenn eine Amme wärmt ihre Kinder, [8] so ersehnend
euch, halten wir für gut, euch Anteil zu geben nicht nur am
Evangelium Gottes, sondern auch an unserem (eigenen) Leben, weil Geliebte ihr uns wurdet. [9] Denn ihr erinnert euch,
Brüder, an unsere Mühe und Anstrengung: Nachts und tags
arbeitend, um nicht zu belasten irgendeinen von euch, verkündeten wir zu euch das Evangelium Gottes. [10] Ihr (seid)
Zeugen und Gott, wie heilig und gerecht und untadelig wir
euch, den Glaubenden, uns erwiesen, [11] gleichwie ihr wißt,
wie einen jeden einzelnen von euch, wie ein Vater seine Kinder, [12] wir euch ermutigten und trösteten und beschworen, auf
daß ihr wandelt würdig Gottes, des euch Rufenden zu seinem
Königtum und Glanz.

[13] Und deshalb danken auch wir Gott unablässig, weil ihr,
die ihr annahmt ein Wort (der) Botschaft Gottes von uns, (es)
annahmt nicht als Wort von Menschen, sondern gleichwie es
wahrhaft ist, als Wort Gottes, das auch wirkt in euch, den
Glaubenden. [14] Denn ihr, Nachahmer wurdet ihr, Brüder, der
Gemeinden Gottes, die sind in der Judaia in Christos Jesus,
weil dasselbe littet auch ihr von den eigenen Stammesgenos-
sen gleichwie auch sie selbst von den Judaiern, [15] die auch den
Herrn töteten, Jesus, und die Propheten, und uns verfolgten
und Gott nicht gefallen und allen Menschen feindlich sind,
[16] die uns hindern, zu den Heiden zu reden, damit sie gerettet
werden, auf daß sie auffüllen ihre Sünden allzeit. (Es) kam
aber über sie der Zorn (bis) zum Ende.

[17] Wir aber, Brüder, verwaist von euch für (die) Zeit einer Stunde, (dem) Gesicht (nach), nicht (dem) Herzen, über die Maßen beeilten wir uns, euer Gesicht zu sehen mit viel Verlangen. [18] Deshalb wollten wir kommen zu euch, ich Paulos, einmal, (ja) sogar zweimal, und (es) hinderte uns der Satan. [19] Denn wer (ist) unsere Hoffnung oder Freude oder Ruhmeskranz – nicht etwa auch ihr – vor unserem Herrn Jesus bei seiner Ankunft? [20] Denn ihr seid unser Glanz und (unsere) Freude.

3 [1] Deshalb, (es) nicht mehr aushaltend, hielten wir (es) für gut, zurückgelassen zu werden in Athenai allein, [2] und wir schickten Timotheos, unseren Bruder und Mitarbeiter Gottes am Evangelium des Christos, auf daß er euch stärke und ermutige zum (Besten) eures Glaubens, [3] daß keiner erschüttert werde in diesen Bedrängnissen. Denn ihr wißt selbst, daß dazu wir bestimmt sind; [4] denn auch als bei euch wir waren, vorhersagten wir euch, daß wir bedrängt werden würden, gleichwie es auch geschah und ihr wißt. [5] Deswegen auch, (es) nicht mehr aushaltend, schickte ich, um zu erkennen euren Glauben, ob nicht etwa versuchte euch der Versuchende und ins Leere ging unsere Mühe.

[6] Jetzt aber, als Timotheos kam zu uns von euch und uns verkündete (euren) Glauben und eure Liebe und daß ihr habt ein gutes Gedenken an uns allzeit, euch sehnend, uns zu sehen, gleichwie auch wir euch, [7] deswegen wurden wir ermutigt, Brüder, eurethalben bei all unserer Not und Bedrängnis durch euren Glauben, [8] (so) daß wir jetzt leben, wenn ihr steht im Herrn. [9] Denn welchen Dank können wir Gott abstatten für euch bei all der Freude, mit der wir uns freuen euretwegen vor unserem Gott, [10] nachts und tags über die Maßen bittend, um zu sehen euer Gesicht und zurechtzubringen die Mängel eures Glaubens?

[11] Unser Gott und Vater selbst aber und unser Herr Jesus richte aus unseren Weg zu euch; [12] euch aber lasse der Herr reich werden und überfließen in der Liebe zueinander und zu allen, gleichwie auch wir zu euch, [13] auf daß er stärke eure

Herzen als untadelige in Heiligkeit vor unserem Gott und
Vater bei der Ankunft unseres Herrn Jesus mit allen seinen
Heiligen, [Amen].

4 [1] Im übrigen nun, Brüder, bitten wir euch und ermutigen wir im Herrn Jesus, damit, gleichwie ihr empfingt
von uns, wie es nötig ist, daß ihr wandelt und Gott gefallt,
gleichwie ihr auch wandelt, damit ihr überfließt (noch) mehr.
[2] Denn ihr wißt, welche Unterweisungen wir euch gaben
durch den Herrn Jesus.

[3] Denn dies ist (der) Wille Gottes, eure Heiligung, daß ihr
fernhaltet euch von der Unzucht, [4] daß jeder von euch wisse,
sein (eigenes) Gefäß zu besitzen in Heiligung und Ehre,
[5] nicht in Leidenschaft (der) Begierde, gleichwie auch die
Völker, die Gott nicht kennenden, [6] daß keiner übergehe und
übervorteile in (Geschäfts)dingen seinen Bruder, weil ein Rä-
cher (ist der) Herr über alles dieses, gleichwie wir auch vorhersagten euch und bezeugten. [7] Denn nicht (be)rief uns Gott
zu Unlauterkeit, sondern in Heiligung. [8] Daher denn nun verwirft der Verwerfende nicht einen Menschen, sondern Gott,
der [auch] gibt seinen heiligen Geist in euch.

[9] Über die Bruderliebe aber habt ihr nicht nötig, daß ich
euch schreibe, denn ihr selbst seid Gottbelehrte, daß ihr einander liebt, [10] und ihr macht es denn (auch) gegenüber allen
Brüdern, [denen] in der ganzen Makedonia. Wir ermahnen
euch aber, Brüder, überzufließen (noch) mehr, [11] und euch
eine Ehre daraus zu machen, ruhig zu bleiben und zu tun das
Eigene und zu arbeiten mit euren [eigenen] Händen, gleichwie wir euch geboten, [12] damit ihr wandelt anständig gegenüber denen draußen und keinen nötig habt.

[13] Nicht wollen wir aber, daß ihr unwissend seid, Brüder,
über die Entschlafenen, damit ihr nicht betrübt seid gleichwie
auch die übrigen, die nicht Hoffnung Habenden. [14] Denn
wenn wir glauben, daß Jesus starb und aufstand, so wird auch
Gott die Entschlafenen durch Jesus führen (zusammen) mit
ihm. [15] Denn dies sagen wir euch mit einem Wort (des)

Herrn, daß wir, die Lebenden, die Übriggebliebenen zur Ankunft des Herrn, nicht zuvorkommen werden den Entschlafenen; [16] denn der Herr selbst wird mit einem Befehlsruf, mit
(der) Stimme eines Erzengels und mit (der) Trompete Gottes,
herabsteigen vom Himmel, und die Toten in Christos werden
aufstehen zuerst, [17] dann werden wir, die Lebenden, die Üb-
rigbleibenden, zugleich mit ihnen fortgerissen werden auf
Wolken zur Begegnung mit dem Herrn in (die) Luft; und so
werden wir allzeit mit (dem) Herrn sein. [18] Daher ermutigt
einander mit diesen Worten.

5 [1] Über die Zeiten aber und die Fristen, Brüder, nicht
habt ihr nötig, daß euch geschrieben wird, [2] denn ihr
wißt selbst genau, daß (der) Tag (des) Herrn so kommt, wie
ein Dieb in (der) Nacht. [3] Wann sie sagen: Friede und Sicherheit, dann plötzlich herantritt an sie Verderben wie die Wehe
an die Schwangere, und nicht werden sie entfliehen. [4] Ihr
aber, Brüder, nicht seid ihr in Finsternis, damit der Tag euch
wie ein Dieb ergreift; [5] denn alle seid ihr Söhne (des) Lichts
und Söhne (des) Tags. Nicht gehören wir (der) Nacht und
nicht (der) Finsternis; [6] folglich wollen wir nun nicht schlafen
wie die übrigen, sondern wachen und nüchtern sein. [7] Denn
die Schlafenden schlafen nachts, und die sich Betrinkenden
sind nachts trunken; [8] wir aber, die wir (dem) Tag gehören,
wollen nüchtern sein, nachdem wir angezogen haben einen
Panzer (des) Glaubens und (der) Liebe und als Helm (die)
Hoffnung auf Heil; [9] denn nicht bestimmte uns Gott für (den)
Zorn, sondern zum Erwerb (des) Heils durch unseren Herrn
Jesus Christos, [10] des Gestorbenen für uns, damit wir, sei es,
daß wir wachen, sei es, daß wir schlafen, zugleich mit ihm
leben. [11] Deshalb ermutigt einander und erbaut einer den anderen, gleichwie ihr auch tut.

[12] Wir bitten euch aber, Brüder, anzuerkennen die sich Mühenden unter euch und (die) Fürsorgenden im Herrn und (die)
euch Zurechtweisenden, [13] und sie hochzuhalten über die Maßen in Liebe wegen ihres Werkes. Haltet Frieden untereinan-

der! ¹⁴ Wir ermahnen euch aber, Brüder, weist zurecht die Ungeordneten, tröstet die Kleinmütigen, nehmt euch an der Schwachen, seid großmütig zu allen! ¹⁵ Seht (zu), daß nicht einer Schlechtes für Schlechtes einem zurückgebe, sondern allzeit verfolgt das Gute [sowohl] für einander wie für alle! ¹⁶ Allzeit freut euch, ¹⁷ unablässig betet, ¹⁸ in allem dankt; denn dies (ist der) Wille Gottes in Christos Jesus für euch! ¹⁹ Den Geist löscht nicht, ²⁰ Prophetengaben achtet nicht gering, ²¹ alles aber prüft, das Rechte haltet fest, ²² von jeder Gestalt (des) Bösen haltet euch fern!

²³ Er selbst aber, der Gott des Friedens, heilige euch vollständig, und fehllos werde euer Geist und die Seele und der Leib bewahrt, untadelig bei der Ankunft unseres Herrn Jesus Christos. ²⁴ Treu (ist) der euch Rufende, der (es) auch tun wird.

²⁵ Brüder, betet [auch] für uns!

²⁶ Grüßt die Brüder alle mit heiligem Kuß! ²⁷ Ich beschwöre euch beim Herrn, vorzulesen den Brief allen Brüdern.

²⁸ Die Gnade unseres Herrn Jesus Christos (sei) mit euch.

AN (DIE) THESSALONIKER B

1 ¹Paulos und Siluanos und Timotheos der Gemeinde (der) Thessaloniker in Gott unserem Vater und (dem) Herrn Jesus Christos; ²Gnade euch und Friede von Gott, [unserem] Vater, und (dem) Herrn Jesus Christos.

³Dank zu sagen schulden wir Gott allzeit für euch, Brüder, gleichwie es würdig ist, weil überaus wächst euer Glaube und sich mehrt die Liebe eines jeden von euch allen zueinander, ⁴so daß wir selbst über euch uns rühmen in den Gemeinden Gottes wegen eurer Geduld und (des) Glaubens in allen euren Verfolgungen und den Bedrängnissen, die ihr ertragt, ⁵Anzeichen des gerechten Gerichtes Gottes, auf daß ihr gewürdigt werdet des Königtums Gottes, für das ihr auch leidet, ⁶da es doch gerecht (ist) von Gott, zurückzugeben den euch Bedrängenden Bedrängnis ⁷und euch, den Bedrängten, Ruhe mit uns, bei der Offenbarung des Herrn Jesus vom Himmel mit Engeln seiner Kraft ⁸in Feuerflamme, Bestrafung gebend den Gott nicht Kennenden und den nicht Gehorchenden dem Evangelium unseres Herrn Jesus, ⁹welche als Strafe zahlen werden ewige Vernichtung (weg) vom Angesicht des Herrn und von der Herrlichkeit seiner Stärke, ¹⁰wann er kommt, verherrlicht zu werden in seinen Heiligen und bestaunt zu werden in allen Glaubenden, weil geglaubt wurde unser Zeugnis zu euch, an jenem Tag. ¹¹Dazu auch beten wir allzeit für euch, damit euch würdige der Berufung unser Gott und erfülle alles Wohlgefallen an Güte und (das) Werk (des) Glaubens in Kraft, ¹²auf daß verherrlicht werde der Name unseres Herrn Jesus in euch, und ihr in ihm, nach der Gnade unseres Gottes und (des) Herrn Jesus Christos.

2 ¹Wir bitten euch aber, Brüder, wegen der Ankunft unseres Herrn Jesus Christos und unserer Zusammenführung zu ihm, ²auf daß nicht schnell ihr erschüttert werdet (weg) vom Verstand und nicht erschreckt werdet, weder durch einen Geist(erweis) noch durch ein Wort noch durch einen Brief als (ob) von uns, wie daß bevorsteht der Tag des Herrn.

[3] Nicht täusche euch einer auf irgendeine Weise! Denn wenn nicht kommt der Abfall zuerst, und offenbart wird der Mensch der Gesetzlosigkeit, der Sohn des Verderbens, [4] der sich Widersetzende und sich Überhebende gegen alles, genannt Gott oder Heiligtum, so daß er selbst in den Tempel Gottes sich setzt, sich selbst darstellend, daß er Gott ist. [5] Gedenkt ihr nicht, daß ich, noch bei euch seiend, dieses euch sagte? [6] Und jetzt kennt ihr das Aufhaltende, auf daß er offenbart werde zu seiner Zeit. [7] Denn das Geheimnis der Gesetzlosigkeit wirkt schon; allein, bis (erst) der Aufhaltende aus (der) Mitte (genommen) wird. [8] Und dann wird offenbart werden der Gesetzlose, den der Herr [Jesus] hinwegnehmen wird mit dem Hauch seines Mundes und vernichten wird durch die Erscheinung seiner Ankunft, [9] dessen Ankunft entsprechend (dem) Wirken des Satans ist in aller Kraft und in Zeichen und Wundern (der) Lüge [10] und in allem Trug (der) Ungerechtigkeit für die Zugrundegehenden, dafür, daß die Liebe zur Wahrheit sie nicht aufnahmen, auf daß sie gerettet werden. [11] Und deshalb schickt ihnen Gott (das) Wirken (des) Betrugs, auf daß sie glauben der Lüge, [12] damit gerichtet werden alle nicht Glaubenden der Wahrheit, sondern die Wohlgefallen hatten an der Ungerechtigkeit.

[13] Wir aber schulden, dankzusagen Gott allzeit für euch, vom Herrn geliebte Brüder, weil Gott euch auswählte als Unterpfand zum Heil in Heiligung (des) Geistes und im Glauben an (die) Wahrheit, [14] wozu er [auch] euch rief durch unser Evangelium, zum Erwerb (der) Herrlichkeit unseres Herrn Jesus Christos.

[15] Folglich nun, Brüder, steht und haltet fest die Überlieferungen, die ihr gelehrt wurdet, sei es durch ein Wort, sei es durch einen Brief von uns. [16] Unser Herr Jesus Christos selbst aber und Gott, unser Vater, der uns Liebende und Gebende

ewige Ermutigung und gute Hoffnung in Gnade, [17] ermutige
eure Herzen und stärke (sie) in jedem Werk und guten Wort.

3 [1] Im übrigen betet, Brüder, für uns, damit das Wort des
Herrn laufe und verherrlicht werde gleichwie auch bei
euch, [2] und damit wir gerettet werden vor den falschen und
bösen Menschen; denn nicht aller (ist) der Glaube. [3] Treu
aber ist der Herr, der euch stärken und bewahren wird vor
dem Bösen. [4] Wir vertrauen aber im Herrn auf euch, daß, was
wir gebieten, ihr [auch] tut und tun werdet. [5] Der Herr aber
richte aus eure Herzen auf die Liebe zu Gott und auf die Geduld des Christos.

[6] Wir gebieten euch aber, Brüder, im Namen [unseres]
Herrn Jesus Christos, euch zurückzuziehen von jedem Bruder, der ungeordnet wandelt und nicht nach der Überlieferung, die sie übernahmen von uns. [7] Denn ihr wißt selbst, wie
man uns nachahmen muß, weil wir nicht ungeordnet waren
bei euch, [8] auch nicht umsonst Brot aßen von einem, sondern
in Mühe und Anstrengung nachts und tags arbeitend, um
nicht zu belasten einen von euch; [9] nicht weil wir nicht haben
eine Vollmacht, sondern damit wir uns selbst als Vorbild
euch geben, auf daß ihr uns nachahmt. [10] Denn auch als wir
waren bei euch, dies geboten wir euch, daß, wenn einer nicht
arbeiten will, er auch nicht essen soll. [11] Denn wir hören, daß
einige wandeln unter euch ungeordnet, nichts arbeitend, sondern Unnützes tuend; [12] solchen aber gebieten wir und ermahnen (sie) im Herrn Jesus Christos, damit mit Ruhe arbeitend
ihr (eigenes) Brot sie essen. [13] Ihr aber, Brüder, ermüdet nicht
als Rechttuende!

[14] Wenn aber einer nicht gehorcht unserem Wort durch den
Brief, diesen bezeichnet, daß nicht verkehrt werde mit ihm,
damit er beschämt werde; [15] aber nicht wie einen Feind haltet
(ihn), sondern weist (ihn) zurecht wie einen Bruder. [16] Er
selbst aber, der Herr des Friedens, gebe euch den Frieden
unablässig in jeder Weise. Der Herr (sei) mit euch allen.

[17] Der Gruß von meiner, (des) Paulos Hand, welches ist ein

Zeichen in jedem Brief; so schreibe ich. [18] Die Gnade unseres Herrn Jesus Christos (sei) mit euch allen.

AN TIMOTHEOS A

1 [1] Paulos, Apostel (des) Christos Jesus gemäß Auftrag Gottes, unseres Retters, und (des) Christos Jesus, unserer Hoffnung, [2] Timotheos, (dem) echten Kind im Glauben, Gnade, Erbarmen, Friede von Gott (dem) Vater und (von) Christos Jesus, unserem Herrn.

[3] Gleichwie ich dich ermahnte, dazubleiben in Ephesos, als ich reiste nach Makedonia, damit du gebietest einigen, nicht anderes zu lehren [4] und nicht sich zu halten an Mythen und endlose Stammbäume, welche Streitereien herbeiführen mehr als (die) Heilserziehung Gottes, die im Glauben. [5] Das Ziel aber der Unterweisung ist Liebe aus reinem Herzen und gutem Gewissen und ungeheucheltem Glauben, [6] von denen einige abirrend sich wegwandten zu Geschwätz, [7] sein wollend Gesetzeslehrer, nicht bedenkend, was sie sagen, noch worauf sie sich versteifen. [8] Wir wissen aber, daß recht (ist) das Gesetz, wenn einer es gesetzgemäß gebraucht, [9] wissend dies, daß für einen Gerechten (das) Gesetz nicht bestimmt ist, sondern für Gesetzlose und Rebellische, Gottlose und Sünder, Unheilige und Unreine, Vatermörder und Muttermörder, Menschentöter, [10] Unzüchtige, Knabenschänder, Menschenhändler, Lügner, Meineidige, und wenn etwas anderes der gesunden Lehre entgegensteht [11] gemäß dem Evangelium von der Herrlichkeit des seligen Gottes, das ich anvertraut bekam.

[12] Dank habe ich dem, der mich kräftigte, Christos Jesus, unserem Herrn, daß für treu er mich hielt, stellend in Dienst [13] (den), der früher war ein Lästerer und Verfolger und Frevler, doch ich fand Erbarmen, weil unwissend ich handelte in Unglauben; [14] überreich aber wurde die Gnade unseres Herrn mit Glaube und Liebe, der in Christos Jesus. [15] Zuverlässig (ist) das Wort und aller Annahme wert, daß Christos Jesus kam in die Welt, Sünder zu retten, deren erster ich bin. [16] Doch deshalb fand ich Erbarmen, damit an mir als erstem

aufweist Christos Jesus den ganzen Großmut zum Urbild der zukünftig Glaubenden an ihn zu ewigem Leben. [17] Dem König aber der Aionen, (dem) unvergänglichen, unsichtbaren, einzigen Gott, Ehre und Herrlichkeit in die Aionen der Aionen, Amen.

[18] Dieses Gebot lege ich dir vor, Kind Timotheos, gemäß den vorher über dich ergangenen Prophetien, damit du kämpfst in ihnen den rechten Kampf, [19] habend Glauben und ein gutes Gewissen, welches wegstoßend, einige am Glauben Schiffbruch erlitten, [20] unter denen ist Hymenaios und Alexandros, die ich übergab dem Satan, damit sie erzogen würden, nicht zu lästern.

2 [1] Ich ermahne nun (zu) allererst, zu verrichten Bitten, Gebete, Fürbitten, Danksagungen für alle Menschen, [2] für Könige und alle, die in übergeordneter Stellung sind, damit ein stilles und ruhiges Leben wir führen in aller Frömmigkeit und Anständigkeit. [3] Dies (ist) recht und angenehm vor unserem Retter, Gott, [4] der will, daß alle Menschen gerettet werden und zur Erkenntnis (der) Wahrheit kommen. [5] Denn einer (ist) Gott, einer auch Mittler Gottes und (der) Menschen, (der) Mensch Christos Jesus, [6] der sich selbst gab als Lösegeld für alle, das Zeugnis zu (seinen) eigenen Zeiten. [7] Dazu wurde ich gesetzt als Verkünder und Apostel, Wahrheit sage ich, nicht lüge ich, als Lehrer von Völkern in Glaube und Wahrheit.

[8] Ich will nun, daß die Männer beten an jedem Ort, erhebend heilige Hände ohne Zorn und Bedenken. [9] Ebenso [auch], daß Frauen in ordentlicher Haltung mit Scham und Besonnenheit sich schmücken, nicht in Haargeflechten und Gold oder Perlen oder kostbarer Kleidung, [10] sondern, was geziemt für Frauen, die sich bekennen zur Gottesfurcht, durch gute Werke. [11] Eine Frau soll in Stille lernen in aller Unterordnung; [12] zu lehren aber gestatte ich einer Frau nicht, auch nicht sich zu erheben über einen Mann, sondern zu sein in Stille. [13] Denn Adam wurde als erster gebildet, dann Eva.

¹⁴ Und Adam wurde nicht verführt, die Frau aber, verführt, ist in Übertretung geraten; ¹⁵ gerettet werden wird sie aber durch das Kindergebären, wenn sie bleiben in Glaube und Liebe und Heiligung mit Besonnenheit: ¹ Zuverlässig (ist) das Wort.

3 Wenn einer ein Aufseheramt erstrebt, ein rechtes Werk begehrt er. ² (Es) muß nun der Aufseher untadelig sein, einer einzigen Frau Mann, nüchtern, besonnen, ordentlich, gastfreundlich, lehrgeschickt, ³ nicht weinselig, nicht Schläger, sondern gütig, nicht streitsüchtig, nicht geldgierig, ⁴ dem eigenen Haus recht vorstehend, Kinder habend in Unterordnung, mit aller Anständigkeit ⁵ (wenn aber einer dem eigenen Haus nicht vorzustehen weiß, wie wird er für eine Gemeinde Gottes sorgen?), ⁶ nicht neubekehrt, damit er nicht aufgeblasen ins Gericht des Teufels hineinfalle. ⁷ Er muß aber auch ein rechtes Zeugnis haben von denen draußen, damit nicht in Schmach er hineinfalle und (in) eine Schlinge des Teufels.

⁸ Diener ebenso: anständig, nicht doppelzüngig, nicht an viel Wein sich haltend, nicht gewinnsüchtig, ⁹ habend das Geheimnis des Glaubens in reinem Gewissen. ¹⁰ Auch diese aber sollen geprüft werden zuerst, dann sollen sie dienen, wenn sie unbescholten sind. ¹¹ Frauen ebenso: anständig, nicht verleumderisch, nüchtern, treu in allem. ¹² Diener sollen sein einer einzigen Frau Männer, Kindern recht vorstehend und den eigenen Häusern. ¹³ Denn die, die recht dienten, erwerben für sich eine schöne Stufe und viel Freimut im Glauben, dem an Christos Jesus.

¹⁴ Dieses schreibe ich dir, hoffend, zu kommen zu dir in Kürze; ¹⁵ falls ich aber später komme – damit du weißt, wie man im Haus Gottes sich verhalten muß, welches ist (die) Gemeinde (des) lebendigen Gottes, Säule und Fundament der Wahrheit. ¹⁶ Und anerkanntermaßen groß ist das Geheimnis der Frömmigkeit: Der offenbart wurde im Fleisch, er wurde gerechtgesprochen im Geist, er erschien den Engeln, er wurde verkündet unter Völkern, er wurde geglaubt in (der) Welt, er wurde aufgenommen in Herrlichkeit.

4 [1] Der Geist aber sagt ausdrücklich, daß in späteren Zeiten einige abfallen werden vom Glauben, sich haltend an betrügerische Geister und Lehren von Dämonen, [2] aufgrund (der) Heuchelei von Lügenrednern, (den) Gebrandmarkten im eigenen Gewissen, [3] die hindern zu heiraten (und fordern), sich zu enthalten von Speisen, die Gott schuf zur Annahme mit Danksagung für die Gläubigen und (die), die erkannt haben die Wahrheit. [4] Denn alles Geschaffene Gottes (ist) recht und nichts mit Danksagung Genommene verworfen; [5] denn es wird geheiligt durch (das) Wort Gottes und (durch) Fürbitte.

[6] Dieses vorstellend den Brüdern wirst du sein ein rechter Diener (des) Christos Jesus, dich nährend mit den Worten des Glaubens und der rechten Lehre, der du nachgefolgt bist; [7] die gängigen und die altweiberlichen Mythen aber weise ab! Übe aber dich selbst zu Frömmigkeit; [8] denn die leibliche Übung ist zu wenigem nützlich, die Frömmigkeit aber ist zu allem nützlich, Zusage habend (des) Lebens, des jetzigen und des kommenden. [9] Zuverlässig (ist) das Wort und aller Annahme wert; [10] denn dazu mühen wir uns und kämpfen wir, weil wir gehofft haben auf (den) lebendigen Gott, der Retter ist aller Menschen, besonders (der) Gläubigen.

[11] Gebiete und lehre dieses! [12] Keiner soll deine Jugend verachten, sondern werde Vorbild der Gläubigen in Wort, in Wandel, in Liebe, in Glaube, in Reinheit! [13] Bis ich komme, halte dich an das Vorlesen, die Ermahnung, die Lehre! [14] Vernachlässige nicht die Gnadengabe in dir, die dir gegeben wurde durch Prophetie mit Auflegung der Hände der Ältestenschaft! [15] Dieses besorge, in diesem sei, damit dein Fortschritt offenbar sei allen! [16] Achte auf dich selbst und die Lehre, bleibe bei ihnen! Denn dies tuend, wirst du sowohl dich retten als auch die dich Hörenden.

5 [1] Einen Älteren fahre nicht an, sondern ermahne (ihn) wie einen Vater, Jüngere wie Brüder, [2] ältere (Frauen) wie Mütter, jüngere wie Schwestern in aller Reinheit!

³ Witwen ehre, die wirklichen Witwen! ⁴ Wenn aber eine Witwe Kinder oder Enkel hat, sollen sie lernen, zuerst das eigene Haus fromm zu führen und Dankschulden abzustatten den Vorfahren; denn dies ist angenehm vor Gott. ⁵ Die wirkliche aber und alleingebliebene Witwe hat gehofft auf Gott und verharrt bei den Bitten und den Gebeten nachts und tags, ⁶ die ausschweifende aber ist lebend tot. ⁷ Und dieses gebiete, damit untadelig sie seien! ⁸ Wenn aber einer für die Eigenen und besonders (die) Hausgenossen nicht vorsorgt, den Glauben hat er (ver)leugnet und ist schlimmer als ein Ungläubiger.

⁹ Als Witwe soll bestimmt werden eine nicht weniger als sechzig Jahre Gewordene, eines einzigen Mannes Frau, ¹⁰ in rechten Werken bezeugt, wenn sie Kinder aufzog, wenn sie Fremde aufnahm, wenn sie (der) Heiligen Füße wusch, wenn sie Bedrängten beistand, wenn sie jedem guten Werk nachging. ¹¹ Jüngere Witwen aber weise ab! Denn wann sie sinnlich werden, dem Christos zuwider, wollen sie heiraten, ¹² erhaltend (das) Urteil, daß die erste Treue sie brachen; ¹³ zugleich aber auch faul (zu sein), lernen sie, umhergehend in den Häusern, nicht nur aber faul, sondern auch geschwätzig und übergeschäftig, redend das nicht Nötige. ¹⁴ Ich will also, daß Jüngere heiraten, Kinder gebären, Hausherrin sind, keinen Anlaß geben dem Gegner zu Beschimpfung; ¹⁵ denn schon wandten sich einige weg hinter den Satan. ¹⁶ Wenn eine Gläubige Witwen hat, soll sie ihnen beistehen, und nicht soll beschwert werden die Gemeinde, damit den wirklichen Witwen sie beistehe.

¹⁷ Die recht vorstehenden Ältesten sollen doppelter Ehre gewürdigt werden, besonders die sich mühenden in Wort und Lehre. ¹⁸ Denn (es) sagt die Schrift: *Einem dreschenden Ochsen sollst du nicht einen Maulkorb umhängen,* und: *Wert (ist) der Arbeiter seines Lohnes.* ¹⁹ Gegen einen Ältesten nimm eine Beschuldigung nicht an, außer *auf zwei oder drei Zeugen* (hin)! ²⁰ Die Sündigenden überführe vor allen, damit auch die übrigen Furcht haben! ²¹ Ich beschwöre (dich), vor Gott und Christos Jesus und den auserwählten Engeln, daß dieses du

Dtn 25,4
unde?

Dtn 19,15

(ein)hältst ohne Vorurteil, nichts tuend nach Zuneigung. [22] (Die) Hände lege keinem schnell auf, und nicht habe Anteil an fremden Sünden; dich selbst bewahre rein!

[23] Trinke nicht mehr Wasser, sondern ein wenig Wein gebrauche wegen des Magens und deiner häufigen Schwächen! [24] Einiger Menschen Sünden sind offenkundig, vorangehend zum Gericht, einigen aber auch folgen sie nach; [25] ebenso (sind) auch die rechten Werke offenkundig, und die (Werke), bei denen es sich anders verhält, können nicht verborgen werden.

6 [1] Soviele unter (dem) Joch als Sklaven sind, die eigenen Gebieter sollen sie aller Ehre wert halten, damit nicht der Name Gottes und die Lehre gelästert wird. [2] Die aber gläubige Gebieter Habenden sollen (sie) nicht verachten, weil Brüder sie sind, sondern sie sollen (noch) mehr Sklave sein, weil Gläubige sie sind und Geliebte, die der Wohltätigkeit sich annehmen.

Dieses lehre und mahne an! [3] Wenn einer anderes lehrt und nicht beitritt (den) gesunden Worten, denen unseres Herrn Jesus Christos, und der (der) Frömmigkeit gemäßen Lehre, [4] ist er aufgeblasen, nichts verstehend, sondern krankend an Auseinandersetzungen und Wortgefechten, aus denen entsteht Neid, Streit, Lästerungen, böse Verdächtigungen, [5] Dauerzänkereien von Menschen, verdorben im Verstand und beraubt der Wahrheit, meinend, ein Erwerb sei die Frömmigkeit.

[6] (Es) ist aber ein großer Erwerb die Frömmigkeit mit Genügsamkeit; [7] denn nichts brachten wir herein in die Welt, so daß wir auch nichts hinausbringen können; [8] habend aber Nahrung und Kleidung, mit diesen werden wir uns begnügen. [9] Die aber reich sein wollen, fallen hinein in Versuchung und Schlinge und viele unverständige und schädliche Begierden, welche versenken die Menschen in Vernichtung und Untergang. [10] Denn Wurzel aller Übel ist die Geldliebe, nach der einige strebend abirrten vom Glauben und sich selbst durchbohrten mit vielen Schmerzen. [11] Du aber, o Mensch Gottes,

fliehe dieses! Verfolge aber Gerechtigkeit, Frömmigkeit, Glauben, Liebe, Geduld, Sanftmut! [12] Kämpfe den rechten Kampf des Glaubens, ergreife das ewige Leben, zu dem du gerufen wurdest und (für das) du bekanntest das rechte Bekenntnis vor vielen Zeugen! [13] Ich gebiete [dir] vor Gott, dem lebendigerhaltenden alles, und Christos Jesus, dem bezeugenden vor Pontios Pilatos das rechte Bekenntnis, [14] daß du bewahrst das Gebot makellos, untadelig bis zur Erscheinung unseres Herrn Jesus Christos, [15] die zu (seinen) eigenen Zeiten zeigen wird der selige und einzige Machthaber, der König derer, die als Könige herrschen, und Herr derer, die Herren sind, [16] der einzige Unsterblichkeit Habende, unzugängliches Licht Bewohnende, den keiner (der) Menschen sah, auch nicht sehen kann; dem (sei) Ehre und ewige Gewalt, Amen.

[17] Den Reichen im jetzigen Aion gebiete, nicht hochmütig zu denken und nicht zu hoffen auf (des) Reichtums Unsicherheit, sondern auf Gott, dem gewährenden uns alles reichlich zu Genuß, [18] Gutes zu tun, reich zu sein an rechten Werken, freigebig zu sein, mitteilend, [19] aufhäufend sich ein rechtes Fundament für das Kommende, damit sie ergreifen das wirkliche Leben.

[20] O Timotheos, das Anvertraute bewahre, dich wegwendend von den gängigen Leertönereien und Gegenbehauptungen der fälschlich sogenannten Erkenntnis, [21] zu der einige sich bekennend vom Glauben abirrten.

Die Gnade (sei) mit euch.

AN TIMOTHEOS B

1 [1] Paulos, Apostel (des) Christos Jesus durch (den) Willen Gottes gemäß Zusage (des) Lebens, des in Christos Jesus, [2] Timotheos, (dem) geliebten Kind, Gnade, Erbarmen, Friede von Gott (dem) Vater und Christos Jesus, unserem Herrn.

[3] Dank weiß ich Gott, dem ich diene von (den) Vorfahren (her) in reinem Gewissen, wie ich unaufhörlich habe das Gedenken an dich in meinen Gebeten nachts und tags, [4] verlangend, dich zu sehen, gedenkend deiner Tränen, damit mit Freude ich erfüllt werde, [5] mich erinnernd des ungeheuchelten Glaubens in dir, welcher innewohnte zuerst in deiner Großmutter Lois und deiner Mutter Eunike, überzeugt aber bin ich, daß (er) auch in dir (innewohnt).

[6] Aus diesem Grund erinnere ich dich, anzufachen die Gnadengabe Gottes, die in dir ist durch die Auflegung meiner Hände. [7] Denn nicht gab uns Gott einen Geist von Feigheit, sondern von Kraft und Liebe und Besonnenheit. [8] Schäme dich nun nicht des Zeugnisses unseres Herrn und nicht meiner, seines Gefangenen, sondern leide Böses mit für das Evangelium nach Gottes Kraft, [9] der uns rettete und (uns) rief mit heiliger Berufung, nicht nach unseren Werken, sondern nach eigenem Vorsatz und nach (der) Gnade, der uns gegebenen in Christos Jesus vor ewigen Zeiten, [10] der aber jetzt offenbarten durch die Erscheinung unseres Retters Christos Jesus, der vernichtete den Tod, ans Licht aber brachte Leben und Unvergänglichkeit durch das Evangelium, [11] für das ich gesetzt wurde als Verkünder und Apostel und Lehrer, [12] aus welchem Grund ich auch dieses leide; doch nicht schäme ich mich, denn ich weiß, wem ich vertraut habe, und ich bin überzeugt, daß er mächtig ist, mein Anvertrautes zu bewahren für jenen Tag. [13] Als Vorbild gesunder Worte habe (die), die du von mir hörtest, in Glaube und Liebe, der in Christos

Jesus; [14] das rechte Anvertraute bewahre durch (den) heiligen Geist, den einwohnenden in uns.

[15] Du weißt dies, daß sich von mir abwandten alle in der Asia, unter denen ist Phygelos und Hermogenes. [16] (Es) gebe Erbarmen der Herr dem Haus (des) Onesiphoros, weil oft er mich aufrichtete und meiner Kette(n) sich nicht schämte, [17] sondern, angekommen in Rom, eifrig er mich suchte und (mich) fand; [18] (es) gebe ihm der Herr, zu finden Erbarmen vom Herrn an jenem Tag. Und wieviel in Ephesos er half, kennst du besser.

2 [1] Du nun, mein Kind, werde kräftig in der Gnade, der in Christos Jesus, [2] und was du hörtest von mir durch viele Zeugen, dieses vertraue gläubigen Menschen an, welche geeignet sein werden, auch andere zu lehren! [3] Böses leide mit wie ein rechter Soldat (des) Christos Jesus! [4] Kein Kämpfender verwickelt sich in die Geschäfte des Lebens, damit dem Heeressammler er gefalle. [5] Wenn aber auch einer einen Wettkampf führt, nicht wird er bekränzt, wenn er nicht gesetzgemäß kämpfte. [6] Der sich mühende Bauer muß als erster von den Früchten Anteil erhalten. [7] Bedenke, was ich sage; denn geben wird dir der Herr Verstehen in allem.

[8] Gedenke (des) Jesus Christos, erweckt aus Toten, aus (der) Nachkommenschaft Davids, gemäß meinem Evangelium, [9] in dem ich Böses leide bis zu Fesseln wie ein Übeltäter; doch das Wort Gottes ist nicht gefesselt; [10] deswegen ertrage ich alles wegen der Auserwählten, damit auch sie (das) Heil erlangen, die in Christos Jesus mit ewiger Herrlichkeit. [11] Zuverlässig (ist) das Wort: Denn wenn wir mitgestorben sind, auch mitleben werden wir; [12] wenn wir durchhalten, auch mitherrschen werden wir; wenn wir (ver)leugnen werden, wird auch jener uns (ver)leugnen; [13] wenn wir untreu sind, jener bleibt treu, denn sich selbst (ver)leugnen kann er nicht.

[14] An dieses erinnere, beschwörend vor Gott, nicht mit Worten zu fechten, zu nichts nützlich, (nur) zur Zerstörung der Hörenden! [15] Sei bemüht, dich als erprobt hinzustellen vor

Gott, als unbeschämten Arbeiter, geradlinig führend das Wort der Wahrheit! [16] Die gängigen Leertönereien aber umgehe; denn zu mehr an Gottlosigkeit werden sie fortschreiten, [17] und ihr Wort wird wie ein Krebsgeschwür Nahrung haben. Unter denen ist Hymenaios und Philetos, [18] welche von der Wahrheit abirrten, sagend, [die] Auferstehung sei schon geschehen, und sie zerrütten den Glauben einiger. [19] Das feste Fundament Gottes freilich steht, habend dieses Siegel: *(Es) erkannte (der) Herr die Seinen,* und: *Ablassen soll von Ungerechtigkeit* jeder *Nennende den Namen (des) Herrn.* [20] In einem großen Haus aber sind nicht nur goldene Gefäße und silberne, sondern auch hölzerne und tönerne, und die einen zur Ehre, die anderen zur Unehre; [21] wenn nun einer sich reinigte von diesen, wird er sein ein Gefäß zur Ehre, geheiligt, brauchbar dem Gebieter, zu jedem guten Werk bereitet.

[margin: Num 16,5 / Sir 17,26 / Jes 26,13]

[22] Die jugendlichen Begierden aber fliehe, verfolge aber Gerechtigkeit, Glauben, Liebe, Frieden mit den Anrufenden den Herrn aus reinem Herzen! [23] Die törichten aber und ungebildeten Auseinandersetzungen weise ab, wissend, daß sie erzeugen Streitereien! [24] Ein Sklave (des) Herrn aber soll nicht streiten, sondern freundlich sein gegen alle, lehrgeschickt, Böses erduldend, [25] in Milde erziehend die sich Entgegenstellenden, ob nicht Gott ihnen gibt Umkehr zur Erkenntnis (der) Wahrheit [26] und sie wieder ernüchtert werden aus des Teufels Schlinge, gefangengenommen von ihm zu seinem Willen.

3 [1] Dies aber erkenne, daß in (den) letzten Tagen bevorstehen werden gefährliche Zeiten; [2] denn (es) werden sein die Menschen selbstliebend, geldliebend, prahlend, überheblich, lästernd, (den) Eltern ungehorsam, undankbar, unheilig, [3] lieblos, unversöhnlich, verleumderisch, unbeherrscht, ungezügelt, das Gute nicht liebend, [4] Verräter, verwegen, aufgeblasen, lustliebend mehr als gottliebend, [5] habend (den) Anschein von Frömmigkeit, ihre Kraft aber (ver)leugnend; und von diesen wende dich ab! [6] Denn aus diesen sind, die eindringen in die Häuser und einfangen Frauenzimmer, überhäuft mit Sünden, getrieben von mancherlei Begierden, [7] allzeit lernend und niemals zur Erkenntnis (der) Wahrheit kommen könnend. [8] Auf welche Weise aber Jannes und Jambres widerstanden (dem) Moyses, so auch widerstehen diese der Wahrheit, Menschen, verdorben im Verstand, unerprobt im Glauben. [9] Doch nicht werden sie fortschreiten zu mehr; denn ihr Unverstand wird offenbar sein allen, wie auch der jener (es) wurde.

[10] Du aber bist nachgefolgt meiner Lehre, der Führung, dem Vorsatz, dem Glauben, der Großmut, der Liebe, der Geduld, [11] den Verfolgungen, den Leiden, wieviele mir entstanden in Antiocheia, in Ikonion, in Lystra, wieviele Verfolgungen ich ertrug, und aus allen rettete mich der Herr. [12] Alle aber, die fromm leben wollen in Christos Jesus, werden verfolgt werden. [13] Böse Menschen aber und Betrüger werden fortschreiten zum Schlimmeren, Irreführende und Irregeführte. [14] Du aber bleibe bei (dem), was du gelernt und gläubig angenommen hast, wissend, von welchen du gelernt hast, [15] und weil du von Kind (auf) [die] heiligen Schriften kennst, die dich weise machen können zum Heil durch (den) Glauben, den in Christos Jesus. [16] Jede gottbegeistete Schrift (ist) auch nützlich zur Lehre, zur Überführung, zur Besserung, zur Erziehung, der in Gerechtigkeit, [17] damit gerüstet sei der Mensch Gottes, zu jedem guten Werk ausgerüstet.

4 [1] Ich beschwöre (dich) vor Gott und Christos Jesus, der richten wird Lebende und Tote, und bei seiner Erscheinung und seinem Königtum: [2] Verkünde das Wort, tritt auf rechtzeitig (oder) unzeitig, überführe, fahre an, ermahne, in aller Großmut und Belehrung! [3] Denn (es) wird sein eine Zeit, da sie die gesunde Lehre nicht ertragen werden, sondern nach den eigenen Begierden werden sie sich Lehrer anhäufen, sich kitzeln lassend das Ohr, [4] und von der Wahrheit werden sie das Ohr abwenden, zu den Mythen aber werden sie sich hinwenden. [5] Du aber sei nüchtern in allem, leide Böses, tu (das) Werk eines Evangelisten, deinen Dienst erfülle!

[6] Denn ich werde schon geopfert, und die Zeit meiner Auflösung steht bevor. [7] Den rechten Kampf habe ich gekämpft,

den Lauf beendet, den Glauben bewahrt; [8] im übrigen daliegt für mich der Kranz der Gerechtigkeit, den mir geben wird der Herr an jenem Tag, der gerechte Richter, nicht nur aber mir, sondern auch allen, die geliebt haben seine Erscheinung.

[9] Beeile dich, zu kommen zu mir schnell! [10] Denn Demas verließ mich, liebend den jetzigen Aion, und er ging nach Thessalonike, Kreskes in (die) Galatia, Titos in (die) Dalmatia; [11] Lukas ist allein bei mir. Markos mitnehmend führe mit dir, denn er ist mir brauchbar zum Dienst. [12] Tychikos aber schickte ich nach Ephesos. [13] Den Mantel, den ich zurückließ in Troas bei Karpos, kommend bring, und die Bücher, besonders die Pergamente! [14] Alexandros, der Schmied, erwies mir viel Schlechtes; geben wird ihm der Herr nach seinen Werken; [15] vor dem hüte dich auch du, denn sehr widerstand er unseren Worten! [16] Bei meiner ersten Verteidigung stand keiner mir bei, sondern alle verließen mich; nicht soll es ihnen angerechnet werden; [17] der Herr aber stand mir bei und kräftigte mich, damit durch mich die Verkündigung erfüllt werde und alle Völker hören, und gerettet wurde ich aus (dem) Rachen eines Löwen. [18] Retten wird mich der Herr vor jedem bösen Werk und retten in sein himmlisches Königtum; ihm die Herrlichkeit in die Aionen der Aionen, Amen.

[19] Grüße Priska und Akylas und das Haus (des) Onesiphoros! [20] Erastos blieb in Korinthos, Trophimos aber ließ ich zurück in Miletos als Kranken. [21] Beeile dich, vor (dem) Winter zu kommen! (Es) grüßt dich Eubulos und Pudes und Linos und Klaudia und die Brüder alle.

[22] Der Herr (sei) mit deinem Geist. Die Gnade (sei) mit euch.

AN TITOS

1 ¹Paulos, Sklave Gottes, Apostel aber (des) Jesus Christos gemäß (dem) Glauben (der) Auserwählten Gottes und (der) Erkenntnis (der) Wahrheit, der gemäß Frömmigkeit, ²in Hoffnung auf ewiges Leben, das zusagte der nichtlügende Gott vor ewigen Zeiten, ³er offenbarte aber zu eigenen Zeiten sein Wort in (der) Verkündigung, die ich anvertraut bekam gemäß Auftrag unseres Retters, Gottes, ⁴Titos, (dem) echten Kind gemäß gemeinsamem Glauben, Gnade und Friede von Gott (dem) Vater und Christos Jesus, unserem Retter.

⁵Dessentwegen ließ ich dich zurück in Kreta, damit das Fehlende du dazuordnest und aufstellst in jeder Stadt Älteste, wie ich dir auftrug, ⁶wenn einer ist unbescholten, einer einzigen Frau Mann, Kinder habend, gläubige, nicht in Beschuldigung von Liederlichkeit, oder rebellische. ⁷Denn es muß der Aufseher unbescholten sein wie Gottes Verwalter, nicht selbstgefällig, nicht jähzornig, nicht weinselig, nicht Schläger, nicht gewinnsüchtig, ⁸sondern gastfreundlich, Gutes liebend, besonnen, gerecht, heilig, enthaltsam, ⁹festhaltend an dem gemäß der Lehre zuverlässigen Wort, damit fähig er sei, sowohl zu ermahnen in der gesunden Lehre, als auch die Widersprechenden zu überführen.

¹⁰Denn es sind [auch] viele Rebellische, Schwätzer und Verführer, am meisten die aus der Beschneidung, ¹¹denen man das Maul stopfen muß, welche ganze Häuser zerrütten, lehrend, was sich nicht gehört, schändlichen Gewinnes wegen. ¹²(Es) sprach einer von ihnen, ihr eigener Prophet: Kreter (sind) immer Lügner, üble Bestien, faule Bäuche. ¹³Dieses Zeugnis ist wahr. Aus diesem Grund überführe sie streng, damit sie gesund seien im Glauben, ¹⁴nicht sich haltend an judaische Mythen und Gebote von Menschen, die sich abwenden von der Wahrheit. ¹⁵Alles (ist) rein den Reinen; den

Befleckten aber und Ungläubigen (ist) nichts rein, sondern befleckt ist von ihnen sowohl der Sinn als auch das Gewissen. [16] Gott bekennen sie zu kennen, durch die Werke aber (ver-)leugnen sie, Abscheuliche, die sie sind, und Ungehorsame und zu jedem guten Werk Unbrauchbare.

2 [1] Du aber rede, was geziemt der gesunden Lehre! [2] Alte Männer seien nüchtern, anständig, besonnen, gesund im Glauben, der Liebe, der Geduld; [3] alte Frauen (seien) ebenso an Haltung heiligmäßig, nicht verleumderisch, nicht vielem Wein versklavt, rechtlehrend, [4] damit sie besonnen machen die jungen (Frauen), männerliebend zu sein, kinderliebend, [5] besonnen, rein, häuslich, gut, sich unterordnend den eigenen Männern, damit nicht das Wort Gottes gelästert wird.

[6] Die jüngeren (Männer) ermahne ebenso, besonnen zu sein [7] bei allem, dich erweisend als Vorbild rechter Werke, in der Lehre (erweise) Unverdorbenheit, Anständigkeit, [8] gesunde, unanfechtbare Rede, damit der von der Gegenseite beschämt werde, weil er nichts Schlechtes zu sagen hat über uns!

[9] Sklaven sollen (den) eigenen Gebietern sich unterordnen in allem, wohlgefällig sein, nicht widersprechend, [10] nicht veruntreuend, sondern jede gute Treue aufweisend, damit sie die Lehre, die unseres Retters, Gottes, schmücken in allem.

[11] Denn (es) erschien die Gnade Gottes, rettend für alle Menschen, [12] erziehend uns, damit wir, (ver)leugnend die Gottlosigkeit und die irdischen Begierden, besonnen und gerecht und fromm leben im jetzigen Aion, [13] erwartend die selige Hoffnung und (die) Erscheinung der Herrlichkeit des großen Gottes und unseres Retters Jesus Christos, [14] der sich selbst gab für uns, damit er uns loskaufe von aller Gesetzlosigkeit und sich reinige ein erwähltes Volk, einen Eiferer rechter Werke. [15] Dieses rede und ermahne und überführe mit allem Nachdruck! Keiner soll dich verachten.

3 [1] Erinnere sie, Hoheiten, Mächten sich unterzuordnen, zu gehorchen, zu jedem guten Werk bereit zu sein,

² keinen zu lästern, nicht streitsüchtig zu sein, gütig, jede Milde aufweisend gegen alle Menschen. ³ Denn (es) waren einst auch wir Unverständige, Ungehorsame, Irrende, versklavt Begierden und mancherlei Vergnügungen, in Schlechtigkeit und Neid dahinlebend, Abscheuliche, einander Hassende. ⁴ Als aber die Güte und die Menschenliebe erschien unseres Retters, Gottes, ⁵ nicht aus Werken, denen in Gerechtigkeit, die wir taten, sondern gemäß seinem Erbarmen, rettete er uns durch (das) Bad (der) Wiedergeburt und (der) Erneuerung durch (den) heiligen Geist, ⁶ den er ausgoß auf uns reichlich durch Jesus Christos, unseren Retter, ⁷ damit gerechtgesprochen durch seine Gnade Erben wir würden gemäß (der) Hoffnung auf ewiges Leben.

⁸ Zuverlässig (ist) das Wort; und über dieses will ich, daß du dich fest zeigst, damit bedacht sind, in rechten Werken sich hervorzutun, die gläubig Gewordenen an Gott; dieses ist recht und nützlich den Menschen. ⁹ Törichte Auseinandersetzungen aber und Stammbäume und Streitereien und Gesetzeskämpfe umgehe! Denn sie sind unnütz und nichtig. ¹⁰ Einen häretischen Menschen nach einer und einer zweiten Zurechtweisung weise ab, ¹¹ wissend, daß verdreht ist ein solcher und sündigt, durch sich selbst verurteilt!

¹² Wann ich schicken werde Artemas zu dir oder Tychikos, beeile dich, zu kommen zu mir nach Nikopolis, denn dort habe ich beschlossen zu überwintern. ¹³ Zenas, den Gesetzeskundigen, und Apollos geleite eifrig, damit nichts ihnen fehle. ¹⁴ Lernen sollen aber auch die Unsrigen, in rechten Werken sich hervorzutun für die notwendigen Bedürfnisse, damit sie nicht fruchtlos sind.

¹⁵ (Es) grüßen dich die mit mir alle. Grüße die uns Liebenden im Glauben!

Die Gnade (sei) mit euch allen.

AN PHILEMON

[1] Paulos, Gefangener (des) Christos Jesus, und Timotheos, der Bruder, Philemon, dem Geliebten und unserem Mitarbeiter, [2] und Apphia, der Schwester, und Archippos, unserem Mitkämpfer, und der Gemeinde in deinem Hause; [3] Gnade euch und Friede von Gott, unserem Vater, und (dem) Herrn Jesus Christos.

[4] Ich danke meinem Gott allzeit, deiner Gedenken machend bei meinen Gebeten, [5] hörend von dir die Liebe und den Glauben, den du hast an den Herrn Jesus und zu allen Heiligen, [6] auf daß deine Gemeinschaft des Glaubens wirksam werde in Erkenntnis alles Guten, das in uns (ist), auf Christos (hin). [7] Denn viel Freude hatte ich und Ermutigung an deiner Liebe, weil das Innerste der Heiligen beruhigt worden ist durch dich, Bruder.

[8] Deshalb, viel Freimut habend in Christos, dir zu befehlen das Gebührende, [9] wegen der Liebe (viel)mehr bitte ich, als ein solcher, Paulos, ein alter Mann, jetzt aber auch Gefangener (des) Christos Jesus; [10] ich bitte dich für mein Kind, das ich zeugte in den Fesseln, Onesimos, [11] den einst dir unbrauchbaren, jetzt aber [sowohl] dir wie mir gut brauchbaren, [12] den ich dir zurückschickte, ihn, das ist mein Innerstes; [13] den wollte ich bei mir behalten, damit anstelle deiner mir er diene in den Fesseln des Evangeliums, [14] ohne deinen Entschluß aber wollte ich nichts tun, damit nicht wie aus Zwang dein Gutes sei, sondern aus Freiwilligkeit.

[15] Denn vielleicht wurde er deshalb getrennt auf Zeit, damit (auf) ewig ihn du erhältst, [16] nicht mehr wie einen Sklaven, sondern, über einen Sklaven (hinaus), als geliebten Bruder, besonders mir, um wieviel mehr aber dir, sowohl im Fleisch wie im Herrn. [17] Wenn nun mich zum Teilhaber du hast, nimm ihn auf wie mich! [18] Wenn aber dir irgendein Unrecht er tat oder (etwas) schuldet, dies rechne mir an! [19] Ich, Pau-

los, schrieb mit meiner Hand, ich werde erstatten; damit nicht ich dir sage, daß auch du dich selbst mir schuldest. ²⁰ Ja, Bruder, ich möchte deiner frohwerden im Herrn; beruhige mein Innerstes in Christos!

²¹ Vertrauend deinem Gehorsam schrieb ich dir, wissend, daß auch über (das), was ich sage, (hinaus) du tun wirst. ²² Zugleich aber bereite mir auch eine Herberge! Denn ich hoffe, daß durch eure Gebete ich euch werde geschenkt werden.

²³ (Es) grüßt dich Epaphras, mein Mitgefangener in Christos Jesus, ²⁴ Markos, Aristarchos, Demas, Lukas, meine Mitarbeiter.

²⁵ Die Gnade des Herrn Jesus Christos (sei) mit eurem Geist.

AN (DIE) HEBRAIER

1 ¹Vielfach und vielartig vormals Gott redend zu den Vätern durch die Propheten, ²redete er am Ende dieser Tage zu uns durch (den) Sohn, den er setzte als Erben von allem, durch den er auch schuf die Aionen; ³der ist Widerschein (seiner) Herrlichkeit und Ausdruck seines Wesens, tragend auch alles durch das Wort seiner Kraft; nachdem er Reinigung von den Sünden schuf, setzte er sich zur Rechten der Erhabenheit in (den) Höhen, ⁴um soviel besser geworden als die Engel, um wieviel er geerbt hat einen vorzüglicheren Namen als sie. ⁵Denn zu welchem der Engel sprach er jemals: *Mein Sohn bist du, ich habe heute dich gezeugt?* und wieder: *Ich werde sein ihm zum Vater, und er wird sein mir zum Sohn?* ⁶Wann aber wieder er einführt den Erstgeborenen in den Erdkreis, sagt er: *Und huldigen sollen ihm alle Engel Gottes.* ⁷Und über die Engel sagt er: *Der Schaffende seine Engel zu Winden und seine Diener zu Feuerflammen,* ⁸zum Sohn aber: *Dein Thron, Gott, (ist) in den Aion des Aion, und der Stab der Geradheit (ist der) Stab deiner Herrschaft.* ⁹*Du liebtest Gerechtigkeit und haßtest Gesetzlosigkeit; deswegen salbte dich Gott, dein Gott, mit Öl (des) Jubels vor deinen Genossen.* ¹⁰Und: *Du hast zu Anfang, Herr, die Erde gegründet, und Werke deiner Hände sind die Himmel;* ¹¹*sie werden vergehen, du aber verbleibst, und alle werden wie ein Gewand veralten,* ¹²*und wie einen Umhang wirst du sie aufrollen, wie ein Gewand auch werden sie verändert werden; du aber bist derselbe, und deine Jahre werden nicht aufhören.* ¹³Zu welchem der Engel aber hat er jemals gesagt: *Setze dich zu meiner Rechten, bis ich lege deine Feinde als Fußbank unter deine Füße?* ¹⁴Sind nicht alle dienstbare Geister, zum Dienst geschickt wegen derer, die erben sollen (das) Heil?

2 ¹Deswegen ist es nötig, daß wir über die Maßen achten auf das Gehörte, daß nicht etwa wir vorbeitreiben.

Ps 2,7 (G)

2 Sam 7,14

1 Chr 17,13

Dtn 32,43 (G)
Ps 97,7 (G)
Ps 104,4 (G)

Ps 45,7f (G)

Ps 102,26–28 (G)

Ps 110,1 (G)

² Denn wenn das durch Engel geredete Wort fest wurde und jede Übertretung und (jeder) Ungehorsam rechtmäßige Entlohnung empfing, ³ wie werden wir entfliehen, ein so großes Heil vernachlässigend, welches, einen Anfang nehmend im Reden (Gottes) durch den Herrn, von den (es) Hörenden auf uns (hin) gefestigt wurde, ⁴ wobei Gott (es) mitbezeugte durch Zeichen und Wunder und mannigfaltige Kraft(taten) und heiligen Geistes Zuteilungen nach seinem Willen?

⁵ Denn nicht Engeln unterwarf er den zukünftigen Erdkreis, über den wir reden. ⁶ (Es) bezeugte aber irgendwo einer, sagend: *Was ist ein Mensch, daß du seiner gedenkst, oder ein* Ps 8,5–7 (G) *Sohn eines Menschen, daß du schaust auf ihn?* ⁷ *Du erniedrigtest ihn ein wenig unter Engel, mit Herrlichkeit und Ehre bekränztest du ihn,* ⁸ *alles unterwarfst du unter seine Füße.* Denn bei dem Unterwerfen [ihm] alles nichts ließ er ihm ununterworfen. Jetzt aber noch nicht sehen wir alles als ihm Unterworfenes; ⁹ den aber ein wenig unter Engel erniedrigten Jesus sehen wir wegen des Leidens des Todes mit Herrlichkeit und Ehre bekränzt, auf daß er durch (die) Gnade Gottes für jeden koste (den) Tod.

¹⁰ Denn es geziemte sich für ihn, wegen dem alles und durch den alles, daß er, viele Söhne zur Herrlichkeit führend, den Anführer ihres Heils durch Leiden vollende. ¹¹ Denn der Heiligende und die zu Heiligenden (sind) alle aus einem; aus welchem Grund er sich nicht schämt, Brüder sie zu rufen, ¹² sagend: *Verkünden werde ich deinen Namen meinen Brü-* Ps 22,23 (G) *dern, inmitten (der) Gemeinde werde ich dich preisen,* ¹³ und wieder: *Ich werde sein vertrauend auf ihn,* und wieder: *Siehe,* Jes 8,17; 12,2 *ich und die Kinder, die mir Gott gab.* ¹⁴ Da nun die Kinder 2 Sam 22,3 Gemeinschaft erhalten haben an Blut und Fleisch, hatte auch Jes 8,18 (G) er gleicherweise Anteil an ihnen, damit durch den Tod er vernichte den die Gewalt Habenden über den Tod, das ist: den Teufel, ¹⁵ und (damit er) befreie diese, wieviele in Furcht vor (dem) Tod durch das ganze Leben (hindurch) verfallen waren einer Sklaverei. ¹⁶ Denn doch wohl nicht (der) Engel nimmt er sich an, sondern (der) Nachkommenschaft Abra-

hams nimmt er sich an. [17] Daher mußte er in allem den Brüdern gleich werden, damit ein sich erbarmender und treuer Hochpriester er werde in bezug auf das gegen Gott, auf daß er sühne die Sünden des Volkes. [18] Denn worin er gelitten hat, selbst versucht, kann er den Versuchten helfen.

3 [1] Daher, heilige Brüder, einer himmlischen Berufung Teilhaftige, beachtet den Gesandten und Hochpriester unseres Bekenntnisses, Jesus, [2] der treu ist dem ihn Schaffenden wie auch Moyses in seinem [ganzen] Haus. [3] Denn dieser wird für mehr Herrlichkeit als Moyses würdig gehalten, wie mehr Ehre hat als das Haus der es Erbauende; [4] denn jedes Haus wird erbaut von irgendeinem, der alles Erbauende aber (ist) Gott. [5] *Auch Moyses* (war) zwar *treu in seinem ganzen Haus wie ein Diener* zum Zeugnis des zu Redenden, [6] Christos aber (ist) wie ein Sohn über seinem Haus; dessen Haus sind wir, wenn wir [nur] an der Zuversicht und dem Ruhm der Hoffnung festhalten.

Num 12,7 (G)

Ps 95,7-11

[7] Deshalb, gleichwie der heilige Geist sagt: *Heute, wenn seine Stimme ihr hört,* [8] *verstockt nicht eure Herzen wie in der Verbitterung am Tag der Versuchung in der Wüste,* [9] *wo (mich) versuchten eure Väter in einer Erprobung, und sie sahen (doch) meine Werke* [10] *vierzig Jahre; deshalb zürnte ich diesem Geschlecht, und ich sprach: Immer irren sie mit dem Herzen, nicht aber erkannten sie meine Wege,* [11] *weshalb ich schwor in meinem Zorn: (Als) ob sie eingehen werden in meine Ruhe!* [12] Seht (zu), Brüder, daß nicht etwa sein wird in einem von euch ein böses Herz von Unglauben, im Abfallen vom lebendigen Gott, [13] sondern ermahnt einander an jedem Tag, bis daß das Heute gerufen wird, damit nicht verstockt werde einer von euch durch einen Betrug der Sünde – [14] denn Genossen des Christos sind wir geworden, wenn nur den Anfang der Grundlegung bis zum Ende als sicherem wir fest-

Ps 95,7f

halten – [15] wenn gesagt ist: *Heute, wenn seine Stimme ihr hört, verstockt nicht eure Herzen wie in der Verbitterung!* [16] Denn welche, hörend (es), verbitterten? Nicht etwa alle

Herauskommenden aus Aigyptos durch Moyses? [17] Welchen
aber zürnte er vierzig Jahre? Nicht den Sündigenden, deren
Glieder (ab)fielen in der Wüste? [18] Welchen aber schwor er,
daß sie nicht eingehen werden in seine Ruhe, außer den Ungehorsamen? [19] Und wir sehen, daß nicht sie konnten eingehen wegen (des) Unglaubens.

4 [1] Fürchten wollen wir nun, da (die) Zusage verbleibt,
einzugehen in seine Ruhe, daß nicht etwa einer von
euch zurückgeblieben zu sein erscheine. [2] Denn auch wir sind
(solche, denen) (das Evangelium) verkündet wurde, gleichwie
auch jene; doch nicht nützte das Wort der Botschaft jenen,
weil sie sich nicht verbunden hatten im Glauben mit den Hörenden. [3] Denn wir gehen ein in [die] Ruhe als die Glaubenden, gleichwie er gesagt hat: *Weshalb ich schwor in meinem*   Ps 95,11
Zorn: (Als) ob sie eingehen werden in meine Ruhe!, und
zwar, obwohl *die Werke* von Grundlegung (der) Welt (an) geschaffen waren. [4] Denn gesagt hat er irgendwo über den siebten (Tag) so: *Und (es) ruhte Gott am siebten Tag von allen*   Gen 2,2 (G)
seinen Werken, [5] und darin wieder: *(Als) ob sie eingehen wer-*   Ps 95,11
den in meine Ruhe! [6] Da nun verbleibt, daß einige eingehen in
sie, und die, denen früher (das Evangelium) verkündet wurde, nicht eingingen wegen Ungehorsam, [7] bestimmt er wieder
einen Tag, heute, durch David redend nach so langer Zeit,
gleichwie vorhergesagt ist: *Heute, wenn seine Stimme ihr*   Ps 95,7f
hört, verstockt nicht eure Herzen! [8] Denn wenn sie Jesus (=
Josua) zur Ruhe gebracht hätte, nicht redete er über einen anderen Tag danach. [9] Also verbleibt eine Sabbatruhe dem Volk
Gottes. [10] Denn der Eingehende in seine Ruhe ruhte auch selbst
von seinen Werken, wie Gott von den eigenen. [11] Bemühen
wollen wir uns nun, einzugehen in jene Ruhe, damit nicht in
demselben Beispiel des Ungehorsams einer falle. [12] Denn lebendig ist das Wort Gottes und wirksam und schärfer als
jedes zweischneidige Schwert und durchdringend bis zur Tei-
lung von Seele und Geist, von Gelenken und Mark, und Richter von Gedanken und Gesinnungen (des) Herzens; [13] und nicht
ist ein Geschöpf unsichtbar vor ihm, alles aber (ist) nackt und

offengelegt in den Augen dessen, gegen den wir Rechenschaft (schulden).

[14] Habend nun einen großen Hochpriester, der durchzogen hat die Himmel, Jesus, den Sohn Gottes, wollen wir festhalten das Bekenntnis. [15] Denn nicht haben wir einen Hochpriester, der nicht mitleiden kann mit unseren Schwächen, vielmehr einen, der versucht worden ist in allem, gemäß (seiner) Gleichheit, (doch) ohne Sünde. [16] Hinzutreten wollen wir nun mit Zuversicht zum Thron der Gnade, damit wir empfangen Erbarmen und Gnade finden zu rechtzeitiger Hilfe.

5 [1] Denn jeder Hochpriester, aus Menschen genommen, wird für Menschen eingesetzt in bezug auf das gegen Gott, damit er darbringe Gaben und Opfer für (die) Sünden, [2] nachsichtig sein könnend mit den Unwissenden und Irrenden, da auch er umgeben ist (mit) Schwäche. [3] Und wegen ihr muß er, gleichwie für das Volk, so auch für sich darbringen für (die) Sünden. [4] Und nicht für sich nimmt einer die Ehre, sondern als Gerufener von Gott gleichwie auch Aaron.

[5] So verherrlichte auch der Christos nicht sich selbst, zu werden Hochpriester, sondern der Redende zu ihm: *Mein Sohn bist du, ich habe heute dich gezeugt;* [6] gleichwie auch an anderer (Stelle) er sagt: *Du (bist) Priester in den Aion nach der Ordnung Melchisedeks;* [7] der, in den Tagen seines Fleisches, Gebete und Hilferufe zu dem, der ihn retten konnte aus (dem) Tod, mit starkem Geschrei und Tränen hinbringend und erhört auf(grund) der Gottesfurcht, [8] lernte, wiewohl er Sohn war, von (dem), was er litt, den Gehorsam, [9] und vollendet, wurde er allen ihm Gehorchenden Grund ewigen Heils, [10] genannt von Gott Hochpriester nach der Ordnung Melchisedeks.

Ps 2,7 (G)

Ps 110,4

[11] Darüber (müssen) wir ein langes und schwer verständliches Wort sagen, da träge ihr geworden seid mit den Ohren. [12] Denn obwohl ihr Lehrer sein müßtet wegen der Zeit, wieder habt ihr nötig, daß euch einer lehrt die Anfangselemente

der Worte Gottes, und ihr seid geworden (solche), die nötig haben Milch [und] nicht feste Nahrung. [13] Denn jeder, der teilhat an Milch, (ist) unerfahren mit (dem) Wort (der) Gerechtigkeit, denn unmündig ist er; [14] für Vollendete aber ist die feste Nahrung, für die, die durch die Gewöhnung die Sinneswerkzeuge geübt haben zur Unterscheidung von Rechtem und Schlechtem.

6 [1] Deshalb, lassend das Anfangswort über den Christos, auf die Vollendung (hin) wollen wir uns bringen lassen, nicht wieder (das) Fundament legend (der) Umkehr von toten Werken und (des) Glaubens an Gott, [2] (der) Lehre über Taufen und (der) Auflegung von Händen, (der) Auferstehung von Toten und (dem) ewigen Gericht. [3] Und dies werden wir tun, wenn nur (es) gestattet Gott.

[4] Denn unmöglich (ist es), die einmal Erleuchteten, (die) gekostet haben die himmlische Gabe und Teilhaber geworden sind am heiligen Geist [5] und gekostet haben Gottes rechtes Wort und (die) Kräfte (des) zukünftigen Aions [6] und (dann doch) Abgefallenen, wieder zu erneuern in Umkehr, erneut kreuzigend für sich den Sohn Gottes und bloßstellend. [7] Denn (die) Erde, trinkend den oft auf sie kommenden Regen und hervorbringend Kraut, tauglich für jene, derentwegen sie auch bebaut wird, empfängt Anteil am Segen von Gott; [8] hervorbringend aber Dornen und Disteln, (ist sie) unbrauchbar und (dem) Fluch nahe, dessen Ende ins Verbrennen (führt).

[9] Überzeugt sind wir aber von euch, Geliebte, des Besseren und (des) zu Heil Gereichenden, wenn wir auch so reden. [10] Denn nicht ungerecht (ist) Gott, zu vergessen euer Werk und die Liebe, die ihr aufwiest für seinen Namen, die ihr dientet den Heiligen und dient. [11] Wir verlangen aber, daß jeder von euch denselben Eifer aufweise zur Vervollständigung der Hoffnung bis ans Ende, [12] damit nicht träge ihr werdet, Nachahmer vielmehr der durch Glaube und Ausharren Erbenden die Zusagen.

[13] Denn als Gott dem Abraham die Zusage gab, schwor er, da er bei keinem Größeren (die Möglichkeit) hatte zu schwö-

Gen 22,17 ren, bei sich selbst, [14] sagend: *Ja wahrlich, segnend werde ich dich segnen und mehrend dich mehren;* [15] und so, ausharrend, erlangte er die Zusage. [16] Denn Menschen schwören beim Größeren, und ihnen (dient als) jeder Widerrede Ende zur Festigung der Eid; [17] weil Gott besonders den Erben der Zusage aufzeigen wollte das Unverrückbare seines Ratschlusses, bürgte er durch Eid, [18] damit wir durch zwei unverrückbare Dinge, bei denen es unmöglich (ist), daß Gott lügt, eine starke Ermutigung haben, die wir (unsere) Zuflucht nahmen, zu ergreifen die vorausliegende Hoffnung; [19] die haben wir wie einen Anker der Seele, sicher und fest und hineinreichend in das Innere des Vorhangs, [20] wohin als Vorläufer für uns hineinging Jesus, nach der Ordnung Melchisedeks Hochpriester geworden in den Aion.

Gen 14,17–20 **7** [1] Denn *dieser Melchisedek, König von Salem, Priester des höchsten Gottes, der entgegenging Abraham, als er zurückkehrte von dem Gemetzel mit den Königen, und ihn segnete,* [2] *dem auch (den) Zehnten von allem* zuteilte *Abraham,* (dieser ist) zuerst, übersetzt, zwar König (der) Gerechtigkeit, dann aber auch *König von Salem,* das ist: König (des) Friedens, [3] vaterlos, mutterlos, stammbaumlos, weder einen Anfang (der) Tage noch ein Lebensende habend, ähnlich geworden aber dem Sohn Gottes, bleibt er Priester auf die Dauer.

Gen 14,20 [4] Schaut aber, wie groß dieser ist, *dem [auch] (den) Zehnten Abraham gab* aus der Erstlingsbeute, (er,) der Urvater. [5] Auch die aus den Söhnen Levis das Priestertum Empfangenden haben zwar ein Gebot, zu bezehnten das Volk nach dem Gesetz, das heißt: ihre Brüder, wiewohl auch sie hervorgekommen sind aus der Lende Abrahams; [6] der aber nicht Abstammende von ihnen hat bezehntet Abraham, und den, der die Zusagen hat, hat er gesegnet. [7] Ohne jede Widerrede aber wird das Geringere vom Besseren gesegnet. [8] Aber hier empfangen (die) Zehnten sterbende Menschen, dort aber (einer), (dem) bezeugt wird, daß er lebt. [9] Und um es gerade heraus zu sagen: Durch Abraham ist auch Levi, der (die) Zehnten Empfangende, bezehntet worden; ¹⁰ denn er war noch in der Lende des Vaters, als ihm entgegenging Melchisedek.

¹¹ Wenn nun Vollendung durch das levitische Priesteramt (möglich) wäre – denn das Volk hat über es Gesetze erhalten –, welches Bedürfnis (bestünde) noch, nach der Ordnung Melchisedeks einen anderen aufzustellen als Priester und nicht nach der Ordnung Aarons (ihn) zu benennen? ¹² Denn wenn geändert wird das Priesteramt, geschieht aus Notwendigkeit auch eine Gesetzesänderung. ¹³ Denn (der), auf den (hin) dieses gesagt wird, hatte teil an einem anderen Stamm, von dem keiner sich hinwandte zum Altar; ¹⁴ denn offenkundig (ist), daß aus Juda hervorgegangen ist unser Herr, bei welchem Stamm über Priester Moyses nichts redete. ¹⁵ Und noch übermäßiger ist (dies) offenkundig, wenn nach der Ähnlichkeit mit Melchisedek aufgestellt wird ein anderer Priester, ¹⁶ der nicht nach (dem) Gesetz eines fleischlichen Gebots (es) geworden ist, sondern nach (der) Kraft eines unvergänglichen Lebens. ¹⁷ Denn bezeugt wird: *Du (bist) Priester in den Aion*   Ps 110,4 *nach der Ordnung Melchisedeks.* ¹⁸ Denn (die) Absetzung eines vorangehenden Gebots geschieht wegen seiner Schwäche und Nutzlosigkeit – ¹⁹ denn nichts vollendete das Gesetz –, (die) Einführung aber einer besseren Hoffnung (ist geschehen), durch die wir uns Gott nähern.

²⁰ Und insoweit (geschah dies) nicht ohne Eidschwur; denn diese sind ohne Eidschwur Priester geworden, ²¹ jener aber mit Eidschwur durch den Sagenden zu ihm: *(Es) schwor (der)*   Ps 110,4 *Herr, und nicht wird er (es) bereuen: Du (bist) Priester in den Aion.* ²² Insoweit [auch] eines besseren Bundes Bürge ist geworden Jesus. ²³ Und die einen (zu) mehreren sind Priester geworden, weil sie durch den Tod gehindert wurden dazubleiben; ²⁴ der (andere) aber, weil er bleibt in den Aion, hat als unvergängliches das Priesteramt; ²⁵ daher er auch zur Gänze retten kann die Hinzutretenden durch ihn zu Gott, allzeit lebend, um einzutreten für sie.

²⁶ Denn ein solcher geziemte uns auch als Hochpriester,

heilig, frei vom Bösen, unbefleckt, getrennt von den Sündern und höher als die Himmel geworden, [27] der nicht hat täglich (die) Notwendigkeit, wie die Hochpriester, zuerst für die eigenen Sünden Opfer darzubringen, dann für die des Volkes; denn dies tat er ein für allemal, sich selbst darbringend. [28] Denn das Gesetz setzt Menschen ein als Hochpriester, (an sich) habend Schwäche, das Wort des Eidschwurs aber, des nach dem Gesetz (erfolgten), einen in den Aion vollendeten Sohn.

8 [1] Hauptsache aber bei dem Gesagten (ist): Einen solchen haben wir als Hochpriester, der sich setzte zur Rechten des Thrones der Erhabenheit in den Himmeln, [2] des Heiligen Diener und des wahren Zeltes, das erstellte der Herr, nicht ein Mensch. [3] Denn jeder Hochpriester wird zum Gaben und Opfer Darbringen eingesetzt; daher (ist es) notwendig, daß auch dieser etwas hat, was er darbringe. [4] Wenn er nun wäre auf Erden, nicht wäre er ein Priester, da es die nach (dem) Gesetz die Gaben Darbringenden gibt; [5] welche (dem) Abbild und Schatten der himmlischen (Dinge) dienen, gleichwie unterwiesen worden ist Moyses, im Begriff zu vollenden das Zelt; denn: *Sieh*, sagte er, *du sollst alles machen nach dem Urbild, dem dir gezeigten auf dem Berg;* [6] jetzt aber hat er einen (um soviel) vorzüglicheren Dienst erlangt, um wieviel er auch eines besseren Bundes Mittler ist, welcher aufgrund besserer Zusagen festgesetzt worden ist.

Ex 25,40

[7] Denn wenn jener erste untadelig wäre, nicht für einen zweiten würde gesucht ein Ort. [8] Denn tadelnd sie, sagt er: *Siehe, Tage kommen, sagt (der) Herr, und ich werde abschließen mit dem Haus Israel und mit dem Haus Juda einen neuen Bund,* [9] *nicht nach dem Bund, den ich machte mit ihren Vätern am Tag, da ich sie nahm in die Hand, herauszuführen sie aus (dem) Land Aigyptos, weil sie nicht darinblieben in meinem Bund, und ich vernachlässigte sie, sagt (der) Herr;* [10] *denn dies (ist) der Bund, den ich verfügen werde für das Haus Israel nach jenen Tagen, sagt (der) Herr: Gebend meine*

Jer 31,31–34

Gesetze in ihren Sinn, auch in ihre Herzen werde ich sie schreiben, und ich werde ihnen sein zum Gott, und sie werden sein mir zum Volk; [11] *und gewiß nicht (brauchen) sie belehren jeder seinen Mitbürger und jeder seinen Bruder, sagend: Erkenne den Herrn!, weil alle mich kennen werden vom Kleinen bis zum Großen von ihnen,* [12] *denn gnädig werde ich sein gegen ihre Ungerechtigkeiten und ihrer Sünden werde ich gewiß nicht mehr gedenken.* [13] Indem er sagt: einen neuen, hat er alt gemacht den ersten; das Veraltete aber und Vergreiste (ist) nahe (dem) Verschwinden.

9 [1] (Es) hatte zwar nun [auch] der erste (Bund) Rechtssatzungen über (den) Dienst und das weltliche Heiligtum. [2] Denn ein Zelt wurde erbaut, das erste, in dem sowohl der Leuchter als auch der Tisch und die Ausstellung der Brote (waren), welches genannt wird: Heiliges; [3] hinter dem zweiten Vorhang aber ein Zelt, das Allerheiligste genannte, [4] habend einen goldenen Räucheraltar und die Lade des Bundes, die umhüllt ist von allen Seiten mit Gold, darin ein goldener Krug, enthaltend das Manna, und der Stab Aarons, der ergrünte, und die Tafeln des Bundes, [5] über ihr aber Cherubin von Glanz, beschattend die Deckplatte; worüber jetzt nicht ist zu reden im einzelnen. [6] Da diese (Dinge) aber so erbaut sind, gehen in das erste Zelt zwar unablässig die Priester hinein, die Dienste vollbringend, [7] in das zweite aber einmal des Jahres allein der Hochpriester, nicht ohne Blut, das er darbringt für sich selbst und für des Volkes Unwissenheiten, [8] womit dies der heilige Geist anzeigt, daß noch nicht offenbar geworden ist der Weg zum Heiligen, solange das erste Zelt noch Bestand hat, [9] welches ist ein Gleichnis für die bevorstehende Zeit, wonach Gaben und Opfer dargebracht werden, die nicht vollenden können den Dienenden nach (dem) Gewissen, [10] Rechtssatzungen (des) Fleisches nur im Hinblick auf Speisen und Getränke und verschiedene Tauchungen, die bis zu einer Zeit (der) Verbesserung auferlegt worden sind.

[11] Christos aber, gekommen als Hochpriester der (Wirklichkeit) gewordenen Güter, ging durch das größere und

vollendetere, nicht handgemachte Zelt, das heißt: nicht von dieser Schöpfung, [12] noch durch Blut von Böcken und Kälbern, sondern durch das eigene Blut ein für allemal hinein in das Heilige, ewige Erlösung findend. [13] Denn wenn das Blut von Böcken und Stieren und (die) Asche einer Jungkuh beim Besprengen die Verunreinigten heiligt zu des Fleisches Reinheit, [14] um wieviel mehr wird das Blut des Christos, der durch ewigen Geist sich selbst als Fehllosen darbrachte Gott, reinigen unser Gewissen von toten Werken zu dienen (dem) lebenden Gott.

[15] Und deswegen ist er eines neuen Bundes Mittler, auf daß, weil (sein) Tod geschah zur Erlösung von den Übertretungen im ersten Bund, die Zusage empfingen die zum ewigen Erbe Gerufenen. [16] Denn wo ein Testament (besteht, ist es) eine Notwendigkeit, beizubringen (den) Tod des Verfügenden; [17] denn ein Testament (ist nur) bei Toten wirksam, da niemals es in Kraft tritt, solange der Verfügende lebt. [18] Daher ist auch nicht der erste (Bund) ohne Blut erneuert worden; [19] denn, nachdem von Moyses jedes Gebot nach dem Gesetz dem ganzen Volk gesagt worden war, nehmend das Blut der Kälber [und der Böcke], besprengte er mit Wasser und scharlachroter Wolle und Ysop sowohl das Buch selbst als auch das ganze Volk, [20] sagend: *Dies (ist) das Blut des Bundes, den Gott anordnete für euch.* [21] Auch das Zelt aber und alle Geräte des Dienstes besprengte er gleicherweise mit dem Blut. [22] Und beinahe wird mit Blut alles gereinigt nach dem Gesetz, und ohne Blutvergießen nicht geschieht Vergebung.

Ex 24,8

[23] Notwendigkeit (besteht) nun zwar, daß die Abbilder dessen, (was) in den Himmeln (ist), (auf) diese (Weisen) gereinigt werden, das Himmlische selbst aber durch bessere Opfer als diese. [24] Denn nicht in ein handgemachtes Heiligtum hineinging Christos, ein Gegenbild des wahren, sondern in den Himmel selbst, um jetzt zu erscheinen vor dem Angesicht Gottes für uns; [25] auch nicht damit oft er darbringe sich selbst, wie der Hochpriester hineingeht in das Heilige alljährlich mit fremdem Blut, [26] da er (sonst) oft hätte leiden müssen seit

Grundlegung (der) Welt; jetzt aber ist er ein für allemal bei (der) Vollendung der Aionen zur Beseitigung [der] Sünde durch sein Opfer offenbart worden. [27] Und wie den Menschen auferlegt ist, einmal zu sterben, danach aber (das) Gericht, [28] So wird auch der Christos, einmal dargebracht, um hinwegzunehmen (die) Sünden vieler, zum zweiten (Mal) ohne Sünde erscheinen den ihn Erwartenden zum Heil.

10 [1] Denn, das Gesetz, habend (nur) einen Schatten von den zukünftigen Gütern, nicht die Gestalt der Dinge selbst, kann mit denselben Opfern, die sie alljährlich darbringen, auf die Dauer niemals die Hinzutretenden vollenden; [2] würden sie nicht sonst aufgehört haben, (sie) darzubringen, weil sie kein Bewußtsein mehr hätten von Sünden als Dienende, die einmal gereinigt worden sind? [3] Doch in ihnen (steht die) Erinnerung an Sünden alljährlich; [4] denn unmöglich (ist es), daß Blut von Böcken und Stieren wegnimmt Sünden. [5] Deshalb, hereinkommend in die Welt, sagt er: *Opfer und Opfergabe wolltest du nicht, einen Leib aber hast du mir bereitet;* [6] *an Brandopfern und (Opfern) für (die) Sünde hattest du kein Wohlgefallen.* [7] *Da sprach ich: Siehe, ich komme, ist in (der) Rolle eines Buches geschrieben über mich, zu tun, o Gott, deinen Willen.* [8] Weiter oben sagend: *Opfer und Opfergaben und Brandopfer und (Opfer) für (die) Sünde wolltest du nicht, noch hattest du (daran) Wohlgefallen,* welche nach (dem) Gesetz dargebracht werden, [9] hat er daraufhin gesagt: *Siehe, ich komme, zu tun deinen Willen.* Hinwegnimmt er das Erste, damit das Zweite er aufstellt, [10] den Willen, in dem wir geheiligt sind durch die Opfergabe des Leibes (des) Jesus Christos ein für allemal.

[11] Und jeder Priester steht da, täglich dienend und dieselben Opfer oftmals darbringend, welche niemals wegnehmen können Sünden, [12] dieser aber, der ein einziges Opfer für (die) Sünden darbrachte, auf die Dauer setzte er sich zur Rechten Gottes, [13] im übrigen abwartend, bis (daß) hingelegt werden seine Feinde als Fußbank seiner Füße. [14] Denn durch eine einzige Opfergabe hat er vollendet auf die Dauer, die geheiligt

Ps 40,7–9

werden. [15] (Es) bezeugt uns aber auch der heilige Geist; denn
Jer 31,33f nachdem er gesagt hat: [16] *Dies (ist) der Bund, den ich verfü-*
gen werde für sie *nach jenen Tagen, sagt (der) Herr: Gebend*
meine Gesetze in ihre Herzen, auch in ihren Sinn will ich
schreiben sie, [17] *und ihrer Sünden* und ihrer Gesetzlosigkeiten
werde ich gewiß nicht mehr gedenken. [18] Wo aber Vergebung
für diese (ist), (gibt es) keine Opfergabe mehr für (die)
Sünde.

[19] Da wir nun, Brüder, Zuversicht haben für den Eingang
ins Heilige durch das Blut von Jesus, [20] den er uns erneuerte
als einen neuen und lebendigen Weg durch den Vorhang, das
heißt: durch sein Fleisch, [21] und einen großen Priester über
das Haus Gottes, [22] wollen wir hinzutreten mit wahrhaftigem
Herzen in (der) Fülle (des) Glaubens, gereinigt die Herzen
vom schlechten Gewissen und gewaschen den Leib mit reinem Wasser; [23] festhalten wollen wir das Bekenntnis der Hoffnung ohne Wanken, denn treu (ist), der die Zusage gab, [24] und
achtgeben wollen wir aufeinander zur Anregung zu Liebe und
rechten Werken, [25] nicht verlassend unsere Versammlung,
gleichwie (es) Sitte (ist bei) einigen, sondern ermahnend, und
(zwar) um soviel mehr, wie ihr seht den sich nähernden Tag.

[26] Denn wenn freiwillig wir sündigen, nachdem wir empfingen die Erkenntnis der Wahrheit, nicht mehr verbleibt für
(die) Sünden ein Opfer, [27] sondern eine furchtbare Erwartung
(des) Gerichts und (der) Eifer eines Feuers, das fressen wird
die Widersetzlichen. [28] Wenn einer verwirft (das) Gesetz (des)
Dtn 17,6 Moyses, *wird er* ohne Erbarmen *auf zwei oder drei Zeugen*
(hin) sterben; [29] einer wieviel schlimmeren Strafe, meint ihr,
wird für würdig gehalten werden der den Sohn Gottes Ver-
achtende und das Blut des Bundes für gemein Haltende, durch
das er geheiligt wurde, und (der) den Geist der Gnade Ver-
Dtn 32,35 schmähende? [30] Denn wir kennen den Sprechenden: *Mir (die)*
Dtn 32,36 *Rache, ich werde vergelten.* Und wieder: *Richten wird (der)*
Ps 135,14 *Herr sein Volk.* [31] Furchtbar (ist) das Hineinfallen in (die)
Hände (des) lebendigen Gottes.

³² Erinnert euch aber der früheren Tage, in denen ihr als Erleuchtete viel Kampf erduldetet in Leiden, ³³ und zwar einerseits durch Schmähungen und Bedrängnisse zum Schauspiel gemacht, andererseits Teilhaber (derer) geworden, denen so es geschah. ³⁴ Denn ihr littet auch mit den Gefangenen, und den Raub eures Besitzes mit Freude nahmt ihr hin, wissend, daß ihr habt ein besseres Vermögen und ein bleibendes. ³⁵ Werft nun nicht weg eure Zuversicht, welche hat eine große Entlohnung. ³⁶ Denn Geduld habt ihr nötig, damit ihr, den Willen Gottes tuend, empfangt die Zusage. ³⁷ Denn noch *ganz, ganz kurz,* (und) der *Kommende wird kommen, und nicht wird er sich Zeit lassen;* ³⁸ *mein Gerechter aus Glauben aber wird leben,* und *wenn er zurückweicht, hat kein Wohlgefallen meine Seele an ihm.* ³⁹ Wir aber sind nicht (solche) des Zurückweichens zum Verderben, sondern (solche des) Glaubens zum Erwerb (des) Lebens.

Jes 26,20 (G)
Hab 2,3f (G)

11 ¹ Es ist aber (der) Glaube Grundlage (des) Erhofften, ein Überführtsein von nicht schaubaren Dingen. ² Denn durch diesen erhielten ein (gutes) Zeugnis die Älteren. ³ Durch Glauben begreifen wir, daß geschaffen wurden die Aionen durch (das) Wort Gottes, so daß nicht aus Erscheinendem das Schaubare geworden ist. ⁴ Durch Glauben brachte Abel ein größeres Opfer als Kain Gott dar, durch das er das Zeugnis erhielt, gerecht zu sein, weil Gott Zeugnis gab über seine Gaben, und durch dieses redet er noch als Gestorbener. ⁵ Durch Glauben wurde Henoch versetzt, auf daß er nicht sähe (den) Tod, und nicht wurde er gefunden, weil ihn Gott versetzte. Denn vor der Versetzung hat er (gutes) Zeugnis erhalten, wohlgefällig gewesen zu sein vor Gott; ⁶ ohne Glauben aber (ist es) unmöglich, wohlgefällig zu sein; denn glauben muß der Hinzutretende zu Gott, daß er ist und den ihn Suchenden ein Entlohner wird. ⁷ Durch Glauben erbaute Noe, unterwiesen über das noch nicht Schaubare, von Sorge ergriffen, eine Arche zur Rettung seines Hauses, wodurch er verurteilte die Welt, und gemäß Glauben wurde er Erbe der Gerechtigkeit. ⁸ Durch Glauben gehorchte Abraham, gerufen, herauszugehen an einen Ort, den er sollte empfangen zum Erbe, und herausging er, nicht wissend, wohin er geht. [9] Durch Glauben siedelte er in das Land der Zusage wie in ein fremdes, in Zelten wohnend mit Isaak und Jakob, den Miterben derselben Zusage; [10] denn er erwartete die die Fundamente habende Stadt, deren Erbauer und Gründer Gott (ist). [11] Durch Glauben empfing auch selbst (die) unfruchtbare Sarra Kraft zur Grundlegung von Nachkommenschaft, und (zwar) außerhalb (der) Zeit (der) Reife, da für treu sie hielt den Zusagenden. [12] Deshalb auch wurden sie von einem einzigen geboren, und zwar einem Abgestorbenen, gleichwie die Sterne des Himmels an Menge und wie der Sand, der längs des Ufers des Meeres, der unzählbare.

[13] Gemäß Glauben starben diese alle, nicht erlangend die Zusagen, sondern von weitem sie sehend und begrüßend und bekennend, daß sie Fremde und Beisassen sind auf der Erde. [14] Denn die solches Sagenden zeigen an, daß sie eine Heimat suchen. [15] Und wenn sie doch an jene gedacht hätten, aus der sie ausgegangen waren, hätten sie Zeit gehabt zurückzukehren; [16] jetzt aber nach einer besseren streben sie, das heißt: nach einer himmlischen. Deshalb nicht schämt sich ihrer Gott, ihr Gott gerufen zu werden; denn er bereitete ihnen eine Stadt.

[17] Durch Glauben brachte Abraham als Versuchter den Isaak dar, und (zwar) den Einziggeborenen brachte er dar, der die Zusagen empfangen hatte, [18] zu dem gesagt worden

Gen 21,12 (G)

war: *In Isaak wird gerufen werden dir eine Nachkommenschaft,* [19] bedenkend, daß auch aus Toten zu erwecken mächtig ist Gott, daher er ihn auch gleichnishaft zurückempfing. [20] Durch Glauben auch segnete Isaak wegen (des) Zukünftigen den Jakob und den Esau. [21] Durch Glauben segnete Jakob

Gen 47,31 (G)

sterbend jeden der Söhne Josephs und *huldigte (Gott), über die Spitze seines Stockes* (gebeugt). [22] Durch Glauben gedachte Joseph sterbend des Auszugs der Söhne Israels, und wegen seiner Gebeine gab er Weisung.

[23] Durch Glauben wurde Moyses, als er geboren wurde,

verborgen drei Monate lang von seinen Eltern, weil sie sahen, daß fein war das Kind, und nicht fürchteten sie die Verfügung des Königs. [24] Durch Glauben leugnete Moyses, als er groß geworden, genannt zu werden ein Sohn (der) Tochter (des) Pharao, [25] (viel)mehr vorziehend, Schlechtes zu erleiden mit dem Volk Gottes als einen zeitweiligen Genuß (der) Sünde zu haben, [26] für größeren Reichtum haltend die Schmähung des Christos als die Schätze von Aigyptos; denn ausschaute er auf die Entlohnung. [27] Durch Glauben verließ er Aigyptos, nicht fürchtend die Wut des Königs; denn wie ein den Unsichtbaren Sehender hielt er stand. [28] Durch Glauben hat er vollzogen das Pascha und die Ausgießung des Blutes, damit nicht anfasse der Würgeengel das von ihnen Erstgeborene. [29] Durch Glauben durchschritten sie das rote Meer wie durch trockenes Land, in dem, als sie (auch) einen Versuch machten, die Aigyptier ersoffen. [30] Durch Glauben fielen die Mauern Jerichos, im Kreis umzogen an sieben Tagen. [31] Durch Glauben kam Rachab, die Dirne, nicht um mit den Ungehorsamen, empfangend die Kundschafter in Frieden.

[32] Und was soll ich noch sagen? Denn fehlen wird mir die Zeit, zu erzählen über Gedeon, Barak, Sampson, Jephthae, David und Samuel und die Propheten, [33] die durch Glauben Königreiche bezwangen, Gerechtigkeit wirkten, Zusagen erlangten, Löwenmäuler verstopften, [34] Feuerkraft löschten, Schwertmäulern entflohen, von Schwäche erstarkten, stark wurden im Krieg, Schlachtordnungen Fremder wanken machten. [35] Zurückempfingen Frauen durch Auferstehung ihre Toten; andere aber wurden gefoltert, nicht annehmend die Befreiung, damit eine bessere Auferstehung sie erlangten; [36] andere aber machten Erfahrung mit Verspottungen und Geißelungen, noch dazu mit Fesseln und Gefängnis; [37] sie wurden gesteinigt, zersägt, starben durch Mord mit (dem) Schwert, gingen umher in Schaffellen, in Ziegenfellen, Mangel leidend, bedrängt, Schlechtes erleidend, [38] (sie), deren nicht würdig war die Welt, in Wüsten umherirrend und auf Bergen und in Höhlen und den Spalten der Erde. [39] Und diese alle, ein

(gutes) Zeugnis erhaltend durch den Glauben, nicht empfingen die Zusage, [40] da Gott für uns etwas Besseres vorsah, damit nicht ohne uns sie vollendet würden.

12 [1] Daher denn nun wollen auch wir, die wir eine solche uns umgebende Wolke von Zeugen haben, ablegend allen Ballast und die umstrickende Sünde, mit Geduld
laufen den uns vorausliegenden Kampf, [2] hinsehend auf des
Glaubens Anführer und Vollender, Jesus, der um der ihm
vorausliegenden Freude willen erduldete (das) Kreuz, (die)
Schande mißachtend, und sich zur Rechten des Thrones Gottes gesetzt hat. [3] Denn bedenkt den, (der) solchen Widerspruch von den Sündern gegen sich erduldet hat, damit ihr
nicht ermattet, in euren Seelen erschlaffend.

[4] Noch nicht bis aufs Blut widerstandet ihr, gegen die
Sünde ankämpfend. [5] Und vergessen habt ihr die Ermutigung,
Spr 3,11f welche euch wie Söhne anredet: *Mein Sohn, achte nicht gering (die) Züchtigung (des) Herrn und erschlaffe nicht, von
ihm gestraft;* [6] *denn wen (der) Herr liebt, erzieht er, er geißelt
aber jeden Sohn, den er annimmt.* [7] Zur Erziehung erduldet
ihr; wie an Söhnen handelt an euch Gott. Denn wer (ist) ein
Sohn, den nicht (der) Vater erzieht? [8] Wenn aber ohne Erziehung ihr seid, deren alle teilhaftig geworden sind, seid ihr
also Uneheliche und nicht Söhne. [9] Dann: Die Väter unseres
Fleisches hatten wir als Erzieher, und wir richteten uns (nach
ihnen); werden wir uns nicht viel mehr unterwerfen dem Vater der Geister und leben? [10] Denn diese übten für wenige
Tage nach ihrem Gutdünken Erziehung aus, jener zu (unserem) Nutzen, auf daß wir teilhaben an seiner Heiligkeit.
[11] Jede Erziehung aber scheint für die Gegenwart nicht zur
Freude zu sein, sondern zur Betrübnis, zuletzt aber erstattet
sie eine friedliche Frucht (der) Gerechtigkeit denen, (die)
durch sie geübt worden sind.

[12] Deshalb richtet wieder auf die erschlafften Arme und die
gelähmten Knie, [13] und gerade Wege schafft für eure Füße,
damit nicht das Lahme sich verrenkt, sondern (viel)mehr geheilt wird! [14] (Dem) Frieden jagt nach mit allen und der Heili-

gung, ohne die keiner sehen wird den Herrn, [15] darauf achtend, daß nicht einer zurücksteht von der Gnade Gottes, *daß*   Dtn 29,17 (G)
nicht eine Wurzel von Bitterkeit nach oben wächst und zur
Plage wird und durch sie befleckt werden viele, [16] daß nicht
einer ein Unzüchtiger oder Unreiner wie Esau (ist), der für
eine einzige Speise abgab seine Erstgeburtsrechte. [17] Denn ihr
wißt, daß auch nachher, als er erben wollte den Segen, er
verworfen wurde, denn nicht fand er einen Ort für Umkehr,
wiewohl mit Tränen sie suchend.

[18] Denn nicht seid ihr hinzugetreten zu einem betastbaren
und verbrennenden Feuer und zu Düsternis und Dunkelheit
und Brausen [19] und zu einer Trompete Schall und zu einem
Hall von Worten, deren Hörer sich erbaten, daß nicht hinzugefügt werde ihnen ein Wort, [20] denn nicht ertrugen sie das
Aufgetragene: Auch wenn ein Tier berührt den Berg, soll es
gesteinigt werden; [21] und, so furchtbar war das Erschienene,
(daß) Moyses sprach: *Erschreckt bin ich* und zitternd. [22] Son-   Dtn 9,19
dern ihr seid hinzugetreten zum Berg Sion und zur Stadt (des)
lebendigen Gottes, zum himmlischen Jerusalem, und zu
Zehntausenden von Engeln, zur Festversammlung [23] und zur
Gemeinde (der) Erstgeborenen, die aufgezeichnet sind in
(den) Himmeln, und zu Gott, (dem) Richter aller, und zu
(den) Geistern (der) vollendeten Gerechten [24] und zu (des)
neuen Bundes Mittler Jesus und zum Blut (der) Besprengung,
das besser redet als Abel.

[25] Seht (zu), daß ihr nicht abweist den Redenden; denn
wenn jene nicht entflohen, abweisend den auf Erden Weisungen Gebenden, um viel mehr wir, die sich Abwendenden von
dem vom Himmel, [26] dessen Stimme die Erde erschütterte   Hag 2,6.21
damals, (der) jetzt aber eine Zusage gab, sagend: *Noch ein-*
mal werde ich erschüttern, nicht nur *die Erde,* sondern *auch*
den Himmel. [27] Das aber *Noch-einmal* zeigt [die] Verwand-
lung dessen an, was als Geschaffenes erschüttert wird, damit
bleibe das Unerschütterliche. [28] Deshalb wollen wir, ein uner-
schütterliches Königtum empfangend, Dank sagen, durch den
wir Gott dienen, wohlgefällig, mit Gottesfurcht und Scheu;

Dtn 4,24; 9,3 ²⁹ denn auch (ist) unser *Gott ein verzehrendes Feuer.*

13 ¹ Die Bruderliebe soll bleiben. ² Der Gastfreundschaft vergeßt nicht, denn durch diese beherbergten einige unbemerkt Engel! ³ Gedenkt der Gefangenen wie Mitgefangene, der Schlechtes Erleidenden wie solche, die auch selbst im Leib sind. ⁴ Geehrt (sei) die Ehe bei allen und das Ehebett unbefleckt, denn Unzüchtige und Ehebrecher wird Gott richten. ⁵ Ohne Habgier (sei) das Verhalten, (euch) be-

Dtn 31,6.8 gnügend mit dem Vorhandenen. Denn er selbst hat gesagt: *Nicht*
Gen 28,15 *werde ich dich aufgeben, und nicht werde ich dich verlassen,*
Ps 118,6 (G) ⁶ so daß wir Mut haben zu sagen: *(Der) Herr (ist) mir Helfer, [und] nicht werde ich mich fürchten, was wird tun mir ein Mensch?*

⁷ Gedenkt eurer Führer, welche geredet haben zu euch das Wort Gottes, achtend auf den Ausgang von deren Wandel, ahmt nach (ihren) Glauben! ⁸ Jesus Christos (ist) gestern und heute derselbe und in die Aionen. ⁹ Durch mannigfaltige und fremde Lehre laßt euch nicht abbringen; denn recht (ist), daß durch Gnade gefestigt wird das Herz, nicht durch Speisen, von denen keinen Nutzen hatten die (damit) Umgehenden. ¹⁰ Wir haben einen Altar, von dem zu essen nicht haben Vollmacht die dem Zelt Dienenden. ¹¹ Denn von (den) Tieren, deren Blut für (die) Sünde hineingebracht wird in das Heilige durch den Hochpriester, deren Leiber werden verbrannt außerhalb des Lagers. ¹² Deshalb litt auch Jesus, damit er heilige durch das eigene Blut das Volk, außerhalb des Tores. ¹³ Daher wollen wir hinausgehen zu ihm, außerhalb des Lagers, seine Schmach tragend; ¹⁴ denn nicht haben wir hier eine bleibende Stadt, sondern die zukünftige suchen wir. ¹⁵ Durch ihn [nun] wollen wir darbringen Gott ein Opfer (des) Lobes unablässig, das heißt: (die) Frucht (der) Lippen, die bekennen seinen Namen. ¹⁶ Der Wohltätigkeit aber und Gemeinschaft vergeßt nicht; denn an solchen Opfern hat Gott Wohlgefallen. ¹⁷ Gehorcht euren Führenden und ordnet euch unter, denn sie wachen über eure Seelen wie (solche), die Rechenschaft abgeben

werden, damit mit Freude dies sie tun und nicht stöhnend; denn schädlich (wäre) für euch dies.

[18] Betet für uns! Denn wir sind überzeugt, daß ein gutes Gewissen wir haben, da wir in allem recht uns verhalten wollen. [19] Über die Maßen aber ermahne ich, dies zu tun, damit schneller ich euch zurückgegeben werde.

[20] Der Gott des Friedens aber, der Heraufführende aus Toten den großen Hirten der Schafe mit (dem) Blut eines ewigen Bundes, unseren Herrn Jesus, [21] bereite euch in allem Guten, zu tun seinen Willen, wirkend in uns das Wohlgefällige vor ihm durch Jesus Christos, dem die Herrlichkeit (sei) in die Aionen [der Aionen], Amen.

[22] Ich ermahne euch aber, Brüder, ertragt das Wort der Ermahnung, denn auch (nur) in Kürze schrieb ich euch. [23] Wißt, daß unser Bruder Timotheos entlassen worden ist, mit dem, wenn er (etwas) schneller kommt, ich euch sehen werde.

[24] Grüßt alle eure Führenden und alle Heiligen! (Es) grüßen euch die von der Italia.

[25] Die Gnade (sei) mit euch allen.

(DES) JAKOBOS BRIEF

1 [1] Jakobos, Gottes und (des) Herrn Jesus Christos Sklave, den zwölf Stämmen in der Diaspora einen Gruß.

[2] Für lauter Freude haltet, meine Brüder, wann ihr fallt in mancherlei Versuchungen, [3] erkennend, daß die Erprobung eures Glaubens bewirkt Geduld. [4] Die Geduld aber soll haben ein vollkommenes Werk, damit ihr seid vollkommen und fehllos, in nichts zurückbleibend.

[5] Wenn aber einer von euch zurückbleibt an Weisheit, soll er (sie) erbitten von Gott, dem allen einfach Gebenden und nicht Scheltenden, und gegeben werden wird (sie) ihm. [6] Er soll aber bitten im Glauben, nicht zweifelnd; denn der Zweifelnde gleicht einer Woge (des) Meeres, sturmbewegt und hin und her geworfen. [7] Denn nicht soll meinen jener Mensch, daß er etwas empfangen wird vom Herrn, [8] ein zwiespältiger Mann, unbeständig auf allen seinen Wegen.

[9] (Es) soll sich aber rühmen der niedrige Bruder in seiner Höhe, [10] der Reiche aber in seiner Niedrigkeit, weil er wie eine Blume (des) Grases vorübergehen wird. [11] Denn aufging die Sonne mit der Glut, und sie trocknete aus das Gras, und seine Blume fiel ab, und die Schönheit ihres Aussehens ging zugrunde; so wird auch der Reiche auf seinem Lebensweg dahinwelken.

[12] Selig ein Mann, der erduldet eine Versuchung, weil er, ein Erprobter geworden, empfangen wird den Kranz des Lebens, den er zusagte den ihn Liebenden. [13] Keiner, der versucht wird, soll sagen: Von Gott werde ich versucht, denn Gott ist unversuchbar vom Schlechten, er versucht aber selbst keinen. [14] Jeder aber wird versucht von der eigenen Begierde, fortgezerrt und geködert; [15] dann gebiert die Begierde, schwanger geworden, Sünde, die Sünde aber, zur Vollendung gebracht, gebiert Tod.

[16] Irrt euch nicht, meine geliebten Brüder! [17] Jede gute Gabe und jedes vollkommene Geschenk ist von oben herabkommend, vom Vater der Lichter, bei dem nicht ist eine Veränderung oder eines Wechsels Abschattung. [18] Nach seinem Willen gebar er uns durch (das) Wort (der) Wahrheit, auf daß wir seien eine Art Erstling seiner Geschöpfe.

[19] Wißt, meine geliebten Brüder: (Es) sei aber jeder Mensch schnell zum Hören, langsam zum Reden, langsam zum Zorn; [20] denn (der) Zorn eines Mannes wirkt nicht Gerechtigkeit Gottes. [21] Deshalb, ablegend jede Schmutzigkeit und Überfülle von Schlechtigkeit, in Sanftmut nehmt auf das eingepflanzte Wort, das fähig ist, zu retten euer Leben.

[22] Werdet aber Täter (des) Wortes und nicht nur Hörer, täuschend euch selbst. [23] Denn, wenn einer Hörer (des) Wortes ist, aber nicht Täter, dieser gleicht einem Mann, betrachtend das Aussehen seines Gewordenseins im Spiegel; [24] denn er betrachtete sich und ist weggegangen, und sogleich vergaß er, wie beschaffen er war. [25] Der sich aber hineinbeugt in das vollkommene Gesetz der Freiheit und dabeibleibt, nicht ein Hörer (der) Vergeßlichkeit geworden, sondern ein Täter (des) Werkes, dieser wird selig sein in seinem Tun.

[26] Wenn einer meint, fromm zu sein, nicht am Zügel führend seine Zunge, sondern täuschend sein Herz, dessen Frömmigkeit ist nichtig. [27] Reine und unbefleckte Frömmigkeit vor dem Gott und Vater ist diese: zu schauen nach Waisen und Witwen in ihrer Bedrängnis, makellos sich zu bewahren von der Welt.

2 [1] Meine Brüder, nicht mit Ansehen der Personen habt den Glauben an unseren Herrn Jesus Christos (, den Herrn) der Herrlichkeit. [2] Denn wenn hineingeht in eure Versammlung ein Mann, goldberingt, in prächtiger Kleidung, hineingeht aber auch ein Armer in schmutziger Kleidung, [3] ihr aber schaut auf den die prächtige Kleidung Tragenden und sprecht: Du, setz dich schön hierher, und zu dem Armen sprecht ihr: Du, stell dich dorthin oder setz dich unten an

meine Fußbank, [4] machtet ihr da nicht einen Unterschied bei euch selbst und wurdet Richter mit bösen Überlegungen? [5] Hört, meine geliebten Brüder! Wählte Gott nicht aus die für die Welt Armen als Reiche im Glauben und als Erben des Königtums, das er zusagte den ihn Liebenden? [6] Ihr aber entehrtet den Armen. Unterdrücken nicht die Reichen euch, und ziehen nicht sie euch in Rechtshändel? [7] Lästern nicht sie den schönen Namen, den angerufenen über euch?

[8] Wenn freilich (das) königliche Gesetz ihr erfüllt gemäß der Schrift: *Du sollst lieben deinen Nächsten wie dich selbst,* recht tut ihr; [9] wenn ihr aber nehmt das Ansehen der Person, Sünde wirkt ihr, überführt vom Gesetz als Übertreter. [10] Denn wer das ganze Gesetz bewahrt, aber in einem einzigen verstößt, ist in allen schuldig geworden. [11] Denn der Sprechende: *Du sollst nicht ehebrechen,* sprach auch: *Du sollst nicht morden;* wenn du aber nicht ehebrichst, aber mordest, bist du geworden ein Übertreter (des) Gesetzes.

[12] So redet und so tut wie (solche), (die) durch (das) Gesetz (der) Freiheit werden gerichtet werden. [13] Denn das Gericht (ist) erbarmungslos gegen den, der nicht übte Erbarmen; (es) triumphiert Erbarmen über Gericht.

[14] Welches (ist) der Nutzen, meine Brüder, wenn einer sagt, Glauben zu haben, Werke aber nicht hat? Kann etwa der Glaube ihn retten? [15] Wenn ein Bruder oder eine Schwester nackt sind und ermangelnd der täglichen Nahrung, [16] aber (es) spricht einer von euch zu ihnen: Geht fort in Frieden, wärmt euch und sättigt euch, aber nicht gebt ihr ihnen das Erforderliche des Leibes, welches (ist) der Nutzen? [17] So auch der Glaube, wenn er nicht hat Werke, tot ist er für sich selbst.

[18] Aber (es) wird einer sagen: Du hast Glauben, und ich habe Werke; zeig mir deinen Glauben ohne die Werke, und ich werde dir zeigen aus meinen Werken den Glauben. [19] Du glaubst, daß ein einziger ist Gott; recht tust du; auch die Dämonen glauben und schaudern.

[20] Willst du aber erkennen, (du) leerer Mensch, daß der Glaube ohne die Werke unnütz ist? [21] Wurde Abraham, unser

Lev 19,18

Ex 20,13f
Dtn 5,17f

Vater, nicht aus Werken gerechtgesprochen, als er darbrachte Isaak, seinen Sohn, auf dem Altar? [22] Du siehst, daß der Glaube mitwirkte mit seinen Werken und aus den Werken der Glaube vollendet wurde, [23] und erfüllt wurde die Schrift, die sagende: *(Es) glaubte aber Abraham Gott, und es wurde ihm gerechnet zu Gerechtigkeit,* und ein Freund Gottes wurde er gerufen. [24] Ihr seht, daß aus Werken gerechtgesprochen wird ein Mensch und nicht aus Glauben allein. [25] Wurde gleicherweise aber nicht auch Rachab, die Dirne, aus Werken gerechtgesprochen, als sie aufnahm die Boten und auf anderem Weg wegschickte? [26] Denn wie der Leib ohne Geist tot ist, so ist auch der Glaube ohne Werke tot.

Gen 15,6

3 [1] Nicht viele Lehrer sollt ihr werden, meine Brüder, wissend, daß ein größeres Gericht wir empfangen werden. [2] Denn gegen vieles verstoßen wir alle. Wenn einer im Wort nicht verstößt, dieser (ist) ein vollkommener Mann, mächtig, am Zügel zu führen auch den ganzen Leib. [3] Wenn wir aber das Zaumzeug in die Mäuler der Pferde legen, auf daß sie uns gehorchen, lenken wir auch ihren ganzen Leib. [4] Siehe, auch die Schiffe, so groß sie sind und von rauhen Winden getrieben, werden gelenkt vom kleinsten Steuerruder, wohin der Drang des Steuernden will, [5] so ist auch die Zunge ein kleines Glied, und Großes prahlt sie. Siehe, welches Feuer welche Waldung anzündet; [6] auch die Zunge (ist) ein Feuer; als die Welt des Unrechts steht die Zunge da in unseren Gliedern, die befleckende den ganzen Leib und entflammende den Kreis des Gewordenseins und (selbst) entflammt von der Gehenna. [7] Denn jede Natur von Tieren und von Vögeln, von Kriechtieren und von Seetieren wird gebändigt und ist gebändigt worden durch die menschliche Natur, [8] die Zunge aber kann keiner (der) Menschen bändigen, ein unbeständiges Übel, voll todbringenden Gifts. [9] Mit ihr preisen wir den Herrn und Vater, und mit ihr verfluchen wir die Menschen, die nach Ähnlichkeit Gottes gewordenen; [10] aus demselben Mund kommt heraus Segen und Fluch. Nicht darf, meine

Brüder, dieses so geschehen. [11] Sprudelt etwa die Quelle aus demselben Spalt das Süße und das Bittere? [12] Kann etwa, meine Brüder, ein Feigenbaum Oliven hervorbringen oder ein Weinstock Feigen? Auch Salziges kann nicht hervorbringen süßes Wasser.

[13] Wer (ist) weise und verstehend unter euch? Er soll zeigen aus dem rechten Wandel seine Werke in Sanftmut von Weisheit. [14] Wenn aber bitteren Eifer ihr habt und Streitsucht in eurem Herzen, rühmt euch nicht und lügt (nicht) gegen die Wahrheit! [15] Nicht ist diese Weisheit eine von oben herabkommende, sondern eine irdische, sinnliche, dämonische. [16] Denn wo Eifer und Streitsucht, dort (ist) Unordnung und jede schlechte Tat. [17] Aber die Weisheit von oben ist zuerst rein, dann friedlich, gütig, gehorsam, voll Erbarmen und guter Früchte, unparteiisch, ungeheuchelt. [18] Frucht aber (der) Gerechtigkeit wird in Frieden gesät durch die Frieden Schaffenden.

4 [1] Woher (kommen) Kriege und woher Kämpfe unter euch? Nicht von da her: aus euren Lüsten, den kämpfenden in euren Gliedern? [2] Ihr begehrt, und nicht habt ihr, ihr mordet und eifert, und nicht könnt ihr erlangen, ihr kämpft und bekriegt (euch), nicht habt ihr wegen eures Nicht-Bittens, [3] ihr bittet und nicht empfangt ihr, weil schlecht ihr bittet, damit ihr (es) in euren Lüsten verschwendet. [4] Ehebrecherische, ihr wißt nicht, daß die Freundschaft mit der Welt Feindschaft gegen Gott ist? Wer immer also will sein ein Freund der Welt, als Feind Gottes steht er da. [5] Oder meint ihr, daß vergebens die Schrift sagt: Mit Eifersucht verlangt (Gott nach) dem Geist, den er wohnen ließ in uns? [6] Größere Gnade aber gibt er; deswegen sagt sie: *Gott widersteht Überheblichen, Niedrigen aber gibt er Gnade.* [7] Unterwerft euch also Gott, widersteht aber dem Teufel, und er wird fliehen von euch, [8] nähert euch Gott, und er wird sich euch nähern! Reinigt (die) Hände, Sünder, und heiligt (die) Herzen, Zwiespältige! [9] Jammert und trauert und weint! Euer Lachen soll umgewandelt werden in Trauer und die Freude in Niederge-

Spr 3,34 (G)

schlagenheit. [10] Erniedrigt euch vor (dem) Herrn, und er wird euch erhöhen!

[11] Verleumdet einander nicht, Brüder! Der Verleumdende einen Bruder oder Richtende seinen Bruder verleumdet (das) Gesetz und richtet (das) Gesetz; wenn du aber (das) Gesetz richtest, nicht bist du Täter (des) Gesetzes, sondern Richter. [12] Einer ist [der] Gesetzgeber und Richter: der retten kann und vernichten; du aber: Wer bist du, der Richtende den Nächsten?

[13] Auf jetzt, die ihr sagt: Heute oder morgen werden wir gehen in diese Stadt, und wir werden schaffen dort ein Jahr, und wir werden Geschäfte machen, und wir werden Gewinne erzielen, [14] welche ihr nicht kennt das des Morgen, wie euer Leben (sein wird); denn Dunst seid ihr, für kurz erscheinend und dann vergehend. [15] Anstatt daß ihr sagt: Wenn der Herr will, werden wir sowohl leben als auch dies oder jenes tun. [16] Jetzt aber rühmt ihr euch in euren Prahlereien; jedes Rühmen solcher Art ist böse. [17] Dem nun, der weiß, Rechtes zu tun, aber (es) nicht tut, Sünde ist es ihm.

5 [1] Auf jetzt, (ihr) Reichen, weint, heulend über euer Elend, das herankommende! [2] Euer Reichtum ist verfault, und eure Gewänder sind Mottenfraß geworden, [3] euer Gold und Silber sind verrostet, und ihr Rost wird zum Zeugnis euch sein, und er wird fressen eure Fleisch(massen) wie Feuer. Ihr sammeltet Schätze in (den) letzten Tagen. [4] Siehe, der Lohn der Arbeiter, die abmähten eure Felder, der von euch vorenthaltene, schreit, und die Rufe der Ernter sind *in die Ohren (des) Herrn Sabaoth* eingedrungen. [5] Ihr schwelgtet auf der Erde, und ihr lebtet üppig, ihr nährtet eure Herzen *am Tag (des) Schlachtens,* [6] ihr verurteiltet, ihr mordetet den Gerechten, nicht widersteht er euch.

Jes 5,9

Jer 12,3

[7] Harrt nun aus, Brüder, bis zur Ankunft des Herrn! Siehe, der Bauer erwartet die wertvolle Frucht der Erde, harrend auf sie, bis er empfängt Frühfrucht und Spätfrucht. [8] Harrt auch

ihr aus, stärkt eure Herzen, denn die Ankunft des Herrn ist nahegekommen! [9] Stöhnt nicht, Brüder, gegen einander, damit ihr nicht gerichtet werdet! Siehe, der Richter ist vor die Türen getreten. [10] Als Beispiel des Übelerleidens und des Ausharrens nehmt, Brüder, die Propheten, die redeten im Namen (des) Herrn. [11] Siehe, seligpreisen wir die Geduldigen; die Geduld Jobs hörtet ihr, und das Ende (durch den) Herrn saht ihr, daß erbarmungsvoll ist der Herr und barmherzig.

[12] Vor allem aber, meine Brüder, schwört nicht, weder beim Himmel noch bei der Erde noch mit irgendeinem anderen Eid; sein soll aber euer Ja ein Ja und das Nein ein Nein, damit nicht unter ein Gericht ihr fallt.

[13] Erleidet einer Übel unter euch, er soll beten; ist einer gutgestimmt, er soll preisen; [14] ist einer krank unter euch, er soll herbeirufen die Ältesten der Gemeinde, und beten sollen sie über ihn, salbend [ihn] mit Öl im Namen des Herrn. [15] Und das Gebet des Glaubens wird retten den Ermatteten, und aufrichten wird ihn der Herr; und wenn Sünden er getan hat, erlassen werden wird ihm. [16] Bekennt nun einander die Sünden und betet füreinander, auf daß ihr geheilt werdet! Viel vermag wirksames Gebet eines Gerechten. [17] Elias war ein Mensch, uns gleichgeartet, und durch Gebet betete er, daß es nicht regne, und nicht regnete es auf der Erde drei Jahre und sechs Monate; [18] und wieder betete er, und der Himmel gab Regen, und die Erde brachte hervor ihre Frucht.

[19] Meine Brüder, wenn einer unter euch abirrte von der Wahrheit und einer ihn bekehrte, [20] wissen soll er: Der Bekehrende einen Sünder aus (der) Verirrung seines Weges wird retten sein Leben aus Tod, und *verhüllen wird er eine Menge von Sünden.*

Spr 10,12

VON PETROS A

1 ¹Petros, Apostel (des) Jesus Christos, (den) auserwählten Beisassen in (der) Diaspora von Pontos, Galatia, Kappadokia, Asia und Bithynia, ²nach Vorwissen Gottes (des) Vaters, in Heiligung (des) Geistes, zu Gehorsam und Besprengung mit (dem) Blut (des) Jesus Christos; Gnade und Friede möge euch vermehrt werden.

³Gelobt (sei) der Gott und Vater unseres Herrn Jesus Christos, der nach seinem großen Erbarmen uns wiedergebar zu lebendiger Hoffnung durch (die) Auferstehung (des) Jesus Christos aus Toten, ⁴zu unvergänglichem und unbeflecktem und unverwelklichem Erbe, aufbewahrt in (den) Himmeln für euch, ⁵die in Kraft Gottes Behüteten durch (den) Glauben zum Heil, bereit, offenbart zu werden in (der) letzten Zeit. ⁶Darüber jubelt ihr, die ihr ein wenig jetzt, wenn es nötig [ist], betrübt werdet in mancherlei Versuchungen, ⁷damit das Echte eures Glaubens (für) viel wertvoller als Gold, das vernichtet, durch Feuer aber (auf Echtheit) geprüft wird, erfunden werde zu Lob und Herrlichkeit und Ehre bei (der) Offenbarung (des) Jesus Christos; ⁸(ihn), den ihr nicht saht, liebt ihr, an (ihn), den ihr jetzt nicht seht, glaubend aber jubelt ihr in unaussprechlicher und herrlicher Freude, ⁹empfangend das Ziel [eures] Glaubens: Heil (der) Seelen. ¹⁰Hinsichtlich dieses Heils suchten und forschten Propheten, die über die Gnade für euch prophezeienden, ¹¹erforschend, auf welche oder was für eine Zeit der Geist (des) Christos in ihnen hinwies, vorherbezeugend die Leiden für Christos und die Herrlichkeiten danach. ¹²Ihnen wurde offenbart, daß sie nicht sich selbst, sondern euch dienten in bezug auf das, was jetzt euch verkündet wurde durch die, die euch (das Evangelium) verkündeten [im] vom Himmel geschickten heiligen Geist, in das Engel begehren hineinzublicken.

¹³Deshalb, die Lenden eurer Gesinnung umgürtet, nüch-

tern, hofft völlig auf die Gnade, euch gebracht bei (der) Offenbarung (des) Jesus Christos. [14] Wie Kinder (des) Gehorsams gleicht euch nicht an den Begierden (von) früher in eurer Unwissenheit, [15] sondern gemäß dem Heiligen, der euch rief, werdet auch selbst Heilige in allem Wandel, [16] denn geschrieben ist: *Heilige sollt ihr sein, weil ich heilig [bin].*

Lev 11,44f; 19,2

[17] Und wenn als Vater ihr anruft den ohne Rücksicht auf die Person Richtenden nach eines jeden Werk, wandelt in Furcht die Zeit eurer Fremdlingschaft, [18] wissend, daß ihr nicht durch Vergängliches, Silber oder Gold, losgekauft wurdet aus eurem nichtigen, väterüberlieferten Wandel, [19] sondern durch (das) wertvolle Blut (des) Christos, wie eines fehllosen und makellosen Lammes, [20] (des) vorausausersehenen zwar vor Grundlegung (der) Welt, (des) sich offenbarenden aber in (der) letzten der Zeiten wegen euch, [21] die ihr durch ihn Gläubige (seid) an Gott, der ihn erweckte aus Toten und Herrlichkeit ihm gab, so daß euer Glaube auch Hoffnung ist auf Gott.

[22] Nachdem ihr eure Seelen geheiligt habt im Gehorsam der Wahrheit zu ungeheuchelter Bruderliebe, aus [reinem] Herzen liebt einander beständig, [23] wiedergeboren nicht aus vergänglichem Samen, sondern unvergänglichem, durch Gottes le-

Jes 40,6f

bendes und bleibendes Wort. [24] Denn *alles Fleisch (ist) wie Gras, und all* seine *Herrlichkeit wie eine Blume (des) Grases;*

Jes 40,8

(es) vertrocknete das Gras und die Blume fiel ab; [25] *das Wort aber (des) Herrn bleibt in den Aion.* Dies aber ist das Wort, das (als Evangelium) an euch verkündete.

2 [1] Ablegend also alle Schlechtigkeit und allen Trug und Heucheleien und Neidereien und alle Verleumdungen, [2] wie eben geborene Säuglinge verlangt die vernünftige, unverfälschte Milch, damit durch sie ihr wachst zum Heil,

Ps 34,9 (G)

[3] wenn *ihr kostetet, daß gütig der Herr.* [4] Zu ihm hinzutretend, (dem) lebenden Stein, von Menschen zwar verworfen, bei Gott aber auserwählt (und) kostbar, [5] werdet auch (ihr) selbst wie lebende Steine aufgebaut als ein geistliches Haus zu einer heiligen Priesterschaft, um darzubringen geistliche Opfer, wohlannehmbar [für] Gott durch Jesus Christos. [6] Denn

es ist enthalten in (der) Schrift: *Siehe, ich setze in Sion einen*   Jes 28,16
auserwählten, kostbaren Eckstein, und der Glaubende an ihn
wird gewiß nicht beschämt. [7] Euch nun die Ehre, den Glaubenden, (den) Nichtglaubenden aber (:) *ein Stein, den ver-*   Ps 118,22 (G)
warfen die Bauenden, dieser wurde zum Hauptstein [8] und *ein*   Jes 8,14
Stein (des) Anstoßes und ein Fels (des) Ärgernisses; sie stoßen
sich (daran), dem Wort nicht gehorchend, wozu sie auch bestimmt wurden. [9] Ihr aber (seid) ein auserwähltes Geschlecht,
eine königliche Priesterschaft, ein heiliger Stamm, ein Volk
zu *Eigentum,* auf daß *die Ruhmestaten* dessen ihr ausruft, der   Jes 43,21
aus (der) Finsternis euch rief in sein wunderbares Licht; [10] die
ihr einst *Nicht-Volk,* (seid) jetzt aber Volk Gottes, die *ihr*   Hos 1,6.9; 2,25
nicht Erbarmen gefunden habt, fandet jetzt aber Erbarmen.

[11] Geliebte, ich ermahne als Zugezogene und Beisassen
euch zu enthalten der fleischlichen Begierden, welche kämpfen gegen die Seele; [12] euren Wandel unter den Heiden recht
führend, damit, worin sie euch verleumden wie Übeltäter, aus
den rechten Werken ersehend sie Gott verherrlichen *am Tag*   Jes 10,3
(der) Heimsuchung.
[13] Ordnet euch unter jeder menschlichen Schöpfung wegen
des Herrn, sei es einem König als Übergeordnetem, [14] sei es
Statthaltern als durch ihn Geschickten zur Bestrafung von
Übeltätern, zum Lob aber von Guttätern; [15] denn so ist der
Wille Gottes, daß Gutes Tuende zum Schweigen bringen der
unvernünftigen Menschen Unverstand. [16] Als Freie und nicht
als (solche), die als Deckmantel der Schlechtigkeit die Freiheit haben, sondern als Gottes Sklaven [17] ehrt alle, die Bruderschaft liebt, Gott fürchtet, den König ehrt!
[18] Ihr Hausdiener, (seid) euch Unterordnende in aller Furcht
den Gebietern, nicht allein den guten und anständigen, sondern auch den verkehrten. [19] Denn dies ist Gnade, wenn einer
wegen (des) Gewissens vor Gott Betrübnisse erträgt, unge-
rechterweise leidend. [20] Denn was für ein Ruhm (ist das),
wenn ihr sündigend, und (deswegen) geschlagen, erdulden
werdet? Aber wenn ihr Gutes tuend und (deswegen) leidend

erdulden werdet, (ist) dies Gnade bei Gott. [21] Denn dazu wurdet ihr gerufen, weil auch Christos litt für euch, euch zurücklassend ein Beispiel, damit ihr nachfolgt seinen Spuren, Jes 53,9 [22] der Sünde *nicht tat, und nicht wurde gefunden Trug in seinem Mund,* [23] der geschmäht nicht zurückschmähte, leidend nicht drohte, sondern (es) übergab dem gerecht Richtenden; Jes 53,4.12 [24] der *unsere Sünden selbst hinauftrug* an seinem Leib auf das Holz, damit wir, den Sünden abgestorben, der Gerechtigkeit Jes 53,5 leben, *durch* dessen *Striemen ihr geheilt wurdet.* [25] Denn ihr Jes 53,6 wart *wie irrende Schafe,* aber ihr wandtet euch jetzt hin zum Hirten und Aufseher eurer Seelen.

3 [1] Gleicherweise [ihr] Frauen, (seid) euch Unterordnende den eigenen Männern, damit, auch wenn einige nicht gehorchen dem Wort, sie durch den Wandel der Frauen ohne Wort gewonnen werden, [2] sehend euren in Furcht reinen Wandel. [3] Euer Schmuck sei nicht der äußere von Haargeflecht und Anlegen von Goldenem oder Anziehen von Gewändern, [4] sondern der verborgene Mensch des Herzens in dem Unvergänglichen des sanften und ruhigen Geistes, der vor Gott kostbar ist. [5] Denn so schmückten sich einst auch die heiligen Frauen, die hoffenden auf Gott, sich unterordnend den eigenen Männern, [6] wie Sarra gehorchte dem Abraham, Herrn ihn rufend, deren Kinder ihr wurdet, Gutes tuend und nicht fürchtend irgendeinen Schrecken.

[7] Ihr Männer gleicherweise, (seid) Zusammenwohnende nach Erkenntnis mit dem weiblichen Gefäß als (dem) schwächeren, zuteilend (ihnen) Ehre, da auch (sie) Miterben (der) Gnade (des) Lebens, auf daß nicht gehindert werden eure Gebete.

[8] Endlich aber (seid) alle Gleichgesinnte, Mitleidende, Bruderliebende, Gutherzige, Demütige, [9] nicht Zurückgebende Schlechtes gegen Schlechtes oder Schmähung gegen Schmähung, im Gegenteil aber Segnende, weil dazu ihr gerufen Ps 34,13–17 wurdet, damit Segen ihr erbt. [10] Denn *wer (das) Leben lieben und gute Tage sehen will, soll ruhen lassen die Zunge von Schlechtem und (die) Lippen, um nicht zu reden Trug,* [11] *er*

soll sich aber *wegwenden vom Schlechten und tun Gutes, er
soll suchen Frieden und ihm nachjagen;* [12] *denn (die) Augen
(des) Herrn (richten sich) auf Gerechte und seine Ohren auf
ihr Gebet, (das) Angesicht (des) Herrn aber (richtet sich) gegen Schlechtes Tuende.*

[13] Und wer (ist), der euch Böses zufügen wird, wenn des
Guten Nacheiferer ihr werdet? [14] Doch wenn ihr auch leiden
solltet wegen (der) Gerechtigkeit, Selige (seid ihr)! *Die Furcht
aber vor ihnen fürchtet nicht und werdet nicht verwirrt,* [15] *als
Herrn* aber den Christos *heiligt* in euren Herzen, immer bereit zur Verteidigung gegenüber jedem von euch Fordernden
ein Wort über die Hoffnung in euch, [16] doch mit Sanftmut und
Furcht, ein gutes Gewissen habend, damit, worin ihr verleumdet werdet, beschämt werden die Schmähenden euren
guten Wandel in Christos. [17] Denn besser als Gutes Tuende,
wenn es wollte der Wille Gottes, zu leiden, denn als Übeltäter. [18] Denn auch Christos litt ein für allemal für (die) Sünden, ein Gerechter für Ungerechte, damit er euch hinführe zu
Gott, getötet zwar (dem) Fleisch (nach), lebendiggemacht
aber (dem) Geist (nach); [19] in ihm auch hingehend, verkündig-
te er den Geistern im Gefängnis, [20] (den) einst ungehorsamen,
als zuwartete die Großmut Gottes in (den) Tagen Noes beim
Erbauen (der) Arche, in die wenige, das heißt: acht Seelen,
gerettet wurden durch (das) Wasser (hindurch). [21] Welches
auch euch rettet als Gegenbild jetzt: die Taufe, nicht als Weg-
nahme schmutzigen Fleisches, sondern als Bitte zu Gott um
ein gutes Gewissen, durch (die) Auferstehung (des) Jesus
Christos, [22] der ist zur Rechten Gottes, gegangen zum Himmel, nachdem ihm unterworfen wurden Engel und Mächte
und Kräfte.

4 [1] Da nun Christos litt im Fleisch, bewaffnet auch ihr
euch mit derselben Gesinnung, weil der, der litt im
Fleisch, Ruhe hat vor (der) Sünde, [2] um nicht mehr (den) Begierden (der) Menschen, sondern (dem) Willen Gottes zu leben die übrige Zeit im Fleisch. [3] Denn es genügt, die vor-
übergegangene Zeit das Wollen der Heiden gewirkt zu haben,

Jes 8,12
Jes 8,13

die ihr euch ergangen habt in Ausschweifungen, Begierden, Weingelagen, Schwelgereien, Zechereien und frevelhaften Götzendiensten. [4] Darin werden sie befremdet, als Lästernde, daß ihr nicht mitlauft in denselben Strom der Liederlichkeit, [5] (doch) werden sie Rechenschaft geben dem sich bereit Haltenden, zu richten Lebende und Tote. [6] Denn dazu wurde auch (den) Toten (das Evangelium) verkündet, damit sie zwar gerichtet werden nach (Art der) Menschen im Fleisch, (damit) sie aber leben nach (Art) Gottes im Geist.

[7] Von allem aber das Ende ist nahegekommen. Seid also besonnen und nüchtern zu Gebeten; [8] vor allem die Liebe zueinander haltet beständig, weil *(die) Liebe verhüllt eine Menge Sünden.* [9] (Seid) gastfreundlich zueinander ohne Murren, [10] gleichwie ein jeder empfing eine Gnadengabe, dient einander im bezug auf sie wie rechte Verwalter (der) mannigfaltigen Gnade Gottes. [11] Wenn einer redet – wie Aussprüche Gottes; wenn einer dient – wie aus Stärke, die Gott gewährt, damit in allem verherrlicht werde Gott durch Jesus Christos, dem ist die Herrlichkeit und die Gewalt in die Aionen der Aionen, Amen.

Spr 10,12

[12] Geliebte, werdet nicht befremdet durch die Feuersglut bei euch, zur Versuchung euch geschehend, wie wenn Befremdliches euch widerführe, [13] sondern, wie ihr teilhabt an den Leiden des Christos, freut euch, damit auch bei der Offenbarung seiner Herrlichkeit ihr euch freut, jubelnd. [14] Wenn ihr geschmäht werdet im Namen (des) Christos, Selige (seid ihr), weil *der Geist* der Herrlichkeit und der *Gottes* auf euch *ruht.* [15] Denn nicht soll leiden einer von euch als Mörder oder Dieb oder Übeltäter oder als Spitzel; [16] wenn aber als Christ, soll er sich nicht schämen, sondern verherrlichen Gott in diesem Namen. [17] Denn (es ist) [die] Zeit, daß beginnt das Gericht beim Haus Gottes; wenn aber zuerst bei uns, was (wird sein) das Ende der nicht Gehorchenden dem Evangelium Gottes? [18] Und *wenn der Gerechte kaum gerettet wird, der Gottlose und Sünder (aber), wo wird er erscheinen?* [19] Deshalb sollen auch die Leidenden nach dem Willen Gottes (dem) treuen

Jes 11,2

Spr 11,31 (G)

Schöpfer anvertrauen ihre Seelen im Gutes-Tun.

5 [1] (Die) Ältesten nun bei euch ermahne ich, der Mitälteste und Zeuge der Leiden des Christos, der Teilhaber auch der Herrlichkeit, die offenbart werden wird: [2] Weidet die Herde Gottes bei euch, nicht gezwungen [beaufsichtigend], sondern freiwillig, nach (der Art) Gottes, und nicht gewinnsüchtig, sondern bereitwillig, [3] auch nicht wie Herrschende über das Zugeteilte, sondern als Vorbilder Werdende für die Herde; [4] und wenn sich offenbart der Ersthirte, werdet ihr empfangen den unverwelklichen Kranz der Herrlichkeit. [5] Gleicherweise, Jüngere, unterstellt euch Älteren; alle aber untereinander legt an die Demut, denn Gott *widersteht Überheblichen, Demütigen aber gibt er Gnade.*   Spr 3,34 (G)

[6] Demütigt euch also unter die starke Hand Gottes, damit er euch erhöhe zur Zeit, [7] eure ganze Sorge werfend auf ihn, weil ihm liegt an euch. [8] Seid nüchtern, wacht! Euer Widersacher, (der) Teufel, *wie ein Löwe brüllend* geht umher, suchend [einen] zu verschlingen; [9] dem widersteht fest im Glauben, wissend, daß dasselbe an Leiden eurer Bruderschaft in [der] Welt auferlegt ist. [10] Der Gott aber jeder Gnade, der euch rief in seine ewige Herrlichkeit in Christos [Jesus], wird (die) ein wenig Leidenden selbst vollenden, stärken, befestigen, gründen. [11] Ihm (sei) die Gewalt in die Aionen, Amen.   Ps 22,14

[12] Durch Siluanos, den treuen Bruder, wie ich denke, schrieb ich euch in Kürze, ermahnend und bezeugend, daß dies ist (die) wahre Gnade Gottes, in der ihr steht. [13] (Es) grüßt euch die in Babylon Mitauserwählte und Markos, mein Sohn. [14] Grüßt einander im Kuß (der) Liebe!

Friede euch allen, denen in Christos.

VON PETROS B

1 ¹ Symeon Petros, Sklave und Apostel (des) Jesus Christos, an die, die einen uns gleichwertigen Glauben erlangten in (der) Gerechtigkeit unseres Gottes und Retters Jesus Christos; ² Gnade und Friede möge euch vermehrt werden in (der) Erkenntnis Gottes und von Jesus, unserem Herrn.

³ Wie uns alles, das zu Leben und Frömmigkeit, seine göttliche Kraft geschenkt hat durch die Erkenntnis dessen, der uns rief in eigener Herrlichkeit und Tatkraft, ⁴ durch die er die kostbaren und größten Verheißungen uns geschenkt hat, damit durch diese ihr Teilhaber göttlicher Natur werdet, entflohen dem in der Welt durch Begierde (herrschenden) Verderben. ⁵ Und eben darum aber, allen Eifer aufwendend, bietet dar in eurem Glauben die Tatkraft, in der Tatkraft aber die Erkenntnis, ⁶ in der Erkenntnis aber die Enthaltsamkeit, in der Enthaltsamkeit aber die Geduld, in der Geduld aber die Frömmigkeit, ⁷ in der Frömmigkeit aber die Bruderliebe, in der Bruderliebe aber die Liebe. ⁸ Denn (sind) diese bei euch vorhanden und sich mehrend, lassen sie (euch) nicht dastehen als Untätige und Fruchtlose in bezug auf die Erkenntnis unseres Herrn Jesus Christos; ⁹ denn bei wem diese nicht da sind, blind ist er, kurzsichtig, vergessend die Reinigung von seinen früheren Sünden. ¹⁰ Deswegen, Brüder, (noch) mehr bemüht euch, festzumachen eure Berufung und Erwählung; denn dieses tuend, werdet ihr gewiß nicht straucheln jemals. ¹¹ Denn so wird euch reichlich dargeboten werden der Zugang zum ewigen Königtum unseres Herrn und Retters Jesus Christos.

¹² Deshalb will ich immer euch erinnern an dieses, wiewohl ihr Wissende und Gestärkte in der vorhandenen Wahrheit (seid). ¹³ (Für) recht aber halte ich, solange ich bin in dieser Zeltwohnung, euch aufzuwecken durch Erinnerung, ¹⁴ wissend, daß rasch ist der Abbruch meiner Zeltwohnung, gleichwie auch unser Herr Jesus Christos mir eröffnete; ¹⁵ ich werde

mich aber auch bemühen, daß ihr jederzeit nach meinem Weggang (die Möglichkeit) habt, daran Gedenken zu machen.

[16] Denn nicht ausgeklügelten Mythen folgend, taten wir euch kund die Kraft und Ankunft unseres Herrn Jesus Christos, sondern Augenzeugen geworden seiner Hoheit. [17] Denn empfangend von Gott (dem) Vater Ehre und Herrlichkeit, als an ihn eine solche Stimme erging von der erhabenen Herrlichkeit: Mein Sohn, mein Geliebter, ist dieser, an dem ich Gefallen fand, [18] und diese Stimme hörten wir aus (dem) Himmel ergangen, als wir mit ihm waren auf dem heiligen Berg. [19] Und wir halten fester das prophetische Wort, dem recht ihr tut, anzuhangen wie einer Leuchte, scheinend an finsterem Ort, bis daß ein Tag aufleuchtet und ein Lichtbringer aufgeht in euren Herzen; [20] dies zuerst erkennend, daß jede Prophetie (der) Schrift nicht (Sache) eigener Auflösung ist; [21] denn nicht durch Willen eines Menschen erging jemals eine Prophetie, sondern vom heiligen Geist getragen redeten von Gott (her) Menschen.

2 [1] Auftraten aber auch Lügenpropheten unter dem Volk, wie auch unter euch Falschlehrer sein werden, welche einführen werden Lehrmeinungen (des) Verderbens, auch den Gebieter (ver)leugnend, der sie erkauft hat. (Damit) führen sie für sich herbei ein rasches Verderben, [2] und viele werden nachfolgen ihren Ausschweifungen, derentwegen der Weg der Wahrheit gelästert werden wird, [3] und in Habgier werden sie mit erlogenen Worten euch erkaufen, für die das (Verdammmungs)urteil seit langem nicht unwirksam ist, und ihr Verderben schlummert nicht.

[4] Denn wenn Gott Engel, die gesündigt haben, nicht schonte, sondern sie Höhlen von Dunkel übergab, im Tartaros sie einsperrend als zum Gericht Aufbewahrte, [5] auch (die) alte Welt nicht schonte, sondern (nur) Noe als achten, als (der) Gerechtigkeit Künder bewahrte, eine Sintflut für (die) Welt von Gottlosen heraufführend, [6] auch (die) Städte Sodoma und Gomorra einäschernd [zur Zerstörung] verurteilte, ein Bei-

spiel (des) Zukünftigen für Gottlose setzend, [7] und (den) gerechten, vom Wandel der Frevler in Ausschweifung geplagten
Lot rettete; [8] denn mit Blick und Gehör quälte der Gerechte,
wohnend bei ihnen, Tag für Tag (seine) gerechte Seele aufgrund gesetzloser Werke; [9] (es) weiß (der) Herr, Fromme aus
(der) Versuchung zu retten, Ungerechte aber für (den) Tag
(des) Gerichts als zu Bestrafende aufzubewahren, [10] am meisten aber die in Begierde nach Befleckung hinter Fleisch Her-
gehenden und Herrschaft Verachtenden. Als selbstgefällige
Wagehälse zittern sie nicht, Herrlichkeiten lästernd, [11] wo
Engel, die an Stärke und Kraft größer sind, nicht vorbringen
gegen sie beim Herrn ein lästerndes Urteil.

[12] Diese aber, wie unvernünftige Tiere, als Naturwesen geboren zu Fang und Verderben, (in Dingen) lästernd, in denen
sie nichts verstehen, werden in deren Verderben auch verdorben werden, [13] gestraft mit (des) Unrechts Lohn, für Vergnü-
gung haltend die Schwelgerei am Tag, Schmutzflecken und
Schandmale, schwelgend in ihren Betrügereien, schmausend
mit euch, [14] Augen habend voll (Begierde) nach einer Ehebrecherin und ruhelos nach Sünde, lockend ungefestigte Seelen,
ein Herz habend geübt in Habgier, Kinder (des) Fluches;
[15] verlassend (den) geraden Weg, irrten sie umher, nachfolgend dem Weg des Balaam, (dem) des Bosor, der Unrechts-
lohn liebte, [16] aber Zurechtweisung eigener Gesetzwidrigkeit
erfuhr; ein stimmloses Zugtier, mit (der) Stimme eines Menschen redend, hinderte die Unvernunft des Propheten. [17] Diese
sind wasserlose Quellen und vom Sturm getriebene Nebel-
schwaden, für die das Dunkel der Finsternis aufbewahrt ist.
[18] Denn Übermäßiges an Nichtigkeit redend, locken sie in Begierden (des) Fleisches durch Ausschweifungen die kaum
Entfliehenden den in (der) Verirrung sich Aufhaltenden,
[19] Freiheit ihnen verheißend, obwohl sie selbst Sklaven des
Verderbens sind; denn wem einer unterliegt, diesem ist er
versklavt. [20] Denn wenn sie, entflohen den Befleckungen der
Welt durch (die) Erkenntnis [unseres] Herrn und Retters Jesus
Christos, in diesen aber wieder verstrickt, unterliegen, ist

geworden für sie das Letzte schlimmer als das Erste. [21] Denn besser wäre für sie, nicht erkannt zu haben den Weg der Gerechtigkeit, als, nachdem sie erkannt haben, sich wegzuwenden von dem ihnen übergebenen heiligen Gebot. [22] Es ist eingetroffen für sie, was das wahre Sprichwort (besagt): Ein Hund, der sich hinwandte zum eigenen Auswurf, und: Ein Schwein, das sich badete zum Wälzen im Kot.

3 [1] Diesen Brief, Geliebte, schreibe ich euch schon als zweiten, in denen ich aufwecke durch Erinnerung eure lautere Gesinnung, [2] damit ihr euch erinnert der von den heiligen Propheten vorhergesagten Worte und des von euren Aposteln (verkündeten) Gebots des Herrn und Retters, [3] dies zuerst erkennend, daß kommen werden in (den) letzten Tagen Spötter [mit] Gespött, nach ihren eigenen Begierden wandelnd [4] und sagend: Wo ist die Zusage seiner Ankunft? Denn seitdem die Väter entschliefen, verbleibt alles so (wie) von Anfang (der) Schöpfung. [5] Denn es verbirgt sich ihnen, dies behauptend, daß (die) Himmel waren von alters her und (die) Erde aus Wasser und durch Wasser Bestand hatte durch Gottes Wort, [6] durch die die damalige Welt, durch Wasser überflutet, zugrundeging; [7] die jetzigen Himmel aber und die Erde sind durch dasselbe Wort aufgespart für (das) Feuer, bewahrt für (den) Tag (des) Gerichts und Verderbens der gottlosen Menschen.

[8] Dies eine aber soll euch nicht verborgen sein, Geliebte, daß ein Tag beim Herrn (ist) wie tausend Jahre und tausend Jahre wie ein Tag. [9] Nicht verzögert (der) Herr die Zusage, wie einige (es) für eine Verzögerung halten, sondern großmütig ist er zu euch, nicht wollend, daß einige zugrundegehen, sondern daß alle zur Umkehr gelangen.

[10] Kommen wird aber (der) Tag (des) Herrn wie ein Dieb, an dem die Himmel prasselnd vergehen werden, (die) Elemente aber erhitzt aufgelöst werden, und (die) Erde und die Werke auf ihr werden (nicht mehr) gefunden werden. [11] Da dieses alles so aufgelöst wird, als welche müßt [ihr] dasein in

heiligem Wandel und (in) Frömmigkeit, [12] erwartend und beschleunigend die Ankunft des Tages Gottes, durch den (die) Himmel brennend werden aufgelöst werden und (die) Elemente erhitzt schmelzen. [13] *Neue Himmel* aber *und eine neue Erde* erwarten wir nach seiner Verheißung, in denen Gerechtigkeit wohnt.

Jes 65,17; 66,22

[14] Deshalb, Geliebte, dieses erwartend bemüht euch, makellos und fehllos von ihm erfunden zu werden in Frieden, [15] und haltet die Großmut unseres Herrn für Rettung, gleichwie auch unser geliebter Bruder Paulos nach der ihm gegebenen Weisheit euch schrieb, [16] wie auch in allen Briefen, wenn er in ihnen über diese (Dinge) redet, unter denen einiges Schwerverständliche ist, was die Unwissenden und Ungefestigten verdrehen wie auch die übrigen Schriften, zu ihrem eigenen Verderben.

[17] Ihr nun, Geliebte, (dies) vorherwissend, bewahrt euch, damit ihr nicht, durch den Betrug der Frevler mitfortgerissen, herausfallt aus der eigenen Festigkeit, [18] wachset aber in Gnade und Erkenntnis unseres Herrn und Retters Jesus Christos! Ihm die Herrlichkeit sowohl jetzt als auch am Tag (des) Aions. [Amen].

VON JOHANNES A

1 ¹ Was war von Anfang, was wir gehört haben, was wir gesehen haben mit unseren Augen, was wir schauten und unsere Hände berührten über das Wort des Lebens – ² und das Leben wurde offenbart, und wir haben gesehen und bezeugen und verkünden euch das ewige Leben, welches war beim Vater und uns offenbart wurde –, ³ was wir gesehen und gehört haben, verkünden wir auch euch, damit auch ihr Gemeinschaft habt mit uns. Und unsere Gemeinschaft aber (ist eine) mit dem Vater und mit seinem Sohn Jesus Christos. ⁴ Und dieses schreiben wir, damit unsere Freude erfüllt sei.

⁵ Und (es) ist dies die Botschaft, die wir gehört haben von ihm und euch verkünden, daß Gott Licht ist und Finsternis in ihm gar keine ist. ⁶ Wenn wir sagen, daß wir Gemeinschaft haben mit ihm und in der Finsternis wandeln, lügen wir, und nicht tun wir die Wahrheit; ⁷ wenn aber im Licht wir wandeln, wie er selbst ist im Licht, Gemeinschaft haben wir miteinander, und das Blut von Jesus, seinem Sohn, reinigt uns von jeder Sünde. ⁸ Wenn wir sagen, daß wir Sünde nicht haben, uns selbst führen wir irre, und die Wahrheit ist nicht in uns. ⁹ Wenn wir bekennen unsere Sünden, treu ist er und gerecht, daß er erläßt uns die Sünden und reinigt uns von jeder Ungerechtigkeit. ¹⁰ Wenn wir sagen, daß wir nicht gesündigt haben, zum Lügner machen wir ihn, und sein Wort ist nicht in uns.

2 ¹ Meine Kinder, dieses schreibe ich euch, damit ihr nicht sündigt. Und wenn einer sündigt, einen Fürsprecher haben wir beim Vater, Jesus Christos, (den) Gerechten; ² und er ist Sühne für unsere Sünden, nicht für die unsrigen aber allein, sondern auch für die ganze Welt.

³ Und daran erkennen wir, daß wir ihn erkannt haben, wenn seine Gebote wir bewahren. ⁴ Der Sagende: Ich habe

ihn erkannt, und seine Gebote nicht Bewahrende, ein Lügner
ist er, und in diesem ist die Wahrheit nicht; [5] wer aber immer
bewahrt sein Wort, wahrhaft ist in diesem die Liebe Gottes
vollendet worden; daran erkennen wir, daß in ihm wir sind.
[6] Der Sagende, er bleibe in ihm, schuldet, gleichwie jener
wandelte, auch selbst [so] zu wandeln.

[7] Geliebte, nicht ein neues Gebot schreibe ich euch, sondern
ein altes Gebot, das ihr hattet von Anfang; das alte Gebot ist
das Wort, das ihr hörtet. [8] Wieder: Ein neues Gebot schreibe
ich euch, was wahr ist in ihm und in euch, weil die Finsternis
vergeht und das wahre Licht schon scheint. [9] Der Sagende, er
sei im Licht, und seinen Bruder Hassende ist in der Finsternis
bis jetzt. [10] Der Liebende seinen Bruder bleibt im Licht, und
Anstößiges ist in ihm nicht; [11] der Hassende aber seinen Bruder ist in der Finsternis, und in der Finsternis wandelt er, und
nicht weiß er, wohin er fortgeht, weil die Finsternis blind
machte seine Augen.

[12] Ich schreibe euch, Kinder: Erlassen sind euch die Sünden
wegen seines Namens. [13] Ich schreibe euch, Väter: Erkannt
habt ihr den vom Anfang. Ich schreibe euch, junge Männer:
Besiegt habt ihr den Bösen. [14] Ich schrieb euch, Kinder: Erkannt habt ihr den Vater. Ich schrieb euch, Väter: Erkannt
habt ihr den vom Anfang. Ich schrieb euch, junge Männer:
Stark seid ihr und das Wort Gottes bleibt in euch und besiegt
habt ihr den Bösen.

[15] Liebt nicht die Welt, auch nicht das in der Welt! Wenn
einer liebt die Welt, nicht ist die Liebe des Vaters in ihm;
[16] denn alles das in der Welt, die Begierde des Fleisches und
die Begierde der Augen und die Prahlerei des Lebens, nicht
ist aus dem Vater, sondern aus der Welt ist es. [17] Und die
Welt vergeht und ihre Begierde, der Tuende aber den Willen
Gottes bleibt in den Aion.

[18] Kinder, letzte Stunde ist, und gleichwie ihr hörtet, daß
ein Antichristos kommt, sind jetzt auch viele Antichristosse
aufgetreten, woher wir erkennen, daß letzte Stunde ist. [19] Aus

uns gingen sie aus, doch nicht waren sie aus uns; denn wenn aus uns sie wären, geblieben wären sie bei uns; doch damit sie offenbart würden, daß nicht alle aus uns sind. [20] Und ihr habt eine Salbung von dem Heiligen, und ihr wißt alle. [21] Nicht schrieb ich euch, weil ihr nicht wißt die Wahrheit, sondern weil ihr sie wißt und weil jede Lüge nicht aus der Wahrheit ist.

[22] Wer ist der Lügner, wenn nicht der Leugnende, (der sagt,) daß Jesus nicht ist der Christos? Dieser ist der Antichristos, der Leugnende den Vater und den Sohn. [23] Jeder Leugnende den Sohn hat auch nicht den Vater, der Bekennende den Sohn hat auch den Vater. [24] Ihr, was ihr hörtet von Anfang, in euch soll es bleiben. Wenn in euch bleibt, was von Anfang ihr hörtet, werdet auch ihr im Sohn und im Vater bleiben. [25] Und diese ist die Zusage, die er selbst uns zusagte: das ewige Leben.

[26] Dieses schrieb ich euch über die euch Irreführenden. [27] Und ihr, die Salbung, die ihr empfingt von ihm, bleibt in euch, und nicht habt ihr nötig, daß einer euch belehrt, sondern wie seine Salbung euch belehrt über alles, auch wahr ist sie, und nicht ist sie Lüge, und gleichwie sie euch lehrte, bleibt ihr in ihm.

[28] Und jetzt, Kinder, bleibt in ihm, damit, wenn er offenbart wird, wir Zuversicht haben und nicht beschämt werden vor ihm bei seiner Ankunft. [29] Wenn ihr wißt, daß gerecht er ist, erkennt ihr, daß auch jeder Tuende die Gerechtigkeit aus ihm gezeugt ist.

3 [1] Seht, was für eine Liebe uns gegeben hat der Vater, damit Kinder Gottes wir gerufen werden, und wir sind (es). Deswegen erkennt die Welt uns nicht, weil sie ihn nicht erkannte. [2] Geliebte, jetzt sind wir Kinder Gottes, und noch nicht wurde offenbart, was wir sein werden. Wir wissen, daß, wenn es offenbart wird, gleich ihm werden wir sein, weil wir ihn sehen werden, gleichwie er ist. [3] Und jeder Habende diese Hoffnung auf ihn heiligt sich selbst, gleichwie jener heilig ist.

⁴ Jeder Tuende die Sünde tut auch die Gesetzlosigkeit, und die Sünde ist die Gesetzlosigkeit. ⁵ Und ihr wißt, daß jener offenbart wurde, damit die Sünden er trage, und (daß) Sünde in ihm nicht ist. ⁶ Jeder in ihm Bleibende sündigt nicht; jeder Sündigende hat ihn nicht gesehen und ihn nicht erkannt.

⁷ Kinder, keiner soll euch irreführen: Der Tuende die Gerechtigkeit ist gerecht, gleichwie jener gerecht ist; ⁸ der Tuende die Sünde ist aus dem Teufel, weil von Anfang der Teufel sündigt. Dazu wurde offenbart der Sohn Gottes, damit er auflöse die Werke des Teufels. ⁹ Jeder aus Gott Gezeugte tut keine Sünde, weil sein Same in ihm bleibt, und nicht kann er sündigen, weil aus Gott er gezeugt ist. ¹⁰ Daran sind offenbar die Kinder Gottes und die Kinder des Teufels: Jeder nicht Tuende (die) Gerechtigkeit ist nicht aus Gott, und der nicht Liebende seinen Bruder.

¹¹ Denn dies ist die Botschaft, die ihr hörtet von Anfang, daß wir lieben einander, ¹² nicht gleichwie Kain aus dem Bösen war und schlachtete seinen Bruder; und weswegen schlachtete er ihn? Weil seine Werke böse waren, die aber seines Bruders gerecht.

¹³ [Und] nicht staunt, Brüder, wenn euch haßt die Welt! ¹⁴ Wir wissen, daß wir hinübergegangen sind aus dem Tod ins Leben, weil wir lieben die Brüder; der nicht Liebende bleibt im Tod. ¹⁵ Jeder Hassende seinen Bruder ist ein Menschenmörder, und ihr wißt, daß jeder Menschenmörder nicht hat ewiges, in ihm bleibendes Leben. ¹⁶ Daran haben wir erkannt die Liebe, daß jener für uns sein Leben einsetzte; auch wir schulden, für die Brüder das Leben einzusetzen. ¹⁷ Wer aber immer hat die Lebensgüter der Welt und erblickt seinen Bruder Bedarf habend und verschließt sein Innerstes vor ihm, wie bleibt die Liebe Gottes in ihm? ¹⁸ Kinder, nicht laßt uns lieben mit (dem) Wort, auch nicht mit der Zunge, sondern in Werk und Wahrheit.

¹⁹ [Und] daran werden wir erkennen, daß aus der Wahrheit wir sind, und vor ihm werden wir überzeugen unser Herz, ²⁰ daß, wenn uns verurteilt das Herz, daß Gott größer ist als

unser Herz und alles erkennt. [21] Geliebte, wenn [unser] Herz
(uns) nicht verurteilt, Zuversicht haben wir zu Gott, [22] und
was immer wir erbitten, empfangen wir von ihm, weil seine
Gebote wir bewahren und das Gefällige vor ihm tun.
[23] Und dies ist sein Gebot, daß wir glauben dem Namen
seines Sohnes Jesus Christos und einander lieben, gleichwie
er uns gab ein Gebot. [24] Und der Bewahrende seine Gebote
bleibt in ihm und er in ihm; und daran erkennen wir, daß er
bleibt in uns, aus dem Geist, den er uns gab.

4 [1] Geliebte, nicht jedem Geist glaubt, sondern prüft die
Geister, ob aus Gott sie sind, weil viele Lügenpropheten ausgegangen sind in die Welt. [2] Daran erkennt ihr den
Geist Gottes: Jeder Geist, der bekennt Jesus Christos als im
Fleisch Gekommenen, ist aus Gott, [3] und jeder Geist, der
nicht bekennt Jesus, nicht ist aus Gott; und dies ist der (Geist)
des Antichristos, von dem ihr gehört habt, daß er kommt, und
jetzt ist er schon in der Welt.

[4] Ihr seid aus Gott, Kinder, und ihr habt sie besiegt, weil
größer ist der in euch als der in der Welt. [5] Sie sind aus der
Welt, deswegen reden sie aus der Welt, und die Welt hört
sie. [6] Wir sind aus Gott; der Gott Erkennende hört uns; wer
nicht ist aus Gott, hört uns nicht. Daraus erkennen wir den
Geist der Wahrheit und den Geist des Irrtums.

[7] Geliebte, lieben wir einander, weil die Liebe aus Gott ist,
und jeder Liebende ist aus Gott gezeugt und erkennt Gott.
[8] Der nicht Liebende erkannte Gott nicht, weil Gott Liebe ist.
[9] Daran wurde offenbart die Liebe Gottes zu uns, daß Gott
seinen Sohn, den einziggezeugten, geschickt hat in die Welt,
damit wir leben durch ihn. [10] Darin besteht die Liebe, nicht
daß wir geliebt haben Gott, sondern daß er liebte uns und
schickte seinen Sohn als Sühne für unsere Sünden. [11] Geliebte,
wenn so Gott uns liebte, schulden auch wir, einander zu lieben. [12] Gott hat keiner jemals gesehen. Wenn wir einander
lieben, bleibt Gott in uns, und seine Liebe ist in uns vollendet. [13] Daran erkennen wir, daß in ihm wir bleiben und er in

uns, daß aus seinem Geist er uns gegeben hat. [14] Und wir haben gesehen und bezeugen, daß der Vater geschickt hat den Sohn als Retter der Welt. [15] Wer immer bekennt, daß Jesus ist der Sohn Gottes, Gott bleibt in ihm und er in Gott. [16] Und wir haben erkannt und geglaubt die Liebe, die Gott hat zu uns.

Gott ist Liebe, und der Bleibende in der Liebe bleibt in Gott, und Gott bleibt in ihm. [17] Darin ist vollendet worden die Liebe bei uns, daß wir Zuversicht haben am Tag des Gerichts, denn gleichwie jener ist, sind auch wir in dieser Welt. Furcht ist nicht in der Liebe, [18] sondern die vollkommene Liebe wirft hinaus die Furcht, weil die Furcht Strafe hat, der sich Fürchtende aber ist nicht vollendet worden in der Liebe. [19] Wir lieben, weil er als erster uns liebte. [20] Wenn einer spricht: Ich liebe Gott, und seinen Bruder haßt, ein Lügner ist er; denn der nicht Liebende seinen Bruder, den er gesehen hat, kann Gott, den er nicht gesehen hat, nicht lieben. [21] Und dieses Gebot haben wir von ihm, daß der Gott Liebende lieben soll auch seinen Bruder.

5 [1] Jeder Glaubende, daß Jesus ist der Christos, ist aus Gott gezeugt, und jeder Liebende den, der gezeugt hat, liebt [auch] den aus ihm Gezeugten. [2] Daran erkennen wir, daß wir lieben die Kinder Gottes, wann wir Gott lieben und seine Gebote tun. [3] Denn dies ist die Liebe Gottes, daß seine Gebote wir bewahren, und seine Gebote sind nicht schwer. [4] Denn alles aus Gott Gezeugte besiegt die Welt; und dies ist der Sieg, der besiegte die Welt: unser Glaube.

[5] Wer [aber] ist der Besiegende die Welt, wenn nicht der Glaubende, daß Jesus ist der Sohn Gottes? [6] Dieser ist (es), der kam durch Wasser und Blut, Jesus Christos, nicht im Wasser allein, sondern im Wasser und im Blut; und der Geist ist der Zeugnis Gebende, weil der Geist die Wahrheit ist. [7] Denn drei sind die Zeugnis Gebenden,* [8] der Geist und das Wasser und das Blut, und die drei sind auf das eine (hin).

* Sekundär ist hier der gelegentliche Einschub: „im Himmel: der Vater, der Logos und der heilige Geist, und diese drei sind eins. Und drei sind die Zeugnis Gebenden auf der Erde:"

[9] Wenn das Zeugnis der Menschen wir annehmen, das Zeugnis Gottes ist größer; denn dies ist das Zeugnis Gottes, daß er Zeugnis gegeben hat über seinen Sohn. [10] Der Glaubende an den Sohn Gottes hat das Zeugnis in sich, der nicht Gott Glaubende hat zum Lügner ihn gemacht, weil er nicht geglaubt hat an das Zeugnis, das Gott bezeugt hat über seinen Sohn. [11] Und dies ist das Zeugnis, daß ewiges Leben Gott uns gab, und dieses Leben ist in seinem Sohn. [12] Der Habende den Sohn hat das Leben; der nicht Habende den Sohn Gottes hat das Leben nicht.

[13] Dieses schrieb ich euch, damit ihr wißt, daß ewiges Leben ihr habt, (euch) den Glaubenden an den Namen des Sohnes Gottes. [14] Und dies ist die Zuversicht, die wir haben zu ihm, daß, wenn etwas wir erbitten nach seinem Willen, er uns hört. [15] Und wenn wir wissen, daß er uns hört, was immer wir erbitten, wissen wir, daß wir haben das Erbetene, das wir erbeten haben von ihm.

[16] Wenn einer sieht seinen Bruder sündigend eine Sünde nicht zum Tod, soll er bitten, und geben wird er ihm Leben, denen, die nicht sündigen zum Tod. Es gibt eine Sünde zum Tod; nicht über jene sage ich, daß er bitten soll. [17] Jede Ungerechtigkeit ist Sünde, und es gibt eine Sünde nicht zum Tod.

[18] Wir wissen, daß jeder aus Gott Gezeugte nicht sündigt, sondern der aus Gott Gezeugte bewahrt ihn, und der Böse berührt ihn nicht. [19] Wir wissen, daß aus Gott wir sind und die ganze Welt im Bösen liegt. [20] Wir wissen aber, daß der Sohn Gottes gekommen ist und uns Einsicht gegeben hat, damit wir erkennen den Wahren, und wir sind in dem Wahren, in seinem Sohn Jesus Christos. Dieser ist der wahre Gott und ewiges Leben.

[21] Kinder, hütet euch vor den Götzen!

VON JOHANNES B

[1] Der Älteste an (die) auserwählte Herrin und ihre Kinder, die ich liebe in Wahrheit, und nicht ich allein, sondern auch alle, die erkannt haben die Wahrheit, [2] wegen der Wahrheit, die bleibt in uns und mit uns sein wird in den Aion. [3] Sein wird mit uns Gnade, Erbarmen, Friede von Gott (dem) Vater und von Jesus Christos, dem Sohn des Vaters, in Wahrheit und Liebe.

[4] Ich freute mich sehr, daß ich gefunden habe von deinen Kindern Wandelnde in (der) Wahrheit, gleichwie ein Gebot wir empfingen vom Vater. [5] Und jetzt bitte ich dich, Herrin, nicht als ein neues Gebot dir Schreibender, sondern welches wir hatten von Anfang, daß wir einander lieben. [6] Und dies ist die Liebe, daß wir wandeln nach seinen Geboten; dies ist das Gebot, gleichwie ihr hörtet von Anfang, daß darin ihr wandelt.

[7] Denn viele Betrüger gingen aus in die Welt, (das sind) die nicht Bekennenden Jesus Christos als kommend im Fleisch; dieser ist der Betrüger und der Antichristos. [8] Schaut auf euch, damit ihr nicht verliert, was wir bewirkten, sondern vollen Lohn empfangt.

[9] Jeder Weitergehende und nicht Bleibende in der Lehre des Christos hat Gott nicht; der Bleibende in der Lehre, dieser hat sowohl den Vater als auch den Sohn. [10] Wenn einer kommt zu euch und diese Lehre nicht bringt, nicht nehmt ihn ins Haus und einen Gruß sagt ihm nicht! [11] Denn der ihm einen Gruß Sagende hat Anteil an seinen bösen Werken.

[12] Vieles hätte ich euch zu schreiben, (doch) nicht wollte ich (es) durch Papier und Tinte, sondern ich hoffe zu kommen zu euch und (von) Mund zu Mund zu reden, damit unsere Freude erfüllt sei.

[13] (Es) grüßen dich die Kinder deiner auserwählten Schwester.

Von Johannes C

[1] Der Älteste dem geliebten Gajos, den ich liebe in Wahrheit.

[2] Geliebter, über alles wünsche ich, daß es dir gut geht und du gesund bist, gleichwie es gut geht deiner Seele. [3] Denn ich freute mich sehr, als Brüder kamen und bezeugten deine Wahrheit, gleichwie du in (der) Wahrheit wandelst. [4] Größere Freude als darüber habe ich nicht, daß ich höre, meine Kinder wandeln in der Wahrheit.

[5] Geliebter, treu handelst du, was immer du wirkst an den Brüdern, und zwar fremden, [6] die deine Liebe bezeugten vor (der) Gemeinde, an denen recht du tun wirst, geleitend sie, würdig Gottes; [7] denn für den Namen zogen sie aus, nichts nehmend von den Heidnischen. [8] Wir nun schulden, aufzunehmen solche, damit Mitarbeiter wir werden für die Wahrheit.

[9] Ich schrieb etwas der Gemeinde; doch der unter ihnen erster sein wollende Diotrephes nimmt uns nicht auf. [10] Deswegen, wenn ich komme, werde ich erinnern an seine Werke, die er tut, mit bösen Worten schwatzend über uns, und nicht sich begnügend damit, auch selbst nimmt er die Brüder nicht auf, und die Willigen hindert er, und aus der Gemeinde wirft er (sie) hinaus.

[11] Geliebter, ahme nicht nach das Schlechte, sondern das Gute! Der Gutes Tuende ist aus Gott; der Schlechtes Tuende hat Gott nicht gesehen. [12] (Dem) Demetrios ist bezeugt worden von allen und von der Wahrheit selbst; auch wir aber bezeugen, und du weißt, daß unser Zeugnis wahr ist.

[13] Vieles hätte ich dir zu schreiben, doch nicht will ich mit Tinte und Rohr dir schreiben; [14] ich hoffe aber, sogleich dich zu sehen, und (von) Mund zu Mund werden wir reden.

[15] Friede dir. (Es) grüßen dich die Freunde. Grüße die Freunde nach Namen!

Von Judas

[1] Judas, (des) Jesus Christos Sklave, Bruder aber (des) Jakobos, den in Gott (dem) Vater geliebten und für Jesus Christos bewahrten Berufenen; [2] Erbarmen und Friede und Liebe möge euch vermehrt werden.

[3] Geliebte, allen Eifer anwendend, euch zu schreiben über unser gemeinsames Heil, hielt ich (es) für eine Notwendigkeit, euch zu schreiben, (euch) ermutigend, zu kämpfen für den ein für allemal den Heiligen übergebenen Glauben. [4] Denn gewisse Menschen schlichen sich nebenein, die bereits vorgemerkt sind für dieses Gericht, Gottlose, die Gnade unseres Gottes verkehrend in Ausschweifung und den einzigen Gebieter und unseren Herrn Jesus Christos (ver)leugnend.

[5] Erinnern aber will ich euch, die [ihr] alles wißt, daß [der] Herr, nachdem er ein für allemal (das) Volk aus (dem) Land Aigyptos gerettet hatte, das zweite (Mal) die nicht Glaubenden vernichtete, [6] und (die) Engel, die nicht bewahrten ihre Hoheit, sondern die eigene Wohnung verließen, zum Gericht (des) großen Tages mit ewigen Fesseln im Dunkeln bewahrt hat, [7] wie Sodoma und Gomorra und die Städte um sie, auf die gleiche Weise wie diese Unzucht treibend und hergehend hinter anderem Fleisch, vorliegen als Beispiel, ewigen Feuers Strafe erleidend.

[8] Gleicherweise freilich auch diese, träumend, beflecken (das) Fleisch, Herrschaft aber weisen sie ab, Herrlichkeiten aber lästern sie. [9] Der Michael aber, der Erzengel, als er mit dem Teufel streitend sich auseinandersetzte über des Moyses Leib, nicht wagte (es), ein Urteil (der) Lästerung vorzubringen, sondern er sprach: *(Es) strafe dich (der) Herr.* [10] Diese aber, was sie nicht kennen, lästern sie, was sie aber von Natur aus wie die unvernünftigen Tiere verstehen, darin verderben sie. [11] Wehe ihnen, weil auf dem Weg des Kain sie gingen und durch den Irrtum des Balaam um Lohn sich preisgaben

Sach 3,2

und durch die Widerrede des Kore vernichtet wurden. [12] Diese sind die Schmutzflecken bei euren Liebesmahlen, mitschmausend furchtlos, sich selbst weidend, wasserlose Wolken von Winden fortgetrieben, spätherbstliche, fruchtlose Bäume, zweimal abgestorben, entwurzelt, [13] wilde Wellen (des) Meeres, aufschäumend ihre eigenen Schändlichkeiten, herumirrende Sterne, denen das Dunkel der Finsternis in (den) Aion aufbewahrt ist.

[14] (Es) prophezeite aber auch diesen (der) siebte von Adam (her), Henoch, sagend: Siehe, (es) kam (der) Herr in(mitten) seiner heiligen Zehntausenden, [15] Gericht zu halten wider alle und zu überführen jede Seele wegen aller Werke ihrer Gottlosigkeit, die sie gottlos taten, und wegen all des Harten, das sie redeten wider ihn, gottlose Sünder. [16] Diese sind Nörgler, Hadernde, nach ihren Begierden Gehende, und ihr Mund redet Hochfahrendes, sie bestaunen Gesichter, eines Vorteils wegen.

[17] Ihr aber, Geliebte, erinnert euch der Worte, der vorhergesagten von den Aposteln unseres Herrn Jesus Christos, [18] daß sie euch sagten: Zur letzten Zeit werden Spötter sein, die gemäß ihren Begierden nach Gottlosigkeiten wandeln. [19] Diese sind die Zerspaltenden, Sinnenwesen, (den) Geist nicht Habende.

[20] Ihr aber, Geliebte, auferbauend euch durch euren heiligsten Glauben, in heiligem Geist betend, [21] bewahrt euch in (der) Liebe Gottes, erwartend das Erbarmen unseres Herrn Jesus Christos zu ewigem Leben. [22] Und der einen erbarmt euch, der Zweifelnden, [23] die anderen aber rettet, aus (dem) Feuer (sie) reißend, der anderen aber erbarmt euch in Furcht, hassend auch das vom Fleisch befleckte Gewand.

[24] Dem aber, der euch als Ungestrauchelte bewahren und vor seine Herrlichkeit stellen kann als Fehllose in Jubel, [25] (dem) einzigen Gott, unserem Retter durch Jesus Christos, unseren Herrn, (sei) Herrlichkeit, Erhabenheit, Gewalt und Vollmacht vor dem ganzen Aion und jetzt und in alle Aionen, Amen.

OFFENBARUNG (DES) JOHANNES

1 ¹ Offenbarung (des) Jesus Christos, die Gott ihm gab, zu zeigen seinen Knechten, was geschehen muß in Kürze, und (die) er schickend anzeigte durch seinen Engel seinem Knecht Johannes, ² der bezeugte das Wort Gottes und das Zeugnis (des) Jesus Christos, wieviel er sah. ³ Selig der Lesende und die Hörenden die Worte der Prophetie und (die) Bewahrenden das in ihr Geschriebene, denn die Zeit (ist) nahe.

⁴ Johannes den sieben Gemeinden, denen in der Asia: Gnade euch und Friede von (dem), der ist und der war und der kommt, und von den sieben Geistern, die vor seinem Thron, ⁵ und von Jesus Christos, der Zeuge, der Treue, der Erstgeborene der Toten und der Herrscher der Könige der Erde. Dem, der uns liebt und uns erlöste von unseren Sünden in seinem Blut, ⁶ und der uns machte zu einem Königtum, zu Priestern für seinen Gott und Vater, ihm (sei) die Herrlichkeit und die Gewalt in die Aionen [der Aionen]; Amen. ⁷ *Siehe, er kommt mit den Wolken, und sehen wird* ihn jedes Auge und (die), welche ihn *durchbohrten, und trauern werden über ihn alle Stämme der Erde.* Ja, Amen.

Dan 7,13
Sach 12,10–14
Gen 12,3; 28,14

⁸ Ich bin das Alpha und das Omega, sagt (der) Herr, Gott, der ist und der war und der kommt, der Allherrscher.

⁹ Ich, Johannes, euer Bruder und Mitteilhaber an der Bedrängnis und (dem) Königtum und (der) Ausdauer in Jesus, war auf der Insel, der Patmos gerufenen, wegen des Wortes Gottes und des Zeugnisses von Jesus. ¹⁰ Ich war im Geist am Herrentag und hörte hinter mir eine laute Stimme wie von einer Trompete, ¹¹ sagend: Was du siehst, schreibe in ein Buch und schicke (es) den sieben Gemeinden, nach Ephesos und nach Smyrna und nach Pergamon und nach Thyateira und

nach Sardeis und nach Philadelpheia und nach Laodikeia!

[12] Und ich wandte mich um, zu sehen die Stimme, welche redete mit mir, und mich umwendend sah ich sieben goldene Leuchter, [13] und inmitten der Leuchter (einen) gleich (dem) Sohn eines Menschen, angezogen mit einem fußlangen Gewand und umgürtet um die Brust mit einem goldenen Gürtel. [14] Sein Kopf aber und die Haare (waren) weiß wie weiße Wolle, wie Schnee, und seine Augen wie eine Feuerflamme, [15] und seine Füße gleich Golderz wie in einem glühenden Ofen und seine Stimme wie eine Stimme vieler Wasser, [16] und habend in seiner rechten Hand sieben Sterne und aus seinem Mund ein zweischneidiges scharfes Schwert herauskommend, und sein Gesicht wie die Sonne scheint in ihrer Kraft.

[17] Und als ich ihn sah, fiel ich vor seine Füße wie ein Toter, und er legte seine Rechte auf mich, sagend: Fürchte dich nicht; ich bin der Erste und der Letzte [18] und der Lebende, und ich war ein Toter, und siehe, lebend bin ich in die Aionen der Aionen, und ich habe die Schlüssel des Todes und des Hades. [19] Schreibe nun, was du sahst und was ist und was geschehen wird danach! [20] Das Geheimnis der sieben Sterne, die du sahst auf meiner Rechten, und die sieben goldenen Leuchter: Die sieben Sterne, Engel der sieben Gemeinden sind sie, und die sieben Leuchter, sieben Gemeinden sind sie.

2 [1] Dem Engel der Gemeinde in Ephesos schreibe: Dies sagt der Festhaltende die sieben Sterne in seiner Rechten, der Umhergehende inmitten der sieben goldenen Leuchter: [2] Ich kenne deine Werke, nämlich deine Mühe und deine Ausdauer, und daß du nicht (er)tragen kannst Schlechte, und (daß) du prüftest die sich Apostel Nennenden und (es) nicht sind, und sie fandest als Lügnerische, [3] und Ausdauer hast und (er)trugst wegen meines Namens und nicht ermüdet bist. [4] Doch ich habe gegen dich, daß du deine erste Liebe gelassen hast. [5] Gedenke also, wovon du (ab)gefallen bist, und kehre um, und die ersten Werke tue! Wenn aber nicht, komme ich zu dir, und bewegen werde ich deinen Leuchter von seinem Platz, wenn du nicht umkehrst. [6] Doch dies hast du, daß du hassest die Werke der Nikolaiten, die auch ich hasse. [7] Der Habende ein Ohr soll hören, was der Geist sagt den Gemeinden. Dem Siegenden, geben werde ich ihm zu essen vom Baum des Lebens, der ist im Paradies Gottes.

[8] Und dem Engel der Gemeinde in Smyrna schreibe: Dies sagt der Erste und der Letzte, der ein Toter war und auflebte: [9] Ich kenne deine Bedrängnis und die Armut – doch reich bist du – und die Lästerung von denen, die sagen, Judaier seien sie und (es) nicht sind, sondern eine Synagoge des Satans. [10] Fürchte nichts, was du leiden wirst! Siehe, (es) wird werfen der Teufel (einige) von euch in ein Gefängnis, damit ihr versucht werdet, und haben werdet ihr Bedrängnis zehn Tage. Werde treu bis zum Tod, und geben werde ich dir den Kranz des Lebens!

[11] Der Habende ein Ohr soll hören, was der Geist sagt den Gemeinden. Der Siegende wird gewiß nicht Unrecht erleiden vom zweiten Tod.

[12] Und dem Engel der Gemeinde in Pergamon schreibe: Dies sagt der Habende das Schwert, das zweischneidige, das scharfe: [13] Ich weiß, wo du wohnst: Wo der Thron des Satans (ist); und du hältst fest meinen Namen, und nicht leugnetest du den Glauben an mich auch in den Tagen (des) Antipas, mein Zeuge, mein treuer, der getötet wurde bei euch, wo der Satan wohnt. [14] Doch ich habe gegen dich (einiges) wenige, daß du dort hast Festhaltende die Lehre Balaams, der den Balak lehrte, zu werfen einen Fallstrick vor die Söhne Israels, zu essen Götzenopferfleisch und zu huren. [15] So hast auch du Festhaltende die Lehre [der] Nikolaiten in gleicher Weise. [16] Kehre also um! Wenn aber nicht, komme ich zu dir schnell, und Krieg führen werde ich mit ihnen mit dem Schwert meines Mundes.

[17] Der Habende ein Ohr soll hören, was der Geist sagt den Gemeinden. Dem Siegenden, geben werde ich ihm vom verborgenen Manna, und geben werde ich ihm einen weißen Stein, und auf den Stein einen neuen Namen geschrieben, den keiner kennt, wenn nicht der Empfangende.

¹⁸ Und dem Engel der Gemeinde in Thyateira schreibe: Dies sagt der Sohn Gottes, der Habende seine Augen wie Feuerflammen und seine Füße gleich Golderz: ¹⁹ Ich kenne deine Werke, nämlich die Liebe und den Glauben und den Dienst und die Ausdauer von dir, und deine letzten Werke (sind) mehr als die ersten. ²⁰ Doch ich habe gegen dich, daß du (gewähren) läßt die Frau Jezabel, die sich Prophetin Nennende, und sie lehrt und führt irre meine Knechte, zu huren und zu essen Götzenopferfleisch. ²¹ Und ich gab ihr Zeit, damit sie umkehre, aber nicht will sie umkehren aus ihrer Hurerei. ²² Siehe, ich werfe sie in ein Bett und die Ehebrechenden mit ihr in große Bedrängnis, wenn sie nicht umkehren von den Werken von ihr, ²³ und ihre Kinder werde ich töten durch (den) Tod. Und (es) werden erkennen alle Gemeinden, daß ich bin der Erforschende Nieren und Herzen, und geben werde ich euch, jedem nach euren Werken. ²⁴ Euch aber sage ich, den übrigen, denen in Thyateira, die nicht haben diese Lehre, welche nicht erkannten die Tiefen des Satans, wie sie sagen: Nicht werfe ich auf euch eine andere Last, ²⁵ jedoch, was ihr habt, haltet fest, bis daß immer ich kommen werde! ²⁶ Und der Siegende und der Bewahrende bis zu (den) Enden meine Werke, geben werde ich ihm Vollmacht über die Völker, ²⁷ und *weiden wird er sie mit eisernem Stab, wie* die *irdenen Gefäße zerbrochen werden,* ²⁸ wie auch ich empfangen habe von meinem Vater, und geben werde ich ihm den Morgenstern. ²⁹ Der Habende ein Ohr soll hören, was der Geist sagt den Gemeinden.

Ps 2,9

3 ¹ Und dem Engel der Gemeinde in Sardeis schreibe: Dies sagt der Habende die sieben Geister Gottes und die sieben Sterne: Ich kenne deine Werke, daß du einen Namen hast, daß du lebst, aber ein Toter bist. ² Werde ein Wachender und stärke das Übrige, das sterben wollte, denn nicht habe ich gefunden deine Werke erfüllt vor meinem Gott! ³ Gedenke also, wie du empfangen und gehört hast, und bewahre (es) und kehre um! Wenn du also nicht wachst, kommen werde ich wie ein Dieb, und nicht wirst du wissen, zu welcher Stunde ich kommen werde über dich. [4] Doch du hast (einige) wenige Namen in Sardeis, die nicht befleckten ihre Gewänder, und umhergehen werden sie mit mir in weißen (Gewändern), weil sie würdig sind.

[5] Der Siegende wird so umworfen werden mit weißen Gewändern, und nicht werde ich auslöschen seinen Namen aus dem Buch des Lebens, und bekennen werde ich seinen Namen vor meinem Vater und vor seinen Engeln. [6] Der Habende ein Ohr soll hören, was der Geist sagt den Gemeinden.

[7] Und dem Engel der Gemeinde in Philadelpheia schreibe: Dies sagt der Heilige, der Wahre, der Habende den Schlüssel Davids, der Öffnende, und keiner wird schließen, und (der) Schließende, und keiner öffnet: [8] Ich kenne deine Werke; siehe, ich habe vor dich gegeben eine geöffnete Tür, die keiner schließen kann, denn du hast wenig Kraft und du bewahrtest mein Wort und nicht leugnetest du meinen Namen. [9] Siehe, ich werde (dir) geben aus der Synagoge des Satans von denen, die sagen, Judaier seien sie, aber (es) nicht sind, sondern lügen. Siehe, ich werde machen, daß sie kommen werden und niederfallen werden vor deinen Füßen und erkennen, daß ich dich liebte. [10] Weil du bewahrtest mein Wort von der Ausdauer, werde auch ich dich bewahren vor der Stunde der Versuchung, die kommen wird über den ganzen Erdkreis, zu versuchen die Wohnenden auf der Erde. [11] Ich komme schnell; halte fest, was du hast, damit keiner nehme deinen Kranz!

[12] Der Siegende, machen werde ich ihn zu einer Säule im Tempel meines Gottes, und nicht wird er hinausgehen, und schreiben werde ich auf ihn den Namen meines Gottes und den Namen der Stadt meines Gottes, des neuen Jerusalem, die herabsteigende aus dem Himmel von meinem Gott, und meinen neuen Namen. [13] Der Habende ein Ohr soll hören, was der Geist sagt den Gemeinden.

[14] Und dem Engel der Gemeinde in Laodikeia schreibe: Dies sagt der Amen, der treue und wahre Zeuge, der Anfang der Schöpfung Gottes: [15] Ich kenne deine Werke, daß weder

kalt du bist noch heiß. Daß doch kalt du wärest oder heiß!
[16] So, weil lauwarm du bist und weder heiß noch kalt, will ich
dich ausspeien aus meinem Mund. [17] Weil du sagst: Reich bin
ich, und reich bin ich geworden, und keinen Bedarf habe ich,
und du nicht weißt, daß du bist der Elende und Be-
mitleidenswerte und Arme und Blinde und Nackte, [18] rate ich
dir, zu kaufen bei mir Gold, gebrannt im Feuer, damit reich
du wirst, und weiße Gewänder, damit du (sie) umwirfst und
nicht offenbar wird die Schändlichkeit deiner Nacktheit, und
Augensalbe, zu salben deine Augen, damit du siehst. [19] Welche immer ich liebe, überführe ich und erziehe ich; eifere
also und kehre um! [20] Siehe, ich stehe an der Tür und klopfe
an; wenn einer hört meine Stimme und öffnet die Tür, [auch]
hineingehen werde ich zu ihm, und Mahl halten werde ich mit
ihm und er mit mir.
[21] Der Siegende, geben werde ich ihm, zu sitzen mit mir auf
meinem Thron, wie auch ich gesiegt und mich gesetzt habe
mit meinem Vater auf seinen Thron. [22] Der Habende ein Ohr
soll hören, was der Geist sagt den Gemeinden.

4 [1] Danach sah ich (auf), und siehe, eine geöffnete Tür im
Himmel, und die erste Stimme, die ich hörte wie eine
Trompete redend mit mir, sagend: Steige herauf hierher, und
zeigen werde ich dir, was geschehen muß danach!
[2] Sogleich war ich im Geist, und siehe, ein Thron stand da
im Himmel, und auf dem Thron ein Sitzender, [3] und der Sitzende gleich im Ansehen einem Jaspisstein und einem Karneol, und ein Strahlenkranz rings um den Thron gleich im
Ansehen einem Smaragd. [4] Und rings um den Thron vierundzwanzig Throne, und auf den Thronen vierundzwanzig Älteste sitzend, umworfen mit weißen Gewändern und auf ihren
Köpfen goldene Kränze. [5] Und aus dem Thron gehen heraus
Blitze und Stimmen und Donner, und sieben Fackeln von
Feuer brennend vor dem Thron, welche sind die sieben Geister Gottes, [6] und vor dem Thron (etwas) wie ein gläsernes
Meer gleich Kristall. Und inmitten des Thrones und rings um

den Thron vier Lebewesen voller Augen vorne und hinten.
[7] Und das erste Lebewesen gleich einem Löwen, und das
zweite Lebewesen gleich einem Jungstier, und das dritte Lebewesen habend das Gesicht wie von einem Menschen, und
das vierte Lebewesen gleich einem fliegenden Adler. [8] Und
die vier Lebewesen, eines ums andere von ihnen habend je
sechs Flügel, sind ringsum und innen voller Augen, und Ruhe

Jes 6,3
Am 3,13 (G)

haben sie nicht tags und nachts, sagend: *Heilig, heilig, heilig
Herr, Gott, der Allherrscher,* der war und der ist und der
kommt. [9] Und wann geben werden die Lebewesen Herrlichkeit und Ehre und Dank dem Sitzenden auf dem Thron, dem
Lebenden in die Aionen der Aionen, [10] (nieder)fallen werden
die vierundzwanzig Ältesten vor dem Sitzenden auf dem
Thron, und huldigen werden sie dem Lebenden in die Aionen
der Aionen, und werfen werden sie ihre Kränze vor den
Thron, sagend: [11] Würdig bist du, unser Herr und Gott, zu
nehmen die Herrlichkeit und die Ehre und die Kraft, denn du
schufst alles und durch deinen Willen war es und wurde es
geschaffen.

5 [1] Und ich sah in der Rechten des Sitzenden auf dem
Thron ein Buch, beschrieben innen und hinten, versiegelt mit sieben Siegeln. [2] Und ich sah einen starken Engel,
verkündend mit lauter Stimme: Wer (ist) würdig, zu öffnen
das Buch und zu lösen seine Siegel? [3] Und keiner im Himmel
noch auf der Erde noch unter der Erde konnte öffnen das
Buch, noch sehen in es. [4] Und ich weinte viel, daß keiner
würdig gefunden wurde, zu öffnen das Buch, noch zu sehen
in es. [5] Und einer von den Ältesten sagt mir: Weine nicht! Siehe, es siegte der Löwe, der aus dem Stamm Juda, die Wurzel
Davids, (um) zu öffnen das Buch und seine sieben Siegel.

[6] Und ich sah inmitten des Thrones und der vier Lebewesen
und inmitten der Ältesten ein Lamm stehend, wie geschlachtet, habend sieben Hörner und sieben Augen, welche sind die
[sieben] Geister Gottes, geschickt auf die ganze Erde. [7] Und
es kam und empfing (das Buch) aus der Rechten des Sitzenden auf dem Thron.

⁸ Und als es empfing das Buch, die vier Lebewesen und die vierundzwanzig Ältesten fielen (nieder) vor dem Lamm, habend jeder eine Kithara und goldene Schalen voller Räucherwerk, welche sind die Gebete der Heiligen, ⁹ und sie singen ein neues Lied, sagend: Würdig bist du, zu empfangen das Buch und zu öffnen seine Siegel, weil du geschlachtet wurdest und kauftest für Gott durch dein Blut (Menschen) aus jedem Stamm und (jeder) Zunge und (jedem) Volk und (jeder) Völkerschaft ¹⁰ und machtest sie für unseren Gott zu einem Königtum und zu Priestern, und sie werden herrschen als Könige auf der Erde.

¹¹ Und ich sah (auf), und ich hörte eine Stimme von vielen Engeln rings um den Thron und die Lebewesen und die Ältesten, und (es) war ihre Zahl zehntausend (mal) zehntausend und tausend (mal) tausend, ¹² sagend mit lauter Stimme: Würdig ist das geschlachtete Lamm, zu empfangen die Kraft und Reichtum und Weisheit und Stärke und Ehre und Herrlichkeit und Segen. ¹³ Und jedes Geschöpf, das im Himmel und auf der Erde und unter der Erde und auf dem Meer und alles in ihnen, hörte ich, sagend: Dem Sitzenden auf dem Thron und dem Lamm der Segen und die Ehre und die Herrlichkeit und die Gewalt in die Aionen der Aionen. ¹⁴ Und die vier Lebewesen sagten: Amen. Und die Ältesten fielen (nieder) und huldigten.

6 ¹ Und ich sah (auf), als das Lamm öffnete eines von den sieben Siegeln, und ich hörte eines von den vier Lebewesen, sagend wie eine Stimme eines Donners: Komm! ² Und ich sah (auf), und siehe, ein weißes Pferd, und der Sitzende auf ihm habend einen Bogen, und es wurde gegeben ihm ein Kranz, und herauskam er siegend, und damit er siege.

³ Und als es öffnete das zweite Siegel, hörte ich das zweite Lebewesen, sagend: Komm! ⁴ Und herauskam ein anderes Pferd, ein feuerrotes, und dem Sitzenden auf ihm, gegeben wurde ihm, zu nehmen den Frieden von der Erde und damit einander sie schlachten, und gegeben wurde ihm ein großes Schwert.

⁵ Und als es öffnete das dritte Siegel, hörte ich das dritte Lebewesen, sagend: Komm! Und ich sah (auf), und siehe, ein schwarzes Pferd, und der Sitzende auf ihm habend einen Waagebalken in seiner Hand. ⁶ Und ich hörte (etwas) wie eine Stimme inmitten der vier Lebewesen, sagend: Ein Choinix Weizen um einen Denar, und drei Choinices Gerste um einen Denar, und das Öl und den Wein schädige nicht!

⁷ Und als es öffnete das vierte Siegel, hörte ich (die) Stimme des vierten Lebewesens, sagend: Komm! ⁸ Und ich sah (auf), und siehe, ein grünliches Pferd, und der Sitzende auf ihm, sein Name (ist) [der] Tod, und der Hades folgte mit ihm, und gegeben wurde ihnen Vollmacht über das Vierte der Erde, zu töten mit Schwert und mit Hungersnot und mit Tod und durch die Tiere der Erde.

⁹ Und als es öffnete das fünfte Siegel, sah ich unter dem Altar die Seelen der Geschlachteten wegen des Wortes Gottes und wegen des Zeugnisses, das sie festhielten. ¹⁰ Und sie schrien mit lauter Stimme, sagend: Bis wann, heiliger und wahrhaftiger Gebieter, richtest du nicht und rächst unser Blut an den Wohnenden auf der Erde? ¹¹ Und gegeben wurde ihnen einem jeden ein weißes Gewand und gesagt wurde ihnen, daß sie sich beruhigen sollten noch kurze Zeit, bis vollzählig seien auch ihre Mitknechte und ihre Brüder, die getötet werden sollten wie auch sie.

¹² Und ich sah (auf), als es öffnete das sechste Siegel, und ein großes Erdbeben entstand, und die Sonne wurde schwarz wie ein härener Sack, und der ganze Mond wurde wie Blut, ¹³ und die Sterne des Himmels fielen auf die Erde, wie ein Feigenbaum abwirft seine Spätfeigen, von einem großen Wind erschüttert, ¹⁴ und der Himmel verschwand wie ein zusammengerolltes Buch, und jeder Berg und (jede) Insel wurden von ihren Plätzen bewegt. ¹⁵ Und die Könige der Erde und die Großen und die Chiliarchen und die Reichen und die Starken und jeder Sklave und (jeder) Freie verbargen sich in den Höhlen und in den Felsen der Berge, ¹⁶ *und sie sagen den Bergen und den Felsen: Fallt auf uns* und *verbergt uns* vor

Hos 10,8

(dem) Angesicht des Sitzenden auf dem Thron und vor dem Zorn des Lammes, [17] denn es kam der große Tag ihres Zorns, und wer kann bestehen?

7 [1] Danach sah ich vier Engel, stehend an den vier Ecken der Erde, festhaltend die vier Winde der Erde, damit nicht wehe ein Wind über die Erde noch über das Meer noch über jeden Baum. [2] Und ich sah einen anderen Engel, aufsteigend vom Aufgang (der) Sonne, habend ein Siegel (des) lebenden Gottes, und er schrie mit lauter Stimme zu den vier Engeln, denen gegeben war, selbst zu schädigen die Erde und das Meer, [3] sagend: Schädigt nicht die Erde noch das Meer noch die Bäume, bis wir besiegeln die Knechte unseres Gottes auf ihren Stirnen.

[4] Und ich hörte die Zahl der Besiegelten, hundertvierundvierzigtausend, Besiegelte aus jedem Stamm (der) Söhne Israels: [5] Aus (dem) Stamm Juda zwölftausend Besiegelte, aus (dem) Stamm Ruben zwölftausend, aus (dem) Stamm Gad zwölftausend, [6] aus (dem) Stamm Aser zwölftausend, aus (dem) Stamm Nephthalim zwölftausend, aus (dem) Stamm Manasse zwölftausend, [7] aus (dem) Stamm Symeon zwölftausend, aus (dem) Stamm Levi zwölftausend, aus (dem) Stamm Issachar zwölftausend, [8] aus (dem) Stamm Zabulon zwölftausend, aus (dem) Stamm Joseph zwölftausend, aus (dem) Stamm Benjamin zwölftausend Besiegelte.

[9] Danach sah ich (auf), und siehe, eine große Volksmenge, die keiner zählen konnte, aus jeder Völkerschaft und (allen) Stämmen und Völkern und Zungen, stehend vor dem Thron und vor dem Lamm, umworfen mit weißen Gewändern und Palmen in ihren Händen, [10] und sie schreien mit lauter Stimme, sagend: Das Heil unserem Gott, dem Sitzenden auf dem Thron, und dem Lamm! [11] Und alle Engel standen rings um den Thron und die Ältesten und die vier Lebewesen, und sie fielen vor dem Thron auf ihre Gesichter und huldigten Gott, [12] sagend: Amen, der Segen und die Herrlichkeit und die Weisheit und der Dank und die Ehre und die Kraft und die Stärke unserem Gott in die Aionen der Aionen; Amen.

¹³ Und (es) antwortete einer von den Ältesten, sagend mir: Diese, die Umworfenen mit den weißen Gewändern, wer sind sie, und woher kamen sie? ¹⁴ Und ich sprach zu ihm: Mein Herr, du weißt (es). Und er sprach zu mir: Diese sind die Kommenden aus der großen Bedrängnis, und sie wuschen ihre Gewänder und weißten sie im Blut des Lammes. ¹⁵ Deswegen sind sie vor dem Thron Gottes und dienen ihm tags und nachts in seinem Tempel, und der Sitzende auf dem

Jes 49,10 Thron wird zelten über ihnen. ¹⁶ *Nicht* mehr *werden sie hungern und nicht* mehr *dürsten, noch wird fallen auf sie die Sonne noch* jede *Glut,* ¹⁷ weil das Lamm, das mitten vor dem Thron, sie weiden wird und sie weisen wird zu (des) Lebens

Jes 25,8 Quellen (der) Wasser, *und abwischen wird Gott jede Träne aus* ihren *Augen.*

8 ¹ Und wann es öffnete das siebte Siegel, wurde Stille im Himmel, etwa eine halbe Stunde. ² Und ich sah die sieben Engel, die vor Gott standen, und gegeben wurden ihnen sieben Trompeten. ³ Und ein anderer Engel kam, und er wurde an den Altar gestellt, habend eine goldene Räucherpfanne, und gegeben wurde ihm viel Räucherwerk, damit er (es) gebe für die Gebete aller Heiligen auf den goldenen Altar, dem vor dem Thron. ⁴ Und hinaufstieg der Rauch des Räucherwerks für die Gebete der Heiligen aus (der) Hand des Engels vor Gott. ⁵ Und (es) nahm der Engel die Räucherpfanne, und er füllte sie aus dem Feuer des Altars, und er warf (sie) auf die Erde, und (es) entstanden Donner und Stimmen und Blitze und ein Erdbeben.

⁶ Und die sieben Engel, die Habenden die sieben Trompeten, bereiteten sich, damit sie trompeteten.

⁷ Und der erste trompetete; und (es) entstand Hagel und Feuer, gemischt mit Blut, und wurde geworfen auf die Erde, und das Dritte der Erde wurde verbrannt, und das Dritte der Bäume wurde verbrannt, und alles grüne Gras wurde verbrannt.

⁸ Und der zweite Engel trompetete; und (etwas) wie ein

großer Berg, von Feuer brennend, wurde geworfen ins Meer, und (es) wurde das Dritte des Meeres Blut, [9]und (es) starb das Dritte der Geschöpfe, derer im Meer, habend Leben, und das Dritte der Schiffe wurde vernichtet.

[10]Und der dritte Engel trompetete; und (es) fiel aus dem Himmel ein großer Stern, brennend wie eine Fackel, und er fiel auf das Dritte der Flüsse und auf die Quellen der Wasser, [11]und der Name des Sterns wird genannt „der Wermut", und (es) wurde das Dritte der Wasser zu Wermut, und viele der Menschen starben von den Wassern, weil sie bitter gemacht waren.

[12]Und der vierte Engel trompetete; und zerschlagen wurde das Dritte der Sonne und das Dritte des Mondes und das Dritte der Sterne, damit verfinstert würde das Dritte von ihnen und der Tag nicht scheine, das Dritte von ihm, und die Nacht gleicherweise.

[13]Und ich sah (auf), und ich hörte einen Adler, fliegend in der Himmelsmitte, sagend mit lauter Stimme: Wehe, wehe, wehe den Wohnenden auf der Erde wegen der übrigen Stimmen der Trompete der drei Engel, die (noch) trompeten sollen.

9 [1]Und der fünfte Engel trompetete; und ich sah einen Stern, aus dem Himmel gefallen auf die Erde, und gegeben wurde ihm der Schlüssel des Schlundes des Abgrunds, [2]und er öffnete den Schlund des Abgrunds, und aufstieg Rauch aus dem Schlund wie Rauch eines großen Ofens, und verfinstert wurde die Sonne und die Luft vom Rauch des Schlunds. [3]Und aus dem Rauch herauskamen Heuschrecken auf die Erde, und gegeben wurde ihnen Vollmacht, wie Vollmacht haben die Skorpione der Erde. [4]Und gesagt wurde ihnen, daß sie nicht schädigen das Gras der Erde noch jedes Grün noch jeden Baum, außer die Menschen, welche nicht haben das Siegel Gottes auf den Stirnen. [5]Und gegeben wurde ihnen, daß sie nicht sie töten, sondern daß sie gequält werden fünf Monate, und ihre Qual (ist) wie (die) Qual von einem Skorpion, wann er sticht einen Menschen. [6]Und in jenen Ta-

gen werden suchen die Menschen den Tod, und nicht werden sie ihn finden, und begehren werden sie zu sterben, und (es) flieht der Tod vor ihnen.

[7] Und die Gleichbilder der Heuschrecken (waren) gleich Pferden, bereitet für (den) Krieg, und auf ihren Köpfen (etwas) wie Kränze gleich Gold, und ihre Gesichter wie Gesichter von Menschen, [8] und sie hatten Haare wie Haare von Frauen, und ihre Zähne waren wie von Löwen, [9] und sie hatten Panzer wie eiserne Panzer, und der Laut ihrer Flügel (war) wie (der) Laut von Wagen vieler Pferde, laufend in (den) Krieg, [10] und sie haben Schwänze gleich Skorpionen und Stacheln, und in ihren Schwänzen (ist) ihre Vollmacht, zu schädigen die Menschen fünf Monate; [11] sie haben über sich als König den Engel des Abgrunds, sein Name hebraisch Abaddon, und in Hellenisch hat er (den) Namen Apollyon.

[12] Das erste Wehe ging vorüber; siehe, es kommen noch zwei Wehe danach.

[13] Und der sechste Engel trompetete; und ich hörte eine (einzige) Stimme aus den [vier] Hörnern des goldenen Altares, des vor Gott, [14] sagend dem sechsten Engel, der Habende die Trompete: Löse die vier Engel, die gebundenen am großen Fluß Euphrates! [15] Und gelöst wurden die vier Engel, bereitet für die Stunde und (den) Tag und (den) Monat und (das) Jahr, damit sie töten das Dritte der Menschen. [16] Und die Zahl der Heere der Reiterei (war) zwanzigtausend (mal) zehntausend; ich hörte ihre Zahl.

[17] Und so sah ich die Pferde in der Erscheinung und die Sitzenden auf ihnen, habend feurige und hyazinthfarbige und schwefelgelbe Panzer, und die Köpfe der Pferde wie Köpfe von Löwen, und aus ihren Mäulern herauskommt Feuer und Rauch und Schwefel. [18] Von diesen drei Schlägen wurden getötet das Dritte der Menschen, durch das Feuer und den Rauch und den Schwefel, den herauskommenden aus ihren Mäulern. [19] Denn die Vollmacht der Pferde ist in ihrem Maul und in ihren Schwänzen, denn ihre Schwänze (sind) gleich Schlangen, habend Köpfe, und mit ihnen schädigen sie.

[20] Und die übrigen der Menschen, die nicht getötet wurden durch diese Schläge, kehrten nicht um von den Werken ihrer Hände, damit sie nicht huldigten den Dämonen und den Götzen, den goldenen und den silbernen und den kupfernen und den steinernen und den hölzernen, die weder sehen können noch hören noch umhergehen, [21] und sie kehrten nicht um von ihren Morden noch von ihren Zaubermitteln noch von ihrer Hurerei noch von ihren Diebereien.

10 [1] Und ich sah einen anderen starken Engel, herabsteigend aus dem Himmel, umkleidet mit einer Wolke, und der Regenbogen auf seinem Kopf und sein Gesicht wie die Sonne und seine Füße wie Säulen von Feuer, [2] und habend in seiner Hand ein geöffnetes Büchlein. Und er stellte seinen rechten Fuß auf das Meer, den linken aber auf die Erde, [3] und er schrie mit lauter Stimme, wie ein Löwe brüllt. Und als er schrie, redeten die sieben Donner mit ihren Stimmen. [4] Und als die sieben Donner redeten, wollte ich schreiben, und ich hörte eine Stimme aus dem Himmel, sagend: Versiegele, was die sieben Donner redeten, und schreibe es nicht!

[5] Und der Engel, den ich sah, stehend auf dem Meer und auf der Erde, erhob seine rechte Hand in den Himmel, [6] und er schwor beim Lebenden in die Aionen der Aionen, der schuf den Himmel und das in ihm und die Erde und das auf ihr und das Meer und das in ihm, daß Zeit nicht mehr sein wird, [7] sondern in den Tagen der Stimme des siebten Engels, wann er trompeten wird, ist auch erfüllt das Geheimnis Gottes, wie er (als Evangelium) verkündete seinen Knechten, den Propheten.

[8] Und die Stimme, die ich hörte aus dem Himmel, wieder redend mit mir und sagend: Geh fort, nimm das geöffnete Buch in der Hand des Engels, des stehenden auf dem Meer und auf der Erde! [9] Und wegging ich zu dem Engel, sagend ihm: Gib mir das Büchlein! Und er sagt mir: Nimm und iß es auf! Und es wird bitter machen deinen Bauch, aber in deinem Mund wird es sein süß wie Honig.

¹⁰ Und ich empfing das Büchlein aus der Hand des Engels, und ich aß es auf, und es war in meinem Mund wie Honig süß, und als ich es aß, wurde bitter gemacht mein Bauch. ¹¹ Und sie sagen mir: Du mußt wieder prophezeien über Völker und Völkerschaften und Zungen und viele Könige.

11 ¹ Und gegeben wurde mir ein Rohr gleich einem (Meß)stab, sagend: Steh auf und miß den Tempel Gottes und den Altar und die Huldigenden in ihm! ² Aber den Hof, den außerhalb des Tempels, wirf nach außerhalb und miß ihn nicht, weil er gegeben wurde den Völkern, und die heilige Stadt werden sie treten zwei[und]vierzig Monate.

³ Und ich werde geben meinen zwei Zeugen, und sie werden prophezeien tausendzweihundertsechzig Tage, umworfen mit Säcken. ⁴ Diese sind die zwei Ölbäume und die zwei Leuchter, die vor dem Herrn der Erde stehenden. ⁵ Und wenn einer sie will schädigen, Feuer kommt heraus aus ihrem Mund und verzehrt ihre Feinde; und wenn einer sie schädigen wollte, so muß er getötet werden. ⁶ Diese haben die Vollmacht, zu verschließen den Himmel, damit nicht Regen falle an den Tagen ihrer Prophetie, und Vollmacht haben sie über die Wasser, umzuwandeln sie in Blut und zu schlagen die Erde mit jedem Schlag jedesmal, wenn sie wollen.

⁷ Und wann sie beendeten ihr Zeugnis, das Tier, das aufsteigende aus dem Abgrund, wird Krieg machen mit ihnen und wird sie besiegen und sie töten. ⁸ Und ihre Leiche (liegt) auf der Straße der großen Stadt, welche gerufen wird geistlicherweise Sodoma und Aigyptos, wo auch ihr Herr gekreuzigt wurde. ⁹ Und (es) sehen (welche) von den Völkern und Stämmen und Zungen und Völkerschaften ihre Leiche drei Tage und einen halben, und ihre Leichen lassen sie nicht gelegt werden in eine Grabstätte. ¹⁰ Und die Wohnenden auf der Erde freuen sich über sie, und sie erfreuen sich, und Geschenke werden sie schicken einander, weil diese zwei Propheten quälten die Wohnenden auf der Erde.

Ez 37,5.10 ¹¹ Und nach den drei Tagen und einem halben *(der) Geist (des) Lebens* aus Gott *hineinging in sie, und sie stellten sich*

auf ihre Füße, und eine große Furcht fiel auf die sie Sehenden. [12] Und sie hörten eine laute Stimme aus dem Himmel, sagend ihnen: Steigt herauf hierher! Und sie stiegen hinauf in
den Himmel in der Wolke, und (es) sahen sie ihre Feinde.
[13] Und in jener Stunde entstand ein großes Erdbeben, und das
Zehnte der Stadt fiel, und getötet wurden in dem Erdbeben
(die) Namen von siebentausend Menschen, und die übrigen
gerieten in Furcht und gaben Ehre dem Gott des Himmels.

[14] Das zweite Wehe ging vorüber; siehe, das dritte Wehe
kommt schnell.

[15] Und der siebte Engel trompetete; und (es) entstanden
laute Stimmen im Himmel, sagend: (Es) wurde das Königtum
der Welt unseres Herrn und seines Gesalbten, und er wird als
König herrschen in die Aionen der Aionen. [16] Und die vierundzwanzig Ältesten, [die] vor Gott sitzenden auf ihren Thronen, fielen auf ihre Gesichter und huldigten Gott, [17] sagend:
Wir danken dir, Herr, Gott, der Allherrscher, der ist und der
war, daß du empfangen hast deine große Kraft und als König
herrschtest. [18] Und die Völker erzürnten, und (es) kam dein
Zorn und die Zeit der Toten, gerichtet zu werden, und zu geben den Lohn deinen Knechten, den Propheten und den Heiligen und den Fürchtenden deinen Namen, die Kleinen und die
Großen, und zu verderben die Verderbenden die Erde.

[19] Und geöffnet wurde der Tempel Gottes, der im Himmel,
und (es) erschien die Lade seines Bundes in seinem Tempel,
und (es) entstanden Blitze und Stimmen und Donner und ein
Erdbeben und großer Hagel.

12

[1] Und ein großes Zeichen erschien am Himmel, eine
Frau, umkleidet mit der Sonne, und der Mond unter
ihren Füßen und auf ihrem Kopf ein Kranz von zwölf Sternen, [2] und sie (ist) schwanger, und sie schreit, Geburtswehen
habend und sich quälend zu gebären. [3] Und (es) erschien ein
anderes Zeichen am Himmel, und siehe, ein großer, feuerro-
ter Drache, habend sieben Köpfe und zehn Hörner und auf
seinen Köpfen sieben Diademe, [4] und sein Schwanz schleppt

das Dritte der Sterne des Himmels und warf sie auf die Erde. Und der Drache hat sich vor die Frau gestellt, die daran war zu gebären, damit, wann sie gebäre, er ihr Kind auffresse. [5] Und sie gebar einen Sohn, ein Männliches, der weiden wird alle Völker mit eisernem Stab. Und fortgerissen wurde ihr Kind zu Gott und zu seinem Thron. [6] Und die Frau floh in die Wüste, wo sie dort hat einen Ort, bereitet von Gott, damit dort man sie nähre tausendzweihundertsechzig Tage.

[7] Und (es) entstand ein Krieg im Himmel, der Michael und seine Engel (mußten) Krieg führen mit dem Drachen. Und der Drache führte Krieg und seine Engel, [8] und nicht(s) vermochte er, und nicht wurde ihr Ort gefunden mehr im Himmel. [9] Und geworfen wurde der große Drache, die alte Schlange, gerufen Teufel und der Satan, der Irreführende den ganzen Erdkreis, geworfen wurde er auf die Erde, und seine Engel wurden mit ihm geworfen. [10] Und ich hörte eine laute Stimme im Himmel, sagend: Jetzt entstand das Heil und die Kraft und das Königtum unseres Gottes und die Macht seines Gesalbten, weil hinabgeworfen wurde der Ankläger unserer Brüder, der sie anklagende vor unserem Gott tags und nachts. [11] Und sie besiegten ihn durch das Blut des Lammes und durch das Wort ihres Zeugnisses, und nicht liebten sie ihr Leben bis zum Tod. [12] Deswegen freut euch, [ihr] Himmel und die in ihnen Zeltenden! Wehe der Erde und dem Meer, weil herabstieg der Teufel zu euch, habend große Wut, wissend, daß er wenig Zeit hat.

[13] Und als der Drache sah, daß er geworfen wurde auf die Erde, verfolgte er die Frau, welche geboren hatte den Männlichen. [14] Und gegeben wurden der Frau die zwei Flügel des großen Adlers, damit sie fliege in die Wüste zu ihrem Ort, wo sie genährt wird dort eine Zeit und Zeiten und eine halbe Zeit, (weg) vom Gesicht der Schlange. [15] Und (es) warf die Schlange aus ihrem Maul hinter der Frau Wasser (her) wie einen Fluß, damit er sie vom Fluß forttragen ließe. [16] Und (es) half die Erde der Frau, und (es) öffnete die Erde ihr Maul, und sie trank auf den Fluß, den geworfen hatte der Drache

aus seinem Maul. [17] Und (es) erzürnte der Drache über die Frau, und er ging fort, Krieg zu machen mit den übrigen ihrer Nachkommenschaft, den Bewahrenden die Gebote Gottes und Habenden das Zeugnis von Jesus.

[18] Und er stellte sich auf den Sand des Meeres.

13 [1] Und ich sah aus dem Meer ein Tier heraufsteigend, habend zehn Hörner und sieben Köpfe und auf seinen Hörnern zehn Diademe und auf seinen Köpfen Name[n] (der) Lästerung. [2] Und das Tier, das ich sah, war gleich einem Panther, und seine Füße wie (die) eines Bären, und sein Maul wie (das) Maul eines Löwen. Und (es) gab ihm der Drache seine Kraft und seinen Thron und große Vollmacht. [3] Und (ich sah) einen von seinen Köpfen wie geschlachtet zu Tode, und der Schlag seines Todes wurde geheilt.

Und (es) staunte die ganze Erde hinter dem Tier, [4] und sie huldigten dem Drachen, weil er gab die Vollmacht dem Tier, und sie huldigten dem Tier, sagend: Wer (ist) gleich dem Tier, und wer kann Krieg führen mit ihm?

[5] Und gegeben wurde ihm ein Maul, redend Großes und Lästerungen, und gegeben wurde ihm Vollmacht, zu wirken zwei[und]vierzig Monate. [6] Und es öffnete sein Maul zu Lästerungen gegen Gott, zu lästern seinen Namen und sein Zelt, die im Himmel Zeltenden. [7] Und gegeben wurde ihm, Krieg zu machen mit den Heiligen und sie zu besiegen, und gegeben wurde ihm Vollmacht über jeden Stamm und (jedes) Volk und (jede) Zunge und (jede) Völkerschaft. [8] Und huldigen werden ihm alle Wohnenden auf der Erde, (jeder,) von dem nicht geschrieben ist sein Name im Buch des Lebens des geschlachteten Lammes seit Grundlegung (der) Welt.

[9] Wenn einer hat ein Ohr, hören soll er! [10] Wenn einer in Gefangenschaft (soll), in Gefangenschaft geht er fort; wenn einer mit (dem) Schwert getötet werden (soll), wird er mit (dem) Schwert getötet. Hier ist die Ausdauer und die Treue der Heiligen (nötig).

[11] Und ich sah ein anderes Tier heraufsteigend aus der Erde, und es hatte zwei Hörner gleich einem Lamm, und es re-

dete wie ein Drache. [12] Und die ganze Vollmacht des ersten Tieres wirkt es vor ihm, und es bewirkt, daß die Erde und die auf ihr Wohnenden huldigen dem ersten Tier, von dem geheilt wurde der Schlag seines Todes. [13] Und es wirkt große Zeichen, daß es bewirkt, daß auch Feuer aus dem Himmel herabsteigt auf die Erde vor den Menschen, [14] und es führt die Wohnenden auf der Erde irre durch die Zeichen, die ihm gegeben wurden, zu wirken vor dem Tier, sagend den Wohnenden auf der Erde, zu machen ein Bild für das Tier, das den Schlag des Schwertes hat und auflebte.

[15] Und gegeben wurde ihm, zu geben Geist dem Bild des Tieres, damit auch rede das Bild des Tieres und bewirke, [daß], welche immer nicht huldigen dem Bild des Tieres, getötet würden. [16] Und es bewirkt, daß alle, die Kleinen und die Großen, und die Reichen und die Armen, und die Freien und die Sklaven, sich geben ein Prägezeichen auf ihre rechte Hand oder auf ihre Stirn, [17] und daß keiner kaufen oder verkaufen kann, wenn nicht der Habende das Prägezeichen: den Namen des Tieres oder die Zahl seines Namens.

[18] Hier ist die Weisheit (nötig). Der Verstand Habende soll berechnen die Zahl des Tieres! Denn (die) Zahl eines Menschen ist sie, und seine Zahl (ist) sechshundertsechsundsechzig.

14 [1] Und ich sah (auf), und siehe, das Lamm, stehend auf dem Berg Sion, und mit ihm hundertvierundvierzigtausend, habend seinen Namen und den Namen seines Vaters geschrieben auf ihren Stirnen. [2] Und ich hörte eine Stimme aus dem Himmel wie eine Stimme vieler Wasser und wie eine Stimme eines großen Donners, und die Stimme, die ich hörte, (war) wie von Kitharaspielern, kitharaspielend auf ihren Kitharas. [3] Und sie singen (etwas) [wie] ein neues Lied vor dem Thron und vor den vier Lebewesen und den Ältesten, und keiner konnte lernen das Lied außer den hundertvierundvierzigtausend, den Gekauften von der Erde. [4] Diese sind (die), die mit Frauen sich nicht befleckten, denn jungfräulich sind sie; diese (sind) die Folgenden dem Lamm, wohin immer es fortgeht. Diese wurden gekauft von den Men-

schen als Erstlingsgabe für Gott und für das Lamm, [5]und *in* Zef 3,13
ihrem Mund nicht wurde gefunden eine Lüge, fehllos sind sie. Jes 53,9

[6]Und ich sah einen anderen Engel fliegend in (der) Himmelsmitte, habend ein ewiges Evangelium zu verkünden für die Sitzenden auf der Erde und für jede Völkerschaft und (jeden) Stamm und (jede) Zunge und (jedes) Volk, [7]sagend mit lauter Stimme: Fürchtet Gott und gebt ihm Ehre, denn (es) kam die Stunde seines Gerichts, und huldigt dem, der machte den Himmel und die Erde und (das) Meer und Quellen (der) Wasser!

[8]Und ein anderer, zweiter Engel folgte, sagend:
(Es) fiel, (es) fiel Babylon, die große, die aus dem Wein der Leidenschaft ihrer Hurerei getränkt hat alle Völker.

[9]Und ein anderer, dritter Engel folgte ihnen, sagend mit lauter Stimme:
Wenn einer huldigt dem Tier und seinem Bild und empfängt ein Prägezeichen auf seine Stirn oder auf seine Hand, [10]wird er auch trinken vom Wein der Leidenschaft Gottes, dem unvermischt eingeschenkten im Becher seines Zorns, und gequält werden wird er in Feuer und Schwefel vor (den) heiligen Engeln und vor dem Lamm. [11]Und der Rauch ihrer Qual steigt in Aionen (der) Aionen auf, und nicht haben Ruhe tags und nachts die Huldigenden dem Tier und seinem Bild, und wenn einer empfängt das Prägezeichen seines Namens. [12]Hier ist die Ausdauer der Heiligen (nötig), der Bewahrenden die Gebote Gottes und den Glauben an Jesus.

[13]Und ich hörte eine Stimme aus dem Himmel, sagend:
Schreibe:
Selig (sind) die Toten, die im Herrn Sterbenden ab jetzt. Ja, sagt der Geist, damit sie ausruhen von ihren Mühen, denn ihre Werke folgen mit ihnen.

[14]Und ich sah (auf), und siehe, eine weiße Wolke, und auf der Wolke ein Sitzender gleich (dem) Sohn eines Menschen, habend auf seinem Kopf einen goldenen Kranz und in seiner Hand eine scharfe Sichel. [15]Und ein anderer Engel kam heraus aus dem Tempel, schreiend mit lauter Stimme zu dem

Sitzenden auf der Wolke: Schicke deine Sichel und ernte! Denn (es) kam die Stunde zu ernten, weil gedörrt ist die Ernte der Erde. [16] Und (es) warf der Sitzende auf der Wolke seine Sichel auf die Erde, und (ab)geerntet wurde die Erde.

[17] Und ein anderer Engel kam heraus aus dem Tempel, dem im Himmel, habend auch er eine scharfe Sichel. [18] Und ein anderer Engel [kam heraus] aus dem Altar, [der] Habende Vollmacht über das Feuer, und er schrie mit lauter Stimme zu dem Habenden die scharfe Sichel, sagend: Schicke deine scharfe Sichel und ernte ab die Trauben des Weinstocks der Erde! Denn reif sind seine Beeren. [19] Und (es) warf der Engel seine Sichel auf die Erde, und er erntete ab den Weinstock der Erde, und er warf (die Trauben) in die Kelter der großen Wut Gottes. [20] Und getreten wurde die Kelter außerhalb der Stadt, und heraus kam Blut aus der Kelter bis zum Zaumzeug der Pferde, an die tausendsechshundert Stadien.

15

[1] Und ich sah ein anderes Zeichen am Himmel, groß und wunderbar, sieben Engel, habend sieben Schläge, die letzten, denn in ihnen wurde vollendet die Wut Gottes.

[2] Und ich sah (etwas) wie ein gläsernes Meer, gemischt mit Feuer, und die Siegenden über das Tier und über sein Bild und über die Zahl seines Namens, stehend am gläsernen Meer, habend (die) Kitharas Gottes. [3] Und sie singen das Lied (des) Moyses, des Knechtes Gottes, und das Lied des Lammes, sagend: *Groß* und *wunderbar (sind) deine Werke, Herr, Gott, der Allherrscher; gerecht und wahr (sind) deine Wege, König der Völker;* [4] *wer wird nicht fürchten, Herr, und verherrlichen deinen Namen?* Denn allein heilig (bist du), denn *alle Völker werden kommen und werden huldigen vor dir,* denn deine Rechtsprüche wurden offenbar gemacht.

[5] Und danach sah ich (auf), und geöffnet wurde der Tempel des Zeltes des Zeugnisses im Himmel, [6] und herauskamen die sieben Engel, [die] Habenden die sieben Schläge, aus dem

Ps 111,2; 139,14
Am 3,13; 4,13 (G)
Dtn 32,4
Ps 145,17
Jer 10,7
Ps 86,9
Jes 2,2
Jer 16,19

Tempel, angezogen mit reinem, strahlendem Leinen, und umgürtet um die Brüste mit goldenen Gürteln. ⁷Und eines von den vier Lebewesen gab den sieben Engeln sieben goldene Schalen voll der Wut Gottes, des lebenden in die Aionen der Aionen. ⁸Und gefüllt wurde der Tempel mit Rauch von der Herrlichkeit Gottes und von seiner Kraft, und keiner konnte hineingehen in den Tempel, bis vollendet würden die sieben Schläge der sieben Engel.

16 ¹Und ich hörte eine laute Stimme aus dem Tempel, sagend den sieben Engeln: Geht fort und gießt aus die sieben Schalen der Wut Gottes auf die Erde!

²Und wegging der erste, und er goß aus seine Schale auf die Erde, und (es) entstand ein schlechtes und böses Geschwür an den Menschen, den habenden das Prägezeichen des Tieres und den huldigenden seinem Bild.

³Und der zweite goß aus seine Schale auf das Meer, und (es) entstand Blut wie eines Toten, und jedes Lebewesen starb, (all) das im Meer.

⁴Und der dritte goß aus seine Schale auf die Flüsse und die Quellen (der) Wasser, und (es) entstand Blut. ⁵Und ich hörte den Engel der Wasser, sagend: Gerecht bist du, der ist und der war, der Heilige, daß du dieses gerichtet hast, ⁶denn Blut von Heiligen und Propheten vergossen sie, und Blut [hast] du ihnen gegeben zu trinken, würdig sind sie (dessen).

⁷Und ich hörte den Altar, sagend: Ja, Herr, Gott, der Allherrscher, wahr und gerecht (sind) deine Gerichte.

⁸Und der vierte goß aus seine Schale auf die Sonne, und gegeben wurde ihr, zu verbrennen die Menschen in Feuer. ⁹Und verbrannt wurden die Menschen mit großer Glut, und sie lästerten den Namen Gottes, des habenden die Vollmacht über diese Schläge, aber nicht kehrten sie um, ihm zu geben Ehre.

¹⁰Und der fünfte goß aus seine Schale auf den Thron des Tieres, und (es) wurde sein Königtum verfinstert, und sie zerbissen ihre Zungen vor Schmerz, ¹¹und sie lästerten den Gott des Himmels wegen ihrer Schmerzen und wegen ihrer

Geschwüre, aber nicht kehrten sie um von ihren Werken.

[12] Und der sechste goß aus seine Schale auf den großen Fluß, den Euphrates, und (es) vertrocknete sein Wasser, damit bereitet werde der Weg der Könige, derer vom Aufgang (der) Sonne. [13] Und ich sah aus dem Maul des Drachen und aus dem Maul des Tieres und aus dem Mund des Lügenpropheten drei unreine Geister wie Frösche; [14] denn sie sind Zeichen wirkende Geister von Dämonen, die herausgehen zu den Königen des ganzen Erdkreises, sie zu versammeln zum Krieg des großen Tages Gottes, des Allherrschers. [15] Siehe, ich komme wie ein Dieb. Selig der Wachende und Bewahrende seine Gewänder, damit er nicht nackt umhergehe und sie sehen seine Scham. [16] Und sie versammelten sie an dem Ort, dem auf hebraisch Harmagedon gerufenen.

[17] Und der siebte goß aus seine Schale auf die Luft, und herauskam eine laute Stimme aus dem Tempel von dem Thron, sagend: Es ist geschehen. [18] Und (es) entstanden Blitze und Stimmen und Donner, und ein großes Erdbeben entstand, wie nicht entstand, seitdem ein Mensch entstand auf der Erde, ein solches Erdbeben, so groß. [19] Und (es) wurde die große Stadt zu drei Teilen, und die Städte der Völker fielen. Und Babylon, die große, (ihrer) wurde gedacht vor Gott, zu geben ihr den Becher des Weines der Wut seines Zorns. [20] Und jede Insel floh, und Berge wurden nicht gefunden. [21] Und ein großer Hagel wie von Zentnerschwere fällt herab aus dem Himmel auf die Menschen, und (es) lästerten die Menschen Gott wegen des Schlags des Hagels, weil groß ist sein Schlag sehr.

17

[1] Und (es) kam einer von den sieben Engeln, den habenden die sieben Schalen, und redete mit mir, sagend: Auf, ich werde dir zeigen den Gerichtsbeschluß über die große Hure, der sitzenden an vielen Wassern, [2] mit der hurten die Könige der Erde, und (es) betranken sich die Bewohnenden die Erde vom Wein ihrer Hurerei; [3] und forttrug er mich in eine Wüste im Geist.

Und ich sah eine Frau, sitzend auf einem scharlachroten

Tier, voller Namen (der) Lästerung, habend sieben Köpfe und zehn Hörner. [4] Und die Frau war umworfen mit Purpur und Scharlach und vergoldet mit Gold und wertvollem Stein und Perlen, habend einen goldenen Becher in ihrer Hand voll von Greueln und dem Unreinen ihrer Hurerei [5] und auf ihrer Stirn einen Namen geschrieben, ein Geheimnis, Babylon, die große, die Mutter der Huren und der Greuel der Erde. [6] Und ich sah die Frau betrunken vom Blut der Heiligen und vom Blut der Zeugen für Jesus. Und ich staunte, sie sehend, ein großes Staunen.

[7] Und (es) sprach zu mir der Engel: Weshalb stauntest du? Ich werde dir sagen das Geheimnis der Frau und des Tieres, des sie tragenden, des habenden die sieben Köpfe und die zehn Hörner.

[8] Das Tier, das du sahst, war und ist nicht und wird aufsteigen aus dem Abgrund, und ins Verderben geht es fort, und staunen werden die Wohnenden auf der Erde, von denen nicht geschrieben ist der Name ins Buch des Lebens seit Grundlegung (der) Welt, sehend das Tier, daß es war und nicht ist und dasein wird; [9] hier (ist) der Verstand (nötig), der Weisheit habende. Die sieben Köpfe sind sieben Berge, worauf die Frau sitzt. Und (es) sind sieben Könige; [10] die fünf fielen, der eine ist, der andere kam noch nicht, und wann er kommt, kurz soll er bleiben. [11] Und das Tier, das war und nicht ist, ist auch selbst (der) achte und ist von den sieben, und ins Verderben geht es fort. [12] Und die zehn Hörner, die du sahst, sind zehn Könige, welche ein Königtum noch nicht empfingen, doch Vollmacht wie Könige empfangen sie für eine (einzige) Stunde mit dem Tier. [13] Diese haben eine (einzige) Meinung, und die Kraft und ihre Vollmacht geben sie dem Tier. [14] Diese werden mit dem Lamm Krieg führen, und das Lamm wird sie besiegen, weil es Herr (der) Herren ist und König (der) Könige, und die mit ihm (sind) Berufene und Auserwählte und Treue.

[15] Und er sagt mir: Die Wasser, die du sahst, wo die Hure sitzt, Völker und Volksmengen sind sie und Völkerschaften und Zungen. [16] Und die zehn Hörner, die du sahst, und das

Tier, diese werden hassen die Hure, und verwüstet werden sie sie machen und nackt, und ihr Fleisch werden sie essen und sie verbrennen in Feuer. [17] Denn Gott gab in ihre Herzen, zu tun seine Meinung und zu tun eine (einzige) Meinung und zu geben ihr Königtum dem Tier, bis erfüllt sein werden die Worte Gottes. [18] Und die Frau, die du sahst, ist die große Stadt, die habende ein Königtum über die Könige der Erde.

18 [1] Danach sah ich einen anderen Engel herabsteigend aus dem Himmel, habend große Vollmacht, und die Erde wurde erleuchtet von seiner Herrlichkeit. [2] Und er schrie mit starker Stimme, sagend: (Es) fiel, (es) fiel Babylon, die große, und wurde eine Wohnstätte von Dämonen und ein Gefängnis eines jeden unreinen Geistes und ein Gefängnis eines jeden unreinen Vogels [und ein Gefängnis eines jeden unreinen] und gehaßten [Tieres], [3] weil vom Wein der Leidenschaft ihrer Hurerei getrunken haben alle Völker und die Könige der Erde mit ihr hurten und die Kaufleute der Erde aus der Kraft ihrer Genußsucht reich wurden.

[4] Und ich hörte eine andere Stimme aus dem Himmel, sagend: Kommt heraus, mein Volk, aus ihr, damit ihr nicht mit teilhabt an ihren Sünden, und damit ihr von ihren Schlägen nicht empfangt, [5] denn aneinandergereiht wurden ihre Sünden bis zum Himmel, und (es) gedachte Gott ihrer Unrechttaten. [6] Vergeltet ihr, wie auch sie vergolten hat, und verdoppelt das Doppelte gemäß ihren Werken! In den Becher, den sie einschenkte, schenkt ihr doppelt ein! [7] Wieviel sie sich verherrlichte und genußsüchtig war, soviel gebt ihr Qual und Trauer. Denn in ihrem Herzen sagt sie: Ich sitze als eine Königin, und nicht bin ich Witwe, und Trauer sehe ich gewiß nicht. [8] Deswegen werden an einem (einzigen) Tag ihre Schläge kommen, Tod und Trauer und Hungersnot, und in Feuer wird sie verbrannt werden, denn ein starker Herr (ist) Gott, der sie Richtende.

[9] Und weinen und trauern werden über sie die Könige der Erde, die mit ihr gehurt haben und genußsüchtig waren, wann sie sehen den Rauch ihrer Feuersbrunst, [10] von weitem ste-

hend wegen der Furcht vor ihrer Qual, sagend: Wehe, wehe,
du große Stadt, Babylon, du starke Stadt, denn in einer (einzigen) Stunde kam dein Gericht.

[11] Und die Kaufleute der Erde weinen und trauern über sie,
weil ihre Ware keiner mehr kauft, [12] Ware von Gold und Silber und wertvollem Stein und Perlen und Leinen und Purpur
und Seide und Scharlach und jedes Holz vom Zitronenbaum
und jedes elfenbeinerne Gerät und jedes Gerät aus wertvoll-
stem Holz und Kupfer und Eisen und Marmor [13] und Zimt und
Amomon(balsam) und Räucherwerk und (Salb)öl und Weihrauch und Wein und Öl und feinstes Mehl und Weizen und
Großvieh und Schafe und von Pferden und von Wagen und
von Leibern und Seelen von Menschen. [14] Und die Früchte
der Begierde deiner Seele gingen weg von dir, und alles Fette
und das Strahlende ging zugrunde von dir, und nicht mehr
wird man sie finden.

[15] Die Kaufleute von diesen (Dingen), die reich gewordenen
von ihr, von weitem werden sie stehen wegen der Furcht vor
ihrer Qual, weinend und trauernd, [16] sagend: Wehe, wehe, du
große Stadt, die umworfene mit Leinen und Purpur und
Scharlach und (die) vergoldete [mit] Gold und wertvollem
Stein und Perle, [17] denn in einer (einzigen) Stunde wurde
verwüstet so großer Reichtum. Und jeder Steuermann und jeder zu einem Ort Segelnde und Seeleute und soviele (auf)
dem Meer arbeiten, von weitem standen sie [18] und schrien,
sehend den Rauch ihrer Feuersbrunst, sagend: Wer (ist)
gleich der großen Stadt? [19] Und sie warfen Staub auf ihre
Köpfe und schrien weinend und trauernd, sagend: Wehe,
wehe, du große Stadt, in der reich wurden alle, die Habenden
die Schiffe auf dem Meer, aufgrund ihrer Schätze, denn in
einer (einzigen) Stunde wurde sie verwüstet. [20] Freue dich
über sie, Himmel, und ihr Heiligen und ihr Apostel und ihr
Propheten, denn (es) vollzog Gott euren Gerichtsbeschluß an
ihr.

[21] Und aufhob ein (einzelner) starker Engel einen Stein wie
einen großen Mühlstein und warf (ihn) ins Meer, sagend: So

wird mit Gewalt geworfen werden Babylon, die große Stadt, und nicht gefunden wird sie mehr. ²² Und (die) Stimme von Kitharaspielern und Musikern und Flötenspielern und Trompetenbläsern werde nicht gehört mehr in dir, und jeder Künstler jeder Kunst werde nicht gefunden mehr in dir, und (die) Stimme eines Mühlsteins werde nicht gehört mehr in dir, ²³ und (das) Licht einer Leuchte nicht scheine mehr in dir, und (die) Stimme eines Bräutigams und einer Braut werde nicht gehört mehr in dir; denn deine Kaufleute waren die Großen der Erde, weil durch deine Zauberei irregeführt wurden alle Völker, ²⁴ und in ihr wurde Blut von Propheten und Heiligen gefunden und von allen Geschlachteten auf der Erde.

19 ¹ Danach hörte ich (etwas) wie eine laute Stimme einer großen Volksmenge im Himmel, sagend: Halleluja; das Heil und die Herrlichkeit und die Kraft (sind) unseres Gottes, ² weil wahr und gerecht seine Gerichte; denn er richtete die große Hure, welche verdarb die Erde in ihrer Hurerei, und rächte das Blut seiner Knechte an ihrer Hand. ³ Und zum zweiten (Mal) haben sie gesagt: Halleluja; und ihr Rauch steigt hinauf in die Aionen der Aionen. ⁴ Und (nieder)fielen die vierundzwanzig Ältesten und die vier Lebewesen, und sie huldigten Gott, dem Sitzenden auf dem Thron, sagend: Amen, halleluja. ⁵ Und eine Stimme ging vom Thron aus, sagend: Lobt unseren Gott, alle seine Knechte [und] die ihn Fürchtenden, die Kleinen und die Großen. ⁶ Und ich hörte (etwas) wie eine Stimme einer großen Volksmenge und wie eine Stimme vieler Wasser und wie eine Stimme starker Donner, sagend: Halleluja, denn König wurde (der) Herr, [unser] Gott, der Allherrscher. ⁷ Wir wollen uns freuen und jubeln, und wir werden geben ihm die Ehre, denn (es) kam die Hochzeit des Lammes und seine Frau bereitete sich, ⁸ und gegeben wurde ihr, damit sie sich umwerfe strahlendes reines Leinen; denn das Leinen sind die Rechttaten der Heiligen.

⁹ Und er sagt mir: Schreibe: Selig, die zum Mahl der Hochzeit des Lammes Gerufenen. Und er sagt mir: Diese sind die wahren Worte Gottes. ¹⁰ Und (nieder)fiel ich vor seinen Fü-

ßen, ihm zu huldigen. Und er sagt mir: Sieh, nicht! Dein Mitknecht bin ich und (der) deiner Brüder, der habenden das
Zeugnis von Jesus; Gott huldige! Denn das Zeugnis von Jesus
ist der Geist der Prophetie.

[11] Und ich sah den Himmel geöffnet, und siehe, ein weißes
Pferd und der Sitzende auf ihm, [gerufen] treu und wahr, und
in Gerechtigkeit richtet er und führt er Krieg. [12] Seine Augen
aber [wie] eine Feuerflamme, und auf seinem Kopf viele Diademe, habend einen Namen geschrieben, den keiner kennt,
außer er selbst, [13] und umworfen mit einem Gewand, getaucht
in Blut, und gerufen ist sein Name: das Wort Gottes.
[14] Und die Heere, [die] im Himmel, folgten ihm auf weißen
Pferden, angezogen mit weißem reinem Leinen. [15] Und aus
seinem Mund kommt heraus ein scharfes Schwert, damit er
mit ihm schlage die Völker, und er selbst *wird sie weiden mit*   Ps 2,9
eisernem Stab, und er selbst tritt die Kelter des Weines der
Leidenschaft des Zornes Gottes, des Allherrschers, [16] und er
hat auf dem Gewand und auf seinem Schenkel einen Namen
geschrieben: König (der) Könige und Herr (der) Herren.

[17] Und ich sah einen (einzelnen) Engel stehend in der Sonne, und er schrie [mit] lauter Stimme, sagend allen Vögeln,
den fliegenden in (der) Himmelsmitte: Auf, versammelt euch
zum großen Mahl Gottes, [18] damit ihr eßt Fleisch von Königen und Fleisch von Chiliarchen und Fleisch von Starken und
Fleisch von Pferden und von den Sitzenden auf ihnen und
Fleisch von allen Freien und von Sklaven und von Kleinen
und von Großen.

[19] Und ich sah das Tier und die Könige der Erde und ihre
Heere versammelt, zu machen den Krieg mit dem Sitzenden
auf dem Pferd und mit seinem Heer. [20] Und gefangen wurde
das Tier und mit ihm der Lügenprophet, der gemacht hatte
die Zeichen vor ihm, mit denen er irreführte, die empfingen
das Prägezeichen des Tieres und die Huldigenden seinem
Bild; lebend wurden geworfen die zwei in den See des Feuers, den brennenden in Schwefel. [21] Und die übrigen wurden
getötet mit dem Schwert des Sitzenden auf dem Pferd, dem

herauskommenden aus seinem Mund, und alle Vögel wurden gesättigt von ihrem Fleisch.

20 ^{1} Und ich sah einen Engel herabsteigend aus dem Himmel, habend den Schlüssel des Abgrundes und eine große Kette in seiner Hand. ^{2} Und er ergriff den Drachen, die alte Schlange, der ist (der) Teufel und der Satan, und er band ihn tausend Jahre, ^{3} und er warf ihn in den Abgrund, und er verschloß und versiegelte über ihm, damit er nicht irreführe mehr die Völker, bis vollendet wären die tausend Jahre. Danach muß er gelöst werden eine kurze Zeit.

^{4} Und ich sah Throne, und sie setzten sich auf sie, und (der) Gerichtsbeschluß wurde ihnen gegeben, und die Seelen der Geköpften wegen des Zeugnisses von Jesus und wegen des Wortes Gottes, und welche nicht huldigten dem Tier noch seinem Bild und nicht empfingen das Prägezeichen auf die Stirn und auf ihre Hand. Und sie wurden lebendig und sie herrschten als Könige mit dem Christos tausend Jahre. ^{5} Die übrigen der Toten wurden nicht lebendig, bis vollendet waren die tausend Jahre.

Dies (ist) die erste Auferstehung. ^{6} Selig und heilig der Teilhabende an der ersten Auferstehung; über diese hat der zweite Tod nicht Vollmacht, sondern sie werden sein Priester Gottes und des Christos, und sie werden als Könige herrschen mit ihm [die] tausend Jahre.

^{7} Und wann vollendet sind die tausend Jahre, wird gelöst werden der Satan aus seinem Gefängnis, ^{8} und er wird ausgehen, irrezuführen die Völker, die in den vier Ecken der Erde, den Gog und Magog, zu versammeln sie zum Krieg, deren Zahl (sein wird) wie der Sand des Meeres. ^{9} Und heraufstiegen sie auf der Breite der Erde, und sie umringten das Lager der Heiligen und die geliebte Stadt, *und herabfiel Feuer aus dem Himmel, und es fraß sie auf.* ^{10} Und der Teufel, der sie Irreführende, wurde geworfen in den See des Feuers und Schwefels, wo auch das Tier und der Lügenprophet (sind), und sie werden gequält werden tags und nachts in die Aionen der Aionen.

2 Kön 1,10.12

[11] Und ich sah einen großen weißen Thron und den Sitzenden auf ihm, vor dessen Angesicht die Erde floh und der Himmel, und eine Stätte wurde nicht gefunden für sie. [12] Und ich sah die Toten, die großen und die kleinen, stehend vor dem Thron. Und Bücher wurden geöffnet, und ein anderes Buch wurde geöffnet, das ist (das) des Lebens, und es wurden gerichtet die Toten aufgrund des Geschriebenen in den Büchern gemäß ihren Werken. [13] Und (es) gab heraus das Meer die Toten, die in ihm, und der Tod und der Hades gaben heraus die Toten, die in ihnen, und sie wurden gerichtet, jeder gemäß seinen Werken. [14] Und der Tod und der Hades wurden geworfen in den See des Feuers. Dieser Tod ist der zweite, der See des Feuers. [15] Und wenn einer nicht gefunden wurde eingeschrieben im Buch des Lebens, wurde er geworfen in den See des Feuers.

21 [1] Und ich sah einen neuen Himmel und eine neue Erde. Denn der erste Himmel und die erste Erde vergingen, und das Meer ist nicht mehr. [2] Und die heilige Stadt, ein neues Jerusalem, sah ich herabsteigend aus dem Himmel von Gott (her), bereitet wie eine Braut, geschmückt für ihren Mann. [3] Und ich hörte eine laute Stimme vom Thron (her), sagend: Siehe, das Zelt Gottes bei den Menschen, und er wird zelten bei ihnen, und sie werden seine Völker sein, und Gott selbst wird bei ihnen sein [als ihr Gott], [4] *und abwischen wird er jede Träne aus* ihren *Augen,* und der Tod wird nicht mehr sein, auch nicht Trauer, auch nicht Geschrei, auch Mühe wird nicht mehr sein, weil das Erste verging. Jes 25,8

[5] Und (es) sprach der Sitzende auf dem Thron: Siehe, neu mache ich alles. Und er sagt: Schreibe: Diese Worte sind zuverlässig und wahr. [6] Und er sprach zu mir: Es ist geschehen. Ich [bin] das Alpha und das Omega, der Anfang und das Ende. Ich werde dem Dürstenden geben aus der Quelle des Wassers des Lebens umsonst. [7] Der Siegende wird dieses erben, und *ich werde ihm Gott sein, und er wird mir Sohn sein.* 2 Sam 7,14 [8] Den Feigen aber und Untreuen und Verabscheuungswürdigen und Mördern und Hurern und Zauberern und Götzendie- Ez 11,20

nern und allen Lügnerischen (ist) ihr Anteil im See, dem brennenden (in) Feuer und Schwefel, das ist der zweite Tod.

⁹ Und (es) kam einer von den sieben Engeln, den habenden die sieben Schalen voll der letzten sieben Schläge, und er redete mit mir, sagend: Auf, ich werde dir zeigen die Braut, die Frau des Lammes. ¹⁰ Und forttrug er mich im Geist auf einen großen und hohen Berg, und er zeigte mir die heilige Stadt Jerusalem, herabsteigend aus dem Himmel von Gott (her), ¹¹ habend die Herrlichkeit Gottes, ihre Leuchte gleich einem sehr wertvollen Stein, wie ein kristallen glänzender Jaspisstein. ¹² Habend eine große und hohe Mauer, habend zwölf Tore und auf den Toren zwölf Engel und Namen angeschrieben, welche sind [die Namen] der zwölf Stämme (der) Söhne Israels; ¹³ im Osten drei Tore und im Norden drei Tore und im Süden drei Tore und im Westen drei Tore. ¹⁴ Und die Mauer der Stadt, habend zwölf Grundsteine und auf ihnen (die) zwölf Namen der zwölf Apostel des Lammes.

¹⁵ Und der Redende mit mir hatte ein Maß, ein goldenes Rohr, damit er messe die Stadt und ihre Tore und ihre Mauer. ¹⁶ Und die Stadt steht viereckig da, und ihre Länge (ist) so groß wie [auch] die Breite. Und er maß die Stadt mit dem Rohr auf zwölftausend Stadien, die Länge und die Breite und die Höhe von ihr sind gleich. ¹⁷ Und er maß ihre Mauer mit hundertvierundvierzig Ellen nach Maß eines Menschen, das ist (das) eines Engels. ¹⁸ Und das Baumaterial ihrer Mauer (ist) Jaspis, und die Stadt reines Gold gleich reinem Glas. ¹⁹ Die Grundsteine der Mauer der Stadt (sind) mit jedem kostbaren Stein geschmückt; der erste Grundstein ein Jaspis, der zweite ein Saphir, der dritte ein Chalcedon, der vierte ein Smaragd, ²⁰ der fünfte ein Sardonyx, der sechste ein Karneol, der siebte ein Chrysolith, der achte ein Beryll, der neunte ein Topas, der zehnte ein Chrysopras, der elfte ein Hyazinth, der zwölfte ein Amethyst, ²¹ und die zwölf Tore zwölf Perlen, je ein jedes der Tore war aus einer (einzigen) Perle. Und die Straße der Stadt (war) reines Gold wie durchsichtiges Glas.

²² Aber einen Tempel sah ich nicht in ihr, denn der Herr,

Gott, der Allherrscher ist ihr Tempel und das Lamm. [23] Und die Stadt hat nicht nötig die Sonne noch den Mond, damit sie ihr scheinen, denn die Herrlichkeit Gottes erleuchtete sie, und ihre Leuchte (ist) das Lamm. [24] Und (es) werden wandeln die Völker aufgrund ihres Lichts, und die Könige der Erde bringen ihre Herrlichkeit in sie, [25] und ihre Tore werden nicht geschlossen werden tags, denn Nacht wird nicht sein dort, [26] und sie werden bringen die Herrlichkeit und die Ehre der Völker in sie. [27] Und nicht wird hineingehen in sie jegliches Gemeine, nämlich [der] Tuende Greuel und Lüge, wenn nicht die Eingeschriebenen im Buch des Lebens des Lammes.

22

[1] Und er zeigte mir einen Fluß von Wasser (des) Lebens, strahlend wie Kristall, ausgehend vom Thron Gottes und des Lammes. [2] Inmitten ihrer Straße und hüben und drüben des Flusses (ist) ein Baum (des) Lebens, bringend zwölf Früchte, monatlich ein jeder abgebend seine Frucht, und die Blätter des Baumes (sind) zur Heilung der Völker. [3] Und jeglicher Fluch wird nicht mehr sein. Und der Thron Gottes und des Lammes wird in ihr sein, und seine Knechte werden ihm dienen, [4] und sie werden sehen sein Angesicht, und sein Name auf ihren Stirnen. [5] Und Nacht wird nicht mehr sein, und nicht haben sie nötig (das) Licht einer Leuchte und (das) Licht (der) Sonne, weil (der) Herr, Gott, leuchten wird über ihnen, und sie werden als Könige herrschen in die Aionen der Aionen.

[6] Und er sprach zu mir: Diese Worte (sind) zuverlässig und wahr, und der Herr, der Gott der Geister der Propheten, schickte seinen Engel, zu zeigen seinen Knechten, was geschehen muß in Kürze. [7] Und siehe, ich komme schnell. Selig der Bewahrende die Worte der Prophetie dieses Buches.

[8] Und ich, Johannes, (bin) der Hörende und Sehende dieses. Und als ich hörte und sah, (nieder)fiel ich zu huldigen vor den Füßen des Engels, des Zeigenden mir dieses. [9] Und er sagt mir: Sieh, nicht! Dein Mitknecht bin ich und (der) deiner Brüder, der Propheten und der Bewahrenden die Wor-

te dieses Buches; Gott huldige!

[10] Und er sagt mir: Versiegele nicht die Worte der Prophetie dieses Buches! Denn die Zeit ist nahe. [11] Der Unrecht Tuende soll weiter Unrecht tun, und der Schmutzige soll sich weiter beschmutzen, und der Gerechte soll weiter Gerechtigkeit tun, und der Heilige soll sich weiter heiligen!

[12] Siehe, ich komme schnell, und mein Lohn mit mir, zu vergelten einem jeden, wie sein Werk ist. [13] Ich (bin) das Alpha und das Omega, der Erste und der Letzte, der Anfang und das Ende.

[14] Selig die Waschenden ihre Gewänder, damit ihrer sein wird die Vollmacht über den Baum des Lebens und sie durch die Tore hineingehen werden in die Stadt. [15] Draußen die Hunde und die Zauberer und die Hurer und die Mörder und die Götzendiener und jeder (die) Lüge Liebende und Tuende.

[16] Ich, Jesus, schickte meinen Engel, euch zu bezeugen dieses über die Gemeinden. Ich bin die Wurzel und das Geschlecht Davids, der strahlende Morgenstern.

[17] Und der Geist und die Braut sagen: Komm! Und der Hörende soll sprechen: Komm! Und der Dürstende soll kommen, der Wollende soll empfangen Wasser (des) Lebens umsonst.

[18] Ich bezeuge einem jeden Hörenden die Worte der Prophetie dieses Buches: Wenn einer etwas hinzulegt auf es, wird hinzulegen Gott auf ihn die Schläge, die in diesem Buch beschriebenen, [19] und wenn einer wegnimmt von den Worten des Buches dieser Prophetie, den in diesem Buch geschriebenen, wird wegnehmen Gott seinen Anteil vom Baum des Lebens und von der heiligen Stadt.

[20] (Es) sagt der dieses Bezeugende: Ja, ich komme schnell. Amen, komm, Herr Jesus!

[21] Die Gnade des Herrn Jesus (sei) mit allen.

ANHANG

Es bestand von Anfang an der Wunsch, der Übersetzung des MNT eine Liste von Erklärungen und Karten beizugeben. Gerade weil wir uns entschlossen hatten, die Eigennamen und viele Spezialbegriffe – mit einigen wenigen Ausnahmen - in der Form zu belassen, wie sie im griechischen Text stehen, mußten sich die Benutzer des MNT an so manches Ungewohnte gewöhnen. Nicht selten werden sie sich Lese-Hilfen gewünscht haben, wie wir sie jetzt bei der 5. Auflage des MNT anbieten können. Darüber sind wir Herausgeber dem Verlag außerordentlich dankbar.

Wort- und Sacherklärungen

Abaddon: Verderben, Untergang – Ort des Abgrunds: Totenreich; Name des Engels der Unterwelt, s. Apollyon

Abba: Vater – der Gott Jesu; Gebetsanrufung

Achaia: Mittel- und Südgriechenland, röm. Provinz

Adramyttium: Stadt und Hafen in Mysien/Kleinasien

Aigyptos: Ägypten – urspr.: Beiname der Stadt Memphis

Ainon: Aufenthaltsort Johannes des Täufers südl. v. Skythopolis (?)

Aion: Weltzeit, Ewigkeit, Äon

Aithioper: Äthiopier

Alexandriner: Bewohner von Alexandria, Stadt im Nildelta

Ältestenrat: s. Synhedrion

Amen: „So ist es / so sei es" – Bestätigung des Willens und Wortes Gottes; oft liturgische Akklamation

Amomon: Balsam

Antichristos: Eschatologischer Gegenspieler Christi: „Gegenchristus"

Antiocheia: a) Stadt in Syrien, Hauptstadt der Seleukiden;
b) Stadt in Pisidien

Apollyon: Verderber – Anspielung auf Pestgott Apollon;
s. Abaddon

Apostolat: Beauftragung mit einer Sendung

Aposynagogos: ein aus der Synagoge Ausgestoßener

Arabia: Gebiet der Nabatäer, östlich des Jordan

Areopag: Areshügel in Athen – Amtssitz der athenischen
Stadtbehörde

Areopagit: Beisitzer des Gerichts auf dem Areopag

Arimathaia: Arimathäa – Heimatstadt des Ratsherrn
Joseph v. A.

Asia: westl. Teil Kleinasiens, röm. Provinz

Asiarch: städt. Abgeordneter für die Bundesversammlung
der Provinz Asia

Athenai: Athen – Hauptstadt Attikas, später Griechenlands

Baal: „Herr", „Besitzer", westsemitische Gottesbezeichnung

Babylon: Stadt am Euphrat, Hauptstadt des babylonischen
Reiches

Balaam: auch: Bileam; heidnischer Prophet der
Landnahmezeit

Barbar: Fremdsprachiger, Nicht-Grieche

Beelzebul: von Baal-Zebub: „Erhabener", „Fürst"; oberster
der bösen Geister; verballhornt: „Herr der Fliegen"

Beisasse: Zugezogener, Außenstehender – Mensch mit
anderer Heimat

Beliar: Bosheit, Verderben – Gottwidrige Macht: Satan,
Antichrist

Beroiaier: Bewohner der griech. Stadt Beröa im Süden
Mazedoniens

Bethzatha: Teich in Jerusalem nahe dem Schaftor

Bithynia: Bithynien: Königreich im nordwestl. Kleinasien,
später röm. Provinz

Boanerges: Donnersöhne – Bezeichnung Jesu für Jakobus
und Johannes

Centurio: Militärischer Führer einer Hundertschaft

Chaldaier: mit Babyloniern identifizierte Ostaramäer, auch Bezeichnung für Sterndeuter, Wahrsager, Magier

Chanaan: von Israel erobertes Gebiet im westjordanischen Bergland

Cherub: Mischwesen mit Löwen- und Menschengesichtern, Flügeln und Füßen; später: Hüter der Bundeslade im Tempel

Chiliarch: Anführer einer Tausendschaft, Befehlshaber einer Kohorte

Christianer: Christen, Anhänger des Christos (= Messias) Jesus

Dalmatia: röm. Provinz „oberes Illyrien" (heute: Albanien/Jugoslawien)

Damaskener: Bewohner der Stadt Damaskus (heute: Hauptstadt Syriens)

Dekapolis: Gebiet der Zehn Städte, fast alle im Ostjordanland, frühhellenistisch – von Pompeius zur Föderation zusammengefaßt

Derbaier: Bewohner der Stadt Derbe in Lykaonien/Kleinasien

Diaspora: Zerstreuung, v.a. Israels (später der Kirche) unter die Völker

Dike: Personifiziert als Strafgöttin gedachte Strafgerechtigkeit

Dioskuren: Zwillings-Götter Kastor und Pollux, Beschützer der Seefahrt

Elamiter: Bewohner des Landes Elam, östlich von Babylonien

Ephesier: Bewohner der Stadt Ephesus, Hauptstadt der röm. Provinz Asia

Ephatha: „Tue dich auf!"

Erstling: Erstfrüchte der Ernte, Erstgeburt des Viehs, als Geschenk-Opfer dargebracht – NT: überträgt auf Christus, Geist, Christen, v.a. Erstberufene

Ethnarch: hellenistischer Titel, etwa „Großherzog", „Fürst"

Euphrates: Fluß Euphrat, längster Fluß Vorderasiens

Eurakylon: Nordostwind

Gabbatha: Anhöhe, Erhebung – gepflasterter Hof der Burg Antonia; s. Lithostrotos

Galilaia: Galiläa – Land westlich des Sees Genezareth

Gehenna: Hölle, jenseitiger Strafort – abgeleitet vom Hinnom-Tal bei Jerusalem als Stätte der Verworfenheit

Gerasener: Bewohner von Gerasa, Stadt im Ostjordanland

Gethsemani: Name eines Gartens am Ölberg jenseits des Kidron

Gog: Feind aus dem Norden – Fürst des Landes Magog, Feldherr Satans beim endzeitlichen Völkerangriff auf Jerusalem

Golgotha: „Schädelstätte" – Hügel, Hinrichtungsort Jesu

Gomorra: wie Sodom: (wegen ihrer sprichwörtlichen Freveltaten) zerstörte Städte am Toten Meer

Hades: Totenreich, Scheol – im Innern der Erde vorgestellt

Häresie: Sekte, Parteiung, Richtung, Lehrmeinung; später: Irrlehre

Harmagedon: Berg von Megiddo, dem klassischen Schlachtfeld Kanaans – Ort endzeitlichen Kriegsgeschehens zwischen. Gott und seinen Feinden

Hebraier: Im Judentum: Ehrenname für die Juden – im NT: aramäisch sprechende Juden Palästinas (im Gegensatz zu den „Hellenisten")

Hellene: Grieche – Bewohner Griechenlands

Hellenismus: Durch Alexander d. Gr. und seine Nachfolger begründete Kulturepoche vom 3.–1. Jh. v. Chr.

Hellenist: von griechischer Sprache und Kultur beeinflußter Jude

Hermes: griechischer Gott (röm.: Merkur): Götterbote, Totenbegleiter

Herodianer: Im NT: Anhänger des Herodes Antipas, Gegner Jesu

Hierosolyma: Lateinischer Name für Jerusalem

Hierosolymite: Bewohner Jerusalems

Hosee: Hosea, jüdischer Prophet des 8. Jh. v. Chr.

Hymne: Gottesdienstliches Lied, Lob-Psalm

Idumaia: Land Edom im südjudäischen Gebiet

Ikonion: Ikonium – Hauptstadt Lykaoniens/ Kleinasien

Illyrikon: gebirgiges Land nordwestlich von Mazedonien

Iskariotes (= Iskarioth): Beiname des Judas: Mann aus Karioth (?)

Italika: Italische Kohorte (in Cäsarea?)

Ituraia: Ituräa – Landschaft nordöstlich Galiläas

Jezabel (= Isebel): Königin im Nordreich Israel, aus Tyrus stammend; im NT: Urbild einer zum Götzendienst verführenden Frau

Joppe (= Japho): Stadt an der philistäischen Küste zwischen Karmel und Gaza

Jordanes: Jordan – Fluß in Palästina

Jota: Kleinster Buchstabe der hebräischen Quadratschrift – Ausdruck für Geringfügigkeit

Judaia: Hell.-röm. Bezeichnung des Gebiets der israelitischen Südstämme Juda und Benjamin – Wohngebiet der „Juden"

Judaier: Juden – ursprünglich: Bewohner Judäas

Judaisch: jüdisch

Kaisareia: Cäsarea: „Cäsar-Städte", v.a. Augustus und Tiberius gewidmet (1. C. am Meer: Hafen- und Residenzstadt des röm. Prokurators; 2. C. Philippi: Hauptstadt der Tetrarchie des Herodessohnes Philippus)

Kajaphas: jüdischer Hoherpriester zur Zeit Jesu (18–37 n. Chr.)

Kana: Dorf in Galiläa

Kananaier: Kanaaniter – im AT: Herrenschicht in Palästina, städtische Bewohner des Landes Kanaan

Kapharnaum: auch: Kapernaum; Dorf am See Genezareth

Kappadokia: Kappadozien – Hochland im östlichen Kleinasien

Kithara: Musikinstrument, vergleichbar Zither und Laute

Kohorte: Römische Truppeneinheit: zehnter Teil einer Legion

Korban: Weihegabe an den Tempelschatz

Kraniou Topos: „Schädelstätte" – Ort der Hinrichtung Jesu

Kymbalon: Musikinstrument, vergleichbar der Cymbel
(= metallisches Handbecken, das mit einem
anderen zusammengeschlagen wird)

Kyprier: Bewohner der Insel Zypern

Kyrenaier: Bewohner der Hauptstadt der griech. Kolonie
Kyrenaike in Lybien

Laodikeia: Laodizea – Stadt in Phrygien

Laubhüttenfest: Wallfahrts- und Erntedankfest

Lema sabachthani: „Warum hast du mich verlassen?"

Libertiner: Freigelassener Sklave

Lithostrotos: „Marmorpflaster" – im Hof der Burg Antonia
(?) (s. Gabbatha)

Magdalenerin: aus Magdala stammend (Ort am
See Gennezareth)

Magog: Volk südöstlich des Schwarzen Meers – mythisches
Land des „Feindes aus dem Norden"

Makedonia: Gebiet im Norden Griechenlands, zeitweilig
Königreich, später röm. Provinz

Manna: man = „Brot vom Himmel", das die Israeliten in der
Wüste aßen (Ex 16): Wüstenfrucht von der Manna-
Tamariske

Maranatha: Gebetsruf: „Komm, Herr!"

Melite: Insel Malta

Messias: eschatologische Rettergestalt; wörtlich:
„Gesalbter", übersetzt: „Christus"

Miletos: Milet – Stadt im westlichen Kleinasien

Moyses: Mose(s) – Führer beim Auszug aus Ägypten

Mythos: Gedanke, Motiv, auch: Bericht; im NT: Fabel,
Schwindel

Nain: Stadt an der Südgrenze Galiläas

Nasiräer: Gottgeweihter in Israel, der/die ein Gelübde ablegte

Nazoraier: Nazarener, aus Nazara/Nazaret(h) stammend

Nikolait: Anhänger einer Sekte, benannt nach einem nicht bestimmbaren Nikolaus

Ölberg: „Berg der Ölbäume", Höhenzug im Osten Jerusalems

Omega: Letzter Buchstabe des griechischen Alphabets – Symbol für das Ende

Pascha: Jüdisches Pesach-, christliches Osterfest; auch Paschalamm

Pharao: ägyptisch: „großes Haus", „Palast"; übertragen auf den König als Repräsentanten des Staats

Pharisaier: Jüdische Gruppe, ursprünglich fromme „Separatisten"; im NT: Gesprächspartner und Gegner Jesu; nach 70 n. Chr. als Vertreter des Judentums Gegner des werdenden Christentums

Philadelpheia: lydische Stadt in Kleinasien

Philippesier: Bewohner der Stadt Philippi im Osten Mazedoniens

Phoinix: a) Vogel aus Arabien; b) Hafen von Kreta

Phrygia: Phrygien – Landschaft im westl. Hochland Kleinasiens

Porkios Festos: Porcius Festus, röm. Prokurator (60–62 n. Chr.)

Praitorion: Hauptquartier eines Prätors oder eines militärischen Befehlshabers; im NT: Amtssitz des Pilatus

Priester: „Wer Heiliges treibt", für heilige Handlungen zuständige Person; im NT: nur für jüdische Priester gebraucht

Prokurator: röm. Statthalter in Palästina (von 6–66 n. Chr.); Luther: „Landpfleger"

Proselyt: jemand, der sich dem Judentum anschloß

Rabbuni: „Mein Meister"; Titel für jüdischen Schriftgelehrte; im NT: Anrede der Maria von Magdala für Jesus

Sabbatweg: Am Sabbat erlaubter Weg von höchstens 2000 Ellen (= ca. 880 m)

Saddukaier: Jüdische Partei mit großem Einfluß auf die klerikalen Kreise

Samareia: Hauptstadt Nordisraels; später auch Name der Provinz Samaria – zwischen Judäa und Galiläa

Samariter: Bewohner der Landschaft Samaria oder Anhänger des Tempels bei Sichem

Sampson: Samson oder Simson, letzter der sechs „Großen Richter" (Ri 13–16)

Sardeis: Sardes, Stadt in Kleinasien

Scheidebrief: rechtliche Auflösung einer Ehe durch einen jüdischen Mann

Sikarier: „Dolchmänner": Meuchelmörder; jüdische Freiheitskämpfer

Siloam: Kanal in Jerusalem, der Wasser zum S.-Teich führt

Sion: Name für den Berg Hermon bzw. älteste Schreibweise für Zion, die Jebusiterstadt Jerusalem auf dem Berg Ofel, dessen östlicher Teil Zion genannt wurde; hier stand eine Burg

Sodom: wie Gomorra: (wegen ihrer sprichwörtlichen Freveltaten) zerstörte Städte am Toten Meer

Solomon: Salomo – König in Israel und Juda (965–926 v. Chr.)

Synagoge: Jüdische Lokalgemeinde oder ihr Versammlungsort

Synagogenausschluß: Umstrittene Maßnahme des pharisäisch bestimmten Hohen Rats von Jabne/Jamnia gegen das frühe Judenchristentum

Synhedrion: Jüdische Verwaltungs- und Gerichtsbehörde in Jerusalem während der hell.-röm. Zeit

Syrakusai: Syrakus – Hafenstadt an der Ostküste Siziliens

Tabitha: Dorkas = Gazelle; Jüngerin Jesu aus Joppe

Talitha kum: „Mädchen steh auf": Jesu Wort an die Tochter des Jairos

Tartaros: Unterwelt, Hölle; göttlicher Strafort

Täufer: Bezeichnung für Johannes wegen seiner spezifischen Taufe

Tagesdienstabteilung: Priester- und Levitenordnung für den Tempeldienst

Tempelweihfest: Erinnerung v.a. an Tempelweihe und Wiedereinweihung

Tetrarch: Titel im Sinne von „Statthalter", „Herzog"; Luther: „Vierfürst"

Tiberios: Tiberius – röm. Kaiser (14–37 n. Chr.)

Tres Tabernae: an der Via Appia gelegener Ort (= „Drei Hütten oder Wirtshäuser")

Ysop: Aromatische Pflanze; im NT: auf einen Stecken gebundener Busch dieser Pflanze

Zehnt: Abgabe v.a. an den Tempel, Steuer an die Leviten

Zelot: „Eiferer"; jüdische Freiheitskämpfer zur Zeit der röm. Besatzung

Zwölfstämmevolk: Israel, das Volk der „Zwölf Stämme"

Maße, Gewichte und Münzeinheiten *

Assarion: Röm. Münze (s. Denar); bei Luther: Pfennig

Bat: Hohlmaß für Flüssiges: zwischen 35 und 45 l; bei Luther: Eimer

Choinix: Hohlmaß für Trockenes: ca. 1,3 kg

Denar: Röm. Münze: Silberdenar (= 16 Assarion = 64 Kodrantes = 128 Lepta); bei Luther: Groschen

Doppeldrachme: Griech. Münze (s. Drachme); bei Luther: Silberling

---

* Da die Maßeinheiten innerhalb des römischen Reiches nicht einheitlich waren, geben wir hier nur Orientierungswerte an (Einzelheiten s. B. Reicke/ L. Rost, Biblisch–Historisches Handwörterbuch, Göttingen 1962ff, und H. Haag, Bibel-Lexikon, Einsiedeln ²1968). Der Münzwert in heutigem Geldwert läßt sich aufgrund des bei Mt 20,9ff genannten Tageslohns eines Landarbeiters (1 Denar) abschätzen.

Drachme: Griech. Münze (= 6 Oboloi = 48 Stück
Kupfergeld); bei Luther: Groschen

Elle: Längenmaß: ca. 0,5 m

Fußbreit: Längenmaß: ca. 0,35 m

Kodrantes: Röm. Münze (s. Denar); bei Luther: Heller

Kor: Hohlmaß für Flüssiges: zwischen 350 und 450 l
(= 10 Bat)

Kupfer(geld): Griech. Münze (s. Drachme)

Lepton : Münze: Kleinste griech. Kupfermünze

Litra: Gewicht: das röm. Pfund = 327,45 g;
bei Luther: Pfund

Meile: Längenmaß: Röm. Meile = 1478,5 m

Metrete: Hohlmaß für Flüssiges: ca. 39 l

Mna: Griech. Münzbetrag (= 50 Doppeldrachmen
= 100 Drachmen); bei Luther: Pfund

Orgyia: Längenmaß: ca. 2 m

Saton: Syr.-paläst. Hohlmaß, erst für Getreide, dann für
Flüssigkeiten: ca. 7,3 kg bzw. 11–13 l; bei Luther:
Scheffel

Scheffel: Hohlmaß: ca. 8,7 l

Silber(geldstück): Röm. Münze = Silberdenar (s. Denar);
bei Luther: Silberling

Stadion: Längenmaß: ca. 200 m

Stater: Griech. Münze auch Tetradrachme (s. Drachme);
bei Luther: Stater

Talent: Griech. Gewicht und Münzbetrag (= 60 Mna
bzw. 41 kg); bei Luther: Zentner

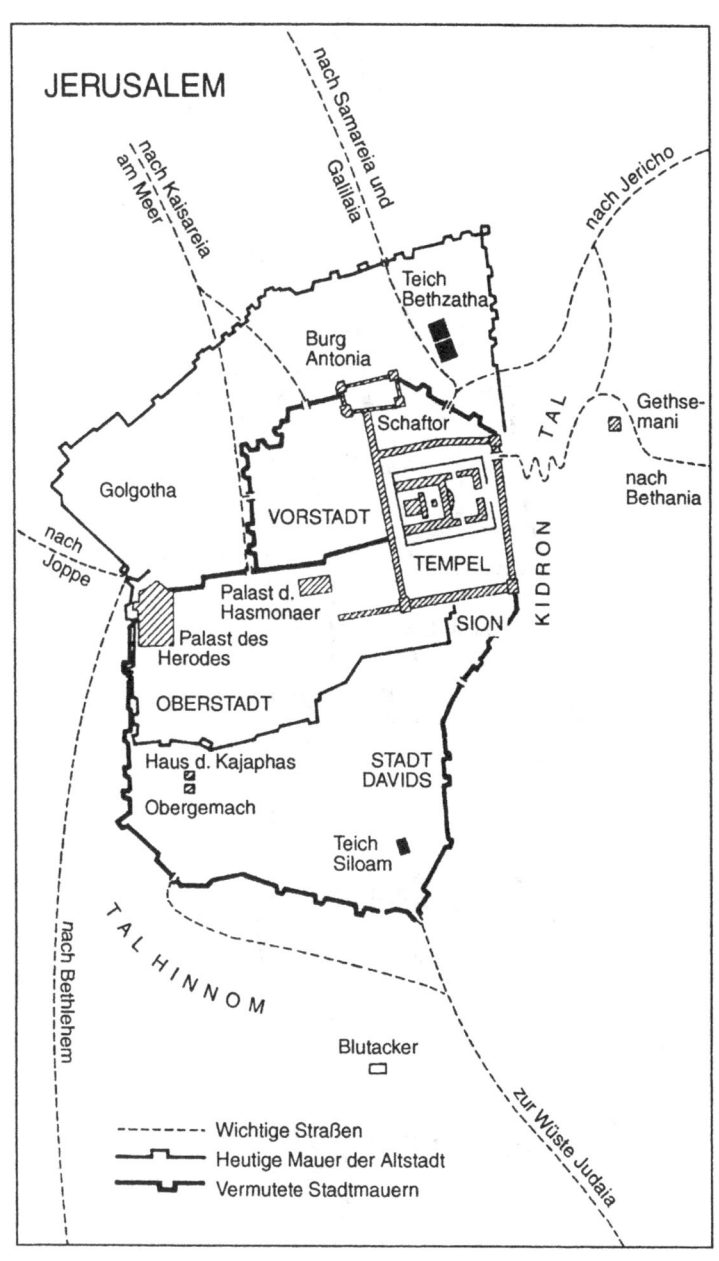

Palästina

Sidon
Sarepta
Damaskos →
PROVINZ SYRIA
Kaisareia des Philippos
Tyros
Mittelmeer
GALILAIA
Kapharnaum
Magdala
Bethsaida
Kana
See Gennesaret (Meer von Tiberias)
Tiberias
Nazareth
Tabor
Nain
DEKAPOLIS
Kaisareia am Meer
Jordanes
SAMAREIA
Sebaste
Sichem
Garizim
PERAIA
Joppe (Jafo)
Arimathaia
Jericho
Emmaus
Jerusalem
Bethania
Aschdod
Ölberg
Bethlehem
JUDAIA
Gaza
Hebron
Totes Meer

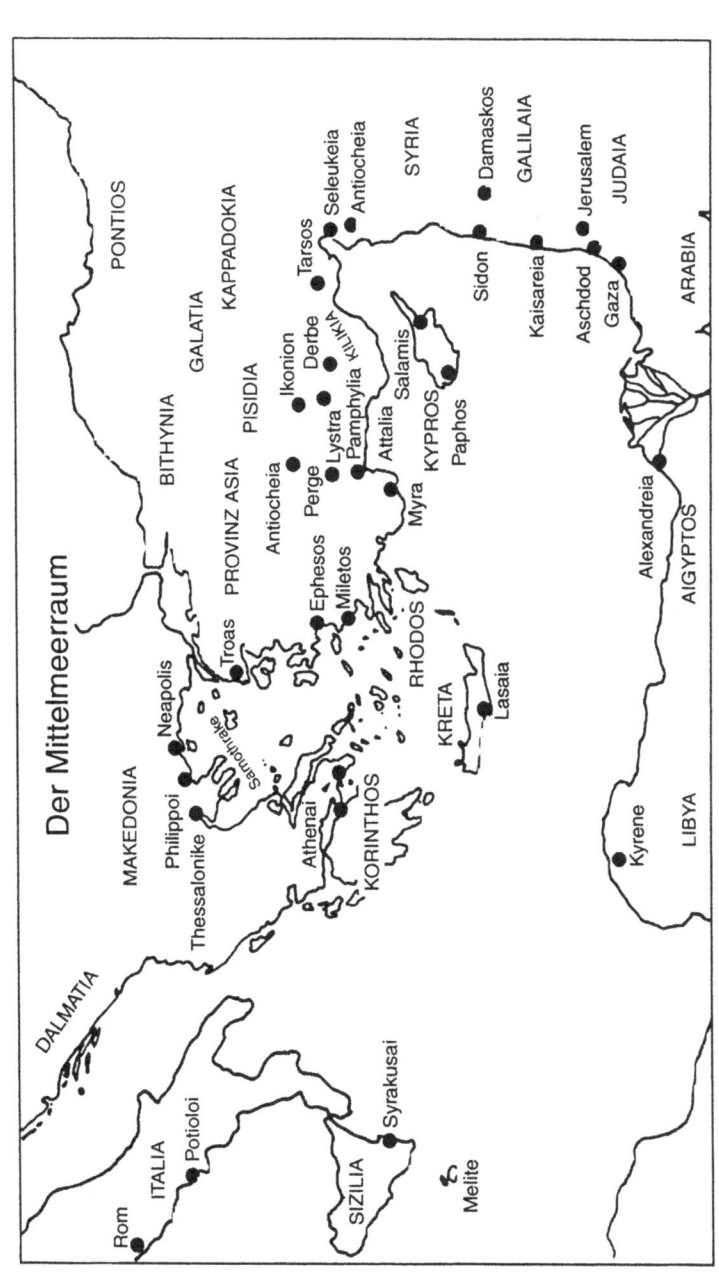

Der Mittelmeerraum